융합 · 창조 시대, 나의 롤 모델들은 WHO ?

롤 모델 100명
(Role Model 100)

이름포털: **한국.net** 등록인물 중 100명

김영복 著

21세기사

머리말

융합과 창조가 중요한 시대에 롤 모델(Role Model) 인물 100명을 소개한다. 모범적인 삶을 산 인물들의 주요 성장과정을 설명하는 생애와 평생을 노력해 이룩한 괄목할만한 업적 및 명언들을 사실적인(facts) 핵심내용으로 기술하였다. 인생의 의미있는 목표설정 및 뚜렷한 진로선택이 필요한 독자들에게, 동서고금을 초월해서 성공적인 삶을 산 인물들 100명의 진솔한 삶과 생각을 롤 모델로서 소개한다.

융합 · 창조 시대에 여러 전문분야의 리더가 되는데 귀감이 되는 각 분야별 인물들도 살펴보았다. 정신적 지도자, 철학자, 과학자, 공학자, 예술가, 문학가, 사업가 등의 롤 모델들 100명을 최근 생년 순으로 소개한다. 모든 인간에게 공통적인, 즉 우연히 주어진 삶의 시작(Birth)과 끝(Death) 사이에서, 수많은 선택(Choices)을 통해서 본인의 순수의지로 이룩한 탁월한 업적들은 인류에게, 또는 그 시대의 인간들에게 크나큰 영향을 주고, 또한 독자들의 인생에도 지대한 영향(impact)을 주리라 생각한다. 저자에게도 지속적인 영향을 주고 있으며, 독자들과도 공유하고 싶은 생각이다. 소개된 인물들이 모두 뛰어난 철학적 사유를 했으며, 각 인물의 뛰어난 업적을 견인한 사유(명언에 담긴)만으로도, 배울 점이 많다는 것을 깨달았다. 롤 모델 인물들은 모두 "너무나 인간적인 행동하는 철학자들"이라고 표현할 수 있겠다. 옛날 시간 순서로 보자면(맨 뒤쪽 인물), 기원전 7세기에 태어나 우주의 진리를 '도'(道)라고 이름 지었으며, 진리인 도(道)의 길에 도달하려면 자연(自然)의 법칙에 따라 살아야 한다는 '무위 자연(無爲 自然)' 사상가인 중국인 노자(老子)부터, 20세기에 태어나 인간(人間-between humans)에게 가치를 두고, 소셜 네트워크 서비스 (SNS, Social Network Service)인 페이스북(Facebook)을 창업하여, 재산 91조원(2018년 기준)으로 세계 5위 부자 사업가인 미국인 주커버그(Zuckerberg)까지(맨 앞쪽 인물), 약 27세기동안 매 세기(100년간)마다 선택된 세계적(global) 인물들을 최근 순서로 소개한다. 단, 기원후 AD 1세기부터 AD 11세기까지, 중세시대 약 10세기(1,000년간)동안에는 종교적 인물들인 예수(1세기) 그리스도와 선지자 무함마드(6세기), 두 인물이 선택 및 소개되었다.

이름포털인 'http://한국.net'에 수록되어 있는 많은 인물들 중에서 약 100명을 선별하여, 생생한 사실적 자료(facts) 위주로 소개하였다. 더 많은 롤 모델들을 수록하지 못한 점이 아쉽지만, 추가적인 훌륭한 롤 모델들은 이름포털(인명포털)인 http://한국.net에서 (또는 wopen.com ㄱ.com … ㅎ.com ㅏ.com … 김.net 이.net 박.net 최.net 등) 멀티미디어 자료(유튜브 동영상, 사진, 이미지 등)와 함께 상세히 소개되어 있으니, 스마트폰 등으로 시간과 장소에 상관없이 참조하길 바란다.

도움주신 도서출판 21세기사 분들께 감사드린다.

목차

CHAPTER 1

역사상 인물 50명
(이름포털 한국.net 등록)

이름포털(또는 인명포털) http://한국.net 또는 http://wopen.com에 현재 등록되어 있는, 역사상 기억할만한 50명의 인물들을 간단히 인물명만 소개한다. 제4장 롤 모델 인물100명(최근 생년순)에서 다른 롤 모델 인물들과 함께 태어난 최근 연도순으로 생애, 업적, 남긴 명언 등을 자세히 소개한다.

- Jesus Christ 예수
- Confucius 공자
- Buddha 부처(석가모니)
- Socrates 소크라테스
- Muhammad 모하메드
- Lao Tzu 노자
- Plato 플라톤
- Johann Gutenberg 구텐베르크
- Isaac Newton 뉴턴
- Sejong the Great(Lee Do) 세종대왕(이도)
- Albert Einstein 아인슈타인
- Nikolaus Kopernikus 코페르니쿠스
- Louis Pasteur 파스퇴르
- Galileo Galilei 갈릴레이
- Aristotle 아리스토텔레스
- Charles Darwin 다윈
- Yi Sun-sin 이순신
- James Watt 와트
- Michael Faraday 패러데이
- James Clerk Maxwell 맥스웰
- Martin Luther 루터
- George Washington 워싱턴
- Karl Marx 마르크스
- Adam Smith 아담 스미스
- William Shakespeare 셰익스피어

- Thomas Edison 에디슨
- Guglielmo Marconi 마르코니
- Nikola Tesla 테슬라
- Orville Wright&Wilbur Wright 라이트형제
- Alexander Graham Bell 벨
- Antoine Laurent Lavoisier 라부아지에
- Mazart 모차르트
- Ludwig Van Beethoven 베토벤
- Leonardo da Vinci 다 빈치
- Michelangelo 미켈란젤로
- Gandhi 마하트마 간디
- Thomas Jefferson 제퍼슨
- Sigmund Freud 프로이드
- Abraham Lincoln 링컨
- Shih Huang Ti 진시황제
- Alexander the Great 알렉산더 대왕
- Genghis Khan 칭기스칸
- Napoleon Bonaparte 나폴레옹
- John Locke 존 로크
- Rene Descartes 데카르트
- Henry Ford 포드
- Carl Friedrich Gauss 가우스
- Steve Jobs 스티브 잡스
- Stephen Hawking 호킹

참고로, 이름포털(인명포털)인 http://한국.net이나 http://wopen.com에서 아래 부분의 Name 검색란에서 '50'으로 검색(search)해서 검색된, "50 Persons in History- selected by Wopen.com" 제목을 클릭하거나, 또는 URL: http://wopen.net/contentp. asp?idx= 23591 을 인터넷 주소창에 입력하여 바로 '역사상 인물 50명' 내용을 볼 수 있다. 특히, 멀티미디어 자료(유튜브 동영상, 사진, 이미지 등)와 함께 상세히 소개되어 있으니, 스마트폰 등으로 시간과 장소에 상관없이 참조하길 바란다.

CHAPTER 2 역사상 인물 100명
(마이클 하트 선정)

역사상 가장 영향력이 큰 100명의 랭킹('The 100. A RANKING OF THE MOST INFLUENTIAL PERSONS IN HISTORY')이란 책은 미국의 저술가 **마이클 하트**가 썼다. 하트는 선악(善惡)을 기준으로 등수를 매기지 않았고, 인류(人類)에 영향을 끼친 점을 주로 고려하였다. **1등은 무함마드(이슬람의 창시자), 2등은 뉴턴, 3등은 예수, 4등은 석가, 5등은 공자, 6등은 사도 바울, 7등은 종이를 발명한 차이 룬, 8등은 구텐베르크, 9등은 콜럼버스, 10등은 아인슈타인 등이다.** (아래에 계속)

11. 파스퇴르
12. 갈릴레오
13. 아리스토텔레스
14. 유클리드
15. 모세
16. 다윈
17. 진시황(秦始皇)
18. 시저(카이사르)
19. 코페르니쿠스
20. 라보아지에(프랑스 화학자)
21. 콘스탄틴 대제(기독교를 공인한 로마 황제)
22. 제임스 와트(증기 기관)
23. 패러데이(전기)
24. 맥스웰(물리학자)
25. 루터
26. 워싱턴
27. 마르크스
28. 라이트 형제
29. 칭기스칸
30. 아담 스미스

100명을 국적으로 나누면 영국이 18명, 독일계(독일과 오스트리아)가 15명, 프랑스가 9명, 이탈리아 8명, 그리스 5명, 러시아 4명, 스페인 3명이다. 미국은 8명, 중국은 7명, 인도 3명이다. 직종으로 분류하면 **과학자와 발명가가 36명으로 가장 많다. 정치 및 군사 지도자는 31명, 사상가가 14명, 종교 지도자가 11명, 문학 예술가가 5명, 탐험가는 2명, 기업인이 1명이다.** 세익스피어는 31등으로 33등의 알렉산더 대제와 34등의 나폴레옹보다 앞이다. 베토벤은 45등이며, 현존인물로는 유일하게 고르바초프가 95등이다. 악의 제국을 피를 흘리지 않고 스스로 해체한 공 인정된 것이다. 20세기까지 역사상 가장 영향력 있었던 인물 100명, 마이클 하트(The 100: A Ranking of the Most Influential Persons in History By Michael H. Hart)가 선정한 인물들 100명은 다음과 같으며, 긍정적 영향이나 부정적 영향이나 가리지 않고 영향을 크게 끼쳤다고 판단되는 인물들을 선정하였다.

1. Muhammad 무함마드
2. Isaac Newton 뉴턴
3. Jesus Christ 예수
4. Buddha 부처
5. Confucius 공자
6. St. Paul 바울
7. Ts'ai Lun 채륜
8. Johann Gutenberg 구텐베르크
9. Christopher Columbus 콜럼버스
10. Albert Einstein 아인스타인
11. Louis Pasteur 파스퇴르
12. Galileo Galilei 갈릴레이
13. Aristotle 아리스토텔레스
14. Euclid 유클리드
15. Moses 모세
16. Charles Darwin 다윈
17. Shih Huang Ti 진시황제
18. Augustus Caesar 케사르
19. Nicolas Copernicus 코페르니쿠스
20. Antoine Laurent Lavoisier 라브아지에
21. Constantine the Great 콘스탄티누스 황제
22. James Watt 와트
23. Michael Faraday 패러데이
24. James Clerk Maxwell 맥스웰
25. Martin Luther 루터
26. George Washington 워싱턴
27. Karl Marx 마르크스
28. Orville Wright & Wilbur Wright 라이트 형제
29. Genghis Khan 칭기스칸
30. Adam Smith 아담 스미스

31. Edward de Vere (William Shakespeare) 셰익스피어
32. John Dalton 달톤
33. Alexander the Great 알렉산더 대왕
34. Napoleon Bonaparte 나폴레옹
35. Thomas Edison 에디슨
36. Antony van Leeuwenhoek 안톤 판 레이우엔훅 (현미경)
37. William T. G. Mortin 윌리엄 T. G. 모턴 (에테르 마취제)
38. Guglielmo Marconi 마르코니
39. Adolf Hitler 히틀러
40. Plato 플라톤
41. Oliver Cromwell 크롬웰
42. Alexander Graham Bell 벨
43. Alexander Fleming 플레밍
44. John Locke 존 로크 (계몽사상)
45. Ludwig Van Beethoven 베토벤
46. Werner Heisenberg 하이젠베르그
47. Louis Daguerre 루이 다게르 (사진)
48. Simon Bolivar 볼리바르 (남아메리카 혁명가)
49. Rene Descartes 데카르트
50. Michelangelo 미켈란젤로
51. Pope Urban II 교황 우르바노 2세 (십자군 전쟁)
52. Umar ibn al-Kattab 우마르 (이슬람 전파)
53. Asoka 아소카 왕
54. St. Augustine 아우구스티누스
55. William Harvey 윌리엄 하비 (심장)
56. Ernest Rutherford 러더포드
57. John Calvin 캘빈
58. Gregor Mendel 멘델
59. Max Planck 플랑크
60. Joseph Lister 조지프 리스터 (무균 수술)
61. Nikolaus August Otto 니콜라우스 오토 (4행 기관)
62. Fransisco Pizarro 프란시스코 피사로 (페루 잉카 정복)
63. Hernando Cortes 에르난 코르테스 (멕시코 아즈텍 정복)
64. Thomas Jefferson 제퍼슨
65. Queen Isabella I 이사벨 1세 (콜롬버스)
66. Joseph Stalin 스탈린
67. Julius Caesar 케사르
68. William the Conqueror 정복왕 윌리엄 (노르만 왕조)
69. Sigmund Freud 프로이드
70. Edward Jenner 제너

71. William Conrad Rontgen 뢴트겐
72. Jahann Sebastian Bach 바흐
73. Lao Tzu 노자
74. Voltaire 볼테르
75. Johannes Kepler 케플러
76. Enrico Fermi 페르미
77. Leonhard Euler 오일러
78. Jean-Jacques Rousseau 루소
79. Niccolo Machiavelli 마키아벨리
80. Thomas Malthus 맬서스
81. John F. Kennedy 케네디
82. Gregory Pincus 핀커스 (경구용 피임약)
83. Mani 마니 (마니교)
84. Lenin 레닌
85. Sui Wen Ti 수문제 (재통일)
86. Vasco de Gama 바스쿠 다 가마
87. Cyrus the Great 키루스 2세 (페르시아 왕조)
88. Peter the Great 표트르 1세 (러시아 왕조)
89. Mao Zedong 마오쩌뚱
90. Francis Bacon 베이컨
91. Henry Ford 포드
92. Mencius 맹자
93. Zoroaster 조로아스터
94. Queen Elizabeth I 엘리자베스 1세
95. Mikhail Gorbachev 고르바초프
96. Menes 메네스 (이집트 제1왕조)
97. Charlemagne 카롤루스 대제 (신성로마제국)
98. Homer 호머
99. Justinian I 유스티아누스 1세
100. Mahvira 마하비라 (자이나교)

참고로, 이름포털(인명포털)인 http://한국.net 이나 http://wopen.com에서 아래 부분의 Name 검색란에서 '100' 으로 검색(search)해서 검색된, "인물100 - 100 Persons in History, by M.H. Hart" 제목을 클릭하거나, 또는 URL (http://wopen.net/contentp.asp?idx=22692) 을 인터넷 주소창에 입력하여 바로 '역사상 인물 100명' 내용을 볼 수 있다. 특히, 멀티미디어 자료(유튜브 동영상)와 함께 상세히 소개되어 있으니, 스마트폰 등으로 시간과 장소에 상관없이 참조하길 바란다.

CHAPTER 3 천년 인물 100명
(11세기~21세기)

3.1 21세기 선정 인물

2001년~2010년: 스티브 잡스(이름포털 한국.net 선정)

[출생-사망] 1955년 2월 24일 ~ 2011년 10월 5일 (56세)

애플의 창업자이자 세계 최초의 PC 개발자이며 IT 혁신가로서 스마트 폰(아이폰) 및 아이패드등 스마트 모바일기기 혁명을 일으켰고, 인류의 정보화 삶에 큰 영향을 주었다. 스티브 잡스는 애플의 창립자이다. 잡스는 1976년 스티브 워즈니악, 로널드 웨인과 함께 애플을 공동 창업했다. 애플 2(록웰 6502 8비트 CPU사용)를 통해 개인용 컴퓨터를 대중화하였다. 또한, 그래픽 사용자 인터페이스(GUI)와 마우스의 가능성을 처음으로 내다보고, 1984년경 애플 리사와 매킨토시에서 이 기술을 도입하였다. 1985년 경영분쟁에 의해 애플에서 나온 이후 넥스트(NeXT) 컴퓨터를 창업하여 새로운 개념의 운영 체제를 개발했다. 1996년 애플이 넥스트를 인수하게 되면서 다시 애플로 돌아오게 되었고, 1997년에는 임시 CEO로 애플을 다시 이끌게 되었으며 이후 다시금 애플이 혁신과 시장에서의 성공을 거두게끔 이끌었다.

잡스는 《인크레더블》과 《토이 스토리》 등을 제작한 컴퓨터 애니메이션 제작사인 픽사의 소유주이자 CEO였다. 월트디즈니 회사는 74억 달러 어치의 자사 주식으로 이 회사를 구입하였다. 2006년 6월 이 거래가 완료되어 잡스는 디즈니 지분의 7%를 소유한, 최내의 개인 주주이자 디즈니사의 이사회의 이사가 되었다. 한편 잡스는 2004년 무렵부터 췌장암으로 투병생활을 이어왔다. 잡스의 악화된 건강상태로 인하여 2011년 8월 24일 애플은 스티브 잡스가 최고경영책임자(CEO)를 사임하고 최고운영 책임자(COO)인 팀 쿡이 새로운 CEO를 맡았다. 잡스는 CEO직에서 물러나지만 이사회 의장직은 유지키로 했으나, 건강상태가 더욱 악화되어 사임 2개월도 지나지 않은 2011년 10월 5일에 만 56세의 나이로 사망하였다.

2011년~2020년: 선정 예정 (이름포털: 한국.net wopen.com 선정)

과연 누가 선정 될까? 그것이 궁금하다~ 2020년 이후에 선정하여, 이름포털: http://한국.net 또는 http://wopen.com 에 게시될 예정이다.

3.2 천년(11C~20C) 인물 100명 선정 (일부 소개)

디스커버리(Discovery) TV채널에 소개된, 서구의 리더 들이 선정한 지난 **밀레니엄(11세기~20세기 1,000년 동안) 인물100명 중**에서, 일부 인물들만 선택하여 소개한다. 94위 스필버그부터 역순으로 소개하면 다음과 같다. 1등은 **과연 누가 선정 되었을까? 어떤 이유로?**

94위는 영화감독, 스티븐 스필버그

스티븐 앨런 스필버그(Steven Allan Spielberg, 1946년 12월 18일~)는 **미국의 영화감독**, 각본가, 영화 프로듀서이다. 스필버그의 영화는 40여년의 시간동안 많은 주제와 장르를 다뤘다. 스필버그의 초기 SF, 어드벤처 영화는 현재 할리우드 블록버스터 영화 제작의 원형으로 꼽는다. 스필버그는 1993년 《쉰들러 리스트》와 1998년 《라이언 일병 구하기》로 아카데미상 감독상을 수상하였다. 타임지는 스필버그를 '20세기의 가장 중요한 인물 100인'에 올렸다. 2001년 영국 명예 KBE 훈장(외국인대상 명예훈장)을 받았다. **영화사 드림웍스를 설립**하였고, 회장으로 있다.

62위는 미키마우스, 디즈니랜드, 디즈니월드를 창조한 월트 디즈니

월트 디즈니(Walt Disney, 1901년 12월 5일~1966년 12월 15일)는 **미국의 애니메이션, 영화 감독이자 제작자이며 사업가이다**. 미국 시카고에서 태어나 고등학교 때부터 상업 미술에 뜻을 두고 광고 만화 등을 그리기 시작하였다. '미키 마우스'를 창조하여 한층 인기가 높아졌다. 그 뒤 〈미키〉〈도널드〉 등 많은 **만화 영화를 제작**하였는데, 삼원색 방식에 의한 최초의 천연색 영화인 〈숲의 아침〉으로 아카데미상을 받았다. 그 뒤에도 〈돼지 삼형제〉를 비롯하여 많은 걸작 만화를 만들었다. 1937년 세계 최초의 장편 애니메이션 백설공주를 제작하여 개봉하였는데 당대에 엄청난 화제를 모았다. 그때까지만 해도 애니메이션은 장편 영화 상영 도중 잠시 틀어주는 소품같은 개념이어서 월트 디즈니의 도전은 무모하다고 여겨졌지만 개봉 직후 모든 흥행 기록을 갈아치우며 대성공을 거두었다. 감독 세르게이 에이젠슈타인은 백설공주를 본 뒤 영화 역사상 가장 위대한 영화라고 추켜세우기도 했다. 이 밖에도 자연 과학 영화, 기행 단편 영화, 기록 영화 등 수많은 우수한 영화를 제작하였다. 디즈니는 TV용 영화도 만들어 대호평을 받았다. 1955년 로스앤젤레스 교외에 디즈니랜드라는 거대한 어린이 유원지를 설립하여 영화 제작자 이상의 사업가로서도 자리를 굳혔다. 디즈니가 영화 업계와 세계 오락 산업에 미친 영향력은 아직까지도 방대하게 남아있으며 여전히 대중문화 역사 사상 가장 중요한 인물 중 한 사람으로 꼽는다. 새터데이 이브닝 포스트는 디즈니를 통틀어 '**세계에서 가장 유명한 엔터테이너이자 가장 유명한 비정치적 공인**'이라고 일컬었다. **월트 디즈니 스튜디오**는 형인 로이 디즈니와 함께 1923년에 창립했고 현재까지도 꾸준히 애니메이션을 제작하고 있다. 1966년 폐암 말기로 진단받고 불과 한 달 만에 사망했다. 화장되어 글레데일의 묘에 매장되었다.

60위는 20세기 대표적 화가, 피카소

파블로 루이스 피카소(Pablo Ruiz Picasso, 1881년 10월 25일 ~ 1973년 4월 8일)는 스페인에서 태어나 주로 프랑스에서 미술활동을 한 20세기의 대표적 서양화가이자 조각가이다. 큐비즘 작품으로 널리 알려져 있으며, 대표작으로 《아비뇽의 처녀들》, 《게르니카》 등이 있다. 피카소는 1만 3,500여 점의 그림과 700여 점의 조각품을 창작했다. 피카소의 작품 수를 전부 합치면 3만여 점이 된다. 피카소 작품의 개수와 다양성 때문에 많은 예술사가 들이 피카소의 작품들을 시기별로 분류하는 작업을 시도해왔다. 하지만 각 시기의 명칭을 정하고 시기를 몇 개로 나눌 것 인가를 놓고 계속 의견이 대립되고 있다.

1905년 피카소는 이른바 '장밋빛 시대'를 맞는다. 이 시기의 작품들 역시 피카소가 파리에 머물 때 그려졌지만, 오늘날 그것들은 피카소의 초기 작품들과는 달리 스페인 화풍이 아니라 프랑스 화풍에 가까운 것으로 평가되고 있다. 이 2년의 기간 동안 피카소는 전과는 달리 붉은 색과 분홍색을 많이 사용했다. 이러한 변화가 일어난 것은 피카소가 많은 그림들의 주제로 삼았던 페르낭드 올리비에와의 로맨스 때문이라는 의견이 지배적이다. **본명은 "파블로 디에고 호세 프란시스코 데 파울라 후안 네포무세노 마리아 데 로스 레메디오스 크리스핀 크리스피니아노 데 라 산티시마 트리니다드 마르티르 파트리시오 클리토 루이스 이 피카소"**이다. 피카소는 주로 프랑스에서 활동하였지만, 프랑스 정부에서 사회주의자로 분류되어 시민권을 갖지는 못했다.

58위는 프랑스의 여성전사, 잔다르크

잔 다르크(Jeanne d'Arc, 1412년 1월 6일 ~ 1431년 5월 30일)는 1337년에서 1453년까지 지속된 백년전쟁에서 활약한 절대적으로 열세였던 **프랑스를 구해낸 전설적인 구국의 영웅이며, 로마 가톨릭의 성녀다.** 축일은 5월 30일. '오를레앙의 성처녀'라고도 불린다. 흔히 깃발을 들고 말 위에 올라탄 여기사의 모습으로 그려진다.

57위는 70년대 전세계 10대들의 우상, 엘비스 프레슬리

엘비스 프레슬리(Elvis Aaron Presley, 1935년 1월 8일 ~ 1977년 8월 16일)는 미국에서 20세기에 활동한 가장 잘 알려진 가수들 가운데 하나였다. **미국의 영화배우이자 가수로 활동한 프레슬리는 리듬 기타를 연주하였고 20년 동안 30편이 넘는 영화에 참가하였다.** 프레슬리의 음악은 미국과 영국을 시작으로 세계적으로 선풍적인 인기를 끌었으며 프레슬리는 '**로큰롤의 제왕**'이라는 별명을 갖고 있다.

54위는 1271년 원나라 여행, 동방견문록 작성한 마르코 폴로

마르코 폴로(Marco Polo, 1254년~1324년)는 이탈리아의 탐험가이자, 《동방견문록》을 지은 작가이다. 마르코 폴로는 1254년경 이탈리아의 상업도시 베네치아에서 무역상의 아들로 태어났다. 마르코 폴로의 아버지 니콜로 폴로는 마르코 폴로가 태어날 때 중앙아시아의 일한국에 있었으며, 마르코 폴로가 15세 때 돌아왔다. 17세 때 아버지와 함께 베네치아를 떠나 중국으로 가게 되었다. 1275년 원나라의 세조가 있던 카이펑(開封 중국 허난 성 북동부의 도시, 중국의 옛 수도 중 하나)에 도착하였다. 그들이 원나라에 간 이유는 칭기스칸의 손자 쿠빌라이 칸의 요청으로 예수의 무덤으로 추정되는 곳의 성유와 로마 가톨릭 선교사들을 데려가기 위해서였다. 당시 서방과의 교류를 원하고 있었던 쿠빌라이 칸으로서는 그리스도교(기독교)를 이해할 필요가 있었다.

하지만 같이 여행을 시작한 도미니코 수도회 수사들은 모두 돌아가, 성유만 갖고 황제를 알현하게 되었다. 그곳에서 세조의 신임을 얻은 마르코 폴로는 정치, 외교 등의 요직을 맡게 되었다. **마르코 폴로는 관리로써 원나라를 위해서 일하면서 17년 동안 중국의 여러 도시와 지방을 비롯하여 몽고·버마·베트남까지 다녀왔다.** 1292년 고향으로 돌아왔으며, 제노바와의 해전에 가리 함대에 속하여 출전하였으나 전쟁에 패하여 포로가 되었다. 1년간 감옥생활을 하면서 아시아의 재미있는 이야기를 동료들에게 들려주었는데, 이때 작가 루스티켈로가 자신의 중국에서의 경험을 이야기하는 마르코의 이야기를 받아 적어, 그 유명한 《동방견문록》이 쓰여 졌다. 하지만 원제는 《세계의 서술》이었으며, 이는 유럽인이 전혀 알지 못하던 새로운 세계에 대한 자세한 지식을 담았기 때문이다. 이 서적은 **유럽인의 동방에 대한 관심을 불러 일으켰으며 중세 동방 연구에 관한 중요한 문헌**이다.

53위는 가장 위대한 여성과학자, 마리 퀴리

마리아 스쿼도프스카 퀴리(Maria Curie, 1867년 11월 7일 ~ 1934년 7월 4일)는 프랑스식 이름인 마리 퀴리(Marie Curie)로 잘 알려진, **방사능 분야의 선구자이며 노벨상 수상자**이다. 폴란드 바르샤바 출생이다.

44위는 전화기를 발명한 알렉산더 그레이엄 벨

알렉산더 그레이엄 벨(Alexander Graham Bell, 1847년 3월 3일 ~ 1922년 8월 2일)은 스코틀랜드계 미국인 과학자 및 발명가였다. **최초의 '실용적인' 전화기의 발명가**로 널리 알려져 있다. 원래 이름은 알렉산더 벨이었지만 가족과 친하게 지냈던 알렉산더 그레이엄이라는 사람을 존경하여 자기 이름에 그레이엄을 더 많이 썼다고 한다. 스코틀랜드의 에든버러에서 태어났고 1882년 미국으로 귀화하였다. 영국 왕립 고등학교 졸업 후, 런던에서 발음에 관한 연구를 하고, 대학 졸업 후에 **발성법 교사로 있다가 교육자인 아버지를 도와 농아자의 발음 교정에 종사하였다.**

런던 대학에서 생리 해부학 강의를 들은 후, 캐나다를 거쳐 미국의 보스턴에 가서 농아 학교를 세우고 보스턴 대학의 발성학 교수가 되었다. 그레이엄 벨은 음성의 연구에서 전기적인 원거리 통화법을 고안하여, 1875년 최초의 자석식 전화기를 발명하고, **1877년 '벨 전화 회사'를 설립하였다.** 그 후 계속 농아자와 발성 문제, 축음기, 광선 전화 등의 연구를 하고 만년에는 항공기의 연구에 전념하였다. 1880년에 〈사이언스〉지를 창간하였다. 많은 사람들은 그레이엄 벨을 '청각장애인의 아버지'로 불렀다. 벨은 우생학을 믿고 있었기 때문에 어떤 면에서 이 별명은 반어적이다. 영국 런던대학교 유니버시티 칼리지 런던 (University College London: UCL)에서 음성학 학사를 받았으며, 훗날 UCL에서 강의를 하였다.

41위는 빌게이츠, 마이크로소프트 회장

윌리엄 헨리 게이츠 3세(William Henry Gates III, 1955년 10월 28일~)는 미국의 기업인이다. 빌 게이츠(Bill Gates)라는 이름으로 잘 알려져 있으며, 폴 앨런과 함께 세계적인 기업 **마이크로소프트를 설립**하였다. 2009년 3월 11일 포브스지에 따르면 빌게이츠의 재산은 약 600억 달러로 세계 1위 부호 자리를 카를로스 슬림 엘루(현재 3위)로부터 탈환했다. 빌 게이츠는 미국 워싱턴 주 시애틀에서 태어났다. 어렸을 때부터 컴퓨터 프로그램을 만드는 것을 좋아했던 빌 게이츠는 하버드 대학교를 다니다 중퇴하고 폴 앨런과 함께 마이크로소프트를 공동 설립했다. 두 사람은 1970년대 중반 앨테어 8800에서 동작하는 앨테어 베이직(Altair Basic) 인터프리터를 고안했다. 앨테어는 상업적인 성공을 거둔 최초의 개인용 컴퓨터로 평가 받는다. 다트머스 대학교에서 학습용으로 개발된 배우기 쉬운 컴퓨터 프로그래밍 언어 베이식에서 영감을 얻어, 폴 앨런과 함께 새로운 베이식(BASIC) 버전을 개발하여 MS-DOS의 핵심적 프로그램 언어로 채택했다. 이후 1990년대 들어 개인용 컴퓨터의 보급이 급속히 증가하기 시작한데 힘입어 MS-DOS의 지위는 공고해졌고 마이크로소프트는 개인용 컴퓨터 소프트웨어 시장의 주도권을 얻게 되었다.

이후 개인용 컴퓨터를 위한 운영 체제인 윈도 95를 발표하여 대성공을 거두며 세계 최고의 부호로 등극하였다. 지금은 엄청난 돈과 명예로 남을 돕는 사업도 하고 있다. 2007년 6월 7일 명예졸업장을 받았다. 2008년 1월 24일에는 스위스 다보스 세계경제포럼 기조연설에서 기업에게 복지의 의무를 주장하는 창조적 자본주의를 주창하였다. 빌 게이츠는 2000년 1월 마이크로소프트의 최고 경영자 직책에서 물러났으며, 이후 회장직과 더불어 최고 소프트웨어 아키텍트(chief software architect) 직책을 신설하여 맡았다. 2008년 6월 27일에 빌 게이츠는 공식적으로 마이크로소프트에서 퇴임하고 빌 & 멜린다 게이츠 재단에서 풀타임 근무를 시작하였다. 빌 게이츠는 2008년 이전까지 마이크로소프트의 명예 회장이었다. 2018년 7월, 재산은 약 942억불(US$), 한화로는 약105조원으로 아마존 창업자인 제프 베조스 다음으로 **세계 2위 부자**이다.

25위는 제임스 왓트, 산업혁명의 대부

제조업의 혁명, 1780~1800년 생산량 2배 이상 증가, 농경사회가 산업사회로 변모하는데 결정적 영향을 끼친 인물이다. 제임스 와트(James Watt, 1736년 1월 19일 ~ 1819년 8월 25일)는 스코틀랜드와 발명가이자 기계공학자였다. 제임스 와트는 영국과 세계의 산업 혁명에 중대한 역할을 했던 증기기관을 개량하는 데 공헌하였다. 흔히 증기기관을 발명했다 알려졌지만, 실제론 기존의 이미 존재하는 증기기관에 응축기를 부착하여 효율을 높인 것이다. 와트는 1736년 1월 19일에 스코틀랜드의 그리노크 (펄스 오브 클라이드, Firth of Clyde의 바다 항구)에 태어났다. 그제임스 와트의 아버지는 배 목수였고 어머니 아그네스 무어헤드는 잘 교육받은 가정 출신이었다. 둘 다 장로교파에 속했다. **소년 시절에 수세공에 관심을 가지게 된 와트는 학교에 비정규적으로 출석했지만 제임스 와트의 어머니로부터 대부분 가정교육을 받았다.** 18세가 되어 제임스 와트의 어머니는 죽고 제임스 와트의 아버지의 건강 또한 악화되기 시작했다. 그는 런던에서 나와 기계 제조업을 배웠다. 기계 직공으로 일하려고 했지만 조합 제도에 방해를 끼쳐 개업하지 못하고 있었다. 그곳에서 런던의 한 화학 기구 제조사에서 한 해 동안 수행에 힘써 1757년에 글래스고 대학 구내에 실험 기구 제조, 수리점을 개업하였다. 제임스 와트는 글래스고 대학이 뉴코멘 증기기관을 소유하고 있다는 사실을 알았지만 런던에 수리를 맡기고 있었다. 와트는 대학교에 그것을 반환할 것을 부탁하고 1763년에 그것을 수리하였다. 제임스 와트는 이 증기기관을 마주치면서 보다 더 효율이 좋은 증기 기관을 만들기 위해 열과 힘의 관계를 연구하였다. 그리고 실린더를 두 개 가진 와트식 증기기관을 고안하였다. 당시 글래스고 대학교에는 물리학 교수 조세프 블랙으로부터 열역학에 대해 배울 기회가 있었다. 물리학 실험의 수업용 뉴커먼 증기 기관의 모형을 수리함으로써 이제껏 증기 기관의 문제점, 개량점을 파악하였다.

이전까지의 뉴커먼 증기 기관은 열의 1 퍼센트 정도밖에 동력으로 바꿀 수 없었다. **와트는 먼저 실린더에서 냉각기를 분리한 증기기관을 발명하는 것을 성공하여 보다 더 많은 열을 동력으로 바꿀 수 있게** 하였으며 1769년에 "화력 기관에 대해 증기와 연료 소비를 줄이기 위해 새로이 발명된 방법"으로 특허를 취득하였다. 그 뒤에 새로운 협력자 매슈 볼턴과 1774년에 볼턴 앤드 와트사를 만들어 와트식 증기 기관을 제조하기 시작하였다. 그 뒤로도 증기 기관의 개량은 계속하여 1781년에 유성 톱니바퀴 장치의 특허를 취득하게 되었다. 와트는 증기 기관의 개선에만 머무르지 않고 증기 기관의 출력을 나타낸 단위의 **와트**라는 단위를 만들기도 했다. 이는 특허료 지불 기준을 만들기 위해 이 단위가 설치된 것이다. 와트는 1819년 8월 25일에 산업 혁명이 진전되던 동안 버밍엄 핸즈워스에 있는 자택에서 죽었다.

24위는 토마스 아퀴나스, 중세 신학자

중세 신학자로서 논리적 사고와 신앙은 공존 가능하다고하였다. 토마스 아퀴나스(Thomas Aquinas, 1224/25년~1274년 3월 7일)는 **중세 기독교의 대표적 신학자이자 스콜라 철학자이다.** 또한 아퀴나스는 자연 신학의 으뜸가는 선구자이며 로마 가톨릭에서 오랫동안 주요 철학적 전통으로 자리 잡고 있는 **토마스학파의 아버지**이기도 하다. 교회학자 33명 중 하나이며, 로마 가톨릭에서는 아퀴나스를 교회의 **위대한 신학자**로 여기고 있으며 이에 따라 토마스 아퀴나스의 이름을 딴 학교나 연구소 등이 많이 있다.

23위는 링컨, 노예 해방, 미국 제16대 대통령

링컨(1809년 2월 12일~1865년 4월 15일)은 **공식적인 학교 수학 경험이 1년, 독학으로 변호사 자격 취득, 발명특허권을 가진 미국의 유일한 대통령이다.** 재선취임 연설로 게티스버그에서 "**국민의, 국민에 의한, 국민을 위한 정부는, 지상에서 영원히 사라지지 않을 것입니다.**"라는 유명한 **연설**을 하였다. 1816년 가족이 집을 잃고 길거리로 쫓겨나 혼자 힘으로 가족을 책임지게 되고, 1818년 어머니 작고, 1831년 사업실패, 1832년 주 의회 선거 낙선, 1832년 직장을 잃고 법률학교 낙방,

1833년 사업시작 완전히 파산, 1834년 주 의회 진출 성공, 1834년 약혼자 갑자기 사망, 1836년 극도의 신경쇠약증 6개월간 입원 1838년 주 의회 선거 패배, 1840년 정부통령 선거위원 패배, 1843년 미국 하원의원 선거 패배, 1846년 하원의원으로 선거 성공, 1848년 하원의원 재선거 패배, 1849년 고향에서 국유지 관리인 취업 거절당함, 1854년 미국 상원의원 선거에 출마해 패배, 1856년 부통령후보 지명전 100표 차로 패배, 1858년 상원의원 패배, 마침내 1860년 미국 대통령에 당선되었다. **"내가 걷는 길은 험하고 미끄러웠다. 그래서 나는 자꾸만 미끄러져 길바닥 위에 넘어지곤 했다. 그러나 나는 곧 기운을 차리고 내 자신에게 이렇게 말했다." "괜찮아, 길이 약간 미끄럽긴 해도 낭떠러지는 아니야."** 에이브러햄 링컨은 1861년 3월부터 암살된 1865년 4월까지 미국의 제16대 대통령으로 재직했다.

링컨은 남북전쟁이라는 거대한 내부적 위기로부터 나라를 이끌어 벗어나게 하는 데 성공하여 연방을 보존하였고, 노예제를 끝냈다. 당시 미국 서부 변방의 개척지에 사는 가난한 가정 출신이었기 때문에, 링컨은 공부를 학교에서 배우기보다는 혼자서 스스로 할 수밖에 없었다. 링컨은 변호사가 되었고, 일리노이 주 의원이 되었고, 미국 하원의원을 한 번 했지만, 상원 의원 선거에서는 두 번 실패하였다. 링컨은 가족과 함께 시간을 많이 보내지는 못했지만, 자상한 남편이었고 네 아이의 아버지였다. 링컨은 미국의 노예제도의 확장에 대해서 공개적인 반대자였으며, 선거 기간 중 토론과 연설을 통해서 자신의 입장을 분명하게 드러냈다. 그 결과 링컨은 1860년 미국 대통령 선거에서 공화당의 대통령 후보 지명을 확보하였다.

대통령이 된 후에 링컨은 임기 중 일어났던 남북전쟁에서 북부의 주를 이끌며 미합중국에서 분리하려 노력했던 남부 연합에 승리를 거뒀다. 1863년에는 노예 해방 선언을 발표했고, 수정 헌법 13조의 통과를 주장하며 노예제의 폐지를 이끌었다. 대통령으로서 링컨은 군사적, 정치적 양면으로 내전 승리에 집중했으며, 미국 남부 11주의 분리 독립 선언 이후, 그 주들과 통합할 방법을 계속 모색했다. 링컨은 전례 없는 군사 조치를 취했으며, 분리 독립주의자로 의심되는 사람은 재판 없이 수감하거나 구금 조치를 취했다. 링컨은 남북전쟁에서 율리시스 그랜트 장군과 같은 최고 지휘관의 선발에 깊이 관여하며 남북전쟁을 승리로 이끌었다. 역사가들은 그가 공화당 내 여러 분파의 지도자를 내각에 참여시킴으로써 당의 분파가 협력하도록 잘 조정했다고 말한다. 링컨은 1861년 말 트랜트호 사건에서 영국과 전쟁 위기까지 몰렸던 위기를 잘 해결했다. 링컨의 리더십 아래, 북군은 남북의 경계가 되던 주들을 점령할 수 있었다. 또 링컨은 1864년의 대통령 선거에서도 다시 승리했다. 공화당의 중도파 수장으로서, 링컨은 모든 방향에서 비판을 받았다.

노예제도에 반대하던 극단 공화파에서는 남부에 대해 더욱 강한 조치를 촉구했으며, 전쟁에 반대하던 민주당에서는 평화와 협상을 촉구했다. 분리독립주의자들은 링컨을 적으로 보았다. 링컨은 반대파에 지원책을 폄으로서 지지를 끌어내고자 했으며, 뛰어난 수사학 이용과 연설을 통해 대중의 의견을 이끌었다. 예를 들어 **게티스버그 연설은 미국의 전통인 자유주의 곧 자유, 평등, 민주주의에 대한 상징이 되었으며, 역사를 통틀어 가장 많이 인용되는 연설**로 손꼽는다. 전쟁이 종료돼 가면서 링컨은 전후 재건에 대해 신중한 시각을 보이며 관대한 화해를 통해 국가를 통합하는 정책을 주장했다. 남부연합을 이끌던 로버트 리 장군의 큰 패배가 있은 지 6일 뒤에 링컨은 미국 역사상 처음으로 대통령 임기 중에 암살되었다. 링컨은 지속적으로 전문가들에게서 모든 **미국 대통령 중 가장 위대한 대통령으로 꼽히고 있으며 영웅, 성자, 순교자가 된 실제 자기 신장(193cm)만큼의 역사의 거인**이라 할 수 있다.

22위는 칭기스칸, 몽골제국 건설, 세계 절반을 정복

최고의 기쁨은 적을 정복 하는 것이라며, 세계의 절반을 정복한 정복자이다. 기동전의 대가이며, 몽고 제국을 건설하고, 예술, 문화, 정치, 사상 및 상업 등을 발달시킨 위인이다. 칭기스칸(1162년 4월 16일~1227년 8월 18일)은 세계 역사상 가장 넓은 대륙을 점유한 몽골제국의 창업자이자 초대 대칸이다. 어릴 때의 이름은 테무진이었다. 몽골의 여러 부족을 통합하고, 출신이 아닌 능력에 따라 대우하는 합리적 인사제도인 능력주의에 기반한 강한 군대를 이끌어 역사상 가장 성공한 군사 및 정치지도자가 되었다. 중국사에는 원(元)나라의 태조(太祖)로 기록된다. 오늘날 칭기스칸의 이름은 칭기스칸 국제공항으로 남아있다.

21위는 미국의 초대 대통령, 조지 워싱턴

조지 워싱턴(George Washington, 1732년 2월 22일 ~ 1799년 12월 14일)은 미국의 초대 대통령(1789년~1797년)으로, 1775년부터 1783년까지 벌어진 미국 독립 전쟁에서 대륙군의 총사령관으로 활동하였다. 미국인들은 워싱턴이 미국의 건국과 혁명의 과정에서 주요한 역할을 수행했다는 이유로 "미국 건국의 아버지"라고 부르기도 한다. 1775년 대륙 회의에서 워싱턴은 미국 독립군의 총사령관으로 임명되었다. 그 다음 해에, 워싱턴은 영국 세력을 보스턴에서 축출하였고, 뉴욕을 잃는 대신 델라웨어 강을 건너 뉴저지를 재탈환하기도 하였다. 워싱턴의 전략으로 독립군은 사라토가와 요크타운에서 영국의 주요 부대 둘을 잡을 수 있었다. 대륙 회의와 식민 주들, 그리고 동맹국인 프랑스와의 의견 조율 과정에서 워싱턴은 사실상 와해와 실패의 위협 속에서 금방이라도 깨져버릴 것같은 국가와 결속력 없는 군대를 같이 통솔하고 있었다.

1783년에 전쟁이 종결된 이후, 영국의 왕 조지 3세는 워싱턴이 고향으로 돌아갈 것이라는 루머를 듣고 앞으로의 워싱턴의 행보에 대해서 물은 적이 있다. 이에 왕은 "만약 워싱턴이 그러한다면, 워싱턴은 세계에서 가장 훌륭한 사람일 것"이라고 언급하기도 하였다. 워싱턴은 실제로 그러하였으며, 버논 산에 있는 자신의 농장으로 돌아가 개인적인 삶을 영위하였다. 당시에 연합 규약에 대한 대체적인 불만이 있었기 때문에, 1787년 미국 헌법의 초안을 작성하기 위하여 필라델피아 헌법 제정 의회가 열렸었는데 워싱턴은 이 의회를 주재하였다.

워싱턴은 1789년 미국 대통령 선거에서 처음이자 마지막으로 만장일치로 대통령에 당선되었으며, 연방정부 수립 이후엔 새 정부의 각 부서들의 관례와 목적 등의 기초를 다졌다. 워싱턴은 영국과 프랑스 사이의 전쟁으로 인해 갈기갈기 찢겨진 현실에서 생존할 수 있는 국가를 만들고자 하였다. 1793년의 일방적인 중립 선언으로 워싱턴은 해외 문제에 있어서 어떠한 간섭도 취하지 않겠다는 기초를 마련하였다. 또한 강력한 중앙 정부를 수립하는 계획을 추진하는 과정에서 국가 부채를 조성하였고, 효율적인 세금 제도를 시행하였으며, 국가은행을 창설하기도 하였다.

워싱턴은 전쟁으로의 유혹에서 벗어나려 했으며, 이에 따라 영국과의 약 십년간의 평화가 1795년에 체결된 제이 조약과 함께 시작되었다. 워싱턴은 제퍼슨을 위시하는 민주 공화당의 집중적인 반대로부터 이 조약을 비준하기 위해 자신의 특권을 사용하였다. 공식적으로는 한 번도 연방당에 가입하지 않았음에도 불구하고, 워싱턴은 그들의 계획을 지지하는 등 사실상 정신적인 지주였다. 워싱턴의 퇴임 연설은 당파성과 파벌주의 그리고 해외에서 벌어지는 전쟁에의 가담 등에 대한 엄중한 경고와 공화주의적인 덕목을 주제로 하는 기본 입문서와 같은 위치로 자리 잡게 되었다. 워싱턴은 1799년에 사망하였다. 역사학자들은 꾸준히 워싱턴을 **가장 훌륭한 미국 대통령 중 한명으로** 여기고 있다.

20위는 아담 스미스, 국부론, 경제학의 아버지, 정치경제학자 및 윤리철학자

돈의 개념, 국부론, 자유방임, 경제를 정치로부터 독립, 개인 각자가 이익 추구하는 사회, 자유 무역 중시, 자본주의 대명사, '보이지 않는 손'을 주장한 인물이다. 아담 스미스(Adam Smith, 1723년 6월 5일 ~ 1790년 7월 17일)는 스코틀랜드 출신의 정치경제학자이자 윤리철학자이다. 후 대의 여러 분야에 큰 영향을 미친 《국부론》의 저자이다. 고전경제학의 대표적인 이론가인 아담 스 미스는 일반적으로 **경제학의 아버지로 여겨지며 자본주의와 자유무역에 대한 이론적 기초를 제 공했다.** 아담 스미스는 스코틀랜드 피페의 커크칼디의 세무 관리의 아들로 태어났다. 출생일은 정확 하게 알려져 있지 않지만 1723년 6월 5일 커크칼디에서 세례를 받았다. 아담 스미스의 부친은 아담 스미스가 세례받기 약 6개월 전에 사망했다. 4살 경에 일단의 집시들에게 납치되었지만 아담 스미스 의 삼촌에 의해서 구출되어 모친에게로 돌아왔다. 스미스의 전기 작가인 존 레이는 장난스럽게 아담 스미스는 별로 쓸만한 집시가 되지 못했을 것이라고 첨부한다. 14살에 글래스고 대학교에 입학하여 철학자 데이비드 흄의 친구였던 프란시스 허치슨으로부터 윤리철학을 공부하였다. 1740년 옥스퍼드 대학에 장학생으로 입학하였으나 옥스퍼드대의 생활은 아담 스미스의 삶에 큰 영향을 끼치지 못하였 으며 1746년에 자퇴하였다. 1748년에 케임즈경의 후원하에 에딘버그에서 공개강의를 하게 되었고, 강의에 대한 호평이 계기가 되어 1751년 글래스고 대학 논리학 강좌의 교수가 되었다.

1750년경 데이비드 흄을 만났으며 돈독한 관계를 유지하게 된다. 1759년 유럽에 명성을 떨치게 된 도덕감정론을 발표하였다. 1764년부터 귀족인 타운젠트의 아들을 데리고 가정교사를 하며 유럽여행 을 시작한다. 2년에 걸쳐 프랑스 등지를 여행하며 여러 나라의 행정 조직을 시찰하고 중농주의 사상 가들과의 접촉을 통해 이들의 사상과 이론을 흡수하였다. 귀국 후에 저술활동에 전념하여 1776년 유 명한 〈국부론〉을 발표하여, 국가가 여러 경제 활동에 간섭하지 않는 **자유 경쟁 상태에서도 '보이지 않는 손'에 의해 사회의 질서가 유지되고 발전된다고 주장**하였다. 이 책은 경제학 사상 최초의 체 계적 저서로 그 후의 여러 학설의 바탕이 된 고전 중의 고전이다. 1778년 에든버러의 관세 위원이 되고, 1787년 글래스고 대학 학장을 지냈다. 아담 스미스는 영국 정통파 '**경제학의 아버지**'라고 불 리며, 윤리학자로도 알려져 있다.

19위는 미켈란젤로, 건축가, 화가, 조각가

성베드로 성당, 천지창조, 다비드 상, 피에타 조각 등, 죽기 8일 전까지 조각 작업, 25세 때 피 에타 완성, 29세 때 피렌체의 수호성인인 다비드 상을 4년 걸려 조각하였고, 작품마다 혼신의 힘을 다했다. 4년 걸려 완성한 세스티나 성당 천지창조 등 세계적 걸작을 남기고, 89세에 사망 했다. 미켈란젤로 디 로도비코 부오나로티 시모니(Michelangelo di Lodovico Buonarroti Simoni, 1475년 3월 6일 ~ 1564년 2월 18일)는 르네상스 시대 이탈리아의 대표적 조각가, 건축가, 화가, 그리고 시인이었다.

18위는 존로크, 경험론 철학자, 계몽주의 사상가

"생명과 자유의 추구는 양보할 수 없는 권리", 종교의 자유, 권리장전, 철학과 정치, 왕권신수설 반대, 교회와 국가의 분리 등을 주장한 경험론 철학자이다. 존 로크(John Locke, 1632년 8월 29일 ~ 1704년 10월 28일)는 잉글랜드 왕국의 철학자 및 정치사상가이다. 로크는 영국의 첫 경험론 철학자로 평가를 받지만, 사회계약론도 동등하게 중요한 평가를 받고 있다. 로크의 사상들은 인식론과 더불어 정치철학에 매우 큰 영향을 주었다. 로크는 가장 영향력이 있는 계몽주의 사상가이자 자유주의 이론가의 하나로 널리 알려져 있다. 로크의 저서들은 볼테르와 루소에게 영향을 주었으며, 미국 혁명뿐만 아니라 여러 스코틀랜드 계몽주의 사상가들에게도 영향을 미쳤다. 로크의 영향은 미국 독립 선언문에 반영되어 있다.

평화·선의·상호부조가 있는 낙원적 자연 상태에서 노동에 의한 자기 재산을 보유하는 자연권의 안전 보장을 위하여 사회 계약에 의해서 국가가 발생되었다고 주장하였다. 그것은 국가의 임무는 이 최소한의 안전보장에 있다고 하는 야경국가론이다. 그것을 위한 권력으로서 국민은 계약에 의하여 국가에 그것을 신탁(信託)하였다고 주장하여 국민 주권에 기초를 두었으며, 명예혁명 후의 영국 부르주아 국가를 변론하고 영국 민주주의의 근원이 되었다. 로크의 정신에 관한 이론은 "자아 정체성"에 관한 근대적 개념의 기원으로서 종종 인용되는 데, 데이비드 흄과 루소 그리고 칸트와 같은 이후의 철학자들의 연구에 현저한 영향을 주었다. 로크는 **"의식"의 연속성을 통해 자아를 정의하려 한 최초의 철학자**이다. 로크는 또한 **정신을 "빈 서판"(백지 상태**, 즉 "타블라 라사")으로 간주하였는데, 데카르트나 기독교 철학과는 다르게 사람이 선천적 관념을 지니지 않고 태어난다고 주장하였다.

17위는 마하트마 간디, 정치인, 독립운동가, 정신적 지도자

비폭력 및 불복종 운동으로 인도독립을 위해 세계최강의 제국인 영국과 맞서 싸웠다. 평화의 전사, 완전한 독립, 부유한 상인의 아들, 소금세 반대, 단식 단행, 물레모양은 인도 국기에 들어가, 대영제국 식민정책 종말, 힌두교도에 피살, 마틴루터 킹 목사에게도 영향을 주었다. 마하트마 간디(Mohandas Karamchand Gandhi, 1869년 10월 2일 ~ 1948년 1월 30일)는 **인도의 정신적·정치적 지도자로, 독립운동가 겸 법률가, 정치인이다.** 영국 유학을 다녀왔으며, 인도의 영국 식민지 기간(1859~1948) 중 대부분을 영국으로부터의 인도 독립 운동을 지도하였다. **영국의 제국주의에 맞서 반영 인디아 독립운동과 무료 변호, 사티아그라하 등 무저항 비폭력 운동을 전개해 나갔다.** 인도의 작은 소공국인 포르반다르의 총리를 지냈던 아버지 카람찬드 간디의 셋째 아들로 태어났으며, 종교는 부모의 영향으로 힌두교이다. 인도의 화폐인 루피의 초상화에도 마하트마 간디의 그림이 그려져 있다.

16위는 히틀러, 제2차 세계대전 주범, 나치 독일 총통, 대량 학살자

제대로 된 직업도 가져보지 못한 제2차 세계대전 5,000만 명 사망의 주범이다. 제2차 세계대전으로 유럽지배 체제 붕괴와 유럽이 세계의 중심에서 벗어나게 된 원인을 만든 잔혹한 폭군이다. 아돌프 히틀러(Adolf Hitler, 1889년 4월 20일 오스트리아 브라우나우암인 ~ 1945년 4월 30일)는 독일의 정치가로, 민족사회주의 독일 노동자당의 지도자이자 나치 독일의 총통이었다. 뛰어난 웅변술과 감각의 소유자였던 히틀러는 제1차 세계 대전의 패전국으로 베르사유 체제 이후 피폐해진 독일의 경제성장을 이끌기도 하였으나, 히틀러의 경제발전은 전임 바이마르 공화국에서 시행한 계획을 시행한 것에 불과할 뿐이라는 지적도 있다.

이후 독일 민족 생존권 수립 정책을 주장하며 자를란트의 영유권 회복과 오스트리아 합병, 체코슬로바키아 점령 및 폴란드를 침공하며 제2차 세계 대전을 일으켰다. 전쟁 중 히틀러의 유대인 말살정책으로 인해 수많은 유대인들이 아우슈비츠 수용소와 같은 강제수용소의 가스실에서 학살당했다. 또한 히틀러는 상당수의 폴란드 사람들에게까지도 유태인이라 모함하여 유태인과 마찬가지로 강제수용소의 가스실에서 같이 학살했다. 나치 독일에 의해 학살된 사람들 가운데에는 집시와 장애인도 있었다. 승승장구하며 전세를 확장하던 독일은 스탈린그라드와 북아프리카 전선에서 패배하였고 히틀러는 1945년 4월 29일 소련군에 포위된 베를린에서 에바 브라운과 결혼한 뒤 이튿날 베를린의 총통관저 지하 벙커에서 시안화칼륨 캡슐을 삼키고 권총으로 자신을 쏘아 자살했다. 그러나 독약 캡슐을 쓰지 않고 권총 자살을 했다는 이야기도 있다. 히틀러는 **인류에게 나쁜 영향을 크게 끼쳐서** 서구에서 선정한 인물이다.

15위는 토마스 제퍼슨, 독립선언문 작성자, 존경 받는 미국 제3대 대통령

미국 독립선언문을 작성한 정치가, 몽상가, 흑인 여성노예와 38년간 관계를 가진 노예소유자이다. **인생, 자유, 행복을 추구할 권리를 주장**하였다. 토머스 제퍼슨(Thomas Jefferson, 1743년 4월 13일 ~ 1826년 7월 4일)은 미국의 정치인으로 **제3대 미국 대통령**(재임 1801년 ~ 1809년)이자 **미국 독립선언서의 기초자**이다(1776년). 제퍼슨은 영향력 있는 **건국의 아버지 중 한 사람**으로, 미국 공화주의의 이상을 논파하기도 하였다. 또한 미국의 역대 대통령 중 존경을 받는 대통령 중의 한 사람이다. 제퍼슨의 대통령 재임 기간 중 일어난 큰 사건은 루이지애나 매입과 루이스와 클라크의 서부 탐험이었다. 제퍼슨은 영국과 프랑스의 계몽 지식인들에게 큰 감명을 받아 계몽사상을 자신의 평생 정치 철학으로 삼았다. 폭넓은 지식과 교양, 재능으로 그는 줄곧 벤저민 프랭클린과 더불어 **18세기 미국 최대의 르네상스식 인간으로 평가**되기도 한다. 제퍼슨은 반연방주의를 지향하여 자작농을 공화주의 미덕의 모범이라 이상화하였고 도시와 자본가를 믿지 않았으며 각 주의 독립적인 권한과 강력히 그 권한이 제한된 연방정부를 지향하였다.

제퍼슨은 또한 인권을 중요시하고 **계몽주의의 기본 원칙인 '사람 밑에 사람 없고 사람 위에 사람 없다.'**, '**모든 사람은 신 앞에 평등하다.**'고 역설하였으나 사실 제퍼슨은 200여 명의 노예를 가지고 있던 농장주였고 흑인과 아메리카 원주민을 부정하는 견해를 가지고 있었다. 제퍼슨은 **박학다식한 사람**으로 대통령 외에도 **여러 분야에 탁월한 재능을 발휘**했다. 제퍼슨은 원예가였고 정치인이었으며 그 외에도 **법률가, 건축가, 과학자, 고고학자, 고생물학자, 작가, 발명가, 농장주, 외교관, 음악가, 그리고 버지니아 대학교의 창립자**였다. 1962년 존 F. 케네디 대통령이 백악관 연회장에서 열린 만찬에서 49명의 노벨상 수상자들을 환영할 때, 케네디가 "나는 토마스 제퍼슨 대통령이 이곳에서 혼자 식사한 경우를 제외한다면, 역대 백악관에서 열린 만찬 중 재능과 지식의 총집합체에서 여러분들이 최고라고 생각합니다."라고 할 정도로 제퍼슨은 여러 분야에서 다재다능하였다는 평가가 있다.

미국의 역대 대통령 중에서 8년의 재임 기간 동안 한 번도 거부권을 행사하지 않은 유일한 대통령이며, 현재까지도 **미국의 역대 대통령 중 가장 훌륭한 대통령 중 하나로 인정받으며 역대 대통령 조사순위에서도 상위권을 차지**하고 있다. 그러나 흑인 여성인 샐리 헤밍스와의 불륜관계로 5명의 사생아가 제퍼슨의 서자녀일 가능성이 있다는 논란이 있다.

14위는 토마스 에디슨, 1093개 특허 발명가, 사업가

정규교육은 3개월 받았지만, 축음기, 알칼라인 축전지 등 1,093개의 발명특허를 등록한 발명가이다. 1893년 1월 1일 **전구 발명, 1888년 활동 사진기발명, 1,093개 발명, 현대가치로 약3,000억불어치, 약400조원의 가치의 발명**을 하였다. 1931년 사망 시에 미국 전체 전구를 희미하게 하여 기념하였다. 토머스 앨바 에디슨(Thomas Alva Edison, 1847년 2월 11일 ~ 1931년 10월 18일)은 미국의 발명가 및 사업가이다. 세계에서 가장 많은 발명을 남긴 사람으로 1,093개의 미국 특허가 에디슨의 이름으로 등록되어 있다. 토머스 에디슨은 후에 GE를 건립한다.

13위는 파스퇴르, 백신 개발자, 세균학의 아버지

3딸들은 질병으로 사망하였고, 후에 백신을 개발하였으며, 1850년에 **"세균도 생명체이며, 우유 상하게 하는 것은 박테리아"**라고 하였다. 단시간에 열로 세균 죽이는 파스테라이제이션 법, 비과학적 믿음을 말소시켰다. 루이 파스퇴르(Louis Pasteur, 1822년 12월 27일 ~ 1895년 9월 28일)는 프랑스의 생화학자이며 로베르트 코흐와 함께 **세균학의 아버지**로 불린다. 분자의 광학 이성질체를 발견했으며, **저온 살균법, 광견병, 닭 콜레라의 백신**을 발명했다. 1843년에 파리 고등사범학교에 입학해 1846년에 박사 학위를 취득했다. 화학을 전공했지만 **처음은 재능을 보이지 못하고 지도한 교수의 한 명은 파스퇴르를 "평범하다"**라고 평가했다.

12위는 지그문트 프로이드, '꿈의 해석' 저자, 정신분석학의 거장

지그문트 프로이드(Sigmund Freud or Sigismund Schlomo Freud, 1856년 5월 6일 ~ 1939년 9월 23일)는 오스트리아의 정신과 의사, 철학자이자 **정신분석학파의 창시자**이다. 유태인으로 머리가 크며, 언어에 능통하고 **취미는 꿈**이라고 학교 기록부에 기재되었다. 1873년 비엔나대학 의대입학하고, 1884년 약을 연구하고, 치료약으로 중독성을 모르고 코카인을 사용하였다. 1886년 병원을 개업하였다. 1899년 '**꿈의 해석**'을 출판하여 6년간 300부 판매하였다. 1909년 비 유태인들도 인정하고, **무의식의 지배자**, 정신분석학, 자유연상법, 부모형제 보고 판단, 무의식 속에서 실마리, 질투 등의 감정에 대해서도 자세하게 연구하였다. 대화를 통해 치유가 가능하다고도 하였다.

프로이드는 무의식과 억압의 방어 기제에 대한 이론, 그리고 환자와 정신분석자의 대화를 통하여 정신 병리를 치료하는 정신분석학적 임상 치료 방식을 창안한 것으로 매우 유명하다. 또 프로이드는 성욕을 인간 생활에서 주요한 동기 부여의 에너지로 새로이 정의하였으며, 자유 연상, 치료 관계에서 감정 전이의 이론, 그리고 꿈을 통해 무의식적 욕구를 관찰하는 등 치료 기법으로도 알려져 있다.

그리고 프로이드는 뇌성마비를 연구한 초기 신경병 학자이기도 하였다. 신프로이드 주의에서 프로이드의 많은 이론을 버리거나 수정하였으며, 20세기 말에 심리학 분야가 발전하면서 프로이드 이론에서 여러 결함이 드러났으나, **프로이드의 방법과 관념은 임상 정신 역학의 역사에서 중요한 위치를 차지하고 있다. 프로이드의 생각은 인문 과학과 일부 사회 과학에서 계속 영향을 주고 있다.**

11위는 레오나르도 다 빈치, 화가, 조각가, 건축가, 발명가

사생아로 태어나, 시대를 앞서간 인물로서, 최후의 만찬, 모나리자, 완성작은 극소수이나, 화가, 발명가, 과학자, 근대적 예술가의 전형, 기계공학, 해부학, 공기역학, 혈액의 순환, 달의 영향, 잠수함, 비행기 등 많은 아이디어를 스케치하였다. 레오나르도 다 빈치 (Leonardo da Vinci, 1452년 4월 15일 ~ 1519년 5월 2일)는 이탈리아 르네상스를 대표하는 근대적 인간의 전형이다. **다 빈치는 화가이자 조각가, 발명가, 건축가, 기술자, 해부학자, 식물학자, 도시 계획가, 천문학자, 지리학자, 음악가였다.** 다 빈치는 호기심이 많고 창조적인 인간이었으며, 어려서부터 인상 깊은 사물, 관찰한 것, 착상 등을 즉시 스케치하였다.

10위는 갈릴레오 갈릴레이, 과학자, 천문학자, 근대 과학의 아버지

'지동설 주장' 종교재판에 대한 과오를 바티칸이 1992년에 공식으로 인정하였다. 또한, 공식적으로 갈릴레이의 완전복권을 선언하였다. 갈릴레오 갈릴레이(Galileo Galilei, 1564년 2월 15일~1642년 1월 8일)는 이탈리아에서 태어난 철학자이자 **과학자, 물리학자, 천문학자이고 과학 혁명의 주도자이다.** 갈릴레오는 요하네스 케플러와 동시대 인물이다. 갈릴레오 갈릴레이는 아리스토텔레스의 이론을 반박했고 교황청을 비롯한 종교계와 대립했다. 갈릴레오 갈릴레이의 업적으로는 망원경을 개량하여 관찰한 것, 운동 법칙의 확립 등이 있으며, 코페르니쿠스의 이론을 옹호하여 **태양계의 중심이 지구가 아니고 태양임을 믿었다.** 갈릴레오 갈릴레이의 연구 성과에 대하여 많은 반대가 있었기 때문에 자진하여 로마 교황청을 방문, 변명했으나 종교 재판에 회부되어 지동설의 포기를 명령받았다.

그러나 〈황금 측량자〉를 저술하여 **지동설을 고집하였으며,** 〈천문학 대화〉를 검열을 받고 출판했으나 문제가 생겨 로마에 감금되었다가 석방되었다. **갈릴레오는 결국 그의 지동설을 철회하도록 강요받았고, 갈릴레오 갈릴레이의 마지막 생애를 로마교황청의 명령에 따라 가택에서 구류되어 보냈다. 갈릴레오 갈릴레이는 실험적인 검증에 의한 물리를 추구했기 때문에 근대적인 의미의 물리학의 시작을 대개 갈릴레오의 것으로 본다.** 또한, 진리의 추구를 위해 종교와 맞선 과학자의 상징적인 존재로 대중들에게 인식되고 있다. 하지만 갈릴레오 갈릴레이는 종교계와의 대립과는 상관없이 **독실한 기독교 신자였으며,** 그런 대립도 자신의 의도와는 거리가 먼 것이었다. 물리학 입문 과정에서 배우는 등가속 물체의 운동은 운동학으로서 갈릴레오에 의해 연구되었다.

갈릴레오 갈릴레이의 관측적 천문학의 업적은 금성의 위상과, 갈릴레오 갈릴레이를 기리기 위해 갈릴레이 위성이라 불리는 목성의 가장 큰 네 개 위성의 발견, 태양 흑점의 관측과 분석이라 할 수 있다. 갈릴레오는 또한 나침반 디자인의 개량 등 과학과 기술에 기여하였다. **갈릴레오 갈릴레이의 최대 공적은 과학적 연구 방법으로써 보편적 수학적 법칙과 경험적 사실의 수량적 분석을 확립한 점에 있다고 평가되며, '근대 관측천문학의 아버지', '근대 물리학의 아버지', 또는 '근대 과학의**

아버지'라 불린다.

9위는 코페르니쿠스, '지동설 주장', '코페르니쿠스 전환', 천문학자

육안으로 행성관찰하고, 폴란드 교회행정관으로서 연구시간이 불충분함에도 위대한 업적인 **지동설을 주장**하였다. 니콜라우스 코페르니쿠스(Nikolaus Kopernikus, 1473년 2월 19일 ~ 1543년 5월 24일)는, 지동설을 주장하여 근대 자연과학의 획기적인 전환, 이른바 '**코페르니쿠스의 전환**'을 가져온 폴란드의 천문학자이다. 여러가지의 이름표기는 코페르니쿠스가 태어난 곳(폴란드)과 코페르니쿠스의 모국어(독일어) 그리고 코페르니쿠스가 즐겨 쓴 라틴어를 감안하여 세 가지 언어로 표기한다. 인공원소 코페르니슘의 이름이 코페르니쿠스의 이름을 따서 지어졌다. 코페르니쿠스는 라틴어, 폴란드어, 독일어, 그리스어, 그리고 이탈리아어를 모두 말할 수 있었다.

8위는 아인슈타인, 이론물리학자, 상대성원리, 일반 상대성이론

앨버트 아인스타인(1879년 3월 14일 ~ 1955년 4월 18일)은 독일 태생의 **이론물리학자**이다. **아인슈타인의 일반 상대성이론은 현대 물리학에 혁명적인 지대한 영향을 끼쳤다.** 또한 1921년 광전효과에 관한 기여로 노벨 물리학상을 수상하였다. 9세까지 말을 더듬었으나, 뛰어난 천재로서 **상대성원리와 1905년 특수상대성 이론**을 발표하고, 1915년 **일반상대성 이론**을 발표하였다. 알베르트 아인슈타인은 독일, 뷔르템베르크 주 울름에서 전기 공장 사장이었던 유대인 아버지와 독일인 어머니 사이에서 태어났다. 아인슈타인의 아버지 헤르만 아인슈타인과 어머니 파브리네는 매주 교회에 나가는 로마 가톨릭 신자였으며, 집안에도 청동으로 만든 십자고상이 있었다. 한 살 때 아버지의 사업 부진으로 대대로 살던 울름을 떠나, 뮌헨으로 이사했다. 초등학교 시절 아인슈타인은 유럽인들의 뿌리 깊은 반유대주의로 인해 상처를 받기도 했다. 아인슈타인이 다닌 초등학교는 로마 가톨릭 학교였는데, 교사가 수업 시간에 대못을 보여 주며, 유대인은 예수를 죽인 민족이라고 말했던 것이다. 반유대주의는 유대인 아인슈타인이 존경 받는 과학자가 된 후에도 아인슈타인을 괴롭혔다.

아인슈타인은 어려서부터 숙부의 영향으로 일찍이 수학과 과학에 대해 관심을 갖게 되었으며 수학을 독학하였다. 아인슈타인의 과학과 수학 성적은 매우 좋았으나 학교에서는 대체로 군대식 일체 교육에 대한 반감으로 반항적인 학생이라 여겨졌다. 청소년 시절 아인슈타인의 가족은 사업부진으로 이탈리아 밀라노로 건너가게 된다. 아인슈타인은 이후 홀로 독일의 김나지움에 진학했으나 학교에는 잘 적응하지 못하였다. 결국 신경쇠약으로 공부를 쉬어야 할 정도로 건강이 나빠지자, 17세의 아인슈타인은 "다시는 독일 땅을 밟지 않겠다."라며 학교를 떠났다. 이후 독학으로 공부하여 스위스의 취리히 연방 공과대학교(ETH Zurich)에 응시하였으나 낙방을 하게 된다. 그러나 아인슈타인의 뛰어난 수학 성적을 눈여겨본 학장의 배려로 1년간 아라우에 있는 자유로운 분위기의 고등학교에서 공부하고 나서 결국 연방 공과대학교에 입학하게 된다.

7위는 칼 마르크스, 철학자, 공산주의, 마르크스주의 창시자

가난으로 6자식 중 3명이 죽었다. 실현될 수 없는 이상주의를 주장하였으며, 자본가와 노동자의 관계분석을 하였고, 주장한 **공산주의**는 결국 실패하였다. 카를 하인리히 마르크스(Karl Heinrich Marx, 1818년 5월 5일~1883년 3월 14일)는 후대에 큰 영향을 끼친 라인란트 출신의 **공산주의 혁명가, 역사학자, 경제학자, 철학자, 사회학자, 마르크스주의의 창시자**이다. 맑스, 막스, 칼 마르크스란 말도 쓰이지만 표준어법에 따르면 "카를 마르크스"이다. 1847년 공산주의자동맹을 창설했다. 1847년 프리드리히 엥겔스와 공동집필해 이듬해 2월에 발표한 《공산당 선언》과 1867년 초판이 출간된 《자본론》의 저자로 널리 알려져 있으며, 러시아의 10월 혁명을 주도한 블라디미르 **레닌은 마르크스를 이론적 기반으로** 삼았다.

6위는 콜럼버스, 탐험가, 항해가, 남미대륙 발견자

이탈리아 선원으로서 스페인 페르디난도 왕과 이사벨라 여왕을 6개월간 설득하여, **남미대륙을 발견**하였다. 유럽문화가 전 세계에 영향을 끼치고, 수백만 명 원주민은 질병 및 학살로 죽었다. 크리스토퍼 콜럼버스(Christopher Columbus, 1451년 경 ~ 1506년 5월 20일)는 이탈리아 제노바 출신의 **탐험가**이자 항해가이다.

5위는 세익스피어, 작가, 최고의 극작가, 시인

시골에서 상경하여, 스스로 성장하여 작품에서 인간내면을 예리하게 파헤쳤다. 심리묘사의 달인으로 언어구사력이 뛰어났다. 기지가 넘치는 작가이며, 1592년 **배우, 작가, 시인**, 엘리자베스 여왕시대에 활동하였다. 윌리엄 세익스피어(William Shakespeare, 1564년 4월 26일 ~ 1616년 4월 23일)는 **영국의 극작가, 시인이다. 세익스피어의 작품은 영어로 된 작품 중 최고라는 찬사를 받으며, 세익스피어 자신도 최고의 극작가로 손꼽힌다.** 세익스피어는 자주 영국의 "국민 시인"과 "에이번의 시인"으로 불렸다. 영국이 낳은 세계 최고 극작가로 불리고 있는 세익스피어는 잉글랜드 중부의 영국의 전형적인 소읍 스트랫퍼드 어폰 에이번에서 출생하였다. 세익스피어는 아름다운 숲과 계곡으로 둘러싸인 인구 2,000명 정도의 작은 마을이었던 스트랫퍼드에서 존 부부의 첫아들로, 8남매 중 셋째로 태어났고, 이곳에서 학교를 다녔다. 아버지 존 세익스피어는 비교적 부유한 상인으로 피혁가 공업과 중농(中農)을 겸하고 있었으며, 읍장까지 지낸 유지로 당시의 사회적 신분으로서는 중산계급에 속해 있었기 때문에 세익스피어는 풍족한 소년시절을 보낸 것으로 짐작된다. 그러나 1577년경부터 가운이 기울어져 학업을 중단했고 집안일을 도울 수밖에 없었다고 한다. 학업을 중단하고 런던으로 나온 시기는 확실치가 않고 다만 1580년대 후반일 것으로 여겨지고 있다.

세익스피어는 주로 성서와 고전을 통해 읽기와 쓰기를 배웠고, 라틴어 격언도 암송하곤 했다. 세익스피어는 11세에 입학한 문법학교에서 문법, 논리학, 수사학, 문학 등을 배웠는데, 특히 성서와 더불어 오비디우스의 《변신》은 세익스피어에게 상상력의 원천이 된다. 세익스피어는 그리스어를 배우기도 하였지만 그리 뛰어나지 않는 편이었다. 그리하여 세익스피어와 동시대 극작가인 벤 존슨은 "라틴어에도 그만이고 그리스어는 더욱 말할 것이 없다."라고 하면서 세익스피어를 비꼬아내기도 하였다. 이 당시에 대학에서 교육받은 학식 있는 작가들을 '대학재사'라고 불렀는데, 세익스피어는 이들과는 달리 대학 교육을 전혀 받지 못하였다. 그럼에도 불구하고 세익스피어의 타고난 언어 구사 능력과 무대 예술에 대한 천부적인 감각, 다양한 경험, 인간에 대한 심오한 이해력은 세익스피어를 위대한 작가로 만드는 데 부족함이 없었다.

세익스피어는 작가들과는 다르게 뛰어난 교육을 받지 못하였음에도 불구하고 자연 그 자체로부터 깊은 생각과 뛰어난 지식을 끌어 모은 자로서 그 세대의 최고의 희곡가라고 불리고 있다. 세익스피어는 18세의 나이에 26세의 앤 해서웨이와 결혼했다. 우스터의 성공회관구(자치적이고 독립적인 지역 성공회 교회를 일컫는 말)의 교회 법정에서는 1582년 11월 27일에 혼인 허가를 내주었다. 해서웨이의 두 이웃은 결혼을 막을 아무런 장애 요인이 없음을 보증하는 보증서를 다음 날 보냈다.

세익스피어의 생애에서 세례일과 결혼일을 제외하고 확실한 기록으로 남아 있는 것은 거의 없다. 세익스피어와 앤 사이에서 1583년 5월 23일에 수잔나라는 딸이 탄생한다. 앤은 엘리자베스 시대의 정황으로 보아 그리 늙은 신부가 아니었지만 세익스피어가 연상의 아내를 그리 사랑한 것 같지는 않다. 연상의 아내가 마음에 들지 않아서였든 개인적인 성공의 야심에서였든, 아니면 고향에 머무를 수 없을 만한 사고를 저질렀든, 세익스피어는 1585년에 햄릿과 주디스라는 쌍둥이가 태어난 후 곧장 고향을 떠나 떠돌아다닌다. 1585년 이후 7~8년간 고향을 떠나 떠돌아다녔는데, 이 기간 동안 세익스피어가 어디서 무엇을 했는지 명확하게 밝혀져 있지 않다. 다만 1590년경에야 런던에 도착해 이때부터 배우, 극작가, 극장 주주로 활동했다는 기록이 남아 있을 뿐이다.

4위는 찰스 다윈, '종의 기원' 진화론, 박물학자

빅토리아 시대의 인물로, 8세에 모친이 사망하고, 1825년 16세에 의대에 입학하였으나, 적성이 안 맞았다. 아버지가 성직자, 신학 공부하러 캠브리지에 들어갔다. 키는 180Cm, 영국 해군이 되었다. 1831년 이글 호는 27m 길이와 7m폭의 작은 배, 목조범선, 4~5년간 74명이 공동 생활하는 떠다니는 관이라 하였다. 연인은 1년 후에 결혼해 버리고, 해상연구, 남미해안 항해, 갈라파고스제도의 새 13종류 형태 등 다양성 및 환경적응을 발견, 1859년에 '종의 기원' 진화론 책을 출판하였는데 하루만에 품절되었다. 진화론으로 성경에 정면 대치하게 되었다. 찰스 로버트 다윈(Charles Robert Darwin, FRS, 1809년 2월 12일~1882년 4월 19일)은 영국의 생물학자, 박물학자이며 철학자로 인정받기도 한다. 진화론을 체계적으로 정리한 뒤 저서 종의 기원을 통해 공식적으로 진화론을 발표하여 논란이 되었다. 박물학자 에라스무스 다윈의 손자이며, 생물학자 프랜시스 골튼의 외사촌 형이기도 하다.

《종의 기원》에서 생물의 진화론을 내세워 코페르니쿠스의 지동설만큼이나 세상을 놀라게 했다. 당시 지배적이었던 창조설, 즉 지구상의 모든 생물체는 신의 뜻에 의해 창조되고 지배된다는 신중심주의 학설을 뒤집고 새로운 시대를 열어, 인류의 자연 및 정신문명에 커다란 발전을 가져오게 했다. '인간은 원숭이로부터 진화되었다.'는 다윈의 발언은 당시 유럽 사회에 충격을 주었고, 진화론과 창조론간의 논쟁에 본격적으로 불을 붙였다.

3위는 마틴 루터, 성직자, 종교 개혁자

독일인으로서 성직자 없이 직접구원의 길이 가능하다고 하였다. 1517년까지 카톨릭과 싸우고, 신성로마 제국 국회에 끌려 나가 이단자로 파문되었으나, 사람의 지적 자유, 인간중심의 종교 사상을 주장하였다. 30년 전쟁 원인이 되었으며, 종교개혁을 주도 하였다. 마르틴 루터(Martin Luther 또는 Luder, 1483년 11월 10일~1546년 2월 18일)는 독일의 종교 개혁자이다. 마르틴 루터는 원래 로마 가톨릭교회의 신부였으나, 로마 가톨릭 교회의 부패에 항거하여, 로마 가톨릭 교회의 교리를 논박하고, **성서가 지니고 있는 기독교 신앙에서의 유일한 권위와 하나님의 은총을 통한 구원을 강조**하였다. 이 주장은 **믿음만으로, 은총만으로, 성서만으로!** 라는 말로 함축 할 수 있다.

그러나 루터는 스스로가 시작한 이 일을 '종교 개혁'으로 생각하지 않았는데, 그 이유는 종교 개혁이 하나님에 의해 이끌려 할 수 없이 한 일이기 때문이라고 말하였기 때문이다. 마르틴 루터는 '**복음주의자**'로서 복음을 전파하기를 원했고, 자신이 설교자, 박사, 교수라고 불리기를 원했다. 그러나 마르틴 루터의 삶 가운데 그가 행했던 일들은 엄청난 결과를 가져왔다. 마르틴 루터로 인해 **개신교가 태동**했을 뿐 아니라, 성서 번역, 많은 저작 활동, 작곡과 설교를 통해 사회와 역사가 크게 변화되었기 때문이다. 대한민국의 기독교 한국 루터회에서는 그를 **말틴 루터**라고 부른다.

2위는 뉴턴, 물리학자, 수학자, 광학자, 자연철학자, 신학자, 만유인력 법칙

농부의 아들로 태어나, 양아버지로부터 어릴 때 버림받아, 정신분열증의 원인이 되었다. 1660년 페스트 전염병으로 캠브리지 대학이 폐쇄되어, 시골에서 명상하던 중, 과수원 사과를 보며 스치는 생각으로 **지구의 중력을 발견**하였다. 행성의 궤도, 별의 운행, 10대 및 20대 때 **운동의 법칙**을 추론, **수학의 미적분학**, 객관적 우주이해 등을 연구하였다. 아이작 뉴턴 경(Sir Isaac Newton, 그레고리력 1643년 1월 4일~1727년 3월 31일, 율리우스력 1642년 12월 25일~1727년 3월 20일)은 학자들과 대중들에게서도 인류 역사상 가장 영향력 있는 사람 가운데 한 명으로 꼽히던 영국의 **물리학자, 수학자, 천문학자, 광학자, 자연철학자**이자 연금술사, 신학자이다. 1687년 발간된 자연철학의 수학적 원리는 고전역학의 기본 바탕을 제시하며 과학사에서 가장 영향력 있는 저서 중의 하나로 꼽는다. 이 저서에서 뉴턴은 다음 3세기 동안 우주의 과학적 관점에서 절대적이었던 **만유인력과 세 가지의 운동 법칙**을 저술했다.

뉴턴은 케플러의 행성운동법칙과 뉴턴의 중력 이론 사이의 지속성을 증명하는 방법으로 뉴턴의 이론이 어떻게 지구와 천체 위의 물체들의 운동을 증명하는지 보여줌으로써 태양중심설에 대한 마지막 의문점들을 제거하고 과학 혁명을 발달시켰다. 뉴턴은 또한 첫 번째 실용적 반사 망원경을 제작했고, 프리즘이 흰 빛을 가시광선으로 분해시키는 것을 관찰한 결과를 바탕으로 **색에 대한 이론**도 발달시켰다. 또한, **뉴턴은 실험에 의거한 냉각 법칙을 발명하고 음속에 대해 연구했다. 수학적으로는, 뉴턴은 라이프니츠와 함께 미적분의 발달에 대한 성과**를 가지고 있다. 또한, 뉴턴은 일반화된 이항정리를 증명하고, 소위 뉴턴의 방법이라 불리는 미분 가능한 연속 함수 f(x)=0 을 푸는 방법을 발명하고, 거듭제곱 급수의 연구에 기여했다.

뉴턴은 2005년 영국의 왕립 학회 회원들을 대상으로 한 "뉴턴과 아인슈타인인 중 과학사에 더 큰 영향을 끼치고 인류에게 더 큰 공로를 한 사람이 누구인가"를 묻는 설문에서 두 가지 모두에서 우세를 보임으로써 여전히 과학자들에게 영향력이 있음이 입증됐다. 뉴턴은 전통적인 기독교 성직자는 아니었지만 신앙심 또한 깊었다. 뉴턴은 자신을 오늘날까지 기억되도록 만든 **자연 과학보다도 성서 해석이나 오컬트 연구에 더 많은 시간을 쏟았다.** 그럼에도 마이클 하트(Michael H. Hart)가 저술한

The 100에서 역사상 두 번째로 많은 영향을 끼친 사람으로 기록되었다.

1위는 구텐베르크, 금 세공업자, 금속활판 인쇄술 발명가

뚝심과 독창성이 있는 인물로서, 땜쟁이, 가게 점원, 금속활자와 인쇄술 및 올리브유 압축기 등을 결합한 **인쇄술을 발명**하였다. 1455년 성서 200권을 인쇄하여 출간하였으며, 지식과 정보를 일반인에게 보급하고, 정보혁명을 일으키는 등 영향력이 제일 크다. 2등, 3등, 4등, 5등, 모두에게 가장 큰 영향을 줬다. 그래서 1등으로 선정되었다. 요하네스 구텐베르크(Johannes Gutenberg, 1398년경~1468년 2월 3일)는 약 1440년경에 금속 활판 인쇄술을 발명한 독일의 금(金) 세공업자이다. 본명은 요한 겐스플레이슈이고, 구텐베르크는 통칭이다. 구텐베르크의 업적은 활자 설계, 활자 대량 생산 기술을 유럽에 전파한 것이다. 그러나 **구텐베르크의 진정한 업적은 이런 기술과 유성 잉크, 목판 인쇄기 사용을 결합시켰다는 점**이다. 구텐베르크는 활자 제작 재료로 합금을 사용하고, 활자 제작 방식으로 주조를 채용하였다.

영국 엑슬리에서 만든 구텐베르크 전기에 의하면, 구텐베르크는 1394년 아니면 1398년에 마인츠에서 태어난 것으로 알려진다. 구텐베르크의 집안은 구 귀족으로 마인츠를 지배하는 대주교 밑에서 돈을 찍어내는 금속세공관리로 일했기 때문에, 구텐베르크는 주물, 압축 등의 금속세공기술과 지식을 익혔다. 당시 유럽에서는 교회와 세속권력 간의 해게모니 다툼이 있었는데, 다툼에서 지면 추방되었다. 프리드리히 3세의 마인츠 입성 후, 구텐베르크의 부친도 시민들에 의해 추방되어 슈트라스부르크에 망명하였다.(1411년) 1428년 부친이 세상을 떠나자 슈트라스부르크로 이사하여 살았는데 전기 작가들은 구텐베르크의 직업을 상인, 장인 등으로 추정한다. 다시 금속 활자를 연구하기 시작하였고 1444년경 귀향하였다. 1450년 인쇄소를 설치하고, 고딕 활자를 사용하여 최초로 36행의 라틴어 성서, 즉 〈구텐베르크 성서〉를 인쇄하였다. 1453년경 다시 보다 작고 발전된 활자로 개량한 후, 2회에 걸쳐 42행의 **신약성서를 인쇄**하였는데, 이 책에서 나타난 우수한 인쇄 품질로 구텐베르크는 호평을 받았으며 이것은 지금까지 전해지고 있다.

참고로, 이름포털(인명포털)인 http://한국.net 이나 http://wopen.com에서 아래 부분의 Name 검색란에서 '100' 으로 검색(search)해서 검색된, "천년 인물100, Millenium 100 People (11C~21C)" 제목을 클릭하거나, 또는 URL (http://wopen.net/contentp.asp?idx=4523)을 인터넷 주소창에 입력하여 바로 '지난 천년 인물 100명중 (11세기~20세기)' 내용을 볼 수 있다. 특히, 멀티미디어 자료(유튜브 동영상, 사진, 이미지 등)와 함께 상세히 소개되어 있으니, 스마트폰 등으로 시간과 장소에 상관없이 참조하길 바란다.

CHAPTER 4

롤 모델 인물 100명
(최근 생년 순)

이름포털인 http://한국.net에 등록된 많은 인물들 중, 롤 모델(Role Model)로 선정한 100 여명을 최근 태어난 순서대로 소개한다. 최근 시대 순으로 살펴보면, 20세기 약 30명, 19세기 약 30명, 18세기 약 15명, 17세기 5명, 16세기 5명, 15세기 5명, 14세기 3명, 1세기~13세기 3명, 기원전 9명이며, 전체적으로는 100여명으로 본인의 관심분야에 따라 일부 인물들은 취사선택할 수 있도록 약간 여유가 있게 소개한다.

4.1　1960년 이후 출생 인물들

가장 최근의 인물들로서, 1960년 이후 태어나서 현재와 미래에도 왕성한 활동을 하고 있는 인물들 7명을 소개한다. 인터넷 기술의 상용화로 정보통신기술(ICT)분야에서 큰 업적을 이룬 인물들의 삶과 생각(명언)등을 소개한다.

주커버그-Mark Zuckerberg, 페이스북 사장, 미국 (1984년생)

기업인, 남성
황소자리 쥐띠

[출생] 1984년 5월 14일 (미국)
[소속] 페이스북 (사장)
[가족] 배우자: 프리실라 챈 (2012~), 동생: 아리엘 주커버그, 누나: 랜디 주커버그
　　　　장녀: 맥시마 챈 주커버그, 차녀: 어거스트 챈 주커버그

[경력사항]
2013.04 포워드닷어스 설립
2004 ~ 페이스북 사장

[학력사항]

하버드대학교

필립스 엑스터 아카데미

페이스북 설립자, 사장 (미국, 캘리포니아 팔로알토 소재) 2004년 2월 4일 ~ 현재

[대학교]

하버드 대학교

2002년 9월 ~ 2004년 5월, 컴퓨터 과학 및 심리학 전공

[고등학교]

필립스 엑시터 아카데미

2002년 졸업, 서양 고전학, 엑시터, 미국 뉴햄프셔 주 소재.

아드슬리 고등학교

1998년 9월 ~ 2000년 6월, Ardsley, 미국 뉴욕 소재.

[자산] 816억불($), 한화 약 91조원 (2018년 7월 현재, 세계 5위)

[요약]

마크 엘리엇 저커버그는 미국의 기업인으로, **페이스북의 공동 설립자이자 회장 겸 CEO로 잘 알려져** 있다. 하버드 대학교 학부 재학 중, 같은 대학 친구들이었던 더스틴 모스코비츠, 에두아르도 세버린, 크리스 휴즈와 함께 페이스북을 설립하였다. **2018년 7월, 재산은 약 91조원으로 세계 5위이다.**

[생애]

저커버그는 미국 뉴욕 주 화이트플레인스에서 태어났다. 아버지 에드워드는 치과 의사였으며 어머니 캐런은 정신과 의사였다. 저커버그는 세명의 여자 형제들인 랜디, 도나, 애리얼과 함께 뉴욕 주 돕스 페리에서 자랐다. 저커버그는 유대교 교육을 받았으며, 13세 때는 유대교 성인식의 일종인 바르 미츠바 또한 거쳤다. 그러나 성인이 된 이후로는 **저커버그는 스스로를 무신론자라고 밝혀 왔다.** 저커버그는 중학교 시절 프로그래밍을 시작했다. 1990년대에는 아버지로부터 아타리 베이직 프로그래밍 언어를 배웠으며, 이후 1995년경에는 소프트웨어 개발자인 데이비드 뉴먼으로부터 개인 지도를 받았다. 또한 1990년대 중반에 집 근처 머시 칼리지의 대학원에서 관련 수업을 청강하기도 했다. 저커버그는 프로그래밍하는 것을 좋아했으며, 특히 통신 관련 툴을 다루거나 게임하는 것을 좋아했다. 저커버그는 아버지 사무실 직원들의 커뮤니케이션을 돕는 애플리케이션을 고안하기도 했으며, 리스크 게임을 PC 버전으로 만들기도 했다.

아즐리 고등학교를 다닐 당시 저커버그는 서양 고전학 과목에서 우수한 성적을 거두었다. 이후 3학년 때 필립스 엑세터 아카데미로 학교를 옮긴 저커버그는 과학(수학, 천문학 및 물리학)과 서양고전

연구 과목(저커버그가 영어 외에 읽고 쓸 줄 아는 언어로는 프랑스어 히브리어, 라틴어, 고대 그리스어)에서 우수한 성적으로 상을 받았으며, 펜싱 팀의 주장을 지냈다. 저커버그는 고등학교 재학 중에 인텔리전트 미디어 그룹이라는 회사에 고용되어 시냅스 미디어 플레이어를 제작했다. 이것은 인공지능을 사용하여 사용자의 음악 감상 습관을 학습할 수 있도록 만든 뮤직 플레이어로, 슬래시닷에 포스팅 되었으며 PC 매거진에서 5점 만점에 3점의 평가를 받았다. 마이크로소프트와 AOL이 시냅스 플레이어를 사들이고 저커버그를 고용하겠다는 제안을 해왔으나, 저커버그는 이를 거절하고 2002년 9월 하버드 대학교에 입학하였다. **저커버그는 대학에서 컴퓨터 과학 및 심리학을 전공으로 택했으며**, 알파 엡실론 파이라는 유태인 학생 클럽에 가입하였다. 대학에서 저커버그는 평소 일리아드와 같은 서사시의 구절을 곧잘 인용하는 것으로도 유명했다.

2학년 때 참가한 사교 파티에서 프리실라 챈을 만났으며, 이후 두 사람은 연인 관계가 되었다. 현재 의대생인 챈은 2010년 9월 팔로알토의 저커버그가 세를 들어 살고 있는 집으로 옮겨와 함께 살기 시작했다. 그리고 둘은 5월 19일 깜짝 결혼을 했다. 2010년 9월 현재 저커버그는 챈과의 중국 여행과 중국에서의 사업 확장을 위해 개인 교사로부터 만다린어를 배웠다. "해커들: 컴퓨터 혁명의 영웅들"의 저자인 스티븐 레비는 2010년 저커버그에 대해 "저커버그는 확실하게 스스로를 해커라고 생각하는 사람이다."라고 썼다. **저커버그는 "무언가를 개선하기 위한 목적에서라면," "그것을 깨뜨리는 것도 괜찮다고 생각한다."는 견해를 밝혔다.** 페이스북은 매 6~8주마다 열리는 해커톤이라는 행사를 주관하기도 했다. 이것은 일종의 협업 프로젝트 이벤트로, 참가자들은 하룻밤동안 새로운 프로젝트를 구상하고 구현할 수 있다. 페이스북이 행사 중에 필요한 모든 음악과 음식, 맥주를 제공하며, 저커버그 자신을 비롯한 많은 페이스북 직원들도 이 행사에 직접 참여했다. 저커버그는 스티븐 레비와의 인터뷰에서, 이 행사가 하룻밤 만에도 아주 훌륭한 무언가를 만들어낼 수 있다는 생각에서 출발하며 이것이 오늘날 페이스북을 이끌어가는 아이디어의 하나이자 자기 자신의 가장 중요한 개성이기도 하다고 말했다.

대중 잡지인 배니티 페어는 저커버그를 2010년 **"정보화 시대에 가장 영향력 있는 인물"** 1위에 올렸다. 2009년 이 잡지의 동일한 랭킹에서 저커버그는 23위를 차지했었다. 영국의 잡지 뉴 스테이츠먼에서 매년 실시하는 세계에서 가장 영향력 있는 인물 50인을 선정하는 투표에서는 2010년 저커버그가 16위에 올랐다. 2010년 타임이 뽑은 '올해의 인물'에도 선정되었다. 2013년 포브스선정 가장 영향력 있는 인물 24위에 선정되었다. 저커버그는 적록색약으로 인해 파란색을 가장 잘 인식한다고 알려져 있다. 파란색은 페이스북의 주색상이기도 하다. 2016년 미국 대선에서 도널드 트럼프 당선 이후 잠재적인 2020 대선 민주당 후보로 어거졌지만 2017년 스스로 대통령에 출마할 계획이 없다고 밝혔다.

[종교]

페이스북의 공동 설립자이자 CEO인 **마크 저커버그가 자신의 무신론 믿음을 버리고 '종교는 매우 중요하다.'고 주장했다.** 한때 자신의 페이스북 프로필에 무신론자라고 써놓기도 했던 저커버그는 페이스북에 2016년 12월 25일에 '프리실라, 맥스, 짐승, 나'(아내, 딸, 개)는 모두에게 '메리 크리스마스와 즐거운 하누카'를 빈다고 올리며 마음이 변했음을 공개했다. "당신 무신론자 아닌가?"라는 질문에 저커버그는 "아니다. 나는 유대인으로 자랐고 의문을 품는 시기를 거쳤지만, 지금 나는 종교가 아주 중요하다고 믿는다."라고 답했다. 저커버그와 아내 프리실라 찬은 2015년 여름에 바티칸에서 프란치스코 교황을 만나 전세계의 빈곤층에게 커뮤니케이션 테크놀로지를 전할 방법을 의논했다. 당시 저커버그는 교황의 측은지심에 감명 받았다고 말했다. "우리는 교황님께 **자비와 친절함의 메시지, 그리고 전세계의 모든 종교를 가진 사람들과 의사소통하는 새로운 방식을 찾은 것을 존경한다고** 말씀드렸다. 우리가 결코 잊지 못할 만남이었다. 교황님의 따뜻함과 친절함, 사람들을 돕고 싶어 하는 마음이 느껴졌다." 당시 저커버그가 올린 글이다.

저커버그는 자신의 아내가 믿는 불교에 대한 관심도 키웠다. 2015년 중국 여행 중 저커버그는 시안의 대안탑에서 무릎을 꿇은 사진을 올리며 "세계와 내 가족의 평화와 건강을 비는 기도를 올렸다."고 포스팅했다. "프리실라는 불교 신자이며 내게 자신의 기도도 해달라고 부탁했다. 불교는 대단한 종교이자 철학이며, 그 동안 불교에 대해 배워왔다. 나는 불교에 대한 이해가 더 깊어지길 바란다."

[페이스북 'F8 2018']

"페이스북은 **이용자들의 프라이버시를 더 잘 존중할 수 있는 새로운 도구를 통해 이용자들의 안전을 지키려고** 노력하고 있다." 페이스북의 마크 저커버그 최고경영자(CEO)는 2018년 5월 미국 캘리포이나 주 새너제이에서 열린 페이스북 연례개발자회의 'F8'에서 **러시아의 미국 대선 간섭 논란 및 케임브리지 애널리티카 등 제 3자 개인정보수집 사태에 대해 직접 사과하며** 이날 컨퍼런스를 시작했다. 저커버그 CEO는 기조연설에서 **페이스북의 신제품과 새로운 서비스, 대대적인 기능 개선 사항에 대해** 소개했다.

■ '오큘러스 고(Oculus Go)' 오늘 출시

페이스북은 **가상현실(VR) 하드웨어 및 플랫폼 개발 자회사인 오큘러스를 통해 독립형 헤드셋** '오큘러스 고'를 이날 출시한다고 **깜짝 발표했다.** '오큘러스 고'는 PC나 스마트폰 없이 독립적으로 작동하는 새로운 헤드셋이다. 기존 오큘러스 리프트에 비해 저렴한 199달러(한화 23만8천원)로, 그동안 소비자 접근성이 떨어졌던 가격문제도 해소했다. 스피커와 마이크 내장형으로 퀄컴 스냅드래곤 821 칩셋과 응답 속도를 끌어올린 WQHD(2560×1440 화소) 디스플레이가 장착됐다. 오큘러스는 "100개 이상의 새로운 콘텐츠를 포함해 총 1천여 개 이상의 게임과 엔터테인먼트 앱이 준비되어 있어 다양한 콘텐츠를 즉시 이용할 수 있다."고 밝혔다. 저커버그 CEO는 **"최초의 가장 저렴한 VR 헤드셋"**이라며 **"최신형 '오큘러스 리프트'를 포함해 최고 품질의 렌즈와 광학장치를 갖춘 제품"**이라고 추켜세웠다.

■ 페북 데이팅 앱?…'데이트 프로필' 연말 베타 테스트

친구와 가족 중심의 소셜네트워크 서비스였던 페이스북 이른바 **'데이팅 앱'**을 내놓는다. 페이스북이 이날 공개한 **'데이트 프로필'**은 자신의 상태에 기존 친구에게는 공개되지 않지만, 별도의 '데이트 프로필'을 작성하면 관심사와 공통점이 비슷하고 친구에 기반한 데이트 상대를 만날 수 있는 이벤트 또는 그룹을 검색할 수 있다. 그룹을 선택하면 회원이 공개한 프로필을 클릭해 사진과 관심사를 볼 수 있다. 공개된 사진 중 하나를 선택한 뒤 '대화 시작' 기능을 클릭하면 텍스트 전용의 개별 채팅을 상대에게 제안할 수 있다. 저커버그 CEO는 그러나 **"페이스북이 직접 데이트 상대를 추천하거나**

연결시켜주지는 않을 것"이라고 말했다. 저커버그는 "미국의 결혼 커플 3분 1일이 온라인 만남을 통해 시작했고, 페이스북 사용자 2억 명이 자신의 프로필에 상태를 '싱글'로 표기하고 있다."며, "단순한 관계가 아닌 장기적으로 이어질 수 있는 진정한 관계 구축을 목표하는 새로운 서비스"라고 말했다.

■ 재설계 들어간 페이스북 메신저

페이스북이 메신저에 4K 사진, 가상현실(AR) 효과 및 인공지능(AI) 변환 기술과 같은 새로운 기능을 제공하기 위해 플랫폼의 인터페이스를 대대적으로 개편한다. 마커스 부사장은 "매우 간단하고 깔끔하게 정리된 새로운 인터페이스의 메신저 버전이 곧 출시될 것"이라고 말했다.

■ 쿠키삭제 옵션 '클리어 히스토리(Clear History)' 준비중

페이스북 사용자가 접속하거나 이용한 서비스를 추적하는 쿠키와 브라우저 접속 기록을 직접 삭제할 수 있는 기능이 페이스북에 적용된다. 페이스북은 몇 개월 안에 이같은 기능의 **'클리어 히스토리'** 옵션을 선보일 예정이라고 밝혔다. 통상적으로 페이스북 애널리틱스는 인터넷 사용 기록 및 '좋아요'에 대한 데이터를 수집하고 이 정보를 바탕으로 뉴스피드 추천과 추적광고에 이용한다. '클리어 히스토리'를 사용하면 페이스북 애널리틱스에서 수집한 사용자 정보를 삭제할 수 있다. 한편, 저커버그는 2018년 11월 열리는 미국 중간선거에 맞춰 '가짜 뉴스'에 맞설 보안 전문가 및 콘텐츠 분석자 2만 명을 고용할 계획이라고 밝혔다.

■ 새로운 소셜 중심 VR 응용프로그램

페이스북의 VR 헤드셋 및 플랫폼 자회사 오큘러스가 '오큘러스 고'와 '삼성 기어 VR'을 통해 이용할 수 있는 유료 VR 플랫폼 '오큘러스 룸'을 공개했다. '오큘러스 고' 독자 앱인 '오큘러스 TV'는 최대 4명의 친구와 가상의 '워치 파티(Watch Part)'를 통해 주문형 2D 또는 3D 콘텐츠를 실시간 함께 볼 수 있는 **가상현실 극장**을 제공한다. 5월 출시한 '오큘러스 TV'에는 넷플릭스, 홀루, 쇼타임 및 페이스북 비디오 콘텐츠를 제공한다. 스포츠 엔터테인먼트 콘텐츠를 제공하는 'ESPN +'는 2018년 하반기 추가될 예정이다. 올 하반기 오큘러스 고와 삼성 기어 VR에 지원되는 오큘러스 비너스는 라이브 콘서트, MLB 및 MBA 경기, 독립 코미디 쇼 등을 선보이고, 사용자가 가상현실에서 친구들과 자신의 사진이나 동영상, 다양한 미디어를 쉽게 공유하고 함께 감상할 수 있는 '오큘러스 갤러리(Oculus Gallery)'도 공개했다.

■ 인스타그램과 메신저에 AR 카메라 효과 추가

2017년 열린 F8 행사에서 공개된 바 있는 **사용자의 사진과 동영상에 3D 애니메이션 이미지를 결합할 수 있는 새로운 VR 기술도 인스타그램과 메신저에 추가된다.** 페이스북은 'AR 카메라 이펙트 스위트(AR Camera Effects Suite)'를 2018년에 인스타그램과 메신저에 추가해 '스노우'와 같은 기능을 이용해 뉴스피드를 꾸밀 수 있도록 했다. 광고주도 활용할 수 있다. 페이스북은 그동안 비공개 테스트 형태로 일부로 메신저 채팅 봇을 사용하는 나이키, 아수스, 세포라, 기아자동차 등에 VR 도구를 제공한 바 있다. 이 기능을 사용하면 자사 제품에 3D 시각화를 통해 제품의 특징, 색상 변경, 디자인 변형을 적용할 수 있어 사용자가 제품 정보에 쉽게 접근할 수 있다.

■ 인스타그램 '비디오 채팅'과 왓츠앱 '그룹 통화' 기능 추가

2018년 초 루머가 보도되기도 했던 인스타그램에 최대 4명이 참여할 수 있는 영상+문자 채팅 기능이 도입된다. 영상 채팅 참여자는 채팅을 하면서 인스타그램 콘텐츠도 탐색할 수 있다. 저커버그는 "그동안 플랫폼에 적용된 비디오 채팅 서비스들은 친구와 '놀기용(just hang out)'으로 추가된 기능에 불과했다."며 "인스타그램의 비디오 채팅은 이보다 더 나아간 새로운 기능"이라고 강조했다. 페이스북은 또, 보안 메신저로 각광을 받고 있는 왓츠앱에 '그룹 통화(Group Calling)' 옵션을 추가했다. 최대 4명까지 동시 참여가 가능하다. 저커버그는 "왓츠앱에서 매일 20억분 이상 음성 및 화상통화를 사용하고 있다."며 "새로운 '그룹 통화' 기능으로 이 같은 활용이 더 늘어날 것"이라고 말했다.

🦏 • 주커버그 명언

♣ 나는 항상 몇 가지에 집중해왔다 하나는 회사와 우리가 설립하는 것에 대한 분명한 방향성을 갖는 것, 또 하나는 이를 이루기 위한 최고의 팀을 만드는 것이다. 만약 기업으로서 이 두 가지가 있다면 기업은 잘 운영될 수 있다.

♣ 내가 할 수 있는 일 중에서 가장 중요한 일을 하고 있는가? 과연 세상에서 내가 생각하기에 가장 중요한 일을 하고 있는 사람이 몇이나 될까? 중요함의 기준은 다릅니다. 하지만 중요한 일이라고 느껴지는 일을 해야 하는 것은 분명하다. 그래야 이루려고 끝없이 노력하게 될 테니까. 혁신은 창의적인 아이디어를 갖는 것 보다는 빨리 움직이고 더 나은 것을 시도해보는 것이다. 빨리 움직이고 계속 많은 것을 시도해 보면 실패도 맛보고 배우면서 혁신을 이루게 된다.

♣ 시도를 해보고 실패를 통해 학습하는 것이 아무것도 시도하지 않는 것 보다 낫다.

♣ 가장 위험한 것은 위험을 피해가는 것이다.

마크롱-Emmanuel Macron, 25대 대통령, 프랑스 (1977년생)

에마뉘엘 마크롱, 정치인, 25대 프랑스 대통령

[출생] 1977년 12월 21일, 프랑스 아미엥
[소속] 프랑스 앙마르슈
[정당] 전진

[학력사항]
~ 2004 국립행정학교
파리정치대학 학사

[경력사항]

2017.05 ~ 제25대 프랑스대통령

2016.04 ~ 프랑스 앙마르슈

2014.08 ~ 2016.08 프랑스 경제산업부 장관

2014 ~ 2014.08 프랑스 대통령 경제수석비서관

2009 로스차일드 은행

2006 ~ 2009 프랑스 사회당

2004 ~ 2008 프랑스 재무부 금융조사관

프랑스의 제25대 대통령

안도라 공국의 공동영주

[임기] 2017년 5월 15일 ~ 2022년 5월 14일

[전임] 프랑수아 올랑드(제24대)

[요약]

에마뉘엘 장미셸 프레데리크 마크롱은 프랑스의 전 경제장관이자 정치인이다. 2016년에 **정당 전진!을 창당하고 당대표**에 올랐으며, 2017년 프랑스 대통령 선거에 정당 후보로 처음 출마했다. 여론조사에서 극우 정당인 국민전선의 마린 르 펜 후보의 뒤를 이어 2위 자리를 유지했다. 주요 정책은 프랑스의 토니 블레어로도 비견되며 복지 국가와 경제 개혁의 타협을 추구하지만, 어느 부분에서는 애매하고 현상 유지에 불과하다는 비판도 받았다. 2017년 5월 7일, 제25대 대통령 선거에서 국민전선의 마린 르 펜 후보를 누르고 대통령에 당선되어 프랑스 최초의 최연소·비주류 정당 대통령이 되었다. 주요 정책은 복지 국가와 경제 개혁의 타협을 추구하고 있다. **프랑스의 최연소 대통령이자 G20에 속하는 정상들 중에서도 최연소이다.** 제2공화국의 초대 대통령이자 제2제국의 황제인 나폴레옹 3세가 취임했을 당시의 나이와 동갑이지만, 연수로 따지면 에마뉘엘 마크롱이 39년 4개월 19일로 40년 8개월인 나폴레옹 3세보다 어리다.

[생애]

에마뉘엘 마크롱은 1977년 12월 21일 프랑스 아미앵에서 의사 부부의 아들로 태어났다. **파리 정치대학과 국립행정학교를 졸업**하고 경제부처 공무원으로 잠시 근무했다. 이후 로스차일드에 입사해 수년간 일하다 2012년부터는 **프랑수아 올랑드 대통령실 부실장에 임명**되었다. 부실장 재직 당시 마크롱은 '상위 1%에게 75%의 고세율을 부과 하겠다.'는 올랑드 대통령의 대선공약을 철회시키고, **고용을 늘리는 기업에게 400억 유로의 세금을 감면해주는 '책임 협약'을 이끄는 업적을 이루었다.** 2014년부터는 올랑드 정부의 경제산업 디지털부 장관에 취임해 2년여간 재직하며, 본래의 친기업 성향대로 사회당 정부 내에서 우파 정책들을 이끌어왔다.

2015년에는 **경제 활성화 차원에서 파리의 샹젤리제 거리 같은 관광 지구 내 상점가의 일요일 및**

심야 영업 제한을 완화하는 경제개혁법을 발표했다. 당시 정권 주요지지층인 프랑스 노동조합과 사회당 내부에서도 노동자의 휴식권을 침해한다는 비판이 제기되고, 의회 표결로 관련 법안 통과가 어렵게 되자 헌법 예외조항을 이용해 표결 대신 정부 발표로 대신하는 방법을 동원해 정책을 관철했다. 또 사회당의 대표 노동정책인 35시간 근무제 개정도 주도하는 활동을 펼쳤다. 마크롱은 "**기존에 좌파는 기업에 대항하거나 기업 없이도 정치를 할 수 있었고, 국민이 적게 일하면 더 잘 살 수 있다고 판단했지만 이는 잘못된 생각이었다.**"고 밝힌 바 있다.

[정치 활동]

2016년 4월 **중도 성향의 정당인 전진! 을 창당**하고, 대선 출마를 위해 2016년 8월부로 경제산업부 장관직을 사임했다. 좌우파를 가르는 중도 정당 정치에 대해 마크롱은 "나는 좌파도 아니고 우파도 아니다."라면서 "기존 정치에 맞서 민주혁명을 일으키겠다."고 주장하며, 기성 정치을 비판하고 중도 표심을 이끄는 전략을 펼쳤다. 이 때문에 선거 중반까지 좌우 체제를 뛰어넘겠다는 마크롱의 선언을 두고 정체성이 모호하다는 비판이 제기되기도 했다. 또 (당시) 30대 중반이라는 젊은 나이는 장점이기도 하지만, 선출직을 한 번도 경험한 적이 없다는 사실과 더불어 상대 후보로부터 '경륜 부족'으로 공격을 받아왔다. 구체적인 공약으로는 강한 유럽연합 건설, 법인세 인하, 공공부분 일자리 12만 명 감축, 재정지출 축소, 친환경 · 직업훈련 예산 확대 등을 내세웠다.

2016년 말부터 2017년 1월까지는 여론조사에서 중도우파 공화당의 프랑수아 피용 후보에 이어 3위에 머물렀으나, 피용 후보가 가족이 연루된 공금 횡령 의혹으로 지지율이 급락하면서 1월 말부터 2위에 올랐다. 이후로도 지속적으로 지지율 약진을 거듭하여 3월 10일에는 프랑스여론조사 연구소와 여론조사 피뒤시알이 조사한 1차 투표 여론조사 결과에서 25.5%를 기록해 르펜 후보보다 불과 0.5%가 뒤지고, 전날 해리스 인터랙티브와 프랑스 텔레비전이 발표한 여론조사에서는 1차 투표 지지율이 26%로 르펜 후보를 처음으로 앞서기도 했다. 2017년 3월 14일, 프랑스 경제부 산하 공영 기관인 비즈니스 프랑스가 2016년 라스베이거스 가전박람회(CES)의 참가 행사와 관련해 경쟁 입찰 없이 특정 업체에게 수의계약으로 준 의혹에 대해 파리 검찰청이 예비조사에 착수했다. 당시 마크롱 후보가 경제장관으로서 해당 사업의 총괄 책임자였고 가전박람회 행사의 주요 연설자였기 때문에 검찰조사를 받게 되었다. 마크롱 후보 측은 업체 선정에 있어 개인적인 법적 책임은 없다고 부인했다.

2017년 5월 7일 열린 제25대 대통령 선거 2차 결선 투표에서 마린 르 펜 후보를 누르고 당선되었다. 현지시각 오후 6시 출구조사 결과가 60%에 달하는 마크롱의 압도적인 승리로 예측되자, 마크롱은 AFP에 "오늘 밤, 우리의 오랜 역사에 새로운 장이 열린다. 나는 오늘의 결과가 희망과 새로운 신뢰로 이어지기를 바란다."고 밝혔다. 마크롱의 당선으로 기존까지의 거대 양당이었던 사회당이나 공화당 소속이 아닌 비주류 정권으로서, 1958년 프랑스 제5공화국 출범 이후 60여년 만에 처음 있는 일이 되었다.

[정치 성향과 정책]

마크롱의 정치 성향은 '제3지대'라는 단어로 요약된다. 정치사회적으로는 불평등 해소와 전 국민을 위한 기회 진작과 같은 좌파 정책을, 경제적으로는 친기업적 성향이 돋보이는 우파 정책을 내놓는 등, 전반적으로는 중도 성향을 표방하고 있다. 마크롱은 대통령 선거 당시 공약으로 노동법을 완화하고, 소외 지역에 대한 교육을 강화하며, 자영업자에 대한 보호책을 강구하겠다는 방안을 내놓았으며, 정치·사회적으로는 브렉시트를 성공적으로 이끌되 유럽 연합의 틀을 지키면서 체제를 개혁하는 임무를 주도하겠다고 밝혔다. 유럽 연합을 통한 유럽의 통합과 세계화의 폐단은 고치되, **앞으로 "나가자"고 주장**한다.

[경제 정책]
마크롱은 전통적인 **자유 시장경제주의자**다. 유럽 연합과 캐나다 간의 자유무역협정인 포괄적경제무역협정(CETA), 미국과의 범대서양 무역투자동반자협정(TTIP)에 대해서도 필요성을 주장했다. 대선 당시 법인세 인하와 노동 유연성 강화를 제안하였으며, 정부 차원에서 연금 정책을 수정하지는 않겠지만 노동자와의 협상 재량권을 기업에게 주겠다고 밝혔다. 향후 5년간 500억 유로(약 60조 8,000억 원) 규모의 **공공 투자로 사회기반시설의 보수유지, 보건서비스 개혁 등을 추진**한다. 동시에 **행정 현대화 및 공무원 감축 등으로** 재정 적자를 국내총생산 3% 이하로 맞추겠다고 밝힌 바 있다. 특히 공무원 12만 명의 감축을 공약으로 내걸었으며, 2022년까지 실업률을 7%로 낮추는 것을 목표로 삼았다.

[유럽 연합]
마크롱은 대통령 선거 출구조사 발표 직후, "**나는 프랑스를 변호할 것이며, 유럽을 방어할 것이다. 유럽과 유럽인이 보다 강하도록 모든 것을 할 것**"이라고 밝힌 바 있다. 난민 문제의 경우에도 이민 중단을 선언하며 적대적인 입장이었던 마린 르 펜과는 달리 보다 유연적인 성향이다. 메르켈 독일 총리의 난민 수용 노력이 "우리의 집단적 위엄을 구했다."며 옹호하고, 보호가 필요한 난민은 수용하되 그렇지 않은 경우 고향으로 돌아가게 하겠다고 밝힌 바 있다. 한편 마크롱은 **유럽 경제가 강화되려면 유럽의 무역 역조를 바로잡아야 함을 강조**하며, EU 기관들이 물품을 구입할 때 유럽 산을 우선 고려하는 관련법을 도입하겠다고 공약하였다. 다만 이에 대해 EU 집행위원회와 독일은 마크롱이 내세운 이른바 '바이 유럽법'에 대해 난색을 표한 바 있다.

[마크롱 정부의 개혁정책 로드맵]
2017년:
-노동시장개혁 법제화(2017년 9월, 2017년 12월 18일 하원비준)
-긴축재정(2017년 재정적자 GDP대비 3%준수)
-담배요금 10유로 인상
-주택보조금 월 5유로 감액(10월부터)
-비상사태 철회(11월까지)

2018년부터:
-고용자 사회보험료 감액 및 일반사회세 1.7%포인트 인상
-성인장애인 수당 법정최저노동연금 인상
-실업보험, 직업훈련에 관한 개혁

-국민 80% 대상으로 주민세 점진적 폐지(2020년까지)
-법인세율 현행 33.3%를 25%로 인하(2022년까지)

2019년부터:
-경쟁력강화를 위해 세액공제를 사회보험료 감액으로 통합
-부유세의 과세대상을 금융자산을 제외한 부동산에 한정

2022년까지:
-국민 세 부담 GDP대비 1%포인트 삭감
-정부세출 GDP대비 3%포인트 삭감
-실업률 10%에서 7%로 낮춤

🦏 ● 마크롱 명언

♣ 우리는 불가능한 것을 꿈꾸는, 실패할 수도 있고 성공할 수도 있지만 그런 야망을 가진, 그런 사람들이 필요하다.
♣ 우리는 힘, 에너지, 투지를 가지고 있고 두려움에 굴복하지 않는다.
♣ 나는 비즈니스, 상업의 삶을 배웠고, 그건 기술이다.
♣ 나의 핵심 메시지는 혁신적이고 야망이 들어 있다. 글로벌 하고 크게 생각해보라.
♣ 일, 교육, 문화를 통해서, 나는 우리나라에 희망을 줄 것이다.
♣ 더 크나 큰 융합을 창조하기 위해서, 우리는 더 많은 통합이 필요하다.
♣ 난민 위기는, 우리가 세계의 지정학적인 문제들로부터 분리될 수 없다는 것을 보여준다.
♣ 세계화는 크나큰 기회일 수가 있다.
♣ 우리는 세계로부터 격리되어있지 않다. 세계가 우리 문을 두드리고 있다.
♣ 도처에서 위협받고 있는 계몽정신을 방어해주길 유럽과 세계가 우릴 기다리고 있다.
♣ 나는 좌파로부터 왔지만 우파의 사람들과 함께 일하는 게 행복하다.
♣ 개인의 주도권, 용기, 위험감수를 믿어라.
♣ 결혼을 막을 수는 있지만, 결혼을 강요할 순 없다.
♣ 진실로, 창조와 혁신은 프랑스 DNA에 포함되어 있다.
♣ 우리에게는 이 나라를 개혁하는 것 말고는 다른 선택은 없다.

브린-Sergey Brin, 구글 공동설립자, 알파벳사장, 미국 (1973년생)

[본명] 세르게이 미하일로비치 브린

[출생] 1973년 8월 21일, 소련 모스크바

[거주지] 캘리포니아 주 로스앨토스
[국적] 소련에서 미국으로 변경
[경력사항]
2015.10 ~ 알파벳 사장
2001 ~ 2011 구글 기술부문 사장
1998 ~ 2001 구글 사장
1998 구글 공동설립

[학력사항]
~ 1995 스탠퍼드대학교 대학원 컴퓨터과학 석사
~ 1993 메릴랜드대학교 컴퓨터과학, 수학 학사

[직업]
알파벳의 기술부문 사장

[생애]
세르게이 브린은 러시아 출신의 미국 시민권자 기업인으로서 **래리 페이지와 함께 구글을 창립했다.** 브린은 러시아의 모스크바에서 모스크바 대학을 졸업한 유대인 부부의 아들로 태어났다. 6살 때 미국에 온 그는 후에 메릴랜드 대학에서 수학과 교수로 재직하게 된 아버지 덕분에 수학에 많은 흥미를 보였으며, 이를 계기로 세르게이 브린은 고등학교 졸업 후 **메릴랜드 대학에 입학하여 수학과 컴퓨터 과학 전공으로 학부를 마쳤다.** 이후 세르게이 브린은 **스탠포드 대학교 대학원으로 진학하여 컴퓨터 과학을 전공하였다.** 컴퓨터 과학 석사학위를 취득한 세르게이 브린은 박사과정을 밟았으나, 도중에 래리 페이지를 만나 박사과정을 그만두고 1998년 친구의 차고에서 구글을 창립하였다.
브린은 현재 **알파벳의 기술부문 사장**이며 2008년 3월 약 187억 달러의 순자산을 가지고 있었으며 세계 32번째 부자였었는데, 2016년 2월에는, 포브스에 의하면, 재산이 약 392억 달러로 세계 11번째 (3명 공동 순위) 부자이다. 2016년 3월 **구글의 자회사인 딥마인드가 개발한 알파고(AlphaGo) 인공지능 바둑 프로그램과 한국 이세돌 9단의 바둑 대국을 관전하기 위해 처음으로 한국을 방문했다.** 2018년 9월, 재산은 약 60조원으로 세계 12위 부자이다.

[이더리움 채굴: 구글의 블록체인 관심]
구글은 자사의 클라우드 플랫폼에 새로운 분산 원장 기술을 제공하기 위해 블록체인에 초점을 맞춘 회사인 디지털 자산(Digital Asset)과 블록앱스(BlockApps)와 제휴했다고 발표했었다. 디지털 자산(Digital Asset)은 핀테크 산업용 분산 원장 소프트웨어의 공급 업체인 반면, 블록앱스(BlockApps)는 분산형 애플리케이션(DApps) 시작을 도와주는 블록체인 플랫폼을 제공하는 회사이다. 2018년 7월, 구글 공동 창업자이자 알파벳 사장인 세르게이 브린은 구글이 **비록 블록체인 기술을 이끄는 선두주자로 자리잡는 데에는 실패했지만, 비밀 프로젝트 연구소 '구글X(Google X)'를 통해 지속적으로 관련 프로젝트를 추진해야 한다**고 주장했다.

구글X는 구글의 비밀 연구조직으로 무인 자동차, 스마트 안경, 드론 등 다양한 분야에서 연구를 진행하고 있는 조직이다. 연구 내용은 대부분 기밀사항인 것으로 알려져 있다. 브린은 아들과 함께 이더리움을 채굴하는 등 암호화폐와 블록체인 분야에 지속적으로 관심을 표현하고는 있다. 브린은 "1~2년 전 아들과 게임용 PC를 구매해 이더리움을 채굴했다."고 밝혔다. 이어 브린은 "암호화폐에 대해서는 잘 알지는 못한다."고 인정하면서도 "그렇지만 나는 그 기술에 관심을 두고 연구하기 시작했으며, 매력적으로 느낀다."고 말했다.

🦏 ● 브린 명언

♣ 큰 문제를 해결하는 것이 작은 문제를 해결하는 것보다 쉽다.
♣ 성과 5%는 불가능해도 30%는 가능하다.
♣ 사용자가 구글을 통해서 하고 싶어하는 것은 '검색'이다.
  이는 우리가 추구하는 최종 목표이기도 하다.
♣ 우리의 모든 직원은 완벽한 검색엔진을 만들기 위해 노력하고 있으며
  그 목표를 위해 불철주야 애쓰고 있다.
♣ 구글은 전통적인 회사가 아니다. 또한 그러한 기업이 되지도 않을 것이다.
♣ 외부적인 압력에 의해 종종 기업은 장기적인 발전기회를 노리기보다
  작은 분기실적에 만족하고 있다.
♣ 우리는 구글이 중요하고 또한 의미 있는 조직이 되기를 희망한다.
  이를 위해서는 충분한 시간과 안정적인 독립성이 요구된다.

페이지-Larry Page, 구글 공동창업자, 미국 (1973년생)

[출생] 1973년 3월 26일, 미국
[소속] 알파벳 (사장)

[학력사항]
스탠퍼드대학교 대학원 컴퓨터공학 석사
~ 1995 미시간대학교 컴퓨터공학 학사
인터로컨예술학교

[경력사항]
2015.10 ~ 알파벳 사장
2011.01 ~ 2015.10 구글 사장
2001.07 ~ 2011.04 구글 제품부문 사장

1998.09 ~ 2002.07 구글 CFO
1998.09 ~ 2001.07 구글 사장
1998 구글 공동설립

[수상내역]
2002 세계경제포럼 내일을 위한 글로벌 리더

[출생]
1973년 03월 26일
미국 미시간 주 이스트랜싱

[거주지] 캘리포니아 팔로알토
[국적] 미국

[학력]
미시간 대학교 컴퓨터공학 학사
스탠포드 대학교 컴퓨터과학 석사

[경력]
구글의 공동 창업자이자 최고 경영자
[직업]
알파벳의 최고 경영자, 사장
[순자산]
US$ 536억불 (한화 약 61조원) (2018년 9월)
[배우자]
루신다 사우스워스(2007년 결혼)
[자녀] 2명

[요약]
래리 페이지는 미국의 비즈니스 거물이자 **세르게이 브린과 함께 구글의 공동 창업자인 컴퓨터 과
학자**이다. 2011년 4월 4일에 에릭 슈미트의 뒤를 이어 구글의 최고경영자 자리를 맡았다. 2018년 9
월 기준으로, 페이지의 개인 재산은 포브스 선정 억만장자 목록 11위인 536억 달러(한화 약 61조원)
이다. 페이지는 구글의 검색 랭킹 알고리즘의 기초인 **페이지랭크의 창안자**이며, 래리 페이지와 브
린은 서로 약 16%의 주식을 보유하고 있다. 마이크로소프트와 빌 게이츠, 애플과 스티브 잡스, 페이
스북과 마크 저커버그, IT 업계를 선도하는 기업과 그 기업의 창업자로 **혁신의 아이콘**이라고 부를
만하다. 하지만 이들 셋 못지않은, 어쩌면 셋보다 더 혁신적일지도 모를 래리 페이지에 대해선 잘
모른다. 래리 페이지는 구글의 공동창업자이며 현 최고경영자이다. 세상에서 가장 혁신적인 기업으
로 손꼽히는 구글을 이끄는 래리 페이지의 삶과 철학을 이해하면 구글에 대해 좀 더 자세히 알 수

있게 될 것이다.

[니콜라 테슬라를 존경하는 컴퓨터 신동]

래리 페이지는 1973년 미국 미시건주 이스트랜싱에서 태어났다. **래리 페이지의 아버지 칼 페이지는 미시건주립대학교 컴퓨터공학과 교수였고, 마찬가지로 엄마 글로리아도 컴퓨터 교수였다.** 컴퓨터를 전공한 부모 슬하에서 페이지 역시 컴퓨터 신동으로 자라났다. **6살부터 컴퓨터에 관심을 갖기 시작했고 초등학교 숙제를 워드 프로세서로 작성해 제출하기도 했다. 그 학교에서 워드 프로세서를 사용한 첫 번째 학생이었다.** 12살 페이지는 '니콜라 테슬라'에 대한 전기를 읽고, 그처럼 **세상을 바꿀 혁신적인 발명가가 되길 꿈꾸게 된다.** 페이지는 고등학교 졸업 후 미시건 대학교에 진학해 컴퓨터 엔지니어링을 공부했다. 부모와 마찬가지로 교수가 되고 싶었던 **래리 페이지는 스탠퍼드 대학원에 진학해 컴퓨터 사이언스에 대한 연구를 시작했다.** 스탠퍼드 대학원에 진학한 페이지는 평생을 함께 할 친구 세르게이 브린을 만나게 된다. 동갑내기인 브린과 페이지는 처음엔 사이가 좋지 않았지만 웹 페이지에 관한 연구를 함께 진행하며 친분을 쌓게 된다.

[웹 페이지에 가치를 매기다]

페이지와 브린은 막 태동한 월드 와이드 웹의 가치에 주목했고, 어떻게 하면 방대한 월드 와이드 웹 속에서 사용자에게 의미 있는 웹 페이지를 찾아낼 수 있을지 연구했다. 사실 페이지가 처음부터 웹 페이지에 가치를 매기는 작업에 매진한 것은 아니었다. 페이지는 모든 월드 와이드 웹을 백업하고 정돈(인덱싱)하는 방법에 대해 연구했다. 하지만 월드 와이드 웹은 연구원 혼자 백업하기에는 너무 방대했다. 페이지는 결국 자신의 아이디어보다 친구 브린의 아이디어인 웹 페이지에 가치를 매기는 방법에 대한 공동 연구를 시작하게 된다. 가치 있는 논문이 많이 인용되듯이 웹 페이지도 마찬가지 일 것이라 생각했다. 즉 가치 있는 웹 페이지는 다른 웹 페이지와 많이 연결(링크)되기 마련이다. 페이지와 브린은 특정 웹 페이지가 어떤 웹 페이지와 링크되어 있고, 얼마나 링크되어 있는지 횟수를 분석함으로서 웹 페이지의 가치를 파악할 수 있다고 생각했다. '백럽(BackRub)'이라고 이름 붙인 이 연구 프로젝트에 브린이 합류했다. 페이지와 브린은 웹 페이지의 가치를 파악하기 위해 웹 페이지를 뒤지는 **검색 로봇(웹 크롤러)을** 개발했고, 검색 로봇으로 수집한 **링크 데이터를 분석할 페이지 랭크 알고리즘을** 완성했다. 페이지와 브린은 이 검색 로봇과 페이지 랭크 알고리즘이 웹 검색의 수준을 한 단계 끌어올릴 수 있음을 파악했다.

[구글의 탄생]

개발 도중 백럽이라는 이름이 너무 촌스럽다는 지적을 받았다. 이름을 세상의 모든 웹 페이지를 품겠다는 의미에서 10의 100승, 사실상 무한함을 의미하는 구골(Googol)로 바꾸는 것이 좋겠다는 제안을 받았다. 하지만 구골이라는 상표와 도메인은 이미 다른 곳에서 등록한 상태였다. 때문에 유사한 발음을 가진 '구글'이라는 이름으로 최종 결정했다. 1996년 8월 마침내 세계 최대의 검색 엔진 '구글'이 세상에 태어났다. 당시 구글의 초기 버전은 스탠퍼드 대학교의 URL을 이용해 구축했다. 당시 검색 엔진은 조악하기 이를 데 없었다. 검색 로봇이 웹 페이지를 뒤져 사용자가 필요로 하는 정보를 찾아내는 것이 아니라, 웹 페이지의 소유주가 검색 엔진에 자신의 사이트를 등록하는 방식이었다.

검색 엔진보다 관문(포털)이라는 이름이 더 적합한 시절이었다. 구글의 등장은 충격 그 자체였고 큰 인기를 끌었다. 결국 **남는 PC 부품과 리눅스를 조합해 얼기설기 만든 서버와 스탠퍼드 대학교의 URL이 구글을 감당하지 못할 지경에 이르게 된다.**

페이지와 브린은 구글을 판매하기로 정하고 야후, 알타비스타 등과 접촉해 매각에 대해 논의했다. 매각 대금은 100만 달러 정도만 받아도 충분하다고 생각했다. 2018년 9월, 구글의 시가총액은 약 8,300억불로 1조달러를 바라보고 있고, 직원수는 약 85,000 명의 큰 기업으로 성장하였으니 당시에는 너무 과소평가했다. 하지만 정작 구글의 판매는 난항을 겪게 된다. 구글의 검색 성능이 너무 뛰어나 사용자가 너무 빨리 포털에서 벗어난다는 것이 그 이유였다. 당시 웹 페이지 광고가 주 수입원이던 포털의 입장에선 도입하기 어려운 기술이었다. 결국 페이지와 브린은 투자를 받아 구글을 하나의 회사로써 운영한다는 결정을 내린다. **구글에 최초로 투자한 사람은 썬마이크로시스템즈의 창업자 앤디 벡톨샤임**이었다. 두 창업자의 열의와 구글의 가능성을 알아본 벡톨샤임은 별다른 설명도 듣지 않고 그 자리에서 바로 10만 달러짜리 수표를 끊어줬다. 투자를 받은 페이지와 브린은 스탠퍼드 대학교 연구실에서 독립한 후 수잔 보이키치(현 유튜브 최고경영자)의 집 창고를 빌려 구글을 창업한다. 이후 람 슈리람(벤처 캐피탈리스트, 현 구글 이사), 데이비드 체리턴(스탠퍼드 대학교수, 페이지와 브린의 은사), 제프 베조스(아마존의 창업자) 등의 투자를 받아 구글을 지속적으로 성장시켰다.

[삼두정치의 시작과 복귀]

강력한 검색 기능과 검색어 광고를 통한 수익원 확보 덕분에 구글은 매섭게 성장했다. 1990년대 말에서 2000년대 초를 강타한 '닷컴버블' 속에서도 구글은 건재했고, 거품으로 가득 찬 회사가 아님을 스스로 증명했다. 최고경영자로서 페이지는 이러한 구글의 성장을 지휘했다. 페이지와 브린은 구글이 기업공개(IPO)를 통해 더욱 성장할 수 있음을 확신하고 기업공개를 준비하게 된다. 하지만 투자자들이 보기에 페이지는 한 기업을 이끌기에는 너무 어렸고 경험이 부족했다. 요즘은 20대 초반 창업자가 넘치지만 당시만 해도 20대 최고경영자에 대해서 투자자들로서는 우려를 표할 수 있는 상황이었다. 이러한 투자자의 우려에 페이지와 브린도 동의했다. 구글의 외적 성장을 내부 시스템이 따라가지 못하는 문제가 발생했고, 내적 기틀을 잡고 대외 활동을 지휘할 경험 많은 최고경영자가 필요한 시점이었다. 둘은 애플의 최고 경영자 스티브 잡스 만이 구글을 이끌 사람이라고 생각했지만 잡스가 애플을 떠나 구글로 올리는 없었다. 이 들은 고집을 꺾고 다른 적당한 사람을 물색하기 시작했다. 마침 에릭 슈미트(Eric Emerson Schmidt)가 물망에 올랐다. 슈미트는 썬마이크로시스템즈를 거쳐 노벨의 최고경영자를 역임한 인물이었다. 수십 년간 IT 업계에 종사하며 경영자로서 연륜도 충분했다. 처음 슈미트는 구글을 탐탁하지 않게 생각했지만 페이지와 브린을 만난 후 생각을 바꾸게 된다. 둘의 비전과 통찰력에 감탄한 슈미트는 구글의 최고경영자 자리를 승낙했다.

2001년 페이지는 최고경영자 자리를 슈미트에게 승계하고 자신은 창업자로서 슈미트에게 경영 수업을 받기 시작했다. 이후 10년 동안 구글의 얼굴은 슈미트였고 이 기간 동안 페이지는 두문불출했다. 많은 사용자가 빌 게이츠, 스티브 잡스, 마크 저커버그에 대해서는 잘 알면서 페이지에 대해서는 잘 모르는 이유가 이것이다. 10년 간 대중 앞에 나서지 않았으니 그 존재에 대해 잘 모르는 것도 무리는 아니다. 하지만 10년 동안 페이지가 구글에 끼친 영향은 지대했다. 슈미트를 도와 구글의 기업 공개를 성공적으로 완수했다. 무엇보다 **앤디 루빈과 만나 그의 아이디어인 '안드로이드 운영**

체제'를 5,000만 달러에 인수한다는 결정을 내렸다. 현재 안드로이드 운영체제의 위상을 생각해보면 페이지의 선택이 우리 삶을 어떻게 바꿨는지 알 수 있다. 10년이 흐른 2011년 연륜을 쌓은 페이지는 구글의 최고경영자로 복귀했고, 슈미트는 회장이라는 직함을 달았다. 최고경영자가 모든 것을 총괄하는 미국 기업의 모습을 생각해보면 대단히 이례적인 결정이다. 많은 사용자가 페이지, 브린, 슈미트의 관계에 대해 궁금해 하는데 구글의 답변은 간단하다. 셋이 협력해 함께 구글을 이끌어 나가고 있다는 것이다. 페이지는 최고경영자라는 직함을 달고 구글을 현실적인 회사로서 이끌고 있고, 브린은 창업자 겸 구글X 프로젝트 담당자라는 직함을 달고 구글 글라스, 자율 주행 자동차, 프로젝트 룬, 혈당을 체크하는 소프트렌즈 등 미래 기술 개발을 지휘하고 있다. 슈미트는 회장이라는 직함을 달고 구글의 얼굴로서 활동 중이며, 창업자 둘에게 경영에 관한 조언을 제공하고 있다.

[소통이 바로 혁신의 비결]

페이지는 컴퓨터 공학자로서의 능력뿐만 아니라 경영자로서의 능력 역시 탁월하다. 세계에서 세 번째로 거대한 IT 기업을 일궈낸 그의 경영철학은 본받을 점이 많다. 먼저 **구글의 소통 시스템 'TGIF(Thank God It's Friday)'를 들 수 있다. 구글은 매주 금요일 점심에 모든 직원이 한 군데 모여 자신의 생각을 전직원에게 알릴 수 있는 시스템을 갖추고 있다. 자신의 새로운 아이디어, 회사 경영 방식에 대한 불만 등 무엇을 말해도 된다. 페이지를 포함한 모든 임원은 이 자리에 참석해 직원들의 의견을 듣고 자신들의 생각을 직접 설명해준다.** 한국 기업은 물론 미국 기업에서도 찾아볼 수 없는 혁신적인 정책이다. TGIF를 통해 직원들의 불만은 줄어들고, 혁신적인 아이디어를 발굴해 낼 수 있을 것이라는 페이지의 생각은 주효했다. 이메일 용량이 너무 적다는 직원의 아이디어를 듣고, 10GB 이상의 이메일 용량을 제공하는 지메일을 출시한 것이 그 대표적인 사례다. 이후 지메일은 약 9억 명이 사용하는 구글의 대표 서비스로 거듭났다. 현재 **TGIF는 이름과 달리 목요일 점심에 진행**한다. 그 이유는 금요일에 TGIF를 진행하면 지구 반대편에 있는 전세계 구글 직원들이 아이디어를 제시할 수 없다는 것이다. 토요일에는 쉬어야 하기 때문에 요일을 금요일에서 목요일로 당겨 진행한다.

8:2 시스템도 주목할 만하다. **구글의 모든 직원은 일주일의 4일은 자신의 본업(Job)에 하루는 자신이 하고 싶은 업무를 할 수 있다.** 구글 내부에서 할 수 있는 업무면 무엇이든 허용되며 강제도 아니고 일주일 내내 본업에 종사해도 된다. 하지만 **8은 본업을, 2는 하고 싶은 업무를 처리하는 것을 정책적으로 권장**하고 있다. 자신이 하고 싶은 업무를 처리할 수 있게 된 직원들은 혁신적인 아이디어를 쏟아냈다. 카드보드가 대표적인 사례로 직원 두 명이 장난삼아 시작한 이 프로젝트는 이제 가상현실 업계를 선도하는 혁신적인 기술로 거듭났다. 구글에 근무하는 한국인 개발자의 경우 자신의 본업 외에도 국내 웹 환경을 보다 검색 친화적으로 바꾸는 작업에 매진하고 있다.

[은둔형 최고경영자지만 영향력은 최고]

페이지는 전형적인 은둔형 최고경영자로 대중과 언론에 모습을 드러내는 일이 드물다. 대부분 슈미트나 선다 피차이 부사장에게 위임하고 있다. 최고경영자가 대중과 언론에 모습을 드러내는 마이크로소프트, 애플, 페이스북과 대조적인 모습이다. 노출을 꺼리는 페이지의 성격 때문일 수도 있다. 하지만 그것보다는 페이지 본인의 건강이 좋지 않아서라는 설에 무게가 실린다. 신경 손상으로 인한 성대 마비 때문에 페이지는 말을 오래하는 것 자체를 버거워하는 상황이다. 목소리도 많이 쉬었다. 얼마 전 구글 I/O 2015에 참가해 개발자 앞에 모습을 드러낸 페이지는 쏟아지는 질문에 대부분 웃음으로 화답했다. 건강 때문에 말 자체를 아끼는 모습이다. 래리 페이지가 대중과 언론 앞에 모습을 드러내지 않는다고 해서 래리 페이지의 영향력이 작다고 할 수는 없다. 오히려 IT 기업 창업가 가운데 가장 크다고 평가할 수 있다.

게이츠는 마이크로소프트에서 손을 떼고 기부 활동에 전념하고 있고, 잡스는 슬프게도 이제 이 세상 사람이 아니다. 저커버그가 그 영향력을 확대하고 있지만, 아직까진 **페이스북 보다는 구글의 영향력이 더 크다** 할 수 있다. 페이지는 이제 겨우 42살로 젊고 그의 혁신은 끝나지 않았다. 이제 겨우 시작일지도 모른다. 페이지의 생각이 우리 삶을 어떻게 바꿀지 지켜볼 일이다. 하나만 더 이야기 하자면 페이지는 젊은 시절 연구한 월드 와이드 웹을 백업한다는 계획을 결국 실천에 옮겼다. 구글을 설립하고 전세계 약 10위(포브스 2018년)의 부자가 된 래리 페이지는 구글의 막대한 서버를 이용해 전세계 웹 페이지를 백업하고, 사라진 웹 페이지를 사용자들에게 보여주고 있다(캐시 페이지 보기 서비스). 검색과 함께 어엿한 구글의 주력 서비스다. 혹시 특정 웹 페이지가 사라져 곤란함을 겪은 사용자라면, 전세계 웹 페이지를 백업하겠다는 페이지의 생각에 감탄하며 캐시 페이지 보기 서비스를 이용해 볼 것을 권한다.

[래리 페이지의 AI시대 예상]
누구보다 먼저 **AI의 시대를 예상한 것은 구글의 공동 창업자 래리 페이지**였다. 지난 2000년 래리 페이지는 "AI는 구글의 최종 도착지가 될 것"이라며 "구글은 사용자가 원하는 것을 정확히 이해하고 적확한 답을 줄 것"이라고 했다. 이후 2016년 피차이 구글 CEO는 "앞으로 컴퓨터는 AI로 대체될 것이다. '모바일 퍼스트'에서 'AI 퍼스트' 세상으로 이동하고 있다."며 AI의 중요성을 설파했다. 또한, 피차이 구글 CEO(최고경영자)는 2018년 5월 9일 미국 캘리포니아주 마운틴뷰 쇼어라인 엠피시어터에서 진행된 '구글 I/O 2018' 키노트에서 AI(인공지능)의 활용 가능성과 중요도에 대해 설명했다.

[구글 'I/O 2018']
구글이 새로 발표한 AI 시스템 '듀플렉스'는 미용실이나 레스토랑에 직접 전화를 걸어 상대방의 말을 이해하고 판단해 예약을 할 수 있다. 구글은 I/O 2018 행사에서 새로운 AI 기기와 기능들을 대거 선보였다. 먼저 2018년 미국 시장에 출시할 '스마트 디스플레이'는 약 8인치의 터치스크린을 탑재한 새 AI 기기이다. 이를 통해 AI 비서를 더욱 쉽고 편리하게 이용할 수 있도록 한다는 계획이다. AI 기기 부문 점유율 1위를 차지하고 있는 아마존과의 정면 대결이 시작됐다는 분석이다.

구글의 기존 서비스도 AI로 업그레이드, 이용자 확대에 나서고 있다. 구글맵에는 이미지 분석 기능을 통해 AI가 건물을 인식, GPS 없이 더욱 정확한 길 찾기가 가능해진다. AR(증강현실)을 적용한 길 안내도 준비 중이다. 차기 안드로이드 버전에는 '비주얼 어시스턴트' 기능을 추가, AI 비서를 단순히 음성만이 아닌 화면을 보며 더 편하게 이용할 수 있도록 했다. 순다 피차이 구글 CEO(최고경영자)는 I/O 2018 행사에서 "AI는 인간이 육안으로 구분하고 발견하기 힘든 질병을 찾아내는 등 인간이 직면한 여러가지 문제를 해결할 수 있다."고 강조하며 "구글은 현재 큰 기술의 변곡점에 있으며 신중하고 책임감 있게 기술을 발전시켜나갈 것"이라고 말했다.

● 페이지 명언

♣ 아무래도 구글은 규칙을 깨는 것에 너무나 익숙해진 것 같다.
♣ '구글 데스크탑 서치'는 구글의 위력을 PC상의 개인정보 영역에까지 발휘할 것이다.
여러분은 구글 검색사이트와 마찬가지로 자신의 문서나 이메일, 방문했던 사이트까지
즉시 검색할 수 있게 될 것이다.
♣ 가능한 한 고객을 빨리 자사의 사이트에서 떠나도록 유도하는 업체는
아마 세계적으로 구글 뿐일 것이다. 우리가 사이트에서 불필요한 정보들을 제거하고
서비스 환경의 수준을 높이기 때문에 그것이 가능하지 않나 싶다.
♣ 구글은 사용자가 원하는 것을 정확히 이해하고 가장 적합한 답을 줄 것입니다.
인공지능(AI)은 구글의 최종 도착지입니다. (2000년에 언급)

롤링-Joanne Rowling, 해리포터 작가, 영국 (1965년생)

조앤 캐슬린 롤링 (Joanne Kathleen Rowling), 소설가

[출생] 1965년 7월 31일, 영국 글로스터셔 주 예이트
[직업] 아동문학 작가
[국적] 영국
[학력]
하버드대학교 명예박사
엑시터대학교 명예박사
엑시터대학교 불문학, 고전학 학사
[경력] 1991.11 포르투갈 인카운터 영어학교 교사

[수상]
2012 런던시 자유상
2010 안데르센 문학상
2009 레종도뇌르 슈발리에 훈장
2000 올해의 작가상
영국 도서 상 (올해의 작가 부문)
네슬레 스마티스상
아스투리아스 왕세자상 (평화 부문)

[**활동 기간**] 1997년 ~ 현재
[**장르**] 판타지, 희비극, 범죄물
[**주요 작품**] 《해리 포터》 시리즈
[**배우자**] 조지 아란테스(1992~1995, 이혼), 닐 머리(2001~, 재혼)
[**자녀**] 1남 2녀

[**요약**]
조앤 캐슬린 롤링은 **영국의 아동문학 작가**이다. J. K. 롤링 (조앤 캐슬린 롤링)으로 더 잘 알려져 있으며, **판타지 소설 《해리 포터》시리즈의 작가로 유명하다.** 이혼 후 생후 4개월 딸과 함께 영국 에든버러에 초라한 방 한 칸을 얻은 롤링은 일자리를 구하지 못한 채 1년여간 생활 보조금으로 연명했고 이를 악물고 완성한 '해리포터' 시리즈가 세계적인 베스트셀러가 되면서 인생 역전에 성공했다. **조앤 롤링은 2017년에만 9,500만 달러(약 1,027억 원)를 벌어 포브스가 집계한 '2017 세계 최고 소득 작가' 1위에 올랐다.**

[**생애**]
롤링은 1965년 7월 31일 잉글랜드 브리스틀 근처 북동쪽에서 10 마일(16.1 km) 떨어진 예이트에서 롤스로이스 항공기 엔지니어 였던 "피터 제임스 롤링"과 과학 기술자의 "앤 롤링"(옛 성씨: 볼란트)의 장녀로 태어났다. 롤링의 부모는 1964년 아브로스로 출발하는 런던 킹스크로스 역에서 처음 만났고, 그들은 1965년 3월 14일에 결혼했다. 롤링의 부모가 처음 만난 킹스크로스 역은 마법사 세계에 킹스크로스가 등장한 후에는 세계적으로 인기 있는 관광 명소가 되었다. 롤링의 증조 외할아버지 "듀갈드 캠벨"은 스코틀랜드인으로 애런 섬의 람래쉬에서 태어났다. 또한 증조 친할아버지 "루이스 볼란트"는 프랑스인으로 제1차 세계 대전 당시 꾸르셀 르 콩트 마을을 용기있게 방어한 공로로 무공 십자훈장을 받았다. 롤링이 태어난 병원은 웨일스의 작은 마을 치핑 소드베리로, 2년 후 여동생 "디앤 롤링"이 태어났다. 롤링이 만 4살이 되던 해 롤링 가족은 글로스터서 주의 윈터본으로 거주지를 옮겼고 만 9세 때에는 텃쉴로 이동했다. 롤링은 19세기 중반에 지어진 고딕 풍의 교회 건물과 정원, 자연을 느낄 수 있는 풍부한 숲 등 아름다운 경관들에 둘러싸여 성장했다.
롤링은 어린 시절 부터 이야기 쓰는 것을 좋아했고, 여동생을 위해서 이야기를 쓰는 것을 즐겼다. 롤링이 처음으로 쓴 이야기 〈토끼〉는 홍역에 걸린 토끼에 대한 이야기였다. 롤링은 세인트 마이클스 초등학교에 다녔는데, 영국의 정치인이자 노예 폐지 운동가 윌리엄 윌버포스와 교육 개혁가 한나 모어가 설립한 학교로 교장 알프레드 던은 《해리 포터》에서 등장하는 "알버스 덤블도어"의 영감이 되었다. 이후 롤링은 어머니가 과학 교사로 일했던 와이딘 중학교에 입학했다. 롤링은 고급 독일어·프랑스어·영어를 공부했고, 학교의 여학생 대표로 활동하기도 했다. 그러나 롤링은 그녀의 10대 시절이 어머니의 질병과 아버지와의 불편한 관계 때문에 불행했다고 회고했다. 1982년 롤링은 옥스퍼드 대학교 입학시험을 치렀지만, 낙제하였다. 잉글랜드 서남부의 엑서터 대학교에서 불문학과 고전학을 전공했고, 파리 유학을 다녀왔다. **롤링은 대학생 시절 많은 소설을 썼지만 완성까지는 하지 않았고, 제인 오스틴 등 다른 작가의 작품을 읽는 데에 많은 시간을 보냈다.** 롤링은 졸업 후 국제 사면 위원회에 임시 직원으로 들어가 비서 일을 했지만, 이는 롤링의 적성에 맞지 않았다.

[필명]

현재 필명인 J. K. 롤링은 작품의 대상이 되는 소년이 여성 작가의 작품이라고 알고 싶어하지 않은 것이라고 걱정한 출판사가 롤링에게 이니셜을 사용하도록 요청했기 때문에 붙여진 이름이다. 롤링은 중간(미들) 이름을 가지고 있지 않기 때문에, 할머니 이름인 캐슬린에서 따와, 필명을 J. K, 롤링으로 하기 시작했다. 롤링은 《해리 포터》 시리즈의 완간 후에도 작가 일을 계속 하고, 작가 이름도 바꾸지 않겠다고 말했지만 2013년에 로버트 갤브레이스라는 남자 이름으로 탐정 소설을 간행했다. 또한 자신이 조앤이 아닌 조라고 칭하는 것을 선호하는 것에는 어린 시절 조앤이라고 불리는 것에 화를 냈을 뿐으로 필명은 아니다. 또한 롤링은 2001년 재혼한 이후에 개인 사업의 일로 현재의 남편 성씨를 따른 "조앤 머리"를 사용하기도 했다.

[영감과 어머니의 죽음]

1990년 여름, 맨체스터에서 런던으로 향하는 열차를 타고 있던 롤링은 4시간 동안 지연된 열차 안에서 마법 학교 에 다니는 소년 "해리 포터"와 "론", "헤르미온느"의 3명의 착상을 떠올렸고, 집으로 돌아가 그날 밤 소설을 쓰기 시작했다. 이런 영감의 경험은 롤링에게 처음으로 일어난 경험으로, 이후 인터뷰에서 롤링은 어디에서 그런 이미지가 떠올랐는지 알 수 없었다고 말했다. 그해 12월에 다발성 경화증으로 어머니를 잃고 롤링은 큰 충격을 받게 되어, 당시 집필 중이던 책의 내용에도 그 영향이 미쳤다.

[결혼과 이혼, 싱글맘·작가 데뷔]

1991년 포르투갈 포르투에서 영어 교사로 취직을 한 롤링은 매일 밤마다 차이콥스키의 바이올린 협주곡을 들으며, 글쓰기를 이어나갔다. 롤링은 18개월이 지난 후에 포르투의 바에서 텔레비전 저널리스트 조지 아란테스와 만났고, 1992년 10월 16일에 결혼했다. 다음 해 1993년 7월 27일에는 딸 "제시카 이사벨 롤링 아란테스"(이후 이름은 "제시카 밋퍼드")를 출산했지만, 남편과의 불화로 1993년 11월 17일에 이혼 소송을 시작하였고, 생후 4개월 된 딸을 데리고 무일푼의 몸으로 영국으로 귀국해 여동생이 사는 에든버러에 정착했다. 롤링은 고등학교의 불어 교사가 되는 길도 있었지만, 앞으로 자신의 인생에 있어 두 번 다시없는 기회가 될 수 있다고 생각에 소설을 쓰는 것에 집중한다.

소설가로 명성을 얻기 이전의 에든버러에서의 생활은 **이혼 후 생활고와 가난했던 시절 우울증으로 "자살도 생각했었다."**라고 에든버러 대학교에서의 연설에서 밝히기도 하였다. 이 때의 경험이 《해리 포터 시리즈》에 등장하는 디멘토의 근원이 되었다. 롤링은 1994년 8월 이혼 소송 정리를 위해 포르투갈로 돌아왔고, 1995년 8월 에든버러 대학교에서 교사 교육과정을 수료했다. 소중한 딸의 존재에 의지하면서 그녀는 몇 달에 걸쳐 우울증을 완치하였고, **가난한 미혼모로 3년여 동안 주당 한화로 15,000원 정도의 생활 보조금으로 연명한 그녀는 자신의 첫 소설 《해리 포터 시리즈》 제1편 《해리 포터와 마법사의 돌》을 완성했다.** 책을 쓰기 시작한 초기에는 하루 종일 카페에 죽치고 눌러앉아 집필을 하는 일이 많았다고 하는 것에 대해 이후 롤링은 소득이 없어 집안의 냉난방 비용 절감을 위해 집필했다는 루머를 부정했고, 아이가 자고 있을 때에는 유모차에 태우고 산책하는 것이 가장 효과적이었기 때문에 **아이가 잠든 후에 근처의 카페에 들어가 글을 집필했던 것이라고 해명했다.**

[해리 포터]

1995년에 롤링은 완성 된 원고를 에이전트를 통해 12개의 출판사에 제출했지만, 너무 내용이 길다는 이유로 어느 출판사도 간행을 맡지 않았다. 그러던 중에 저작권 대행업체 크리스토퍼 리틀을 만나게 되었고, 그는 롤링의 책을 영국의 블룸즈버리 출판사에 팔아주었다. 블룸즈버리 출판사가 이를 간행하게 된 것은 **원고를 편집자가 직접 읽기 전에 8세 아이 "앨리스 뉴턴"의 반응을 보고 난 후로, 1시간 후에 방에서 나온 앨리스는 "아빠, 이것은 다른 어떤 것보다 훨씬 멋지다."고 말했다**고 한다. 이 책의 이름은 《해리 포터와 철학자의 돌》이었는데, 나중에 미국에 출판되었을 때는 《해리 포터와 마법사의 돌》로 변경되었다.

영국 블룸즈버리 출판사 에서 출판된 이 책은 네슬레 스마티스 상과 영국 도서상 등 많은 문학상을 수상하는 등, 신인 작가의 작품으로서는 파격적인 반응을 일으켰다. 또한 아동 문학적으로 높이 평가되었을 뿐 아니라 성인 독자까지 매료시키면서, 수많은 외국어로 번역되어 세계적인 베스트셀러가 되었다. 2000년에 롤링은 아동 문학에 대한 공헌을 인정받아 대영 제국 훈장 4등급(OBE)을 받았다. 속편 《해리 포터와 비밀의 방》은 1998년 7월에 발표되었고, 롤링은 네슬레 스마티스 상을 또다시 받았다. 1999년 12월에는 3편 《해리 포터와 아즈카반의 죄수》를 발표했고, 롤링은 네슬레 스마티스 상을 3회 수상한 최초의 인물이 되었다. 롤링의 연속된 수상으로, 주최측에서는 다른 작가에게 공정한 기회를 주기 위해 4편 《해리 포터와 불의 잔》부터는 경쟁부문 후보에서 제외했다. 4편 《해리 포터와 불의 잔》은 2000년 7월 8일 영국과 미국에서 동시에 발표되었고, 양국에서 판매기록을 새로 세웠다. 롤링은 2000년 영국 도서상 시상식에서 '올해의 작가상' 수상자로 선정되었다. 롤링은 3년 후 5편 《해리 포터와 불사조 기사단》을 발표했다. 오랜 기간 동안의 공백으로 많은 추측이 난무했지만, 롤링은 그동안 집필할 시간과 에너지가 부족했을 뿐이라고 말했다.

6편 《해리 포터와 혼혈 왕자》는 2005년 7월 16일에 발표되었다. **6편은 출시 후 24시간 만에 9백만 부를 판매하는 등, 모든 판매 기록을 갈아치웠다.** 2006년 《해리 포터와 혼혈 왕자》는 영국 도서상 시상식에서 '올해의 책 상' 시상작으로 선정되었다. 《해리 포터》의 일곱 번째 소설이자 최종장 편의 제목은 《해리 포터와 죽음의 성물》으로, 2007년 7월 21일에 발표되었다. 롤링은 2007년 1월 11일, 에든버러의 발모랄 호텔에서 일곱 번째 책을 완성했다. 《해리 포터와 죽음의 성물》은 **2007년 7월 (유럽 시간 기준) 가장 빠르게 판매된 책으로 이전의 기록을 모두 갈아치웠고, 영국과 미국에서 첫날에만 1,100만 부를 판매했다.** 이 책의 마지막 상은 롤링이 시리즈 전체에 쓴 최초의 것들 중 하나이다. 《해리 포터》는 현재 15억 달러(한화 약 1조 5천 163억 원)의 가치가 있는 글로벌 브랜드가 되었고, 《해리 포터》 소설 중 마지막 네 편은 역사상 가장 **빠른** 판매를 기록한 책이자 연속 세트 기록을 세웠다. 총 4,195 페이지에 달하는 시리즈와 67개 언어로 번역되며 4억 5천만 부 이상 판매되었다.

[성공과 자산]

롤링의 연간 수입은 약 1억 2500 만 파운드(한화 약 2200억 원)로, "**역사상 가장 많은 수익을 기록한 작가**"라고 평가받았다. 2003년 5월 영국의 "부자 리스트"의 발표에 따르면 《해리 포터》 책, 영화, 기타 관련 상품으로 롤링의 손에 들어 온 금액이 한화로 약 5,570억 원이라고 추정했다. 이 금액은 엘리자베스 여왕보다도 많은 금액으로, 영국 내에서는 122번째에 해당한다. 롤링은 2004년 미국의 경제 전문지 《포브스》가 선정한 "세계 최고 부자" 목록에 첫 등장했으며, 2007년 1월, 《포브스》가 발표한 '엔터테인먼트 계에서 활약하는 여성 중에서 가장 많은 재산을 보유한 여성 톱 20'에서 2위를 차지했다.

2010년 1월 그녀의 재산은 5억 600만 파운드(한화 약 1조 169억원)으로 알려졌다. 2013년 2월, BBC 라디오 4의 《여자의 시간》에서는 롤링을 영국에서 가장 영향력 있는 여성 13위에 선정하였다. 영국 대중지 《더 선》에 따르면, 스코틀랜드에 260만 파운드(한화 약 46억 원)에 달하는 대저택을 구입했다. 그 외에도 롤링은 스코틀랜드에 3개, 런던에 1개의 대저택을 갖고 있다. 2018년, **포브스에 따르면 롤링이 지난 1년간 (2016년 6월~2017년 5월) 벌어들인 수입은 9,500만 달러(세전 약 1,070억 원)로 1분당 평균 180달러의 수입을 올린 것으로 추산됐다.**

[정치적 성향]

2008년 BBC의 보도에 따르면 롤링은 집권 노동당에 100만 파운드(한화 약 20억 원)를 기부했다. 어린이 빈곤을 퇴치하기 위해 노력하는 노동당 정부에 자극을 받아 기부하게 되었다고 한다. 롤링은 고든 브라운 전 총리 부부와 친한 사이라고 한다. 한편 가정이 있는 결혼한 부부에 대해 감세 혜택을 주기로 한 보수당의 데이비드 캐머런 당수를 비판하기도 했는데, 롤링의 이런 성향은 어려웠던 싱글 맘 시절의 경험이 영향을 준 것으로 보인다. 롤링이 노동당에 현금을 기부하기는 처음이며, 노동당은 2005년 총선 때 진 빚 때문에 2008년 9월 현재 부채액이 1천 800만 파운드(한화 약 320억 원)에 달하는 상황이었다.

[업적]

롤링은 **영국의 아동문학 작가**이다. 본명은 조앤 캐슬린 롤링으로, 서명 이름으로는 'J. K. 롤링'과 '로버트 갤브레이스'를 사용한다. 롤링은 1997년 처음 출간되어 2007년 전 7권으로 완간된 **판타지 소설 《해리 포터》시리즈의 작가**로 잘 알려져 있다. 이 시리즈로 롤링은 전 세계적으로 큰 주목을 받으며 여러 상을 받았고, 책은 지금까지 67개 언어로 번역되며 4억 5천만 부 이상 판매됐다. 이것은 **역사상 가장 많이 팔린 베스트셀러의 책 시리즈와 전 세계에서 가장 많은 수익률을 낸 영화 시리즈로 기록**되었고, 롤링은 영화 시리즈 최종장에서 프로듀서로 참여했다. **롤링은 작가 등단 5년 만에 "무일푼에서 갑부"가 된 대표적인 인물로 손꼽히며, 영국을 대표하는 베스트셀러 작가로 성장했다.**

2004년 롤링은 《포브스》가 집계한 자산 10억 달러 이상 '세계 최고 부호 클럽'에 합류했고, 2008년 《선데이 타임즈》가 발표한 '부자 명단'에서 영국에서 두번째 가장 부유한 여성으로 롤링의 재산은 5억 600만 파운드(한화 약 1조 169억원)에 달하는 것으로 알려졌다. 2001년 《포브스》는 전 세계 유명 인사로 롤링을 25위에, 2007년에는 48위에 선정했다. 2010년 10월, 롤링은 주요 잡지의 편집자가 선정한 **"영국에서 가장 영향력 있는 여성"으로 지명**되었다. 2017년 포브스가 집계한 **'2017년 세계 최고 소득 작가' 순위에서 롤링은 연간 9천500만 달러(약 1천69억 원)를 벌어들여 1위를 차지했**다. 롤링은 영국의 빈곤 퇴치 기금 모금 단체인 코믹 릴리프, 한부모 가정 지원 단체인 진저브레드(Gingerbread), 그리고 영국 다발성 경화증 협회, Lumos(전 칠드런스 하이레벨 그룹) 등 여러 자선 단체와 노동당을 지원하고 있다.

[자선 활동]

2000년 롤링은 전쟁으로 발생한 빈곤과 사회적 불균형 등을 개선하기 위해 5,100,000 파운드(한화 약 88억 원)의 연간 예산을 들여 볼란트 자선 단체를 설립했다. 이 단체는 생활 보조를 받는 아이들, 한 부모 가정, 다발성 경화증의 연구 등을 지원하고 있다.

[저서]
[해리포터 시리즈]

《해리 포터와 마법사의 돌》 (1997년)

《해리 포터와 비밀의 방》 (1998년)

《해리 포터와 아즈카반의 죄수》 (1999년)

《해리 포터와 불의 잔》 (2000년)

《해리 포터와 불사조 기사단》 (2003년)

《해리 포터와 혼혈 왕자》 (2005년)

《해리 포터와 죽음의 성물》 (2007년)

《해리 포터와 저주받은 아이》 (2016년)

[기타]

《신비한 동물 사전》 (2001년)

《퀴디치의 역사》 (2001년)

《음유시인 비들 이야기》 (2008년)

《더 쿠쿠스 콜링》 (2013년)

《실크웜》 (2014년)

《커리어 오브 이블》 (2015년)

[성인 도서]

《캐주얼 베이컨시》 1~2권 (2012년)

[단편]

《해리 포터 프리퀄》 (2008년)

[수상 및 서훈, 명예 학위]

1997년 (스페인) 네슬레 스마티스 책상 《해리 포터와 마법사의 돌》

1998년 (스페인) 네슬레 스마티스 책상 《해리 포터와 비밀의 방》

1999년 (스페인) 네슬레 스마티스 책상 《해리 포터와 아즈카반의 죄수》

1999년 영국 도서상: 올해의 어린이 책 부분 《해리 포터와 비밀의 방》

1999년 위트브레드 문학상: 올해의 어린이 부분 《해리 포터와 아즈카반의 죄수》

2000년 영국 도서상: 올해의 작가상 2000년 대영 제국 훈장 4등급(OBE)

2000년 (미국) 로커스 상《해리 포터와 아즈카반의 죄수》

2001년 (미국) 휴고 상: 최고의 소설 부분《해리 포터와 아즈카반의 죄수》

2003년 (스페인) 아스투리아스 왕세자상: 평화 부문

2003년 (미국) 브램 스토커상: 최고의 젊은 독자상《해리 포터와 불사조 기사단》

2006년 영국 도서상: 올해의 책상《해리 포터와 혼혈 왕자》

2007년 CBBC 블루 피터 배지 '골드' 2008년 영국 도서상: 공로상

2009년 (프랑스) 레지옹 도뇌르 훈장 슈발리에(5등급)

2010년 (덴마크) 한스 크리스티안 안데르센 문학상

2011년 영국 아카데미 영화상 공로상

2012년 런던시 자유상(명예 시민상)

롤링이 명예 학위를 받은 곳은 세인트앤드루스 대학교, 에든버러 대학교, 에든버러 네이피어 대학교, 엑서터 대학교, 애버딘 대학교, 하버드 대학교이다. 2008년 롤링은 하버드 대학교에서 명예 문학박사 학위를 받으면서, 졸업식에서 연설을 하였다.

🦏 ● 롤링 명언

♣ 우리의 능력보다 우리의 참모습을 훨씬 잘 보여주는 것은, 우리의 선택이다.

♣ 적에게 맞서기 위해서는 엄청난 용기가 필요하다.
  친구들과 맞설 때에도 마찬가지다.

♣ 무엇인가에 실패하지 않고 사는 것은 불가능하다. 너무나 조심스럽게 살아서 전혀 살지 않은 것처럼 지낸다면 실패는 않겠지만 당신의 삶은 실패한 것이다.

♣ 용기만 충분하다면, 못해낼 일은 없다.

♣ 꿈속에 살면서 현실의 삶을 잊어버리면 아무 것도 못한다.

♣ 어떤 사람의 진정한 사람됨을 보고 싶다면, 그 사람이 동료를 대할 때가 아니라 자신보다 못한 사람을 어떻게 대하는지를 살펴보라.

♣ 올 것은 결국 오게 돼 있고, 그게 오면 마주칠 수밖에 없다.

마윈-Jack Ma, 알리바바 회장, 馬雲, 중국 (1964년생)

[출생] 1964년 9월 10일
중화인민공화국, 저장 성, 항저우 시

[거주지] 저장 성, 항저우 시

[학력]

~ 1988 항주사범대학, 영어과 (영문학 학사)

[소속] 알리바바그룹 (회장)

[경력사항]

2016.09 ~ 유엔무역개발회의 UNCTAD 청년창업 중소기업 특별고문

2016.05 ~ 중국기업가클럽 회장

2015.10 영국 상업자문위원회 위원

2015.09 ~ UN 글로벌 교육재정위원회 위원

2013 ~ 알리바바그룹 회장

1999 ~ 2013 알리바바그룹 회장, 최고경영자(CEO)

1999 알리바바그룹 설립

[요약]

잭마는 알리바바 그룹 의 창시자 겸 회장이다. 본명은 마윈(馬雲)이다. 2014년 12월에 마윈의 자산은 283억 달러(약 31조 1498억 원)로 아시아 최대 자산가가 되었다. **2018년 9월 마윈의 재산은 약 36조 3,640억 원이며, 중국에서 3번째 부자이고, 세계 20위이다.**

[생애 및 사업]

1964년 중국 저장 성 항저우 시에 태어났다. 알리바바 그룹의 수장, 마윈, 알리바바 성장의 중심에는 마윈 회장이 있다. 키 162㎝, 몸무게 45㎏이라는 왜소한 체격 탓에 마윈 회장에게는 '작은 거인'이라는 수식어가 따라붙곤 한다. **마윈은 거듭된 실패 속에서도 좌절하지 않고 끊임없이 도전한 전형적인 자수성가형 대표이다.** 다양한 강연을 통해 청년들에게 끊임없이 꿈과 야망을 가지라는 말을 던지기도 했다. 가난한 집에서 태어나 공부도 잘 못했던 마윈은 영어공부만은 놓치지 않았다. 마윈은 영어를 배우고 싶은 열망에 매일 아침 자전거를 타고 호텔에 가서 외국인들과 영어로 대화를 했다. 1988년 항저우사범대학을 졸업하고 영어교사 생활을 했다. 그는 20여년 전만해도 월급 89위안(1만5천원)으로 시작했던 가난한 대학 영어강사였다. 입대도 거부당하고, 경찰모집에서 떨어졌으며, KFC와 호텔 입사 시험에도 모두 실패한, 그럼에도 불구하고 집에서 45분이나 자전거를 타고 가 호텔의 외국인 고객에게 무료로 여행 가이드를 해주던 꿈 많은 청년이었다.

마윈은 1992년 하이보라는 통역회사를 차려 창업에 나섰다. **1992년 31살 나이에 중국 최초의 인터넷 기업으로 평가받는 통역회사 하이보를 차리며 기업경영에 뛰어들었다.** 하지만 영어 실력만 있고, 경영 경험이 부족했던지라 무리한 사무실 운영과 회계직원의 횡령 등으로 쓴맛을 봤다. 이후 마윈은 미국에서 인터넷을 접하고 인터넷 불모지인 중국에서 1995년 인터넷 관련 기업을 창업했다. 하지만 이마저도 실패로 돌아간다. **거듭된 실패에도 불구하고 마윈은 다시 도전했다.** 1999년 3월 항저우에서 알리바바를 설립해서, B2B 사이트인 알리바바닷컴을 개설했다. 알리바바란 회사를 차리고도 위기는 계속 찾아왔다. 마윈은 알리바바를 글로벌 기업으로 성장시키고 싶은 꿈이 있었다. 이를 위해서 **미국에서 투자 유치를 받기 위해 40여 곳의 회사를 찾아갔지만, 모두 고배를 마셔야만 했다.** 시련은 알리바바에게 자양분이 됐다. 알리바바는 2014년 상장 후 구글, 애플, 마이크로소프트를 잇는 IT 업계 4위 기업이 됐다. 이후 투자와 온라인 시스템 변화, 인터넷 시대가 열리면서 지금의 자리에

서게 됐다. 최근엔 5조원 규모의 중국판 유튜브로 불리는 중국 최대 동영상 포털 '여우쿠투더우'를 인수하며 이제 중국 1위 미디어 그룹 자리도 넘보고 있다. 알리바바의 성장은 아직 끝나지 않았다. 2015년 4월 4일 중국 저장성 항저우의 항저우사범대학에 1억 위안(약 180억 원)을 기부했다.

[알리바바 매출실적과 마윈 지분]

중국 현지언론 신경보(新京報)는 "며칠 전 알리바바가 미국증권거래위원회(SEC)에 제출한 20-F 연례 보고서는 이 회사의 최신 주주권을 반영했다."면서 "알리바바의 고관과 주주가 보유하고 있는 지분합계는 2017년 6월의 10.6%에서 9.5%로 하락했다."고 전했다. 알리바바그룹 회장 마윈이 보유하고 있는 지분은 6.4%로 2017년에 비해 하락했다고 신경보는 덧붙였다. 이미 발표한 재무보고에 따르면 **2018년 3월 31일까지의 연도매출은 2,502억 6,600만 위안으로 작년 같은 기간 대비 58% 증가했고 연도이익은 832억 1,400만 위안으로 같은 기간 대비 44% 증가했다.** 알리바바그룹 CFO(재무담당 최고책임자) 우웨이는 2019년 "연도매출 증가율이 60%를 초월할 것"으로 예측했다. 2018년 회계연도 1분기 알리바바의 매출은 위안화 기준 619억 3,200만 위안(약 98억 7,300만 달러, 한화 약 10조 5,000억 원)로 전년 동기대비 61% 증가했다.

[2018년 알리바바 및 산하 사업현황 및 계획]

2018년 회계연도(2017년 2분기~2018년 1분기) 총 매출은 전년 대비 58% 불어난 2,502억 6,600만 위안으로 뉴욕증시 기업공개(IPO) 이후 역대 최고 증가율을 기록했다. 알리바바의 핵심사업인 전자상거래 매출이 전년 대비 60%, 순이익은 40% 늘었다. 알리바바는 실적보고서에서 신선제품 관련 오프라인 시장 확대의 성과가 컸다고 강조했다. 2018년 3월 말까지 알리바바 산하의 오프라인 매장이 총 37개, 전국 9개 도시를 시장으로 확보했다고 밝혔다. 또, 4월 말 기준으로는 매장 수가 46개로 늘어 13개 도시를 커버했다며 시장 확대에 속도가 붙었다는 설명이다. 알리바바는 2019년 회계연도에도 실적 급등세를 유지할 수 있다는 자신감을 보였다. 우웨이 알리바바 최고재무경영자(CFO)는 "새로운 회계연도에도 **알리바바 그룹의 매출이 60% 이상의 증가세를 보일 것**"으로 예상했다.

알리바바 산하 **온라인 쇼핑몰인 티몰이 꾸준히 시장을 확대하며 B2C 시장에서 압도적 입지를 유지하고 있고** 알리바바의 클라우드컴퓨팅 서비스인 아리윈도 12분기 연속 100% 가량의 성장세를 지속 중이다. 글로벌 업무도 빠르게 확대하고 있다. 알리바바가 인수한 동남아시아 **최대 전자상거래 플랫폼인 라자다와 알리바바 산하 글로벌 쇼핑몰인 알리익스프레스 등의 급성장세를 바탕으로 올 1분기 기준 글로벌 매출액은 전년 동기대비 94% 껑충 뛰었다.** 티몰글로벌이 세계적인 쇼핑몰 브랜드로 자리잡으면서 올 3월 말 기준 전 세계 74개 국가 및 지역의 1만 8,000개 브랜드가 티몰글로벌을 통해 중국에 제품을 판매하고 있다.

2017년 알리바바 유통 플랫폼을 이용한 실제 소비자도 2017년 12월 말 대비 3,700만명 늘어난 5억 5,200만명으로 증가세를 유지했다. 장융(張勇) 알리바바 최고경영자(CEO)는 "알리바바가 또 다시 월등한 성적표를 받았다."면서 "이는 전자상거래의 지속적 성장과 수년간 미래 잠재력을 보고 진행한 투자의 결과"라고 자평했다. 또, "그룹 차원에서 내놓은 신유통(오프라인+온라인+스마트물류) 전략을 지속적으로 추진하면서 알리바바의 전자상거래 플랫폼이 중국 최고의 소매판매 인프라로 자리잡았다."며 "앞으로는 기술개발과 클라우드 컴퓨팅, 물류, 디지털 엔터테인먼트, 현지 생활서비스 등에 투자를 집중해 중국과 기타 신흥시장의 소비에 활기를 보탤 것"이라고 했다.

[블록체인과 비트코인]

마윈 알리바바그룹 회장은 비트코인에 거품의 소지가 있다고 경고했다. 월스트리트저널(WSJ)에 따르면 마윈 회장은 지난 2018년 6월 25일 홍콩에서 열린 그룹 계열사 행사에서 블록체인 기술을 유망하게 보고 이에 베팅하고 있지만, 이 기술의 첫 결실인 비트코인은 부정적으로 본다고 밝혔다. 마윈 회장은 이 행사에서 "블록체인 기술 자체는 거품이 아니지만 비트코인은 그럴 수 있다."고 말하고 "블록체인 기술을 응용한 비트코인이 돈벌이의 수단과 개념으로 전락했다."고 개탄했다.

참고로, 비트코인의 거래 가격은 2017년 1,300% 오르면서 2만달러(19,891달러)에 근접했으며, 2018년 최고가격은 17,252달러이었으나, 최저로 하락했을 때는 5,762달러까지도 떨어졌다. 2018년 8월에는 평균 약 7,500달러 정도이다. 마윈 회장이 참석한 행사는 앤트파이낸셜이 필리핀 기업과 손잡고 블록체인 기술을 활용한 실시간 국제송금 서비스를 제공하는 합작회사를 설립한 것을 기념하는 자리였다. 앤트파이낸셜은 중국의 대표적 모바일 결제 서비스인 알리페이를 운영하고 있다. 마윈 회장은 앤트파이낸셜이 비트코인을 보유하지 않고 있고 이에 투자하지도 않을 것이라고 밝혔다.

● 마윈 명언

♣ '너는 도대체 무엇을 갖고 있는가?' '무엇을 원하는가?' '무엇을 버릴 것인가?'

♣ 무수한 실패가 없었다면 오늘의 알리바바에 이르지 못했을 것이다.
  모든 큰 나무 밑에는 거대한 영양분이 있다. 많은 사람의 실패와 잘못에서 영양이 만들어진다.
  MBA와 실제 상인 간에는 차이가 있다.
  MBA 출신은 창업하기도 어렵고, 창업해도 성공하기 어렵다.
  왜냐하면 MBA는 어떻게 해야 성공하느냐 만을 가르치기 때문이다.
  창업이후 내가 얻은 최고의 지혜 중 하나는 다른 사람이 어떻게 실패하는지를 끊임없이 생각한다는 것이다.

♣ 기업가나 상인이 되는 것은 어렵다. 싸우는 것과 비슷하다. 살아남는 게 성공이다.
  전쟁터에서 살아 돌아오는 게 성공이다.
  생존한 5%가 되려면 95%가 저지르는 실수에서 반드시 배워야한다.

♣ 사장은 미래에 대한 생각과 자기의 강점에 대한 생각에 매우 많은 시간을 보내야 한다.
  오늘 일만 생각하면 성공할 수 없다. 지금처럼 상장에 성공하고
  시가총액이 큰 기업을 일군 것은 15년 전의 생각 덕분이다.

♣ 자신의 회사가 신의 회사라는 생각, 모든 걸 이해하고 있다는 생각,
  모든 걸 할 수 있다는 생각을 하는 순간 고난이 온다. 자기의 한계를 알아야 한다.

♣ 알리바바는 전자상거래 회사가 아니다. 타인이 전자상거래를 할 수 있도록
  도와주는 회사다. 전자상거래 기초시설을 제공하는 업체인 셈이다.

♣ 20세기엔 IT 기술을 잘 활용하면 됐다. 금세기엔 데이터기술을 잘 활용해야 한다.
　데이터 기술의 핵심은 인터넷이다. 여기엔 이타주의가 있다.
　상대가 나보다 더 능력이 있다고, 더 중요하다고, 더 총명하다고 믿어야 한다.
　데이터 기술 시대에는 다른 사람이 강해질수록 당신도 비로소 강해진다.

♣ 데이터기술 시대에 매우 중요한 것은 체험이다.
　고객이 원하는 건 서비스가 아니고 체험이다. 음식점에 20여명의 여성 종업원이
　문 앞에서 '안녕하세요'라고 인사하는 것이 좋은 서비스인가?
　고객이 원하는 건 유쾌한 식사 체험이다.

♣ 체험시대에는 여성이 남성보다 더 대단하다.
　남편과 아이를 생각한 뒤 자신을 돌보는 것처럼 남을 더 생각하기 때문이다.
　남자는, 자기중심적이다.
　알리바바는 세계 IT기업 중 여성이 가장 많은 기업 중 하나다.
　직원의 46%가 여성이다. 원래는 49-50%였다.
　그런데 남성이 많은 회사를 합병하다 보니 여성비율이 줄었다.
　경영층의 23%가 여성이고, 우리는 여성을 여성이 아닌 사람으로 본다.

♣ 많은 젊은이가 저녁에 수많은 길을 생각하다가도 아침이 되면 가던 길로 갑니다.
　창업은 당신의 훌륭한 이상과 생각에 달려 있지 않고,
　대가를 지불할 의사가 있는지에 달려있습니다.
　그것이 옳다고 증명될 때까지 전심전력을 다 해 행동하세요.

♣ 믿음이 있다면 젊다는 것이고, 의혹이 있으면 늙었다는 것이다.
　자신이 있으면 젊다는 것이고, 두려움이 있다는 것은 늙었다는 것이다.
　희망이 있다는 것은 젊다는 뜻이고, 절망이 있다는 것은 늙었다는 것이다.
　세월은 당신의 피부를 주름지게 하는 것에 불과하지만,
　열정을 잃으면 영혼이 늙은 것이다.

♣ 알리바바의 고객이 돈을 벌지 못한다면, 알리바바도 돈을 벌 수 없습니다.

♣ GE, 제너럴 일렉트릭은 100년 전에 전구를 만들었다.
　그들의 사명은 '세상을 밝게 만드는 것'이었다. 이것이 GE를 전 세계 최대의 전기회사로 만들었
　다. 디즈니랜드의 사명은 모든 사람들을 즐겁게 만드는 것이다.
　이러한 사명을 지닌 디즈니는 언제나 즐거운 영화를 만든다.
　알리바바의 사명은 세상에서 어렵게 거래하는 사람이 없도록 하는 것이다.

♣ 내가 보이게 세상에는 세 종류의 비즈니스맨이 있다. '장사꾼'은 돈만 번다.
　'상인'은 해도 괜찮은 사업과 하지 말아야 할 사업을 구별한다.
　'기업가'는 사회에 책임을 진다. 기업가는 사회를 위해 환경을 조성해야 한다.
　기업가는 창조적인 정신이 있어야 한다. 80년대에는 용기로 돈을 벌었고
　90년대에는 관계에 의존했다. 지금은 지식과 능력에 의존해야 한다.

♣ 사람들이 각자 취향에 맞는 책을 고르는 것처럼
　나는 사업도 가장 즐거울 수 있는 일을 찾아서 했습니다.
　가장 쉬운 일이나 사람들이 좋아하는 일을 찾아서 하고,
　가장 중요하고 힘든 일은 다른 사람에게 남겨둡니다.
　이건 내 창업의 비결입니다.

베조스-Jeffrey Bezos, 사장, 아마존 창업자, 미국 (1964년생)

[출생] 1964년 1월 12일, 미국
[출생지] 미국 뉴멕시코주 앨버커키
[소속] 아마존 (사장)

[학력사항]
~ 1986 프린스턴대학교 전기공학 학사

[경력사항]
2016.07 ~ 미국 국방부 혁신자문위원회 위원
2000 블루 오리진 설립
2000 ~ 아마존 사장
1996 ~ 아마존 사장
1994 ~ 1999 아마존 사장
1994 ~ 아마존 이사회 의장
1994 아마존 설립
~ 1994 디이쇼 수석 부사장
1990 뱅커스 트러스트 부사장

[수상내역]
1999 타임지 올해의 인물

[국적] 미국
[배우자] 매킨지 터틀
[소속] 아마존닷컴
[직위] 사장
[자산] 1,660억불(US$), 한화 약 188조원 (2018년 9월 현재, 세계 1위)

[요약]
제프리 프레스턴 베조스는 미국의 기업가이며 투자자로, 아마존닷컴의 설립자이자 사장이다. 처음에는 인터넷 상거래를 통해 책을 판매하였으며, 이후에 넓고 다양한 상품을 판매하고 있다. 프린스턴 대학교를 졸업하고 1994년에 아마존닷컴을 설립하였다. 1999년 《타임》지의 올해의 인물에 선정되었다. 2000년 블루 오리진사를 설립하고 우주여행선 프로젝트를 진행하고 있다. 2013년 워싱턴포스트를 인수했다. 2018년 9월, 재산은 약 188조원으로 세계 1위이다.

[세계 부자 순위 1위]
미국의 대기업 아마존닷컴의 창업자이자 사장이다. 세계 최초로 대기업이 된 전자상거래 기업인 아마존닷컴을 1994년에 창립하였으며 2018년 현재까지 사장으로 재직 중인 인물이다. **2017년 7월**

빌 게이츠를 넘어 세계 최고의 부자가 되었다. 제프 베조스는 1964년 1월 12일 미국 뉴멕시코주 엘버커키에서 태어났다. 어머니 제클린 베조스는 17세에 결혼 후 제프 베조스를 낳았다. 생부는 잘 알려져 있지 않으며 생부 역시 제클린과 결혼할 때 10대였고 제프 베조스의 생후 18개월 때 제클린 베조스는 제프 베조스의 생부와 이혼했다. 이후 제클린 베조스는 쿠바출신 미겔 베조스와 재혼했다. 미겔은 제클린이 제프 베조스를 임신했을 때 처음 만났으며 제프 베조스가 4살 때 둘이 결혼해서 제프 베조스를 양아들로 삼았다고 한다. **제프 베조스는 방학마다 외할아버지 프레스턴 기스의 목장에서 생활하며 외할아버지의 영향을 강하게 받았는데** 어릴 때부터 차고에서 각종 전자제품을 만들거나 실험을 하는데 많은 시간을 보냈다. 제프 베조스는 세 살 때 어른 침대를 사용하겠다며 자신의 아기 침대를 분리해서 어른 침대로 바꾸려고 드라이버를 들었던 일화도 있다.

이후 제프 베조스는 휴스턴의 리버 오크스 초등학교에 입학했는데 그곳에서 메인프레임 컴퓨터를 사용하면서 컴퓨터에 빠지게 된다. 하지만 컴퓨터 사용시간의 대부분을 친구들과 스타트렉 게임을 하면서 보냈다고 한다. 흔한 게임 폐인 한편으로는 초등학생 시절에 자기 방 출입문에 사이렌 경보장치를 달아서 동생들이 들어오면 알람이 켜지게 하는 등 아이디어와 기술에 뛰어난 면모를 보이기도 했다. 제프 베조스의 **초등학교 시절 선생님의 평가는 대단히 총명하나 리더의 자질은 없다는 것이었다.** 고등학생 시절에는 플로리다 대학에서 주최한 과학교육 프로그램에 참여해서 실버 기사상을 수상하기도 했다. 그 이후 제프 베조스는 **프린스턴 대학교에 입학해서 이론물리학을 전공했지만 이후 컴퓨터공학과 전기공학에 더 애착을 보여 결국 전공을 전기공학으로 바꾸어 수석 졸업을 했다.** 제프 베조스는 대학생 시절 여자한테 별로 인기가 없었다고 한다.

졸업 후 제프 베조스는 유명 대기업인 인텔, AT&T의 벨연구소, 앤더슨컨설팅의 오퍼를 거절하고 무명의 벤처기업 피텔에 입사하여 통신 프로토콜 프로그래밍 업무를 수행하였다. 그리고 제프 베조스는 입사 1년 후 기술 및 사업개발담당 부책임자로 승진하였으나 입사 2년 후 퇴사한다. 제프 베조스는 그 이후 **뱅커스 트러스트에 컴퓨터 관리자로 입사한다.** 제프 베조스는 뱅커스 트러스트 입사 10개월 만에 회사내 최연소 부사장으로 승진하게 된다. 그 이후 제프 베조스는 금융사 쇼 (D.E. Shaw)의 펀드매니저로 전직하게 되고 쇼 입사 1년 후 26세의 최연소 부사장, 몇 해 후 수석 부사장이 된다. 그리고 그때 쇼에서 같은 회사 연구원인 매킨지 터틀을 만나 1993년에 결혼을 하게 된다. 1994년 7월 그는 회사를 갑자기 그만두고 시애틀로 출발하게 된다. 제프 베조스의 동행은 아내와 인터넷 서점이라는 창업 아이템이었다. 제프 베조스는 친척과 친구들에게 200만 달러의 창업자금을 투자받았는데 그 중에는 제프 베조스의 아버지인 미겔 베조스의 투자금도 있었다. 제프 베조스는 자신의 아버지 미겔 베조스에게 사업 성공 가능성을 30%라고 이야기한 후 아마존닷컴의 주식 58만 2,528주를 팔아 10만 달러 상당의 자금을 확보했다고 한다.

그 이후 1995년 7월, 제프 베조스는 시애틀 자신의 집 창고에서 3대의 워크스테이션을 가지고 아마존닷컴을 창업했다. 그리고 마침내 1995년 7월 16일에 사업을 개시한 아마존닷컴은 창업 일주일 만에 미국 전역과 전세계 45개 도시에 서적을 판매하기 시작했고 1996년 5월에는 월스트리트지가 Amazon.com을 일면에 대서 특필하기도 했다. 물품 없이 온라인 카탈로그만 존재하는 순수 전자상거래 업체로 출발한 아마존닷컴은 1997년 5월 주당 18달러에 상장됐고 이후 주당 100달러까지 상승하게 된다.

하지만 그렇게 잘 나가던 것도 잠시, 리먼 브라더스는 아마존닷컴이 일년 안에 파산할 것이라는 보고서를 발표하게 된다. 이 보고서 발표 후 아마존닷컴은 1주일 만에 주가가 19%나 급락하게 된다.

게다가 뒤이은 2001년 초 닷컴 버블 붕괴의 파장으로 자금 경색이 심화된 아마존닷컴은 최고 100달러였던 주가가 2002년에는 6달러로 추락할 정도의 경영 위기를 겪게 된다. 결국 아마존닷컴은 2001년 직원 1,300명을 해고한 후 사업 다각화를 실시하게 되는데 우리가 아는 종합쇼핑몰로서의 아마존닷컴이 바로 이 때 탄생한 것이다. 이렇게 닷컴 버블 붕괴와 경영 위기를 종합쇼핑몰 변신이라는 사업 다각화를 통해 타개한 제프 베조스는 이후 이북 단말기 킨들 시리즈와 킨들 파이어, 그리고 파이어 폰 등의 제품과 클라우드 컴퓨팅 서비스를 계속해서 내놓으며 공격적으로 사업 확장을 하는 경영전략을 구사하고 있다. **2018년 9월 베조스의 재산은 1,660억불(US$), 한화로는 약 188조원으로 세계 1위 부자이다.** 제프 베조스가 창업한 세계 최대 온라인 상거래업체인 '아마존'이 2018년 9월 4일 뉴욕증시에서 장중 시가총액이 '꿈의 시총'으로 불리는 1조 달러(약 1천117조 5천억 원)를 돌파했다. 애플은 앞서 지난달 2일 미국 상장회사 최초로 시가총액 1조 달러를 돌파했다. 애플과 시가총액 1조 달러 경쟁을 하던 아마존은 사상 두 번째로 이를 달성했다. 미국인 소매 지출의 5%, 온라인 소비의 43.5%가 아마존을 통해 이뤄지고 있다.

[제프 베조스의 성공요인 5가지]
1. 강한 도전정신
베조스는 "도전하지 않으면 후회할 것이다."라는 말을 아끼지 않는다.

2. 가능성을 파악하는 뛰어난 능력
베조스는 수백만 종류의 책을 하나의 사이트에서 팔 수 있다는 단 하나의 가능성을 파악했다.

3. 동물적인 감각으로 상황을 '개선'하는 능력
기존에 있는 오프라인 서점을 하나의 온라인 사이트와 연결하겠다는 발상 하나로 최고의 온라인 서점, 아마존을 설립했다.

4. 나무를 보고 숲의 크기를 판단할 줄 아는 능력
아마존에서는 처음엔 책만 팔았다. 책뿐만 아니라 음악 CD, 비디오, 전자기기 등의 물품들을 하나씩 아마존에서 판매했고 아마존의 매출을 폭발적으로 늘렸다.

5. 빅데이터를 활용한 분석능력
아마존닷컴은 인터넷 서점을 시작할 때부터 독자의 도서 구매행위를 데이터베이스로 남기고, 도서 및 다른 제품들을 분석 및 추천하는 데이터베이스를 활용했다. 빅데이터를 활용한 분석 방식과 유사하다.

[도서: 아마존 미래전략 2022, 다나카 미치아키/ 2018년]
인터넷서점에서 시작해 모든 것을 파는 '에브리싱 컴퍼니'로. 아마존이 펼쳐놓는 새로운 사업은 모든 사람들의 입을 벌어지게 만들 정도로 혁신적이며 성공적이다. '아마존당하다(to be amazoned)'라는 표현이 생길 정도로 **아마존이 각 산업에 끼치는 영향은 어마어마하다.** 아마존을 진두지휘하는 CEO 제프 베조스의 머릿 속엔 어떤 생각들이 자리잡고 있을까? 전자상거래 기업으로서 아마존의 성장과정을 보여주고, 동시에 **인공지능, 클라우드, 우주 사업으로까지 확장하고 있는 아마존의 본질을 5요소 분석법으로 해부하고 아마존의 미래전략이 무엇인지를 예측한 책이다.**

[아마존 웹 서비스 서밋 AWS Summit Seoul 2018]

클라우드를 통한 비즈니스 혁신에 대해 함께 공유하고 배우는 AWS Summit Seoul 2018을 개최했다. 2018년 4월 클라우드 컴퓨팅의 미래를 조망할 기조연설, 100여개의 다양한 강연, 파트너 전시 부스 및 각종 부대 행사에 이르기까지 다양한 내용들이 서울에서 소개되었다. 클라우드 컴퓨팅 초보자부터 전문가까지, 또한 스타트업에서 대기업 종사자까지 제조, 미디어, 금융, 커머스, 공공 분야 등 다양한 산업군에 걸쳐 누구나 참여할 수 있었다.

- 아마존닷컴의 CTO인 Werner Vogels의 기조연설을 시작으로 총 8개 트랙에서 55의 강연이 진행되었다. AWS 서비스의 기본 개념부터 배울 수 있는 기초 트랙, 보안 전문 트랙을 비롯하여 다양한 AWS 클라우드 서비스에 대해 배울 수 있는 트랙들이 준비되었다.

- 아마존 인공지능 총책임자의 기조연설을 시작으로 총 8개 트랙에서 52개 강연이 진행되었다. 본사 인공지능 팀이 한국을 방문하여 진행하는 AI 트랙과 총 6개의 인더스트리 전문 트랙 (엔터프라이즈, 미디어, 리테일, 금융, 게임, 공공 분야)이 준비되었다.

- 유료 교육 과정인 AWS 기술 이센셜 과정의 내용을 기반으로 컴퓨팅, 스토리지, 데이터베이스 등 AWS의 핵심 서비스들에 대해 단계적으로 알아볼 수 있는 무료교육이었다. AWS의 테크니컬 트레이너들이 교육을 진행하며, IT 담당자들과 개발자들은 물론 클라우드 컴퓨팅의 기본에 대해 배우고자 하는 비즈니스 및 기술 관리직에게도 적합했다.

• 베조스 명언

♣ 모든 비즈니스는 항상 젊어야 한다. 만약 당신의 소비자층이 늙어간다면,
   당신의 회사는 유명했으나 지금은 망한 백화점인 울워스(Woolworth's)처럼 될 것이다.

♣ 두 가지 종류의 회사가 있다. 소비자에게 물건 값을 최고로 많이 받으려는 회사와
   값을 최소로 받으려는 회사. 우리는 최소로 받으려는 회사가 되려고 한다.

♣ 당신의 회사가 답을 알고 있는 비즈니스만 한다면, 당신 회사는 오래가지 못한다.

♣ 아마존에서는 그동안 3가지 아이디어만 가지고 일했다. 성공으로 이끈 이유 3가지이다.
   1) 소비자를 항상 먼저 생각해라. 2) 새로운 것을 만들어 내라.
   3) 인내심을 가져라.

♣ 모든 비즈니스 계획은 실제상황에서 바뀌게 된다.
   실제상황은 계획하고는 항상 다르게 진행된다.

♣ 아마존이 혁신하는 방법은 소비자 중심으로 생각을 시작하는 것이다.
   이게 아마존이 혁신하는 방법의 기준이다.

♣ 일반 회사들은 매일 어떻게 경쟁회사보다 앞지를 수 있을까 고민하지만,
   우리 회사는 어떻게 소비자에게 도움이 될 수 있는 혁신을 만드는가를 고민한다.

♣ 비판받기 싫으면 새로운 것을 안 하면 된다.

♣ 다른 회사들이 무엇을 하는지 시장조사를 해야 한다.
   세상과 동떨어져 있으면 안 된다.
   그리고 영감을 받아서, 당신만의 유일한 색깔을 만들어라.

4.2 1950년대 출생 인물들

1950년대에 태어난 인물들 9명을 소개한다. 정보통신기술(ICT)분야의 선구자들과 현재 정치적으로 활동 중인 글로벌 리더 들을 선택하여 소개한다.

김용-Yong Kim, 金墉, 세계은행 총재, 한국-미국 (1959년생)

(현) 제12대 세계은행 총재,
(전) 미국 다트머스대 대학총장, 교수
[본명] Jim Yong Kim

[출생] 1959년 12월 8일 (서울특별시)
[성별] 남성
[소속] 세계은행 총재 (World Bank, President)

[학력사항]
~ 1993 하버드대학교 대학원 인류학 박사
~ 1991 하버드대학교 대학원 의학 박사
~ 1982 브라운대학교 학사

[경력사항]
2012.07~ 제12대 세계은행 총재
2010.04 예술과학원 회원
2009~2012.06 미국 다트머스대학교 총장, 미국 하버드대학교 의과대학 교수
2004 세계보건기구 에이즈국 국장

[수상내역]
맥아더 "천재상" (2003)
US 뉴스 월드 레포트 선정 '미국의 25대 리더' (2005)
탐임지 선정 '세계에서 가장 영향력 있는 100인' (2006)

[요약]
하버드대학 의대 교수, 다트머스대 총장을 거쳐 2012년 **제12대 세계은행 총재**에 취임한 재미 한국인이다.

[생애]
[출생과 성장]

김용의 아버지는 한국 전쟁 때 남포에서 월남하여 서울대학교 치과대학에서 공부한 후 미국 뉴욕에서 유학하였다. 김용은 뉴욕에서 전옥숙을 만나 결혼했으며 아이오와 대학교의 치과 교수로 근무하였다. 김용의 어머니는 동 대학에서 박사학위를 수여받았다. 김용의 어머니 전옥숙은 시조시인 전병택과 시인 이경자의 딸이다. 김용이 평소에 조언을 청하는 멘토인 외삼촌은 성균관대학교 유학대학의 전현 교수이다. 1959년 대한민국 서울에서 태어난 김용은 5세 때 미국 아이오와주 무스카틴으로 이민하였다.

김용은 무스카틴 고등학교에서 전교회장 및 수석 졸업생 대표로 졸업하였으며, 미식축구 팀에서 쿼터백과 농구팀의 포인트 가드로 활동하였다. 이후 아이오와 대학교에 입학한 그는 1년반 뒤 브라운 대학으로 편입했다. 1982년 브라운 대학을 마그나 쿰 라우데급의 우수한 성적으로 졸업한 김용은 하버드 대학교로 진학하여 하버드 메디컬 스쿨에서 의학 박사(M.D. '91)와 일반대학원에서 인류학 박사(Ph.D. '93) 학위를 받았다. 김용은 하버드 대학의 의학 박사와 사회과학 박사 통합학위 프로그램의 첫 입학자였다. 김용은 농구, 배구, 테니스 및 골프를 즐겨하였다. Children's Hospital Boston의 소아과 의사인 임윤숙과 결혼한 김용은 두 아들을 두고 있다.

[의사 경력]

김용은 개발국들의 보건 발전에 20년 이상의 경력이 있는 전문가이다. 하이티, 페루, 러시아, 르완다, 레소토, 말라위 및 미국의 여러 저소득층의 건강을 위한 비영리기관인 '건강 파트너'를 설립하는데 앞장섰고, 이사장을 역임하였다. 하버드 메디컬 스쿨 교수로 재직하였으며 하버드 메디컬 스쿨 국제보건·사회의학과장으로 근무하였다. 2004년부터 2006년까지 김용은 세계보건기구(WHO) 에이즈국장을 역임하였으며, 폐결핵 전문가로서 여러 국제 위원회장직 또한 담당하였다. 세계보건기구 에이즈국장으로 임명된 후 중저소득 국가의 에이즈 퇴치를 위한 운동을 급격하게 확장 시켰으며, 2007년까지 약 3백만에 가까운 사람들이 결핵, 말라리아 등의 질병에서 살아남을 수 있도록 하는 업적을 이뤘다.

[세계 은행 총재 지명]

오바마 대통령이 김용을 세계은행 총재 후보로 지명했다고 발표했다. 2012년 3월 24일 세계은행 설립 이후 최초의 한국계 미국인 총재로 내정됐다. 미국은 2차대전 이후인 1968년 세계은행을 설립한 이래 비공식 협정에 따라 총재직을 줄곧 유지해 왔다. 그간 세계은행 총재는 미국에서, IMF 총재는 유럽에서 추대된다는 게 일종의 불문율이었으며 김용 또한 미국 국적자이므로 이런 불문율은 계속 유지된 셈이 되었다. 로런스 서머스 전 재무장관, 힐러리 클린턴 국무장관, 수잔 라이스 UN주재 대사, 제프리 삭스 컬럼비아 대학 교수 등 미국 측 인사들을 비롯해 나이지리아 재무장관인 은고지 오콘조 이웨알라 세계은행 집행이사 등이 후보로 거명됐다.

세계은행은 2012년 4월 16일 미국 워싱턴에서 열린 임시이사회에서 로버트 졸릭 총재의 후임으로 김용 총장을 선출하기로 결의하였다. 김 총장은 1968년 세계은행 역사상 처음으로 공개경쟁을 통해 총재에 올랐으며, 첫 비(非)백인 총재라는 기록도 세우게 되었다. 김 신임 총재는 2012년 7월 1일부터 5년간의 임기를 시작하였다. 1959년 12월 서울에서 태어난 김 총장은 5살 때 부모와 함께 미국으로 이민하였다. 브라운대를 거쳐 하버드대에서 의학과 인류학 박사학위를 받았으며, 하버드 의대 교수를 지냈다. 특히 1987년 하버드대 의대 친구였던 폴 파머 하버드대 의대 교수 등과 함께 의료봉사기구인 파트너스인헬스(PIH)를 설립해 중남미와 러시아 등 빈민지역에서 결핵 퇴치를 위한 의료구호활동을 벌여왔다. 이 공로를 인정받아 2004년에는 세계보건기구(WHO) 에이즈국장을 맡아 에이즈 치료를 위한 활동을 벌이기도 하였다. 2005년 의 '미국의 최고지도자 25명'에 선정됐으며, 2006년에는 미국 〈타임〉지가 뽑은 '세계에서 가장 영향력 있는 100인'에 뽑히기도 하였다. 이후 2009년 아시아계 중 처음으로 아이비리그(미국 동부 8개 명문 사립대) 중 하나인 **다트머스대의 첫 한국인 총장**이 되었다.

미국은 2차 세계대전 이후인 1968년 세계은행을 설립한 이래 비공식 협정에 따라 총재직을 줄곧 유지해 왔다. 하지만 2012년에는 미국을 비롯한 서방의 국제금융질서 독점에 반발한 브라질, 중국 등 신흥국들이 처음으로 후보를 내며 유례없는 대결구도가 형성되었다. 세계은행 총재는 100여 개국 지역본부 1만 3,000여 명의 직원을 거느리며, 국제개발협회(IDA), 국제금융공사(IFC), 국제투자보증기구(MIGA), 국제투자분쟁해결본부(ICSID) 총재직도 겸임한다. 총재는 해외로 출장을 다닐 때 항공기 1등석을 이용하며, 퇴임 이후에는 연금을 받는다. **김용은 한국계 미국인 의사이자 다트머스 대학의 제 17대 총장을 역임하고, 현재 세계은행 총재이다.** 김용은 2009년 3월, 아시아인으로는 최초로 아이비리그의 총장에 선출되었으며, 2009년 7월 1일부터 2012년 6월까지 총장직을 역임했다. 하버드 의대 국제보건·사회의학과장, 동 대학 프랑수와 사비에 배뉴센터 소장 및 브리검앤우먼스병원(하버드 의대 병원)의 국제보건학과장을 역임하였다. 또한 김용은 중남미 등의 빈민지역에서 결핵 퇴치를 위한 의료구호활동을 벌여왔고, 세계보건기구(WHO) 에이즈국장을 역임하였다. 2012년 3월 23일 오바마 대통령은 김용을 세계은행 차기 총재 후보로 지명했다. 2012년 4월 16일 김용은 세계은행 총재로 선출되었고, **2012년 7월 1일부터 2016년 6월까지, 공식적으로 5년간의 총재 업무를 시작했다.**

[세계은행 총재 연임]

한국계 미국인 김용(Jim Yong Kim) 세계은행 총재의 연임이 확정됐다. 세계은행은 2016년 9월 27일 성명을 통해 차기 총재 후보로 단독 출마한 김용 총재의 연임을 이사회에서 만장일치로 결정했다고 공식 발표했다. **차기 임기는 2017년 7월부터 2022년 6월까지 5년간이다.** 세계은행 이사회는 2030년까지 절대빈곤을 종식하고 개발도상국 소득 하위 40%의 소득 수준 증대를 위한 김용 총재의 비전과 아프리카 에볼라 바이러스 확산, 시리아 난민 사태 등 글로벌 위기 대처를 연임 결정 이유로 들었다. 김용 총재는 "세계은행이라는 위대한 조직의 수장으로서 두 번째 임기가 주어진 것에 영광을 느낀다."라며 "2012년 첫 취임 당시 계획했던 목표를 완수하기 위해 더 노력할 것"이라고 밝혔다. 이어 "두 번째 임기에서 민간 부문 투자를 통해 경제 성장을 촉진하고, 교육·보건·기술 훈련 프로그램을 강화할 것"이라며 "경기 침체에 대응하기 위해 세계 경제의 완충재를 만드는 데 초점을 맞출 것"이라고 밝혔다.

서울 출생인 김용 총재는 다섯 살 때 부모를 따라 미국 아이오와 주로 이민했다. 브라운대학 졸업 후 하버드대학에서 의학박사와 인류학박사 학위를 받고 의학교수로 재직한 의료 전문가다. **세계보건기구(WHO) 에이즈 국장과 다트머스대학 총장을 역임한 김용 총재는 버락 오바마 미국 대통령**

의 적극적인 지원을 받아 2012년 아시아계 인물로는 최초로 세계은행 수장에 올랐다. 2016년 8월 23일 연임 의사를 밝히며 단독 후보로 출마한 김용 총재는 세계은행 최대 지분을 갖고 있는 미국을 비롯해 중국, 일본 등이 잇따라 지지 의사를 나타내면서 만장일치로 연임에 성공했다. 그러나 세계은행 내부 일각에서는 김용 총재의 조직 개편과 구조 조정에 반발해 '리더십 위기'를 주장하며, 김용 총재가 아닌 새로운 인물을 총재로 뽑아야 한다는 주장이 나오기도 했다.

세계은행[世界銀行, World Bank]

[요약]
국제통화기금(IMF), 세계무역기구(WTO)와 함께 3대 국제경제기구로 꼽히며, 영향력으로 봤을 때는 IMF와 함께 세계 경제의 양대 산맥을 형성하고 있다.

[약어] WB
세계은행은 1944년 브레턴우즈 협정에 근거해 설립된 국제연합 산하의 금융기관으로, 전후 각국의 전쟁피해 복구 및 개발 자금을 지원해 주기 위해 1945년 12월 27일 설립된 국제부흥개발은행(IBRD)이 그 출발이었다. 이후 1956년 7월 국제금융공사(IFC)가, 1960년 9월 국제개발협회(IDA)가, 1966년 국제투자분쟁해결본부(ICSID)가, 1988년 국제투자보증기구(MIGA)가 설립되었다. 일반적으로 국제부흥개발은행(IBRD), 국제개발협회(IDA), 국제금융공사(IFC), 국제투자보증기구(MIGA), 국제투자분쟁해결본부(ICSID) 등을 합쳐 세계은행그룹이라고 한다.

이 중에서 IBRD와 IDA를 합쳐 흔히 세계은행이라 부르며, 협의의 의미로는 세계은행의 핵심 기구인 IBRD만을 지칭하기도 한다. **IBRD는 빈곤 문제 등을 해결하기 위한 목적으로 1945년 12월 27일 창설되었고, 본부는 미국 워싱턴DC에 있으며 직원은 1만 3000여 명이다.** 2013년 현재 188개 회원국을 보유한 국제금융기관이며, 연간 500억~600억 달러를 개도국 개발 프로젝트에 투자하고 있다. 그리고 IDA는 저소득 국가의 경제개발과 생산성 향상을 위해 저금리의 융자를 지원하는 국제금융기구이다. 한편, IBRD의 총재 및 총회 위원, 상무이사가 IDA와 IFC의 직책을 겸임하고 있으며, IBRD가 IDA와 IFC의 재원을 보조하는 등 세 기구가 상호보완적으로 운영되고 있다.

세계은행은 회원국들로부터의 출자나 채권 발행 등으로 저리로 개발도상국가에 자금을 지원하는 역할을 하고 있으며, 이외에도 세계 경제 및 개별 국가들에 필요한 정책 자문 등의 역할을 하기도 한다. 세계은행의 주요 의사 결정은 188개국(2013년 현재) 대표 25명으로 구성된 이사회에서 내린다. 회원국 지분이 가장 많은 미국·영국·프랑스·독일·일본 5개국이 각 1명을 선임하고, 20명은 나머지 회원국들이 선출한다. 이들 이사가 투표로 총재를 뽑는데, 회원국의 지분에 따른 가중치가 부여된다. 회원국 총지분의 85% 이상의 지지를 얻으면 총재로 선임되는데 미국이 가장 많은 16.05%의 투표권(거부권 행사 가능)을 갖고 있고 일본, 중국 등이 뒤를 잇고 있다. 유럽권의 목소리가 강한 국제통화기금(IMF)과 달리 미국 주도로 운영되며, 설립 후 11명의 총재 모두 미국인이 맡아 왔다. 우리나라는 1955년 58번째 세계은행 회원국이 되었고, 1970년 대표이사국으로 선임되었다. 분담금 비중으로는 2013년 현재 2조 8,880억 원을 출자해 1.40%에 이른다. 1만 명이 넘는 세계은행 직원 가운데 한국인은 50여 명이며, 한국은 2012년부터 2년씩 상임이사국과 대리이사국을 번갈아 가면서 맡게 된다.

한편, 2012년 4월 세계은행 제12대 총재로 한국계 김용 다트머스대 총장이 공식 선임, 7월 1일 공식 취임하여 2017년 6월까지 5년간의 임기를 마쳤다. 또한, 세계은행은 2016년 9월 27일 성명을 통해 차기 총재 후보로 단독 출마한 김용 총재의 연임을 이사회에서 만장일치로 결정했다고 공식 발표했다. 현재의 연임된 임기는 2017년 7월부터 2022년 6월까지 5년간이다.

김용 명언

♣ 자신이 정말 열정을 갖고 할 수 있는 일을 하라는 것이다. 즉 아침에 눈뜰 때마다
'와! 내가 이 일을 할 수 있다니' 라고 말할 수 있는 그 일을 하라는 것이다.

♣ 우선, 젊은이들에게 글로벌 시티즌이 되라고 전하고 싶다.
전 세계에서 벌어지고 있는 일들에 대해 관심을 가져라.

♣ 한국인들은 적어도 두 가지 언어, 되도록이면 세 가지 언어는 구사하는 게 좋다.
예를 들어 영어, 한국어 그리고 중국어, 3개 언어를 구사하는 게 적당하다고 생각한다.

♣ 부모가 자녀들의 지능지수를 바꾸기 위해 할 수 있는 일은 거의 없다.
반면에 그들의 의지력, 습관, 맡은 일을 완수하는 능력은 향상시켜 줄 수 있다.
우리 부부는 아이들이 새로운 것을 학습하는 과정에서 좋은 습관을 기를 수 있도록
도와주려고 한다. 그래야 배움이나 삶의 난관에 맞닥뜨려도 거침없이 헤치고 나갈 수 있는 정신
력, 의지력, 기개를 키울 수 있을 것이라 믿기 때문이다.

♣ 내가 젊은이들에게 하고 싶은 말은 '무엇이 되기 위해서'가 아니라
'이 세상에서 뭔가 큰일을 하기 위해' 일하라는 것이다.

♣ 사람은 지성적 존재이므로 당연히 지성을 사용할 때 기쁨을 느낀다.
이런 의미에서 두뇌는 근육과 같은 성격을 갖는다.
두뇌를 사용할 때 우리는 기분이 매우 좋다. 이해한다는 것은 즐거운 일이다.

♣ 공감 능력을 개발하라. 매일 공감 근육을 사용하는 것이 중요하다.
공감은 마음의 중요한 관이다. 그것은 배울 수 있는 것이며, 평생 동안 계속해서
개발하고 발전시켜야 하는 것이다.
여러분은 언제든 잠시 생각을 멈추고 다른 사람의 입장에서 바라보는 세상을
경험하기 위해 노력하는 공감능력을 가져야 한다.

손정의-Son Masayoshi, 소프트뱅크 회장, 일본 (1957년생)

[출생] 1957년 8월 11일 (일본)
[성별] 남성
[본명] 손정의
[별자리] 사자자리 띠 닭띠

[소속]
소프트뱅크(대표이사 회장)

[학력사항]
~ 1980 캘리포니아대학교
 버클리캠퍼스 경제학 학사

[경력사항]
2000.07~ 일본 총리정책 자문기관 정보기술IT 전략회의 위원
2000~ 대만 천수이볜총통 개인고문
1981.09~ 소프트뱅크 대표이사 회장, 일본 개인용 컴퓨터 SW협회 부회장

[수상내역]
1999 매일경제신문사와 전국경제인연합회 선정 21세기를 빛낼 기업인 7위.
1999 미국비즈니스위크지 인터넷 시대를 주도하는 25인 선정.
1998 미국타임지 사이버공간에서 가장 영향력있는 인물 50명 중 17위 선정.

[생애]
손정의(孫正義) 또는 손 마사요시는 일본의 사업가로 현 소프트뱅크 그룹의 대표이사 겸 CEO이자 일본 프로 야구 후쿠오카 소프트뱅크 호크스의 구단주이다. 현재 일본 최고의 재벌이다. 1957년 8월 11일 일본 사가 현 도스 시 출생으로 재일 한국인 3세이다. 할아버지인 손종경은 대구광역시에서 살다가 일본으로 건너가 정착하여 아버지인 손삼헌을 낳았고, 손정의는 아버지 손삼헌의 아들 4형제 가운데 차남으로 태어났다. 손정의의 어머니 역시 한국인으로 이씨라고 한다. 대한민국 대구광역시에서 살다가 일본으로 이주한 할아버지 손종경이 일본에 정착하면서부터 일본에서 살았는데, 그의 할아버지는 일본 사람들이 힘들어서 하지 않는 광산노동자로 일했으며, 손정의의 아버지인 손삼헌은 생선 장사, 양돈업 등의 여러가지 일을 하였다. 1973년 쿠루메 대학 부설 고등학교에 입학하여 다니다가 이듬해 중퇴하고, 일본 맥도날드 경영자 후지타 덴의 조언으로 유학을 준비했다.
16세가 되던 해에 미국 캘리포니아 주 살레몬테 고등학교에서 미국 유학을 시작했으며, **고등학교를 3주일 만에 졸업 후 캘리포니아 버클리 대학에서 경제와 컴퓨터 과학(컴퓨터 설계, 자료 처리 등을 다루는 과학)을 공부하였다. 캘리포니아 버클리 대학 경제학부 재학 시 마이크로칩을 이용한 번역기를 개발했으며, 1980년 캘리포니아 오클랜드에 유니손 월드라는 사업체를 설립하였다.** 공부를 마치면 귀국하겠다는 부모와의 약속을 지키기 위해 일본에 귀국했으며, 1년 6개월간 사업구상을 한 뒤 1981년 9월 종합소프트웨어 유통업체인 소프트뱅크를 설립했다. 소프트뱅크는 컴덱스(COMDEX)에 전시된 소프트웨어를 눈여겨본 일본회사들과 거래하면서 자라기 시작했으며, 일본업체들의 견제로 잡지에 광고를 싣지 못하자 스스로 컴퓨터 잡지를 출판하기도 했다. 인터넷이 널리 사용될 것을 내다본 손정의는 포털사이트 야후의 출자율을 5퍼센트에서 35퍼센트로 올려 야후의 최대 주주가 되었다. 2018년 9월, 포브스지에 의하면, 재산은 약 30조원으로 세계 32위 부자이다.

[알리바바의 성공]

알리바바의 최대주주인 일본 소프트뱅크의 손정의 회장이 알리바바가 미국 증시에 상장되면서 5,000억 엔(약 4조 8,000억 원)의 수익을 거둘 것으로 예상된다고 로이터통신이 2014년 9월 21일 보도했다. 알리바바는 뉴욕증시 상장 첫날인 지난 9월 19일 공모가(68달러)보다 38.1% 급등한 93.89달러에 거래를 마감하면서 소프트뱅크도 큰 수익을 거뒀다. 손정의 회장은 2000년 창업자인 마윈 회장과 만난 후 소프트뱅크가 2,000만 달러(약 207억 원)를 알리바바에 투자토록 결정했으며, 이 결단이 14년 만에 엄청난 대박으로 이어진 것이다.

이에 따라 **손정의 회장은 재산이 166억 달러(17조 2,000억 원)로 일본 내 최대 갑부가 됐다.** 소프트뱅크는 현재 지분 32.4%를 보유하고 있다. 증시 전문가들은 대체로 알리바바의 성장 가능성이 아직도 크다면서 알리바바의 주가가 계속 오를 것으로 전망하고 있다. 손 회장은 미 CNBC와의 인터뷰에서 알리바바의 지분을 더 갖기를 원한다면서 "무엇이든 가능하지만 현재에 만족한다."고 말했다. 손 회장은 소프트뱅크가 알리바바를 핵심 자산으로 생각하고 있고, 이 회사의 미래에 대해 낙관적이라고 전했다. 그러나 일부에서는 알리바바의 복잡한 기업구조 등을 이유로 투자에 조심해야 한다는 경계의 목소리도 나오고 있다. 알리바바는 거래 첫날부터 주가가 엄청나게 뛰면서 미국 증시 인터넷 기업 중 시가총액이 2014년 9월 19일 종가 기준으로 페이스북을 제치고 구글(4,031억 8,000만 달러)에 이어 2위로 올랐다.

■ 소프트뱅크(주)

소프트뱅크 주식회사는 **1981년 9월 3일 일본 도쿄에서 설립된 고속 인터넷, 전자 상거래, 파이낸스, 기술 관련 분야에서 활동하는 일본의 기업 겸임 일본의 이동통신사이다.** 사장은 한국계 일본인인 손 마사요시(손정의)이다. 일본 3대통신사(NTT, KDDI, 소프트뱅크)로써 유명하며 인공지능, IOT, 펀드투자(비전펀드)로도 집중적으로 투자 중이다. 토요타, NTT와같이 기업시가총액 순위 Top3로써 최상위권 일본대기업이다. 2016년 영업이익으로 도요타에 이어 2위를 기록, 연간 매출액 100조를 달성했다. 한국에서는 재일교포 손정의(손마사요시)가 창립자겸 회장이기 때문에 많이 알려져 있다.

핵심 계열사로써는 소프트뱅크 모바일(일본국내외통신) 소프트뱅크 C&S(무역&유통), 야후 재팬(인터넷), ARM, 보스턴 다이내믹스(로봇), 스프린트가 있으며 110조원의 비전펀드라는 기업투자펀드를 운용하며 우버 앤비디아 알리바바 등 전세계 기업에 투자 중이다. 한국 내에는 자회사로 소프트뱅크 벤처스, 소프트뱅크 커머스 코리아를 운영중이다.

[회사명(상호)] 소프트뱅크 그룹 주식회사, (영문사명) SoftBank Group Corp.
[설립년월일] 1981년 9월 3일
[본사 주소] (〒105-7303) 도쿄도 미나토구 히가시신바시 1-9-1
[대표] 대표 이사 회장 겸 사장 손 정의
[자본금] 2,387억 7,200만엔 (2017년 3월 말 기준)
[자회사수] 761개 사 (2017년 3월 말 기준)
[관련 회사수] 130개 사 (2017년 3월 말 기준)
[종업원수] 199명 (연결베이스 68,402명) (2017년 3월 말 기준)

[사업내용] 순수지주회사

[제품]
유선 인터넷, 휴대전화 판매, 광대역 케이블 산업, 텔레비전 미디어 콘덴츠
디지털 미디어, 사물 인터넷
[매출액] ￥6,811,274,000,000 (2017년 12월)
[순이익] ￥1,202,745,000,000 (2017년 12월)
[자산총액] ￥6,568,877,000,000 (2017년 12월)
[계열사]
소프트뱅크 모바일 (99.99%), 소프트뱅크 C&S (99.99%), 야후! 재팬 (35%)
ARM 홀딩스, 보스턴 다이내믹스, 스프린트

🦏 ● 손정의 명언

♣ 창업 당시 동료들도 다 떠나갔다. 돈, 명예, 지위는 다 하찮은 것이다.
　사람들에게 기쁨을 줄 수 있는 일을 하고 싶다.
♣ 나는 사업가다. 뜻을 이루고 싶다.
　가장 사랑받고 꼭 필요한 회사, 사람들을 행복하게 하는 회사를 만들고 싶다.
♣ 정보혁명은 에너지 없이 이뤄질 수 없다. 태어났으니 사명을 다하겠다.
　깨닫고 나서 행동에 옮기지 않는 것은 죄악이다.
♣ 20세에 세상에 이름을 떨치고, 30대에 운영자금을 축적하고,
　40대에는 일에 승부를 걸고, 50대에는 사업 모델을 완성하고, 60대에는 은퇴한다.

게이츠-Bill Gates, 마이크로소프트 설립자, 미국 (1955년생)

★ 지난 1,000년간 인물 100명 중 41위 선정

[출생] 1955년 10월 28일 (미국)
[소속] 마이크로소프트 (기술고문)
[가족] 배우자 멜린다 게이츠

[학력사항]
~ 2009 캠브리지대학교 명예박사
~ 2007 하버드대학교 명예박사

~ 2007 칭화대학교 명예박사
~ 2005 와세다대학교 명예박사
~ 2002 스웨덴왕립공과대학 명예박사 하버드대학교 법학 (중퇴)

[경력사항]
2014.02 ~ 마이크로소프트 기술고문
2008.06 마이크로소프트 이사회 의장
2000 빌 앤드 멜린다 게이츠 재단 설립
~ 2008 마이크로소프트사 사장
2000 ~ 2008.06 마이크로소프트사 회장, 기술고문
1989 코비스 설립
1975 마이크로소프트사 설립
1974 베이직(BASIC) 개발

[수상내역]
2013 제65회 밤비 미디어 어워드 밀레니엄 밤비상
2010년 보이스카우트로 부터 실버 버펄로상
2005 미국 타임지 올해의 인물

[본명] William Henry Gates III
[출생] 1955년 10월 28일, 미국 워싱턴 주 시애틀
[국적] 미국
[학력] 하버드 대학교 중퇴
[직업] 기업인
[소속]
마이크로소프트 (기술고문)
빌 & 멜린다 게이츠 재단 (공동회장)
테라파워(회장)

[자산] 974억불(US$), **한화 약 110조원 (2018년 9월 현재, 세계 2위)**

[종교] 로마 가톨릭교회
[배우자] 멜린다 게이츠
[자녀]
제니퍼 캐서린 게이츠, 로리 존 게이츠,
피비 아델 게이츠
[부모]
아버지 윌리엄 H. 게이츠, 어머니 매리 맥스웰

[요약]

빌 게이츠는 미국의 기업인이다. 어렸을 때부터 컴퓨터 프로그램을 만드는 것을 좋아했던 빌 게이츠는 대학을 다니다가 자퇴하고 **폴 앨런과 함께 마이크로소프트를 공동 창립했다.** 빌 게이츠는 당시 프로그래밍 언어인 베이직 해석프로그램과 앨테어용 프로그래밍 언어인 앨테어 베이직을 개발했다. **2018년 9월, 재산은 약 110조 원으로 세계 2위이다.**

[생애]
[성장 과정]

빌 게이츠는 1955년 10월 28일에 워싱턴 주 시애틀에서 아버지 윌리엄 게이츠 시니어와 어머니 매리 맥스웰 게이츠의 아들로 태어났다. 빌 게이츠의 부모는 영국계 미국인이자 독일계 미국인이며, 스코틀랜드계 아일랜드 이민자였다. 빌 게이츠의 가정은 상중류층으로, 아버지는 저명한 변호사였으며 어머니는 미국 은행인 퍼스트 인터스테이트 뱅크시스템과 비영리 단체 유나이티드 웨이의 이사회 임원이었다. 또한 외할아버지인 맥스웰은 미국 국립은행의 부은행장이었다. 게이츠에게는 누나 크리스티앤과 여동생 리비가 있었다. 빌 게이츠는 그의 가문에서 윌리엄 게이츠라는 이름을 물려받은 네 번째 남자이지만 실제로는 윌리엄 게이츠 3세로 불리는데, 이는 빌 게이츠의 아버지가 자신의 이름에서 '3세'라는 접미어를 사용하지 않았기 때문이다. 빌 게이츠가 어렸을 때, 빌 게이츠의 부모는 그가 법조계에서 일하게 되기를 바랐다. 빌 게이츠는 13세 때 상류층 사립학교인 레이크사이드 스쿨에 입학했다.

8학년이 되었을 때, 학교 어머니회는 자선 바자회에서의 수익금을 텔레타이프라이터 단말기와 **제네럴 일렉트릭(GE) 컴퓨터의 사용시간을 구매하는 데 사용하기로 결정하였다. 게이츠는 이 GE 시스템에서 베이식(BASIC)으로 프로그래밍하는 것에 흥미를 갖게 되었으며,** 이에 프로그래밍을 더 연습하기 위해 수학 수업을 면제 받기도 했다. **빌 게이츠는 이 시스템에서 동작하는 틱택토(Tic Tac Toe) 게임을 만들었는데, 이는 빌 게이츠가 만든 최초의 프로그램으로** 사람이 컴퓨터를 상대로 플레이할 수 있게 되어 있었다. 또한 다른 게임인 달 착륙 게임을 만들기도 하였다. 빌 게이츠는 입력된 코드를 언제나 완벽하게 수행하는 이 기계에 매료되었다. 게이츠가 훗날 회고한 바에 따르면, 당시의 기억에 대해 **빌 게이츠는 '그때 그 기계는 나에게 정말 굉장한 것 이었다.'라고 말했다.**

어머니회의 기부금이 바닥나자, 게이츠와 몇몇 학생들은 DEC의 미니컴퓨터의 사용시간을 샀다. 이 시스템 중 일부는 PDP-10이라는 것으로 컴퓨터 센터 코퍼레이션에서 생산된 것이었는데, 훗날 게이츠를 포함한 네 명의 레이크사이드 스쿨 학생(폴 앨런, 릭 와일랜드, 켄트 에번스)은 이 시스템의 운영 체제가 가진 버그를 이용해 공짜로 컴퓨터를 사용한 것이 발각되어 이 회사로부터 사용을 금지당하기도 했다. 고등학교 졸업 후 하버드 대학으로 진학하여 응용수학을 전공했으나 재학 중, 1975년 폴 앨런과 함께 마이크로소프트를 설립하고 학업을 중단했다. 당시에 빌 게이츠는 사업이 안 풀리면 학교로 돌아갈 예정이었으나 마이크로소프트의 성공으로 그럴 일은 없었다.

[기타]

자신이 죽을 경우 **전 재산의 대부분을 사회에 기증하고 세 명의 자녀들에게는 1인당 1천만 달러씩만 상속한다고 밝혔다.** 이는 빌 게이츠 전 재산의 8,000분의 3에 불과하며 무엇이든 하기에는 충분하지만 그렇다고 아무것도 하지 않기에는 부족한 액수이다. 영국의 유거브(YouGov)에서 전 세계 23개국에서 조사한 '2015년 세계에서 가장 존경받는 인물'에서 9.2점을 받아 남성 인물 중 가장 존경받는 사람으로 선정되었다. 버락 오바마(6.4), 시진핑(5.3)이 뒤를 이었다.

[업적]
1974년 BASIC 개발
1975년 마이크로소프트 설립
1975년~2000년 마이크로소프트 사장
1981년 MS-DOS 개발
2000년~2008년 마이크로소프트 기술고문
2000년 빌 & 멀린다 게이츠 재단 설립

[빌 게이츠를 소재로 한 작품]
[영화] 미국: 실리콘 밸리의 신화

[세계부호 순위: 빌 게이츠 2위]
미국 경제 전문지 포브스는 '**2018년 세계 억만장자**' 리스트에서 제프 베저스가 1,120억 달러(약 120조 원)의 재산으로 지난해 1위였던 빌 게이츠를 제치고 1위에 올랐다고 밝혔다. 2017년 아마존 주가가 59% 크게 상승하면서 베저스의 재산도 392억 달러 증가한 것으로 분석된다. 이어 **2017년까지 4년 연속 1위를 차지했던 마이크로소프트(MS) 공동창업자 빌 게이츠가 900억 달러로 2위를 차지했다.** 3위는 워런 버핏 버크셔 해서웨이 회장 '840억 달러', 4위는 프랑스 명품업체 루이비통 모에헤네시(LVMH) 그룹의 베르나르 아르노 회장 '720억 달러', **5위는 마크 저커버그 페이스북 CEO가 710억 달러**로 각각 차지했다.
삼성 이건희 회장은 186억 달러로 61위를 기록했다. 한국인으로는 이건희 회장 다음으로 서정진 셀트리온그룹 회장(119억 달러, 126위), 이재용 삼성전자 부회장(74억 달러, 207위), 서경배 아모레퍼시픽그룹 회장(71억 달러, 222위) 등이 순위에 올랐다. 중국 최대 인터넷 기업인 텐센트의 마화텅 회장과 알리바바의 마윈 회장이 각각 17위와 20위에 올라 중국인으로서는 처음으로 20위권에 진입했다. 도널드 트럼프 미국 대통령은 보유 호텔과 골프장 등의 자산가치가 떨어지면서 지난해 544위에서 떨어진 766위를 기록했다. 2018년 억만장자는 총 2,208명으로 2017년 2,043명보다 165명이 늘었고 특히 259명이 신규 진입했다. 국가별 억만장자는 미국이 585명으로 가장 많았고, 중국 본토와 홍콩, 대만의 억만장자는 476명을 기록했다. 2018년 9월, 베조스의 재산은 약 188조원으로 세계 1위이며, 빌 게이츠의 재산은 약 110조원으로 세계 2위부자이다.

[마이크로소프트 빌드 2018 (Microsoft Build 2018) 요약]
마이크로소프트(MS)가 2018년 5월 7일 미국 시애틀 워싱턴 스테이트 컨벤션 센터에서 '**빌드 2018(Microsoft Build 2018)**' 개발자 컨퍼런스를 개최하고 전 세계 개발자들이 애저(Azure)와 마이크로소프트 365(Microsoft 365)를 이용해 **모든 플랫폼에서 인공지능(AI) 도구를 개발할 수 있는**

새로운 기술을 대거 공개했다. 사티아 나델라 CEO는 기조연설에서 "세상은 이미 하나의 거대한 컴퓨터가 되어가고 있다."며 "이제는 이 컴퓨터가 무엇을 할 수 있는 지를 물을 것이 아니라, 무엇을 해야 하는 지 물어야 할 때"라고 말했다. 나델라 CEO와 임원들이 발표한 주요 핵심 기술과 서비스들을 정리했다.

■ 사물인터넷(IoT)에 집중 투자

MS의 클라우드 플랫폼 애저가 MS의 다양한 소프트웨어와 통합되는 기능은 장점으로 꼽힌다. MS는 빌드 2018에서 이미 많은 기업들이 애저를 통해 IoT 장치를 관리하고 생성된 데이터 분석과 다양한 임베디드 장치에서 활용하고 있다고 밝혔다. 오는 2020년이면 전 세계 200억 대에 달하는 스마트 디바이스가 사용될 것으로 전망된다. MS는 새로운 애저 IoT 엣지(Azure IoT Edge) 서비스를 통해 IoT 장치가 데이터를 다시 클라우드로 보내지 않고 AI/기계학습 및 분석 서비스를 실행할 수 있도록 했다고 밝혔다.

MS는 세계 최대 드론 제조업체 DJI와 파트너십을 맺고 윈도우 10 PC를 위한 새로운 소프트웨어 개발 키트(SDK)를 공개했다. **전세계적으로 윈도우 10에 연결되어 있는 약 7억 대의 디바이스에 실시간 데이터 전송하는 기능을 제공할 예정**이다. DJI는 향후 자사의 산업용 드론과 상용 솔루션을 애저 기반으로 개발하기로 결정했으며 농업, 건설, 공공안전 등 다양한 분야에서 애저 IoT 엣지 및 MS AI 서비스를 개발할 계획이다. 퀄컴도 애저 IoT 엣지를 구동하는 비전 AI 개발자 키트를 발표했다. 카메라 기반의 IoT 솔루션 개발에 필요한 주요 하드웨어 및 소프트웨어를 포함한다. 이 카메라는 머신러닝, 스트림 분석, 코그니티브 서비스와 같은 고도화된 애저 서비스를 클라우드로부터 다운받아 디바이스 단에서 운영할 수 있다. 또한 애저를 사용하는 IoT 장치 내부에 MS 키넥트 센서를 적용할 수 있는 솔루션과 보안 솔루션 애저 스피어(Azure Sphere)도 공개했다.

■ 윈도우 및 오피스365 사용자 현황

MS는 현재 전 세계 7억대의 장치에서 윈도우 10을 실행하고 있으며 1년 전 5억대보다 크게 증가한 수치라고 밝혔다. 오피스 365는 월간 순이용자(MAU)가 1억 3,500만명에 달하며, 이는 6개월 전보다 1,500만명이 증가했다. 1분기 실적 보고서에 따르면, 오피스 365의 기업용 시트 수는 연간 28% 증가했으며, 일반 사용자 가입자 수는 3,060만명으로 450만명이 증가했다. MS는 자체 응용프로그램과 타사 응용프로그램에서 활용할 수있는 로컬 및 클라우드 데이터 소스인 마이크로소프트 그래프 호환을 통해 워드, 파워포인트와 같은 오피스 응용프로그램을 효과적으로 사용할 수 있는 서비스들을 내놓고 있다. 사용자가 문서에 콘텐츠를 추가하고 이벤트를 예약하는 시간을 단축시키거나 다른 앱을 열지 않고도 동료와 공동 작업을 할 수 있다. 구글의 지메일이나 업무용 메신저 슬랙(Slack)과 경쟁에 직면한 MS는 이메일 내에서 미니 응용프로그램으로 작동할 수 있는 어댑티브 카드 지원을 추가해 클라이언트 기능을 향상시키고 있다. 아웃룩에서는 사용자가 '**마이크로소프트 페이**'를 통해 금융거래를 할 수 있다.

■ 개발자에게 모든 것을 개방

MS는 2016년 "마이크로소프트는 리눅스를 사랑합니다(Microsoft love Linux)"라는 슬로건을 내세워

MS의 클라우드 서비스에서 모든 리눅스와 오픈소스를 지원할 것이라고 발표한 이후 많은 개발자들의 참여를 끌어들이기 위한 노력을 기울였다. 이날 MS는 개발자들의 인기 개발 플랫폼인 '깃허브'와의 파트너십을 발표를 통해 모바일 및 PC 응용프로그램 개발을 위한 깃허브 도구가 MS의 비주얼 스튜디오 앱 센터 서비스와 통합된다고 밝혔다. 애저는 클라우드 개발자들이 많이 채택하고 있는 서버 가상 머신에 대한 가볍고 간편한 대안인 '앱 컨테이너'에 대한 지원도 확대했다. 또한 널리 사용되는 비주얼 스튜디오 프로그래밍 환경은 개발자들에게 코드 대선을 위한 AI 기반을 제공할 것이라고 밝혔다.

■ 윈도우에 지적된 문제들 개선·포용

MS는 윈도우 스토어 확대를 위해 윈도우 스토어 퍼블리셔가 앱 판매 및 거래에서 발생하는 수익을 기존 70%에서 95%까지 가져갈 수 있도록 정책을 수정했다. 또한 스마트폰 중심으로 이동하고 있는 응용프로그램 시장을 지키기 위해 **아이폰·안드로이드폰과 '윈도 10' 호환성 높이는 크로스 플랫폼 전략도** 공개했다. 애플 iOS와 구글 안드로이드와 스마트폰과의 호환성을 높인 '당신의 전화 (Your Phone)' 앱이 대표적이다. 자신의 PC에서 바로 텍스트 메시지에 응답할 수 있고, 휴대전화 사진을 공유하고 알림을 보고 응답할 수 있는 기능을 갖고 있다. MS는 "당신의 전화를 주머니에서 꺼내지 않고도 전화기 안에 있는 사진이나 문서를 당신의 PC로 이동시킬 수 있다."고 설명했다. 유어 폰은 스마트폰의 메시지, 사진, 알림 등 콘텐츠에 윈도 10이 접근할 수 있게 하는 앱이다. 쉽게 말하면 스마트폰으로 수신한 메시지를 윈도 10 PC에서 유어 폰으로 확인할 수 있다. 또한, 단순히 메시지를 보여주기만 하는 게 아니라 메시지로 전송된 사진을 윈도 10에서 작업 중인 워드나 파워포인트 등 앱에 드래그 앤 드롭으로 붙여 넣을 수도 있다. 안드로이드는 스마트폰 전체를 유어 폰으로 접근할 수 있으며, iOS는 일부 기능만 접근할 수 있다.

윈도우의 포용 정책은 이것만이 아니다. **MS는 AI 음성비서 코타나를 밀고 있지만, 애플 시리와 마찬가지로 맥을 못추고 있다. 대신 전체 시장의 절반 이상을 점유하고 있는 아마존의 알렉사를 윈도우에 통합한다고** 밝힌 바 있다. 발표 9개월 만에 이메일과 우버 호출을 하는 데모 시연을 이날 선보였다.

■ 클라우드 데이터베이스

MS는 전통적인 SQL 서버 시장의 강자였다. 이같은 기조는 새로운 클라우드 데이터베이스 시장에서도 역시 존재감을 발휘하고 있다. 이번 빌드에 공개된 MS의 데이터 센터를 통해 안정적인 고성능을 발휘하는 혁신적인 애저 코스모스 DB 클라우드 데이터베이스는 손쉬운 데이터 복제와 관련한 새로운 기능도 제시했다. 또한 애저 데이터베이스 마이그레이션 서비스를 통해 SQL 서버 데이터베이스를 애저로 쉽게 마이그레이션 할 수 있도록 지원한다. 아직 초기 단계이지만 아마존의 'AWS 람다 (Lambda)'와 같은 서버리스(Severless) 클라우드 채택도 점차 늘고 있다. MS가 이같은 플랫폼을 선보이지는 않았지만 애저 IoT 엣지를 통해 데이터에 대응하는 새로운 모니터링 및 진단 도구와 코드 실행 기능 등의 몇가지를 선보이기도 했다.

■ 마이크로소프트의 '인공지능(AI)' 관심

거의 모든 기술 대기업들이 AI와 기계학습, 스마트 스피커와 같은 하드웨어 장치에 대규모 투자를 하고 있다는 점을 생각하면 MS의 AI 정책이 그리 새로운 것은 아니다. 이번 발표에서는 비전 기술 서비스와 음성 및 번역 서비스를 위한 API를 비롯해 클라우드 개발자를 위한 새로운 AI 서비스가 포함되었다. 애저 IoT 엣지가 적용된 하드웨어 장치에서 숙련된 AI 모델을 활용할 수 있도록 지원하고 회의실 참가자의 상태를 감지하고 대화내용을 실시간 번역하는데 사용되는 '**AI 회의실**' 데모를 선보였다.

한편, **MS는 새로운 블록체인 기술인 '애저 블록체인 워크벤치(Azure Blockchain Workbench)'도 짤막하게 공개했다.** 이 플랫폼을 사용하면 개발자가 애저에서 지원하는 블록체인을 사용하는 응용 프로그램을 만들 수 있다. 이 블록체인을 액티브 디렉토리에 연결하면 보다 쉽게 공동작업 및 로그인을 할 수 있다. 개발자는 애저 키 볼트(Azure Key Vault)를 사용하여 키를 저장하고 온 체인 및 오프 체인 스토리지와 데이터베이스간에 데이터를 동기화 할 수 있다. 워크벤치는 마이크로소프트 플로우와 로직 앱도 지원한다.

🦏 ● 게이츠 명언

♣ 난 어려운 일을 게으른 사람에게 맡긴다.
그는 게으르기 때문에 일을 쉽게 처리하는 방법을 찾아낸다.

♣ 텔레비전은 실제 삶이 아니다. 실제 삶을 사는 사람은 커피숍에서 머물 시간이 없다.
일터로 향해야 한다.

♣ 자신을 그 누구와도 비교하지 마라. 자기 자신을 모욕하는 행동이다.

♣ 난 시험에 F를 맞은 적이 몇 번 있다. 내 친구는 모든 시험을 통과했다.
그는 지금 마이크로소프트에서 엔지니어로 일하고 있다. 난 마이크로소프트 주인이다.

♣ 좋은 제품을 만들 수 없다면 적어도 좋은 제품처럼 보이게 만들어야 한다.

♣ 불만이 가장 많은 고객으로부터 배울 게 가장 많다.

♣ 가난하게 태어난 건 그 사람의 잘못이 아니지만, 가난하게 죽는 건 그 사람의 잘못이다.

♣ 성공은 형편없는 선생님이다. 똑똑한 사람들을 실패할 수 없다는 착각에 빠트린다.

♣ 인생은 공평하지 않다. 그 사실에 빨리 익숙해지는 게 상책이다.

♣ 성공의 핵심 요소는 인내심이다.

팀버너스 리-Tim Berners Lee, 컴퓨터 과학자, 영국 (1955년생)

연구인, 대학교수

[출생] 1955년 6월 8일, 영국 [소속] 월드와이드웹컨소시엄 (소장)
[학력사항] 1973 ~ 1976 옥스퍼드대학교 물리학 학사
[경력사항]

월드와이드웹컨소시엄 소장
1989 월드와이드웹 창시
1980 유럽 입자 물리 연구소

[수상내역]
2007 영국 메리트 훈장
2004 핀란드 밀레니엄 기술상
2004 대영제국 기사작위
1999 영국 타임스 20세기 가장 중요한 인물 100인

[약력]
CERN에서 WWW 개념의 기초가 된 Enquire를 개발.
1989년 글로벌 하이퍼텍스트 프로젝트를 제안.
1990년 최초의 하이퍼텍스트 브라우저와 편집기를 개발.
1991년 8월 6일 최초의 웹 사이트가 만들어짐.
1994년 W3C(월드와이드 웹 컨소시엄)를 창립.
2002년 일본 국제상 수상.
2004년 6월 15일 밀레니엄 테크놀로지 상의 첫 수상자가 됨.
2004년 7월 16일 대영 제국 훈장 2등급(KBE, 작위급 훈장)을 받음.
2007년 오더 오브 메리트(Order of Merit, OM)를 받음.

[저서]
당신이 꿈꾸는 인터넷 세상 월드와이드웹.
정보 관리: 한가지 제안(Tim Berners-Lee, CERN)

[요약]
티머시 존 "팀" 버너스리 경은 영국의 컴퓨터 과학자이다. 1989년 월드 와이드 **웹의 하이퍼텍스트 시스템을 고안하여 개발**했다. 인터넷의 기반을 닦은 여러 공로로 **인터넷의 아버지**라고 불리는 인물 중 하나이다. URL, HTTP, HTML **최초 설계**도 그가 한 것이다. **차세대 웹 기술인 시맨틱 웹 기술의 표준화에도 힘을 쏟고 있다.**

[생애]
월드와이드웹(www)을 창시하여 인터넷 이용을 확산시킨 인물이다. 1955년 6월 8일 영국에서 태어난 팀 버너스 리는 옥스퍼드 대학에서 물리학을 전공하였다. 졸업 후 스위스 제네바의 유럽입자물리학연구소(CERN) 컴퓨터 정보 수집 및 제어 관계 연구원 시절이던 1990년, 인터넷을 편리하게 사용할 수 있는 '하이퍼텍스트' 프로젝트를 제안하고 '웹(www)'의 개념을 고안했다. 원래 CERN은 유럽과 세계에 많은 회원을 가지고 있었는데, 서로 멀리 떨어져 있는 연구자들끼리 연구에 대한 여

러 정보를 효과적으로 공유하기 어려웠기에 이를 해결하기 위한 목적으로 버너스 리는 하이퍼텍스트를 이용한 정보 전달 방법을 제안한 것이다. 월드와이드웹(www)의 명칭에 대해서도 '그물(the Mesh)'과 '정보의 보고(Mine of Information)' 등을 검토한 끝에 **인터넷이 지구촌을 거미줄(Web)처럼 둘러싸고 있다**는 뜻에서 지금의 이름인 '웹(WWW)'으로 결정했다.

이후 1990년 말에 NeXT라는 컴퓨터에서 동작하는 최초의 WWW소프트웨어가 발표되었다. 이 소프트웨어는 컴퓨터 전문가들만이 사용할 수 있는 특수한 명령어에 의해 이용되고 있었던 인터넷상에서 하이퍼텍스트로 된 정보를 전송하고 보여주는 기능을 새롭게 선보였다. 그리고 이 소프트웨어를 이용한 시연회가, CERN 위원회에서 개최한 세미나와 1991년도에 개최된 하이퍼텍스트 학술대회에서 발표되었다. 이후 웹(WWW)은 1992년 미국의 슈퍼컴퓨팅센터(NCSA)에서 '모자익(Mosaic)'이라는 브라우저를 만들어 무료로 배포하면서, 인터넷 서비스의 대표적 서비스로 확실히 자리매김하게 되었다. 한편 **버너스 리는 인터넷 표준을 제정하는 미국의 비영리법인 'W3(월드와이드웹) 컨소시엄' 소장**을 맡고 있으며, 2004년 4월 핀란드가 제정한 밀레니엄기술상의 첫 수상자로 결정됐다. 그해 대영제국 기사 작위를 비롯해 2007년 영국 메리트 훈장을 수여받은 바 있다. 팀 버너스 리는 2012년 런던 올림픽 개막식에서 무대에 등장해 박수를 받기도 했다.

● 버너스 리 명언

- ♣ 인터넷이 곧 인권이다.
- ♣ 여기의 많은 기자가 독립적일 수 있는 건 정부, 기업, 업계로부터 독립적이기 때문이다. 편견과 소유주에게서 자유로워야 진실을 추구할 수 있다. 인터넷의 독립성도 마찬가지이다. 그러려면 중립성을 유지하는 게 필요하다.
- ♣ 다수의 이해당사자가 참여하고 국적에 상관없이 참여하는 거버넌스가 바람직하다. 참가자가 자체적이고 자발적으로 자기의 이해관계를 조정하면서 인류 혜택을 대변하는 자세가 필요하다. 기술자, 규제 담당자도 하나의 동료로서 이야기하며 이 체계를 갖추는 게 필요하다.

잡스-Steve Jobs, 기업인, 애플 설립자, 미국 (1955년생)

★ 인류 역사인물 50명에 선정 (Wopen.com 한국.net 선정)

[출생-사망] 1955년 2월 24일, 미국 ~ 2011년 10월 5일 (56세)
[가족] 배우자 로렌 파월 잡스

[학력사항]
1972 ~ 1972 리드대학 철학과 중퇴

[경력사항]

2011.08 ~ 2011.10 애플 이사회 의장

2011.03 ~ 2011.10 월트디즈니 이사

2000 ~ 2011.08 애플 최고경영자(사장)

1997 ~ 2000 애플 임시 최고경영자(사장)

1986 ~ 2006 픽사 최고경영자(사장)

1985 ~ 1996 넥스트 사장, 최고경영자(사장)

1985 넥스트 설립

1976 애플컴퓨터 설립

1974 ~ 1975 아타리

[수상내역]

2009 포춘지 선정 최고의 CEO

1985 국가 기술혁신 훈장

[출생] 1955년 2월 24일

미국 캘리포니아 주 샌프란시스코

[사망] 2011년 10월 5일 (56세)

미국 캘리포니아 주 팔로알토

[사인] 췌장암

[국적] 미국

[학력] 리드대학교 철학과 (중퇴)

[직업]

애플 이사회 의장

월트 디즈니 컴퍼니 이사

[종교] 선불교

[배우자] 로렌 파월 잡스

[자녀] 4명

[부모] 폴 잡스, 클라라 잡스

[생애]

스티브 잡스는 미국의 기업인이었다. **애플**의 전 사장이자 **공동 창립자**이다. 2011년 10월 5일 췌장암에 의해 사망했다. 1976년 스티브 워즈니악, 로널드 웨인과 함께 애플을 공동 창업하고, 애플 2를 통해 개인용 컴퓨터를 대중화했다. 또한, 그래픽 사용자 인터페이스(GUI)와 마우스의 가능성을 처음으로 내다보고 애플 리사와 매킨토시에서 이 기술을 도입하였다. 1985년 경영분쟁에 의해 애플에서 나온 이후 **NeXT 컴퓨터를 창업**하여 새로운 개념의 운영 체제를 개발했다. 1996년 애플이 NeXT를 인수하게 되면서 다시 애플로 돌아오게 되었고 1997년에는 임시 사장으로 애플을 다시 이끌게 되었으며 이후 다시금 애플을 혁신해 시장에서 성공을 거두게 이끌었다. 2001년 아이팟을 출시하여 음악 산업 전체를 뒤바꾸어 놓았다.

또한, **2007년 아이폰을 출시**하면서 스마트폰 시장을 바꾸어 놓았고 2010년 아이패드를 출시함으로써 포스트PC 시대를 열었다. 스티브 잡스는 애니메이션 영화 《인크레더블》과 《토이 스토리》 등을 제작한 컴퓨터 애니메이션 제작사인 **픽사의 소유주이자 CEO**였다. 월트 디즈니 회사는 최근 74억 달러어치의 자사 주식으로 이 회사를 구입하였다. 2006년 6월 이 거래가 완료되어 잡스는 이 거래를 통해 디즈니 지분의 7%를 소유한, 최대의 개인 주주이자 디즈니 이사회의 이사가 되었다. 한편 스티브 잡스는 2004년 무렵부터 췌장암으로 투병생활을 이어왔다. 스티브 잡스의 악화된 건강상태로 인하여 2011년 8월 24일 애플은 스티브 잡스가 최고경영책임자(사장)를 사임하고 최고운영책임자(COO)인 팀 쿡이 새로운 사장을 맡는다고 밝혔다. 잡스는 사장직에서 물러나지만 이사회 의장직은 유지시키기로 했으나, 건강상태가 더욱 악화되어 사임 2개월도 지나지 않은 2011년 10월 5일 향년 56세의 나이로 사망하였다. **IT분야의 혁신의 아이콘**으로 꼽힌다.

※ 단순성:
단순함이 이긴다, 전쟁하듯 줄여라.
디자인만 아닌 조직 · 소통 · 철학까지 극도의 단순화가 잡스의 경영원칙
고객에 많은 선택지 주면 감흥 없어 단순화는 엄청나게 갈고 닦은 결과
켄 시걸이 말하는 '**잡스의 단순화 5원칙**':
① **조직**: 모든 회의는 핵심 인력만, 층층이 쌓여있는 의사결정 체계 간소화
② **철학**: 뚜렷한 핵심 가치, '다르게 생각' 애플의 정신으로 자리 잡아
③ **제품**: 복잡한 제품群, 머리만 아파, 개인 · 전문가 · 노트북 · 데스크톱 단 4개로
④ **소통**: 모든 제품 한 줄로 표현, 어려운 이야기 쉽게 하는 것이 진정한 고수
⑤ **디자인**: 적은 게 많은 것, 올인원 컴퓨터 '아이맥' 큰 매출 증가 안겨

[애플 세계개발자회의(WWDC 2018)]
2018년 6월 미국 캘리포니아주 산호세 맥에너리 컨벤션센터에서 열린 애플 세계연례개발자회의(WWDC 2018)에서, 애플은 iOS12, macOS, watchOS, tvOS 등 새로운 버전을 공개했다. 차세대 운영체제 iOS 12 정식 업데이트는 올 가을 차세대 아이폰과 함께 출시될 예정인데, 2018년 행사의 주인공이었다. 예전보다 속도가 빨라졌고, 12버전 iOS를 설치할 경우 앱이 뜰 때까지 걸리는 시간은 최고 40%, 키보드가 표시되는 시간은 최고 50%, 카메라 앱이 구동되는 시간은 최고 70%까지 빨라진다. 신형 아이폰뿐만 아니라 구형 아이폰5s도 iOS 12로, 옛날 제품도 OS를 업데이트하면 속도가 좀 더 빨라진다.

[애플 실적, 2018년 2분기]
애플사는 **2018년 2분기**(미국 회계연도 3분기) 매출 533억 달러(약 59조 6,000억원), 순이익 115억 달러(약 12조 8,500억원)를 기록하며, 2017년 동기(454억 달러, 한화 50조 7,400억원) 대비 **17.4% 증가**했다. 애플사 아이폰의 화려한 날개 짓에 삼성전자 갤럭시의 체면이 바닥이다. 삼성전자의 IM부

문의 매출은 24조원, 영업이익은 2조 6,700억원으로 지난해 동기 대비 **34% 감소**했다. 삼성전자는
갤럭시 판매부진을 '하이엔드 스마트폰 시장 수요 정체'를 이유로 들었다.
애플은 또한 미·중 무역분쟁속 2분기 중국·홍콩 등을 포함한 중화권에서도 전년 동기 대비 19%
늘어난 95억 달러의 매출을 올리며 삼성을 압박했다. 아이폰만의 특징을 내세운 초고가 책정 전략이
먹혔다는 분석이다.

🦏 ● 잡스 명언

♣ 묘지에서 가장 부자가 되는 건 중요치 않다.
　내게 중요한 건, 밤마다 잠자리에 들면서
　"오늘 굉장한 일을 했어"라고 말할 수 있냐는 점이다.

♣ 지난 33년 동안 매일 아침 거울을 보며 물었다.
　"오늘이 인생 마지막 날이라면, 오늘 할 일을 하고 싶나?"
　이에 대한 답이 "No"이고 그런 날이 연달아 계속되면,
　변화의 시점이 찾아왔다는 걸 깨닫는다.

♣ 여러분에게 주어진 시간은 한정적이다.
　다른 사람 인생을 살면서 삶을 허비하지 마라.
　'도그마(dogma): 종교 교리'에 갇히지 마라. 이건 다른 사람들이 만들어놓은 것이다.
　다른 사람 의견이 당신 내부의 목소리를 가라앉히게 하지 마라.
　가장 중요한 건, 당신 마음과 직감을 따를 용기를 가져야 한다는 것이다.

♣ 일은 우리 인생의 많은 시간을 차지한다. 여러분이 삶에 만족할 수 있는 유일한 방법은 당신이
　하는 일이 '위대하다'고 믿는 것이다. 위대한 일을 하는 유일한 방법은 당신 일을 사랑하는 것이
　다. 사랑하는 일을 찾지 못했다면 계속 찾아라.
　타협하지 마라.
　마음에 관한 문제가 그렇듯, 그걸 발견하는 순간이 온다.

♣ 내가 곧 죽는다는 걸 기억하는 건, 큰 선택을 할 수 있도록 도와주는 중요한 원동력이다.
　왜냐하면 외부의 기대든, 자존심이든, 망신이나 실패에 대한 두려움이든,
　뭐든 간에 죽음 앞에선 아무 것도 아니기 때문이다.
　죽음을 기억하면 정말로 중요한 것만 남는다.

♣ 미래를 보면서 (인생의) 점들을 연결할 순 없다. 오직 과거를 돌아봐야 점이 연결된다.
　그 점들이 미래에 어떻게든 연결될 것이라 믿어야 한다.
　여러분의 배짱, 운명, 인생, 인연 등 여러분에 관한 모든 걸 신뢰해야 한다.
　이러한 접근 방식은 결코 날 실망시킨 적 없다.
　이 방식은 내 인생을 크게 바꿔 놓았다.

♣ 혁신을 시도하다보면 실수를 할 때가 있다. 빨리 실수를 인정하고,
　당신의 다른 혁신들을 서둘러 개선해나가야 한다.

♣ 많은 사람들에게 '집중'이란 집중해온 것에 'Yes'하는 걸 의미한다.
  하지만 전혀 그런 게 아니다. 집중이란 좋은 아이디어 수백 개에 'No'라고 말하는 것이다.
  당신은 조심스럽게 골라야 한다.
♣ 우리 IT업계에선 다양한 인생 경험을 갖고 있는 사람이 별로 없다.
  연결할 만한 충분한 '점'들이 없고, 그래서 문제에 대한 넓은 시각이 없는 매우 단선적인
  솔루션을 내놓는다. 인간 경험에 대한 광범위한 이해를 갖고 있을수록,
  더 훌륭한 디자인이 나올 것이다.
♣ 누구도 죽길 바라지 않는다. 천국에 가는 이들도 천국에 가려고 죽음을 택하진 않을
  것이다. 하지만 죽음은 우리 모두가 공유한다. 누구도 죽음을 피할 순 없다.
  죽음은 삶의 가장 훌륭한 발명품이다. 죽음은 삶을 바꾸는 원동력이다.
  새로운 것을 위해 낡은 것을 없애 준다.
♣ 창조성이란 단지 점들을 연결하는 능력이다.
  창조적인 사람들한테 어떻게 그걸 했냐고 물어보면, 그들은 약간 죄책감을 느낀다. 왜냐하면
  그들은 뭔가를 한 게 아니라,
  뭔가를 보았기 때문이다. 그들한텐 명명백백한 것이다.
  그들은 경험들은 연결해서 새로운 걸 합성해 낸다.
♣ '집중'과 '단순함' 이게 내 원칙 중 하나다. 단순함은 복잡함보다 어렵다.
  생각을 명쾌하게 해 단순하게 만들려면 굉장히 노력해야 한다.
  하지만 결국 그럴 가치가 있다.
♣ 흥미로운 아이디어와 막 나온 기술로써 수년 간 혁신을 지속하는 회사로 변화시키려면, 많은
  규율을 필요로 한다.
♣ 그땐 몰랐는데, 애플에서 해고된 건 내게 일어난 일 중 가장 훌륭한 일이었다.
  초기 성공의 무거움 대신 모든 게 불확실한 초심자의 가벼움을 갖게 됐다.
  이는 날 자유롭게 만들어서 내 인생 중 가장 창조적인 시간에 접어들게 해줬다.
♣ 성공한 사업가와 실패한 사업가의 차이는 '순전한 인내심'이 있느냐 없느냐다.

메르켈-Angela Merkel, 독일 총리, 독일 (1954년생)

정치인, 독일의 제8대 총리 (4대 연임: 16년간)
[임기] 2005년 11월 22일~ 2021년 11월
여성 게자리 말띠

[출생] 1954년 7월 17일
[출생지] 서독 함부르크
[소속] 독일 (총리)

[대통령]

호르스트 쾰러 (2005-2010)

크리스티안 불프 (2010-2012)

요아힘 가우크 (2012-현재)

[전임] 게르하르트 슈뢰더(제7대)

[국적] 독일

[학력사항]

~ 2013 나이메헨라드바우드대학 명예박사

~ 2010 이화여자대학교 정치학 명예박사

~ 2008 라이프치히대학교 명예박사

~ 2007 히브리대학교 명예박사

~ 1986 라이프치히대학교 대학원 물리학 박사

[경력사항]

2005.11 ~ 독일 총리

2000 독일 기독교민주동맹 원내총무

2000 독일 기독교민주동맹 당수

1998 독일 기독교민주동맹 사무총장

1994.11 ~ 1998.10 독일 환경부 장관

1991.01 ~ 1994.11 독일 여성청소년부 장관

1990 독일 연방 하원의원

1989 동독 민주화운동단체 단원

1978 ~ 1990 동베를린 물리화학 연구소 연구원

[수상내역]

2015.12 미국 타임지 "2015년 올해의 인물"

2011 미국 타임지 세계에서 가장 영향력 있는 100인

2011 포브스 선정 '가장 영향력 있는 여성 100' 1위

2011 이해와 관용상

2011 미국 대통령 자유메달 시상식 자유훈장

[정당]

민주 개혁(1989년 - 1990년)

독일 기독교 민주연합(1990년 - 현재)

[종교] 루터교

[배우자]

울리히 메르켈(이혼)

요하임 지우어

[요약]

앙겔라 도로테아 메르켈은 독일의 정치인이다. 2000년 4월 10일부터 기독민주연합(CDU) 최초 여성 의장을, 2005년 11월 22일부터는 독일의 제8대 총리로서 제2차 좌-우대연정을 이끌었으며, 2009년 9월 27일에 있었던 총선에서 승리를 거두고 '흑황 연정(기민-기사-자민)'을 성립시켜 연임에 성공을 하였으며, 2013년 12월 17일에 있었던 총선에서 승리를 거두고 또 다시 '좌-우 대연정'(사민-기사)'을 성립시켜 연임을 성공하였다. 앙겔라 메르켈 독일 총리가 2018년 3월 14일 연방하원에서 총리로 재선출됐다. 이는 4번째 연임으로, 임기는 2021년 11월까지이다.

[성장과정]

앙겔라는 1954년 7월 17일 함부르크에서 장녀로 태어났다. 아버지는 호르스트 카스너 목사, 어머니는 헤어린트 카스너이며 태어날 때 이름은 앙겔라 도로테아 카스너였다. 아버지는 하이델베르크 대학에서 신학공부를 시작해, 함부르크 대학에서 학업을 마쳤다. 라틴어와 영어 교사인 어머니는 사민당 당원이었다. 1954년에 태어나서 몇 주가 지난 메르켈은 부모님과 함께 동독으로 이주했다. 아버지가 당시 동독에 속한 브란덴부르크 주 지방의 개신교회에서 목회를 시작했기 때문이다. 가족은 목사관에서 살았으며, 독일의 재통일 이전에는 공산국가였던 동독의 정치적 상황 때문에 목회에서 어려움을 겪었다.

[청소년 시기]

1957년부터 동생 마쿠스, 이레네와 브란덴부르크 지방의 작은 도시인 템플린에서 유년기를 보낸다. 1961년 기술고등학교에 입학했으며, 1970년대 초반에 자유독일청년회(FDJ)에 가입한다. 고등학생 시절에는 수학과 어학과목에서 뛰어난 재능을 보였다.

[대학생]

고등학교를 졸업한 후 1973년부터 1978년까지 라이프치히 대학에서 물리학을 공부하여 디플롬 학위(석사학위에 해당)를 받는다. 1978년 동독 국가보안부에서 일자리를 제안 받지만 거절한다. 슈타지는 앙겔라 메르켈의 동독과 공산주의에 대한 비판적인 태도와 정부통제에서 벗어나 노동자들의 의사에 따라 운영되는 자유 노조를 주장한 폴란드 자유노조 운동에 대한 동조적 성향을 기록하고 있다. 1986년 루츠 췰리케 교수 밑에서 박사 학위를 받았다. 논문은 간단한 탄화수소의 반응속도 상수 계산에 대한 내용이며, 제목은 〈양자화학적, 통계적 방법에 기반한 단순결합 붕괴와 그 반응상수 계산 메커니즘에 대한 조사〉 이다.

[연구원]

1978년부터 1990년까지 베를린 과학 아카데미 물리화학 연구소에서 양자화학분야의 연구원으로 일했다. 그 동안 앙겔라 메르켈은 자유독일 청년회 과학 아카데미에서 지구선도위원, 선전부 의장을 지낸다. 그러나 동독의 정당에는 가입하지 않았다.

[결혼]

1977년 물리학자인 울리히 메르켈과 결혼했으나 1982년에 이혼했고, 1998년 베를린 출신 화학과 교수인 요하킴 자우어와 재혼했다. 재혼 후에도 전 남편의 성을 그대로 사용하고 있다.
앙겔라 메르켈은 러시아어와 영어를 유창하게 구사한다.

[정치]

메르켈은 1989년 독일 통일 이전까지는 구 동독 반대 그룹에 전혀 관여하지 않았다. 1989년의 격동 중 결성된 민주개혁(DA)에 참여하면서 정치에 입문했고, 후에 대변인이 되었다. 1990년 민주 선거로 성립된 동독의 로타어 드 메지에르 정권에서 정부 대변인을 맡았으며 1990년 8월 DA와 기민당(CDU)의 합당으로 기민당원이 되었다. 12월에 하원 의원 후보로 뽑힌 앙겔라 메르켈은 1991년 1월 헬무트 콜 내각에서 여성 청소년부 장관을 지냈다. 그리고 1993년 6월부터 2000년까지는 기민당 메클렌부르크-포어포메른의 지역위원장으로 활동하다 1994년 11월 17일 클라우스 튑퍼의 후임으로 환경부 장관이 되었다. 1998년 11월 볼프강 쇼이블레로부터 기민당의 당수 자리를 물려받아 2000년 4월까지 기민당의 대표로 활동했다. 1999년 겨울 기민당의 암거래 헌금이 발각되자 메르켈은 재빨리 헬무트 콜 전 총리와 거리를 두어야 한다고 당원에게 호소했다.(현재는 콜 전 수상과 화해했다.) 2000년 비밀 헌금 문제로 기민당 볼프강 쇼이블레 당수가 물러나자, 후임 대표로 취임했다. 2000년의 시점에서는 기민당 당수 겸 CDU/CSU 연방 의회 의원 단장이라고 하는 쇼이블레의 직위가 당수가 메르켈에, 의원 단장이 메르트 CDU 재무 담당에 따로 인계된 것은 구 동독 출신의 반발이었다. 여성이며, 게다가 이혼 경력이 있는 메르켈은 CDU에서는 자유주의자로 간주되었고 보수 주류에서는 회의적인 눈길을 받았다. 콜의 암거래 헌금 의혹에 쇼크를 받은 CDU의 지방 당원·일반 당원이, 보수 주류에서는 빗나가는 메르켈을 당수에게 밀어 올렸던 것이다.

앙겔라 메르켈은 결국 독일 총리에 취임하였으나 정치적 성향이 다른 사회민주당과 대연정을 해야 했으며 2009년에 실시된 독일 하원 선거에서 보수 세력이 승리하여 성향이 비슷한 자유민주당과 연정을 했으나 금융위기로 인해 앙겔라 메르켈의 독일 내 인기가 점점 줄어들고 의원내각제를 채택하고 있는 독일에서 대통령을 뽑을 때 연정 세력 중 일부가 반란표를 던지는 등 앙겔라 메르켈의 입지가 점점 좁아지고 있다. 그러나 남유럽 경제위기에 적극적으로 대처하며 독일의 대유럽 영향력을 한껏 끌어올려 사회민주당보다 앞선 지지도를 유지하였다. 2013년 9월 22일에 치른 선거에서 기민당은 41.5%의 득표율로 전체 의석 630석 중 311석을 얻었다. 과반 316석에서 5석이 부족하긴 하지만 압승이라 표현해도 무리 없을 성과다. 다만 연정 파트너였던 자유민주당이 5% 득표율을 달성하지 못하면서 의회 입성에 실패, 새로운 연정 파트너를 찾아야 한다. 사민당이 유력한 연정 파트너로 떠오르고 있다.

(미국 시사주간지 타임, 2015년 12월 9일)

"2015년 올해의 인물"로 앙겔라 메르켈 독일 총리를 선정했다.
타임은 "세계 각지에서 안보와 자유 사이의 균형에 대해 치열한 논쟁이 벌어지는 지금, 메르켈 총리는 독일인은 물론 우리 모두에게 중량감 있는 질문을 하는 것과 동시에 사례를 보여주고 있다."고 선정 이유를 밝혔다. 이어 타임은 메르켈 총리에 대해 "자신의 나라에서 다른 정치인들이 꺼리는 질문을 하고, 독재는 물론 편의주의에도 맞서면서 이런 모습을 점점 찾아보기 힘든 현재 세계에 하나의 모범을 보였다."고 평했다. 지난달 통일 독일의 총리로서 재임 10년을 맞은 메르켈 총리는 "자유 세계의 총리"로서 역할을 하고 있다고 타임은 설명했다. 올해의 인물로 단체에 포함된 사람이 아닌 여성 개인이 선정된 일은 1986년 코라손 아키노 이후 처음이다.

타임은 메르켈 총리가 유럽이 당면한 두 가지 실존적 위기에 대해 방향을 제시했다고 지적했다. 하나는 남유럽 금융위기에서 촉발된 유로화 체제의 위기를 봉합한 점, 그리고 다른 하나는 시리아 난민들에 대해 문호를 개방한 점이다. 그러나 타임은 이민자 수용 주장과 더불어 유럽에서 극우파가 득세하는 환경은 메르켈 총리에게 낯선 정치 환경으로 다가오고 있다고 지적했다. 또 시리아인 들에게 문호를 개방함으로써 메르켈 총리는 더 단일화된 유럽이라는 더 큰 프로젝트에 대한 의문을 키우는 역설적 결과를 낳았다고 타임은 덧붙였다. 1927년부터 타임은 매년 전 세계에 긍정적이든 부정적이든 가장 큰 영향을 준 사람 또는 단체를 골라 올해의 인물로 선정해 왔다. 타임은 독자 투표와는 별개로 편집진의 심사를 거쳐 올해의 인물을 선정한다. 독자 투표에서는 미국 대선주자 버니 샌더스 상원의원이 1위에 올랐다. 2014년 타임이 선정한 '올해의 인물'은 에볼라 바이러스 환자를 치료한 전 세계 의료진들이었다.

[2018년 총리 재선출, 4연임]

앙겔라 메르켈 독일 총리가 2018년 3월 14일 연방하원에서 총리로 재선출됐다. **4번째 연임으로, 임기는 2021년 11월까지이다.** 독일 국회는 이날 오전 메르켈 총리 재임 투표를 실시해 연임안을 통과시켰다. 이어 발터 슈타인마이어 독일 대통령의 공식 임명을 기점으로 메르켈 총리의 임기가 시작된다. 메르켈 총리는 2017년 9월 총선에서 승리했지만, 연립정부 구성에 어려움을 겪으면서 6개월 가까이 내각을 꾸리지 못하고 있었다. 메르켈 총리가 이끄는 기독민주·기독사회당 연합은 지난해 9월 총선에서 과반 의석을 확보하지 못하자, 친기업 성향 자유민주당과 친환경을 추구하는 녹색당을 끌어들여 연립정부를 구성하려 했지만 실패했다.

제2당인 사회민주당(사민당)도 처음에는 연정 제안을 거부했지만, 결국 지난 3월 4일 당원 투표에서 대연정안을 승인해 우여곡절 끝에 새 연립정부가 공식 출범하게 됐다. 메르켈 총리는 1기와 3기 내각에서도 사민당과 대연정을 구성했다. 이날 슈타인마이어 대통령은 이미 내정된 장관 15명도 임명한다. 재무장관에는 숄츠 임시대표, 외무장관에는 하이코 마스 현 법무장관, 내무장관에는 제호퍼 대표, 경제에너지부 장관에는 페터 알트마이어 총리실장 등이 내정된 상태이다.

🦏 ● 메르켈 명언

♣ 원하는 것은 권력이 아니라 성공이다.
♣ 견실한 교육의 힘, 자제심과 기다림을 배워라.
♣ 자신이 속한 곳에서 최고가 되어라.
♣ 강력한 여성 네트워크를 이용하라.
♣ 자연과학적으로 생각하라.
♣ 남성들을 읽어라.
♣ 위험을 최소화시켜라.

♣ 갈등 사이에 다리를 놓아라.

♣ "나는 아무것도 두렵지 않아!", 해적 정신을 가져라.

♣ 치밀하게 계획하고 행동하라.

♣ 새로운 성공신화를 써라.

♣ 어려운 시기를 헤쳐 나갈 자원을 확보하라.

시진핑-Xi Jinping, 習近平, 국가주석, 중국 (1953년생)

정치인, 국가주석, 중국 공산당 중앙군사위원회 (주석)

[출생] 1953년 6월 15일 (중국)

[성별] 남성

[별자리] 쌍둥이자리

[띠] 뱀띠

[소속] 중국 (국가주석),
         중국 공산당 중앙군사위원회 (주석)

[가족] 아버지 시중쉰, 배우자
펑리위안, 동생 시위안핑

[학력사항]

청화대학대학원 법학 박사

1975 ~ 청화대학교 화학 학사

[경력사항]

2013.03 ~ 중국 공산낭 중앙군사위원회 주석

2013.03 ~ 중국 국가주석

2010.10 ~ 2013.03 중국 공산당 중앙군사위원회 부주석

2008.03 ~ 2013.03 중국 부주석

2007.12~ 제19대 중국 공산당 중앙당교 교장

2007.10 제17대 중국 공산당 중앙정치국 상무위원회 위원

2007.10~ 중국 공산당 중앙서기처 제1서기

2007.03~2007.10 중국 상하이시 당위원회 서기

2002~2007 중국 저장성 당위원회 서기

2002~2003 중국 저장성 성장

1999~2002 중국 푸젠성 성장 1974~ 중국 공산당
1971 중국 공산주의청소년연맹 당원

[수상내역]
2012 미국 타임지 세계에서 가장 영향력 있는 100인

[요약]
시진핑은 중화인민공화국의 최고지도자로 공산당 총서기, 중앙군사위원회 주석, 중화인민공화국의 주석 등의 직책을 맡고 있다. 제18기, 제19기 중국공산당 중앙정치국 상무위원회 위원이다. 제17기 중국공산당 중앙정치국 상무위원회 위원, 중국공산당 중앙서기처 제1서기, 중국공산당 중앙군사위원회 부주석, 중국공산당 중앙당교 교장으로 2007년 17기 1중 전회에서 권력서열 6위로 올랐으며, 2008년 3월부터 중화인민공화국의 부주석이 되었다. 2012년 11월 후진타오로부터 중국공산당 중앙위원회 총서기이며 중국공산당 중앙군사위원회 주석 직을 물려받았다. **2013년 3월 14일, 임기 10년의 중화인민공화국의 주석에 선출되었다.** 2018년에는 주석 임기제한을 철폐해 장기집권 체제를 구축하였으며, 이에 대해 **"독재 회귀"라는 부정적 평가와 "안정성 기여"라는 긍정적 평가가** 엇갈린다.

[약력]
[초기 활동]
시진핑은 1953년 6월 15일 베이징에서 태어났으며, 산시성에서 자랐다. 확고한 개혁개방론자였던 시진핑의 아버지 시중쉰은 국무원 부총리를 역임하였으며 1962년에는 산시 성으로 좌천되었다. 시진핑은 문화대혁명 시기 고초를 겪는 부친을 따라 농촌 지방을 돌아다니며 자랐다. 공산당 입당에 10번 실패한 태자당 계열이다. 1978년 11기 3중 전회에서 시중쉰은 광둥성 제2서기로 복권되었고 그 뒤 광둥성 서기가 되었으며 덩샤오핑과 후야오방의 사상해방과 경제건설 실시에 큰 역할을 하였다. **시진핑은 1979년 칭화대학 공정화학과를 졸업하였고 학부 졸업 후, 국무원 껑뱌오 부총리의 비서로 정치 생활을 시작하였다. 뒷날 같은 대학에서 '중국 농촌의 시장화 연구'라는 논문으로 법학박사 학위를 취득했다.**

[관료 생활]
허베이 성정딩 현당위원회 서기, 푸젠 성 샤먼 시 부시장, 푸저우 시 당위원회 서기 등 푸젠 성에서의 공직 생활을 거쳐, 2000년에 푸젠 성 당위원회 서기, 2002년부터 2007년까지 저장성 당위원회 서기, 2007년 상하이시 당위원회 서기를 지냈다. 특히 푸젠 성 당위원회 서기, 저장성 당위원회 서기로 재직할 때 경제발전에 공을 많이 세우면서 자신의 정치적 입지를 강화하였다.

[정치 활동]
2007년 당 정치국 상무위원, 2008년 국가 부주석이 되었다. 중국공산당 중앙정치국위원 겸 정치국 상무위원이며 공산당 중앙 서기처 서기, 중국 국가주석, 중앙 당교 교장이다. 부인은 중국의 국민가수로 통하는 펑리위안이다. **당 원로이자 개혁개방의 설계자였던 아버지 덕분에 보수와 진보의 지**

지를 모두 받았던 시진핑은 2013년 국가주석이 되었다. 2010년 10월 18일 제 17기 5 중전회에서 중국공산당 중앙 군사위원회 부주석에 선출되었다. 이 지위를 손에 넣은 것으로 후진타오 주석의 후계자로 사실상 확정되었다는 평가를 받았다. 2012년 11월 15일 중국공산당 제18기 1 중전회에서 중국공산당 총서기에 선출됐다. 그리고 2013년 3월 14일 12차 전국인민대표대회에서 국가주석과 국가중앙군사위원회 주석으로 선출되어 명실상부한 최고지도자가 되었으며 자신의 취임연설과 다름없는 전인대 폐막연설을 통해 '중국의 꿈'을 강조하며 중화민족의 부흥을 역설하였다. 2018년 3월 11일에 전국인민대표대회(전인대)는 중국 헌법에서 '국가주석직 2연임 초과 금지' 조항을 삭제해 시 주석의 장기집권을 가능케 하였다. 전인대는 2,964표 가운데 찬성 2,958표, 반대 2표, 기권 3표, 무효 1표로 99%의 압도적인 찬성으로 통과시켰다. **개헌 전 중국 지도자의 임기는 10년으로 제한됐으나, 개헌 후에는 원칙적으로 '종신집권'도 가능할 수 있게 된다.**

[정치와 경제]
개혁주의자로 알려져 있다. 관료 부패에 대해서는 엄격하고, 정치적으로도 경제적으로도 개방적인 자세를 지닌 지도자로 평가받고 있다. 현재 중국 공산당 간부의 연설이나 문장을 "말이 많고 공허하며 진실하지 못하다."고 지적하면서 문장이나 연설이 더 잘 식별될 수 있고, 국민의 이해 역시 도울 수 있도록 개혁해야 한다는 주장을 한 바 있다. "일반 대중은 역사의 원동력이기도 하다. 거짓으로 대하면 대중들은 납득하려들지 않는다."며 자신이 지니는 개혁적 성향을 나타냈다.

[가족 관계]
시중쉰의 2남 2녀 중 셋째.
1980년대 초 커화 전 주 영국 대사의 막내딸 커링링과 결혼했다가 이혼. 1987년 인기 가수인 펑리위안과 재혼해서 1992년 외동딸인 습명택을 낳았다.

[대한민국과의 관계]
2014년 7월 3일 박근혜 대통령 초청으로 부부동반으로 방한했다.
2012년 8월 31일 주중 한국대사관과 중국 인민대외우호협회가 공동 주최하고 베이징 인민대회당에서 열린 한국과 중국 수교 20주년 기념식에 축하차 직접 참석했다.
2009년 12월 16일 방한했다.
2005년 7월 18일 자매결연을 맺고 있는 전라남도 초청으로 저장성 당서기의 자격으로 방한하여 한국을 찾았다.

[한반도에 관한 시각]
시장경제주의자이면서 공산주의 체제 국가를 다스리는 시진핑은 한반도 남북의 평화적 통일을 지지한다고 밝혔으며 중화인민공화국의 대북 외교 편향에서 벗어나 이전 지도자와는 달리 주석 취임 후 대한민국을 먼저 방문했다. 시진핑의 친한 접근은 6.25 남침 이후 북한 및 공산주의 세력의 실제 무장 위협에 대응하기 위해 구축되어 온 한미 양국의 군사동맹의 취지에도 맞으면서 중국과는 북한 핵무기 공동 위협에 더욱 굳건한 정책 공조를 한중미가 함께 해나가야 하고, 북한에 대해 개혁개방 경제 성장으로 함께 이끔으로써 한반도와 중국 미래 지향적으로 관계 심화, 발전해 나갈 수 있는 양국 기반이 보다 확고해질 필요가 있다는 시각이 엄존한다.

[대한민국과의 관계]

2015년 9월 2일 베이징에서 박근혜 대통령과 정상회담을 가졌다.

2014년 7월 3일 박근혜 대통령 초청으로 부부 동반으로 방한했다.

2012년 8월 31일 주중 한국대사관과 중국 인민대외우호협회가 공동 주최하고 베이징 인민대회당에서 열린 한국과 중국 수교 20주년 기념식에 축하차 직접 참석했다.

2009년 12월 16일 방한했다.

2005년 7월 18일 자매결연을 맺고 있는 전라남도 초청으로 저장 성 당서기의 자격으로 방한하여 한국을 찾았다.

['임기제한 철폐' 헌법 개정안 채택]

中, 시진핑 독재시대 오나… '임기제한 철폐' 헌법 개정안 채택

시진핑 중국 국가 주석의 장기집권이 가능해졌다. 마오쩌둥 같은 독재자의 출현을 막기 위해 덩샤오핑이 마련한 임기 제한을 철폐해, 시 주석은 3연임은 물론 종신집권까지 가능해졌다. 중국 베이징에서 열린 제13기 전국인민대표대회(전인대)는 **2018년 3월 11일 오후 국가주석 등의 임기를 '2기 10년'으로 제한한 규정을 철폐하는 헌법 개정안을 채택**했다고 중국 CCTV 등이 전했다. 전인대는 이날 제3차 전체회의에서 헌법 97조 3항의 "국가주석과 부주석의 매회 임기는 전인대 회기와 같고, 그 임기는 두 회기를 초과할 수 없다."는 규정에서 '두 회기를 초과할 수 없다.'는 부분이 빠진 수정안을 통과시켰다. 이밖에 32조 헌법 서문 부분에 '시진핑 신시대 중국 특색 사회주의 사상'을 넣는다는 수정 내용도 포함됐다. 이로써 **시진핑 사상은 마르크스 레닌주의, 마오쩌둥 사상, 덩샤오핑 이론, 3개 대표론, 과학발전관과 함께 헌법에 수록**됐다. 비공개 투표로 진행된 이날 표결에서는 찬성 2,958표, 반대 2표, 기권 3표가 나왔다. 전인대는 공산당 지도부의 거수기에 불과해 표결 전에도 통과가 확실시 돼왔다.

[중·러 정상 회담, 2018년 6월 8일]

시진핑 중국 국가주석이 2018년 6월 8일 인민대회당에서 푸틴 러시아 대통령과 회담했다. 양국 정상은 대를 이어 온 친선의 이념과 전략적 협력정신에 따라 각 분야의 협력을 확대, 심화해 새 시대 중·러 관계를 높은 수준에서 더 큰 발전을 이룩하도록 추진하는데 동의했다. 습근평 주석은 중·러 간 전면적이고 전략적인 협력동반자 관계는 성숙되고 안정적이며 든든하다고 하면서 국제정세에 어떤 변화가 발생하든지 중국과 러시아는 시종 상대국이 핵심이익을 수호하는 것을 확고하게 지지하고 각 분야의 협력을 심화하며 글로벌 거버넌스에 함께 적극 동참하면서 새로운 국제관계의 건설과 인류운명 공동체의 구축을 추동하는데서 중요한 역할을 발휘했다고 했다.

시진핑 주석은 유엔 안보리 상임 이사국인 중국과 러시아는 유엔 헌장의 취지와 원칙을 핵심으로 하는 국제질서와 국제체계를 확고하게 수호하고 국제관계의 민주화를 창도하며 핫이슈의 정치적 해결을 추진함으로써 세계의 평화와 국제전략의 안정을 수호하기 위해 계속 적극적인 역할을 발휘할 것

이라고 했다. 푸틴 대통령은 러시아와 중국간의 전면적이고 전략적인 협력 동반자 관계를 심화하는 것은 러시아 외교의 선차적인 방향이라며 러·중 양국은 자국의 핵심이익과 중대한 관심사를 서로 보살피고 정치와 경제, 인문 각 분야에서의 대화와 협력을 적극 추진하며 국제문제에서의 소통과 조율을 밀접히 하고 있다고 했다. 푸틴 대통령은 사상 가장 좋은 수준에 이른 러·중관계는 현 세계에서 나라들 간 관계의 모범이 되어 국제평화와 안전, 안정을 수호하는데서 중요한 역할을 발휘한다며 러시아 측은 경제무역과 투자, 에너지, 인프라 등 분야에서 중국측과의 협력을 강화할 용의가 있다고 했다. 회담 후 양국 정상은 **〈중화인민공화국과 러시아 연방의 공동성명〉에 함께 서명**하고 여러 가지 양자 협력문건의 서명을 지켜보았으며 내외 기자들을 함께 만났다.

[미·중 무역전쟁과 시진핑 사상]

시 주석은 집권 2기를 맞아 '**시황제(習皇帝)**'라는 별칭을 얻을 정도로 절대 권력을 누리고 있다. 2018년 3월 주석 연임 금지 조항을 없앤 헌법수정 건의서를 통과시키며 장기집권의 초석을 닦은 데 이어 마오쩌둥, 덩샤오핑과 함께 자신의 이름을 딴 사상을 헌법에 올렸다. '격대지정(隔代指定)'의 관례도 깼다. 격대지정은 덩샤오핑이 독재자의 출현을 방지하기 위해 만든 후계자 지명 원칙이다. 시 주석에 대한 개인숭배의 흐름도 본격화했다. 지난 1일 지린성 창춘시에서 운행되기 시작한 '홍색열차'가 대표적이다. 열차 객실 전체에는 시 주석의 어록과 정치적 구호가 쓰여져 있다. 학교와 연구기관에서는 '시진핑 사상'에 대한 연구활동이 활발하다. 올해 당의 승인을 받아 새로 발족한 '**시진핑 사상**' **연구센터는 10곳**에 이르며, 중국판 수능인 가오카오의 논술(작문) 시험에서는 '시진핑 사상'과 관련된 문제들이 다수 출제됐다.

중국 곳곳에서 시진핑 국가주석의 '**개인숭배**'에 **반발하는 움직임**이 일고 있다. 공산당 내부에서도 시 주석의 우상화를 경계하는 조짐이 나타나면서, 그간 탄탄했던 **시 주석의 입지가 미·중 무역전쟁으로 흔들리고 있다**는 관측이 나온다.

🦏 • 시진핑 명언

- ♣ 시종일관 인민을 마음속 최고의 자리에 두어야 한다.
- ♣ 인민은 역사의 창조자이자 인민은 진정한 영웅이다.
- ♣ 행복하기 위해선 분투해야 한다.
- ♣ 분열된 국가는 발전하고 진보할 수 없다.
- ♣ 아무리 먼 길이라도 걸어가면 도달할 수 있다.
- ♣ 시간은 기다려 주지 않기 때문에 조금도 게으름을 피워서는 안 된다.
- ♣ 인민에 대한 옹호 여부를 모든 업무의 득실을 판단하는 근본적 표준으로 삼는다.
- ♣ 조국 분열을 꾀하는 행동과 음모는 실패할 수밖에 없다.
- ♣ 세상에는 올바른 도리가 있는 법이다.
- ♣ 새 시대는 모든 이에게 속한다.

문재인-文在寅, Moon Jae-in, 19대 대통령, 한국 (1953년생)

[출생] 1953년 1월 24일, 경상남도 거제군 거제면
[임기] 2017년 5월 10일 ~ 2022년 5월 9일

[거주지] 대한민국 서울특별시 종로구 청와대로 1 청와대
[소속] 더불어민주당 (제19대 대통령)
[신체] B형
[국적] 대한민국
[본관] 남평
[종교] 천주교

[학력사항]

1965년 남항국민학교 졸업
1968년 경남중학교 졸업
1971년 경남고등학교 졸업
1980년 경희대학교 법과대학 법학사

[경력사항]

2018년 9월 18일~20일 제3차 남북정상회담
2018년 5월 26일 제2차 남북정상회담
2018년 4월 27일 남북정상회담
2017년 5월 10일~ 제19대 대통령
2017년 4월 제19대 대통령 후보 더불어민주당 상임고문
2015.12 ~ 2016.01 더불어민주당 인재영입위원장
2015.12 ~ 2016.01 더불어민주당 당대표
2015.12 ~ 2016.05 제19대 국회의원 (부산 사상구/더불어민주당)
2015.12 새정치민주연합 인재영입위원장
2015.02 ~ 2015.12 새정치민주연합 당대표
2014.06 ~ 2016.05 제19대 국회 후반기 국방위원회 위원
2014.03 ~ 2015.12 제19대 국회의원 (부산 사상구/새정치민주연합)
2013.05 ~ 2014.03 제19대 국회의원 (부산 사상구/민주당)
2012.07 ~ 2014.05 제19대 국회 기획재정위원회 위원
~ 2012.12 민주통합당 대표대행
2012.05 ~ 2013.05 제19대 국회의원 (부산 사상구/민주통합당) 민주통합당 상임고문
2011 혁신과통합 상임대표
2010.08 사람사는 세상 노무현 재단 이사장

2009.09 사람사는 세상 노무현 재단 상임이사

2007.08 제2차 남북정상회담 추진위원회 위원장

2007.03 ~ 2008.02 대통령비서실 실장

2005.01 ~ 2006.05 대통령비서실 민정수석비서관

2004.05 ~ 2005.01 대통령비서실 시민사회수석비서관

2003 ~ 2004.02 대통령비서실 민정수석비서관

1995 법무법인부산 대표변호사 민주사회를 위한 변호사모임 경남지부 대표

　　민주사회를 위한 변호사 모임 부산지부 대표, 부산지방변호사회 인권위원장

1988 한겨레신문 창간위원

1984 한국해양대 해사법학과 강사

1980 제22회 사법시험 합격

[수상내역]

2017 대서양협의회 세계시민상

2015 제17회 백봉 라용균 선생 기념사업회 백봉신사상

2014 제16회 백봉 라용균 선생 기념사업회 백봉신사상

[부모] 아버지 문용형, 어머니 강한옥

[배우자] 김정숙

[자녀] 1남 1녀

[종교] 천주교

[군사 경력]

[복무] 대한민국 국군

[복무기간] 1975년 8월 – 1978년

[소속] 대한민국 육군

[최종계급] 병장

[근무] 특수전 사령부 제1공수특전여단 제3특전대대

[참전] 한반도 분쟁 판문점 도끼 살인 사건

[생애]

문재인은 **대한민국의 제19대 대통령**이다. 본관은 남평(南平)이다. 경희대학교 재학 시절 학생운동을 이끌며 박정희 유신독재에 항거하다가 1975년 서대문구치소에 투옥됐고 대학에서 제적당했다. 출소 후에는 바로 군에 강제징집 됐다. 특전사 제대 후 복학해 다시 학생운동을 이끌며 전두환 군부독재에 항거하다가 1980년 청량리구치소에 투옥됐으나, 옥중에서 사법시험에 합격하면서 극적으로 풀려 났다. 1982년 사법연수원을 최우수 성적으로 수료했으나 학생운동 전력으로 판사 임용이 거부되자 부산으로 내려가 노무현 변호사와 합동법률사무소를 운영하며 인권변호사로 활동했다. **2003년에 참**

여정부의 초대 대통령비서실 민정수석을 역임했다. 2004년, 자리에서 물러나 히말라야 산맥으로 트래킹을 떠났으나, 도중에 노무현의 탄핵 소추 소식을 듣고 즉시 귀국하여 변호인단의 간사를 맡았다. 2005년 다시 청와대에 들어가 대통령비서실 시민사회수석, 민정수석, 정무특보를 거쳐 참여정부 마지막 대통령비서실장을 지냈다.

이후 정계입문 제의를 받아 사의를 표해왔으나 2012년 제19대 총선에서 부산 사상구에 출마하여 당선되면서 본격적으로 정치활동을 시작했다. 동년 대선 출마를 선언했으며 손학규, 김두관, 정세균 등과 겨루어 전국 순회경선 13회 전승을 거두며 민주통합당 제18대 대선 후보로 확정되어 출마하였으나 새누리당의 박근혜 후보에게 패배하였다. 2015년 2월 8일에 새정치민주연합 대표에 선출되었고, 2016년 1월까지 새로 개편된 더불어민주당 대표를 지냈다. 대표직에서 물러난 후 제20대 총선에 출마하지 않았지만 더불어민주당 소속 후보들을 위해 지원 유세를 다녔다. 2016년 11월 박근혜 탄핵 국면에서 상임고문으로 활동했다.

2017년 3월 10일, 박근혜가 대통령직에서 파면되어 조기 대선이 결정되자 대권에 재도전하였고, 이재명, 최성, 안희정과 겨루어 전체 표수의 과반을 얻어 결선투표 없이 2017년 4월 3일 더불어민주당 대선 후보 경선에서 최종 승리하여 더불어민주당 제19대 대선 후보가 되었다. 2017년 5월 9일 치러진 대선에서 41.1%를 득표하여 24%를 득표한 자유한국당 홍준표 후보를 누르고 당선되었으며, 대통령이 파면되어 치러진 궐위선거이기 때문에 중앙선거관리위원회 당선인 결정 시간인 2017년 5월 10일 8시 9분 대통령직 인수위원회를 구성하지 않고 바로 제19대 대통령에 취임했다. **2018년 4월 27일 판문점에서 남북정상회담을 했다.** 2018년 5월 26일 판문점에서 2차 남북정상회담, 9월 18일~20일 조선민주주의인민공화국(북한) 평양직할시에서 제3차 남북정상회담을 하였다. 표어는 "평화, 새로운 미래"였으며, "전쟁도 핵도 없는 한반도" 9월 평양공동선언을 하였다. 9월 19일 평양 능라도 5.1 경기장에서 문 대통령은 공연을 관람 후, 15만 평양 시민들 앞에서 "우리 함께 새로운 미래로 나아갑시다." 연설을 했다. 문 대통령 부부는 제3차 남북정상회담 마지막날인 9월 20일 오전 김정은 국무위원장 부부와 함께 백두산 장군봉에 올라 천지를 방문하였다. 유엔총회 참석차 미국 뉴욕을 방문하여, 24일 미국 트럼프대통령과 한미정상회담을 하고, 26일 유엔총회에서 기조연설을 하였다. 북한의 비핵화 및 종전선언 등을 언급하였다.

[단독저서]

《문재인의 운명 (노무현 대통령과 함께한 30년 동지 문재인, 두 사람의 운명 같은 동행)》. 가교. 2011년 6월 15일.

《사람이 먼저다 (문재인의 힘)》. 퍼플카우. 2012년 8월 6일.

《문재인이 드립니다.(꿈을 놓아버린 이 땅의 청춘들을 위한 포토에세이)》. 리더스북. 2012년 8월 8일.

《1219 끝이 시작이다》. 바다출판사. 2013년 12월 10일.

　공저《10명의 사람이 노무현을 말하다.》 오마이북. 2010년 5월 13일.

《그 남자 문재인 (함께 만드는 세상)》. 리얼텍스트. 2012년 9월 17일.

《문재인, 김인회의 검찰을 생각한다. (무소불위의 권력 검찰의 본질을 비판하다)》. 오월의 봄. 2011년 11월 23일.

《만화 문재인》. 마이디팟. 2012년 10월 3일.

《대한민국이 묻는다.(완전히 새로운 나라, 문재인이 답하다.)》 21세기 북스. 2017년 1월 20일.

[2018년 4월 27일 정상회담]

문재인 대통령과 김정은 국무위원장이 **4·27 정상회담에서 '한반도의 평화와 번영, 통일을 위한 판문점 선언'(판문점 선언)**을 도출한 이후 앞으로 해결해야 할 과제들 중 하나는 합의 내용의 '이행' 문제다. 특히 이번 합의를 국회 비준 동의를 거쳐 법적 효력을 담보해낼 것인지가 핵심적인 관심사다. 청와대는 정상회담 뒤 낸 설명자료에서 "법적 근거와 절차에 따라 투명하고 신속하게 후속조치를 추진하겠다."며 "판문점 선언은 '남북관계 발전에 관한 법률' 제21조에 따라 남북 합의서의 체결·비준에 관한 법적인 절차를 거쳐 발효된다."고 밝혔다. 그러면서 국무회의 심의→ 대통령 비준→ 국회 동의→ 공포라는 추진 순서도 제시했다. 남북 합의를 법제화해서 이행의 구속력을 높여야 한다는 것은 문 대통령의 오래된 신념이다. 2000년과 2007년 정상회담에서 각각 6·15 공동선언과 10·4 정상선언을 도출하고도 실행하지 못하고 흐지부지된 경험을 되풀이해선 안 된다는 것이다.

문 대통령은 지난달 21일 남북정상회담 준비위 회의에서도 "남북정상회담에서 합의한 내용을 제도화해야 한다."며 "이번에 남북 합의가 나오면 앞선 두 차례 정상회담에서 합의한 기본 사항을 담아 국회 비준을 받도록 준비하라"고 지시했다. 이날 '판문점 선언'에서도 두 정상은 "이미 채택된 남북 선언들과 모든 합의들을 철저히 이행함으로써 관계 개선과 발전의 전환적 국면을 열어나가기로 했다."고 밝혔다. 김 위원장은 선언문 발표 기자회견에서 "오늘 합의가 역대 합의서처럼 시작만 뗀 불미스러운 역사가 되풀이되지 않도록 우리 두 사람이 긴밀히 협력할 것"이라고 말했다.

이어서 2018년 5월 26일 판문점에서 2차 남북정상회담, 9월 18일~20일 평양에서 제3차 남북정상회담을 하였다. 완전 비핵화, 종전선언, 평화협정 순으로 진행중이다.

[남북정상회담 판문점 선언]
"한반도의 평화와 번영, 통일을 위한 판문점 선언"

대한민국 문재인 대통령과 조선민주주의인민공화국 김정은 국무위원장은 평화와 번영, 통일을 염원하는 온 겨레의 한결같은 지향을 담아 한반도에서 역사적인 전환이 일어나고 있는 뜻 깊은 시기에 2018년 4월27일 판문점 평화의 집에서 남북정상회담을 진행하였다. 양 정상은 한반도에 더 이상 전쟁은 없을 것이며 새로운 평화의 시대가 열리었음을 8천만 우리 겨레와 전 세계에 엄숙히 천명하였다. 양 정상은 냉전의 산물인 오랜 분단과 대결을 하루 빨리 종식시키고 민족적 화해와 평화번영의 새로운 시대를 과감하게 열어나가며 남북관계를 보다 적극적으로 개선하고 발전시켜 나가야 한다는 확고한 의지를 담아 역사의 땅 판문점에서 다음과 같이 선언하였다.

1. 남과 북은 남북 관계의 전면적이며 획기적인 개선과 발전을 이룩함으로써 끊어진 민족의 혈맥을 잇고 공동번영과 자주통일의 미래를 앞당겨 나갈 것이다.
   남북관계를 개선하고 발전시키는 것은 온 겨레의 한결같은 소망이며 더 이상 미룰 수 없는 시대의 절박한 요구이다.

① 남과 북은 우리 민족의 운명은 우리 스스로 결정한다는 민족 자주의 원칙을 확인하였으며 이미 채택된 남북 선언들과 모든 합의들을 철저히 이행함으로써 관계 개선과 발전의 전환적 국면을 열어나가기로 하였다.

② 남과 북은 고위급 회담을 비롯한 각 분야의 대화와 협상을 빠른 시일 안에 개최하여 정상회담에서 합의된 문제들을 실천하기 위한 적극적인 대책을 세워나가기로 하였다.

③ 남과 북은 당국 간 협의를 긴밀히 하고 민간교류와 협력을 원만히 보장하기 위하여 쌍방 당국자가 상주하는 남북공동연락사무소를 개성지역에 설치하기로 하였다.

④ 남과 북은 민족적 화해와 단합의 분위기를 고조시켜 나가기 위하여 각계각층의 다방면적인 협력과 교류 왕래와 접촉을 활성화하기로 하였다. 안으로는 6.15를 비롯하여 남과 북에 다 같이 의의가 있는 날들을 계기로 당국과 국회, 정당, 지방자치단체, 민간단체 등 각계각층이 참가하는 민족공동행사를 적극 추진하여 화해와 협력의 분위기를 고조시키며, 밖으로는 2018년 아시아경기대회를 비롯한 국제경기들에 공동으로 진출하여 민족의 슬기와 재능, 단합된 모습을 전 세계에 과시하기로 하였다.

⑤ 남과 북은 민족 분단으로 발생된 인도적 문제를 시급히 해결하기 위하여 노력하며, 남북 적십자회담을 개최하여 이산가족·친척상봉을 비롯한 제반 문제들을 협의 해결해 나가기로 하였다. 당면하여 오는 8.15를 계기로 이산가족·친척 상봉을 진행하기로 하였다.

⑥ 남과 북은 민족경제의 균형적 발전과 공동번영을 이룩하기 위하여 10.4선언에서 합의된 사업들을 적극 추진해 나가며 1차적으로 동해선 및 경의선 철도와 도로들을 연결하고 현대화하여 활용하기 위한 실천적 대책들을 취해나가기로 하였다.

2. 남과 북은 한반도에서 첨예한 군사적 긴장상태를 완화하고 전쟁 위험을 실질적으로 해소하기 위하여 공동으로 노력해 나갈 것이다.

① 남과 북은 지상과 해상, 공중을 비롯한 모든 공간에서 군사적 긴장과 충돌의 근원으로 되는 상대방에 대한 일체의 적대행위를 전면 중지하기로 하였다.
당면하여 5월 1일부터 군사분계선 일대에서 확성기 방송과 전단 살포를 비롯한 모든 적대 행위들을 중지하고 그 수단을 철폐하며 앞으로 비무장지대를 실질적인 평화지대로 만들어 나가기로 하였다.

② 남과 북은 서해 북방한계선 일대를 평화수역으로 만들어 우발적인 군사적 충돌을 방지하고 안전한 어로 활동을 보장하기 위한 실제적인 대책을 세워나가기로 하였다.

③ 남과 북은 상호협력과 교류, 왕래와 접촉이 활성화 되는 데 따른 여러 가지 군사적 보장대책을 취하기로 하였다.
남과 북은 쌍방 사이에 제기되는 군사적 문제를 지체 없이 협의 해결하기 위하여 국방부장관 회담을 비롯한 군사당국자회담을 자주개최하며 5월 중에 먼저 장성급 군사회담을 열기로 하였다.

3. 남과 북은 한반도의 항구적이며 공고한 평화체제 구축을 위하여 적극 협력해 나갈 것이다.
한반도에서 비정상적인 현재의 정전상태를 종식시키고 확고한 평화체제를 수립하는 것은 더 이상

미룰 수 없는 역사적 과제이다.

① 남과 북은 그 어떤 형태의 무력도 서로 사용하지 않을 데 대한 불가침 합의를 재확인하고 엄격히 준수해 나가기로 하였다.

② 남과 북은 군사적 긴장이 해소되고 서로의 군사적 신뢰가 실질적으로 구축되는 데 따라 단계적으로 군축을 실현해 나가기로 하였다.

③ 남과 북은 정전협정체결 65년이 되는 올해에 종전을 선언하고 정전협정을 평화협정으로 전환하며 항구적이고 공고한 평화체제 구축을 위한 남·북·미 3자 또는 남·북·미·중 4자회담 개최를 적극 추진해 나가기로 하였다.

④ 남과 북은 완전한 비핵화를 통해 핵 없는 한반도를 실현한다는 공동의 목표를 확인하였다.

남과 북은 북측이 취하고 있는 주동적인 조치들이 한반도 비핵화를 위해 대단히 의의 있고 중대한 조치라는데 인식을 같이 하고 앞으로 각기 자기의 책임과 역할을 다하기로 하였다.

남과 북은 한반도 비핵화를 위한 국제사회의 지지와 협력을 위해 적극 노력하기로 하였다.

양 정상은 정기적인 회담과 직통전화를 통하여 민족의 중대사를 수시로 진지하게 논의하고 신뢰를 굳건히 하며, 남북관계의 지속적인 발전과 한반도의 평화와 번영, 통일을 향한 좋은 흐름을 더욱 확대해 나가기 위하여 함께 노력하기로 하였다.

당면하여 문재인 대통령은 올해 가을 평양을 방문하기로 하였다.

2018년 4월 27일

판 문 점

대한민국대통령 대통령 문재인

조선민주주의인민공화국 국무위원회 위원장 김정은

[문재인 정부의 2018년 하반기 경제정책 방향]

경제부총리 겸 기획재정부 장관은 2018년 7월 18일 정부서울청사에서 '하반기 이후 경제여건 및 정책방향'과 '저소득층 일자리·소득지원 대책'을 발표했다. 골자는 **성장률 하향 조정, 세제 혜택 및 각종 복지강화다.**

1) 사회안전망 확충, 고용창출력과 인구·산업구조 변화 재점검 등을 토대로 **실효성 있는 일자리 창출방안 마련**

2) 주거·교통·안전·환경 분야에서 **국민 삶의 질 개선을 위한 사회적 기반 투자 확대**

3) 핵심규제의 획기적 개선 등을 통해 **경제·사회 전반의 혁신 가속화**

4) 현장에서의 애로 즉시 해소, 행정절차 등으로 지연되고 있는 **기업/지자체의 프로젝트는 관계부처가 밀착 지원**

5) **미래 성장동력 육성을 위해 '메가 투자프로젝트' 선정, 예산·세제·금융 등 집중 투자**

6) 하도급·유통·가맹·대리점 불공정행위 감시 강화, 협력이익공유제 도입·확산

7) **대내외 불확실성 확대에 대응**

🦏 ● 문재인 명언

♣ 기회는 평등할 것입니다. 과정은 공정할 것입니다. 결과는 정의로울 것입니다.
♣ 국가를 위해 헌신하면 보상받고,
   반역자는 심판받는다는 흔들리지 않는 믿음이 있어야 합니다.
   그것이 국민이 애국심을 가질 수 있는 나라다운 나라입니다.

푸틴-Vladimir Putin, 대통령, 러시아 (1952년생)

러시아의 제6·7대 대통령, 정치인
제6대 임기: 2012년 5월 7일 ~ 2018년 5월 7일
제6대 임기: 2018년 5월 7일 ~ 2024년 5월 7일

[출생] 1952년 10월 7일 (러시아)

[성별] 남성
[본명] Vladimir Vladimirovich Putin
[별자리] 천칭자리 [띠] 용띠
[신체] 165cm
[소속] 러시아 (총리)
[가족] 딸 에카테리나 푸티나
[별명] Grey Cardinal

[학력사항]
~ 2010 용인대학교대학원 명예박사
~ 1975 상트페테르부르크대학교 국제법 학사

[경력사항]
2018.05.07~2024.05.07 제7대 러시아 대통령
2012.05.07~2018.05.07 제6대 러시아 대통령
2008.05~ 제10대 러시아 총리
2004.05~2008.05 제4대 러시아 대통령
2000~2004.05 제3대 러시아 대통령
1999 대통령 권한대행

1999 제6대 러시아 총리

1998 FSB 국장

1997 대통령 행정실 제1부실 실장

1996 보리스옐친 대통령 재선 후 대통령 총무실 부실장

1990~1996 상트페테르부르크 대표자회의 의장 보좌관, 해외위원회 위원장

1975~1990 동독 KGB 요원

[수상내역]

2008 타임지 세계에서 가장 영향력 있는 인물 100명 지도자 및 혁명가 분야 선정

2008 루드비히 노벨상

[요약]

블라디미르 블라디미로비치 푸틴은 러시아의 2번째, 4번째 대통령이다. 2000년부터 2008년까지 제2대 대통령직을 맡았으며, 대통령에서 물러난 뒤, 드미트리 메드베데프 정권 하에서 총리직을 역임하였고, 2012년 3월 대통령 선거에서 3선에 성공하여 다시 6대 대통령직을 2018년 5월 7일까지 맡게 되었다. 이후 2018년 5월 7일 제7대 대통령 취임식을 가진 후 **2024년까지의 대통령직 공식 업무를 계속**하고 있다.

[생애]

블라디미르 푸틴은 1952년 10월 7일에 레닌그라드에서 태어났다. 아버지는 블라디미르 스피리도노비치 푸틴이고 어머니는 마리아 이바노브나 푸티나이다. 아버지는 레닌그라드 포위전 당시 소련 군인으로 레닌그라드를 포위한 독일군에 항전했으며 어머니는 그 당시 죽음의 고비를 넘기고 살아났다. 그 후 둘이 낳은 아들이 바로 푸틴이다. 15년간 국가보안위원회에서 일한 뒤 1998년에는 국가보안위원회의 후신인 연방보안국의 국장으로 취임하였다.

[KGB 경력]

1975년에 푸틴은 대학교를 졸업한 후 KGB에 가입하였으며 401번째로 KGB 학교에서 교육을 받았다. 1991년 8월 20일, 8월 쿠데타가 일어났고, 푸틴은 쿠데타에 반대했다. 차후 푸틴은 나중에 자신의 결정을 설명하였는데, 선택이 어려웠지만 장기적으로 생각하는 것이 푸틴의 삶의 가장 중요한 부분이라고 생각했기 때문에, "쿠데타를 시작하면서, 나는 내가 있던 반대하는 방향으로 결정했다."고 말했다.

[정치 활동]

1999년 당시 러시아 대통령 보리스 옐친에 의해 총리로 지명되었으며 그 해 12월 31일 옐친이 사임하면서 총리로서 대통령직을 대행했다. 이듬해 3월 26일 열린 정식 대선에서 러시아의 2번째 대통령으로 당선되었다. 2004년 3월 14일에는 압도적인 표차로 재선되었다. 푸틴은 대통령 재임시 독립을 요구하면서 폭력항쟁을 벌이고 있는 체첸 반군들에 대해 강경책을 쓰는 한편 벨라루스, 우크라이나

등 구 소비에트 연방을 구성했던 공화국들에 대한 러시아의 영향력을 키우는 데 힘을 썼다. 그러나 조지아와 우크라이나에서 잇따라 친서방 정부가 들어서면서 러시아의 입지가 좁혀지기도 했다.

체첸 전쟁은 체첸반군들의 열렬한 저항으로 장기화되었으며 2004년 체첸인 테러리스트들에 의한 베슬란 인질 사태를 맞기도 하였다. 미국 주도의 이라크 침공을 반대했으나 서방 세계와 대체로 좋은 관계를 유지하고 있다. 그 자신이 러시아 정교회에서 신앙생활하는 기독교인인 푸틴 대통령은 조선민주주의인민공화국 평양직할시에 정교회성당인 조선정교회 장백성당을 건립한 계기를 만든 것으로 알려져 있다. 당시 푸틴 대통령이 정교회 성화상을 김정일 국방위원장에게 선물하면서 성화상을 모실 교회를 만들어달라고 요청했고, 북한에서 이를 수락하면서 평양에 정교회 장백성당이 세워졌다고 한다.

[대통령직 제3 임기(2012년 5월~2018년 5월)]

2012년 3월 4일 대통령 선거에 다시 출마하여 63.6%의 득표율을 얻어 재선되었다. 대통령 선거 운동이 일어나는 동안과 후에 반푸틴 시위가 일어났다. 5월 6일 약 8,000~20,000명의 시위자들이 모스크바에 모였으며 80명이 경찰과 직면하면서 부상을 당하고 450명이 체포되었으며, 다음 날에 다른 120명이 체포되었다. 그리고 야당을 포함한 정치적 반대 세력들과 러시아 국민들이 일으킨 반 푸틴 시위의 지도자이자, 정치적 라이벌 이였던 보리스 넴초프의 죽음으로 시위가 더욱 격화되었다. 블라디미르 푸틴 정부는 계속하여 폭력적인 제압을 했다. 2012년 5월 7일 크렘린에서 취임식을 올리고 대통령으로서 러시아 경제를 위한 14개의 대통령 법령을 고시했다. 교육, 주택, 숙련 노동 훈련, 유럽 연합과의 관계, 국방 산업, 민족 간의 관계와 대통령 선거 운동이 있는 동안에 내려진 정책들도 있었다. 푸틴 정부가 내세운 정책에 대해서 야당과 러시아 국민들의 반대로 인하여 정권 자체가 휘청거렸었다.

[대통령직 제4 임기(2018년~2024년)]

2018년 3월 18일 러시아 대선 과정에서 부정 투표가 곳곳에서 발생하였으나, 전체 투표 결과 76%의 역대 최다 득표율로 대통령 재임에 성공했다. 푸틴은 재선 공약으로 국내적인 공약보다 서방(유럽)과의 갈등관계를 내세워 '**강한 러시아**'의 **메니페스토**를 내걸었다. 2014년 크림반도 합병으로 미국과 EU의 경제제재를 받고 있는 러시아는 본국이 갖고 있는 신식 무기의 국방력을 자랑했다. 영국 메이 총리의 암살기도 사건이 러시아 소행이라는 발언이 러시아 국민들을 자극하여, 푸틴의 재선 공약에 공감하여 재임 성공에 영향을 줬다는 분석이 있다. 4기 재임 중에도 푸틴은 안정적인 지지층과 집권체제의 공고화를 위해 서방과의 갈등관계를 계속해서 조장할 것이라는 전망이 있다. 그러나 러시아의 경제는 여전히 휘청거리며 침체가 계속되고 있는 상황이다.

[비판]
[3선 연임 회피 논란]

과거 두 번의 대통령 재임(8년간) 후, 메드베데프 대통령의 총리로 4년간을 지낸 뒤 또다시 2012년 러시아 대통령 선거에 출마하여 당선되었다. 이는 3선 연임을 금지하는 러시아 헌법의 조항을 바꾸려는 정부의 잘못된 법적 행동을 야당과 언론이 강력하게 비판하였기 때문이다.

[러·중 정상회담]

블라디미르 푸틴 러시아 대통령과 시진핑 중국 국가주석이 '통큰 협력'을 다짐하며 밀월 행보를 이어갔다. 푸틴 대통령과 시 주석은 2015년 5월 8일 모스크바에서 열린 정상회담에서 양국이 각각 추진하던 경제공동체 간 협력을 약속했다고 타스통신 등이 보도했다. 러시아는 현재 옛 소련권 경제공동체인 **'유라시아경제연합'**(EEU)을 이끌고 있으며 중국은 유럽과 아시아를 잇는 **'실크로드경제권' 구축**을 추진 중이다. 그동안 일부에서는 이들 공동체가 상충할 수 있다는 우려가 제기돼 왔다. 두 정상은 경제공동체 협력을 위해 우선 러시아 수도 모스크바와 중부도시 카잔을 잇는 770km 길이의 고속철도 건설에 1조 루블(197억 달러·21조 4천670억 달러)을 공동 투자키로 합의했다. 아울러 양측은 수백조원 대에 이를 것이라는 전망이 나오는 '서부노선' 가스 공급 계약과 관련한 조건도 타결했다. 양국의 국영에너지 회사인 가스프롬과 중국석유천연가스집단(중국석유·CNPC)은 '서부노선'을 통한 대중 가스공급 프로젝트의 '기본조건'에 합의했으며 푸틴 대통령과 시 주석은 이런 합의내용을 승인했다. 2014년 5월 중국과 러시아는 4천억 달러(약 410조 2천억 원)의 '동부노선' 천연가스 공급계약을 체결한 바 있다. 중국언론들은 앞서 3월 '서부노선' 계약에 대해 "연간 300억㎥의 천연가스를 추가로 공급받는 것으로 (계약규모는) 동부노선 계약의 배에 달한다."고 분석한 바 있지만, 일각에서는 동부노선보다는 소규모라는 관측도 나온다. '서부노선' 가스공급 프로젝트가 타결되면 러시아는 서부 시베리아 알타이 지역에서 중국 서부 지역으로 대량의 가스를 공급하게 된다. 또 러시아 은행인 '스베르방크'와 중국개발은행은 이번 정상회담을 계기로 러시아 시멘트회사인 유로시멘트에 대한 시설투자 차관을 9억6천만 달러까지 증액하기로 합의했다.

중국과 러시아는 경제협력뿐만이 아니라 공동의 역사인식도 보이며 우호적 동맹관계를 재확인했다. 푸틴 대통령은 이날 "2차 세계대전 당시 소련과 중국은 수많은 자국민이 목숨을 잃으며 가장 큰 피해를 봤다."고 운을 떼고서 "승전기념식에 맞춰 양국이 현안을 논의하게 돼 뜻 깊고 기쁘다."고 밝혔다. 시 주석은 이에 "러시아 못지않게 중국은 일본에 맞서며 큰 피해를 봤다. 이 때문에 러시아와 중국은 오늘날 강한 동지애를 가지게 됐다."고 화답했다. 시 주석은 이 자리에서 오는 9월 3일 중국에서 열리는 2차 세계대전 승전기념식에 푸틴 대통령을 초청했다. 이번 정상회담은 올해 들어 처음이지만, 지난해 양국은 5차례의 회담을 하며 '중러 신밀월기'를 구가하고 있다는 평가를 받는다. 러시아는 우크라이나 사태 등으로 서방의 제재를 받으며 중국과 경제협력이 절실하고, 중국 역시 동중국해, 남중국해의 영유권 문제를 놓고 미국과 일본, 필리핀 등으로부터 '포위공격'을 받고 있어 **러시아와 군사안보 협력**이 필요하기 때문이다. 양국정상은 2015년 5월 9일에는 모스크바 붉은 광장에서 열리는 2차 세계대전 70주년 승전기념식을 함께 참관했다.

[미·러 정상회담]

트럼프 대통령은 2018년 7월 핀란드 헬싱키에서 푸틴 대통령과 정상회담 후 기자회견에서 러시아가 2016년 미 대선에 개입했다고 결론 내린 미 정보기관을 불신하고, 관련 의혹을 부인한 푸틴 대통령의 편을 들었고, 미 정치권과 언론의 거센 비판을 받았다. 러시아는 미국 내 상황을 염두에 둔 듯, 트럼프 대통령의 올 가을 방미 초청에 응하지 않겠다는 입장을 밝혔다. 2018년 11월 아르헨티나에서 열리는 주요 20개국(G20) 정상회의에서 **미·러 정상회담**이 열릴 수 있다는 가능성을 제시했다.

• 푸틴 명언

♣ 소련을 그리워하지 않는 사람은 마음이 없는 사람이다.

　소련 체제가 돌아오기를 바라는 사람은 머리가 없는 사람이다.

♣ 테러리스트를 용서할지 말지를 결정하는 것은 신,

　그러나 테러리스트를 신에게 보낼 것인지 말 것인지는 내가 결정한다.

♣ 왜 우산을 쓰지 않았는지에 대해 푸틴 대통령은

　"제 2차 세계대전 중에, 러시아 군인은 어떤 날씨에서도 밤이나 낮이나 싸웠다.

　그들은 그 곳에서 살고 그 곳에서 죽었다. 너무나 끔찍한 상황이다." 또한, "행사 때 내가 무언
　가를 생각하거나 결정을 내린 것이 아니다. 내가 다르게 행동 했어야 한다는 마음도 아니다. 나
　는 그것이 평범하다고 생각한다. 우리는 설탕으로 만들어지지 않았고, 녹아내리지 않는다."

4.3 1940년대 출생 인물들

1940년대에 태어난 인물들로 현재 활동 중인 인물과 은퇴한 인물들 4명을 소개한다. 정치가 과학자
사업가등이 포함되어 있다.

트럼프-Donald Trump, 사업가, 45대 대통령, 미국 (1946년생)

(부동산 개발) 트럼프 기업 (전)대표이사 회장, 공화당
(전)TV 프로듀서(어프랜티스-리얼리티 TV쇼 진행)
미국의 제45대 대통령
[임기] 2017년 1월 20일~2021년 1월 19일

[국적] 미국
[출생일] 1946년 6월 14일

[출생지] 미국 뉴욕 주 뉴욕 퀸스

[학력] 포덤 대학교
펜실베이니아 대학교 와튼 스쿨 경제학 학사

[정당]
공화당 (1987년-1999년, 2012년-현재)
개혁당 (1999년-2001년)
민주당 (2001년-2009년)
무소속 (2011년-2012년)

[배우자]
이바나 트럼프 (1977-1991, 이혼)
말라 메이플스 (1993-1999, 이혼)
멜라니아 트럼프 (2005-)

[자녀]
도널드 트럼프 주니어 (첫째 아들)
이방카 트럼프 (첫째 딸)
에릭 트럼프 (둘째 아들)
티파니 트럼프 (둘째 딸)
배런 트럼프 (셋째 아들)

[종교] 미국 개혁교회

[학력 및 경력]
포드햄대학교 학사, 펜실베니아대학교 와튼스쿨 경제학 학사(1968년)
트럼프 기업 회장 겸 사장(1971년~2016년)
제45대 미합중국 대통령(2017년~2021년)

[수상내역]
2013 포브스 세계에서 가장 영향력 있는 유명인시 100인

[생애]
도널드 트럼프는 1946년 6월 14일 뉴욕 주 뉴욕 시 퀸스에서 태어났다. 아버지는 프레드 트럼프이고 어머니는 메리 애니였는데, 이들 부부는 1936년에 결혼했다. 도널드는 프레드와 메리의 3남 2녀 중 차남이었고, 트럼프의 형이었던 프레드 주니어는 1981년 43세의 나이에 사망했다. 트럼프의 고조부모는 독일계 이민자였다. 트럼프는 13살 때 학교에서 교사를 폭행하는 행동 문제를 일으켜, 트럼프의 부모는 트럼프를 규율이 엄격한 뉴욕군사학교(New York Military Academy)로 보냈다. 트럼프는 **뉴욕군사학교**를 졸업한 뒤, 뉴욕의 **포덤 대학교**를 2년 재학 후, 펜실베이니아 대학교 **와튼 스쿨**로 편입, **경제학 학사 학위**를 받았다. 세 번의 결혼에서 다섯 자녀를 두었다.
체코인 이바나 트럼프와 결혼했다가 도널드 트럼프 주니어, 이방카 트럼프, 에릭 트럼프를 얻은 뒤

이혼하고 말라 메이플스와 결혼했다가 딸 티파니 트럼프를 얻은 뒤 이혼하고 슬로베니아인 모델 멜라니아 트럼프와 결혼해 아들 하나를 두었다. **도널드 존 트럼프는 미국의 기업인 출신 제45대 대통령이다. 부동산 개발 등 다양한 사업을 하는 트럼프 기업의 대표이사 회장을 맡았으며, 트럼프 엔터테인먼트 리조트를 설립해 전 세계에 호텔과 고급 콘도미니엄 사업을 진행했다.** 대한민국 내에서는 대우 트럼프 월드마크가 트럼프 기업의 투자를 받아 진행한 것으로 유명하다. **리얼리티 TV쇼 어프렌티스를** 진행한 경력이 있다. 추정 재산으로 약 37억 달러(5조 원) 정도의 개인 재산을 가지고 있다. 2015년 7월 2016년 미국 대통령 선거 공화당 후보 경선에 출마한 후, 2016년 7월 공화당 전당대회에서 역대 가장 많은 득표로 공화당 대선 주자가 되었다.

이후 2016년 11월 8일 실시된 대통령 선거에서 민주당의 힐러리 클린턴 후보를 꺾고 대통령에 당선되었다. 그는 선거에서 62,979,879표를 얻었는데, 이는 **공화당 대통령 후보 역사상 가장 많은 득표로 당선**된 것이다. 이민 문제, 인종 문제, 종교 문제 등에서 극우파에 가까운 입장을 취하고 있지만, 최근 9년 동안 민주당에서 활동하며 자금을 기부하기도 했고, 성소수자(LGBT) 권리를 지지하였으며, 공화당의 주류 이념에 반대되는 주장도 해왔다. 즉, 트럼프의 성향은 극우적인 면모가 있지만, 진보나 보수라기보다는 **포퓰리즘**에 가깝다는 게 중론이다. 그간 민주당원이었던 트럼프가 공화당을 접수하고 이념도 정통 보수와는 괴리가 있자, 기존 공화당 정치인들은 이에 반발했다. 이렇게 트럼프는 민주당, 공화당, 언론 모두에게 지지를 받지 못한 아웃사이더로 불렸다. 2016년 '타임'은 그를 "양당(민주당, 공화당)을 모두 공격하며 규칙을 부쉈고, **미래의 정치 문화를 제시했다.**"고 평가하며 '**올해의 인물**'에 선정하였다.

[사업 경력]

트럼프는 부동산 사업을 하던 아버지 프레드 트럼프를 따라 **부동산 사업**을 시작하였다. 1971년에 경영권을 획득하면서, 트럼프는 사명을 트럼프 기업(The Trump Organization)으로 변경한 후 자신의 이름을 딴 호텔과 골프장을 설립·인수하기 시작하였다. 트럼프는 미국 내 주요 부동산 개발업자로 인정받기 시작했으며, 2004년부터 NBC에서 어프렌티스를 진행하면서 전국적으로 인지도를 높이게 되었다. 이듬해에는 슬로베니아 출신의 멜라니아 크나우스와 결혼하면서 세간의 화제를 모았다. 2016년 기준으로, 트럼프는 트럼프 기업의 회장 겸 사장을 맡고 있으며, 트럼프 엔터테인먼트 리조트를 설립해 전 세계에 호텔과 고급 콘도미니엄 사업을 진행하고 있다. 국내에서는 대우 트럼프 월드마크가 트럼프기업의 투자를 받아 진행한 것으로 유명하다. 트럼프는 NBC 유니버설을 NBC와 공동 소유하여 자신이 진행하는 TV쇼 어프렌티스를 진행했다.

[미인 대회]

도널드 트럼프는 1996년 미스 유니버스 조직회를 인수해, 해마다 미스 유니버스, 미스 USA, 미스 틴 USA를 2015년까지 열었다. 미스 유니버스는 세계에서 가장 유명한 미인 대회로 1952년 캘리포니아 주에 위치한 퍼시픽 밀스라는 회사가 처음으로 열었다. 트럼프는 방송 스케줄에 대한 불만으로 기존에 미국의 방송사인 CBS에서 열리던 미스 유니버스, 미스 USA, 미스 틴 USA를 2002년에 NBC로 옮겼다. 그러나 트럼프가 2015년 6월 멕시코 이민자들에 대해 막말을 해 파문을 일으키면서, 공동 주최한 NBC 방송과 유니버설은 트럼프와 함께 사업하지 않겠다 선언했다. 트럼프는 유니비전이 계약을 위반했다며 5억 달러의 손해배상 청구소송을 제기했다. 9월, 그는 미스유니버스 운영권을 WME-IMG에 매각했다.

[방송 연예 활동]

도널드 트럼프는 2004년부터 2015년까지 **미국 NBC의 리얼리티 방송 어프렌티스(Apprentice)를 진행**하였다. 어프렌티스는 말 그대로 견습생이란 뜻으로, 견습생 참가자들이 트럼프의 회사 중 하나를 연봉 25만 달러에 1년 계약으로 경영하는 조건을 두고 경쟁을 벌이는 프로그램이다. 매회 트럼프가 1명씩 해고를 하며, 최후에 살아남은 1인이 계약을 따내는 승자가 된다. 이 방송에서 트럼프의 **"넌 해고야(You're fired)"**라는 말이 유행어가 되기도 하였다.

[트럼프 모델 매니지먼트]

도널드 트럼프는 1999년 뉴욕 맨해튼 소호에 트럼프 모델 매니지먼트(Trump Model Management)라는 패션모델 회사를 설립하였다. 트럼프 모델 매니지먼트는 다른 트럼프 계열사인 트럼프 매니지먼트 그룹(Trump Management Group LLC)과 함께 2000년부터 250여명의 외국 패션모델들을 데려와 미국의 패션 산업에 진출시켰다.

[정치]

2011년 미국의 정치자금 감시단체인 CRP(Center for Responsive Politics)의 보고서에 따르면 도널드 트럼프는 약 20년간 공화당 후보뿐만 아니라 민주당 후보에게도 선거자금을 기부한 것으로 나타났다. 2012년 2월에는 공화당 대통령 후보이던 밋 롬니를 공개적으로 지지했다. 트럼프는 미국의 전 대통령인 로널드 레이건의 지지자이기도 했다. 그리고 오바마와 2012년경선 때 핫 이슈로 떠오르기도 하였다. 미국 역대 대통령 중 최고령이며, 2020년 대선출마 의지도 있다.

[2016년 미국 대선 출마]

트럼프는 2015년 6월 17일, 공식적으로 2016년 미국 대통령 선거 출마를 선언하였다. 트럼프는 대선 출마 후 **"미국을 다시 위대하게"(Make America Great Again)라는 대선캠프 표어**를 내걸었다. 2016년 3월 30일, MSNBC 주최로 열린 타운홀 미팅 인터뷰에서 트럼프는 낙태 여성이 처벌을 받아야 하느냐는 질문에 처음에는 머뭇거리다가 "낙태에 대해 어떤 형식으로든 처벌이 있어야 한다."고 답했다. 이 발언이 전해지자 민주당 대선 주자인 힐러리 클린턴은 트위터를 통해 트럼프의 생각에 유감을 표하면서 비판했다. 공화당 주류에서는 트럼프의 후보 지명에 난색을 표했지만, 일부에서는 트럼프 대세론을 인정하고 지지의사를 표명하였다. 세라 페일린 전 알래스카 주지사, 잰 브루어 전 애리조나 주지사 등이 지지의사를 밝혔다. 도널드 트럼프는 공화당 경선에서 1400만에 가까운 표를 얻음으로써 공화당 역사상 가장 많은 득표를 기록하여, 압도적인 지지를 받고 2016년 공화당 대통령 후보로 선출되었다. 2016년 11월 9일, 도널드 트럼프는 **제45대 대통령에 당선**되었다.

[외교 정책]

트럼프는 자타 **불간섭주의자**와 **국가주의자**로 설명되어 왔으며, "**미국 우선**" 외교 정책을 지원한다고 계속 언급하였다. 미국의 군사 지출 증가는 지원하되, 나토와 태평양 지역에서의 미국 지출은 줄이고 싶어 한다. 미국이 밖에서의 국가 건설은 멈추고, 대신 미국 국내에서 필요한 것에 초점을 맞추는 것을 언급하였다. **중국**을 견제하려는 움직임을 보여 왔으며, 미국 국익만을 위한 **무역전쟁**과 **환율전쟁**을 일으키고 있다. **북한**에 대해서는 비판적인 태도를 취하면서 **비핵화관련 북미정상회담 및 UN대북제재** 등의 온·강 양면정책을 추진 중이다. 2018년 6월 12일 오전 9시부터 싱가포르 센토사 섬에서 트럼프 미국 대통령(72세)과 김정은(34세) 북한 국무위원장이북한의 완전한 비핵화를 위한 정상회담을 가졌다.

[2018년 북·미 정상회담]

북미 정상회담 공동합의문 요약:
① 평화·번영 열망…새 북미 관계 수립
② 한반도 안정적 평화 체제 구축 동참
③ 북한은 한반도 완전한 비핵화 위해 노력
④ 신원 확인된 전쟁 포로·실종자 송환

[2018년 6월 12일 북미정상회담 공동합의문 (한글 요약분)]

북미정상회담 공동합의문 합의문 요약

첫번째, "미국과 조선민주주의인민공화국은 평화와 번영을 위한 양국 국민의 희망에 따라 새로운 북미 관계를 수립한다."고 합의했다.

두번째 "미국과 조선민주주의인민공화국은 한반도에서 지속적이고 안정적인 평화 체제를 구축하기 위한 노력에 동참할 것."이라고 약속했다.

세번째, "2018년 4월 27일 판문점 선언을 재확인하면서 조선민주주의 인민 공화국은 한반도의 완전한 비핵화를 위해 노력한다."고 합의했다.

네번째, "미국과 조선민주주의인민공화국은 이미 확인된 사람들의 즉각적인 송환을 포함해 전쟁포로(POW)와 전장실종자(MIA) 송환을 약속한다."

[미·중 무역전쟁과 미국의 전략]

2017년 1월 미국 대통령에 취임한 트럼프의 "모토"는 "불공정"(unfair)이다. 그는 전 정권들이 "공정"이라고 규정했던 모든 국제간의 협약이나 조약들, 예컨대 자유무역협정들을 모두 불공정한 것으로 여기고 이를 바로 잡겠다는 공약을 내세웠었다. 미국 내 일자리 부족, 무역수지 적자, 해외주둔 미군 유지비용 등이 모두 "불공정"에서 비롯되었다는 것이 트럼프의 주장이다. 이와 관련하여 그는 대선전부터 중국, 한국 EU 등과의 불공정한 무역 등을 언급하며, 보호관세를 통한 보호무역을 예고해왔고, 취임 후 이를 차근차근 실행하고 있다. 중국은 지난해 11월 트럼트가 중국을 방문했을 당시 미-중 무역의 불균형을 어느 정도 해소시킨 다는 명분으로 2,535억 달러 규모의 대미 구매 MOU를 체결하였다. 물론 MOU가 구속력이 있는 계약도 아니었지만, 트럼프는 올해에 약 5,000억 달러의 대 중국 보호과세를 발표했다. 그러자 중국은 약 600억 달러규모의 대미 보복관세를 발표하고, 위안화를 "인위적"으로 절하시키며 미국의 보호무역에 대응하고 나섰다.

트럼프가 추진하는 미-중 무역전쟁의 목적은 새판짜기이다. 이는 비단 통상적으로 대중 무역적자를 해소하는 것에 그치지 않는다. 중국이 "일대일로"와 각종 "굴기"를 내세우며 미국이 주도해 왔던 국제사회의 "현상", 즉 세계 경제 및 무역질서 그리고 안보질서를 위협하는 상황에서 중국의 지나친 팽창을 막으면서, 향후 미국의 세계질서 주도를 지속하기 위한 "신 질서"를 구축하려고 하는 듯하다. 이는 1980년대의 상황과 일면 유사한 점이 있다. 피터 슈바이처가 썼던 **"레이건의 소련 붕괴전략"** 에서 레이건은 소련을 붕괴시키기 위한 5가지 방법을 동원하였었다. 결과적으로 **레이건의 다각적 소련 붕괴전략은 성공했고, 동유럽 공산주의 체제는 소멸**되었다. 그로부터 30여년 가까운 시간이 흐른 후, 급속한 경제적인 성장을 바탕으로 **중국은 미국이 주도하는 국제질서에 도전장**을 내밀었다. 시진핑이 집권한 이후 이른바 **"일대일로", "군사굴기", "중국몽"** 등을 주창하며 국제사회에서 미국을 제치고 패권국이 되려는 의지를 공공연하게 드러내고 있다.

시진핑의 집권 2기에 미국에서는 트럼프가 대통령이 되었고, **트럼프는 트루먼 대통령의 소련팽창에 대한 방어벽을 구축하는 트루먼 대통령의 "봉쇄정책"과 소련을 붕괴시키기 위한 레이건 대통령의 "무한경쟁" 정책을 동시에 추구하기 시작했다.** 트럼프가 생각하는 중국 봉쇄 전략은 대략 5가지로 요약 된다:

1. 북핵문제를 통한 중국의 **대 북한 리더십 부족을 주변국에 부각**
2. 불공정한 무역을 이유로 대 중국 보호무역과 보호관세 부과를 통해 **중국의 무역수지 악화를 유도**
3. **금리인상과 환율전쟁**, 즉 중국을 환율조작국으로 지정하며 **중국의 금융-자본 시장을 붕괴시킴**
4. **지적재산권 유출에 대한 대 중국 방어막 형성**
5. 인도-태평양 전략을 통해 **중국의 일대일로와 군사굴기를 무력화**
6. 미-북 평화 조약을 통해 동아시아 질서를 재편하면서 **북한을 중국과의 안보적 완충지대화** 시킴

미-중 교역에서 **고정 환율을 통해 최악의 보호무역을 해왔던 중국은 고정 환율과 자유무역을 통해 막대한 무역수지 흑자를 기록**하고 있었기 때문에, 공정무역에 대한 트럼프 정부의 공세에 대해 중국은 정부나 언론매체들이 연일 무역전쟁을 중단해야 한다고 무기력하게 주장하는 것 외에, 효과적으로 대응을 못하고 있다.

🦏 ● 트럼프 명언

♣ "챔피언"이란 정말로 일어설 수 없을 때 일어나는 사람을 말한다.

♣ 나는 크게 생각하기를 좋아한다. 어차피 생각할거라면 크게 생각하는 것이 좋다.

♣ 가끔은 전투에서 지는 것으로 당신은 전쟁에서 이기는 방법을 찾을 수 있다.

♣ 승리자가 되는 것에는 언제 그만둘지 안다는 것이다.
　때때로 당신은 싸움을 포기하고 물러나서 더욱 생산적인 것으로 움직여야한다.

♣ 경험은 나에게 몇 가지를 가르쳐 주었다.
　첫번째, 당신의 육감에 따르라는 것이고,
　두번째, 당신이 잘 알고 있는 것에만 매진하라는 것,
　세번째, 때때로 당신이 투자하지 않는 것이 최고의 투자가 될 수 있다는 것.

♣ 최악의 시기는 최고의 기회를 만들어 준다.

♣ 사업은 하나의 큰 게임이다.

♣ 내 인생은 승리에 관한 것이다. 종종 패배하지 않는다.
　나는 거의 결코 패배하지 않는다.

♣ 나는 긍정적 사고의 힘을 믿는다.

♣ 나는 집중력이 낮지만 현상 유지를 가장 싫어한다.
　이때는 참을성이 없어지고, 안달하게 된다.

♣ 나는 크게 사고하는 일을 좋아한다. 이왕 생각해야 한다면 크게 생각하는 것이
　낫기 때문이다. 그리고 그것이 나의 장점이다.

♣ 나는 대범하게 생각한다. 그런 태도가 나의 장점이다.

반기문-潘基文, 8대 UN사무총장, Ban Ki-moon, 한국 (1944년생)

[출생] 1944년 6월 13일 (충청북도 음성)

[별자리] 쌍둥이자리
[띠] 원숭이띠
[혈액형] O형
[소속] 제8대 UN(사무총장)
[가족] 배우자 유순택

[학력사항]
~2016 싱가포르국립대학교 명예박사
~2016 로욜라메리마운트대학교 명예박사
~2016 케임브리지대학교 법학 명예박사

~2015 이화여자대학교 여성학 명예박사

~2010 난징대학교 명예박사

~2010 모스크바국립국제관계 대학교 명예박사

~2008 페어리디킨슨대학교 명예박사

~1985 하버드대학교 대학원 행정학 석사

~1970 서울대학교 외교학 학사

충주고등학교

[경력사항]

2017.09 ~ 국제올림픽위원회 윤리위원장

2017.07 ~ 연세대학교 글로벌사회공헌원 명예원장, 석좌교수

2007.01~2016.12 제8대 UN사무총장

2004~2006.11 제33대 외교통상부 장관

2003~2004 대통령비서실 외교보좌관

2002 외교부 본부대사

2001.09~2003 제56차 UN총회 의장비서실 실장

2000~2001 외교통상부 차관

1998.05 주오스트리아 대사관 대사 겸 주비엔나 국제기구대표부 대사

1996.11 대통령비서실 외교안보 수석비서관

1996.02 대통령비서실 의전 수석비서관

1996 외무부 제1차관보

1995.02 외무부 외교정책실 실장

1992.02 외무부장관 특별보좌관

1990 외무부 미주국 국장

1987 주미국 대사관 참사관 겸 총영사

1985.04 국무총리비서실 의전비서관

1980.11 외무부 국제연합과 과장

1976 주인도 대사관 1등 서기관

1970.05 외무부 입부

1970.02 제3회 외무고시 합격

[수상내역]

2017 국민훈장 무궁화장

2016 프랑스 레지옹 도뇌르 그랑 오피시에

2016 아프가니스탄 가지 아마눌라 칸 훈장

2016 네덜란드 사자 기사 대십자 훈장

2015 대한적십자사 인도장 금장

2015 티퍼래리 국제평화상

2014 하버드대학교 올해의 인도주의자상

2012 제11회 서울평화상

2012 탁월한 국제지도자상

2010 UCLA 메달

2009 국민훈장 무궁화장

2008 필리핀 최고 훈장

2008 국제로타리 영예의 대상

2007 제1회 포니정 혁신상

2006 잡지인이 선정한 올해의 인물상

2006 제6회 자랑스런 한국인 대상 최고대상

2006 페루 태양 대십자 훈장

2004 코리아 소사이어티 밴 플리트

2002 브라질 리오 블랑코 대십자 훈장

2001 오스트리아 대훈장

1986 홍조근정훈장

1975 녹조근정훈장

[생애]

반기문은 **대한민국의 제7대 외교통상부 장관**을 역임한 외교관이자 **제8대 유엔 사무총장**이다. 본관은 광주(光州)이며, 충청북도 음성군 출생이다. 1970년 서울대학교를 졸업하고 외무고시에 차석으로 합격하여 외무부에서 근무했다. 외무부에서 겸손하고 능숙하다는 평판을 얻었다. 외무부 미주국장, 외교정책실장 등을 거쳐 대통령비서실 외교안보수석비서관, 외교통상부 차관을 지냈고, 2004년 1월부터 2006년 11월까지 노무현 정부에서 외교통상부 장관을 역임했다. 2006년 10월 13일 유엔 총회에서 제8대 유엔 사무총장으로 선출되어, 2007년 1월 1일 코피 아난의 뒤를 이어 유엔 사무총장의 임기를 시작하였다. 2011년 6월에는 반기문 사무총장 연임 추천 결의안이 안보리의 만장일치와 지역그룹 전원이 서명한 가운데 총회에서 192개 회원국의 박수로 통과되어 유엔 사무총장 연임에 성공하였다.

반기문은 2013년 미국의 경제 잡지 《포브스》가 선정한 전 세계에서 가장 영향력 있는 인물 가운데 한국인 중 가장 높은 32번째로 선정됐다. 2016년 12월 12일 미국의 외교·안보 잡지 《포린 폴리시》는 국제적인 리더십으로 기후 변화 문제 해결의 금자탑이 된 파리 협정을 성사시키고 1년 만에 국제법으로 발효시킨 공로를 인정하여, 반기문을 세계의 사상가 100인 중 정책결정자 부문에 선정했다. **반기문이 2016년 12월 31일 10년간의 유엔 사무총장의 임기를 마치고 퇴임하면서 후임 유엔 사무총장으로 선출된 안토니우 구테흐스가 2017년 1월 1일부터 임기를 시작했다.** 2017년 국제올림픽위원회(IOC) 윤리위원장으로 선출됐다.

[성장]

일제강점기인 1944년 6월 13일에 충청북도 음성군 원남면 상당리에서 태어났다. 충주중학교와 충주고등학교를 수석으로 졸업하였고, 서울대학교 외교학과를 졸업하였다. 고등학교 때 에세이 경시대회에서 수상함으로써 '외국 학생의 미국 방문 프로그램(VISTA)'에 선발되어, 미국에 가서 존 F. 케네디 대통령을 만난 일로 인해 외교관의 꿈을 품게 되었다고 한다. 1970년 2월 대학 졸업 후 곧바로 외무고시에 합격하고 3월에 정부 부처인 외무부(현 외교부)에서 일하게 되었다. UN 국제영어, 프랑스어, 독일어, 일본어를 소통한다. 그는 아들 하나와 딸 둘을 자녀로 두고 있다.

[외교관 경력]

1970년 외무부 여권과, 1972년 주 인도대사관 부영사, 1974년 주 인도대사관 2등 서기관 등을 지냈고, 주로 국제 조직을 거쳐 1980년 외무부 국제조직조약국 과장이 되었다. 외무부 지원으로 하버드 케네디 행정대학원으로 유학하였으며, 1985년 4월에 졸업하여 석사학위를 취득했다. 1985년 4월 총리 의전비서관, 1987년 7월 주미대사관 총영사, 1990년 6월 외무부 미주국장, 1992년 2월 외무부장관 특별보좌관, 1992년 9월 주미 공사, 1995년 2월 외무부 외교정책실장과 차관보를 역임했다. 1996년 11월에는 김영삼 정부에서 외교안보수석으로 지냈다. 2000년 1월 외교통상부 차관으로 지내다가 2001년에 외교통상부 차관직에서 물러나게 되었다. 2001년 9월 제56차 유엔총회의장 비서실장, 2002년 9월 동 본부 대사, 2003년 2월에 참여정부의 외교정책보좌관을 지냈으며, 2004년 1월에는 외교통상부 장관으로 취임하여 2006년 11월까지 장관직을 수행하였다.

[유엔 사무총장]

2006년 2월 14일에 유엔 차기 사무총장 선거에 공식적으로 출마 선언을 하여 2006년 10월 14일에 한국인으로서는 최초로 코피 아난의 뒤를 이어 차기 유엔 사무총장에 당선되었다. 그러나 반기문이 출마를 선언했을 당시엔 반기문의 당선을 예상한 외신은 그다지 많지 않았다. 반기문은 아시아에 돌아갈 차례였던 당시 사무총장직을 놓고 인도 출신의 샤시 타루르와 경쟁하였다. 하지만 8대 유엔 사무총장을 뽑는 1차 예비투표에서 그는 15개의 유엔 안전보장이사회 회원국 중 13개국의 찬성을 받아 1위에 오르게 되고, 2차 투표에서 14표, 3차 투표에서 13표를 얻었고, 마지막 4차 투표에서 그는 7명의 후보를 제치고 안보리 15개 나라 중 14개 나라의 지지를 받아 제8대 유엔 사무총장에 당선되었다. 특히 선거가 진행되는 동안 중동, 아프리카 국가의 반기문에 대한 지지는 대단하였으나, 10월 2일의 최종 비공식 설문조사까지 일본은 기권표를 던졌다가 논란을 피하기 위해 찬성으로 방향을 바꾸었다.

2007년 2월 6일 유엔 총회장에서 192개 회원국 대표가 참석한 가운데 열린 비공개 회의에서 그는 비대해진 유엔 평화 유지 활동국(DPKO)을 업무별로 2개 부서로 분리하고 군축 부서를 사무총장 직속에 두는 내용을 골자로 한 유엔 평화 유지 활동 개혁 방안을 발표했다. 또 기구 개편안에 대한 회원국들의 지지를 촉구했다. 그리고 2011년 6월 21일, 반기문 유엔 사무총장은 인류평화를 위해 노력한 점을 인정받아 사상 이례적으로 15개 상임이사국과 유엔 전 회원국을 대표하는 5개 지역그룹 의장의 연임 추천을 받아 유엔 총회에서 192개국 회원국 만장일치로 **유엔 사무총장직에 재선**되었다.

[국제올림픽위원회 윤리위원장]

2017년 9월 15일 국제올림픽위원회(IOC) 윤리위원장으로 선출됐다. IOC는 반 위원장이 유엔 총장

재직 시절 가장 먼저 한 일이 윤리규정을 도입해 모든 직원에게 적용한 것이었다고 소개했다. 토마스 바흐 IOC 위원장은 "**반 위원장은 유엔 사무총장 시절 엄격한 윤리 기준, 진실성, 책임감, 투명성으로 헌신했다.**"고 평가했다.

[학력]

충주교현초등학교 졸업
충주 중학교 졸업
충주고등학교 졸업
서울대학교 사회과학대학 정치외교학부(외교학 전공) 학사
하버드 대학교 케네디행정대학원 행정학과 석사

[수상 경력]

1975년 - 녹조근정훈장
1986년 - 홍조근정훈장
2001년 - 오스트리아 대훈장
2002년 - 브라질 리오 블랑코 대십자 훈장
2004년 - 코리아 소사이어티 밴 플리트 상
2006년 - 페루 태양 대십자 훈장
2006년 - 제6회 자랑스런 한국인 대상 최고대상
2006년 - 잡지인이 선정한 올해의 인물상
2007년 - 제1회 포니정 혁신상
2008년 - 국제로타리 영예의 대상
2008년 - 필리핀 최고 훈장
2009년 - 델리 지속 가능 개발에 관한 정상회담 지속가능 개발 지도자상
2009년 - 국민훈장 무궁화장
2010년 - UCLA 메달
2012년 - 제11회 서울평화상
2012년 - 미국 싱크탱크 애틀랜틱 카운슬 탁월한 국제 지도자상
2014년 - 하버드대학교 올해의 인도주의자상
2015년 - 티퍼래리 국제평화상
2015년 - 대한적십자사 인도장 금장
2016년 - 네덜란드 사자 기사 대십자 훈장
2016년 - 프랑스 레지옹 도뇌르(그랑 오피시에) 훈장
2017년 - 국민훈장 무궁화장

[반기문을 다룬 도서]

《반기문, 나는 일하는 사무총장입니다》 (남정호 저)

《반기문과의 대화》(2013년 톰 플레이트 지음. 이은진 옮김.)
《바보처럼 공부하고 천재처럼 꿈꿔라》(신웅진 저)
《세계를 가슴에 품어라》(김의식 저)

🦏 ● 반기문 명언

♣ 세계역사를 바꿀 수 있는 리더십을 배워라.
♣ 일등이 되어라. 이등은 패배다.
♣ 세계는 멀티 플레이어를 원한다.
♣ 직업을 일찍 결정하라.
♣ 실력이 있어야 행운도 따라온다.
♣ 잠들어 있는 DNA를 깨워라.
♣ 자신부터 변화하라.
♣ 인생 최대의 지혜는 친절이다.
♣ 나를 비판하는 사람을 친구로 만들어라.
♣ 베푸는 것이 얻는 것이다.
♣ 유머감각은 큰 자산이다.
♣ 헛된 이름을 쫓지 마라.
♣ 지금 자면 꿈을 꾸지만 지금 공부하면 꿈을 이룬다.
♣ 대화로 승리하는 법을 배워라.
♣ 금맥보다 더 중요한 것이 인맥이다.
♣ 자기를 낮추는 지혜를 배워라.

이건희-Lee Kun-Hee, 삼성 (전)회장, 한국 (1942년생)

기업인, 국제기관단체인
남성 염소자리 말띠

[출생] 1942년 1월 9일

[소속] 삼성전자 (회장)
[가족] 아버지 이병철, 어머니 박두을, 배우자 홍라희, 아들 이재용, 딸 이부진, 이서현, 동생 이명희, 형 이맹희, 이창희, 누나 이숙희, 이인희
[취미] 스포츠, 비디오, 클래식

[경력사항]

2012.06 ~ 삼성생명공익재단 이사장

2011.10 ~ 2018 평창동계올림픽대회 조직위원회 고문

2010.03 ~ 삼성전자 회장

2010.02 ~ 국제올림픽위원회 위원

2005 ~ 대한올림픽위원회 명예위원장

1998.08 삼성문화재단 이사장

1998.04 ~ 2008.04 삼성전자 대표이사 회장

1996.07 ~ 2008.08 국제올림픽위원회 위원

1993.03 대한올림픽위원회 부위원장

　　　　　삼성미술문화재단 이사장

1989 삼성복지재단 이사장

1987.11 ~ 1998.04 삼성그룹 회장

1987.02 전국경제인연합회 부회장

1982 ~ 1993.02 대한올림픽위원회 상임위원

1982.03 ~ 1997.03 대한아마추어레슬링협회 회장

1981.02 한, 경제협회 부회장

1980 중앙일보 이사

1979.02 ~ 1987.11 삼성그룹 부회장

1979.02 삼성물산 부회장

1966.10 동양방송 입사

[학력사항]

와세다대학교 법학 명예박사

2005 ~ 고려대학교 철학 명예박사

2000 ~ 서울대학교 경영학 명예박사

　　　　조지워싱턴대학교경영대학원 경영학 (석사과정 수료)

~ 1965 와세다대학교 경제학

~ 1961 서울대학교 사범대학 부설고등학교

[경력]

1961년: 서울대학교 사범대학 부속고등학교 졸업

1965년: 일본 와세다 대학 경제학부 졸업.

1966년: 미국 조지워싱턴 대학교 경영대학원 MBA과정 수료, 그 후 동양방송에 이사로 입사

1978년: 삼성물산 부회장

1979년: 삼성그룹 부회장 (~1987년)

1981년: 한일 경제협회 부회장

1987년: 삼성그룹 회장 (~1998년)

1996년: IOC 위원

1996년: 대한레슬링협회 회장

1998년: 삼성전자 대표이사 회장

2005년: 대한올림픽위원회 명예위원장

2008년4월22일: 삼성 비자금 사건으로 조세포털 혐의로 불구속 기소되면서 그룹 경영쇄신안으로
　　　　　　　　 삼성전자 대표이사 회장직에서 퇴진

2010년3월24일: 삼성전자 회장으로 경영 복귀

[상훈]

1984년 대한민국 체육훈장 맹호장

1986년 대한민국 체육훈장 청룡장

1991년 IOC 올림픽 훈장

1993년 문화부장관 감사패

1994년 한국무역학회 무역인 대상

1996년 한국능률협회 선정 '최고의 경영자상'

2000년 국민훈장 무궁화장

2004년 홍콩 디자인경영자상 초대 수상

2004년 프랑스 레지옹 도뇌르 코망되르(3등급) 훈장

● 이건희 명언

♣ 자신이 잘되고 싶다면, 항상 기쁘게 말하고 기쁘게 행동하라.

♣ 한 발만 앞서라. 모든 승부는 한 발자국 차이이다.

♣ 돌다리만 두드리지 마라. 그 사이에 남들은 결승점에 가 있다.

♣ 힘들어도 웃어라. 웃으면서 노력하다 보면 반드시 길은 열린다.

♣ 자만이 패배를 부른다.

♣ 더운밥 찬밥 가리지 마라, 뱃속에 들어가면 찬밥도 더운밥이 된다.(일을 가리지 마라)

♣ 인생을 바꾸려면 지금 당장 시작하여 눈부시게 실행하라. 결코 예외는 없다.

♣ 내가 잘하면 모든 것이 해결된다.

♣ 마음의 무게를 가볍게 하라, 마음이 무거우면 세상이 무겁다.

♣ 적극적인 언어를 사용하라, 부정적인 언어는 복이 나가는 언어이다.

♣ 앞으로의 리더들은 리더십과 창의력이 있어야 한다.

호킹-Stephen Hawking, 물리학자, 교수, 영국 (1942년생)

★ 인류 역사인물 50명에 선정 (Wopen.com 한국.net 선정)

[출생] 1942년 1월 8일
잉글랜드 옥스퍼드셔 주 옥스퍼드

[사망] 2018년 3월 14일 (76세)
잉글랜드 케임브리지셔 주 케임브리지

[학력사항]
케임브리지 대학교 대학원 물리학 박사
~ 1962 옥스퍼드대학교 학사

[경력사항]
1980 케임브리지 대학교 루카시언 석좌교수
1974 영국왕립학회 회원

[수상내역]
2009 미국 대통령 훈장

[국적] 영국
[분야] 이론물리학
[소속] 케임브리지 대학교

[주요 업적]
호킹-펜로즈 특이점 정리
호킹 복사
하틀-호킹 상태
기번스-호킹-요크 항

[수상]
대니 하이너먼 수리물리학상(1976)
특별 기초물리학상(2012)

[종교] 무종교 (무신론자)

[배우자]

제인 와일드 호킹(1965~1995년, 이혼)

일레인 메이슨(1995~2006년, 이혼)

[자녀]

2남 1녀

1963년경 루게릭병 판정을 받아서 휠체어에 의지하며 살다 생을 마침.

[요약]

스티븐 윌리엄 호킹은 2009년까지 케임브리지 대학교 루커스 수학 석좌 교수로 재직한 **영국의 이론 물리학자**이다. 호킹은 (특히, 블랙홀이 있는 상황에서의) 우주론과 양자 중력의 연구에 크게 기여했으며, 자신의 이론 및 일반적인 우주론을 다룬 여러 대중 과학 서적을 저술했다. 그 중에서도 **시간의 역사**는 영국 런던 선데이 타임즈 베스트셀러 목록에 최고 기록인 237주 동안이나 실려서 화제가 된 적도 있다. 호킹은 21살 때부터 근위축성 측색 경화증(루게릭병)을 앓는 바람에, 현재 휠체어에 의지하면서 살고 있다. 호킹의 중요한 과학적 업적으로는 로저 펜로즈와 함께 **일반상대론적 특이점**에 대한 여러 정리를 증명한 것과 함께, **블랙홀이 열복사를 방출한다는 사실**을 밝혀낸 것이 있다. (이는 호킹 복사 혹은 베켄슈타인-호킹 복사로 불린다)

[생애]

[학창 시절]

스티븐 호킹은 1942년 1월 8일 갈릴레오 갈릴레이가 세상을 떠난 지(1642년 1월 8일) 300주년이 되는 날에 태어났다. 또한 사망일은 공교롭게도 아인슈타인이 태어난 날이다. 스티븐 호킹은 원래 집안 식구가 책벌레라고 한다. 책을 무척 좋아했던 스티븐 호킹은 과학자가 되겠다는 결심을 한다. 이후 스티븐 호킹은 옥스퍼드 대학교 케임브리지 대학교를 졸업을 마친 스티븐 호킹은 좌절을 당했다. 옥스퍼드 대학교에서 계단을 내려가는 중 난간 대에 팔을 뻗은 스티븐 호킹은 중심을 못 잡고 쓰러져서 병원으로 이송되었다. 병원에서 의사는 5년 밖에 못산다는 말을 들은 스티븐 호킹은 극복해서 지금까지 연구하고 있다. 또 스티븐 호킹은 학창시절에 조정 선수였다. 그리고 기관지 절제 수술을 받은 스티븐 호킹은 말을 하지 못하고 말로 전달하는 장치를 사용하고 있다.

[이후 연구 활동]

호킹은 32살이던 1974년 5월 2일 왕립학회에 역사상 가장 젊은 회원으로 추대된다. 왕립학회에는 새로 선출된 회원들이 직접 걸어 나가 명부에 자신의 이름을 적는 전통이 있었다. 하지만 이미 걷기는 물론, 글씨도 제대로 쓸 수 없었던 스티븐 호킹에게는 참 힘든 일이었고, 당시 노벨 생물학상 수상자이자 학회장이었던 엘런 호드킨이 명부를 밑으로 가져간 후, 스티븐 호킹이 힘겹게 서명을 하자, 우레와 같은 함성이 터져 나왔다고 한다.

[사망]

2018년 3월 14일 케임브리지에 있는 자택에서 76세로 별세.

[주요 저서]

1988년 《시간의 역사》

1997년 《시간과 공간에 관하여》

2001년 《호두껍질 속의 우주》

2005년 《짧고 쉽게 쓴 시간의 역사》 (레오나르도 플로디노프와 공저)

2010년 《위대한 설계》

[수상 내역]

1975년 영국 왕립천문학회 에딩턴 메달

1975년 로마 바오로 6세 피우스 3세 메달

1976년 영국 왕립학회 휴즈 메달

1982년 영국 대영 제국 훈장 3등급(CBE)

1985년 영국 왕립천문학회 골드 메달

1988년 이스라엘 울프 재단 울프 물리학상

1989년 영국 컴패니언 오브 아너

1999년 미국 줄리어스 에거드 릴리엔펠트상

2002년 아벤티스 과학 서적상(《호두껍질 속의 우주》)

2009년 미국 대통령 자유 훈장

[호킹의 삶: '인간의 위대한 승리']

기적의 삶을 통해 블랙홀의 정체를 수학으로 증명 한 세계적인 물리학자 스티븐 호킹이 2018년 3월 14일 76세로 타계하면서 세계가 스티븐 호킹의 죽음을 애도했다. 언론들 역시 스티븐 호킹의 삶과 관련된 내용을 쏟아놓으면서 그동안 몰랐던 내용들을 소개했다. 호킹 박사가 1966년 '특이점들과 시공간의 기하학'이라는 논문을 발표하기 이전까지 세계는 블랙홀을 다르게 이해하고 있었다. 강한 중력 때문에 빛조차도 빠져나올 수 없다고 해서 '검은색 구멍(black hole)'이라고 불렀지만 호킹 박사의 생각은 달랐다. 블랙홀의 경계면인 사건의 지평선 표면에서도 에너지가 외부로 복사될 수 있었다. 그의 이론인 **'호킹 복사'를 통해 블랙홀의 질량이 점점 줄어들어 결국 소멸돼 사라질 수 있다는 것을 수학적으로 증명해 냈다.**

뉴턴과 아인슈타인의 계보를 잇는 스티븐 호킹이 2018년 76세로 타계하면서 세계가 스티븐 호킹의 죽음을 애도했다. 뉴턴, 아인슈타인 잇는 위대한 과학자 **아이작 뉴턴과 알베르트 아인슈타인의 계보를 잇는 인물로 평가**받고 있는 스티븐 호킹의 죽음을 가장 슬퍼하고 있는 곳이 물리학계. '핵 과학자 회보'는 특집 기사를 통해 과학자는 물론 대중으로부터 큰 사랑을 받은 인물을 잃었다고 애도했다. 실제로 스티븐 호킹이 쓴 책은 항상 베스트셀러 목록에 올랐다. 스티븐 호킹의 강연을 듣기 위해서는 서서 들어야 할 각오를 해야 할 만큼 많은 사람들이 몰렸다. '스타 트랙', '빅뱅 이론', '심프슨 가족'와 같은 영화 출현은 스티븐 호킹의 인기가 어느 정도였는지를 말해주고 있는 대목이다. 살아생전에 호킹은 과학에 몰두했던 것만큼이나 **우주에 대해 놀라운 통찰력**을 지니고 있었다고 전했다. 무엇보다 블랙홀의 온도로부터 시작되는 스티븐 호킹의 이론은 지금까지 인류가 성취한 가장 아름다운 과학적 성취 중의 하나였다고 평했다. 바티칸도 스티븐 호킹의 죽음을 슬퍼했다. 바티칸 천문대의 천문학자이자 예수회(Jesuit) 소속인 가이 콘솔마노 신부는 공식 성명을 통해 '비범한 직관력으로 인류에게 우주에 대한 통찰력을 가져다준 과학자의 죽음'을 애도했다.

스티븐 호킹은 1986년 이후 교황청 과학원 멤버였다. 호킹이 교황청 관계자들과 이처럼 가까운 관계를 유지할 수 있었던 것은 **가톨릭에서 빅뱅 이론을 받아들이고 있기 때문이다**. 프란치스코 교황은 지난 2014년 교황청에서 열린 과학회의를 통해 "**진화론과 빅뱅이론이 (우주 창조에 있어) 하느님의 개입을 부정하는 것은 아니다**."라고 말한 바 있다. 교황청 역시 빅뱅 이론의 근거가 되는 블랙홀 연구에 많은 노력을 기울여왔다. 흥미로운 점은 **스티븐 호킹 스스로 자신을 무신론자로 보았다**는 점이다. '타임' 지에 따르면 그는 완전한 무신론자는 아니었다. 창조자는 아니지만 '**비인격적인 신**'을 믿고 있었다고 전했다.

[노벨위원회: '호킹은 가장 위대한 과학자']

흥미로운 사실은 스티븐 호킹이 노벨물리학상을 수상하지 못했다는 점이다. 노벨 위원회에서는 '빅 아이디어'가 아닌 증거를 원하고 있기 때문이다. 호킹의 블랙홀과 우주 이론은 말 그대로 이론에 머물고 있다. 캘리포니아공과대학의 이론물리학자인 숀 캐롤 교수는 "**뉴튼, 아인슈타인에 버금갈 만큼 과학에 큰 기여**를 했으며, 가장 지혜로웠던 물리학자에게 노벨상이 주어지지 않았다."며 현 노벨상 제도의 불만을 표명했다. 한편 노벨상을 수여하는 스웨덴 왕립과학아카데미는 호킹 타계 소식을 접한 후 "과학에 큰 기여를 한 한 명의 가장 위대한 과학자를 잃었다."고 애도했다. 아카데미의 고란 한슨 사무총장은 "호킹의 죽음이 과학계의 큰 손실"이라고 했지만 호킹에 대한 노벨상 사후 수여가 가능하지에 대한 질문을 받고는 뚜렷한 답변을 내놓지 않았다. 노벨위원회의 고민을 말해주고 있다. 그러나 호킹은 살아있을 당시 노벨위원회와 원활한 관계를 가졌던 것으로 전해지고 있다. 스웨덴 왕립아카데미 측에서 여러 번 호킹을 초청했으며, 지난 2015년 8월에는 스톡홀름 궁전을 방문, 강연한 바 있다. 스티븐 호킹에 대한 찬사 이어지고 있지만 가장 놀라운 성취는 '**인간 승리**'다. 루게릭병에 걸리면 신체에 힘이 없어지고 서서히 팔다리 근육이 위축되다 호흡근 마비로 인해 사망에 이르게 된다. 병이 진행되면서 밥을 먹을 때 자주 사레가 들리고 기침을 하면서 밤잠을 설치게 된다. 가로막과 갈비뼈 사이 근육이 약해지면서 호흡곤란 증상도 생긴다.

호킹은 21세에 루게릭병 진단을 받고 시한부 2년의 삶을 선고 받았다. 그리고 3년 후인 1966년 불세출의 논문 '**특이점들과 시공간의 기하학**'을 발표했다. 이후 스티븐 호킹의 삶은 하루하루가 기적의 삶이었다. 스티븐 호킹의 일거수 일투족이 불완전한 상태에서 정상인보다 더 놀라운 일을 이루어 나갔다. 컴퓨터가 설치된 특수 휠체어를 타고 안면에 부착된 센서로 문자를 입력하면서, 입력된 문자들을 목소리로 바꾸는 방식으로 연구 활동은 물론, 집필, 강연 등의 왕성한 활동을 펼쳐나가는 기적의 삶을 55년 동안 이어나갔다. 2018년 3월 15일 '가디언' 지는 스티븐 호킹이란 이름을 통해 지구상에 살고 있는 수많은 사람들이 힘을 얻었고, 특히 장애인들이 자신감을 갖게 됐다고 전했다. 또한 미래에 대한 희망과 꿈을 가질 수 있었다며 '**진실한 인간의 위대한 승리**'라고 평했다.

🦏 ● 호킹 명언

♣ 내가 우주에 대한 우리의 지식에 무언가 보탰다면, 나는 그것으로도 행복하다.

♣ 우리의 관심을 지구에서 벌어지는 일들에만 기울인다면
   그것은 인간 정신을 제한하는 것이다.

♣ 오래 살지 못할 것이라는 예상이 나를 더 열심히 살게 하고,
   더 많은 일을 하도록 했다.

♣ 우리는 평균적인 항성의 소행성 위에 사는 조금 발전된 원숭이 종족일 뿐이다.
   그러나 우리는 우주를 이해할 수 있다. 그것이 우리를 매우 특별하게 만든다.

♣ 여자, 그들은 우주보다 미스테리이다.

♣ 우주는 신이 아니라 물리학 법칙이 만들어낸 성과이다.

♣ 우주의 한 가지 기본적인 법칙 중 하나는 완벽한 것은 존재하지 않는다는 것이다.
   간단히 말해서 완벽이란 존재하지 않는다.
   불완전함이 없다면, 당신도 나도 존재할 수 없었을 것이다.

♣ 고개를 들어 별들을 보라 당신 발만 내려다 보지말고.

♣ 당신의 삶에 항상 무언가의 어려움이 있다고 해도 당신은 해낼 수 있고 성공 할 수 있다. 나를
   보라.

♣ 오늘이 마지막 날일 수도 있다고 매일 생각하지만, 일흔한 살인 지금도 나는 매일
   일을 하러갑니다. 매 순간을 최대한 충만하게 살고 싶다.

♣ 나는 과학기술의 중요성이 나날이 커지는 이 세계에서 사람들이 올바른 판단을
   할 수 있도록 기본적인 과학 지식을 보유하는 것이 중요하다고 생각한다.

♣ 스물한 살에 루게릭병을 진단받았을 때, 나는 하늘이 무너져 내리는 것 같았다.
   나는 내 삶이 끝났고, 나의 잠재력을 결코 발휘하지 못하리라고 생각했다.

♣ 자발적 창조야말로 무가 아니라 무엇인가가 존재하는 이유, 우주가 존재하는 이유,
   우리가 존재하는 이유다. 우주의 운행을 시작하기 위해서 신에게 호소할 필요는 없다.

♣ 인생은 아무리 나빠 보여도 살아있는 한 누구나 희망이 있고 또
   성공 할 여지가 충분히 있다.

4.4 1900년대~1930년대 출생 인물들

20세기 초 약 30년간 태어난 인물들 10명을 소개한다. 대부분 세상을 떠난 인물들인데, 과학자, 철학자, 사업가 등의 인물들이 포함되어있다.

세이건-Carl Edward Sagan, 천문학자, 미국 (1934년생)

[출생-사망] 1934년 11월 9일, 미국 ~ 1996년 12월 20일 (62세)

[가족] 배우자 앤 드루얀

[학력사항]

~ 1960 시카고대학교 대학원 천문학 박사
~ 1956 시카고대학교 대학원 물리학 석사
~ 1955 시카고대학교 인문학 학사

[경력사항]

1972 ~ 1981 코넬대학교 방사선물리학 우주연구센터 부소장
1968 ICARUS 편집장
1968 코넬대학교 교수
1968 코넬대학교 천체연구소 소장
1963 ~ 1968 하버드대학교 천문학 조교수
1962 ~ 1968 스미소니언 천문대
1962 ~ 1963 스탠퍼드대학교 의과대학 유전학 조교수
1960 ~ 1962 캘리포니아대학교 연구위원

[수상내역]

1991 미국천문학회 마수르스키상
　　　소련 우주항공가연맹 치올코프스키 메달
1982 미국우주항공협회 존 F. 케네디 우주항공상
1981 제33회 에미상
1980 피바디상
1978 퓰리처 문학상
1975 조셉상

[거주지] 뉴욕 주 이사카
[국적] 미국
[분야] 천문학, 외계생물학, 우주과학
[소속] 코넬 대학교 석좌교수
행성연구소 소장
미국 항공우주국 자문위원
행성협회 회장

캘리포니아 공대 특별 초빙연구원
[출신 대학] 시카고 대학교
[주요 업적]
매리너 계획
바이킹 계획
보이저 계획
갈릴레오 계획
과학 대중화
[영향받음]
소크라테스 이전 철학자, 니콜라우스 코페르니쿠스, 요하네스 케플러, 갈릴레오 갈릴레이, 줄리언 헉슬리, 레이첼 카슨, 아서 클라크, 제러드 카이퍼, 수브라마니안 찬드라세카르, 프랭크 드레이크, 스티븐 호킹 [영향줌] 앤 드루얀, 리처드 도킨스, 닐 디그래스 타이슨, SETI
[수상]
미국 항공우주국 공공 복지 훈장, 에미상, 공로 훈장, 휴고상, 아이작 아시모프 상, 콘스탄틴 치올코프스키 메달, 외르스테드 메달, 피버디 상, 공공 복지 메달, 퓰리처상 논픽션 부문 등
[종교] 불가지론

[요약]
칼 에드워드 세이건은 미국의 천문학자, 천체과학자, 작가이자 천문학, 천체물리학, 그 외 자연과학들을 대중화하는 데 힘쓴 대중화 운동가이다. 세이건은 외계생물학의 선구자였으며 외계 지적 생명체 탐사 계획의 후원자였고 미국 항공우주국의 자문위원으로도 참가했다. **세이건은 매리너 계획 참가, 하버드 대학교 강사, 코넬 대학교 교수, 파이어니어 계획 참가, 바이킹 계획 참가, 행성연구소 소장, 칼텍 초빙연구원 등의 다채로운 경력**을 가졌다. 또한 냉전 말기에는 핵겨울 이론을 통해 핵전쟁의 위험을 경고하기도 했다.
세이건은 과학 대중서 작가로서뿐만 아니라 60여 개국 5억여 명이 시청하였고 에미상과 피버디 상을 수상한 1980년의 텔레비전 **다큐멘터리 시리즈 《코스모스》의 제작자**이자 공저자로도 명성을 얻었다. 《코스모스》는 다큐멘터리와 함께 책으로도 나왔는데, 이 책은 휴고상을 수상했다. 또한 세이건은 1997년 개봉된 동명의 영화의 원작이 된 소설 《콘택트》도 썼다. 일생동안 세이건은 600편 이상의 과학 논문과 대중 기사를 작성했고, 작가·공저자·편집자 등의 자격으로 20권 이상의 책들에 참여했다. 세이건은 자신의 연구와 작품들에서 지속적으로 세속적 인간주의, 과학적 방법, 회의주의를 주장했다.

[초기 생애]
칼 세이건은 1934년 11월 9일, 뉴욕의 브루클린에서 태어났다. 가족은 유대계와 러시아계 이민자로, 1904년에 외조부 라이프 그루버는 오스트리아-헝가리 제국의 속국이었던 갈리치아-로도메리아 왕국의 사소브(현재의 우크라이나)에서 살다가 사람을 죽이고 미국으로 도망갔다. 1905년에는 그루버의 아내 차야가 남편과 합류했고, 도착한 지 몇 주 만에 딸 레이첼 그루버를 낳았다. 한편, 아버지 새

뮤얼 세이건은 사소브에서 남동쪽으로 190 km 떨어진 카메네츠포돌스키에서 태어났다. 다섯 살 때 미국으로 건너온 새뮤얼은 1933년에 레이첼을 만나 3월 4일에 브루클린에서 결혼했고, 그 이듬해 아들을 낳았다. 세이건이 7살일 때 여동생 캐럴(캐리) 세이건이 태어났는데, 어머니 레이첼은 아들을 다소 편애했다.

세이건은 어렸을 때부터 천문학에 관심을 가졌다. 부모에게서 처음으로 도서관 카드를 받은 세이건은 85번가의 도서관으로 달려가서 별들에 관한 책을 달라고 했다. 그러자 사서는 클라크 게이블, 진 할로 등의 사람들의 사진이 실린 그림책을 가져왔고, 세이건은 항의를 한 뒤 올바른 책을 받았다. **어린 세이건은 우주의 거대함과 인간의 하찮음에 놀라워했으며, 이때부터 천문학자가 되겠다고 결심했다.** 8, 9세 무렵에는 만화와 공상 과학에 빠져들었다. 학교측은 부모에게 세이건은 재능이 있으니 사립학교를 가야 한다고 충고했지만 부모는 세이건을 공립학교에 보냈는데, 이유는 확실하지 않다. 재능이 뛰어났던 세이건은 몇 학년을 월반했다. 세이건은 라웨이 고등학교에 진학했다. 세이건은 이 학교를 '콘웨이(교장 이름) 수용소'라고 부르며 냉소하는 등, 뻐딱한 태도를 보였다. 세이건은 과학적 기반이 약한 선생들에게서 거의 아무것도 배우지 못했다. 세이건은 고등학교 시절을 "시간 낭비"라고 여기면서 독서에만 빠져들었다.

이때 훗날 친구가 되는 과학소설계의 거물 아서 찰스 클라크의 《성간 비행》을 접하고 로켓 기술과 수학의 중요성을 깨달았다. 클라크 외에도 아서 에딩턴, 제임스 진스, J. B. S. 홀데인, 줄리언 헉슬리, 조지 가모브, 윌리 레이, 레이첼 카슨, 사이먼 뉴컴 등의 저서들을 탐독했다. 고등학교 졸업이 다가오면서, 세이건은 천문학자가 되고 싶다는 희망을 굳히고 윌슨 산 천문대, 팔로마 천문대 등지의 천문학자들에게 편지를 써 보냈다. 하지만 가족들은 세이건의 진로를 탐탁치 않아했다. 할아버지는 천문학자가 되었을 때의 경제적 어려움을 걱정했고, 아버지는 아들이 자신의 뒤를 이어 의류 사업을 하기를 바랬으며, 어머니는 아들이 피아노에 재능이 있다고 생각했다. 졸업식이 가까워지고 세이건은 대학을 알아보았다. 점수는 좋았으나 월반한 것이 오히려 방해가 되었다. 졸업 당시 나이가 겨우 16 살이었다. 대학들은 이렇게 어린 학생을 받으려고 하지 않았다. 여러 상황을 따져본 뒤, 입학 연령 제한이 없고, 여키스 천문대를 소유하고 있는 시카고 대학교에 진학하기로 하고 시카고에 정착했다.

《창백한 푸른 점》은 저자 칼 세이건이 우주에서 촬영된 지구의 사진을 보고 감명을 받아 저술한 것이다. 이 사진은 칼 세이건의 의도에서 촬영된 것이었다. 세이건은 자신의 저서에서, **"지구는 광활한 우주에 떠 있는 보잘 것 없는 존재에 불과함을 사람들에게 가르쳐 주고 싶었다."**라고 밝혔다. 이런 의도로 세이건은 보이저 1호의 카메라를 지구 쪽으로 돌릴 것을 지시했다. **많은 반대가 있었으나, 결국 지구를 포함한 6개 행성들을 찍을 수 있었고 이 사진들은 '가족사진'으로 이름이 붙여졌다.** 다만 수성은 너무 밝은 태양빛에 묻혀 버렸고, 화성은 카메라에 반사된 태양광 때문에 촬영할 수 없었다. 지구 사진은 이들 중 하나이다.

[창백한 푸른 점]

칼 세이건은 《창백한 푸른 점》에서 **지구의 사진에 대한 소감**을 다음과 같이 기록했다. "여기 있다. 여기가 우리의 고향이다. 이곳이 우리다. 우리가 사랑하는 모든 이들, 우리가 알고 있는 모든 사람들, 당신이 들어 봤을 모든 사람들, 예전에 있었던 모든 사람들이 이곳에서 삶을 누렸다. 우리의 모든 즐거움과 고통들, 확신에 찬 수많은 종교, 이데올로기들, 경제 독트린들, 모든 사냥꾼과 약탈자,

모든 영웅과 비겁자, 문명의 창조자와 파괴자, 왕과 농부, 사랑에 빠진 젊은 연인들, 모든 아버지와 어머니들, 희망에 찬 아이들, 발명가와 탐험가, 모든 도덕 교사들, 모든 타락한 정치인들, 모든 슈퍼스타, 모든 최고 지도자들, 인간역사 속의 모든 성인과 죄인들이 여기 태양 빛 속에 부유하는 먼지의 티끌 위에서 살았던 것이다.

지구는 우주라는 광활한 곳에 있는 너무나 작은 무대이다. 승리와 영광이란 이름 아래, 이 작은 점의 극히 일부를 차지하려고 했던 역사 속의 수많은 정복자들이 보여준 피의 역사를 생각해 보라. 이 작은 점의 한 모서리에 살던 사람들이, 거의 구분할 수 없는 다른 모서리에 살던 사람들에게 보여주었던 잔혹함을 생각해 보라. 서로를 얼마나 자주 오해했는지, 서로를 죽이려고 얼마나 애를 써왔는지, 그 증오는 얼마나 깊었는지 모두 생각해 보라. **이 작은 점을 본다면 우리가 우주의 선택된 곳에 있다고 주장하는 자들을 의심할 수밖에 없다. 우리가 사는 이곳은 암흑 속 외로운 얼룩일 뿐이다. 이 광활한 어둠 속의 다른 어딘 가에 우리를 구해줄 무언가가 과연 있을까. 사진을 보고도 그런 생각이 들까? 우리의 작은 세계를 찍은 이 사진보다, 우리의 오만함을 쉽게 보여주는 것이 존재할까? 이 창백한 푸른 점보다, 우리가 아는 유일한 고향을 소중하게 다루고, 서로를 따뜻하게 대해야 한다는 책임을 적나라하게 보여주는 것이 있을까?**

[사망]
1996년 12월 20일 골수암으로 사망했다.

[세이건과 종교]
세이건은 가장 유명한 **불가지론자**중 하나였다. 하지만 세이건은 자신을 무신론자라고 생각하지는 않았는데, 이에 대한 세이건의 태도는 '**무신론자가 되려면 제가 지금 알고 있는 지식보다 훨씬 더 많은 지식을 가지고 있어야 합니다.**'라고 말한 데에서 알 수 있다. 세이건은 사람들이 통상적으로 생각하는 존재로써의 신에 대해서는 여러 번 회의적인 의견을 제시했지만, 우주를 창조한 신이라는 존재에 대해서는 좀 더 우호적인 태도를 보였으며, 이와 같은 존재를 완전히 부정할려면 우주에게 시작은 없었다는 확고한 증거가 있어야 된다고 주장한 바 있다. 세이건의 어머니는 독실한 유대교 신자이고 아버지는 불가지론자였는데, 어머니의 영향으로 어렸을 때 유대교 교육을 받았고 보수적인 토라 회당에도 다녔다. 하지만 어렸을 때부터 이런 종교 교육을 지루해했고 모든 신앙에 회의적 태도를 보였다.

[우주의 기원에 대한 세이건의 생각]
(빅뱅이론이 맞다면) 그 전에는 무슨 일이 있었을까? 우주에 아무런 물질도 없었다가 갑자가 생겨났다면, 어떻게 그랬을까? 이에 대해 많은 문화권에서 전통적인 대답은 신 혹은 신들이 무에서 우주를 창조했다는 것이다. 여기서 우리가 용기를 가지고 이 질문에 대한 답을 추구한다면, 다음 질문을 물어야만 한다. '그럼 그 (우주를 창조한) 신은 어디서 왔는가?' 만약 이것이 답을 구할 수 없는 질문이라면, 그냥 우주의 기원이 답을 구할 수 없는 질문이라고 결론 내리는 것이 더 간단하지 않겠는가? 혹은 신이 항상 존재해왔다고 한다면, 간단하게 그냥 우주가 항상 존재해왔다고 결론짓는 게 낫지 않겠는가? 창조할 필요도 없이 그냥 여기 항상 있었다고 말이다. 이것은 쉽지 않은 질문들이다. 한

때 이 질문들은 오직 종교와 신화의 전유물이었지만, 이제 우주론은 우리가 이 태고의 수수께끼들과 마주하게 해준다. 길게 늘어진 수염을 가지고 천상에 앉아서 모든 참새들의 추락을 세고 있는 커다란 백인의 모습을 한 신이라는 건 터무니없는 생각이다. 하지만 신이라는 게 우주를 지배하는 물리법칙을 의미한다면, 확실히 신은 존재한다. 물론 이런 신이 심정적으로는 만족스럽지 않을 것이다. 중력의 법칙에게 기도한다는 게 말이 되겠는가?

[저서]

《라이프 인간과 과학 시리즈》〈행성의 천문학〉편, 조너선 노턴 레오나드 및 라이프 편집자들 공저, 타임, 1966년

《우주의 지적 생명》이오시프 슈무엘로비치 슈클로프스키 공저, 랜덤하우스, 1966년, 509쪽

《다른 세계들》밴탐 북스, 1975년

《지구의 속삭임: 보이저 금제 음반》칼 세이건과 다른 사람들, 랜덤하우스, 1978년

《에덴의 용: 인간 지성의 기원을 찾아서》발렌타인 사, 1978년, 288쪽

《브로카의 뇌: 과학에 대한 낭만에 대한 생각》발렌타인 사, 1979년, 416쪽

《코스모스》(COSMOS). 랜덤하우스,1980년. 2002년 5월 랜덤하우스에서 신판 재출간. 384쪽

《혜성》앤 드루얀과 공저, 발렌타인 사, 1985년, 496쪽

《콘택트》Simon and Schuster,1985; Reissued August 1997 by Doubleday Books, 352쪽

《창백한 푸른 점: 우주에서의 인류의 미래에 대한 통찰》랜덤하우스, 1994년 11월, 429쪽

《악령이 출몰하는 세상: 어둠속의 등불과도 같은 과학》발렌타인 사, 1996년 3월, 480쪽

《수십억의 수십억: 한 밀레니엄의 끝쪽 가장자리에 서 생명과 죽음에 대해 사색하다》앤 드루얀 공저, 발렌타인 사, 1997년 6월, 320쪽

《과학적 경험의 다양성: 신의 탐구에 관한 견해》유작, 저자 칼 세이건, 편집자 앤 드루얀, 펭귄 출판사, 2006년 11월, 304쪽

[수상 내역]

미국 항공우주국 공공복지 훈장.

연간 텔레비전 우수상 - 1981년 - 오하이오 주립 대학 -《코스모스》

아폴로 공로상 - 미국 항공우주국

미국 항공우주국 공공복지 훈장 - 미국 항공우주국

에미상 - 1981년 - PBS 시리즈《코스모스》

공로 훈장 - 미국 항공우주국

헬렌 캘디컷 리더십 상 - 핵 폐기 문제에 관한 여성의 행동

휴고상 - 1981년 -《코스모스》

올해의 휴머니스트 - 1981년 - 미국 인본주의 협회

In Praise of Reason 상 - 1987년 - 초정상주장의 과학적 연구를 위한 위원회

아이작 아시모프 상 - 1994년 - 초정상주장의 과학적 연구를 위한 위원회

존 F. 케네디 우주 항행학 상 - 미국 항공 협회

존 캠벨 기념상 - 1974년 -《우주적 연관성—외계의 관점》

조지프 프리스틀리 상 - "인류 복지를 위해 발군의 기여를 했음"

Klumpke-Roberts 상 - 1974년 - 태평양 천문 학회

콘스탄틴 치올코프스키 메달 - 소비에트 우주비행사 연맹

로커스 상 - 1986년 -《콘택트》

로웰 토머스 상 - 익스플로러스 클럽 - 75주년 기념

마수르스키 상 - 미국 천문 학회밀러 연구소 협회원 - 밀러 연구소 (1960년 ~ 1962년)

뉴저지 주 명예의 전당 - 2009년 회원

외르스테드 메달 - 1990년 - 미국 물리 교사 협회

피버디 상 - 1980년 - PBS 시리즈《코스모스》

프리 갈버트 - 우주 항행학에 관한 국제적상

공공 복지 메달 - 1994년 - 미 국립과학원

퓰리처상 논픽션 부문 - 1978년 -《에덴의 용》

SF 크로니클 상 - 1998년 -《콘택트》

디스커버리 채널 "위대한 미국인"에 99번째로 헌정 - 2005년 6월 5일

세이건 명언

♣ 죄송하지만 죽음 앞에서도 저의 신념엔 변화가 없습니다. 나는 이제 소멸합니다.
　내 육체와 내 영혼 모두 태어나기전의 無로 돌아갑니다.
　묘비에서 저를 기릴 필요도 없습니다. 저는 어디에도 없습니다.
　다만, 제가 문득 기억날 땐 하늘을 바라보세요.

♣ 우리는 별의 물질로 구성되어 있다.

♣ 우리는 우주(코스모스)의 일부다. 이것은 결코 시적 표현이 아니다.

♣ 신이라는 말이 우주를 지배하는 물리적인 법칙을 말한다면 신은 존재한다.
　그러나 신은 우리에게 정서적 만족을 주지 않는다.
　중력의 법칙에게 기도한다는 것이 말이 되는가.

무어-Gordon Moore, 기업인, 인텔 공동 설립자, 미국 (1929년생)

[출생] 1929년 1월 3일, 미국

[학력사항]

~ 1954 캘리포니아공과대학교 대학원 화학, 물리학 박사

1948 ~ 1950 캘리포니아대학교 버클리캠퍼스 화학 학사

1946 ~ 1948 산호세주립대학교 화학

[경력사항]
1996 길리어드 사이언스 이사회 이사
1979 ~ 1997 인텔 이사회 의장
1979.04 ~ 1987.04 인텔 최고경영자(CEO)
1968 ~ 1997 인텔 이사회 이사
1975 ~ 1979 인텔 사장, 최고경영자(CEO)
1968 ~ 1975 인텔 전무이사
1968 인텔 공동설립
1957 페어차일드 반도체 공동설립
1956 쇼클리 반도체 연구소

[출생] 1929년 1월 3일
미국 캘리포니아 주 샌프란시스코
[학력]
미국 캘리포니아 대학교 버클리,
캘리포니아 공과대학교
[직업]
은퇴, 인텔의 공동창립자, 명예회장,
(전임)회장, (전임)최고경영자
[순자산] 67억 달러 (2015년)
[배우자] 베티 무어

[생애]
고든 얼 무어는 인텔의 공동창립자이자 명예회장이다. 무어는 1965년 4월 19일에 출판된 일렉트로닉스 매거진의 기사에 무어의 법칙을 발표하였다. 무어는 (1929년 1월 3일에) 미국 캘리포니아 주 샌프란시스코에서 태어났지만, 무어의 가족은 무어가 성장한 페스카데로에서 생활했다. 무어는 1950년에 캘리포니아 대학교 버클리에서 화학 학사 학위를 받았고 1954년에 캘리포니아 공과대학교에서 화학과 물리학박사를 받았다. 버클리에서 공부하기 이전에, 무어는 산호세 주립 대학교에서 2학년까지 다녔으며, 미래에 결혼할 베티를 만났다. **무어는 칼텍동문 윌리엄 쇼클리와 벡맨 인스트루먼트의 쇼클리 세미컨턱터 러버러토리 부서에 취직했지만, "배신자 8인"과 함께 퇴사하였다.** 당시에 셔먼 페어차일드가 배신자 8인을 고용하여 강력한 페어차일드 세미컨덕터 사를 창설하는 데 동의했었다. 무어는 집적회로 설계의 선구자가 되기 이전에 20년 동안 실리콘 밸리에서 첫 번째 붐을 일으켰다.
고든 무어는 1968년 7월에 인텔을 공동창립하였다. 1975년에 사장 및 최고경영자가 되기 이전까지 부사장으로 근무하였다. 1979년 4월에, 무어 박사는 이사회의 회장 및 최고경영자가 되었다. 후임 최고경영자는 1987년 4월에 앤드루 그로브로 내정되었지만, 고든 무어는 이사회의 회장으로 계속 남아있었다. 고든 무어는 1997년에 은퇴하여 명예회장이 되었다. **2001년에, 무어와 베티는 6억 달러를 칼텍에 기부하였다.** 무어의 기부는 칼텍이 받은 기부금중 가장 큰 액수였다. 고든 무어는 기부금이 칼텍에서 연구와 기술의 발전에 큰 도움이 되길 바란다고 말했다. 무어는 1994년부터 2000년까지 칼텍 이사회의 회장이었고 지금도 이사 중 한 명이다. 2003년에, 고든 무어는 미국 과학 진흥 협회의 회원으로 뽑혔다. 칼텍은 (1996년에) 무어 실험실을 건립했다. 이후에 케임브리지 대학교 수학센터의 도서관은 베티와 고든 무어로 명명되었다. 고든 무어는 아내와 고든 앤 베티 무어 재단을 설립하였다.

[인텔의 창립자: 고든 무어]

컴퓨터의 급격한 성능 향상을 이미 50여 년 전에 예언함과 동시에 이를 현실화하기 위해 노력한 사람이 있다. 바로 세계 최대의 컴퓨터 프로세서 제조업체인 인텔(Intel)의 설립자 중 한 명, 고든 무어다. 컴퓨터의 성능이 일정한 주기마다 급격히 향상된다는 이른바 '무어의 법칙'은 고든 무어의 인생과 철학을 단적으로 보여주는 너무나 유명한 문구다.

[과학실험 좋아하던 20대 청년, 반도체 개발에 뛰어들다]

무어는 1929년 1월 3일, 미국 캘리포니아 주 샌프란시스코에서 태어나 페스카데로에서 자랐다. 고든 무어는 어린 시절부터 각종 실험과 탐구를 좋아했다. 중학생 시절에 흑색화약을, 고등학생시절에는 니트로글리세린을 직접 제조하는 등, 특히 화학 분야에 대단한 재능과 흥미를 가지고 있었다고 한다. 고든 무어는 1946년, 새너제이(산호세) 주립대학 화학전공으로 입학해 2년을 다니다가 1948년에는 버클리대 화학전공으로 옮겼으며, 1950년 졸업했다. 그리고 곧장 캘리포니아공과대학교 대학원에 입학, 화학 및 물리학 박사 학위를 받게 된다. 학업을 마친 무어는 존스 홉킨스대 응용물리학연구소의 연구원으로 잠시 근무하기도 했다. 고든 무어가 본격적으로 반도체 산업과 인연을 맺게 된 것은 1956년, 캘리포니아공과대학교 출신의 윌리엄 쇼클리 박사가 주도하던 벡맨 인스트루먼트의 쇼클리 반도체 연구소에 입사하게 된 이후다. 그곳에서 무어는 평생의 친구인 로버트 노이스와 만나기도 했다.

[트랜지스터의 아버지를 떠난 '8인의 배신자']

윌리엄 쇼클리는 트랜지스터를 발명해 노벨 물리학상을 받는 등, 많은 업적을 세운 과학자였으나 다소 고집스러운 연구소 운영방침으로 지적을 받곤 했다. 이에 **1957년, 고든 무어와 로버트 노이스를 비롯한 8명의 연구원이 쇼클리 반도체 연구소를 떠나 페어차일드 반도체를 설립했다.** 이는 당시 업계에서 상당히 큰 이슈 중 하나였다. 쇼클리는 이들을 '8인의 배신자들'이라 칭하기도 했다. 당시의 초기형 반도체는 게르마늄 소재가 대세를 이루고 있었다.

하지만 이들 '8인의 배신자들'은 게르마늄보다는 실리콘이 반도체 재질로 좀 더 적합하다는 신념을 가지고 있었다. 당시 실리콘 반도체는 게르마늄 반도체에 비해 개발 관련 노하우가 부족한 상태였지만, 상대적으로 내구성 및 제조원가 면에서 이점이 있었다. 하지만 페어차일드 반도체의 연구원들은 노력 끝에 집적도와 신뢰도가 높은 실리콘 반도체의 개발에 성공, 이른바 '실리콘 밸리' 전설의 시작을 알렸다. 1960년대 중반에 들어 페어차일드 반도체는 텍사스인스트루먼트와 함께 세계 반도체 시장 1~2위를 다툴 정도로 큰 성장을 했다. 그리고 후일 무어와 같은 길을 걸어간 앤디 그로브가 페어차일드 반도체에 입사한 것도 이때 즈음이다.

[의기투합해서 설립한 '인텔'의 승승장구]

회사 규모가 커짐에 따라 인사 관련 문제, 경영진과의 갈등이 불거지면서 고든 무어와 로버트 노이스는 페어차일드 반도체를 퇴사했다. 그리고 그들은 1968년 7월 18일, 가칭 'NM 일렉트로닉스'라는 회사를 설립하게 된다. 이 회사의 정식 명칭은 '인텔(Intel)'로 정해졌으며 이는 'Integrated Electronics'의 약자였다. 그리고 무어와 노이스가 인텔을 설립한 지 1개월 후인 8월에 인텔의 첫 번째 직원으로 앤디 그로브를 채용, 이들 3인은 인텔의 창립 멤버로 기록된다. 인텔은 설립 초기에는 SRAM이나 DRAM과 같은 저장용 반도체에 집중했으나 1971년, '4004'를 발표하면서 마이크로프로세서 중심의 업체로 거듭났다. 인텔 4004는 약 2,300개의 트랜지스터를 하나의 칩으로 만든 세계 최초의 마이크로프로세서(4비트 연산, 최대 740KHz로 구동)로, 현대적인 컴퓨터의 두뇌인 CPU의 원조라고 할 수 있는 제품이다.

이후 인텔은 최대 0.8MHz로 구동하는 8비트 마이크로프로세서인 '8008(1972년)', 5~10MHz로 구동하는 16비트 마이크로프로세서인 '8086(1979년)', 그리고 16~33MHz로 구동하는 32비트 마이크로프로세서인 'i386(1985년)'등의 혁신적인 제품을 속속 내놓으며 세계 정상의 반도체 업계로 확고히 자리 잡았다. 2014년 기준, 인텔은 세계 반도체 시장 점유율 14.2%로 1위를 차지하고 있으며, PC용 마이크로프로세서로만 따지면 인텔의 점유율은 80% 이상에 달한다. 전 세계 데스크톱이나 노트북 PC 10대 중 8대 이상은 인텔의 마이크로프로세서를 탑재하고 있는 셈이다.

실제로 'Intel Inside'로고가 달린 인텔 프로세서 기반 PC는 주변에서 너무나 쉽게 찾아볼 수 있다. **인텔의 역사는 '메모리 반도체 기업'(1968~1985년), '마이크로프로세서 기업'(1985~1998년),** 그리고 '인터넷 기반 구축 기업'(1998년 이후) 등 3시기로 구분하여 **첫 번째 시기는 고든 무어 (1968~1987년)**, 두 번째 시기는 앤디 그로브(1987~1998년), 세 번째 시기는 크레이그 배럿(1998~2005년)과 폴 오텔리니(2005년~2013년) 재임 시기와 맞물린다. **이들 CEO는 인텔의 주력 제품을 메모리 반도체, 마이크로프로세서, 인터넷 관련 서버 프로세서 및 각종 부품으로 바꿔왔다.** 인텔은 마이크로프로세서(CPU) 칩 분야에서 40년 이상의 회사로 마이크로프로세서 칩은 PC 및 전자 기기의 핵심 부품이었다.

인텔은 2016년 7월 '클라우드'와 '사물인터넷' 진입으로 초연결 시대를 선언하였다. 초연결 시대에는 PC 시장과 서버 시장이 각각 다른 시장이 아니고 초소형 웨어러블 기기부터 스마트폰, 태블릿, PC는 물론 자동차, 디지털 사이니지, 그리고 통신 네트워크와 데이터센터, 슈퍼컴퓨터까지 서로 다른 수천가지 컴퓨팅 환경이 동시에 돌아간다. 이 모든 서비스는 네트워크를 통해 클라우드로 연결되고, 그 클라우드를 통한 서비스는 결국 다시 새로운 기기와 연결된다. 인텔이 말하는 초연결 시대의 선순환의 골자다. **인텔은 2015년 '모든 것을 위한 클라우드(Cloud for all)'라는 표어를 내세우며 사업 확장을 위해 노력하고 있다.**

[고든 무어와 '무어의 법칙']

고든 무어의 이름을 유명하게 만든 무어의 법칙은 흔히 '**컴퓨터의 성능은 18개월마다 2배로 증가**

한다.'라는 내용이라고 알려져 있다. 다만, 여기서 말하는 '컴퓨터의 성능'이라는 것이 프로세서의 동작속도를 의미하는 것인지, 혹은 반도체의 밀도를 의미하는 것인지는 인용하는 사람에 따라 내용이 달라지곤 한다. 심지어 성능이 2배가 되는 주기가 18개월이 아니라 24개월이라고 하는 것이 더 정확하다고 주장하는 경우도 있다. 사실 무어 조차도 이를 특정한 적은 없다. 무어의 법칙은 무어가 1965년 4월 19일에 출판된 일렉트로닉스 매거진에 투고한 논문 내용에서 비롯되었는데, 이는 어디까지나 최소 비용 대비 집적회로의 정밀도 향상을 강조하는 내용이다. 그 어디에도 18개월을 언급하고 있지 않다.

무어의 법칙이 유명해진 1975년, 무어는 자신의 입을 통해 "나는 18개월마다 2배 향상된다고 말한 적은 없다. 다만 2년에 2배 정도는 향상될 것으로 보인다."라고 밝힌 바 있다. 다만, 무어 자신의 발언 여부와는 상관없이, 컴퓨터 및 반도체의 성능이 폭발적으로 향상되고 있다는 것은 부정할 수 없는 현실이다. 1971년에 발표된 인텔 4004 프로세서는 불과 740KHz(74만Hz)로 구동했으나 2015년 현재 판매 중인 인텔 코어 i7-4790K 프로세서는 무려 4GHz(40억Hz)로 구동한다. 집적된 트랜지스터의 수도 약 2,300개에서 14억개 정도로 늘어났다. 공정의 미세화, 트랜지스터 배열기법의 향상으로 인해 이러한 흐름은 앞으로도 계속될 것으로 보인다.

[기술자 무어와 기업인 무어, '기부왕' 무어]

무어는 1975년에 인텔의 사장 및 최고경영자가 되기 이전까지 부사장으로 근무했으며, 1979년 4월에 비로소 이사회의 회장 및 최고경영자가 됐다. 1987년 4월에 후임 최고경영자로 앤디 그로브가 내정됐지만, 무어는 그 후에도 계속 이사회의 회장직을 유지하다가 1997년에 은퇴해 명예회장이 됐다. 이후, 무어는 1998년에는 실리콘밸리의 컴퓨터 역사 박물관의 연구원이 됐고, 캘리포니아공과대학의 수장을 역임하기도 했다. 기술자로서 막대한 성공을 거둔 무어이지만, 조직의 리더로서도 고든 무어는 존경을 받았다. 특히 고든 무어는 높은 자리에 있으면서도 직원들을 함부로 대하지 않았을 뿐만 아니라, 늘 하위 직원들과 같은 공간에서 일하며 지속적으로 연구에 참여하는 부드러운 리더십을 발휘했다고 한다. 무어의 후임이었던 앤디 그로브가 구사했던 날카롭고 공격적인 리더십과는 대조가 되는 부분이다.

2015년 1월, 고든 무어는 86번째 생일을 맞았다. **고든 무어는 위대한 기술자로서, 그리고 컴퓨터 혁명을 이끈 기업가로서 큰 성공을 거두었지만 퇴임 이후, 사회사업가로서도 높은 평가를 받았다. 캘리포니아공과대학 역사상 가장 큰 액수인 6백만 달러를 기부했으며, 2000년 9월에는 아내인 베티 무어와 함께 '고든 앤 베티 무어 재단'을 설립하기도 했다.** 이 재단은 각종 과학 발전과 환경보호 운동을 지원하고 있다. 특히 하와이 마우나케아 천문대에 건립하고 있는 구경 30미터의 망원경 사업에 200만 달러를 기부한 것이 대표적인 활동으로 꼽힌다.

[무어의 법칙 3가지]

1. 메모리의 용량이나 CPU의 속도가 18개월에서 24개월마다 2배씩 향상된다.
2. 컴퓨팅 성능은 18개월마다 2배씩 향상된다.
3. 컴퓨팅 가격은 18개월마다 반으로 떨어진다.

🦏 ● 무어 명언

♣ 반도체 집적회로의 성능이 24개월마다 2배로 증가한다.

♣ 오늘날의 학생들은 아마 3~4개의 직업을 갖는 즐거움을 기대해야 할 것이다.

♣ 첨단기술은 변화가 빨라서, 졸업 후에도 지속적인 관심을 가져야 한다.

♣ 가장 중요한 것은 튼튼한 기초 확립이다.

♣ 엔지니어링에서는, 올해의 실패는 재도전할 내년의 기회이다.

♣ 실패는 피해야할 대상이 아니다.
   빠르게 진도 나가기 위해서는 재빨리 실패를 경험해라.

♣ 침체에 들어간 그 기술로써 그 침체를 벗어 날 순 없다.

킬비-Jack Kilby, 전기공학자, 노벨상, 미국 (1923년생)

2000년 노벨 물리학상 공동 수상

[출생-사망]
1923년 11월 8일(미국)~2005년 6월 20일

[국적] 미국
[활동분야] 전기공학
[출생지] 미국 미주리 주 제퍼슨시티
[주요업적] 집적회로 발명

[학력사항]
위스콘신대학교 대학원 석사
일리노이대학교 전기공학과 학사

[경력사항]
1978~1984 텍사스A&M 대학교 전자공학과 교수
1958 텍사스인스트루먼트(TI)사
1947~1958 센트럴래브 세라믹 기반 실크스크린 회로디자인, 개발

[수상내역]
2000 노벨 물리학상(고속트랜지스터, 레이저다이오드, 집적회로 등 개발)
1993 일본 쿄토 첨단기술상
1990 미국기술상

1983 미국기계기술협회의 홀리 메달
1969 미국과학상

[요약]
미국의 전기공학자이다. **1959년 반도체 공정을 이용하여 집적회로를 발명하였으며, 이 집적회로 덕분에 현대과학의 핵심인 마이크로일렉트로닉스가 발달할 수 있는 계기가 마련**되었다. 이로써 컴퓨터 등을 제어하고 자료를 처리하는 것이 가능하게 되었다.

[생애]
1923년 11월 8일 미국 미주리 주 제퍼슨시티에서 태어났다. 1947년 일리노이대학교 전기공학과를 졸업하고 바로 위스콘신 주 밀워키에 있는 센트럴랩에 들어가 1958년까지 세라믹 기반의 실크스크린 회로 디자인과 개발 업무를 맡았다. 1950년 위스콘신대학교 대학원에서 전기공학 석사학위를 받았다. 1958년 텍사스 주 댈러스에 있는 세계적 전자공업회사인 텍사스인스트루먼트(TI)사로 자리를 옮겼다. TI에 입사한 다음 해인 1959년 킬비는 반도체 공정을 이용해 소자들을 1개의 게르마늄 칩 위에 집적시키는 데 세계 최초로 성공하였다. 다만, 킬비가 개발한 방법은 칩 위의 부품들을 미세한 금선으로 서로 연결시키는 것이었는데, 이 방법은 작업을 일일이 손으로 해야 하였기 때문에 이들 집적회로는 대량생산하기가 불가능하였다. 그러나 **킬비가 발명한 집적회로 덕분에 그때까지 집채만했던 컴퓨터 정보를 손톱만한 크기의 칩 속에 집적시킬 수 있는 방법이 개발되었고, 이로써 현대과학의 핵심인 마이크로일렉트로닉스가 발달할 수 있는 계기가 마련되었다.**
이로써 강력한 컴퓨터는 물론 자동차, 우주탐사선, 의학진단장비 등을 제어하고 자료를 처리하는 것이 가능하게 되었다. 1970년 TI를 사직하고 개인사업을 시작한 후에도 동사의 비상근 고문으로 일하였다. 1978~1984년 텍사스 A&M 대학교에서 전자공학과 교수를 지냈다. 60종 이상의 미국 특허를 소유하고 있으며, **1982년 토머스 에디슨, 헨리 포드와 나란히 발명가 명예의 전당에 등재**되어 있다. 고속 트랜지스터와 레이저 다이오드, 집적회로(IC) 등을 개발하여 현대 정보기술(IT)의 토대를 마련한 공로로 미국 캘리포니아대학교의 헤르베르트 크뢰머, 러시아의 알표로프와 함께 **2000년도 노벨 물리학상을 공동 수상**하였다. 1969년 미국과학상, 1983년 미국기계기술협회의 홀리 메달, 1990년 미국기술상, 1993년 일본의 쿄토 첨단기술상 등을 받았다.

🦏 ● **킬비 명언**

♣ 시작단계에서, 다양한 경험(백그라운드)은 긍정적으로 작용한다.
  목표를 명확히 이해하면서 시작하고, 또한 많은 새로운 아이디어들이 나온다.
♣ IC(집적회로) 전에, 우주 프로그램이 있었다.
♣ 관심 있는 프로젝트를 계속하고 있으면, 발명은 자연스런 결과라고 생각한다.
♣ 계산기가 처음엔 400~500불($)이었는데, 지금은 4~5불($)이 되었다.

정주영-鄭周永, Chung Ju-yung, 현대그룹 창업자, 한국 (1915년생)

[출생-사망] 1915년 11월 25일, 강원도 - 2001년 3월 21일

[가족] 배우자 변중석, 아들 정몽필, 정몽구, 정몽근, 정몽우, 정몽헌, 정몽준, 정몽윤, 정몽일, 손자 정의선, 정일선, 정문선, 정대선, 정기선, 손녀 정성이, 정명이, 정윤이, 정지이, 동생 정인영

[학력사항]

2000 한국체육대학교 이학 명예박사

1995 존스홉킨스 대학교 인문학 명예박사

1995 고려대학교 철학 명예박사

1990 서강대학교 정치학 명예박사

1986 이화여자대학교 문학 명예박사

1985 연세대학교 경제학 명예박사

1982 조지워싱턴대학교 경영학 명예박사

1976 충남대학교 경제학 명예박사

1975 경희대학교 공학 명예박사

~ 1930 통천송전소학교

[경력사항]

2006.11 타임지 선정 아시아의 영웅

1998.03 ~ 2001.04 현대건설 대표이사 명예회장

1994.01 한국지역사회교육중앙협의회 이사장

1992.05 ~ 1993.02 제14대 국회의원

1987.02 ~ 1991.12 현대그룹 명예회장

1982.07 ~ 1984.10 제27대 대한체육회 회장

1985 ~ 1987 제17대 전국경제인연합회 회장

1983 ~ 1985 제16대 전국경제인연합회 회장

1981 ~ 1983 제15대 전국경제인연합회 회장

1979 ~ 1981 제14대 전국경제인연합회 회장

1977 ~ 1979 제13대 전국경제인연합회 회장

1973.12 현대조선중공업 설립

1950.01 현대건설 사장

1946.04 현대자동차공업 대표

[수상내역]

2008 제4회 DMZ 평화상 대상

2001 제5회 만해상 평화상
1998 커맨더 위드 스타 (노르웨이 왕실 최고 공로훈장)
1998 국제올림픽위원회 올림픽 훈장
1988 국민훈장 무궁화장
1987 제1회 한국경영대상
1982 자이레 국가훈장
1981 국민훈장 동백장

[출생] 1915년 11월 25일
일제 강점기 강원도 통천군 답전면 아산리
[사망] 2001년 3월 21일 (85세)
대한민국 서울특별시 송파구 풍납동 서울중앙병원
[사인]
폐렴으로 인한 급성호흡부전증
[국적] 대한민국
[별칭] 호는 아산(峨山)
[학력] 통천송전소학교 졸업
[경력] 현대그룹 회장
[직업] 기업인
[종교] 불교
[배우자] 변중석
[자녀] 슬하 8남 1녀
[부모] 아버지 정봉식, 어머니 한성실
[친척] 6남 2녀 중 장남

[요약]
정주영은 대한민국의 기업인이다. 현대그룹의 창업주이며 한국의 기업을 이야기할 때 자수성가한 기업인 중의 한 명으로 쉽게 대화의 주제가 되는 인물이다. 일제 강점기인 1940년대에 자동차 정비회사인 아도 서비스(Art Service)를 인수하여 운영하였고 한때 홀동광산을 운영하기도 했다. 이를 바탕으로 1946년 4월에 현대자동차공업사를, 1947년 현대토건사를 설립하면서 건설업을 시작하였고 현대그룹의 모체를 일으켰으며 건설사업을 지속적으로 추진해 성공을 거두었다. 1995년에 조사한 세계 부자 순위에서 9위를 차지하기도 했다.
1998년 이후에는 김대중 정부를 도와 대북사업 추진의 한 축을 담당하였으며, 정주영을 주인공으로 하는 드라마《영웅시대》가 제작되기도 하였다. 1998년 6월 16일 판문점을 통해 통일소라고 불린 소 500마리와 함께 판문점을 넘는 이벤트를 연출하여 세계 언론의 주목을 받았다. 정치 활동으로는 1992년 초 김동길 등과 통일국민당을 창당하고 총재에 선출되었으며, 제14대 총선에서 전국구 국회의원으로 당선되었고 그해 12월에 제14대 대선에 통일국민당 소속으로 출마하였으나 낙선하였다. 이듬해 2월에 의원직을 사퇴하고 통일국민당을 탈당하였다.

[생애]
[생애 초반]

정주영은 1915년 11월 25일에 강원도 통천군 답전면 아산리(현 북한 강원도 통천군 노상리)에서 아버지 정봉식과 어머니 한성실 사이에서 6남 2녀 중 장남으로 태어났다. **아산(峨山)이라는 정주영의 아호는 자신의 출생지 옛 지명에서 따온 것이다.** 통천 송전소학교를 졸업하였고 정주영과 함께한 동창생은 27명이며 정주영의 최종 학력은 소학교(초등학교) 졸업이 유일하다. 가난 때문에 중학교에 진학하지 못하고 아버지의 농사를 도왔다. 가난에서 벗어나려고 여러 차례 가출을 반복하였으나 실패하였다가 결국 가출에 성공하였다. 가출 후 청진의 개항 공사와 제철 공장 건설 공사장에 노동자가 필요하다는 동아일보 기사를 보고 소를 판돈으로 고향을 떠나 원산 고원의 철도 공사판에서 흙을 날랐는데 이것이 첫 번째 가출이었다. 이것을 시작으로 정주영은 무려 4번이나 가출을 하였다. 두 번째 가출하여 금화에 가서 일하였다. 3번째 가출 때는 아버지가 소를 판 돈 70원을 들고 도망하여 경성실천부기학원에서 공부를 하다가 덜미를 잡혀 고향으로 돌아갔다. 4번째 가출은 1933년으로 19살의 나이로 인천에서 부두하역과 막노동을 하다가 경성으로 상경하여 이듬해 복흥상회라는 쌀가게 배달원으로 취직했다. 배달원 자리는 꽤 흡족하여 집을 나온 지 3년이 지나 월급이 쌀 20가마가 되었다.

장부를 잘 쓸 줄 아는 정주영은 쌀가게 주인의 신임을 받고 쌀가게 주인의 아들은 여자에 빠져 가산을 탕진했기 때문에 주인은 아들이 아닌 정주영에게 가게를 물려주었다. 일제강점기인 1935년 11월 23일 밤 변중석 집에서 처음 대면하였다. 당시 소녀 변중석은 윗마을 총각이 서울서 선을 보러 내려왔다는 부친의 말에 방에서 나오지도 못하고 떨고 있었다. 그리고 한 달 보름 뒤 결혼식을 올렸다. 신랑은 신부 뒷모습만 보고, 신부는 신랑 얼굴도 제대로 보지 못하고 이뤄진 결혼이었다. 1938년 주인으로부터 가게를 물려받아 복흥상회라는 이름을 짓고 그 가게의 주인이 되었다. 하지만 복흥상회 개업 후 2년 만인 1940년에 중일전쟁으로 인해 쌀이 배급제가 되면서 결국 가게를 정리하였다.

[기업 활동]
[자동차 공장 설립]

1940년 당시 경성부에서 가장 큰 경성서비스공장의 직공으로 일하던 이을학에게서 **경영난에 처한 아도 서비스라는 자동차 수리공장의 소식을 접하고 인수를 시작한다.** 일제말기인 1941년 빚을 내어 아도 서비스의 사업을 맡기도 하였으나 1달도 채 지나기 전에 불에 타버렸다. 다시 빚을 내어 신설동 빈터에다 다시 자동차 수리 공장을 시작했다. 그러나 그 공장도 1942년 5월 기업정리령에 의해 공장을 빼앗기다시피하고 새로운 일거리를 찾아 떠나게 된다. 홀동광산의 광석을 평양 선교리까지 운반하는 일을 3년간 하다가 1945년 5월 그 일을 다른 사람에게 넘겼는데, 3개월 후 일본의 패망으로 홀동광산은 문을 닫고 그 곳에 있던 사람들은 소련군 포로로 잡혀갔다. 이때 정주영은 이미 타인에게 광산업을 인수하였으므로 극적으로 피랍을 모면한다.

[현대그룹 설립]
[해방과 한국전쟁]

이후 서울 돈암동의 스무 평 남짓한 집에서 동생들, 자녀들과 함께 벌어놓은 돈으로 살다가 해방 후인 1946년 4월에 미군정청의 산하기관인 신한공사에서 적산을 불하할 때 초동의 땅 200여 평을 불하받아 현대그룹의 모체라 할 수 있는 현대자동차공업사를 설립하였다. 또한 1947년 5월에는 현대토건사를 설립, 건설업에도 진출하였다. 1950년 1월에는 자신이 운영하던 두 회사인 현대토건사와 현대자동차공업사를 합병하여 현대건설주식회사를 설립하였다. 이때 자본금은 삼천만 원이었다. 그러나 그해 한국 전쟁으로 서울이 인민군에게 점령되면서 모든 것을 버리고 가족들과 부산으로 피난한 정주영은 동생 정인영이 미군사령부의 통역장교로 일하던 덕에 서울에서 하던 토목사업을 계속 할 수 있었으며 서울 수복 후 미8군 발주 공사를 거의 독점하였다.

[창업 전반기와 전후 복구 사업]

한국 전쟁 직후 현대건설은 전쟁으로 파괴된 도시와 교량, 도로, 집, 건물 등을 복구하면서 점차 늘어가는 건설수요로 승승장구하게 되었다, 그 뒤에도 늘어나는 건설 수요 등을 감안하여 정주영은 시멘트 공장 설립을 추진, 1964년 6월 현대 시멘트공장을 준공하여 시멘트도 자체적으로 조달하였다. 그 뒤 낙동강 고령교 복구, 한강 인도교 복구, 제1한강교 복구, 인천 제1도크 복구 등의 사업을 수주하여 1960년에는 국내 건설업체중 도급한도액이 1위를 차지하게 되었다. 1964년 단양에 시멘트 공장을 완공하였으며, 1965년에는 국내 최초로 태국의 파타니 나라티왓 고속도로를 건설하였다.

1967년에는 다시 자동차 산업에 뛰어들어 현대자동차주식회사를 설립하였다. 현대건설 내 시멘트 공장을 확장하여 1970년 1월 정식으로 현대시멘트주식회사를 설립하였다. 이후 현대건설과 현대시멘트의 사주로 해외건설시장 확보와 낙찰 등을 이끌어내며 한국 국외의 건설시장으로도 진출하였고 울산 조선소 건설, 서산 앞바다 간척사업 등을 성공적으로 추진하면서 기업을 확장하게 된다. **1971년 2월 현대자동차, 현대건설, 현대시멘트주식회사 등을 총괄한 현대그룹을 창립하고 대표이사 회장에 취임하였다.**

[경제건설사업 참여]

1971년 정주영 회장은 혼자서 미포만 해변 사진 한 장과 외국 조선소에서 빌린 유조선 설계도 하나 들고 유럽을 돌았다. 차관을 받기 위해서였다. 부정적인 반응만 받다가 1971년 9월 영국 바클레이 은행의 차관을 받기 위한 추천서를 부탁하기 위해 A&P 애플도어의 롱바톰 회장을 만났지만 대답은 역시 'No'였다. 이 때 **정주영은 우리나라 5백 원짜리 지폐를 꺼내 거기 그려진 거북선 그림을 보여줬다. "우리는 영국보다 300년이나 앞선 1500년대에 이미 철갑선을 만들어 외국을 물리쳤소. 비록 쇄국정책으로 시기가 좀 늦어졌지만, 그 잠재력만큼은 충분하다고 생각하오."라며 설득해 결국 차관 도입에 성공할 수 있었다.** 1977년 서울 압구정동 현대아파트의 분양특혜사건으로 재판을 받았으나 무죄로 풀려났다. 건축법 위반에 대해 징역 6월 벌금 500만원에 선고유예 판결을 받았으나 현대산업개발 사장이었던 차남 정몽구가 서울지검 특수부에 구속되어 아들이 아버지 대신 처벌받는 전례가 만들어졌다. 1978년에는 아산사회복지사업재단을 설립하였으며 같은 해 4월 29일 서울 강남구 압구정동에 위치한 현대고등학교를 설립하고 초대이사장으로 취임하였다. 1980년에는 신군부에 의하여 창원중공업을 강탈당했다.

1983년에는 이천에 현대전자산업주식회사(HEI)를 설립하고, 정주영은 초창기 사장이 되었다. 1983년 초에 자본금 500만 불을 투자하여 미국 산호세, 산타클라라에 미국법인으로 현대 일렉트로닉스 아메리카(HEA)를 설립하고, 1984년에 다섯째 아들인 정몽헌에게 사장자리를 물려주었고, 1995년경에는 직원 약 24,000여명의 종합전자 대기업으로 성장하였다. 이후, 현대전자는 1999년 7월에 LG반도체(주)를 인수합병하고, 반도체 사업을 주력사업으로 구조조정을 하여, **2001년 3월 8일 주식회사 하이닉스반도체로 사명이 변경**되었다. SK그룹(SK텔레콤)이 인수하여, **2012년 3월 26일 SK하이닉스로 사명이 변경**되었다.

[사회 활동]

기업인으로 활동하는 중에도 한국지역사회학교 후원회에 참여하여, 1969년 1월에는 한국 지역사회학교 후원회장에 피선되기도 했다. 1974년 6월에는 한국과 영국의 민간 경제협력을 위한 한 · 영 경제협력위원회 한국 측 대표의 한사람에 선출되었고, 1970년대 중근동 지역 건설, 개발 사업을 성사시킨 뒤 1976년부터 1997년까지는 한국 · 아랍 친선협회장을 지내기도 했다. 1977년부터는 10년간 전국경제인연합회의 제13대 회장을 역임했고, 같은 해 7월에는 재단법인 아산사회복지사업재단을 설립했다. 1979년과 1980년에는 한국 · 아프리카 친선협회의 회장으로도 추대되었다.

[올림픽 유치 추진 활동]

1970년대부터 대한민국 주도로 88 올림픽의 서울특별시 유치 운동에 참여하였고, **1981년 3월에는 88서울올림픽 유치위원회가 조직되자 서울올림픽 유치위원회 위원장에 피선되어 각국을 상대로 올림픽 유치 활동, 설득 작업을 추진**했다. 1981년 11월 88올림픽의 서울 유치가 확정되자 그는 서울올림픽 조직위원회 위원의 한사람에 선임되고, 바로 서울올림픽 조직위원회 부위원장에 피선되었다. 1982년부터 1984년까지는 대한체육회장에 선출되어 서울올림픽 사전 준비와 86 아시안게임 사전 준비활동을 추진하였고, 1982년부터 1987년에는 유전공학연구조합 이사장에 선출되었다. 1987년 2월 전국경제인연합회 명예회장에 추대되고, 그해 5월에는 한국정보산업협회 명예회장에 추대되었다.

[생애 후반]
[정계 입문 초기]

1987년 재단법인 세종연구소의 이사장으로 특별 초빙되었으며 그해 현대그룹 회장직에서 물러나 경영 일선에서 손을 떼고 그해 현대그룹 명예 회장에 추대되었다. 그 뒤 1992년 1월초 정계에 입문, 가칭 통일국민당 창당준비위원회 위원장이 되고 이어 김동길 등과 함께 통일국민당을 창당, 조직하고 대표최고위원에 선출되었다. 1989년부터 1991년까지 소련과의 수교를 대비하여 조직된 한 · 소 경제협회 회장에 피선되었고, 1992년 3월의 제14대 국회의원 총선거에 입후보, 전국구 의원으로 당선되었다.

[대통령 선거 출마]

1992년에는 통일국민당의 원내진출을 이룬 뒤 그해 12월 14대 대통령 선거에 출마하였다. 그러나 김영삼, 김대중 후보에 밀려 3위로 석패하였다. 그런데 선거 직후 김영삼 정권의 세무조사를 받았는데, 이를 두고 정치 보복이라는 의견이 나오기도 했다. 이후 정계 은퇴를 선언하고 1993년 초 통일국민당 대표최고위원직을 사임하고 그해 2월에는 국회의원직도 사직하고 탈당, 이후 기업 활동에만 전념하였다. 1993년 현대그룹 명예회장에 재추대되었다. **1996년 그해 타임지 선정 '아시아를 빛낸 6인의 경제인'의 한사람에 추천되기도 했다.** 1994년 1월 한국지역사회교육 중앙협의회 이사장에 선출되었다.

[방북과 금강산 개발]

김대중이 제15대 대통령에 당선되어 1998년 2월 25일 국민의 정부가 출범하면서 정주영은 다시 한번 세간의 주목을 받게 되었다. 당시 국민의 정부의 대북 햇볕 정책에 맞춰서 정주영이 금강산 개발 사업을 추진한 것이다. **1998년 6월 16일 통일소라고 명명된 소 500마리와 함께 판문점을 통해 북한(조선민주주의인민공화국)을 방문하고, 같은 해 2차로 10월 27일 소 501마리를 가져갔다.** 이때 소 501마리와 함께 직접 판문점을 통해 방북, 김정일 국방위원장을 면담하고 남북 협력 사업 추진을 논의했다. 그리고 마침내 금강산 관광사업에 관한 합의를 얻어 그해 11월 18일에 첫 금강산 관광을 위한 배가 출발하였다.

이때 정주영은 직접 판문점을 통해 '통일 소'라고 불린 소 500마리와 함께 판문점을 넘는 이벤트를 연출하며 국제적인 주목을 받았다. 이후 여러 차례 더 방북하며 김정일 국방위원장 등을 설득, 남북 민간교류 중 큰 규모인 '금강산 관광 사업'을 성사시켜 그해 11월 18일 첫 출항하였으나 북한의 사업장 몰수로 참담한 실패로 끝났다. 대북사업의 추진과 중계 사업을 위해 정주영은 1999년 2월에 현대아산을 설립했다. 사실 정주영은 1989년에 북한(조선민주주의인민공화국)과 소비에트 연방을 방문하여 금강산 공동 개발 의정서에 서명하였는데, 이것이 9년 만에 현실화된 것이다. 이때 정주영은 원산과 평양을 둘러봤으며, 특히 자신의 고향 통천도 방문하였다.

[사망]

2000년 5월에 명예회장 직을 사퇴하였다. 1987년 제1회 한국경영대상, 1988년 국민훈장 무궁화장, 1998년 IOC훈장과 노르웨이 왕실훈장을 수상하였다. 한편 현대그룹은 각기 분산되어 현대자동차그룹, 현대건설, 현대중공업그룹 등으로 분리되었다. 한편 정주영은 건강이 매우 악화되어 아내 변중석이 입원해있던 서울아산병원에 입원하여 치료를 받았다. 이후 자택에서 요양 중 2001년 1월에 병원에 입원한 뒤 2개월 뒤인 3월 21일에 사망하였다.

[사후]

그의 사후인 2001년 5월 제5회 만해상 평화상이 추서되었다. 이후 5년뒤인 2006년 11월 타임지 선정 아시아의 영웅에 선정되었으며, 2008년 DMZ 평화상 대상이 특별 추서되었다.

[명예 박사 학위]

1975년 경희대학교 명예공학 박사
1976년 충남대학교 명예경제학 박사

1982년 조지워싱턴 대학교 명예경영학 박사

1985년 연세대학교 명예경제학 박사

1986년 이화여자대학교 명예문학 박사

1990년 서강대학교 명예정치학 박사

1995년 고려대학교 명예철학 박사

1995년 존스홉킨스 대학교 명예인문과학 박사

2000년 한국체육대학교 명예이학 박사

[연보]

1940년 3월 합자회사 아도(Art)서비스 공장을 인수하다

1946년 4월 현대자동차공업사를 설립, 대표이사

1947년 5월 현대토건사를 설립

1950년 1월 자신이 운영하던 현대자동차와 현대건설을 합병, 현대건설주식회사로 개편하고 대표이사 취임

1967년 12월 현대자동차주식회사를 설립

1969년 1월 한국 지역사회학교 후원회 회원, 바로 회장에 선출됨

1969년 12월 현대시멘트주식회사 설립, 71년에 공장으로 설립

1971년 3월 현대자동차, 중공업, 시멘트 등의 회사들을 한데 묶어 현대그룹으로 출범시키고 회장에 취임

1973년 12월 계열사로 현대조선중공업주식회사를 설립

1974년 6월 한·영경제협력 위원회가 개최될 때 한국 측 위원장 피선

1975년 4월 현대미포조선주식회사 설립

1976년-1997년 한·아랍 친선협회 회장 피선

1977년-1987년 전경련의 13대 회장이 되다

1977년 7월 재단법인 아산사회복지사업재단을 설립

1979년-1980년 한·아프리카 친선 협회장이 되다

1981년 3월 88서울올림픽 유치 위원회 위원장 피선

1981년 11월 88서울올림픽 유치 확정, 곧바로 올림픽 조직 위원회 부위원장이 되다.

1982년-1984년 대한체육회 회장

1982년-1987년 유전공학연구조합 이사장이 되다.

1983년 1월 계열사 현대전자산업주식회사 설립

1983년 5월 한국정보산업협회장에 추대되다.

1985년 2월 전국경제인연합회장에 재선하다

1987년 2월 현대그룹 명예회장 취임

1987년 2월 전국경제인연합회 명예회장 취임

1987년 5월 한국정보산업협회 명예회장 취임

1987년-1988년 재단법인 세종연구소 이사장 취임

1989년-1991년 한·소(韓·蘇) 경제협회장

1992년 1월 통일국민당(가칭) 창당준비위원회 위원장 피선

1992년 2월 통일국민당 대표최고의원 피선

1992년 3월 제14대 국회의원(비례대표) 당선

1992년 12월 제14대 대통령 선거 출마

1993년 2월 통일국민당 탈당, 이어 국회의원직 사퇴

1993년 현대그룹 명예회장에 재추대되다.

1994년 1월 한국지역사회교육 중앙협의회 이사장에 선임되다

1998년 6월 1차 방북, 소 500마리와 함께 판문점 통해 북한(한반도 북부지역)을 방문하고 돌아왔다.

1998년 10월 1차 방북 4개월 만에 2차 방북, 소 501마리와 함께 판문점 통해 방북, 이때는 김정일
      국방위원장을 직접 만나 경협사업을 논의하다.

1998년 11월 금강산 관광단지 개장에 참석하다.

2000년 병으로 입원했다가 퇴원, 자택에서 요양하였다.

2001년 3월21일 별세

[서훈]

1977년 명예 대영 제국 훈장 3등급 (honorary CBE, 외국인대상 정원 외 명예훈장)

1981년 대한민국 국민훈장 동백장(3등급)

1987년 한국경영대상

1988년 대한민국 국민훈장 무궁화장(1등급)

1998년 IOC 훈장

1998년 노르웨이 왕실훈장

2001년 제5회 만해상 평화상

2008년 제4회 DMZ 평화상 대상

[저서]

《시련은 있어도 실패는 없다》, 1991년

《이 땅에 태어나서》, 1998년

《입이 뜨거워야 성공할 수 있다》, 2002년

정주영, 《입이 뜨거워야 성공할 수 있다》 (도서출판 숲속의 꿈, 2002)

정주영, 《이 땅에 태어나서: 나의 살아온 이야기》 (도서출판 솔, 2009)

정주영, 《시련은 있어도 실패는 없다》(제삼기획, 2001)

카리스마 vs 카리스마 이병철·정주영/ 홍하상 저 / 한국경제신문사(정주영의 생애부분)

🦏 ● 정주영 명언

♣ 어떤 실수보다도 치명적인 실수는 일을 포기해 버리는 것이다.

♣ 사람이 태어나서 각자 나름대로 많은 일을 하다가 죽지만,
조국과 민족을 위해 일하는 것만큼 숭고하고 가치 있는 것은 없다.

♣ 매일이 새로워야 한다.
어제와 같은 오늘, 오늘과 같은 내일을 사는 것은 사는 것이 아니라 죽은 것이다.

♣ 작은 일에 성실한 사람은 큰일에도 성실하다. 작은 일을 소홀히 하는 사람은
큰일을 할 수 없다. 작은 일에도 최선을 다하는 사람은 큰일에도 전력을 다한다.

♣ 내가 평생 동안 새벽 일찍 일어나는 것은 그날 할 일이 즐거워서
기대와 흥분으로 마음이 설레기 때문이다.

♣ 직장은 월급 때문에 다니는 곳이 아니고 자신의 발전 때문에 다녀야 한다.

♣ 부지런해야 많이 움직이고, 많이 생각하고, 많이 노력해서 큰 발전을 이룰 수 있다.

♣ 건강하게 살아만 있다면 잠시의 시련은 있어도 실패는 없다.

♣ 담담한 마음을 가집시다. 담담한 마음은 당신을 바르고 굳세고 총명하게 만듭니다.

휴렛-William Hewlett, HP 공동설립자, 미국 (1913년생)

기술자, 기업가

[출생-사망] 1913년 5월 20일 ~ 2001년 1월 12일 (87세)

[요약]
미국 스탠퍼드 대학교와 MIT를 졸업하고 데이비드 팩커드와 휴렛 팩커드를 공동 창업하였다. 둘은 차고에서 538달러를 창업비용(2017년 환산으로 9,465달러의 가치)으로 창업하였다. 휴렛-팩커드의 창업 비화에는 사명을 짓기 위해 동전던지기로 결정했다는 일화가 있다.

[휴렛패커드: HP 설립]

휴렛패커드 사:
[요약]
미국의 컴퓨터 장비 업체이다.
[국가] 미국
[업종] 컴퓨터, 사무기기

[설립자]
데이브 패커드, 빌 휴렛
[설립일] 1939년
[본사] 캘리포니아주 팔로알토
[한국지사] 한국휴렛팩커드

휴렛패커드(Hewlett-Packard Co.: HP)는 컴퓨터, 인터넷·인트라넷솔루션, 서비스, 통신제품 및 측정솔루션 등 여러 첨단정보사업 분야에서 탁월한 제품의 성능과 지원 면에서 세계적인 명성을 얻고 있는 초우량 글로벌기업이다. 1939년 캘리포니아 주 팔로알토에서 스탠퍼드대학교·매사추세츠공과대학 출신의 엔지니어 빌 휴렛(Bill Hewlett)과 대학동문인 데이비드 패커드(David Packard)가 차고를 빌려 음향발진기를 생산해낸 데서부터 시작되었다. 음향발진기 모델 200A는 휴렛이 대학 재학시절부터 디자인해온 것으로, 시간·온도의 변화에 따라 변하는 음성신호를 자동조절하여 원음을 재생시키는 일종의 피드백시스템으로 가격·크기·성능 면에서 압도적인 제품이었다. 이를 당시 만화영화 제작으로 유명한 월트디즈니가 만화영화《판타지아》제작에 필요한 모델 200B를 납품받음으로써 휴렛-패커드의 존재를 널리 알려주었다. 1950년에는 종업원 150명에 생산제품 70종으로 급성장하였으며 이때 생산 주종은 신개발품인 마이크로파를 이용한 무선통신 계측장비였다. 이것은 주파수별로 신호를 분석하는 스펙트럼 분석기로서, 고주파 측정시간을 1/5이나 단축시킨 기술혁신 제품이었기 때문에 주문이 쇄도, 세계적 기업으로 키우는 발판이 되었다.
1960년대에는 컴퓨터와 계측기를 접목시킨 신제품의 개발, 초음파 진단시스템 개발 등 기술력을 갖춘 휴렛과 경영의 천재라는 패커드가 시의적절하게 계속 신제품을 발표, 첨단 계측기시장을 석권하였다. 1959년 스위스의 제네바에 유럽 마케팅본부와 서독에 처음 현지 생산공장을 세웠다. 이후 미국 실리콘밸리의 유명한 시작 기업 및 세계 벤처기업(벤처비즈니스) 제1호가 되었고, **휴렛과 패커드가 연구를 위해 처음 작업을 시작한 차고는 정보혁명의 산실로서 '실리콘밸리의 탄생지'라는 이름으로 유적지가 되었다.** (캘리포니아주 정부는 이곳을 역사적 기념명소 제976호로 지정, 보존하고 있음) 컴퓨터를 비롯한 주변기기, 전자측정 및 계측장비와 시스템, 네트워크, 전자의료장비 등 약 2만 5,000여 종에 달하는 첨단정보통신 제품을 생산하고 있다. 1984년에는 한국에도 한국휴렛팩커드를 설립하였고, 프랑스·영국·이탈리아·캐나다·싱가포르·말레이시아·중국·인도·브라질·멕시코 등지에서도 합작생산을 하고 있다. 본사는 캘리포니아주 팔로알토에 있다. 2002년 컴팩을 인수하였다. 휴렛 팩커드 엔터프라이즈 컴퍼니는 미국의 기업용 클라우드 서비스 관련 제공 회사이다. 원래는 휴렛 팩커드 회사로 컴퓨터 제조업으로 알려졌지만, **2015년 11월 1일에 클라우드 사업 분야와 컴퓨터 사업이 분할하여 없어지고, 새로 설립된 컴퓨터 회사이다. 이후, 컴퓨터 제조및 판매는 HP 주식회사로 새로 설립**되어 이어진다.

🦏 ● 휴렛 명언

♣ 관리자란 지원을 받는 사람이 아니라 지원해 주는 사람이다.
  그리고 그것은 팀원들 곁에 있는 것부터 시작한다.
♣ 관리자의 직무는 직원을 지원하는 것이지 반대로는 지원하지 않는다.
♣ 당신이 정기적으로 실패하지 않는다면,
  당신은 충분히 열심히 노력하고 있지 않는 것이다.
♣ 창조를 위한 때와 장소가 있다.
♣ 모든 사업은 확실성이 아니라 신념 또는 가능성의 판단으로 진행된다.

튜링-Alan Turing, 수학자, 컴퓨터과학자, 영국 (1912년생)

컴퓨터공학 선구자

[출생] 1912년 6월 23일, 잉글랜드 런던 마이다 베일
[사망] 1954년 6월 7일 (41세), 잉글랜드 체셔 주 윔슬로

[국적] 영국
[분야] 수학, 논리학, 암호학 등
[출신 대학]
 케임브리지 대학교
 킹스 칼리지
 프린스턴 대학교
[주요 업적]
정지 문제, 튜링 머신, 에니그마 암호 분석, 자동 연산 장치(ACE), 튜링 테스트 등
[수상]
대영 제국 훈장 4등급(OBE)
[튜링상]
앨런 튜링을 기념하기 위해서 컴퓨터 과학의 노벨상이라고 불리는 튜링상이 제정되었다.

[요약]
앨런 튜링은 영국의 수학자, 암호학자, 논리학자이다. 특히 **컴퓨터 과학에 지대한 공헌을 했기 때문에 '컴퓨터 과학의 아버지'**라고 불린다. 튜링 테스트와 튜링 기계의 고안으로도 유명하다. 계산기 학회에서 컴퓨터 과학에 중요한 업적을 남긴 사람들에게 매년 수상하는 튜링상은 튜링의 이름을 딴 것이다. 1945년 튜링이 고안한 튜링머신은 초보적 형태의 컴퓨터로, 복잡한 계산과 논리 문제

를 처리할 수 있었다. 하지만 튜링은 1952년 당시에는 범죄로 취급되던 동성애 혐의로 영국 경찰에 체포돼 유죄 판결을 받았다. 상심이 컸던 튜링은 2년 뒤 청산가리를 넣은 사과를 먹고 자살했다. 사후 59년 만인 2013년 12월 24일 엘리자베스 2세에 의해 사면되었다. 엘리자베스 2세 여왕이 크리스 그레일링 영국 법무부 장관의 건의를 받아들여 튜링의 동성애 죄를 사면하였다. 이어 무죄판결을 받고 복권되었다.

[생애]
[출생 및 어린 시절]
튜링은 1912년 아버지 줄리어스 매시슨 튜링과 에셀 사라의 둘째 아들로 태어났다. 튜링의 어머니는 튜링을 인도에서 임신했지만 영국에서 낳기 원해 런던으로 가서 튜링을 출산했다. 어려서부터 총명한 기질을 드러내어 3주 만에 읽기를 배웠으며 계산과 퍼즐에 능했다고 한다.

[대학교]
1931년 케임브리지 대학교 킹스 칼리지에 입학해 수학사 학위를 취득하고, 1935년 확률론 계산에서 한계중심정리에 관한 학위논문으로 킹스 칼리지 특별 연구원이 되었다. 1936년 미국 프린스턴 대학교에 입학하여 박사학위를 받았다. 1937년 영국으로 돌아와 대학에서 연구 중 튜링 기계의 개념을 도입한 논문 "계산 가능한 수와 결정할 문제에의 응용"을 발표했다.

[제 2차 세계 대전과 그 이후]
1938년 9월 브렛칠리 정부 암호학교 GCCS(현 GCHQ)에 들어갔고, 1939년 9월 4일 제 2차 세계 대전이 발발한 후 독일군의 에니그마 암호를 해독하는 Hut 8의 책임자가 되어 폴란드 정보부에서 제작한 에니그마 해독기 봄비(Bomby)를 개선한 더봄베(The Bombe)를 개발했다. 이런 경험에서 만든 계산이론은 후일 영국에서 개발되는 콜로서스(프로그래밍 가능 전자 컴퓨터)의 기술적 토대가 되기도 했다.

[죽음]
그러나 튜링은 당시 영국에서 범죄로 인식되던 동성애자 혐의로 체포된 후 감옥과 화학적 거세 중 선택을 해야 했고, 연구를 계속하기 위해 거세를 선택하여 1년간 에스트로겐 주사를 맞았다. 튜링은 1954년 6월 8일 죽은 채로 발견되었고, 주변에 반쯤 먹은 사과가 놓여 있었다. 사망 원인은 부검에 의해 치사량의 시안화칼륨을 주사한 사과를 먹고 자살한 것으로 결론지어졌다. **2013년 12월 24일, 영국 정부는 국왕 칙명을 통하여 앨런 튜링의 동성애를 범죄로 간주하여 처벌하였다는 것에 대하여 정식으로 사면을 발표**하였다.

[영화: "이미테이션 게임"]
24시간마다 바뀌는 해독이 불가능할 것만 같은 암호 시스템. 제2차 세계대전 당시 독일군이 이용하던 암호 시스템인 에니그마를 풀어낸 영국인 천재 수학자와 그의 영화 같은 삶. 영화 이미테이션 게임은 수학자 앨런튜링의 이야기를 다루고 있다.

[연보]

1912년 6월 23일 앨런 매시슨 튜링, 런던에서 출생

아버지 줄리어스 매시슨 튜링과 어머니 에설 사라

1912~1921년 앨런과 그의 큰형인 존, 영국에 있는 접대 가정에 의해 양육 (그들의 부모는 인도에 살
　　　　　　고 있었는데, 인도에서 튜링의 부친은 식민지를 통치하는 공무원으로 근무하고 있었다.
　　　　　　튜링의 부모는 자녀들을 가끔씩 보기만 할 뿐이었다.)

1926년 서본의 공립학교 입학

1931년 수학 연구를 위해 케임브리지에 있는 킹스 칼리지에 입학

1934년 수학 학사학위 취득 1935년 확률론 계산에서 중심극한정리에 관한 학위논문으로 킹스 칼리
　　　　지 특별 연구원 취득

1936년 D. 힐베르트가 제시한 결정가능성의 부정적 결과 증명, 처치 및 폰 노이만 등과 프린스턴
　　　　대학 입학

1937년 《런던 수학협회 의사록》 중 〈계산 가능한 수와 결정할 문제에의 응용〉 출간
　　　　프린스턴 대학에서 프록터 장학금 수여

1938년 영국으로 들어와 정부암호학교(GCCS)에서 해독학 수업

1939년 9월 1일 전쟁 시작, 블레칠리 파크의 GCCS 부서에서 영국을 포위하고 있는 독일 해군의 무
　　　　선메시지 해독 작업 수행

1941년 존 클라크와 약혼하나 곧 파기

1942년 GCCS를 위한 수석 연구 자문위원 미국 암호부서와의 접촉을 위해 미국에 비밀리에 입국

1943년 1~3월간 벨 연구소에서 음성 해독 문제에 관해 작업

1944년 음성 암호화 전자기 델리아 I에 대한 작업 실시

1945년 세계 2차 세계대전 종료 컴퓨터의 자동 계산 기계를 구축하기 위해 테딩턴에 있는 국립물리
　　　　연구소(NPL)에 들어감

1947년 행정적, 이론적 이유로 NPL을 떠나 케임브리지로 돌아옴 생리학과 신경과학 수업 수강

1948년 6월 실용화될 컴퓨터의 원형에 대한 작업을 위해 맨체스터 대학 정보과학팀 합류

1950년 철학지 《철학지 Mind》에 논문 〈계산기와 지능〉 게재

1951년 왕립 학회의 특별회원으로 선출, 동성애자라는 것이 발각됨으로 인한 재판과 여성호르몬을
　　　　투여하는 형 집행

1952년 《왕립학회 회보》에 논문 〈형태 발생의 화학적 토대〉 게재

1954년 약간의 시안화칼륨에 담가 놓았던 사과를 먹음으로써 윔슬로우에 있는 자택에서 6월 7일 42
　　　　세의 나이로 자살

2013년 (사망 이후) 동성애 혐의에 대한 유죄가 정식으로 국왕 칙령을 통하여 사면되었음

[제2차 세계대전 승리에 기여]

제2차 세계대전 당시 막후에서 **연합군의 승리에 결정적으로 기여한 인물**이 있었다. 암호해독반에
근무하며 영국의 숨통을 죄고 있던 독일 잠수함으로부터 영국을 구해낸 천재 수학자 앨런 튜링
이 그 주인공이다. 그러나 이 사실은 앨런 튜링이 영국 법원의 야만적 판결과 정부의 냉대에 못 이

겨 스스로 목숨을 끊은 지 20년 만인 1974년까지 묻혀 있었다. 누구보다 튜링의 공로를 잘 알고 있었을 처칠도 자서전에서 앨런 튜링에 대해 일언반구하지 않았고, 브리태니커 백과사전도 침묵했다. 다만 앨런 튜링이 영국의 비밀요원으로 활동했고, 실수로 청산가리를 먹고 죽은 것으로 기술하는 데 그쳤다. 대체 그에게 무슨 일이 있었던 것일까?

[수학 재능을 가진 괴짜]

앨런 튜링의 부모는 원래 영국령 식민지 인도에서 앨런 튜링을 가졌지만, 자식만큼은 영국에서 키우려는 마음에서 영국으로 돌아와 1912년 6월 23일 런던에서 앨런을 낳았다. 그러나 공무원이었던 아버지는 아직 근무가 끝나지 않아 어머니와 함께 다시 인도로 건너갔고, 앨런은 형 존과 함께 퇴역 대령의 집에 맡겨졌다. 그 뒤로 부모는 인도와 영국을 오가다가 마침내 1916년부터 어머니가 영국에 장시간 머물며 아들들을 키웠다.

튜링은 무척 어릴 때부터 뛰어난 재능과 지력을 보였다. 하지만 학창시절에는 너저분한 외모에 말을 더듬고 영어와 라틴어를 몹시 싫어하는 외곬의 괴짜였다. 또한 평생을 맞춤법과 글쓰기로 고생했고, 언제든 왼쪽이 어디인지 확인하려고 왼 엄지에다 빨간색 점을 칠해두기도 했다. 이런 앨런 튜링도 수학에서만큼은 탁월한 재능을 보였다. 미적분에 대한 초보적 지식도 없이 어려운 수학 문제를 풀었을 뿐 아니라 난해한 아인슈타인의 이론을 단순히 이해만 하는 데 그치지 않고, 어떤 책을 읽으며 아인슈타인의 운동법칙을 독자적으로 추출해내기도 했다. 14살 때 도싯의 셔본 공립학교에 들어간 튜링은 총파업으로 도시의 교통이 마비되자 장장 1백 킬로미터에 이르는 거리를 자전거로 통학하는 끈기를 보였고, 항상 자기만의 고집스런 생각으로 교사들을 곤란하게 만들었다. 15살 때는 수학적 재능이 빼어난 '크리스토퍼 모컴'이라는 친구와 친하게 지냈는데, 둘은 힘을 합쳐 엄청나게 복잡한 수학 문제를 풀기로 결심했다. 그런데 2년 뒤 모컴이 결핵으로 숨지자 튜링은 깊이 낙담했고, 이때부터 필생의 과제에 매달리기 시작했다. 인간의 지능을 기계에 넣어두는 방법을 고안하는 일이었다. 그리되면 모컴의 뇌에 들어 있던 것도 후세에 고스란히 전달할 수 있을 것이라고 생각했다.

[케임브리지 진학, 튜링 기계]

튜링은 18살에 케임브리지 대학의 킹스 칼리지에 입학해서 수학을 공부했는데, 수치해석을 비롯해서 확률론과 통계학, 수이론, 군론에 특히 큰 관심을 보였다. 1935년부터는 대학원 연구원으로 일하면서 2년 뒤 "계산 가능한 수와 결정문제의 응용에 관하여"라는 빼어난 논문을 발표해서 학계에 깊은 인상을 남겼다. 이 논문에서는 컴퓨터의 기본 구상이 최초로 선보였는데, '튜링기계'라 불리는 가상의 연산 기계가 그것이었다. 읽기와 쓰기, 제어 센터, 이 세 가지만 있으면 모든 계산 가능한 문제를 풀 수 있다는 것이 튜링의 핵심 개념인데, 오늘날의 컴퓨터는 튜링의 보편만능기계를 그대로 구현하고 있다.

예를 들어 튜링기계에 내장된 테이프는 메모리 칩으로, 테이프에 읽고 쓰는 장치는 메모리 칩과 입출력 장치로, 작동 규칙표는 중앙처리장치(CPU)로 발전했다. 만일 실행시키고 싶은 계산이 있으면 그것의 작동 규칙표(소프트웨어)를 만들어 메모리에 넣어주기만 하면 되었다. 그러면 기계는 소프트웨어의 규정대로 일을 수행해 나갔다. 이 논문이 계기가 되어 튜링은 미국의 프린스턴 대학에서 장학금을 받으며 연구 활동을 계속했다. 여기서 앨런 튜링은 알론조 처치 교수 밑에서 공부했고, 1938년에 기존의 튜링기계를 보강한 하이퍼 계산에 관한 연구로 박사학위를 받았다. 그 뒤 강의를 맡아달라는 대학 측의 제안을 뿌리치고 영국으로 돌아갔다.

[암호학교와 에니그마]

튜링은 영국이 전쟁에 돌입한 지 하루 만인 1939년 9월 4일 런던 북쪽의 블레츨리 파크에 위치한 '정부암호학교'의 암호해독반 수학팀장으로 스카우트되었다. 앨런 튜링의 천재적 두뇌와 튜링기계의 구상, 그리고 그처럼 한 가지 일에 골똘히 파고드는 성격이 독일군의 암호 체계를 깨뜨리는 데 유용할 거라는 판단에서였다. 세계에서 가장 정교하고 난해한 암호 체계로 꼽히는 독일군의 에니그마(그리스어로 '수수께끼')는 타자기처럼 사용하는 암호기였는데, 타자기 안에 설치해둔 회전체로 인해 입력한 철자 대신 다른 철자가 타이핑되어 나오는 방식이었다. 초창기에는 회전체가 3개였지만 나중에는 8개로 불어났다. 이런 다중 회전체 시스템으로 인해 타이핑되어 나오는 경우의 수는 백만 가지가 넘었다. 게다가 매일 회전체 위치도 바뀌었기 때문에 24시간 안에 암호문을 해독해내지 못하면 아무 소용이 없었다.

초창기 블레츨리 파크에서는 암호문을 푸는 데 몇 달이 걸렸다. 그런데 침몰한 독일 잠수함에서 암호 책이 입수되면서 그것을 토대로 암호학교에서 수많은 계산기들이 시행착오를 거치며 만들어졌고, 무한한 수학적 상상력과 치밀한 계산, 모든 경우의 수에 대한 직관력이 총동원되었다. 튜링은 시끌벅적한 암호학교 안에서 이방인처럼 지냈다. 일에만 파묻힌 채 군대 내 규칙이나 법규는 깡그리 무시했다. 또 자기보다 지적 수준이 떨어지는 사람들을 향한 경멸감과 군대에 대한 혐오감을 숨기지 않았고, 법적으로 동성애가 금지된 시절이었음에도 자신이 동성애자라는 사실을 거침없이 발설했다.

1940년 튜링이 고안한 기계들이 블레츨리 파크에 설치되었는데, 거기서는 그것을 "봄베(bombe, 고압 기체를 저장하는 강철용기를 일컫는 독일어)"라 불렀다. 봄베 하나는 전기로 연결된 12개의 원통형 연산기로 이루어져 있었고, 24시간 가동되면서 독일 무전들 가운데 의미를 유추할 수 있는 철자들을 걸러냈다. 봄베의 수가 15개로 늘어나면서 연산 속도는 획기적으로 빨라졌고, 에니그마가 양산해내는 엄청난 경우의 수도 다음 두 가지 방식으로 확 줄어들었다. 첫째, 에니그마에서 사용되지 않는 세 철자를 배제했다. 즉 원래 허용되지 않은 진짜 철자 하나를 포함해서 오타의 위험성을 줄이기 위해 좌우 두 철자도 에니그마에서는 사용하지 않았던 것이다. 예를 들어 'E'라는 철자가 배제되면 자동으로 좌우의 'W'와 'R'도 함께 제외되었다. 둘째, 독일군의 암호 체계가 매일 바뀌는 것을 간파하고 있었기에 어제께 알아낸 것은 하루가 지나면 무조건 잊어버렸다. 이로써 가능한 조합의 수는 현저히 감소했다. 그 다음부터는 고전적 방식으로 암호문 해독에 들어갔다. 가장 자주 나오는 철자들을 모아 군대 용어 중에서 가장 자주 쓰는 단어들과 일치시켰다. 이렇게 어느 정도 예상 답안지가 나오면 그것을 독일군에서 내보내는 일기예보와 비교했다.

독일 해군은 아침 여섯 시가 되면 정확하게 그날의 날씨를 일선 부대에 타전했는데, 날씨와 폭풍, 비, 파도 같은 단어들은 유추하기가 쉬웠다. 특히 암호화된 단어와 실제 단어의 철자 수는 늘 똑같았기 때문에 해독 작업은 한결 수월했다. 하루속히 결과를 내놓으라는 암호학교에 대한 영국 정부의 압력은 1943년 3월 1~20일 사이 최고조에 달했다. 그만큼 전황이 불리하게 돌아가고 있었다. 바다에서 독일 잠수함들의 활약은 눈부셨다. 독일 잠수함들은 이 3주 동안 무려 108척의 선박을 침몰시켰다. 상선을 호송하던 전함도 21척이 파괴되었다. 반면에 적의 잠수함은 1척밖에 피해를 보지 않았다.

그런데 3월 21일부터 전세가 급변했다. 격침된 연합국 선박의 수는 현저히 줄어든 반면 연합국에 의해 침몰된 독일 잠수함의 수는 크게 늘었다. 이로써 히틀러는 사실상 대서양 전투에서 패배했다. 여기에는 다른 원인들도 작용했겠지만, **튜링의 암호해독반이 결정적 역할을 했다.** 그사이 **튜링은 암호를 해독하는 데 걸리는 시간을 한 시간으로 단축시켰고, 나중에는 단 몇 분간으로 줄였다.** 이로써 영국 함대사령부는 독일 잠수함의 위치와 공격 계획을 손금 보듯 훤히 꿰뚫었다. 이제는 오히려 암호의 누출을 적이 눈치 채지 못하도록 독일 잠수함들을 너무 빨리 공격하지 않는 데 신경을 써야 할 판이었다. 그렇지 않으면 독일군은 즉각 암호 체계를 바꾸어버릴 테니까 말이다. 그런데 블레츨리 파크 팀의 활약상은 외부에 알려지지 않았다. 영국 정부가 가장 은밀하게 수행한 이 비밀작전을 전쟁이 끝난 뒤에도 묻어 두려고 했기 때문이다. 물론 거기에는 그 팀에서 천재적인 두뇌 역할을 했던 튜링의 비참한 죽음도 어느 정도 작용을 했는지 모른다.

[튜링 테스트]

전쟁 후 튜링은 국립물리학연구소에서 컴퓨터 개발 프로젝트 팀장으로 일하다가 1948년에 맨체스터 대학의 컴퓨터연구소 부소장에 임명되었다. 이제 그의 관심은 인공지능에 집중되었다. 인간의 뇌와 비슷한 기능을 하는 기계를 만드는 것이 가능할까? 그 기계에 룰렛과 같은 무작위적 우연 체계를 도입하면 인간적 사고의 변덕스러움과 비슷한 것이 만들어질까? 1950년 튜링은 그것을 확인하기 위해 한 실험을 제안했다. '튜링테스트'라 불리는 유명한 실험인데, 그 내용은 이렇다. **서로 보이지 않는 방 세 개에 인간 두 명과 컴퓨터 한 대를 넣어둔다. 그 중 한 명이 실험 팀장을 맡는다. 팀장이 텔렉스로 다른 두 방에 질문을 보낸다. 그러면 같은 방식으로 답변이 돌아온다. 이때 팀장이 어떤 것이 인간이 보낸 것이고 어떤 것이 컴퓨터의 것인지 가려내지 못하거나, 컴퓨터를 인간으로 간주하는 상황이 벌어지면 이것은 '사고하는 컴퓨터'라 부를 만하다는 것이다.**

물론 튜링도 1950년 당시에는 이런 컴퓨터가 불가능하다는 것을 잘 알고 있었다. 하지만 2000년까지는 작업 처리 속도와 저장 능력이 획기적으로 개선되어 스스로 배우고, 스스로 프로그램을 바꾸는 컴퓨터가 나오리라 예언했다. 튜링은 이런 컴퓨터의 제작에 매달렸다. 특히 삶을 얼마 남겨놓지 않고는 거의 광적으로 집착했다. 언젠가 '튜링 테스트'에서 인간이 웃음거리가 될 날이 반드시 올 거라는 믿음과 함께 말이다. 1951년 튜링은 최고 권위를 자랑하는 영국 왕립학회의 회원이 되었다. 삶이 앨런 튜링에게 부여한 마지막 보상이었다. 이듬해부터 급격한 추락이 시작되었다.

[독 사과]

동성애자였던 튜링은 19세 청년을 우연히 만나 동거를 시작했다. 그런데 이 청년이 범죄 집단과 어울린다는 사실을 너무 늦게 알아차렸다. 주말에 청년을 혼자 두고 외출했다가 돌아와 보니 집이 온통 다 털려버렸다. 앨런 튜링은 즉시 경찰을 불렀다. 그런데 청년과의 관계를 묻는 질문에 순진하게도 자신의 동성애적 성향을 그대로 불어 버렸다. 자유로운 지식인들과 어울리던 습관대로 아무렇지 않게 그런 말을 내뱉었지만, 그것은 세상을 몰라도 한참 모르는 절부지 짓이었다. 결국 앨런 튜링은 성문란 혐의로 고소당했고, 법원에서 화학적 거세를 선고받았다. 영국 정부도 튜링을 컴퓨터연구소 부소장직에서 해임했다. 이로써 튜링은 컴퓨터 개발에서 완전히 손을 뗐다. 1년 동안 여성호르몬을 복용하는 동안 그는 거의 집에만 틀어박혀 지냈고, 그 기간이 끝나자 앨런 튜링의 삶은 반년밖에 이어지지 못했다.

1954년 6월 7일 튜링은 42살도 채 되지 않은 나이에 스스로 목숨을 끊었다. 사과에다 독약을 주사한 뒤 동화 속의 백설공주처럼 사과를 깨문 것이다. 월트 디즈니의 백설공주 이야기를 무척 좋아했다고 하는데, 정작 자신은 백설공주와는 달리 더 이상 깨어나지 못했다. 앨런 튜링은 누구에게도 우울증에 시달리거나 죽고 싶다는 이야기를 한 적이 없었고, 어디서도 그의 죽음을 설명해 줄 만한 기록은 발견되지 않았다. 조국을 위기에서 구하고, 현대 컴퓨터공학에 초석을 놓은 인물치고는 너무도 외롭고 허무한 죽음이었다. 튜링이 어떤 삶을 살았고 어떤 일을 했는지는 1974년까지 극히 일부 사람들에게만 알려져 있었다.

[컴퓨터공학 선구자]
튜링은 컴퓨터공학과 정보공학의 기본 이론을 대부분 다 만든 컴퓨터 과학의 이론적 아버지였고, 이론생물학에도 큰 기여를 했다. 비록 오랜 세월 명성이 묻혀 있었지만, 20여 년 전부터 새롭게 각광받기 시작했다. 2012년은 튜링 탄생 100주년으로 세계적으로 앨런 튜링의 업적을 기리는 행사가 열리고 있고, 학술지 '네이처'는 튜링을 표지모델로 내세워 고인을 추모했다. **미국 계산기학회에서는 1966년부터 튜링의 업적을 기리는 의미로 컴퓨터 과학 분야에서 중요한 업적을 남긴 사람에게 튜링상을 수여한다.** 흔히 컴퓨터 과학 분야의 노벨상이라 불리는 상이다. 그리고 튜링테스트를 통과한 인공지능에게는 뢰브너 상이 수여된다. 일각에서는 애플컴퓨터사의 로고 '한 입 베어 먹은 사과'도 튜링을 추모하는 뜻에서 나왔을 거라고 추정하는데, 애플사의 부인에도 불구하고 그런 해석이 나오는 것은 그만큼 컴퓨터 분야에서 앨런 튜링의 공이 막대하다는 것을 보여주는 증거가 아닐까?

🦏 ● 튜링 명언

♣ 만약 컴퓨터가 인간을 속여 자신을 마치 인간인 것처럼 믿게 할 수 있다면 컴퓨터를 '인텔리전트' 하다고 부를만한 가치가 충분히 있다.

♣ 난 대단한 지능의 컴퓨터를 만드는 데는 별 관심이 없습니다.
내가 정말 추구하는 컴퓨터는 평범한 지능을 갖춘 컴퓨터입니다.
마치 미국의 AT&T의 사장과 같은 그리한 지능의 컴퓨터를 만들고 싶습니다.

♣ 수학적 논리라는 것은 소위 우리가 직관과 천재성이라고 하는 두 가지 형태의 조화에서 나온다고 볼 수 있다.

이병철-李秉喆, Lee Byung-chul, 삼성 설립자, 한국 (1910년생)

[출생] 1910년 2월 12일
대한제국 경상남도 의령군 정곡면 중교리

[사망] 1987년 11월 19일 (77세)

대한민국 서울특별시 용산구 한남동에서 폐암으로 사망

[가족] 배우자 박두을, 딸 이인희, 아들 이맹희,
아들 이창희, 딸 이숙희, 아들 이건희, 딸 이명희,
외손자 조동만, 외손자 조동길, 손녀 이미경,
손자 이재현, 손자 이재관, 손자 이재찬, 손자 이재용,
외손자 정용진, 손녀 이부진, 손녀 이서현

[학력사항]
1982 보스턴대학교 경영학 명예박사
와세다대학교 정치경제학과 중퇴
중동고등학교

[경력사항]
1982 ~ 1987.11 한일경제협회 고문
1977 ~ 1987.11 삼성미술문화재단 이사장
1974 삼성석유화학 설립
1969 삼성전자 설립
1965 중앙일보 사장
1961.08 ~ 1962.09 제1대 전국경제인연합회 회장
1938 삼성상회 설립
1936 협동정미소 설립

[수상내역]
1995 제2회 한국경영사학회 창업대상
1987 국민훈장 무궁화장 추서
1979 미국 베슨대학교 세계최고경영인상
금탑산업훈장

[필명] 호(號)는 호암(湖巖)
[직업] 기업가, 수필가
[국적] 대한민국

[소속] 前 삼성그룹 회장
前 삼성그룹 명예회장

[활동기간] 1934년 ~ 1987년

[장르] 저술, 수필
[부모] 이찬우(부), 권재림(모)
[친지] 형 1명, 누나 1명
[배우자] 박두을(원배), 구로다(재취)
[자녀] 슬하 4남 6녀
[종교] 원불교

[요약]
이병철은 대한민국의 기업인으로 삼성그룹의 창업주이자 CJ제일제당그룹의 창업주이다. 본관은 경주이다. 1938년에 삼성상회를 세웠으며 이후 무역업에도 종사하였다. 1951년에는 삼성물산을, 1953년에는 제일제당과 제일모직을 설립했고, 수출을 통해 제조업을 확장하여 삼성중공업, 삼성물산, 삼성석유화학 등 삼성그룹의 기반을 닦았다. 1964년 5월에 TBC를, 다음해 9월 중앙일보를 창설하여 방송과 언론에도 진출하였다. 그러나 중앙일보는 사돈인 홍진기 일가에게 넘겼다. 그 뒤 기업 활동에 전념하여 **1969년 삼성전자와 삼성전기를 설립하여 전자제품의 수출에 성공**을 거두었다.

[생애]
[생애 초기]
이병철은 1910년 2월 12일에 경상남도 의령에서 아버지 이찬우와 어머니 권재림 사이에서 2남 1녀 중 막내로 태어났다. 본관은 경주로 16대조 계번(桂蕃)이 입향 조상으로써 경남 의령에 정착하여 대대손손 거주지로 삼으면서 의령, 진주에 뿌리를 내렸다. 12대조 유(宥)가 승정원 좌승지, 6대조 태운이 정3품 통정대부의 품계를 받았고, 조부 홍석 대에 천석의 부를 생산하던 대농토를 가진 지주로 성장하고 영남의 거유라는 허성재의 문하로 인근에 알려진 유림이며 시문에 능하였다. 부 찬우는 천석지기의 농토를 소유하였다. 이병철의 집안은 대대로 의령과 진주 지역 일대의 대지주였다. 아버지는 지역의 지주로 만족하지 않고 시골에서 큰 농사를 지으면서도 한성을 오고가며 독립협회와 기독교청년회에도 참여하였으며 한성에서 이승만을 만나 서로 친분을 쌓았다. 어려서 할아버지 문산 이홍석이 세운 서당인 문산정(文山亭)에서 천자문, 사서삼경, 논어 등을 배웠다. 1919년 3월 한학 수학을 인정받아 진주군 지수면에 있는 지수공립보통학교 3학년에 편입했다.
1920년 11살에 지수공립보통학교 4학년 당시 어머니의 친정이 있는 경성의 수송공립보통학교로 전학을 갔다. 학교를 다니는 동안 심한 경상도 사투리 때문에 경성 지역 학생들과 의사소통의 어려움을 겪기도 했으나 곧 학교생활에 적응, 중동중학교에 진학한 후에는 학습 진도가 올라 우수한 성적을 거두게 된다. 이후 1926년에 박팽년의 후손인 박기동의 4녀 박두을과 고향에서 결혼하였다. 자서전인 《호암자전》에서는 1929년에 결혼하였다고 밝혔으나 실제로는 1926년에 결혼하였다. 결혼식을 마치고 상경하여 다시 학교에 다니며 학업에 열중하다 4학년 1학기 무렵 일본 유학을 결심한다. 이병철은 부모한테서 자신의 일본 유학에 대해 거절당했으나 옆 동네에 살던 효성그룹의 창업주인 조홍제를 찾아가 사정했다. 일본 유학 경비 500원을 빌려달라고 부탁하면서 조홍제가 흔쾌히 수락, **조홍제의 도움으로 그와 함께 일본에 유학**하였다.

[청년기]

중동중학교를 졸업한 후 1929년에 와세다 대학교 정치경제학과에 입학했다. 유학 초기 한동안 책에 빠졌다가 틈만 나면 곳곳의 공장을 방문해서 일본 공업의 실상을 자주 살펴보았다고 한다. 대학 시절부터 이병철은 기업인의 꿈을 꾸게 되었고 유학 시절 고향에서 매달 학비로 200원을 송금해왔는데 이때 당시 일본 중산층 가정의 한달 생활비가 50원이었던 것과 비교하면 풍족한 편이었다. 대학 시절 이병철은 공부에 열중하고 스스로 충실하게 생활했으나, 1학년 때 건강 악화로 쉽게 지치고 조금만 책을 읽어도 쉽게 피로해지는 증상이 생겨 휴학계를 내고 온천을 찾아다니며 병을 치료하려 했으나 소용이 없었다. 후일 회고에서 이병철은 "공부해서 무슨 벼슬을 하려고 했던 것도 아니고 단지 도쿄의 신학문이 어떤 것인지도 알았고 그 사람들의 생각도 알게 되었으니 유학생활을 더 하면 뭣하나 싶은 회의가 들었다."며 1931년에 자퇴하고 귀국하였다.

고향으로 돌아와 요양하면서 이병철의 건강은 회복되었다. **대학 시절 자기 집안의 노예를 해방시켜주었던 톨스토이에게 깊은 감명을 받았던 이병철은 건강이 회복되자 제일 먼저 집안의 머슴들에게 전별금까지 주어 모두 해방시켜주었다.** 그러나 그 뒤 고향에서 특별히 할일 없이 무위도식하던 이병철은 친구들과 노름판에 빠졌다. 밤새 노름에 빠져 달그림자를 밟으며 돌아오는 날이 많았다고 이병철 스스로 회고하기도 하였다. 그러던 어느 날 평소와 마찬가지로 노름을 하다 집으로 돌아와 평화롭게 잠들어 있는 3명의 아이들의 모습을 보는 순간 이병철은 악몽에서 깨어난 것 같은 충격을 받았다. 훗날 회고에 의하면 이병철은 **"그야말로 허송세월이었다. 어서 빨리 뜻을 세워야 한다."**는 회한과 두려움에 며칠 꼬박 새웠으며, 자신에게 맞는 사업을 구상하기 시작했다.

사업을 하겠다고 결심을 굳힌 이병철은 며칠 후 아버지에게 자신의 생각을 말했다. 그러자 아버지는 별말 없이 아들에게 선선히 사업자금을 내주었다. "마침 너의 몫으로 연수 300석의 재산을 나누어 주려던 참이다. 스스로 납득이 가는 일이라면 결단을 내리는 것도 좋다." 이병철은 장사를 할 곳으로 경성부터 부산, 대구 등지를 직접 물색하여, 생각해 보았으나 고향 인근의 포근 항구 마산이 떠올랐다. 쌀을 생각한 이병철은 마산은 조선 각지에서 생산한 쌀을 수집하여 도정해서 일본으로 보내는 도정공장이 있는 것을 알아냈고, 도정공장은 수 백 가마니씩 도정을 기다리는 볏섬들이 있었다. 바로 **이병철은 친구 2명과 힘을 합쳐서 동업으로 정미소를 차렸다.**

[기업 활동]

1936년 고향 친구인 정현용, 박정원과 동업으로 마산에서 도정공장과 협동 정미소를 운영하기 시작했다. 중일전쟁의 여파로 이병철은 정미소 자동차 회사 김해 땅을 모두 팔아 은행 빚을 갚고 빈털터리가 됐다. 그 뒤 1938년 3월 29세에 30,000원의 자본금으로 대구 수동에서 〈삼성상회〉라는 간판을 내걸고 사업을 시작하였다. 1941년 주식회사로 개편하고 청과류와 어물 등을 생산자로부터 공급받아 도매, 소매업과 수출 등도 하면서 중국에도 수출하기 시작하였다. 1942년 조선양조를 인수하여 함께 운영하던 중 광복 후 1947년 경성으로 상경하여 다음 해 **삼성물산공사**를 창설하고 무역업에도 참여하였다. 1950년 초 일본공업시찰단원의 한사람으로 선정되어 출국, 일본 내 제조업, 수공업 등 일본의 공업계와 전후 공업시설 복구 현장을 직접 시찰하고 귀국했으나 그해 6월 25일 서울에서 한국 전쟁을 맞았다.

전쟁 직후 피난을 떠났다가 1951년 무렵 부산에서 다시 삼성물산을 세워 다시 무역업에 본격 뛰어들면서 1953년에는 제조업에도 투자하였다. 1953년에 **제일제당**, 1954년에 **제일모직**을 설립, 제조업에서 크게 성공을 거두었다. 제조업에서 크게 성공을 거두면서 사업 영역을 확장해나갔다. 동방생명, 신세계백화점, 안국화재보험, 전주제지 등을 인수, 경영하였고, **성균관대학교**의 재단 이사로도 교육사업에 투자하기도 했다. 이후 사업 영역을 크게 확대해갔으며 중앙개발, 고려병원 등을 인수하여 운영하기도 했다. 1961년부터 1987년까지 한국경제인연합회의 회장을 역임했다. 1964년 초 한국비료를 인수 운영하였으며, 1964년 5월 동양라디오, 텔레비전 동양방송을 설립하여 방송에도 진출했고, 그 해 **대구대학**의 재단 이사장이 되었다. 1965년 9월 **중앙일보**를 창설하여 언론사에도 진출하였다. 그러나 중앙일보 등은 사돈인 홍진기에게 넘겼다. **동양방송**은 1980년 언론 통폐합이 될 때까지 운영하였다.

[사카린 밀수 사건]

1964년 8월 13일 알리앙스 프랑세즈 프랑스연합회 한국위원회 이사에 위촉되고, 1964년 동양라디오 및 텔레비전 방송과 1965년, 중앙일보를 창설하여 언론사 경영에 참여하였다. 1966년 5월 24일 삼성에서 경남 울산시에 공장을 짓고 있던 한국비료가 사카린 2,259 포대(약 55t)를 건설자재로 꾸며 들여와 판매하려다 들통이 났다. 이것이 누구의 지시에 의한 것인지는 확실하지 않다. 뒤늦게 이를 적발한 부산세관은 같은 해 6월 1,059 포대를 압수하고 벌금 2천여만 원을 부과하였다. 삼성은 한국비료 공장을 짓기 위해 일본 미쓰이사로부터 정부의 지급보증 아래 상업차관 4천여만달러까지 들여왔다. 사카린 밀수를 현장 지휘했다고 밝힌 이맹희가 1993년 발간한 《회상록-묻어둔 이야기》에서 한국비료 사카린 밀수사건은 박정희 대통령과 이병철 회장의 공모 아래 정부기관들이 적극 감싸고 돈 엄청난 규모의 조직적인 밀수였다고 다음과 같이 고백하였다.

"1965년 말에 시작된 한국비료 건설과정에서 일본 미쓰이는 공장건설에 필요한 차관 4,200만 달러를 기계류로 대신 공급하며 삼성에 리베이트로 100만 달러를 줬다. 아버지는 이 사실을 박 대통령에게 알렸고 박 대통령은 여러 가지를 만족시키는 방향으로 그 돈을 쓰자."고 했다.

현찰 100만 달러를 일본에서 가져오는 게 쉽지 않았다. 삼성은 공장 건설용 장비를, 청와대는 정치자금이 필요했기 때문에 돈을 부풀리기 위해 밀수를 하자는 쪽으로 합의했다. 밀수현장은 내가 지휘했으며 박 정권은 은밀히 도와주기로 했다. 밀수를 하기로 결정하자 정부도 모르게 몇 가지 욕심을 실행에 옮기기로 했다. 이참에 평소 들여오기 힘든 공작기계나 건설용 기계를 갖고 오자는 것이다. 밀수한 주요 품목은 변기, 냉장고, 에어컨, 전화기, 스테인레스 판과 사카린 원료 등이었다. 후일 이병철은 자신의 자서전 호암자전에서 정부가 삼성을 죽이려고 한 것이라며 억울함을 호소한다. 그러나 이병철 등이 직접 개입되어 있는가, 정부의 재벌 죽이기식 표적수사였는가의 사실관계 여부 확인은 오리무중이다.

[생애 후반]

그러나 1966년에 사카린 밀수가 적발되면서 물의를 빚게 된다. 1966년 11월 한국비료의 상무로 있던 차남 창희가 서울교도소에 수감되었다. 그 후 1968년 2월 이병철은 다시 경영에 복귀하였다. 그 뒤 모직회사가 성장하면서 1972년 7월 제일모직 경산공장을 분리하면서 합성섬유를 제조하는 시설을 갖추어 제일합섬을 설립했고, 1969년 삼성전자와 삼성전기를 설립하여 삼성그룹 육성의 도약대를 만들었다. 1974년 삼성석유화학, 삼성중공업을 설립하여 중화학 공업에 진출하였고, 제3공화국과 제4공화국 당시 수출위주 경제 성장 정책에 맞추어 전자제품, 화학제품과 중공업 등의 대량 해외 수출을 통해 막대한 부를 창출하여 대기업으로 성장시키는 발판을 마련했다. 이후 **삼성정밀·용인자연농원** 등을 설립하였다. 1975년 5월 특별히 제일합섬의 공장 시스템을 공개하기도 했다. 제일합섬은 1982년부터 새한그룹을 차려 분가한 차남 창희에게 서서히 넘겨주었다. 1977년 5월 삼성전자와 삼성전기를 합병하여 **삼성전자**로 단일화하고, 1984년 8월 상호를 삼성전자 주식회사로 바꾸었다. 삼성전자는 이병철의 사후에도 삼성그룹 성장의 기반이 되었다.

[말년과 사망]

이후 삼성정밀 등을 설립하고 1982년 삼성반도체통신을 설립하였다. 이 밖에도 문화재단·장학회 등을 설립하였고, 백화점·호텔 등의 경영에도 참가해서 사업의 다각화를 통하여 국가경제 발전에도 크게 공헌하였다. 1981년 2월 한일경제협회 고문에 위촉되었고 이듬해 다시 재 위촉되었다. 미술에 심취했던 이병철은 많은 소장품을 수집하거나 소장해 오다가 호암미술관을 건립하였고, 국악과 서예에도 큰 관심을 가졌다. 1977년 **삼성미술문화재단** 이사장이 되었으며, 현대그룹 회장이었던 정주영 등과 함께 울산에 공단을 조성하는 데에도 일정부분 투자하거나 기부를 하여 설립에 일익을 담당하기도 하였다. 이는 후에 **울산공단**으로 크게 발전하였다. 이후 금탑산업훈장을 비롯하여 세계최고경영인상을 받았다. 1987년 11월 초 이병철은 한일경제협회 고문직을 사퇴하고 같은 달 19일에 폐암으로 인해 78세의 나이로 사망하였다. 이병철의 묘소는 현재 용인에버랜드에 위치하고 있다.

[사후]

1987년 국민훈장 무궁화장이 특별 추서되었다. 삼성전자는 3남 건희에게 상속되었고 장녀 인희는 한솔그룹을 창업하였으며 나머지 네 딸 중 막내인 신세계그룹의 회장 명희를 제외한 3명은 출가 후, 기업 경영에 관여하지 않았다. 중앙일보는 사돈인 홍진기 계열에게 상속되었고, 제일제당과 제일모직 등 제일그룹은 장남 맹희에게 상속되었다. 차남 창희는 새한그룹을 창립하였다. 1995년 제2회 한국경영사학회 창업대상이 추서되었다. 일본으로부터 일훈일등서보장이 추서되었고, 1999년 12월에는 매일경제와 전경련이 주관한 20세기 한국을 빛낸 30대 기업인의 한사람으로도 선정되었다.

[학력]

1917년 지수공립보통학교 입학
1923년 수송공립보통학교 졸업
1929년 중동중학교 졸업
1931년 와세다대학교 정치경제학과 중퇴

[경력]

1936년 : 마산에서 협동정미소 설립
1938년 : 대구에서 삼성상회 설립
1948년 : 삼성물산공사 사장

1950년 : 일본 시찰 후 귀국
1951년 : 삼성물산 사장
1953년 : 제일제당 사장
1954년 : 제일모직 사장
1961년 ~ 1987년 : 삼성물산 회장
1961년 ~ 1962년 : 전국경제인연합회 초대 회장
1964년 : 한국비료 사장
1964년 : 대구대학 재단 이사장
1965년 : 중앙일보 사장
1965년 : 성균관대학교 이사장
1969년 : 삼성전자 설립
1974년 : 삼성석유화학 설립
1980년 : 중앙일보 회장
1981년 ~ 1983년 : 한일경제협회 고문

[상훈]
금탑산업훈장
세계최고경영인상
1987년 국민훈장 무궁화장
1995년 제2회 한국경영사학회 창업대상
일본 일훈일등서보장

[명예박사 학위]
1982년 보스턴대학교 명예경영학 박사

[저서]
《우리가 잘사는 길》
《호암자전》

[명칭]
서울대학교 후문 근처에는 이병철의 호를 딴 '**호암 교수회관**'이 있다. 성균관대학교 인문사회과학캠퍼스에도 이병철의 호를 딴 '호암 관'이 있다. 중앙일보사 사옥에 이병철의 호를 딴 '호암아트홀'이 있다. 경기도 용인시 에버랜드 내에는 이병철의 호를 딴 호암미술관이 있다.

[일화]
[폐암 진단]
이병철은 1985년에 폐암 진단을 받았다. 진단을 받은 직후 어느 일본인 저널리스트를 만나 이병철은

이런 말을 했다. '인간인 이상 생로병사를 피할 수는 없다. 불치병이라면 받아들여야 하지 않을까. 하지만 차분히 떠난다는 건 아무래도 이상(理想)에 지나지 않는 것 같고, 적어도 살아서 아등바등하는 흉한 꼴만은 남들에게 보여주지 말아야겠다고 생각할 뿐이다.' 라며 죽음을 받아들이는 자세에 대해 담담하게 답하였다.

[종교]
이병철은 종교에서 말하는 사랑과 부조리, 종교들의 배타성에 대해서 지적하였다. 죽기 한달 전인 1987년 10월에 카톨릭 종교인들에게 던진 질문에서 신이 인간을 사랑한다면서 인간에게 시련과 고통을 주는 것과 종교의 배타적인 행동들에 대해 묻는다. "신의 존재를 어떻게 증명할 수 있나? 신은 왜 자신의 존재를 드러내지 않나?"며 첫 질문부터 종교의 급소를 찔렀다. 물음은 여기서 그치지 않았다. "신이 인간을 사랑했다면, 왜 고통과 불행과 죽음을 주었나? 종교가 없어도, 달라도 착한 사람들은 죽어서 어디로 가나?"라며 종교의 배타성을 지적하기도 했다. 또한 부자를 악인으로만 취급하는 일부 종교인들의 태도에 대해서도 "성경에 부자가 천국에 가는 걸 낙타가 바늘구멍에 들어가는 것에 비유했다. 부자는 악인이란 말인가?"라며 항의하였다. 마지막 질문에서는 종말론에 대한 것을 질문하기도 했다. "지구의 종말은 오는가?"라며 당시 한국사회에 만연했던 종말론에 대해서도 물어보았다. 첫 질문은 시작, 마지막 질문은 끝에 관한 것이었다.

🦏 ● 이병철 명언

♣ 성공에는 세 가지 요체가 있다. 운(運), 둔(鈍), 근(根)이 그것이다.
사람은 능력하나만으로 성공하는 것은 아니다. 운을 잘 타야 하는 법이다.
때를 잘 만나야 하고 사람을 잘 만나야 한다는 뜻이다.
그러나 운을 잘 타고 나가려면,
운이 다가오기를 기다리는 일종의 둔한 맛이 있어야 한다.
운이 트일 때까지 버티어내는 끈기와 근성이 있어야 한다.
♣ 선진국 대열에 참여하는 데는 세 가지 방법뿐이라고 한다.
첫째로 남이 다 만드는 물건을 누가 싸게 만드느냐,
둘째는 값은 같되 얼마나 품질을 좋게 만드느냐,
셋째는 좋은 품질을 누가 남보다 먼저 만들어내느냐에 달려 있다.
♣ 사람은 누구나 자기가 과연 무엇을 위해 살아가고 있는지를 잘 알고 있을 때
가장 행복한 것이 아닌가 생각한다.
다행히 나는 기업을 인생의 전부로 알고 살아왔고
나의 갈 길이 사업보국(事業報國)에 있다는 신념에도 흔들림이 없다.
♣ 모든 것은 나라가 기본이다.
나라가 잘되어야 기업도 잘되고 국민이 행복해질 수 있는 것이다.
♣ 장기적인 사업에 있어서는 신용이 제일이다. 신용을 얻는 매우 어렵다.
시간도 오래 걸린다. 그리고 한번 얻은 신용을 계속 유지한다는 것을 더욱 어렵고
또 중요한 일이다. 그러나 신용처럼 잃기 쉬운 것도 없다.

사르트르-Jean-Paul Sartre, 작가, 철학자, 프랑스 (1905년생)

[출생-사망]
1905년 6월 21일(프랑스) ~ 1980년 4월 15일 (74세)

1964년 노벨문학상 수상 (수상거부)

[학력사항]
파리고등사범학교 철학, 사회학, 심리학

[경력사항]
1945 레탕모데른지 창간
1929 프랑스 루아브르 고등학교 철학교사

[요약]
사르트르는 프랑스 실존주의 철학자, 대표적인 실존주의 사상가이며 작가이다. 1964년에 노벨
문학상 수상자로 결정되었으나 수상을 거부하였다.

[생애]
1905년 해군 장교의 아들로 파리에서 태어났다. 사르트르가 태어난 지 15개월 만에 아버지는 인도차
이나 전쟁에서의 후유증인 열병으로 사망하고, 10살이 될 때까지 외가에서 엄격한 외할아버지 샤를
슈바이처(1844년~1935년) 슬하에서 소년 시절을 보냈다(샤를 슈바이처는 소르본 대학교의 독문학 교
수로서 훗날 의료선교로 노벨 평화상을 받게 되는 알베르트 슈바이처의 백부이다. 그러므로 사르트
르의 모친과 알베르트 슈바이처는 사촌, 사르트르와 알베르트 슈바이처는 오촌 관계가 된다).
후일 사르트르는 자서전에서, 선천적 근시와 사시(斜視) 그리고 외가집의 낯설음 등으로 이 시절
에 겪은 심리적 부담에 대해 밝히고 있다. 한편 외할아버지의 깊은 교양은 사르트르의 학문적 탐
구심을 크게 자극하였다. 파리의 부르주아지 지식인 계층에서 자라난 사르트르는 1915년에 파리의
명문 리세(중고등학교) 앙리 4세 리세·루이 르 그랑에 입학하는데, 이때에 훗날 작가가 되는 폴 니
장(1905년~1940년)을 알게 되었다 (덧붙여 2002년의 『제국 이후』로 세계적인 베스트셀러 작가가 된
엠마뉴엘 토드는 니장의 손자이다). 그로부터 2년 뒤인 1917년 어머니가 당시 공장장 조제프 망시와
재혼하게 되면서, 의붓아버지를 따라 1917년에 라 로셸 학교로 전학하며 이주하게 되는데, 사르트르
는 전학한 곳에서 잘 적응하지 못했고 (자신은 이때를 '좌절의 세월'로 술회한다) 이 시기에 어머니
의 돈을 훔쳐 할아버지로부터 의절당한 일이나, 아름다운 소녀에게 다가갔다가 실패하고 자신의 추
함을 자각하게 되었다는 에피소드 등이 알려져 있다. 이러한 라로셸에서의 사르트르에게 미치는 '나
쁜 영향'을 염려한 가족들에 의해 사르트르는 1920년 다시 앙리 4세 리세로 돌아왔고, 폴 니장과도
재회하였다. 1922년부터 2년 동안 리세·루이 르 그랑에서 국립 고등사범학교인 에콜 노르말 쉬페리
에르 입학을 위한 준비반 과정에서 니장과 친해지게 되었다. 그 해에 간행한 동인지 「무명 잡지」에

단편소설 「병든 사람의 천사」를 발표하였는데, 고등사범학교에는 불합격되었다가 이듬해인 1924년 고등사범학교에 수석 입학한다.

고등사범학교에서 철학, 사회학, 심리학을 전공하면서 레몽 아롱과 메를로 퐁티 등과 교제하였으며, 1927년에는 니장과 함께 야스퍼스의 「정신병리학 총론」의 프랑스어 번역본을 교정하기도 했다. 1928년에 아그레가시옹(1급 교원 자격) 철학시험에 낙제하였는데, 사르트르의 지인들은 모두 이에 놀랐지만 이듬해 다시 응시하여 1929년 수석으로 합격했다(폴 니장도 같은 해에 합격). 같은 시험의 차석은 **평생의 반려자가 되는 시몬드 보부아르였으며, 이를 계기로 사르트르의 집을 방문한 그녀에게 사르트르는 1929년 계약 결혼을 제안하게 된다.** 사범학교를 최우수성적으로 졸업한 뒤, 그 해 11월 군에 입대하여 기상 관측병으로 18개월간 복무한다. 독일군에게 포로로 잡히는 일도 있었으나 극적으로 풀려나게 된다.

제대 후인 1931년 사르트르는 파리와 파리 근교의 고등학교에서 교사 생활을 한다. 이때 **사르트르는 20페이지 분량의 「진리의 전설」을 집필하는데, 순전히 사르트르 자신의 지식만으로 저술된 이 책은 설득력이 부족하다는 이유로 출판은 거부되었다.** 1932년 베를린 프랑스 문화원의 강사로 있던 레몽 아롱으로부터 처음으로 후설의 현상학에 관해 듣고 (1929년 후설이 파리 소르본느 대학에서 한 강연을 직접 들을 기회를 놓친 것으로 보인다), 다음 해에 프랑스 문화원의 장학생으로 베를린으로 유학하여 현상학을 좀 더 깊이 연구한다. 1935년에 상상력에 대한 실험을 위해 친구였던 의사 라갓슈로부터 메스 모과 주사를 받았는데, 이때 온몸을 게와 낙지가 감싸고도는 환각을 겪었고 때문에 반년 동안 우울증 증세로 괴로워했다(갑각류에 대한 공포는 이후 평생 지속되었다).

파리로 돌아와 다시 교직 생활을 하면서 문학 작품을 쓰기 시작하여 1936년 단편 〈벽〉을 완성했고 소설 《구토》를 출판(1938년)함으로써 문학계에 널리 알려진다. 제2차 세계 대전 때에 소집되었다가 1940년 독일군에 포로가 되었는데, 1941년에 가짜 신체장애 증명서로 수용소에서 석방되어 파리로 귀향, 멜퐁티 등과 같이 대독 저항 운동 단체를 조직하였다. **1943년에 《존재와 무》를 내놓아 철학자로서의 지위를 굳히게 된다.** 그리 활발하지 않는 레지스탕스 활동을 하면서 당시 레지스탕스에 적극적인 알베르 카뮈를 알게 된다. 그리고 종전 후인 1945년 10월 제3의 길을 알리기 위한 잡지 〈현대〉지를 창간하여 실존주의에 대해서 논하면서 소설, 평론, 희곡 등 다채로운 문필 활동에 종사하였다. 또 1945년 미국의 초청을 받아 각지에서 강연을 하였다.

1948년 3월에는 제3의 정치 세력을 위해 민주 혁명 연합 준비 위원회를 결성했으나 친미화, 우익화로 내부 분열이 생겨 1949년 11월 해산되고 말았다. 1950년대 프랑스 공산당의 노동력과 용기에 감동해 〈현대〉지에 프랑스 공산당에 동조하는 글을 썼으나 이로 인해 많은 동료들이 떠났다. 1960년대에는 베트남전쟁에 반대하는 평화운동을 실천하였다. **1964년 노벨 문학상 수상자로 올랐으나 수상을 거부했다.** 1968년 5월의 68운동에서 사르트르는 청년들을 향해 정치에 적극 참여할 것을 권하였고, 사르트르를 체포할 것을 권하는 참모들에게, 당시 드골 대통령이 "볼테르를 바스티유에 넣을 수는 없다."며 사르트르의 체포를 말렸다는 일화가 있다.

한편 한국의 시인 김지하가 1974년 민청학련 사건으로 국가보안법 위반 및 내란선동죄 혐의로 체포되고 사형선고까지 받게 되었을 때, **김지하의 시 「오적(五賊)」의 번역본을 받아 읽어보고는 곧바로 석방 호소문에 서명을 해주었다고 한다.** (이듬해 2월에 김지하는 풀려났다) 이후 문학 저술을 계속해 1971년 플로베르 평전 〈집안의 천치〉 1,2권을 출판하였으나 1973년 갑작스러운 실명으로 문학 저술을 중단했다. 1943년에 발표한 희곡 〈파리떼〉는 독일군 점령하에 파리에서 뒤랭에 의해 상연되었다.

그 후 〈출구는 없다〉가 성공을 거둔 이후 〈무덤 없는 사자(死者)〉 〈공손한 창녀〉 〈더러운 손〉과 〈악마와 신〉 〈네크라소프〉 〈알토나의 감금자〉등의 문제작을 발표하고 뒤마의 〈키인〉, 에우리피데스의 〈트로이의 여인들〉의 번안(飜案) 등을 합하여 실존주의 연극시대를 가져오게 했다. 사상적인 뒷받침과, 고전적인 극작법의 기술과, 철학자로는 보기 드문 무대적인 감각과, 시사적인 소재 등을 고루 갖추어 세계적인 성공을 얻었다. 양식이나 내용상 희곡으로서의 신선미는 약간 부족하나 연극에 커뮤니즘과 크리스차니즘 이외의 사상을 가져오게 한 것은 큰 공적이다.

[사상]

사르트르는 하이데거와 후설의 영향 밑에서 사르트르 자신의 현상학적 존재론을 전개하였다. **사르트르는 데카르트적 자아를 넘어서 인간은 하나의 실존의 존재임을 밝히고 실존은 본질에 앞서며, 실존은 바로 주체성**이라는 명제를 제시하였다. 또한 **인간의 의식과 자유의 구조를 밝히고 실존의 결단과 행동과 책임과 연대성을 강조**하였다. "도구와 같은 존재에 있어서는 본질이 존재에 앞서지만, 개별적 단독자인 실존에 있어서는 존재가 본질에 앞선다. **인간은 우선 실존하고 그 후에 스스로 자유로운 선택과 결단의 행동**을 통하여 자기 자신을 만들어 나간다." 사르트르는 〈**실존주의는 휴머니즘이다**〉라는 조그만 책자에서 그의 실존주의 사상을 이렇게 설명하였다. 행동적 지식인인 사르트르는 세계 평화의 문제에 대해서도 깊은 관심을 가지고 여러 가지 발언과 평론을 하는 동시에, 소련의 공산주의에 대해서도 날카로운 비판을 가하였다. 〈유물론과 혁명〉 〈변증법적 이성 비판〉의 저술들은 이러한 계열에 속한다. 사르트르는 또 다음과 같은 유명한 말을 남겼다. "**인생은 B(Birth)와 D(Death)사이의 C(Choice)이다.**"

[작품 목록]

[소설]

구토 (1938), 벽 (1939), 자유에의 길 (1949)

[희곡]

파리떼 (1943), 닫힌 방 (1944), 무덤없는 사자(1946), 존경할만한 창녀 (1946),
더러운 손 (1948), 악마와 신 (1951), 알토나의 유폐자들 (1959)

[비평]

상황 I-X (1947~76), 문학이란 무엇인가 (1947), 보들레르 (1947),
성자 주네, 배우와 순교자 (1952), 집안의 천치 I-III (1971, 1972)

[철학서]

상상력 (1936), 상상계 (1940), 존재와 무 (1943),

실존주의는 휴머니즘이다 (1946), 변증법적 이성비판 (1960)

[연보]

1905년

6월 21일 파리에서 출생. 아버지 장-바티스트 사르트르는 이공과대학 출신의 해군장교, 어머니는 독일어교사였던 샤를르 슈바이처의 딸 안느-마리, 결혼 1904년.

1906~1916년

1906년에 아버지를 잃다 (월남에 파견되었을 때 걸린 열병의 후유증으로 사망). 청상과부가 된 어머니(24세)는 곧 어린 자식과 함께 친정으로 돌아가고 그 후 10년 동안 사르트르는 외가에서 살게 된다. 1914년- 제1차 세계대전 발발.

1917~1920년

1917 - 어머니의 재혼. 의부가 된 사람은 이공과대학 출신인 기사 조셉 낭시.

1917~1920 - 의부의 근무지인 라 로셀로 이사하여 그곳의 중고등학교에 재학. 우수한 성적.

1917 - "나는 12세 때 신이 존재하지 않는다고 단정했다. 그 후 나의 생각은 변함이 없다."

1920 - 지방의 나쁜 영향에서 벗어나게 하려는 양친의 배려로 파리로 되돌아오다.

1916년까지 다니던 앙리 4세 중고등학교로 복교.

1917 - 러시아 혁명.

1918 - 제1차 세계대전의 종결.

1921~1924년

1921~22 - 대학입학자격시험 제1차 및 제2차에 합격.

1922~24 - 고등사범대학 입시준비과정 2년 수료. (철학을 전공하기로 결심을 굳힘)

1923 - 니장과 함께 만든 "이름 없는 잡지"에 최초로 두 작품을 발표. 〈병자의 천사〉와 〈시골선생, 올빼미 예수〉.

1924 - 고등사범학교 입학.

1924~1928년

1924~28 - 고등사범학교에서 수학. 1928년에 졸업. 그러나 그 해에 실시된 고등학교 및 대학교 교수 자격시험에서 낙제.

1926년경부터 마르크스를 읽기 시작.

1925년경부터 이미 '존재의 우연성'에 관한 문제에 관심을 갖기 시작.

1927 - "현대 프랑스 사상에 나타난 국가의 이론"

1928 - 소설 〈어떤 패배〉를 갈리마르 출판사에 보냈으나 거절당하다.

1928 - 니장과 함께 야스퍼스의 "정신병리학 개론"의 번역을 도와 그 교정을 보다.

1927 - 소련 공산당 제15차 개최. 트로츠키가 추방되고 스탈린 체제로 들어서다.

1929~1931년

시몬 드 보봐르와 사귀기 시작(1929.7).

고등학교 및 대학교 교수자격시험에서 1등으로 합격(1929.7).

1929 – 자격시험에 합격하자 일본파견교사로 지원했으나 실패.

1929 – 11월초 입대. 아롱(Aron)의 권고에 따라 기상관측병이 되고 1931년2월 제대.

1929 – 〈오늘날의 학생에 관한 앙케트〉를 실시한 누벨 리테레르지에 보낸 편지.

1931 – 〈진리의 전설〉의 일부를 비퓌르지에 게재

1931 – 르 아브르 고등학교 교사로 부임.

1929 – 세계경제공황의 시작.

1932~1935년

1932 – 프로이드의 무의식에 대치될 〈자기기만〉이라는 개념에 착상.

1933.10~1934.6 – 후설의 연구를 위해 베를린으로 유학.

1934.10 – 다시 르 아브르 고등학교 교사로 복직.

1935 – 보봐르의 제자인 올가라는 12세 연하의 처녀에 홀리다.

1935 – 노르웨이 여행중 〈자정의 태양〉이라는 제목의 단편소설을 썼으나 원고 분실.

1933 – 히틀러가 정권을 장악하다.

1936~1939년

1936.10 – 라옹 고등학교로 전근

1936 – "상상력"

1936 – "자아의 초월성"

1937 – 단편소설 "벽"

1938 – "구토"

1939년 초부터 키에르케고르, 헤겔, 하이데거를 읽기 시작.

1939.9 – 제2차 세계대전의 발발과 동시에 군에 소집되어 낭시의 기상관측대로 가다.

1939 – 소설집 "벽"

1939 – "정서론 소묘"

1936.7 – 스페인 전쟁의 발발.

1939.2 – 스페인 전쟁에서 인민전선 내각을 붕괴시킨 프랑코 독재정권이 영국과
        프랑스의 승인을 받다.

1939.8 – 독일과 소련의 불가침조약 체결.

1939.9 – 독일군의 폴란드 침입. 영불 양국이 독일에 선전포고.

1940~1944년

1940.6 – 전투에 참가해 보지도 못한 채 포로가 되어 트리어의 포로수용소로 이송되다.

1941년 3월 민간인으로 가장하고 오른쪽 눈이 멀었다는 가짜진단서를 이용하여 석방되다.

1941 - 석방되자 파리의 파스퇴르 고등학교 교사로 복직하는 동시에 메를로 퐁티 등과 함께 〈사회주의와 자유〉라는 이름의 저항단체를 구성. 그러나 이 단체는 몇 개월 만에 해체.

1941.9 - 콩도르세 고등학교로 전근 (1944년까지 재직)

1943 - Lettres Francaises, Combat 등의 저항지에 협력.

1943 - 카뮈와 알게 되다.

1944 - 쥬네와 알게 되다.

1944. "현대"지 창간준비위원회 구성: 사르트르, 보봐르, 멀로 퐁티, 아롱 등
(앙드레 말로는 참가를 거부)

1940.6 - 파리 함락, 프랑스군의 퇴각, 페탱 원수가 괴뢰정권을 수립, 국내에서의 저항운동 시작.

1944.8 - 독일군이 파리에서 철수. 뒤이어 드골 정부의 발족.

1945~1949년

1945.10 - "현대"지 창간호.

1945~46 - 두 번에 걸쳐 미국 방문.

1946.11 - UNESCO 창립에 즈음하여 소르본에서 '작가의 책임'이라는 제목하에 강연.

1947 - 프랑시스 장송과 알게 되다.

1948.3 - '민주혁명연합'의 창립.

1948 - 말라르메에 관한 연구를 시작.

1949.1~2 - 파리를 방문한 루카치와 논쟁

1945 - 독일의 무조건 항복(5월), 뉘른베르크에서 전쟁범죄자 재판이 시작(11월)

1946 - 인도지나 전쟁의 시작(12월)

1949 - UN에서 소련의 강제수용소 문제가 논의되다(8월), 중화인민공화국의 성립(10월)

1950~1956년

1951 - 메를로 퐁티와 함께 소련의 강제수용소의 존재에 대해서 강력하게 항의.

1952 - 카뮈와의 논쟁.

1954 - "말"의 초고가 대부분 완성

1954.5 - 최초의 소련 방문.

1955.9~11 - 중공 방문

1950.6 - 한국전쟁 발발.

1953.3 - 스탈린 사망.

1954.5 - 인도지나 전쟁의 종결(디엔 비엔 푸의 함락)

1954.11 - 알제리 민족해방전쟁의 시작.

1957~1964년

1960 - 쿠바, 브라질, 유고를 방문.

1960 - '알제리 전쟁에 있어서의 불복종의 권리'를 내세운 〈121인 선언〉에 서명.

1961 - 프란츠 파농과의 만남.

1961 - 그의 아파트에서 폭탄테러를 당하다. 알제리 전쟁을 지지하는 극우파의 소행.

1962년 초에도 재차 같은 방식의 테러가 있었음.

1962 - 소련 방문.

1964 - 노벨문학상 거절.

1958.6 - 드골 내각의 성립.

1960 - 카뮈의 죽음.

1961 - 메를로 퐁티의 죽음.

1963 - 알제리 독립.

1964 - 월남전쟁의 시작.

1965~1972년

1965 - 아를레트 엘카임을 양녀로 삼다.

1966 - 일본방문.

1966~67 - 러셀의 호소를 받아들여 월남전쟁범죄 국제재판(러셀 법정)에 적극적으로 참여. 1967년의 스톡홀름 집회에서는 의장이 되다.

1967 - 이집트 및 이스라엘 방문.

1970~71 - 모택동주의자와 극좌파들의 여러 기관지의 주간이 되다.

1972 - "사르트르 그 자신"이라는 제목으로 영화 촬영.

1966 - 중국의 문화대혁명 시작.

1968 - 5월 학생혁명.

1969 - 드골의 퇴진.

1972 - 월남전쟁의 종식.

1973~1980년

1973 - "리베라시옹" 창간. 거의 실명 상태에 이름. 집필 중단.

1974 - 보봐르와의 대담. 모든 저널리즘에서 손을 뗌.

1975 - "권력과 자유"라는 가제목의 책을 위한 작업에 착수.

1980.4.15 - 3월 폐수종으로 입원한 지 한 달 지나서 사망. 몽파르나스 묘지에 안장. 유서는 남기지 않았다.

🦏 • 사르트르 명언

♣ 인생은 B(irth)와 D(eath) 사이의 C(hoice)이다.

♣ 존재가 선행하며 본질을 지배한다.

♣ 우리의 책임은 우리의 생각보다 훨씬 더 지대하다.
　그것은 전 인류를 포괄하기 때문이다.

♣ 인간이란 자유롭도록 선고받은 존재이다.
　일단 세계에 던져지고 나면 그는 그가 하는 모든 일에 대해 책임이 있기 때문이다.

♣ 간단히 말해 인간은 스스로 그의 본질을 창조해야 한다. 그것은 그 자신을 세계에 던지고 그 속
　에서 시달리며 몸부림치고 그리하여 서서히 그 자신을 정의해 나가는 것이다.

♣ 불안이란 자유가 느끼는 현기증이다.

♣ 우리가 불안을 벗어날 수 없는 것은 확실하다. 바로 우리가 불안 그 자체이므로.

♣ 허무는 존재를 두렵게 한다.

♣ 모든 인간의 활동은 동등한 가치를 지닌다.

♣ 삶은 어떤 선험적 의미를 지니지 않는다.
　삶에 의미를 주는 것은 바로 당신에게 달렸다.
　그리고 가치란 당신이 선택하는 의미 외에 아무 것도 아니다.

♣ 부자들이 전쟁을 일으키면 결국 죽는 이들은 가난한 자들이다.

♣ 절망과 함께 진정한 낙관주의가 시작된다. 아무것도 기대하지 않고, 그가 아무런 권리가 없다는
　것을 알며, 그에게 주어질 것은 결국 아무 것도 없다는 것을 알면서도 오직 자기 자신을 믿으며
　홀로 모든 것의 안녕을 위해 행동하는 것. 그것이 낙관주의이다.

노이만-John von Neumann, 수학자, 헝가리-미국 (1903년생)

수학자, 컴퓨터과학자

[출생] 1903년 12월 28일, 오스트리아-헝가리 제국 부다페스트
[사망] 1957년 2월 8일 (53세), 미국 워싱턴 D.C.
[거주지] 미국
[국적] 헝가리, 미국

[학력사항]
~ 1926 에오트보스 대학교 대학원 수학 박사
~ 1925 스위스연방공과대학교 화학공학 학사
1921 ~ 1923 베를린대학교

[경력사항]

1933 ~ 1957 미국 프린스턴대학교 수학 교수

1932 ~ 1957 프린스턴 고등연구소 연구원

1930 ~ 1933 미국 프린스턴대학교 객원교수

[분야] 수학, 컴퓨터 과학

[소속]

베를린 훔볼트 대학교

프린스턴 대학교

프린스턴 고등연구소

로스앨러모스 국립 연구소

[출신 대학]

에외트뵈스 로란드 대학

취리히 연방 공과대학교

[주요 업적]

게임 이론

폰 노이만 대수

폰 노이만 구조

bicommutant theorem

폰 노이만 세포 자동자

폰 노이만 보편 구축자

폰 노이만 엔트로피

Von Neumann regular ring

Von Neumann-Bernays-Godel set theory

폰 노이만 전체

Von Neumann conjecture

Von Neumann's inequality

Stone von Neumann theorem

Von Neumann stability analysis

미니 맥스 원리

Von Neumann extractor

Mean ergodic theorem

Direct integral

[수상]

1956년 엔리코 페르미 상

[요약]

존 폰 노이만은 헝가리 출신 미국인 수학자이다. 무신론자였으나, 나중에 로마 가톨릭 교회 신자가 되었다. **양자 역학, 함수 해석학, 집합론, 위상수학, 컴퓨터 과학, 수치해석, 경제학, 통계학 등 여러 학문 분야에 걸쳐 다양한 업적을 남겼다.** 특히 연산자 이론을 양자역학에 접목시켰고, 맨해튼 계획과 프린스턴 고등연구소에 참여하였으며, 게임 이론과 세포 자동자의 개념을 공동 개발한 것으로 잘 알려져 있다.

[생애]

[유년시절]

오스트리아-헝가리 제국의 부다페스트(현재는 헝가리의 수도)에서 유대인 은행가 노이먼 믹셔와 컨 머르기트 부부 사이에서 낳은 3형제의 첫째로 태어났다. 본명은 노이먼 야노시 러요시 이다. 가족들은 그를 연치(Jancsi)란 별명으로 불렀다. 어릴 때부터 놀라운 기억력을 보였으며, 6살 때에는 8자리 숫자의 나눗셈을 암산으로 할 수 있을 정도였다고 한다. 그러나 폰 노이만의 부모가 그다지 놀라지 않았을 수도 있는데, 왜냐하면 폰 노이만의 할아버지 야콥은 백만자리 숫자를 곱하고 더할 수 있었기 때문이다. 기록에 따르면 폰 노이만은 할아버지와 자신의 셈 방법은 달랐다고 하는데 어찌 되었든 계산능력만은 '반신'이라 불리었던 폰 노이만보다 그의 할아버지가 더 대단했다고 한다.

또한 폰 노이만이 컴퓨터와의 계산 대결에서 이긴 뒤 "컴퓨터가 필요 없을 것 같습니다."라고 한 말이 그의 끝을 모르던 지적 능력을 말해준다. 폰 노이만은 동료들에게는 수학자의 전성기는 26세까지라고 하면서도 폰 노이만에 대해 동료들은 **폰 노이만은 그 한계를 매년 갱신한다는 평가를 들었다.** 폰 노이만의 계산능력은 세월이 지날수록 더 좋아졌기 때문이다. 폰 노이만의 매우 어릴 때부터 폰 노이만은 수학과 수의 성질, 세상을 움직이는 논리에 대해 관심이 많았다. 6살때는 허공을 응시하고 있던 어머니에게 "뭘 계산하고 계세요?"라고 질문했다는 일화가 있다. 1911년에 김나지움에 입학하며, 1913년엔 폰 노이만의 아버지가 귀족 작위를 사서 이름에 귀족임을 뜻하는 '폰(von)'이 들어가게 된다.

[활동]

[수학과 화학 공부]

23세의 나이로 부다페스트 대학교에서 수학 박사학위를 따고, 동시에 스위스에서 화학을 공부하였다. 1926년부터 1930년까지 베를린에서 강사생활을 한다.

[미국에서의 생활]

1930년에 미국의 프린스턴 고등연구소로 초청을 받아 미국으로 건너가 고등연구소의 최초 4명의 교수진 중에 한 명이 된다. 폰 노이만은 1933년부터 죽을 때까지 고등연구소의 수학교수로 활동한다. 제2차 세계대전 동안 폰 노이만은 핵무기를 만들기 위한 미국의 맨해튼 계획에 참여한다. 1936년부터 1938년까지 앨런 튜링이 고등연구소의 방문연구원으로 연구했으며, 폰 노이만의 지도로 박사학위를 마친다. 이 방문은 튜링이 1936년 발표한 유명한 논문 〈On Computable Numbers with an Application to the Entscheidungsproblem〉을 발표한 직후였다.

폰 노이만은 튜링의 아이디어를 분명 알고 있었을 것이지만, 폰 노이만이 10년후 만든 IAS 머신의 제작에 그 아이디어를 적용했는지는 분명치 않다. 폰 노이만은 게임 이론의 아버지이며, 오스카 모르겐슈테른과 함께 1944년 고전 《게임과 경제행동 이론》을 썼다. 폰 노이만은 또한 냉전기간 동안 미국의 핵 정책을 주도했던 상호간에 '보장된 멸망'이란 개념을 확신하고 있었다. 폰 노이만은 제2차 세계 대전 동안 핵무기를 개발하기 위한 맨해튼 계획의 일원으로 로스앨러모스 국립 연구소에서 한스 베테·빅토어 바이스코프와 함께 일했다.

[양자 역학]

1900년 세계 수학자 대회에서, 다비트 힐베르트는 수학 발전의 핵심적인 23개의 문제들을 발표했다. 그 중 6번째 문제는 물리학의 공리화였다. 1930년대까지 새로운 물리 이론들 중에서는 공리적 접근 방식을 따랐던 것은 양자역학뿐이었다. 하지만 양자역학은 결정론적 세계관과 모순되는 부분이 있어 철학적·기술적으로 문제가 제기되어 왔으며, 베르너 하이젠베르크의 행렬역학과 에르빈 슈뢰딩거의 파동역학 접근방식이 접점을 찾지 못한 상태였다. 집합론의 공리화를 끝낸 이후, 폰 노이만은 양자 역학의 공리화 문제를 해결하기 시작했다.

1926년, 폰 노이만은 N개의 입자를 양자 역학으로 다루는 문제가 무한차원 힐베르트 공간 내의 의한 점으로 나타나며, 이는 고전역학에서 6N 차원의 위상 공간에 대응되는 개념이라는 것을 알아챘다. (3N 개는 위치를 나타내기 위해, 3N 개는 운동량을 나타내기 위해 쓰임) 거기에 더해 위치, 운동량 등의 물리량은 이 점에 연산자를 작용시켜 얻어낸다고 생각할 수 있다는 것을 알아냈다. 그러므로 양자역학을 다루는 물리문제는 힐베르트 공간 내의 에르미트 연산자를 연산자끼리 계산하는 방식으로 치환하는 것이 가능하다는 것을 알았다.

유명한 예로, 베르너 하이젠베르크의 불확정성 원리는 위치 연산자와 운동량 연산자를 곱했을 때, 곱하는 순서가 바뀌면 계산 값이 달라질 수 있다는 것 (e.g. p 를 x 축에 대한 운동량, x 를 x축에 대한 위치라고 할 때, $px - xp \neq 0$)으로 설명 가능하다. 이 접근 방식은 하이젠베르크와 슈뢰딩거의 접근방식을 포괄하며, 노이만은 1932년 양자역학에 내재된 수학이론을 완성한다. 물리학자들은 폴 디랙이 1930년에 완성한 브라-켓 접근방식을 선호하나, 수학자들은 노이만의 접근방식이 아름답고 완전하다고 평가한다.

[게임 이론]

폰 노이만은 그의 수학적 지식을 바탕으로 게임 이론의 기초를 다졌다. 1928년 폰 노이만의 미니맥스 이론을 증명했으며, 이는 완전한 정보와 제로섬 게임을 기반으로 두 사람이 두 가지의 전략을 갖고 있을 때, 각자의 손실을 최소화하는 방법을 일컫는다. 1944년에는 오스카 모르겐슈테른과 함께 쓴 책 **《게임 이론과 경제적 행동》**을 출간함으로써 불완전한 정보와 참여자가 두 명 이상일 경우를 고려했다는 점에서 미니맥스이론을 스스로 발전시켰다고 할 수 있다. 뉴욕 타임즈 표지에 소개되었을 만큼 이 책이 발간되었을 때 공중의 관심이 굉장히 높았다. 이 책에서 폰 노이만은 경제 이론이 함수해석학을 사용할 필요가 있음을 밝히며, 특히 볼록집합과 위상 고정점 정리를 강조하였다. 이는 폰 노이만의 이론이 전통적인 미분학을 뒷받침하지 않기 때문이다.

[업적]

헝가리 태생으로 미국 프린스턴 대학 연구소 교수로 있던 존 폰 노이만은 1945년에 발표한 논문 〈전자계산기의 이론 설계 서론〉에서, 오늘날 사용되는 컴퓨터와 같이 주기억장치에 프로그램을 내장시켜 놓고 명령어를 하나씩 불러 실행시키는 개념을 제안하였다. 이와 같이 하면 에니악에서와 같이 새로운 프로그램을 수행할 때마다 수천 개의 스위치와 회로를 변경하는 것이 아니라 프로그램을 주기억장치로 읽어 들일 수가 있다. 오늘날 이 개념은 당연한 방법으로 인식되나 1945년 당시에는 획기적인 돌파구였다. 폰 노이만의 주장은 이후 널리 적용되어 초기의 대형 컴퓨터뿐만 아니라 그 이후 개발된 소형 컴퓨터의 설계에도 중요한 지침이 되었다.

🦏 ● 노이만 명언

♣ 과학은 설명하려고 노력하지 않는다. 과학은 해석하려고 들지도 않는다.
과학은 주로 모델을 만든다. 그 모델이란 언어적 해석이 가미된 것으로 관찰된 현상을 묘사하는 (보여주는) 수학적 건물이라고 할 수 있다.

♣ 이제까지 고안된 것 가운데 가장 강력하고 정확한 컴퓨터 '애니악'은 미국이 수소폭탄개발 경쟁에서 소련을 이기도록 도왔고, 현대 컴퓨터 시대를 여는 데 선구적인 역할을 했다.

♣ 만약 사람들이 수학이 단순하다고 믿지 않는다면,
그것은 사람들이 인생이 얼마나 복잡한지를 깨닫지 못하기 때문이다.

♣ 당신 혼자서 세상을 책임지는 건 아니야, 혼자서 괴로워하지 마, 알겠어?

♣ 기계가 할 수 없는 일이 있다고 주장하는 사람들이 있다. 기계가 할 수 없는 일이
무엇인지를 나에게 정확하게 일러준다면 그걸(기계가 할 수 없는 것) 할 수 있는 기계를 만들어 주겠다.

디즈니-Walt Disney, 영화 제작자, 사업가, 미국 (1901년생)

[본명] 월터 일라이어스 디즈니

★ 지난 1,000년간 인물 중 62위 선정

[출생] 1901년 12월 5일, 미국 일리노이 주 시카고
[사망] 1966년 12월 15일 (65세), 미국 캘리포니아 주 버뱅크

[사인] 폐암
[거주지] 미국 일리노이주 시카고
[국적] 미국
[직업] 애니메이터, 영화감독, 프로듀서, 각본실업가, 성우
[배우자] 릴리안 바운즈 디즈니(1925년~1966년)
[자녀] 다이앤 마리 디즈니, 샤론 메이 디즈니(입양)
[부모] 앨라스 디즈니, 플로라스 콜 디즈니
[친척] 로이 O. 디즈니(형)
[활동분야] 예술
[주요수상] 아카데미상(1932년)
[주요작품] 《숲의 아침》(1932년) 《메리 포핀스》(1964년)

[요약]
미국의 만화영화 제작자이다. 《미키 마우스》 시리즈, 《백설공주》, 《판타지아》등 일련의 단편, 장편만화 이외에 극영화와 기록영화에서 동물실사 필름에 의한 드라마 구성, 텔레비전 프로그램까지 진출했다.

[생애]
월트 디즈니는 미국의 애니메이션, 영화감독이자 제작자이며 사업가이다. 미국 시카고에서 태어나 고등학교 때부터 상업 미술에 뜻을 두고 광고 만화 등을 그리기 시작하였다. '미키 마우스'를 창조하여 한층 인기가 높아졌다. 그 뒤 〈미키〉 〈도널드〉 등 많은 만화 영화를 제작하였는데, 삼원색 방식에 의한 최초의 천연색 영화인 〈숲의 아침〉으로 아카데미상을 받았다. 그 뒤에도 〈돼지 삼형제〉를 비롯하여 많은 걸작 만화를 만들었다. 1937년 세계 최초의 장편 애니메이션 백설공주를 제작하여 개봉하였는데 당대에 엄청난 화제를 모았다. 그때까지만 해도 애니메이션은 장편 영화 상영 도중 잠시 틀어주는 소품같은 개념이어서 월트 디즈니의 도전은 무모하다고 여겨졌지만 개봉 직후 모든 흥행 기록을 갈아치우며 대성공을 거두었다.
감독 세르게이 에이젠슈타인은 백설공주를 본 뒤 영화 역사상 가장 위대한 영화라고 추커세우기도 했다. 이 밖에도 자연 과학 영화, 기행 단편 영화, 기록 영화 등 수많은 우수한 영화를 제작하였다. 그는 TV용 영화도 만들어 대호평을 받았다. 1955년 로스앤젤레스 교외에 디즈니랜드라는 거대한 어린이 유원지를 설립하여 영화 제작자 이상의 사업가로서도 자리를 굳혔다. 그가 영화 업계와 세계 오락 산업에 미친 영향력은 아직까지도 방대하게 남아있으며 여전히 대중문화 역사 사상 가장 중요한 인물 중 한 사람으로 꼽힌다. 새터데이 이브닝 포스트는 월트 디즈니를 통틀어 '세계에서 가장 유명한 엔터테이너이자 가장 유명한 비정치적 공인'이라고 일컬었다. 월트 디즈니 스튜디오는 형인 로이 디즈니와 함께 1923년에 창립했고 현재까지도 꾸준히 애니메이션을 제작하고 있다. 1966년 폐암 말기로 진단받고 불과 한 달 만에 사망했다. 화장되어 글레데일의 묘에 매장되었다. 한때 월트 디즈니가 냉동보관되었다는 루머가 돌기도 했다.

[업적]

시카고 출생으로, 19세 때 캔자스에서 친구와 종이 애니메이션 영화를 제작하여 파산한 후 1923년 할리우드로 나가 형 로이와 손잡고 《이상한 나라의 앨리스》《토끼와 오즈월드》 등의 시리즈를 만들었다. 그 뒤 《미키 마우스》 시리즈 가운데 하나인 《증기선 윌리호》(1928년)를 최초의 유성만화영화로 발표하여 크게 성공하였다. 이어서 《실리 심포니》 시리즈 가운데서는 최초의 3원색 테크닉 컬러에 의한 색채만화 《숲의 아침》(1932년)으로 아카데미상을 획득, 이후 1930년대 만화영화 부문의 상을 독점했다. 이 시기에는 《미키의 도깨비 고양이 재판》(1935년) 《미키의 시계방》(1937년) 《언덕의 풍차》(1937년) 《어린이의 꿈》(1938)년 등 유머와 개그, 악몽의 공포, 자연의 횡포와 환상 넘치는 걸작이 많이 나왔고, 1937년 말에는 최초의 장편만화 《백설공주》를 완성하여, 흥행 면으로도 크게 성공하였다.

이어서 《피노키오》(1938년) 《판타지아》(1940년) 《덤보》(1941년) 《밤비》(1942년) 등의 장편을 발표하였다. 제2차 세계대전 후 《신데렐라 공주》(1950년)로부터 《정글북》(1965년)에 이르는 일련의 장편만화 이외에 《보물섬》(1950년)으로 시작된 극영화와 《사막은 살아 있다》(1953년) 등의 기록영화에서, 차차 동물실사 필름에 의한 드라마 구성으로 옮겨 가고, 나아가 텔레비전 프로그램에도 진출하였다. 특히 《메리 포핀스》(1964년)는 디즈니 생애 최고 성공작이었다. **1955년 대규모 유원지 '디즈니랜드'를 완성하였으며**, 1964년 뉴욕 세계박람회에서 어트랙션을 담당하였다.

🦏 ● 디즈니 명언

♣ 디즈니 세계는 결코 완성되지 않았다.
  상상의 세계가 남아있는 한 계속 성장할 것이다.
♣ 당신이 그것을 꿈꿀 수 있다면, 당신은 그것을 할 수 있습니다.
♣ 좋은 아이디어를 가지고 그것에 머물러라.
  그것을 행하고, 그것이 제대로 끝날 때까지 그것과 함께 머물러라.
♣ 시작하는 방법은 말을 멈추고, 행동을 시작하는 것이다.
♣ 꿈을 추구 할 용기가 있다면, 모든 꿈은 이루어질 수 있다.

4.5 19세기 출생 인물들

1800년대, 즉 19세기에 태어난 인물들 33명을 소개한다. 당시대뿐만 아니라 20세기와 현21세기에도 지대한 영향을 끼친, 다양한 분야에서 활동하고 업적을 남긴 많은 인물들이 포함되어 있다.

슈뢰딩거-Erwin Schrodinger, 노벨물리학상, 오스트리아 (1887년생)

[출생-사망] 1887년 8월 12일, 오스트리아 ~ 1961년 1월 4일 (73세)

[경력사항]
더블린고등연구소 연구소장
1940 더블린아카데미 교수
1921 취리히대학교 교수
1921 브레슬라우대학교 교수
1920 슈투트가르트대학교 교수

[수상내역] 1933 노벨 물리학상

[출생] 1887년 8월 12일, 오스트리아-헝가리 빈

[사망] 1961년 1월 4일 (73세), 오스트리아 빈

[국적] 오스트리아
[분야] 물리학
[소속]
브로츠와프 대학교
취리히 대학교
베를린 훔볼트 대학교
옥스퍼드 대학교
그라츠 대학교
더블린 고등연구소
헨트 대학교

[출신 대학] 빈 대학교
[지도 교수]
프리드리히 하제뇌를

[주요 업적] 슈뢰딩거 방정식, 슈뢰딩거의 고양이, 섭동 이론

[수상]
노벨 물리학상 (1933년)
막스 플랑크 메달 (1937년)

[요약]

에르빈 루돌프 요제프 알렉산더 슈뢰딩거는 슈뢰딩거 방정식을 비롯한 **양자 역학에 대한 기여로** 유명한 오스트리아의 물리학자이다. **슈뢰딩거 방정식으로 1933년 노벨 물리학상을 수상**했다. 그는 또한 슈뢰딩거의 고양이라는 유명한 사고 실험을 제안하였다.

[생애]

에르빈 슈뢰딩거는 1887년 8월 12일 오스트리아-헝가리 제국의 수도인 빈의 에어드베르크 3가에서 루돌프 슈뢰딩거와 조르진 에밀라 브렌다 슈뢰딩거 사이에 태어났다. 슈뢰딩거의 아버지는 방수천 제조 공장의 소유자로서, 식물학에 깊은 관심이 있는 사람이었고, 슈뢰딩거의 외조부는 빈 공과대학교의 화공학과 교수였다. 이러한 가정적 배경은 슈뢰딩거에게 과학적인 흥미를 가지게 하는데 한 역할을 하였다. 슈뢰딩거는 집에서 가정교사를 통한 개인 교습을 받다가 1898년 합스부르크 왕가에서 세운 왕립 학술 김나지움 입학시험에 합격하였고, 1906년 7월 11일 김나지움을 우수한 성적으로 졸업하고 오스트리아-헝가리 내에 있는 어떠한 대학교에 자유롭게 입학할 수 있는 자격을 획득하였다. 1906년 가을, 슈뢰딩거는 빈 대학교 물리학부에 입학하였고, 이론물리학 전담교수인 프리츠 하제뇌를 교수와 실험물리학 전담교수인 프란츠 엑스너 교수의 수업을 받게 되었다. 특히 슈뢰딩거는 1907년 가을, 비정기 학술발표회에서 하제뇌를이 발표한 루트비히 볼츠만의 이론을 정리하고 발전시킨 것에 큰 감명을 받았다. 슈뢰딩거는 1910년 5월 20일 물리학과 박사 학위를 취득하였다. 1913년에는 실험물리학 교수였던 엑스너 교수와 공동연구를 시작했다. 제1차 세계대전 때는 포병 사관이 되어 남부 전선에 종군하면서 몇몇 논문을 출판하였다.

예나 대학교 조교수, 취리히 대학교 교수, 베를린 훔볼트 대학교 교수 등을 역임했다. 1933년에는 나치가 독일에 집권하게 되자 영국으로 망명했다가 1936년에 돌아와 그라츠 대학교 교수가 되었다. 그러나 나치 독일이 오스트리아를 병합하자 1938년에 로마로 망명하였다. 1939년에 제2차 세계대전이 일어나자, 아일랜드에 가서, 1940년에는 더블린 고등연구소의 이론 물리학 부장이 되었으며, 1956년에 은퇴하고 조국에 돌아와 빈 대학교 명예 교수가 되었다. 일생을 걸쳐 많은 여성과의 복잡한 연애관계로도 유명한 인물이며, 소극적인 반전 평화론자였다.

[업적]

원자 구조론, 통계 역학, 상대성 이론 등, 여러 방면에 걸쳐 이론 물리학적 연구 업적이 있다. 그 중에서도 드 브로이의 전자의 파동 이론을 발전시켜 **슈뢰딩거 방정식을 수립**함으로써 파동 역학을 수립했으며, 하이젠베르크의 행렬 역학과의 형식적 동등성을 1926년에 증명하여 **양자 역학이 발전할 수 있는 길을 텄다.** 이러한 업적으로 1933년에는 노벨 물리학상을 받았다.

● 슈레딩거 명언

♣ 인간은 유일하게 시간을 객관적으로 관측 할 수 있는 존재이다.

루스벨트-Franklin Roosevelt, 32대 대통령, 미국 (1882년생)

남성, 물병자리 말띠

[출생-사망] 1882년 1월 30일 (미국) ~ 1945년 4월 12일 (63세)
[신체] 185cm

[학력사항]
1904 ~ 1907 컬럼비아대학교 법학 (중퇴)
1900 ~ 1903 하버드대학교 학사

[경력사항]
1933 ~ 1945 미국 32대 대통령
1928 미국 뉴욕주 주지사
1913 ~ 1919 미국 해군성 차관보
1910 미국 뉴욕주 민주당 상원의원

[요약]
프랭클린 델러노 루스벨트는 미국의 32번째 대통령(재임 1933년~1945년)이다. 루스벨트는 임기 동안 대공황과 제2차 세계 대전을 모두 경험한, 20세기의 중심인물 중 한 사람이라고 할 수 있다. **루스벨트의 리더십은 뉴딜 정책을 통하여 미국이 대공황에서 벗어나도록 도왔으며, 제2차 세계 대전 때 연합군에 동참하여 나치 독일과 이탈리아 왕국, 그리고 일본 제국을 상대로 전쟁을 수행하여 승리로 이끌었다.** 그렇지만 스탈린에 대한 미묘한 자세는 이후 역사가들에게 비판의 대상이 되었다. 세계 평화를 위한 국제 조직에 대한 루스벨트의 열망은 사후에 **국제 연합의 결성**으로써 결실을 맺게 되었다. 미국의 대통령 중에서 처음이자 마지막으로 대통령직에 네 번이나 당선되어 12년간 백악관을 차지했던 장기 집권자이기도 하다. 또, 미국인들에게 역대 대통령 중에서 가장 존경하는 지도자에 대한 설문조사를 실시하면 상위에 위치하는 인물이기도 하다.

[생애 초반]
[출생과 가계]
프랭클린 루스벨트는 1882년 1월 30일에 미국 뉴욕 주 북부의 하이드파크에서 태어났다. 루스벨트의 아버지 제임스 루스벨트는 델라웨어 앤드 허드슨 철도의 부사장이며 유복한 지주였다. 루스벨트 가는 1650년경에 네덜란드에서 뉴 암스테르담(오늘날의 뉴욕)으로 이주한 지주 클라에스 판 로센펠트의 후손들이다. 클라에스 판 로센펠트의 아들 니콜러스 루스벨트는 두 아들을 두었는데, 그 중 첫째 요하네스 루스벨트는 오이스터베이, 둘째 야코부스 루스벨트는 하이드파크 루스벨트의 선조가 된다. 이에 따라 18세기에 루스벨트 가는 하이드파크 루스벨트가(19세기에는 민주당 지지자가 됨)와 오이스터베이 루스벨트 가(공화당 지지)로 나뉜다.
프랭클린 루스벨트는 야코부스 루스벨트의 5대손이며, 오이스터베이의 공화당원인 제26대 대통령 시어도어 루스벨트는 요하네스 루스벨트의 5대손이다. 그러므로 두 사람은 같은 6대조 할아버지를 둔 12촌 형제관계에 있는 먼 친척이었다. 하이드파크와 오이스터베이의 루스벨트 가문들은 정치적인 차이에도 불구하고 친교를 계속 나누었다. 제임스 루스벨트는 오이스터베이의 일가 모임에서 아내를 만났으며, 또 프랭클린도 일가 모임에서 시어도어 루스벨트의 질녀 엘리너를 알게 되어 결혼까지 하게 되었다. 아버지 제임스는 본처 레베카 하워드에게서 이복 형인 제임스 루스벨트 주니어를 두었다. 그리고 제임스 주니어의 아들인 제임스 테드 루스벨트가 프랭클린보다 3년 연상이었다.

[어린 시절]
프랭클린의 어머니 사라 델러노(1854년~1941년)는 프랑스계 위그노이며, 그녀의 조상은 1621년에 매사추세츠로 이주한 필리프 드 라 누아였다. 프랭클린은 사라가 낳은 유일한 아이이며, 제임스는 프랭클린이 태어났을 당시 54살로 고령이었기 때문에, 사라가 프랭클린의 유년기에 큰 영향력을 발휘하였다. 훗날 프랭클린은 친구에게 자신이 살아생전 가장 무서웠던 대상은 어머니였다고 고백하였다. **그 시대의 귀족적이고 부유한 집안의 자제답게 루스벨트 역시 어린 시절에 학교를 다니지 않고 가정교사의 교육을 통해 귀족식 교육을 받으며 귀공자로 성장했고, 거의 매년 가족과 함께 유럽 여행을 다니며 세계에 대한 견문을 넓혔다.** 프랭클린은 부모와 가정교사 등에게 과보호를 받으며 자라 또래의 아이와 사귈 기회가 거의 없었다. 14살 때, 프랭클린은 사립명문 그라턴 기숙학교에 입학, 졸업했다.

[청년기]
루스벨트는 1904년 만19세 때 하버드 대학교에 입학하였고 졸업 후 1908년 컬럼비아 로스쿨에 입학하여 법률을 공부하여 변호사가 되었다. 대학 시절에는 수줍고 비사교적인 성격 때문에 친구가 별로 없었다. 대신 스포츠와 과외 활동, 특히 신문반 활동으로 외로움을 달랬는데, 자신은 결코 학자타입은 아니었다고 스스로 밝히고 있다.

[첫 선거전, 그리고 그 뒤의 큰 불행]
1910-1913년, 뉴욕 주의 상원 의원이 된 후, 민주당 진보파의 지도자가 되었다. 1913-1920년, 윌슨 대통령 아래서 해군 차관을 거쳐 1920년 선거에서 루스벨트는 부통령 후보로 지명되었지만, 워런 하딩의 공화당에 패배했다. 그러나 선거 다음 해인 1921년, 캄포벨로의 여름 별장에서 찬물에 빠진 이후 소아마비 진단을 받고 걷지 못했을 뿐만 아니라 극심한 통증에 시달려왔다. 그러나 이 장애에 대한 대책이 없었던 우드로 윌슨 대통령과는 달리 절망하지 않고 뼈를 깎는 재활 치료와 노력을 하여 두 다리로 걷지 못하는 장애를 극복, 도움이 필요하기는 해도 어느 정도 움직일 수 있게 되자 사람들의 놀라움 속에서 다시 정계로 돌아왔다.

[재임기간]
1928년 루스벨트는 뉴욕 주지사에 당선되었고, 주(州) 수력 회사의 설립, 양로 연금 연체도의 확립, 농민·실업 구제 등 혁신적인 여러 개혁을 실행하였다. 두 번에 걸친 임기 중 '최고의 지사'라는 칭송과 함께 뛰어난 임무 수행 능력을 증명받고 마침내 1932년 민주당 대통령 후보로 지명되었다. **낙**

관적인 경제론 때문에 최악의 인기로 허덕이던 허버트 후버를 누르고, 대공황으로 허덕이는 국민들에게 뉴딜 정책을 선언, 압도적인 득표 차로 대통령에 당선되었다.

[뉴딜 정책과 재선]
루스벨트는 취임 직후 대공황에 대해 즉시 뉴딜 정책이라고 불리는 경제에 대한 정부의 개입(적극적인 경제정책)을 행하였다. 뉴딜은 구제와 부흥뿐 아니라 개혁도 포함하는 것으로, 실행을 위해서는 행정부의 권한이 필요한데, 의회는 대통령에게 많은 권한을 부여하여 그 정책 실행을 용이하게 하였다. 단체 교섭권 보장 같은 노동자의 권리 향상과 테네시 계곡 개발공사(TVA) 등의 대규모 공공사업에 의한 실업자 대책 및 사회 보장 충실 같은 정책을 실시하며 극복을 도모했지만, 좀처럼 성과가 오르지 않았다. 또 선린 외교 정책을 주장하여 라틴 아메리카 여러 나라와의 우호 관계를 증진하고, 경제 원조로서 서반구 여러 나라의 결합을 강화하였다. 유럽 전체주의의 침략에 대해서는 민주주의 국가 방위에 진력하고, 일본의 중국 침략에도 반대, 평화를 원했다.

1935년 여름부터 경기가 상승되어 1936년 대통령에 재선되었다. **1937년 경기는 다시 악화되기 시작하여 후기 뉴딜로써 대처하였는데, 1939년 제2차 세계대전이 발발하여 1941년의 제2차 세계대전 참전에 의한 군수 증대 덕분에 미국의 경제는 회복하여 실업자도 격감했다.** 뉴딜 정책의 효과에 대해서는 지금까지도 논의의 대상이 되고 있고, 과연 2차 세계대전이 없었다면 경제 침체를 완벽히 극복할 수 있었는지에 대해선 많은 의견이 엇갈린다.(실제 1941년 진주만 기습으로 참전하기 전까지, 미국 경제는 실업률이 15%를 상회하는 등, 체제 자체가 붕괴하는 대파국은 넘긴 상황이었지만 완벽히 경기가 회복됐다고는 절대 할 수 없는 상태였다.)

[제2차 세계대전 후반]
1940년 선거에 출마해 웬델 윌키를 누르고 3선 되었다. 루스벨트는 그때 2번까지만 임기를 맡는다는 조지 워싱턴의 전통을 깼다. 1941년 처칠과 대서양 회담을 한 후, 대서양 헌장을 작성하고, 전쟁의 궁극 목표를 명시하였다. 그 해 12월 일본의 진주만 공격으로 인하여 부득이 참전하고, 전력을 기울여 전쟁을 수행하였다. 또 다시 4년 후, 루스벨트는 4선에 성공했지만 루스벨트 사후 대통령 3선 출마금지법으로 조지 워싱턴의 전통이 계승, 강화되었다. **1945년 전쟁이 끝나기 직전, 죽을 때까지 전쟁의 승리와 전후 세계질서의 구상에 헌신**하였다.

[대전 중]
1941년의 진주만 기습 이후, 한국인 독립운동가 이승만 등은 대한민국 임시정부를 승인해줄 것을 요청하며, 합동 군사 훈련을 제의하였다. 그러나 조선이라는 나라를 알고 있었으나, 조선에 대해서 상당히 부정적으로 평가했던 **루스벨트는 끝내 이승만의 제의를 거절**한다. 이후에도 이승만이 계속 국무성을 방문했지만 결국 만나주지도 않았다. 1943년에서 1945년까지 전후 유럽 문제를 놓고 연합국이 몇 차례 회담을 열었는데, 여기서 부분적으로 소련이 북유럽 국가를 병합하여 지배할 수 있다는 이야기가 나왔다.

루스벨트는, 스탈린이 유럽 일부 지역을 지배할 수 있다고 경고하자, 스탈린과 자신의 관계에 대한 이유를 단적으로 드러내는 말로 대답하였는데 "나는 스탈린이 그런 사람이 아니리라고 생각하였다...

나는 만약 내가 그에게 모든 것을 준다면, 나는 아마 그에게 아무것도 돌려달라고 청할 수 없을 것이다. 노블레스 오블리주에 따라 그는 아무것도 빼앗지 않고 나와 함께 세계의 민주주의와 평화를 위해 일할 것이다." 1943년 11월 28일, 미·영·소 3개국 정상회담에서 프랭클린 루스벨트는 "**한국인이 완전한 독립을 얻기 전에 약 40년간의 수습 기간을 필요로 한다.**"고 말했고, 스탈린은 이에 구두로 동의를 표하였다. 전쟁을 속히 종결시켜야 된다는 판단에서 루스벨트는 소련에게도 도움을 청하였다. 미국 내부의 반공주의 인사들의 반대에도 루스벨트는 소련에 지원을 청하였다. 그러나 8월 10일 일본은 항복의사가 있음을 구두로 더글러스 맥아더 편에 전해왔는데, **맥아더는 소련을 참전시킨 것을 후회**한다.

[사망]

루스벨트는 1945년 4월 12일 독일의 항복을 눈앞에 둔 시점에서 애완견 팔라와 공원을 거닐다가 뇌출혈로 사망했다. 향년 63세. 루스벨트의 부인 엘리너 루스벨트의 여비서 루시 마사는 루스벨트의 결혼 생활을 끝나게 했지만, 루스벨트가 숨을 거둔 그곳에도 함께했던 평생의 동반자였다. 부부의 유일한 혈육인 딸 애너 루스벨트는 여주인 없는 백악관에서 그의 아내를 대신하여 퍼스트 레이디 역할을 맡기도 했다. 루스벨트의 죽음 직후 한때 스탈린에 의한 독살설이 제기되었으나, 중화민국의 국부천대 사건과 한국 전쟁 등으로 음모설은 묻혀 졌다.

[평가]

1945년 5월 7일 독일이 연합군에 항복했다. 루스벨트의 지휘로 제2차 세계 대전은 미국과 연합국의 승리로 막을 내리지만, 전쟁 전후 루스벨트의 태도에 대한 비판도 많았다. 무엇보다 유럽에서 600만 명의 유대인이 무참하게 살육되고 있는데도 외면하고 그냥 두고 보기만 했다는 점과 독일계나, 이탈리아계 등과는 달리 일본계 미국인들은 수용소에 격리수용한 인종차별정책으로 많은 비난을 받았다. 국내 정치 경제 면에서 보수주의자들에게 대중인기에 영합하는 길거리 정치로 민주주의를 왜곡하고 건전한 기업풍토에 손상을 주었다는 비판을 받기도 하지만, 민주당 지지자들은 루즈벨트의 재임기간과 그 이후 민주당 주도기를 미국이 가장 평등했던 기간으로 기억한다.

[정책과 사상]

[제2차 세계 대전]

1941년 1월 6일, 루스벨트는 "네 가지 자유" 연설을 하였다. 1943년 3월 루스벨트와 국무장관 콘덴헐이 워싱턴에서 영국 외상 앤소니 이든과 가진 회합 때 한국의 독립문제가 연합국 지도자들 사이에서 최초로 논의되었다. 이때 루스벨트는 "한반도를 일정 기간 동안 미국, 소련 및 중국 등 3국의 '신탁통치'아래 두었다가 독립시킨다."는 의견을 처음으로 밝혔으며, 이들은 호의적 반응을 보였다. 1943년 11월 22일 이집트의 카이로에서 영국의 윈스턴 처칠, 중국의 장제스와 함께 3국 수뇌 회담을 가졌다. 이 자리에서 한국문제를 본격적으로 공식 논의하였다. 11월 27일 발표된 '카이로선언'은 제3항에서 "한국인의 노예 상태에 유의, 한국을 해방하여 적당한 시기에 독립시킬 것"을 결의했다. 카이로 회담이 끝나자마자 루스벨트와 처칠은 이란의 수도 테헤란으로 장소를 옮겨 소련의 스탈린을 만났다. 1943년 11월 28일, 이번엔 중국의 장제스가 빠진 채 이루어진 미·영·소 3개국 정상회담에서 루스벨트는 "한국인이 완전한 독립을 얻기전에 약 40년간의 수습 기간을 필요로 한다."고 말했고, 스탈린은 이에 구두로 동의를 표하였다.

[세계대전의 결과]

1945년 8월 15일, 루스벨트는 비록 그 전에 뇌출혈로 사망했지만, 루스벨트의 제2차 세계대전 미국과 연합군의 지도로 전쟁이 끝날 직전에 추축국에 속해 있던 **일본이 핵무기 공격을 겪고 나서 무조건 항복함으로써 루스벨트의 지휘 아래 제2차 세계 대전은 미국과 연합국의 승리로 막을 내렸다.**

🦏 ● 루스벨트 명언

♣ 민주주의는 정지된 것이 아니라 영원히 계속되는 행진이다.

♣ 사람은 기회를 이용할 줄 알아야 한다. 그러나 기회란 찾아와야만 한다.
    전쟁이 없다면 위대한 장군을 가질 수 없고 거대한 사건이 없다면 위대한 정치가는 나오지 않는다.

♣ 오늘 하루 이 시간은 당신의 것이다. 하루를 착한 행위로 장식하라.

♣ 우리가 두려워해야 할 것이 있다면 두려움이외에는 없다.

♣ 우리는 다음의 네 가지 기본적 자유 위에 세워진 세계를 갈망한다.
    첫째는 세계 각지에서의 언론과 표현의 자유이다.
    둘째는 세계 각지에서의 신앙의 자유이다.
    셋째는 세계 각지에서의 결핍으로부터의 자유이다.
    넷째는 세계 도처에서의 공포로부터의 자유이다.

♣ 위대한 사람이 되는 일은 멋진 일이다.
    그러나 참 인간이 되는 것은 더욱 멋진 일이다.

♣ 인간은 운명의 포로가 아니라 자신의 정신에 딸린 포로이다.

♣ 인간을 지혜의 힘으로만 교육시키고 도덕으로 교육시키지 않는다면,
    사회에 대하여 위험을 기르는 꼴이 된다.

♣ 인생에 있어서 큰 기쁨은
    당신은 못해낸다고 세상에서 말한 것을 당신이 해냈을 때이다.

♣ 인생이 주는 최고의 상은 가치가 있는 일에 열심히 일할 수 있는 기회가 주어지는 것이다.

아인슈타인-Albert Einstein, 물리학자, 노벨상, 미국 (1879년생)

★ 지난 1,000년간 인물100명중 8위 선정

★ 인류 역사인물 100명중 10위 선정

★ 인류 역사인물 50명에 선정 (Wopen.com 한국.net 선정)

[출생] 1879년 3월 14일, 독일 제국 뷔르템베르크 왕국 울름
[사망] 1955년 4월 18일 (76세), 미국 뉴저지 주, 프린스턴
[시민권] 미국
[국적]
독일 제국(1879-96, 1914-18)
바이마르 공화국(1918-33)
스위스(1901-55)
미국(1940-55)

[분야] 물리학
[출신 대학]
스위스 취리히 연방 공과 대학교
스위스 취리히 대학교

[경력사항]
1933 미국 프린스턴 고등연구소 교수
1932 아인슈타인 발전기금 설립
1931 영국 옥스퍼드대학교 교환교수
1916 일반상대성이론 발표
1913 독일 베를린대학 교수
1912 스위스 취리히 연방공과대학 교수
1905 광양자설, 브라운운동의 이론, 특수상대성이론 연구 발표, 베른 특허국

[수상]
1921 노벨 물리학상
1925 코플리 상
1929 플랑크 상
[주요 업적]
특수상대성이론
일반상대성이론
브라운 운동
광전효과
질량-에너지 등가성
보즈-아인슈타인 통계
EPR 역설
[종교] 불가지론

[배우자]
밀레바 마리치 (1903년~1919년)
엘자 아인슈타인 (1919년~1936년)
[자녀]
리제를 아인슈타인 (1902년~1903년)
한스 알베르트 아인슈타인 (1904년~1973년)
에두아르트 아인슈타인 (1910년~1965년)
[손녀] 에벌린 아인슈타인

[요약]
독일 태생의 이론물리학자로서, 광양자설, 브라운운동의 이론, 특수상대성이론을 연구하여 1905년 발표하였으며, 1916년 일반상대성이론을 발표하였다. 미국의 원자폭탄 연구인 맨해튼계획의 시초를 이루었으며, 통일장이론을 더욱 발전시켰다.

[생애]
알베르트 아인슈타인은 독일 태생의 미국 이론물리학자이다. 아인슈타인의 일반 상대성이론은 현대 물리학에 혁명적인 지대한 영향을 끼쳤다. 또한 1921년 광전효과에 관한 기여로 노벨 물리학상을 수상하였다. 1879년 3월 14일 독일 울름에서 유대인으로 출생했다. 아인슈타인의 아버지는 평범한 사업가였으며 가족들은 유대교 의식에 얽매이지 않았다. 어린 시절 판에 박힌 학습과 교육방식을 경멸하여 무례한 행동이 잦았다고 전해진다. 청소년기에 수학과 물리학에 취미를 가졌고 아라우(Aarau)에 있는 주립학교로 진학하여 과학수업에 심취했다. 이 시기를 그의 일생에서 가장 잊지 못할 인상을 남겼다고 회고했다. 취리히 연방공과대학에 낙방하였다가 재수를 하여 물리학과에 입학하였다. 대학에서는 고전 물리학에 염증을 느끼고 루드비히 볼츠만, 구스타프 키르히호프 등 이론물리학자들의 저서를 탐독하며 혼자서 공부하기를 즐겼다. 1901년 대학을 졸업하고, 교사가 되고자 하였지만 자리를 얻지 못해 베른 특허국의 관리 자리를 얻어 5년간 근무하였다. 1903년 대학 동창이자 공동연구자였던 밀레바 마릭과 결혼하였고 15년 후 이혼하게 된다.
특허국 직원으로 일하면서 발명품을 검사하지 않을 때에는 항상 물리학을 연구했다. 1905년 빛이 에너지 덩어리로 구성되어 있다는 광양자설, 물질이 원자 구조로 이루어져 있다는 브라운운동의 이론, 물리적 시공간에 대한 기존 입장을 완전히 뒤엎은 특수상대성이론 논문을 발표하였다. 이때 발표된 논문들은 단 8주 만에 작성된 것이지만 그동안의 인식을 전환시킨 논문으로 평가되었다. 특수상대성이론은 당시까지 지배적이었던 갈릴레이나 뉴턴의 역학을 송두리째 흔들어 놓았고, 종래의 시간·공간 개념을 근본적으로 변혁시켰으며, 철학사상에도 영향을 주었으며, 몇 가지 뜻밖의 이론, 특히 질량과 에너지의 등가성(等價性)의 발견은 원자폭탄의 가능성을 예언한 것이었다. 브라운운동에 관한 기체론적 연구는 분자물리학에 새로운 국면을 열었고, 플랑크의 복사법칙을 검토하여 광양자설에 도달, 그 예로서 광전효과를 설명하였다. 1911년 국제물리학회가 최초로 개최될 때 참가하여 세계적인 물리학자로서 인정을 받았으며 형이상학에 반대하고 철학은 과학으로 부터 결론을 얻어야 한다는데 지지의사를 표명했다. 1913년 베를린대학 교수겸 카이저 빌헬름연구소 소장으로 취임하였다.

1914년 제1차 세계대전이 일어났으나, 그 동안 자신의 특수상대성이론을 중력이론이 포함된 이론으로 확대하고자, 1916년 일반상대성이론을 발표(일반상대성이론의 기초), 이 이론에서 유도되는 하나의 결론으로서 강한 중력장 속에서는 빛은 구부러진다는 현상을 예언하였다. 이것이 영국의 일식관측대에 의하여 확인되었다. 광전효과 연구와 이론물리학에 기여한 업적으로 1921년 노벨물리학상을 받았으며, 그 후 중력장이론으로서의 일반상대성이론을 중력장과 전자장의 이론으로서의 통일장이론으로 확대할 것을 시도하였다.

1920년대에 들어서 세계적인 물리학자로 명성을 얻게 되었으며 특히 아인슈타인의 특이한 외모(헝클어진 머리, 콧수염, 보헤미안적 스타일)와 체면을 세우지 않는 행동 등은 많은 사람들에게 호감을 주었다. 유대인 출신인 그는 유대민족주의·시오니즘운동의 지지자, 평화주의자로서 활약하였다. 독일에서 히틀러가 정권을 잡고 유대인 추방이 시작되자, 1933년 독일을 떠나 미국의 프린스턴 고등연구소 교수로 취임, 통일장이론 개척에 힘을 기울였다. **제2차 세계대전 중 독일이 원자폭탄 연구에 몰두하자, 미국의 과학자와 망명한 과학자들은 원자폭탄을 가질 필요성을 통감하여 당시의 대통령 프랭클린 루스벨트에게 그 사정을 알리는 편지를 보냈다. 이것이 미국에서의 원자폭탄 연구, 맨해튼계획의 시초가 되었다.** 한편, 그는 통일장이론을 더욱 발전시키기에 힘썼다. 일반상대성이론은 리만기하학을 이용한 것으로서, 그것은 2차 대칭하는 텐서에 기초를 두고 있다. 그러나 아인슈타인이 말년에 생각해낸 통일장이론은 2차 대칭이 아닌 텐서에 의거한 이론이다. 이것을 아인슈타인 최후의 통일장이론이라고도 한다. 미국에서는 아인슈타인의 이름을 기념하여 아인슈타인 상을 마련하고 해마다 2명의 과학자에게 시상하고 있다.

[알베르트 아인슈타인 연보]

1879 3월 14일 독일 울름에서 출생.

1894 뮌헨 김나지움에 입학했으나 곧 자퇴.

1895 스위스 아라우 칸톤 고등학교 입학.

1896 스위스 취리히 연방공과대학 물리학과 입학.

1902 스위스 베른 특허국 관리를 지냄.

1903 연방공대 동창인 밀레바 마릭과 결혼.

1905 광양자설, 브라운운동 이론, 특수상대성이론에 관한 논문 발표.

1916 일반상대성이론 발표.

1921 노벨물리학상 수상.

1933 나치를 피해 미국 프린스턴대학교에 교수로 취임.

1955 4월 18일 프린스턴에서 사망. 프린스턴대학교에서 뇌를 보관.

[성장기]

알베르트 아인슈타인은 독일 울름에서 전기 회사 사장이었던 유대인 아버지와 독일인 어머니 사이에서 1남 1녀 중 장남으로 태어났으며, 두 살 아래인 여동생 마야가 있었다. 그의 아버지 헤르만 아인슈타인과 어머니 파브리네는 매주 교회에 나가는 천주교 신자였으며, 집안에도 청동으로 만든 십자고상이 있었다. 한 살 때 아버지와 숙부의 전기 회사 설립으로 대대로 살던 울름을 떠나, 뮌헨으로

이사했다. 초등학교 시절 아인슈타인은 유럽인들의 뿌리 깊은 반유대주의로 인해 상처를 받기도 했다. 아인슈타인이 다닌 초등학교는 로마 가톨릭 학교였는데, 교사가 수업 시간에 대못을 보여 주며, "유대인은 예수를 죽인 민족"이라고 말했던 것이다. 반유대주의는 유대인 아인슈타인이 존경 받는 과학자가 된 후에도 아인슈타인을 괴롭혔다.

아인슈타인은 어려서부터 백부와 숙부의 영향으로 **일찍이 수학과 과학에 대해 관심을** 갖게 되었다. 아인슈타인의 과학과 수학 성적은 매우 좋았으나 학교에서는 대체로 군대식 전체주의 교육에 대한 저항의식으로 반항적인 학생이라 여겨졌다. 1894년, 부친의 사업부진으로 가족 전체가 이탈리아 밀라노로 건너가게 된다. 아인슈타인은 이후 홀로 독일의 김나지움에 진학했으나, **학생의 개성을 무시하는 학교생활에 잘 적응하지 못하였다.** 결국 신경쇠약으로 공부를 쉬어야 할 정도로 건강이 나빠지자, 17세의 아인슈타인은 "다시는 독일 땅을 밟지 않겠다."라며 학교를 떠났다. 이후 독학으로 공부하여 취리히 연방 공과대학교에 응시하였으나 낙방 하게 된다. 그러나 아인슈타인의 뛰어난 수학 성적을 눈여겨본 학장의 배려로 1년간 아라우에 있는 자유로운 분위기의 고등학교에서 공부하고 나서 결국 연방 공과대학교에 입학하게 된다.

[특수 상대성 이론과 광양자설]

1900년 봄, 아인슈타인은 연방 공과대학교를 졸업하였지만 시민권 문제와 유대인에 대한 배척으로 취직을 하지 못하였다. 다행히 스위스 시민권을 취득한 아인슈타인은 **가정교사, 임시교사 등을 전전**하다가 베른에 있는 특허 사무소의 **심사관으로 채용**되었다. 특허 심사관으로 근무하던 1905년, 아인슈타인은 독일의 물리학 연보에 일련의 중요한 논문들을 다섯 편 연달아 발표한다. 우선 5월 한 달 동안 차례대로 브라운 운동에 관한 '정지 액체 속에 떠 있는 작은 입자들의 운동에 대하여', 빛의 광전 효과를 설명하여 고전 양자론을 태동시킨 '빛의 발생과 변화에 관련된 발견에 도움이 되는 견해에 대하여', 그리고 특수 상대성이론을 소개한 '운동하는 물체의 전기역학에 대하여'를 발표하였다. 1905년 8월에는 질량과 에너지의 등가설을 제창한 '물체의 관성은 에너지 함량에 의존하는가?'를 발표하였다. 1905년에 발표한 이 네 편의 논문들은 최초로 원자의 존재와 통계적 요동을 바탕으로 브라운 운동을 설명하는 한편, 현대물리학에서 **양자역학과 상대성이론**이라는 두 축을 등장시키게 되는 혁명적인 논문들이었다. 또한 도중에 같은 해 7월에는 '분자 차원의 새로운 결정'을 발표한다. 아인슈타인은 이것으로 취리히 대학교에서 박사학위를 받게 된다. 이 논문은 고체를 이루는 **분자의 운동과 에너지에 관련된 것**이었다.

[일반 상대성 이론]

이후 특수 상대성이론이 알려짐에 따라 아인슈타인은 유럽에서 점점 이름이 알려지게 되었다. 아인슈타인은 상대성이론을 비유클리드 기하학을 도입하여 중력을 포함한 이론으로 확장하는 노력을 계속하였다. 특허 사무소를 떠나서 학계로 입성한 아인슈타인은 스위스에서 그리고 프라하와 독일의 대학교에서 정교수로 있었으며, 1912년 겨울에 모교인 연방 공과대학교 취리히의 교수로 돌아왔다. 1914년에는 독일의 프로이센 과학 아카데미에 자리를 얻어 베를린에 머무르게 된다. 1914년에 드디어 일반 상대성 이론의 측지선 공식에 대한 최초의 형식화인 '**일반 상대성 이론의 형식적 기초**'를 **발표**하게 되었다. 아인슈타인은 일련의 시행착오 끝에 1915년에 발표한 4편의 논문 중 마지막인 '중력의 장방정식'에서 마침내 일반 상대성 이론의 완결된 장방정식을 최초로 구현해 내었다.

[국제적 명성과 노벨상 수상]

1919년 런던 왕립 학회는 기니 만에 있는 프린시페 섬에서 있었던 관측에서 그해 5월 29일의 일식을 촬영하였는데, 일반 상대성이론에서의 예측이 검증되었다고 발표하게 된다. 이로써 아인슈타인은 **뉴턴의 고전역학적 세계관을 마감한 인물**로서 범세계적인 명성을 얻게 된다. 그리고 1921년에는 광전 효과에 대한 공로로 노벨 물리학상을 수상하였다.

[양자역학의 거부와 통일장 이론]

아인슈타인은 광양자설을 통해 양자역학의 초기 기반을 닦는 주요한 기여를 했음에도 불구하고 스스로는 양자역학을 완전한 것으로 인정하지 않았다. 보어와 하이젠베르크 등에 의해 제창된 코펜하겐 해석 역시 받아들이지 않았다. 아인슈타인은 수년에 걸친 보어와의 논쟁을 통해 EPR 역설 등의 사고 실험을 제기하며 양자역학의 비결정론을 폐기하려 노력하였으나 이것은 역설적으로 두 석학의 논쟁을 통해 다른 과학자들이 양자역학의 개념적 기반을 공고히 이해하도록 도움을 주는 결과를 낳았다. 말년에는 양자역학과 거리를 두고 **홀로 통일장 이론을 연구**하였다.

[미국 생활과 말년]

1933년 미국 방문 중에 아돌프 히틀러가 독일 집권자가 되었다는 것을 알고서, 같은 해 5월에 잠시 네덜란드 안트베르펜에 있는 독일 영사관을 방문하여 독일 시민권을 완전히 포기하고 미국으로 망명하였다. 이미 아인슈타인의 재산은 나치 독일에 의해 압류된 뒤였으며, 시집간 아인슈타인의 두 딸도 독일을 벗어나 인근 국가에서 살아야 했다. 1940년에는 미국 시민권을 취득하였고, 이후 프린스턴 고등 연구소에서 교수로 지냈다. 미국에서 머무는 동안 아인슈타인은 여러 사람의 설득과 고심 끝에 루스벨트 대통령에게 원자 폭탄 제조의 필요성을 역설하는 편지를 보내기도 하였다. 아인슈타인은 1955년 4월 18일 프린스턴 자택 근처의 병원에서 76세의 나이로 세상을 떠났다.

[저서]

아인슈타인은 평생을 통틀어 수많은 책과 논문을 출판하였다. 대부분은 물리학에 대한 내용이며 몇 가지는 정치와 세상에 대한 견해를 담은 내용도 있다. 학술적인 내용 이외의 아인슈타인의 견해를 밝힌 책 혹은 연설의 모음집은 다음과 같은 것들이 있다.

Albert Einstein (2005년) [1934]. 《Mein Weltbild》 (독일어). Europa Verlag Znrich.

Albert Einstein (2007년) [1934]. Alan Harris, 편집. 《The World As I See It》 (영어). Filiquarian Publishing, LLC.

Albert Einstein (1988년). 《Ideas and Opinions》 (영어). Bonanza Books.

Albert Einstein (1993년). 《Out of My Later Years》 (영어). Gramercy.

● 아인슈타인 명언

♣ 인생은 자전거를 타는 것과 같다. 균형을 잡으려면 움직여야 한다.
♣ 어제와 똑같이 살면서 다른 미래를 기대하는 것은 정신병 초기증세이다.
♣ 나약한 태도는 성격도 나약하게 만든다.
♣ 지혜는 학교에서 배우는 것이 아니라 평생 노력해 얻는 것이다.
♣ A가 인생의 성공이라면
  A=x+y+z다. x는 일. y는 놀이. z는 입을 다물고 있는 것이다.
♣ 한 번도 실수를 해보지 않은 사람은 한 번도 새로운 것을 시도한 적이 없는 사람이다.
♣ 무얼 받을 수 있나 보다는 무얼 주는가에 한 사람의 가치가 있다.
♣ 이 세상에서 가장 이해할 수 없는 말은 이 세상을 이해할 수 있다는 말이다.
♣ 성공한 사람보다는 가치 있는 사람이 되라.

주시경-周時經, Ju Sigyeong, 한글학자, 한국 (1876년생)

[본명] 주상호
[출생] 1876년 12월 22일(음력 11월7일), 황해도 봉산군
[사망] 1914년 7월 27일 (37세)

[국적] 대한민국
[본관] 상주 주씨
[별칭] 호 한힌샘
[본관] 상주
[활동분야] 어학

[주요수상] 건국훈장 대통령장(1980)
[주요저서] 《국어문법》《월남망국사》《한문초습》
[학력] 1897 배재학당 만국지지 특별과
[직업] 한글학자
[종교] 대종교 (개신교에서 개종)
[부모] 부: 주면석, 모: 연안 이씨

[가족]
처 : 김명훈(?~1924) 장남 : 주삼산/세메
차남 : 주백산/흰메 손자 : 주영철 (1934-2006)

손녀 : 주영애
손녀 : 주영옥
장녀 : 주송산(1902)/솔메
차녀 : 주춘산/봄메
막내 : 주왕산(1912)/임메 손자 : 주영일(1939)
손자 : 주소영(1942)
손자 : 주영석(1945)

[경력사항]
1910 광문회 창설
1907 학부국문연구소 위원
1898 독립신문 교정원
1896 독립협회 가입

[수상내역]
1980 건국훈장 대통령장

[저서]
《국문문법》《국어문전음학》《소리갈》《말의 소리》《월남망국사》

[요약]
주시경은 개화기의 국어학자로, 우리말과 한글의 전문적 이론 연구와 후진 양성으로 한글의 대
중화와 근대화에 개척자 역할을 하였다. 주시경은 조선의 언어학자이자 국문학자이다. 본관은 상
주, 호는 한힌샘이다. 독립협회 활동을 하던 도중 한글 표기법 통일의 필요성을 절감하고 우리말 문
법을 정리하였다. 독립신문 발행과 각종 토론회, 만민공동회의 자료를 민중이 쉽게 접근할 수 있게
한글로 써야 했기 때문이었다. 한글이라는 낱말을 만들어 **현대 한글 체계를 정립하고 보급**하였으
며, **한국어 연구에 공헌**하였다. 현대 국어의 기틀을 마련하였으며, 한글의 보급과 연구 및 근대화에
힘을 쏟았고 주시경으로 인해 오늘날 한국이 한글을 공식적으로 쓰게 되었다. 평소 곧고 원리원칙주
의를 따르는 성격 때문에 일제의 탄압에도 한글에 대한 연구와 보급을 끊임없이 진행하였으며, 민족
주의적인 성격을 지녀 **한글 교육**에도 힘썼다. 대한민국에서 현대 한국어는 주시경과 최현배 두 명의
영향이 절대적이라고 할 수 있다. 종교는 기독교였으나 **대종교로 개종**하였다.

[생애]
1876년 황해도 봉산군 무릉골에서 서당 훈장 주면석과 연안 이씨의 4남 2녀 중 둘째아들로 태어났
다. 본관은 상주 주씨이며, 어린 시절 이름은 상호, 관명은 시경이다. 할아버지 대에 황해도 평산군
차돌개에 와 살다가 아버지 때에 봉산군 무릉골로 옮겼다. 정승 주세붕의 후예이다. 1887년 12세에
서울 남대문안 시장에서 해륙물산객주업을 하는 큰아버지 주면진의 양자로 입양되었다. 1887년 수박

다리에 사는 진사 이희종의 글방에서 한학을 배우기 시작하였다. **1892년 진사 이희종에게 시전을 배우던 중 한문을 우리말로 풀이하는 과정에 의문을 품고 우리글과 우리말로 해석하기의 가능성을 모색하며 우리말 연구에 뜻을 세웠다.** 1893년 배재 학당의 강사 박세양과 정인덕을 찾아 산술과 만국지지 (역사, 지리)를 배웠다. 1894년 배재 학당의 특별과인 만국지지과에 입학하였다. 1895년 탁지부 관비생으로 선발되어 제물포에 있는 이운(利運) 학교 속성과에 입학하여 항해술을 배웠다. 1896년 배재 학당에 다시 입학하여 학당 안에 있는 활판소에서 잡역을 하며 공부를 했다.

독립신문사의 회계 겸 교정원으로, 또는 총무로 일하면서 학비를 벌었다. **1896년 배재 학당 내 활판소와 독립신문사 및 협성회의 동지들을 모아 '국문 동식회'를 조직하였다.** 이 모임의 목적은 국문동식법(맞춤법)을 연구하고 국문 전용을 권장하며 국어사전을 편찬하고 국어 문법을 연구하는 일이었다. 1896년 김명훈과 결혼하여, 슬하에 3남 2녀를 두었다. 1896년 배재 학당의 학생회인 협성회의 찬술원 및 사적으로 피선되어 '협성회보'를 편집하게 된다. 1897년 독립협회 임원으로 피선되었다. 1898년 6월 배재학당 만국지지 특별과를 졸업하고, 독립신문사의 총무직을 사임하였다.

1898년 국어 문법의 연구에 필요한 추가 공부를 위해 영어 문법을 연구하기로 하고 배재 학당 보통과에 입학하였다. 1898년 독립협회의 만민공동회 사건으로 이승만, 서상대, 이동녕, 양기탁 등과 함께 감옥에 투옥되었다. 황제의 특사령으로 11월에 석방되어, 1898년 12월 31일 '대한 국어문법'의 원고를 집필하였다. 1899년 남대문 안에 있는 제국신문사에 입사하여 기자로 활동하였고, 1900년 6월 보통과를 졸업하였다. 졸업 예배 식전에서 아펜젤러 목사의 집례로 세례를 받고 감리교에 입교하고, 1900년 상동교회 부설 상동 청년 학원 (야학)에 국어문법과를 부설하였다. 1900년 2월 15일은 우리나라에서 최초로 국어 문법이 근대 교육의 한 과목이 된 날이다. 이 당시 교재는 '대한 국어문법' 이었다. 1901년 1905년까지 외국인들에게 한국어를 가르쳤다. 1906년 수진동 흥화학교 측량과(야간 속성과) 졸업하고, 1906년 이화 학당 사무원으로 근무하였다. 1906년 서우(西友) 학회 협찬원으로 근무하고, 1906년 '대한 국어문법' 목각 인쇄본을 출간하였다. 1906년 창동에 있는 학교 '정리사'에 입학하여 수학과 물리학을 배웠다.

1907년 지석영이 만든 국어연구회의 회원으로 4개월간 활동하였다. 1907년 7월 학부(지금의 교육부) 내의 국문연구소 주임위원으로 임명되어 3년 동안 국문연구안을 작성·제출·토의하였다. **1908년 '국어문전 음학' 출간하였다.** 1908년~1910년 상동청년학원 안에 개설된 하기(여름) 국어강습소의 졸업생과 유지들을 규합하여, 국어연구학회를 조직하였다. 1909년에는 캐나다 개신교 선교사인 J.S. 게일, 다카하시 등과 더불어 한어연구회를 조직하였다. **1911년 학회이름이 국어연구학회에서 조선언문회(배달말글몬음)로 개명되었다.** 그리고 국어강습소는 조선어강습원으로 개칭하였다. 1913년 학회의 이름이 한글모로 재개명되고, 1914년 **조선어강습원**의 이름이 **한글배곧**으로 재개칭되었다.

[강의활동]

이화학당·흥화학교·기호학교·융희학교·중앙학교·휘문의숙·배재학당 등에서 강의를 하고, 상동 감리교회 내의 상동청년학원과 여러 강습소를 중심으로 국어 강의를 전개하였다. 1907년 여름에 상동청년학원의 국어강습소에서 강의하고, 같은 해 11월 같은 학원에 설치된 국어야학과에서, 1908~09년 국어강습소에서, 1910년 재령 나무리강습소 등에서 강의를 하였고, 강의과목인 음학·자분학(字分學)·격분학(格分學)·도해학·변체학(變體學)·실용연습 등을 가르쳤다.

[제자]

주시경 선생에게 직·간접으로 배운 사람들은 김두봉·이규영·**최현배**·김윤경·권덕규·신명균·장지영·이필수·김원우·정열모·이윤재·이병기·김두종·백남규 등이다. 이들 중 이윤재, **최현배**는 조선어학회에서 회원으로 활동한 **한글학자**들이다.

[성장과 업적]

어려서 처음에는 아버지에게서 한문을 배웠고, 양아버지를 따라 서울로 올라온(1887년 6월) 후에도 한문학을 배웠다. 그러나 서울에서 신학문에 흥미를 느끼고 배재학당에 입학하였다(1894년 9월). 도중에 인천의 관립이운학교에 들어가 속성과를 졸업하였으나 정치적 혼란으로 해운계로 나가지 못하고, 다시 배재학당 보통과에 들어갔다(1896년 4월). 때마침 **서재필이 《독립신문》을 창간하고 있던 터에, 독립신문사 회계사 겸 교보원(교정보는 사람)으로 발탁되었다. 순한글 신문을 제작하여야 했기 때문에 한글의 이론과 표기법 통일이 필요하였다. 그리하여 동료 직원들과 '국문동식회'를 조직하여 한글 표기법 연구에 열중하게 되었다.** 주시경은 학교를 다니면서 일과 연구를 병행하는 기회를 갖게 되었다.

그러나 주시경은 서재필이 주도하는 배재학당협성회·독립협회에 참여하였다가 서재필이 추방당하자 독립신문사를 나오게 되었다. 대신 과거의 경험이 바탕이 되어 《제국신문》 기재(일종의 기자)를 하게 되었고, 동시에 선교사인 스크랜턴의 한국어 교사를 병행하였다. 한편으로는 상동청년학원에서 강사로 일하였다. 일을 하면서 공부도 계속 병행하여 배재학당 보통과를 졸업하였다(1900년 6월). 학업을 계속하고 싶은 욕망에서 흥화학교 양지과를 야간반으로 졸업하였고, 정리사에서는 수물학을 3년간 공부하였다. 그 때 나이 34세였다(1910년). 학업을 마치고 주시경은 당시로서는 근대학문을 배운 지식인으로 서 후진 양성을 위해 교사로서 바쁘게 생활하였고, 동시에 일본의 침략을 당한 처지에서 민족정신을 고양시키기 위해 계몽운동, 국어운동, 국어연구 등의 활동을 활발히 전개하였다.

애국계몽운동으로는 배재학당협성회 전적과 찬술원, 독립협회 위원, 가정잡지 교보원, 서우학회 협찬원, 대한협회 교육부원, 보중친목회 제술원 등의 활동이었다. 국어운동으로는 한어개인교사, 상동사립학숙 국어문법과 병설, 상동청년학원 교사 그리고 동교 국어야학과 설치, 국어강습소 및 조선어강습원 개설 등 국어교육과 국어 발전에 앞장섰다. 교사로도 많은 활동을 하였으며 교사로 재직했던 학교는 간호원양성학교·공옥학교·명신학교·숙명여자고등학교·서우학교이다. 그 밖에 협성학교·오성학교·이화학당·흥화학교·기호학교·융희학교·중앙학교·휘문의숙·보성학교·사범강습소·배재학당 등에서 강사로 활약하였다. 주시경은 주로 조선어·주산·지리 등을 가르쳤다. 동시에 일요일에는 조선어강습원에서 수많은 후진을 양성하였다. 국어연구운동으로는 '국문동식회'를 비롯하여 학교 내의 국어연구회 연구원 및 제술원, 학부 국문연구소 주임위원, 국문연구회 운영, 조선광문회 사전편찬 등의 활동을 하였다. 주시경은 우리말의 문법을 최초로 정립하였다.

주시경의 저술인 《국문문법》(1905), 《대한국어문법》(1906), 《국어문전음학》(1908), 《말》(1908), 《국문연구》(1909), 《고등국어문전》(1909), 《국어문법》(1910), 《소리갈》(1913), 《말의 소리》(1914) 등은 우리말과 한글을 이론적으로 체계화하였고, 국어에서의 독특한 음운학적 본질을 찾아내는 업적을 남겼다. 국어의 체계화, 표의주의 철자법, 한자어의 순화, 한글의 풀어쓰기 등 혁신적 주장을 한 국어학의 선봉자였다. 주시경은 학교 및 강습소에서 많은 제자를 길렀는데, 특히 **한글학의**

후진으로 최현배, 김두봉, 장지영 등 수많은 학자가 있다. 그의 개척자적 노력으로 오늘날의 국어학이 넓게 발전할 수 있는 터전이 마련되었다.

[1897년 4월 24일 독립신문, 주시경]

...우리나라 사람들이, 한문만 공부하고, 다른 새 사업을 배우지 아니하면...
어느나라 사람의 손에 들어가 밥이 될지 ...

한문을 공부하는 시간에, 정치속의 의회공부나 내무공부, 외무공부, 재정공부, 법률공부, 수륙군공부, 항해공부, 경제학 공부, 장사공부, 농사공부, 또, 각종 사업공부를 하면 우리나라가 문명 부강하여질 터이다 ...

간절히 비노니, 우리나라 동포형제들은 다 깨달아 **실상 사업에 급히 나가기를 바라노라.** ... 우리를 위하여 큰 성인께서 만드신 글자는 배우기가 쉽고, 쓰기도 쉬우니, 이 글자들로, 모든 일을 기록하고 사람마다, 젊었을 때에 여가를 얻어, 실상 사업에 유익한 학문을 익혀, 각기 할만한 직업을 지켜서, 우리나라 독립에 기둥과 주초가 되어 ... 우리의 부강한 위엄과 문명한 명예가, 세계에 빛나게 하는 것이 마땅하도다.

[제자 최현배 외솔 崔鉉培 국어학자]
[출생-사망] 1894년(고종 31) ~ 1970년 (76세)

국어학자 · 교육자이며, 경상남도 울산 출신으로 호는 외솔이다. 서당에서 한문을 배운 뒤 고향의 일신학교에서 신식 교육을 받고 1910년 상경하여 한성고등학교(뒤에 경성고등보통학교로 개칭됨)에 입학하여 1915년 졸업하였다. 그해 일본 히로시마고등사범학교 문과에 입학하여 1919년 졸업하고, 1922년 4월에 일본 경도제국대학 문학부 철학과에 입학, 교육학을 전공하여 〈페스탈로치의 교육학설〉이라는 논문으로 1925년 졸업, 계속하여 그 대학원에서 수학하였다. 1926년 4월 연희전문학교 교수로 취임하여 1938년 9월 흥업구락부사건으로 파면당할 때까지 재직하였다. 1941년 5월 연희전문학교에 도서관 직원으로 복직하였으나, 그해 10월 조선어학회사건으로 사임. 1945년 광복까지 4년간의 옥고를 치렀다. 1945년 9월부터 1948년 9월까지, 1951년 1월부터 1954년 1월까지 문교부 편수국장에 두 차례 재직하였다. 1954년 연희대학교 교수로 취임하여 문과대학 학장과 부총장을 역임하고 1961년 정년퇴임으로 연세대학교 명예교수로 추대되었다. 1964년 3월부터 2년간 부산 동아대학교 교수로 재직한 일이 있다. 1954년 학술원 회원에 뽑혔고 이어 임명회원 · 부회장을 맡았다. 1955년 연희대학교에서 국어학 연구와 그 발전에 기여한 공로로 명예문학박사 학위를 취득하였다.
그밖에 1949년 **한글학회 이사장**에 취임하여 20년간 계속하여 한글학회를 이끌어왔으며, 1949년 한글전용촉진회위원장, 1957년부터 세종대왕 기념사업회 이사 · 부회장 · 대표이사 등으로 **국어운동의 중심적인 인물로 활동**하였다. 이러한 여러 방면에 걸친 활동과 공로로 1955년 제1회 학술원 공로상, 1967년 5 · 16민족상 학예부문 본상을 수상하였고, 1970년 3월 사망 후에 국민훈장 무궁화장이 추서되었다. 국어학의 연구, 국어정책의 수립, 그리고 교육학의 연구와 국어운동의 추진에 전념하여 국어와 관련한 20책에 이르는 저서와 100편에 이르는 논문을 발표하였다. **국어학의 연구는 1910년 봄, 일요일마다 보성중학교에서 열리는 조선어강습원에서 주시경의 가르침을 받음으로써 싹튼 것이라고 한다.** 이 분야의 업적은 《우리말본》과 《한글갈》로 집약된다.

🦏 ● 주시경 명언

♣ 한 나라가 잘 되고 못 되는 열쇠는 그 나라의 국어를 얼마나 사랑하느냐에 있다.

♣ 서당에서 한문을 배울 때 선생님이 한문을 한자음대로 한 번 읽어주시는데,
　이때는 아이들은 하나도 알아듣지 못하여 멍하니 그대로 앉아 있다가 다음에 선생님이 우리말로 새겨 주시어야 비로소 고개를 끄덕끄덕했다.
　이같이 우리말로 하면 바로 알아들을 수 있는 것을, 왜 알아들을 수 없는 소리로 읽고, 그 다음에 우리말로 되풀이하는가 하고 의심을 품게 되었고, 또 우리글이 있는데 왜 이토록 어려운 한문만을 배워야 하며, 우리말을 그대로 쉽게 적을 수 있는 우리글은 왜 쓰지를 않나 하고 골똘하게 생각하기 시작한 것이 한글을 연구하게 된 동기다.

♣ 말은 사람과 사람의 뜻을 통하는 것이다. 한 말을 쓰는 사람끼리는 그 뜻을 통하여 살기를 서로 도와줌으로 그 사람들이 절로 한 덩이가 되고 그 덩이가 점점 늘어 큰 덩이를 이루나니 사람의 제일 큰 덩이는 나라다. 그러므로 말은 나라를 이루는 것인데 말이 오르면 나라도 오르고 말이 내리면 나라도 내린다.

♣ 말과 글이 거칠면 그 나라 사람의 뜻과 일이 다 거칠어지고 말과 글이 다스려지면
　그 나라 사람의 뜻과 일도 다스려진다.

♣ 불의에 편승하여 영달을 꾀하려 하는 것은 이 나라 국민으로서 있을 수 없는 행위다.

슈바이처-Albert Schweitzer, 의사, 노벨상, 독일 (1875년생)

[출생-사망] 1875년 1월 14일, 독일 ~ 1965년 9월 4일 (90세)
[가족] 배우자 헬레네 브레슬라우

[학력사항] 스트라스부르제1대학교 신학, 철학 학사

[경력사항]
1951 아카데미프랑세즈 회원
1903 슈트라스부르크대학 신학부 정교수

[수상내역]
1952 노벨평화상
1928 괴테상

[별칭] 세계의 위인, 인도(人道)의 전사, 원시림의 성자
[국적] 프랑스
[활동분야] 의학, 종교, 예술
[출생지] 프랑스 알자스 카이제르스부르크

[주요저서]
《음악가 · 시인 요한 세바스찬 바흐》(1905), 《물과 원시림 사이에서》(1921년),
《독일과 프랑스의 오르간 제작법과 오르간 음악》(1906년)

[생애]
독일계의 프랑스 의사·사상가·신학자·음악가이며, 프랑스령 적도아프리카의 랑바레네에 병원을 개설한 의사이자 선교사로서 인류애를 실천한 사람이다. 알베르트 슈바이처는 **독일 출신, 프랑스 국적**의 의사, 음악가, 철학자, 개신교 신학자이자 루터교 목사이다. 슈바이처는 '**생명에 대한 경외**'라는 슈바이처의 고유한 철학이 **인류의 형제애를 발전**시키는 데 기여한 공로로 1952년 노벨 평화상을 수상하였다. 이 철학은 슈바이처가 중앙아프리카 서부 지역의 랑바레네에서 알베르트 슈바이처 병원을 세울 때에 설립 이념이 되었던 것으로 가장 잘 알려져 있다. 한편 음악가이자 오르간 연주자이기도 했던 슈바이처는 독일의 작곡가 요한 세바스찬 바흐를 연구했으며, 20세기 초의 오르간 개선 운동에 영향을 끼치기도 했다.
1875년 1월 14일 알자스 카이저스베르크에서 출생하였다. 이 지역은 슈바이처가 출생할 당시에는 **독일령으로 독일 시민권을 취득**했었으나 제1차 세계대전 후 알자스가 원래대로 프랑스령이 되었으므로 **프랑스 국적을 취득**하였다. 어린시절부터 음악에 재능을 보여 피아노 연주에 능했으며 슈바이처가 다니던 귄스바흐 교회 파이프 오르간을 연주하였다. 1894년 스트라스부르크 대학교 입학하여 신학과 철학을 공부했고 졸업 후에는 파리와 베를린에서 칸트의 종교 철학에 관한 연구로 철학박사 학위를 취득하였다. 파리 유학시절에는 유명한 오르간 연주자인 찰스 마리 위도와 친분을 쌓았으며 그로부터 많은 영향을 받았다. 1893년부터는 파이프오르간 연주가로 활약하였고 파이프 오르간 구조에 대한 논문을 집필하였다. 그 사이에 위도의 제안을 받아 《음악가 · 시인 요한 세바스찬 바흐》(1905년)를 발표하였고, 《예수전(傳) 연구사》 등을 발표하였다.
1905년 프랑스 선교단의 보고서를 통해 아프리카의 흑인들이 의사가 없어 고통을 당한다는 사실을 알고, 모교 의학부에서 의학을 공부한 후 1913년 의학박사가 되었다. 그해 사회활동가였던 **헬레네 브레슬라우와 결혼하였고, 아내와 함께 프랑스령 적도아프리카(현재의 가봉공화국)로 건너갔다.** 슈바이처는 가봉 오고웨 강변의 랑바레네에 정착하여 의료 봉사활동을 전개하였다. 아프리카에서 의료봉사 활동은 슈바이처의 예상보다 많은 비용이 필요했으며, 슈바이처는 주변의 지인들에게 도움을 요청하였지만 슈바이처의 어려움이 완전히 해소되지는 못했다. 1914년 제1차 세계대전이

일어나자 가봉 랑바레네는 프랑스령이 되었고 독일 국적의 슈바이처는 의료봉사 활동을 중단하게 되었고, 1917년 프랑스군 전쟁 포로가 되어 프랑스 수용소에 감금되었다가 독일로 송환되었다. 슈바이처는 스트라스부르크 민간병원에서 의사로 근무하는 동안에 유럽 전역을 여행하면서 연주회와 철학과 신학 강연을 하였다. 이 시기에 아프리카 생활을 회상하며 쓴 책인 《물과 원시림 사이에서》(1921년)를 출판, 강연하기도 했는데, 슈바이처의 의료 봉사활동은 점차 주목을 끌게 되었다.

이에 힘을 얻은 슈바이처는 1924년 7년 만에 다시 랑바레네로 가서 활동을 재개하였고, 온갖 어려움을 무릅쓰고 큰 병원을 설립하였다. 제2차 세계대전 중에도 유럽으로 돌아가지 않고 아프리카에서 전도와 진료에 전념하였는데, 1924년 아프리카로 건너갈 무렵부터 **슈바이처는 '세계의 위인', '인도(人道)의 전사', '원시림의 성자'** 등으로 불리며 세인의 존경을 받았다. 1928년에는 괴테상을 수상하고, 1951년에 아카데미프랑세즈의 회원이 되었으며, 1952년에는 노벨평화상을 수상하였는데, 슈바이처는 노벨상의 상금으로 나환자촌을 세웠다. 1960년에 프랑스령 적도아프리카가 독립하여 가봉 공화국이 되었으나 흑인들의 슈바이처에 대한 경외(敬畏)는 변함이 없어, 새로 창설된 적도 성십자 훈장으로 감사의 뜻을 표하였다.

슈바이처는 90세의 생일이 지난 후부터 건강이 나빠졌고 1965년 9월 4일 아프리카 랑바레네에서 전 세계인의 애도 속에 사망하였다. **슈바이처는 신학자로서는 종말론적 요소를 강조하였고, 철학가로서는 칸트를 연구하였으며, 독자의 윤리관인 '생명의 경외'를 주장하였다.** 음악가로서는 뛰어난 오르간 연주가였을 뿐만 아니라 오르간 개량에 있어서도 큰 업적을 남겼다. 《독일과 프랑스의 오르간 제작법과 오르간 음악》(1906년)을 발표하고 과도한 풍압으로 인해 오르간의 음색이 손상되던 폐해를 없애고자 근대 오르간의 간소화를 꾀하였고, 1911년부터 그의 아내와 함께 편집한 《바흐 오르간 작품》을 출판하였다.

[알베르트 슈바이처 연보]

1875 1월 14일 프랑스 알자스 카이저스베르크에서 출생.

1894 스트라스부르크 대학교에 입학하여 신학과 철학을 공부.

1900 신학박사 학위를 취득.

1905 《음악가 · 시인 요한 세바스찬 바흐》 발표.

1913 의학박사 학위를 취득.

1914 아내 헬레네 브레슬라우와 함께 프랑스령 적도 아프리카(현재 가봉)의 랑바레네에서 의료봉사를 시작.

1917 제1차 세계대전 중 프랑스 포로수용소에 수감되었다가 독일로 송환.

1921 《물과 원시림 사이에서》 출판.

1924 다시 랑바레네로 가서 의료봉사를 재개.

1928 괴테상 수상.

1952 노벨평화상 수상.

1965 9월 4일 아프리카 랑바레네에서 사망.

🦏 ● 슈바이처 명언

♣ 가장 중요한 것은 나의 내부에서 빛이 꺼지지 않도록 노력하는 일이다.
  안에 빛이 있으면 스스로 밖이 빛나는 법이다.

♣ 나는 오직 한 가지 외에는 아는 것이 없다.
  진실로 행복한 사람은 섬기는 법을 갈구하여 발견한 사람이다.

♣ 생명의 외경(畏敬)의 윤리는 주위의 모든 사람과 그들의 운명에 관심을 가지고
  사람을 필요로 하는 사람이 있으면 인간으로서 봉사하라고 요구한다.

♣ 생생한 진리는 인간 사색에 의하여 산출된 것뿐이다.

♣ 선(善)이란 생명을 유지하고 촉진하는 것이요.
  악(惡)이란 생명을 파괴하고 저해하는 것이다.

♣ 우리는 모두 한데 모여 북적대며 살고 있다.
  그러나 우리는 너무나 고독해서 죽어 가고 있다.

♣ 원자력 전쟁에서는 승자가 없다. 있는 것은 패자뿐이다.

♣ 한 마리 곤충을 괴로움으로부터 구하는 것으로서
  나는 인간이 생물에 대해서 줄곧 범하고 있는 죄의 일부를 감하려 하는 것이다.

♣ 행위의 영웅이란 없다. 다만 체념과 고뇌와의 영웅이 있을 뿐이다.

마르코니-G.G. Marconi, 전기공학자, 노벨상, 이탈리아 (1874년생)

★ 지난 1,000년간 인물100명중 84위 선정
★ 인류 역사인물 100명중 38위 선정
★ 인류 역사인물 50명에 선정 (Wopen.com 한국.net 선정)

[출생] 1874년 4월 25일, 이탈리아 왕국 볼로냐
[사망] 1937년 7월 20일 (63세), 이탈리아 왕국 로마
[국적] 이탈리아
[직업] 전기기술자, 발명가
[분야] 물리학, 전기공학
[주요 업적] 무선통신
[수상] 노벨 물리학상 (1909)
[종교] 성공회

[요약]
제1대 마르코니 후작 굴리엘모 조반니 마리아 마르코니는 이탈리아의 전기 공학자이다. 볼로냐

출신으로 무선 전신을 실용화하였다. 1895년 헤르츠의 전자기파 이론에 기초하여 현대 장거리 무선통신의 기초를 이루었다.

[생애]

이탈리아의 전기기술자, 발명가, 후작이며, 볼로냐에서 출생하였고, 어머니는 아일랜드인이다. 1895년 **헤르츠의 전자파에 기초하여 실험**을 거듭하고, **무선 전신장치를 발명**, 1896년 영국으로 가서 특허를 얻고, 9마일 떨어진 지점사이의 무선 송수신에 성공했다. 이탈리아 정부의 초빙으로 라스페치아에 무선국을 세우고(1897년), 영국에서는 런던에 마르코니 무선전신 회사를 설립하였다(1897년). 1898년 영불 해협 횡단의 통신을 하고, 또 영국 해군 대연습에서 약 1백 20km거리 사이의 통신을 성공하고, 1899년 영국에서 등대선 조난 구제에 처음으로 성공했다. **1901년 대서양 횡단 무선통신을 성공하였고, 이때부터 무선은 함선을 비롯한 각종 통신에 실용화되고, 유럽과 미국 사이의 공공 통신 사업이 마르코니에 의해 시작되었다(1907년).** 이 밖에 광석 검파기(1902년), 수평 공중선(1905년), 전파를 지속적으로 발신하는 장치(1912년) 등을 발명, 제1차 세계대전 후에는 단파, 초단파의 연구 이용에 전념했다. 1909년 브라운과 함께 노벨상을 수상, 원로원 의원에 추대되었으며(1918년), 파리 평화 회의의 이탈리아 전권대표가 되었다(1919년).

[교육과 초기의 연구]

마르코니는 볼로냐 근교에서 지주인 주세페 마르코니의 둘째 아들로 태어났다. 마르코니의 어머니 애니 제임슨은 아일랜드계 및 스코틀랜드계였다. 볼로냐와 피렌체에서 교육을 받고 리보르노의 기술학교로 가서 물리학 공부를 했다. 거기서 **전자기파 기술을 연구**했다. 1895년에 마르코니는 볼로냐 근처에 있는 아버지의 간단한 도구로 **헤르츠의 전자기파 이론에 기초하여 실험**을 했다. 전압을 높이는 유도 코일과 불꽃 방전기와 수신기가 달린 코히러가 부착된 기구로 실험을 했다. 짧은 거리에서 예비실험을 한 후에 코히러를 개량하고 안테나를 사용하여 신호 전달의 범위를 증가시키는 것도 알아냈다.

이러한 실험을 거듭하여, **무선 전신장치를 발명**하고, 이듬해 영국으로 가서 특허를 얻었으며, 9마일 떨어진 지점 사이의 무선 송수신에 성공하였다. 또 영국 해군 대연습에서 약 120km 거리 사이의 통신에 성공하고, 1899년에는 마르코니의 무선 통신기를 이용해 영국에서 등대선 조난 구제에 처음으로 성공하였다. 1901년에는 대서양을 사이에 두고 행한 통신에 성공하여 이때부터 무선 기술은 함선을 비롯한 각종 통신에 실용화되고, 1907년에는 유럽과 미국 사이의 공공 통신사업이 마르코니에 의해 시작되었다. 1909년에는 독일의 카를 페르디난트 브라운과 함께 노벨 물리학상을 공동수상하였다.

[무선전신의 발명자]

1943년에 미국 대법원은 마르코니의 무선전신 특허보다 **니콜라 테슬라가 1897년에 획득한 특허번호 645576가 우선함**을 인정했다. 마르코니의 특허 번호는 763772로 1904년에 획득했으며, **테슬라보다 7년 늦은 것이었다.**

[기타 활동]

1914년에 이탈리아 원로원 의원이 되었으며, 1929년에 비토리오 에마누엘레 3세로부터 후작작위를 받았다.

[파시즘 협력]

말년의 마르코니에 대한 역사적인 평가는 그리 좋은 편이 되지 못한다. 1923년에 베니토 무솔리니가 검은 셔츠단으로 불리는 보수우익 단체를 위시한 파시스트당을 중심으로 한, 일당제 체제를 수립하였을 때, 마르코니는 이에 동참하여, 이미 **1923년에 파시스트당의 당원**이 되었고, 1930년에는 당내에서의 활동을 인정받아 무솔리니로부터 이탈리아 왕립 학회의 학회장으로 임명되기도 하였다. 따라서 마르코니는 **파시스트 대(大)평의회 의원**이 되었다. 그리고 1931년에 발발한 제2차 이탈리아-에티오피아 전쟁에서의 승전을 바탕으로 강대국들의 묵인 하에 에티오피아 제국을 파시스트 이탈리아에 합병한다는 결정이 무솔리니에 의해 선포되자, 마르코니는 이에 열렬한 지지를 보내기도 했다. 이러한 마르코니의 **친파시즘적인 행동**은 마르코니의 인생에 있어서 두고두고 오점을 남기고 말았다.

마르코니 명언

♣ 무서운 것은 인간의 노력이다. 명예는 정직한 노력에 있다.
♣ 날마다 공간과 시간과의 싸움에서, 인간이 승리하고 있다.
♣ 새로운 시대에 생각 자체가 무선으로 전송될 것이다.

러셀-Bertrand Russell, 철학자, 노벨상, 영국 (1872년생)

수학자, 철학자, 역사가, 노벨문학상 수상

[출생] 1872년 5월 18일, 웨일스 몬머스셔 주
[사망] 1970년 2월 2일 (97세), 웨일스 귀네드 주

[시대] 20세기 철학
[지역] 서양 철학
[학파] 분석철학
[연구 분야] 수리철학, 기호논리학
[주요 업적] 러셀의 역설, 《수학 원리》, 형 이론

[요약]

버트런드 러셀은 영국의 수학자, 철학자, 수리논리학자, 역사가, 사회 비평가다. 20세기를 대표하는 천재이자 지성인으로 여겨진다. 노벨 문학상을 수상했다. 러셀은 일생의 여러 부분에서 자유주의자, 사회주의자, 평화주의자 순으로 자신의 이상을 생각해왔으나, 자신이 이 중 어느 쪽도 되지 않았다고 회고했다. 일생의 대부분을 잉글랜드에서 보냈으나, 러셀은 웨일스에서 태어났고 그곳에서 사망했다. 러셀은 1900년대 초반 "관념론 반대운동"을 일으켰으며, 러셀의 선배 프레게, 제자 루트비히 비트겐슈타인과 함께 **분석철학의 창시자 중 하나로** 꼽히며, **20세기의 선두 논리학자로** 자리매김했다. 러셀은 화이트헤드와 함께 《수학 원리》를 저술했으며, 이는 수학을 이용해 논리학의 기틀을 닦고자 한 시도이다. 러셀의 철학 에세이는 "철학의 패러다임"으로 간주되고 있다. 러셀의 저술은 논리학, 수학, 집합론, 언어학, 철학 중에서도 **언어철학, 인식론, 형이상학에 영향을** 주었다. 러셀은 당시 반전 운동가로서 크게 활약했다. **러셀은 자유 무역을 지지했으며, 반제국주의 운동가로도 활약했다.** 러셀은 1차 세계대전 때 반전 운동으로 인해 감옥에 수감되었으며, 이후 아돌프 히틀러, 스탈린주의자, 전체주의, 미국의 베트남 전쟁에 대한 비판과 반대 운동을 펼쳤다. 러셀은 **핵무장 반대운동**에도 열렬히 참가했다. 1950년, 러셀은 "인본주의와 양심의 자유를 대표하는 다양하고 중요한 저술을 한 공로를 인정받아" 노벨 문학상을 받는다.

[생애]

1872년 5월 18일 러셀은 영국의 총리를 지낸 존 러셀 백작의 손자로 귀족가문에서 태어났다. 러셀의 가문은 몇 세기 전 튜더 왕조가 세워지며 권력을 얻어 영국의 자유주의적인 휘그당을 세운 가문이었으며, 영국 정치사의 중요한 사건, 1536~1540년의 수도원 해체, 1688~1689년 명예혁명과, 1832년 영국선거법 개정에 참여하였다. 러셀의 부모는 당시 정치사상이 극단적인 쪽이었다. 러셀의 아버지 존 러셀은 무신론자였으며, 아이들의 가정교사였던 생물학자 더글러스 스펄딩과 자신의 아내간의 정사를 공식적으로 인정했으며, 부모 양쪽 모두 당시 사회 분위기에 앞서가는 "산아제한"의 지지자였다. 아버지 존 러셀의 무신론은 철학자 존 스튜어트 밀에게 러셀의 대부가 되어줄 것을 부탁한 데서 명확히 드러난다. 밀은 러셀이 태어난 이후 얼마 되지 않아 사망했지만, 러셀의 저술은 러셀의 삶에 많은 영향을 끼쳤다.

[조부모의 양육]

러셀에게는 프랭크와 레이첼이라는 두 형제가 있었으며 이중 레이첼은 1874년 어머니가 디프테리아로 세상을 떠난 뒤에 세상을 떠났다. 1876년에는 아버지가 우울증에 시달리다가 세상을 떠났다. 살아남은 프랭크와 버트런드 러셀은 조부모의 교육을 받으며 자랐다. 할아버지 존 러셀은 1878년 세상을 떠났는데, 러셀은 할아버지를 휠체어에 탄 친절한 할아버지로 기억했다. **유년기의 대부분동안 러셀은 할머니 러셀 백작부인의 돌봄을 받았다.**

[할머니의 교육]

당시 러셀 백작부인은 종교적으로 보수적이었으나, 종교 이외의 부분에서는 진보적인 입장을 취하여 다윈 사상을 지지했으며, 버트런드 러셀에게 사회정의에 대한 시각을 키워주었다. 할머니가 좋아하던 성서 이야기인 '**다수의 사람들이 잘못을 저지를 때에도 그들을 따라가서는 안 되며, 다수의 사람들이 정의를 굽게 하는 증언을 할 때에도 그들을 따라가서는 안 된다.**'(출애굽기 23:2/새 번역 성서)는 러셀의 좌우명이 되었다. 당시 러셀이 살던 펨브로크 롯지도 종교적으로는 상당히 보수적인 분위기였는데, 러셀의 형 프랭크는 저항적이었으며, 러셀은 자신의 감정을 숨기면서 생활했다. 할머니는 공교육에 반대해 손자를 학교에 보내지 않고 가정교사를 초빙해 가르쳤으며 이 때문에 **친구를 사귀지 못한 러셀은 다른 사람들과의 대화에 공포를 느꼈다.**

[고독]
러셀의 **사춘기는 굉장히 고독했으며,** 러셀은 몇 차례 자살충동을 느꼈다고 회고한다. 러셀은 자신의 회고록에서 당시 자신의 **주된 관심사는 종교와 수학**이었으며, 수학에 대해 조금이라도 더 알고 싶은 마음에 자살을 하지 않았다고 서술한다. 러셀은 집에서 몇 명의 가정교사에게 교육받았다. 러셀의 형 프랭크는 러셀에게 유클리드 기하학을 가르쳐, 러셀의 삶을 극적으로 바꾸었다.

[무신론]
또한, 이 기간 중에 러셀은 퍼시 비시 셸리의 저술을 찾게 되었다. 자서전에 러셀은 "나는 내 생각이나 기분을 말할 사람이 없다는 걸 알고서, 모든 여가시간을 그의 저술을 읽으며, 마음 깊이 새기는 데 보냈다. 나는 셸리의 저술을 알게 된 것이 정말 환상적이라고 느꼈으며, 내가 인간으로서 그를 만났다면 큰 동정을 느꼈을 것이라고 생각하곤 했다."고 기록했다. 15세가 되며 러셀은 기독교의 교리가 합당한가에 대해 생각하는 데 많은 시간을 썼으며, 18세에 러셀은 완전한 **무신론자**가 되기로 결심했다.

[대학 시절과 첫 번째 결혼]
러셀은 1890년 케임브리지 대학교의 트리니티 칼리지에 장학생으로 들어갔다. 러셀은 자신보다 어린 조지 에드워드 무어와 아는 사이가 되었으며, 화이트헤드에게 비밀 동아리 케임브리지 아포슬스를 추천받으며 영향을 받는다. 러셀은 수학과 철학에서 두각을 나타내어, 1893년 학교를 최우등 졸업생으로 졸업하고 1895년 선임연구원(Fellow)이 된다. 러셀은 17세에 처음으로 퀘이커 교도였던 앨리스 페어살 스미스와 만났으며, 그녀의 가족과도 친밀한 관계가 되었다. 그녀의 가족들은 러셀이 존 러셀 백작의 손자라는 것을 알고 있었으며, 이후 러셀과 같이 대륙을 돌며 여행하기를 즐겼다. 그들과 함께 러셀은 1889년 파리 박람회에 참가해 당시 갓 건축된 에펠 탑에 올라가서 구경했다. 이후 러셀은 청교도적인 가치관을 가졌던 앨리스와 사랑에 빠지며, 할머니의 반대를 무릅쓰고 1894년 12월 13일 결혼했다.

그러나 둘은 1901년 함께 자전거를 타다가 러셀이 앨리스에게 자신이 그녀를 더 이상 사랑하지 않는다는 것을 고백하며 파경에 빠진다. 러셀은 앨리스의 어머니가 잔인하게 러셀을 조종하려고 하였기에 싫어하기도 하였으며, 이후 1921년까지 별거하며 형식적으로만 부부로 남아 있다가 이혼했다. 이 기간 동안 러셀은 오톨린 모렐과 배우 콘스턴스 말레슨 등 여러 사람들과 열애관계에 빠졌다.

[초기 활동]
러셀은 1896년 자신의 전 생애에 걸친 정치, 사회학에 대한 관심을 나타낸 《독일 사회민주주의》를 출간하고, 이어서 같은 해에 런던 경제 대학에서 독일 사회민주주의에 대한 강의를 시작한다. 1937년 이곳에서 다시 '권력의 과학'을 강의하기도 했다. 러셀은 1902년 페이비언 협회의 시드니 웨브와 베아트리스 웨브가 세운 다이닝 클럽 코에피션츠에서 사회 개혁 운동가로도 활동했다. 이후 트리니티 칼리지에서 수학의 기초 원리를 연구하며, 집합론의 기초를 뒤흔드는 러셀의 역설을 발견한다. 1903년 수리논리학에 대한 첫 번째 저작인 《수학의 원리》를 발간하며, 여기서 수학은 매우 적은 수의 공리에서 유도될 수 있음을 보여 논리주의의 주장에 큰 근거를 실어준다. 1905년에 철학 저널 《Mind》에 에세이 〈On Denoting〉을 싣고, 1908년 왕립 학회 회원이 된다. 이후 1910년 《수학 논리》 1권을 화이트헤드와 함께 출간하며 수리철학 분야에서 명성을 얻게 된다.

1910년 러셀은 케임브리지 대학교 강사가 되었고, 여기서 오스트리아의 공학도였던 루트비히 비트겐슈타인을 만나게 되었다. **비트겐슈타인은 곧 러셀의 박사과정 학생으로 들어오게 되었고, 러셀은 비트겐슈타인을 천재이자, 자신의 논리학의 후계를 이을 사람으로 평가했다. 비트겐슈타인에 매료된 러셀은 많은 시간을 비트겐슈타인의 다양한 공포증과 우울증을 돌봐주는데 보내게 되었다. 이것이 상당히 러셀의 기력을 소모했지만, 러셀은 굽히지 않고 비트겐슈타인에게 학문을 하도록 권유**했으며, 1922년 비트겐슈타인의 대표저작 중 하나인 《논리철학논고》를 출판하도록 권유하기도 한다. 1918년 러셀은 비트겐슈타인이 1차 세계대전 전쟁 포로로 잡혀있는 동안 비트겐슈타인의 철학적 아이디어를 재해석한 논리적 원자론 강의를 하기도 하였다.

[1차 세계대전 중 활동]

1차 세계대전 중 러셀은 몇 명 안 되는 반전 운동가로 활동했다. 그리고 이로 인해 1916년에 트리니티 칼리지에서 해고되었고, 100파운드의 벌금을 선고받았다. 러셀은 감옥에 가기를 희망하여 이를 내기 거부했으나, 정부에서는 러셀의 책들을 압수해 경매에 부쳐 벌금을 징수하였다. 압수된 서적은 러셀의 친구들이 구매했으며, 러셀은 "케임브리지 경찰에 의해 압수됨"이라는 낙인이 찍힌 킹 제임스판 성경을 기념품으로 간직했다. 이후 미국이 영국편으로 참전하는 것에 대해 반대하는 강연을 했다는 죄목으로 기소된 것에 대해서는 브릭스튼 감옥에서 6개월 징역형을 선고받았으며, 1918년 9월 석방되었다. 러셀은 1919년 대학교에서 복직되었으나 1920년 강사직에서 물러났고, 1926년 특강 'Tarner Lecture'의 강사를 잠시 맡았다. 이후 1944년부터 1949년까지는 선임연구원(Fellow)으로 활동하였다.

[1차 대전후 활동]

1920년 8월 러셀은 1917년 러시아 혁명이 미친 영향을 조사하기 위한 1920년 영국 대표단에 뽑혀 갔다. **러셀은 블라디미르 레닌과 1시간에 걸친 토론을 했으며, 회고록에서 레닌의 "악마적인 잔인성"을 발견했고, 레닌의 성품을 "독선적인 교수"에 비교하며, 실망감을 표시했다.** 이후 증기선을 타고 볼가 강을 내려가기도 했다. 당시 러셀의 연인이었던 도라 블랙도 러셀과는 별개로 러시아를 같은 시기에 방문했는데, 그녀는 러시아 혁명의 적극적인 지지자였다. 하지만 러셀의 경험은 이전의 러시아 혁명에 대한 자신의 지지를 철회하게 했고, 자신의 경험을 《The Practice and Theory of Bolshevism》에서 회고하며, 영국으로 돌아갈 때 동료 24명이 러시아 혁명을 긍정적으로 평가하는 데 대해 반대 의견으로 설득하려고 한 이야기를 싣는다. 일례로, 러셀은 오밤중에 들은 총성을 이야기하며 이것이 비밀경찰의 총살이라고 주장하지만, 동료들은 자동차 엔진 소리였을 거라고 흘려듣는 장면이 있다.

이후 러셀은 베이징에서 1년간 도라와 함께 철학 강의를 했다. 러셀은 그곳에 희망을 품고, 중국이 새로운 궤도에 올랐다고 보았다. **당시 그곳에 있던 학자들 중 주목할 만한 사람으로는 인도의 시인 라빈드라나트 타고르가 있다.** 중국에 머무르는 동안, 러셀은 천식으로 심하게 고통을 받았는데, 일본 신문에는 러셀의 사망설이 돌았다. 이 커플이 일본을 방문할 때, 도라는 "일본 신문에서는 죽은 버트런드 러셀씨는 일본 기자들께 인터뷰를 하실 수 없답니다."라고 응답했는데, 당시 일본 언론은 이 응답을 달가워하지 않았다. 1921년 8월 26일 귀국 당시 도라가 임신 6개월 차였기에, 러셀은 이혼을 서두르고 1921년 11월 27일 결혼했다. 두 사람 사이에서는 1921년 훗날의 제4대 러셀 백작이 되는 아들 존 콘라드와 딸 캐서린이 태어났다. 러셀은 일반인을 위한 물리학, 윤리학, 교육학 서적을 출판하여 가족의 생계를 책임졌다. 이 당시 러셀이 T. S. 엘리엇의 부인과 정사관계에 있었다는 주장도 있다.

[2차 세계대전]

러셀은 처음에는 히틀러를 패배시키는 것보다 전 세계에 걸친 전쟁을 막는 것이 중요하다고 보아 나치 독일에 대한 재무장을 반대했으나, 아돌프 히틀러가 전 유럽을 장악하는 것은 민주주의에 대한 영구한 위협이 될 것이라고 보았기에, 1940년에는 시각을 바꾸게 되었다. 1943년 러셀은 **"정치적으로 상대적인 평화주의"**를 제창한다. 전쟁은 언제나 거대한 악행이지만, 히틀러의 나치 독일 체제와 같은 특정하고 극단적인 상황에서 는 선택할 수 있는 것 중 덜 나쁜 악행이 될 수 있다는 것이었다. 이후 1944년 귀국하여 모교 케임브리지 대학교에서 선임연구원(Fellow)으로서 강의를 하였다. **1945년 원자폭탄이 발명되자, 러셀은 수소 폭탄의 발명을 예언하고 핵무기 반대 운동과 함께 세계 평화 운동을 벌였다.** 《러셀 서양철학사》, 기독교 비평서 《나는 왜 기독교인이 아닌가》를 비롯해 많은 저서를 남겼다. 1950년에 노벨 문학상을 받았다. 러셀은 수학자로서 출발하여 《수학 원리》를 통해 수리 철학 및 기호 논리학에 공헌하였다. 철학 · 정치 · 교육 · 인생 등에 관한 평론도 있다. **주요 저서로 《수리철학 서설》, 《정신의 분석》, 《서양철학사》, 《권력》 등이 있다.**

[학문적 업적]
[분석철학]

러셀은 **분석철학의 창시자 중 하나로 알려져 있다.** 비트겐슈타인과 함께 선구자적 업적을 이뤘다고 평가받는다. 20세기 초에는 헤겔의 영향을 받은 이상주의에 반대했고, 30년 뒤에 이는 비엔나에서 논리실증주의자들에 의해 형이상학 반대를 반복했다.

[논리와 수리 철학]

러셀은 **근대 수리 논리에 큰 영향**을 주었다. 미국의 철학자이자 논리학자인 윌러드 밴 오먼 콰인은 러셀이 자신의 철학에 가장 큰 영향을 주었다고 말했다. 러셀의 첫 수학에 관한 책은 《기하학 기초론에 관한 에세이》이다. 이 작품은 칸트로부터 크게 영향을 받았다. 러셀은 자신의 책이 아인슈타인의 시공간 스키마를 받아들일 여유 공간이 없다는 것을 깨닫고, 칸트의 수학과 기하학을 완전히 거부했다. 러셀은 자신의 최초의 작업에 대해 거의 중요성 없다는 평가를 했다. 러셀은 또한 1+1=2를 증명한 것으로도 유명하다.

[주요 저작]

1912. 철학이란 무엇인가(권오석 역, 2008) / 철학의 문제들(박영태 역, 2000)

1916. 왜 사람들은 싸우는가? (이순희 역, 2010)

1919. 수리철학의 기초

1922. 러셀 북경에 가다(이순희 역, 2009)

1925. 상대성 이론의 참뜻(김영대 역, 1997)

1925. 나는 믿는다

1926. 러셀의 자녀교육론

1927. An Outline of Philosophy. London: George Allen & Unwin.

1927. 나는 왜 기독교인이 아닌가(이재황 역, 1996)

1927. Selected Papers of Bertrand Russell. New York: Modern Library.

1928. 우리는 합리적 사고를 포기했는가(김경숙 역, 2008)

1929. 결혼과 도덕에 관한 10가지 철학적 성찰(김영철 역, 1997)

1930. 행복의 정복 / 러셀의 행복론(황문수 역, 2001)

1935. 게으름에 대한 찬양(송은경 역, 1997)

1935. 종교와 과학(김이선 역, 2011)
　　　런던 통신 1931-35(송은경 역) 1931-1935

1938. 권력 (안정효 역, 2003)

1940. 의미와 진리의 탐구(임병수 역, 1990)

1945. 러셀 서양철학사(서상복 역)

1948. 인간과 그 밖의 것들(송은경 역, 2005)

1949. 권위와 개인(이종익 역, 1997)

1950. 반속적 에세이

1959. 나는 이렇게 철학을 하였다(곽강제역, 2008)

1959. 서양의 지혜

1961. 사실과 허구의 교차로(고정식 역, 1993)

1961. 인류에게 내일은 있는가(고정식 역, 1991)

1951-1969. 러셀 자서전(송은경 역, 2003)

1969. 러셀의 철학노트(최혁순 역, 1990)

소중한 삶을 여는 인생노트/러셀 인생노트

파이의 역사

일반인을 위한 철학

나는 무엇을 보았는가

연구서러셀(신일철 역, 1982)

버트란드 러셀(최혁순 역, 1984)

[서훈] 1949년 오더 오브 메리트(Order of Merit, OM)

● 러셀 명언

♣ 단순하지만 누를 길 없이 강렬한 세 가지 열정이 내 인생을 지배해왔으니,
  사랑에 대한 갈망, 지식에 대한 탐구욕, 인류의 고통에 대한 참기 힘든 연민이 바로
  그것이다. 이러한 열정들이 나를 이리저리 제멋대로 몰고 다니며 깊은 고뇌의 대양 위로, 절망
  의 벼랑 끝으로 떠돌게 했다.

♣ 거짓과 더불어 제정신으로 사느니, 진실과 더불어 미치는 쪽을 택하고 싶다.

♣ 이 세상의 문제는 바보들과 광신도들은 항상 확신에 차있고,
  현명한 사람들은 의심으로 가득 차 있다는 점이다.

♣ 분명히 불합리한 일이지만, 철학자가 되려는 사람은 불합리한 것에
  겁먹지 않는 법부터 배워야 한다.

♣ 내가 기억하는 한 성경에서 지능을 칭찬하는 말은 한마디도 없었다.

♣ 두려움은 미신의 근원이며, 잔인함의 중요한 원천이다.
  두려움을 극복하는 것이 지혜의 출발점이다.

♣ 애국주의란 하찮은 이유로 죽이고 죽임을 당하려는 의지다.

♣ 큰 기쁨은 쓸데없는 지식을 얻을 때도 느낄 수 있다.

♣ 우리는 사실 두 종류의 도덕을 동시에 가지고 있다. 하나는 입으로는 외치지만 실천하지는 않는
  것이고, 다른 하나는 실천하지만 말하지는 않는 것이다.

마하트마 간디-Mohandas Gandhi, Mahatma, 정치인, 인도 (1869년생)

★ 지난 1,000년간 인물100명중 17위 선정
★ 인류 역사인물 50명에 선정 (Wopen.com 한국.net 선정)

[출생] 1869년 10월 2일, 인도 제국 구자라트 주 포르반다르
[사망] 1948년 1월 30일 (78세), 인도 뉴델리

[사인] 암살(화기에 의한 사망)
[거주지]
인도 제국 → 영국 → 남아프리카 공화국 → 영국 → 인도
[국적] 인도
[학력] 유니버시티 칼리지, 런던
[직업] 독립운동가, 법률가, 사상가, 정치인
[종교] 힌두교
[배우자] 카스토르바이

[자녀] 아들 할리랄 간디
[부모] 카람찬드 간디, 푸틀리바이

[학력사항] 유니버시티 칼리지 런던 법학

[경력사항]
1942 반영불복종운동
1919 인도국민회의파 연차대회 비폭력 저항
1919 사티아그라하 투쟁 선언
1913 사티아그라하 행진
~ 1914 인종 차별반대투쟁단체 지도자

[요약]
간디는 인도의 민족운동 지도자이자 인도 건국의 아버지이다. 남아프리카에서의 인종차별에 대한 투쟁으로 유명해졌다. 제1차 세계대전 이후 영국에 대해 반영·비협력 운동 등의 비폭력 저항을 전개하였다. 모한다스 카람찬드 간디는 인도의 정신적·정치적 지도자로, 마하트마 간디라는 이름으로 널리 알려져 있는데 **'마하트마'는 위대한 영혼이라는 뜻으로** 인도의 시인인 타고르가 지어준 이름이다.
영국 유학을 다녀왔으며, 인도의 영국 식민지 기간(1859년~1948년) 중 대부분을 영국으로부터의 인도 독립 운동을 지도하였다. **영국의 제국주의에 맞서 반영 인디아 독립운동과 무료 변호, 사티아그라하 등 무저항 비폭력 운동을 전개해 나갔다.** 인도의 작은 소공국인 포르반다르의 총리를 지냈던 아버지 카람찬드 간디의 셋째 아들로 태어났으며, 종교는 부모의 영향으로 힌두교이다. 인도의 화폐인 루피의 초상화에도 간디의 그림이 그려져 있다.

[생애]
[생애 초기]
간디는 인도 서부의 사우라슈트라 주의 항구도시 포르반다르의 명문가에서 출생하였다. 부모에게서 인도의 전통종교 중 하나인 자이나교의 교육을 받으며, 일곱 살 때 아버지가 수상으로 부임한 라지코트로 이사했다. 아버지는 배움은 없었으나 아들의 말을 믿어주고 배려하는 분이었으며, 어머니는 힌두교의 교리와 전통을 성실하게 지키는 신실한 힌두교 신자였다. 이러한 가정환경은 간디에게 고지식할 정도로 정직한 성격과 성실한 믿음을 심어주었다.

[청년기]
7살 때 이미 간디는 약혼을 했었지만 약혼녀들이 모두 차례로 죽어, 세 번째 약혼녀인 상인 집안의 딸인 카스투르바이 마칸지와 13세에 결혼한다. 간디는 아내와 잠자리를 가지느라 아버지의 임종을 지키지 못했다고 하는데, 이 사건 때문에 간디는 깊이 반성하고 금욕에 대한 생각을 갖게 된다. 그 뒤 방탕한 생활을 버리고 힌두교의 교리를 충실히 지키며 성욕을 자제하기도 했다. 간디는 정액은

생명력의 근원이고 정액의 배출은 몸과 머리를 약하게 만든다고 믿었다. 그 뒤로 일생 동안 수많은 여성의 사랑을 받고 그들을 가까이 두었음에도 직접적인 성행위나 사정은 자제하였다 한다. 간디는 보어 전쟁과 아프리카 전쟁 그리고 제1차 세계대전에 참전하려고 영국군에 지원했으나 참전하기 며칠 전 결핵에 의한 염증에 걸려서 포기해야만 했다.

[영국유학]

1887년 인도 사밀러스 대학교에 입학했다. 대학생 시절 아버지 친구의 권유로 영국 유학을 결심하였는데, 당시 힌두교에서는 간디의 유학을 좋아하지 않았다. 영국에서 유학하고 온 청년들이 서방의 자유로운 문화의 영향을 받아서 힌두교 전통을 무시하는 일이 많았기 때문이었는데, 당시 힌두교 원로지도자들은 간디를 배웅하면 벌금을 물리기로 결의할 정도로 격렬하게 간디의 유학을 반대하였다. 3년간의 영국유학생 시절 간디는 공부에 열중했으며, 개인적인 도덕문제에 관심이 많았다.

간디는 인도와는 다른 런던의 도시생활과 음식, 예절에 쉽게 적응하지 못하였으며, 특히 힌두교 전통에 따라 채식을 고집하여, 멀리 떨어진 채식식당까지 가서 밥을 먹을 만큼 어려움을 겪기도 했다. 다행히 채식에 대한 합리적인 근거를 알려주는 책과 식당을 알게 되었으며, 런던 채식주의협회 집행위원이 되었다. 간디는 어린시절 영국처럼 강해지려면 고기를 먹어야 한다는 한 친구의 말에 감화되어 고기를 먹은 적도 있었지만, 힌두교 신자로서 양심의 가책을 받아서 그만두었다고 한다. 간디는 영국 런던대학교 유니버시티 칼리지 런던에 입학, 법학을 공부하여 1891년 변호사 자격을 취득했다.

[독립운동]

그 뒤 남아프리카를 경유하여 귀국하였다. 그러나 간디의 어머니는 귀국 전 이미 별세한 뒤였다. 인도 라지코트와 봄베이에서 변호사생활을 시작했지만 법정에서 말 한 마디 못하고 물러날 정도로 성격이 내성적이어서 능력을 인정받지 못하였다. 간디는 1년간의 계약으로 남아프리카의 인디아계 상사에서 근무하였는데, 남아프리카공화국에서의 생활은 간디가 백인들에게 교통시설 이용, 취업 등에서 차별당하는 동족들을 보면서 독립운동을 다짐하게 했다.

1893년 남아프리카의 나탈에 부임하여, 변호사를 개업하였다. 간디는 그곳에서 인도인들이 받고 있는 차별 대우를 깊이 체험하여 인종 차별 반대 투쟁 단체를 만들었다. 또한 톨스토이 주의에 의거한 '비폭력 투쟁'의 단서를 열었다. 남아프리카 공화국인 트란스발 정부가 인도인 이민 제한을 위해 부과한 지문 등록을 거부하는 운동을 일으키다가 여러 번 투옥되었으나, 마침내 철회에 성공하였다. 남아프리카의 프리토리아에서 살던 시절 간디는 동포들이 처한 상황을 알게 되었고 그들의 권리와 의무를 찾게 하려고 노력했다.

그러다 1894년 6월, 1년 계약이 끝나고 환송잔치 자리에서 우연히 나탈 의회가 인도인의 선거권 박탈을 입법화하려 한다는 신문기사를 읽게 됐다. 1894년 7월 정치운동가로 변신한 간디는 나탈 지방의회와 영국 정부에 보낼 탄원서를 작성하고 수백 명의 서명을 받았다. 인도인 차별법의 입법은 막는 것에는 실패하였으나 나탈·영국·인도에까지 나탈 인도인의 문제에 대한 관심을 홍보하는 데 성공했다. 1894년 더반에 머무르기로 결심한 간디는 '나탈 인도국민회의'를 창설하고 인도인의 단결심을 고취시켰다. 또한 인도인에 대한 차별대우의 실상을 국제사회의 여론에 널리 알렸다. 제1차 대전이 일어나자, 귀국하여 노동 운동, 민족 해방 독립 운동의 지도에 전념하였다. 1915년 이후 1918년까지 간디는 제1차 세계대전에서 영국의 입장을 지지하는 입장에 서기는 했지만 정치활동에는 잘 나서지 않았다.

그러나 전쟁이 끝나면 독립을 시켜주겠다고 했던 영국이 약속을 지키지 않고 1919년 반영운동을 하면 체포영장 발부 등의 적법한 절차도 없이 무조건 잡아갈 수 있는 즉, 반영운동을 이전보다 더욱 가혹하게 탄압할 수 있는 롤래트 법이 제정되자 **간디는 영국의 지배에 다시 반기를 들고 "빵을 구하는 데 돌을 준다."고 항의하면서 전 인도인에게 영국 상품의 불매·납세 거부·공직 사퇴 등 영국에 대해 저항할 것을 호소하였다.** 1919년 봄 간디는 사티아그라하 투쟁을 선언하고 봉기가 발생했지만 400명의 인도인이 영국군의 무자비한 발포로 학살당하면서 운동은 잠시 주춤하기도 했다. 1922년 체포되었으나 병으로 출옥하였으며, 1925년 국민 회의파 의장이 되었다. 1942년 영국에 대하여 인도 철퇴의 요구, 불복종 운동을 일으키다 투옥되었다. 석방된 후에도 인도 독립을 위해 활동하였으며, 델리에서 인도와 파키스탄과의 융화에 전력하였다.

[독립 이후]

1947년 8월 15일 인도는 드디어 영국에게서 독립을 했으나, 이슬람교도는 파키스탄으로, 힌두교도는 인도로 가는 민족분열이 벌어지고 말았다. 당시 종교갈등으로 수만 명이 학살당하자, 간디는 이슬람교도와 힌두교도의 화해와 일치를 위해 일하였다. 하지만 간디의 이러한 모습은 극단적 보수파 힌두교 신도들에게는 이슬람교도를 편드는 것처럼 보였으며, 결국 1948년 1월 30일에 뉴델리에서 열린 저녁 기도회에 참석했다가 반이슬람 힌두교 급진주의 무장 단체인 라시트리야 세와크 상가의 나투람 고드세에게 총을 맞아 암살당했다. 1930년 간디는 미국 시사주간지 타임이 선정하는 '올해의 인물'에 선정되기도 했다. **간디는 노벨 평화상 수상 후보자에 4번이나 올랐으나 끝내 수상하지 못하였다.**

[가족 관계]

부 : 카람찬드 간디
모 : 푸틀리바이
처 : 카스토르바이
자 : 할리랄 간디

[저서]

《간디 자서전》(박홍규 옮김, 문예출판사, 2007)
《날마다 한 생각》(함석헌 역, 출판사 호미, 2001)
《힌두 스와라지(Hind Swaraj)》(안찬수 역, 출판사 강, 2002)
《만화 간디 자서전》(서기남 書 박수로 畵, 주니어김영사, 2009)

간디 명언

♣ 세상을 변화시키고 싶다면, 당신부터 변화된 삶을 살아라.

♣ 내일 죽을 것이라는 각오로 삶을 살고, 영원히 살 것이라는 각오로 배워라.

♣ '눈에는 눈'이라는 사고방식으로 살다 보면 세상 모든 사람들이 장님이 될 것이다.

♣ 당신의 생각과 언행이 조화를 이루는 것이 곧 행복이다.

♣ 처음에 그들은 당신을 무시할 것이고, 그 다음에는 조롱할 것이고,

그 다음에는 싸우려 들 것이고, 그 다음에는 당신이 승리할 것이다.

♣ 나는 비관적인 생각이 들 때마다 진실과 사랑이 결국에는 항상 승리해 왔다는 사실을 떠올린다. 독재자들과 살인마들은 항상 있어 왔고, 한동안은 그들이 무적인 것으로 여겨질 수도 있지만, 종국에 가서는 항상 패망했다. 생각해 보라. 그들은 예외 없이 패망했다.

♣ 사랑이 있는 곳에 삶도 있는 법이다.

♣ 일곱 가지 죄악:

노동 없는 부의 축적, 양심 없는 쾌락의 추구, 인류애를 감안하지 않은 과학,

인격 없는 지식, 원칙 없는 정치, 도덕성 없는 상업, 희생이 없는 사랑.

♣ 저는 예수님을 좋아하지만, 기독교인은 좋아하지 않습니다.

기독교인들과 예수님은 너무나 딴판이기 때문입니다.

♣ 나약한 자들은 결코 용서하지 않는다. 용서라는 것은 강한 자들만이 할 수 있는 일이다.

♣ 실수의 자유가 허용되지 않는 자유는 누릴 만한 가치가 없다.

♣ 신은 종교를 가지고 있지 않다.

♣ 어느 누구도 더러운 발로 내 정신을 침범하도록 허용하지 않을 것이다.

♣ 죄를 미워하되, 죄인은 사랑하라.

♣ 어느 누구도 나의 허락 없이 나를 해칠 수는 없다.

♣ 기도는 구하는 행위가 아니다. 기도는 영혼에 대한 갈망이다. 매일 자신의 나약함을 고백하는 것이다. 혼이 담기지 않은 기도문보다는, 혼이 담긴 침묵의 기도가 낫다.

♣ 인간은 자신의 사고의 산물이다. 뭐든지 생각하는 대로 되는 법이다.

♣ 수천 명의 사람들이 고개를 숙이고 기도를 하는 것 보다는,

하나의 행동으로 한 명의 사람을 돕는 것이 낫다.

♣ 자아를 찾을 수 있는 최선의 방법은, 남을 돕느라 자아를 상실하는 것이다.

♣ 당신의 믿음은 곧 당신의 생각이 되고, 당신의 생각은 곧 당신이 내뱉는 말이 되고,

당신이 내뱉는 말은 곧 당신의 행동이 되고, 당신의 행동은 곧 당신의 습관이 되고,

당신의 습관은 곧 당신의 가치관이 되고, 당신의 가치관은 곧 당신의 운명이 된다.

나의 미래는 내가 오늘 무엇을 하느냐에 달려 있다.

퀴리-Marie Curie, 과학자, 노벨상, 폴란드-프랑스 (1867년생)

★ 지난 1,000년간 인물 100명중 53위 선정

[출생-사망] 1867년 11월 7일, 폴란드 ~ 1934년 7월 4일 (66세)
[가족] 배우자 피에르 퀴리

[학력사항]
소르본느대학교 수학, 물리학 학사

[경력사항]
1911 퀴리실험소 소장
1910 소르본대학 최초 여자 교수
1910 금속라듐 분리 성공
1907 라듐 원자량의 정밀한 측정 성공
1903 소르본대학 실험실 주임
1898.12 라듐 발견
1898.07 폴로늄 발견
1895 방사능 연구 착수

[수상내역]
1911 노벨 화학상
1903 노벨 물리학상

[출생] 1867년 11월 7일
폴란드 바르샤바, (당시 러시아 제국의 Vistula land)
[사망] 1934년 7월 4일 (66세), Passy, 프랑스

[국적] 폴란드, 프랑스 (결혼 후)
[분야] 물리학, 화학
[소속] 파리 대학교
[출신 대학] 파리 대학교
[주요 업적] 방사능
[수상]
노벨 물리학상 (1903년)
데이비 메달 (1903년)
마테우치 메달 (1904년)
노벨 화학상 (1911년)

[종교]

가톨릭 신자였으나 모친의 사망 후 **불가지론자로 전향**

[생애]

1867년 폴란드의 바르샤바에서 출생했다. 결혼 전 이름은 '마리아 스쿼도프스카'였다. 당시 폴란드는 분할 지배하에 있었는데, 바르샤바는 러시아령이었기 때문에 어렸을 때부터 제정 러시아의 압정을 겪으며 자랐다. **아버지는 김나지움의 수학 및 물리학 교사였다. 10세 때 어머니를 잃고 17세 무렵부터 가정교사 등을 하면서 독학하였다.** 당시 폴란드와 독일에서는 여자가 대학에 들어갈 수 없었기 때문에 그녀는 파리로 유학을 결심, 1891년 파리의 소르본 대학에 입학하였다. J. H. 푸앵카레, G. 리프만 등의 강의를 들었으며, **수학·물리학을 전공하였고 가장 뛰어난 성적으로 졸업하였다.** 1895년 피에르 퀴리와 결혼하여 프랑스 국적을 취득하였으며, 남편과 공동으로 연구 생활을 시작하였다. 당시 물리학에서는 새로운 사상(事象)이 잇달아 발견된 시기였는데, 뢴트겐의 X선 발견, H. 베크렐의 우라늄 방사능 발견에 자극받아 퀴리 부부도 **방사능 연구에 착수하였다.**

먼저 베크렐의 추시부터 시작했는데 **부부는 방사능의 세기를 측정하는 데에 전기적 방법(피에르가 발견한 압전기의 이용)을 사용했다.** 그것은 방사선의 정량적 측정법으로서 베크렐의 사진법보다 편리한 것이었다. 토륨도 우라늄과 마찬가지의 방사선을 방사한다는 것을 발견하고, 그것을 '**방사능**'이라 명명하였다. 또한 **방사능이 원자 자체의 성질이라는 것을 알아냈다.** 여러 가지 시료에 대하여 측정하던 중 우연히 우라늄 광물 피치블렌드가 우라늄 자체보다도 강한 방사능을 보인다는 것을 알고, 그 속에 미지의 강한 방사성 성분이 존재할 것이라고 추정, 이것의 추출을 시도하였다. 보헤미아의 요아힘스탈에서 산출되는 피치블렌드에서 방사되는 방사능을 바탕으로 화학 분석을 하여(방사화학분석법의 시초), 1898년 7월 **폴로늄을 발견**하였다. 이것은 그녀의 조국 폴란드의 이름을 따서 명명한 것이다.

이어서 1898년 12월에는 **라듐을 발견**하였다. 이 두 원소는 방사성 원소로서 발견된 최초의 것으로, **특히 라듐은 우라늄에 비하여 훨씬 강한 방사능을 가진다는 점에서 중요한 의미를 지닌다.** 이 발견은 방사성 물질에 대한 학계의 관심을 불러일으켜, 새 방사성 원소를 탐구하는 계기를 만들었다. 이러한 업적으로 **1903년 퀴리 부부는 베크렐과 함께 노벨 물리학상을 받았다.** 피에르는 소르본대학 이학부 교수, 마리는 그 실험실 주임이 되었다. 1906년 남편 피에르 퀴리가 마차에 치어 사망한 뒤에도 단독으로 방사성 물질을 계속 연구하였다. **1907년 라듐 원자량을 더욱 정밀하게 측정하는 데 성공하고, 1910년에 금속 라듐을 분리하는 데도 성공하였다.** 1906년 5월에는 **남편의 후임으로 여성으로서 최초의 소르본 대학 교수**가 되었고, 1914년 소르본 대학에서는 그녀가 연구에 더욱 집중할 수 있도록 라듐연구소를 건립하였다. 제1차 세계대전이 일어나고 독일군이 파리로 진격해오자 라듐을 스위스로 옮겼다가 전쟁이 끝나고 다시 연구를 시작했다. 전쟁 중 장녀 이렌과 함께 부상자 치료를 위해 뢴트겐 투사기를 보급하는데 노력하였고 많은 부상자들이 목숨을 구하였다. 이 공로를 인정받아 파리 의학아카데미의 회원이 되었다.

라듐연구소는 이후 파스퇴르 실험소와 퀴리 실험소가 되었는데, 마리는 퀴리 실험소 소장으로서 **프랑스의 과학 연구에 공헌**하였다. 1911년 **라듐과 폴로늄 발견으로 노벨 화학상**을 받았다. 이후 연구소의 운영은 물리학자인 장녀 이렌에게 맡겼으며, 이렌은 마리 퀴리의 실험 조수로 있던 F. 졸리오 퀴리와 결혼한 뒤 1935년 남편과 함께 인공 방사능을 발견한 공로로 노벨화학상을 받았다. 마리 퀴리는 그동안의 실험으로 몸이 쇠약해져 스위스에서 요양을 하였지만 1934년 7월 4일 **백혈병으로 사망**하였다. 사후 61년 만인 1995년 4월 20일 남편 피에르 퀴리와 함께 여성으로는 사상 최초로 역대 위인들이 안장되어 있는 파리 팡테옹 신전으로 이장되었다.

[성장 과정]

마리 퀴리는 1867년 바르샤바에서 가난한 교육자의 딸로 태어났다. 어머니 브로니스와바는 중학교 교사, 아버지 브와디스와프 스크워프도프스키는 바르샤바 교육청 장학사였다. 형제로는 오빠 유제프 (1863년생)와 조피아(1862년생), 브로니스와바(1865년생), 헬레나(1866년생) 언니 셋이 있었다. 10세 때 폐결핵을 앓던 어머니와 사별하였고, 장학사로 일하던 아버지가 실직하기도 했으며, 큰 언니 조피아가 요절하기도 하여 혼란한 어린 시절을 보냈다. **17세 무렵부터 가정교사 등을 하면서 독학하였다**. 당시 폴란드와 독일에서는 여자가 대학에 들어갈 수 없었기 때문에 프랑스 파리로 유학을 갈 결심을 하였다.

[유학 생활]

여학교를 졸업한 마리는 남학생만 뽑는 바르샤바 대학교와는 달리, 성 차별이 없는 프랑스에서 공부하고 싶어 했으나 학비가 없었기 때문에, **3년간 시골의 부유한 농가의 가정교사로 고용**되어 고용주의 딸과 아들을 가르쳤으며, 나중에는 고용주의 허락을 받아 어린이들을 대상으로 야학을 운영했다. 다행히 아버지가 소년 감화원 사감으로 취직하여 경제적 여유가 생기자, 마리는 둘째 언니 브로니스와바와 형부 카지미에시 드우스키 부부가 의사로 일하고 있던 **프랑스 파리에서 유학**하였다. 브로니스와바와 마리가 교육을 강조함으로 써 폴란드 민족의 실력을 양성하려는 계몽주의자였다면, 형부 카지미에시는 자본의 지배로부터의 해방 없이는 민중 해방이 없다는 냉철한 현실 이해를 주장한 사회주의자였다. 1891년 파리의 소르본 대학에 입학하여 푸앵카레, 리프만 등의 강의를 들었다. **수학과 물리학을 전공하며 가장 뛰어난 성적으로 졸업하였다**.

[라듐의 발견]

소르본 대학교에서 물리학과 수학 학위를 취득한 후 1895년 과학자 피에르 퀴리와 결혼하였고 피에르 퀴리와의 사이에 두 딸을 두었다. 마리 퀴리와 피에르 퀴리(1859년~1906년)는 **1898년 우라늄 광석인 피치블렌드(역청우라늄석)에서 염화바륨에 소량 섞여있는 형태로 염화라듐을 처음 분리·발견하였고, 1902년 8톤의 폐우라늄 광석을 처리하여 0.1g의 순수한 염화라듐을 얻었다**. 1910년에는 마리 퀴리가 염화라듐을 전기분해시켜 금속 라듐을 얻었다. 마리 퀴리가 살던 시대에는 방사능의 위험성이 널리 알려지지 않았다. 방사능 물질 라듐은 미용은 물론 정신장애 치료에까지 효과가 있다는 위험한 선전이 아무런 근거도 없이 주장되었고, 방사능에 노출된 사람들이 죽어갔다. 어느 화장품이건, 라듐이 들어간다고 써져 있기만 하다면, 그것은 완판이 되었고 굉장히 인기가 있던 제품이었다.

[교수 생활]

1906년 피에르 퀴리가 교통사고로 사망하였다. 마리 퀴리는 피에르 퀴리가 근무하던 소르본 대학교에서 1906년 11월 5일부터 학생들을 가르쳤는데, 마리 퀴리는 미리 강의 내용을 확인하는 준비를 하여 남편이 가르친 내용을 이어서 강의하는 꼼꼼함을 보여주었다. 이 일로 소르본 대학교에서 강의를 한 최초의 여성 교수가 되었다. 당시 프랑스 정부에서는 연금을 제공하겠다고 했으나 거부했다.

[방사능 피폭에 따른 사망]
라듐의 위험성이 제기된 것은, 영화관에서 영화 상영작 포스터 페인트질(페인트 안에 라듐 성분이 들어가 있음)을 하던 여성 노동자들이 죽어가면서였다. **마리 퀴리도 1934년 요양소에 입원하여 그 해 7월 4일 방사능으로 인한 골수암, 백혈병, 재생불량성 빈혈로 사망했다.**

[업적]
여성으로서 최초의 노벨상 수상자이며, 물리학상과 화학상을 동시에 받은 유일한 인물이다. 노벨상을 2회 수상한 기록은 라이너스 폴링과 함께 인물로서는 최다 기록이다. 1903년 라듐 연구로 마리 퀴리와 남편 피에르 퀴리가 공동으로 **노벨 물리학상을 수상**하였고, 1907년에는 라듐 원자량의 정밀한 측정에 성공하였다. 1910년에는 금속 라듐의 분리도 하여, 1911년에는 **라듐 및 폴로늄의 발견과 라듐의 성질 및 그 화합물 연구로 마리 퀴리 단독으로 노벨 화학상을 수상**하였다. 그 공적을 기려 방사능 단위에 퀴리라는 이름이, 화학 원소 퀴륨에 이름이 사용되었다. 마리 퀴리의 딸 부부인 이렌 졸리오퀴리와 프레데리크 졸리오퀴리도 노벨 화학상 수상자들이다. 프랑스의 보수성, 가십을 좋아하는 언론의 공세, 폴란드 출신이라는 점, 그리고 여성이라는 성차별적 문제로 결국 화학 아카데미 회원은 될 수 없었다.

[마리 퀴리 연보]
1867 11월 7일 폴란드 바르샤바에서 출생.
1891 파리 소르본느 대학에서 물리학을 공부.
1895 물리학자 피에르 퀴리와 결혼.
1898 방사능 물질인 **라듐을 발견.**
1903 남편 피에르 퀴리와 공동으로 **노벨물리학상 수상.**
1906 남편 사망하자 그가 강의했던 소르본 대학교에서 강의.
1907 라듐 원자량의 정밀 측정을 성공.
1911 라듐 및 폴로늄 발견과 라듐의 성질 및 화합물 연구로 **노벨화학상 수상.**
1934 7월 4일 **방사능으로 인한 골수암, 백혈병 등으로 사망.**
1995 여성 최초로 파리 팡테옹 신전에 안장.

🦏 ● 퀴리 명언

♣ 사람에 대한 호기심은 줄이고, 아이디어에 대한 호기심을 키워보자.
♣ 인생에서 두려워할 것은 아무것도 없다. 이해해야 하는 것만이 있을 뿐이다.
　지금은 더 많이 이해해야 할 때다. 그래서 두려움을 덜어낼 수 있다.

라이트 형제-Wright brothers, 비행기제작자, 미국 (1867, 1871년생)

★ 지난 1,000년간 인물100명중 40위 선정
★ 인류 역사인물 100명중 28위 선정
★ 인류 역사인물 50명에 선정 (Wopen.com 한국.net 선정)

[국적] 미국
[활동분야] 항공
[출생지]
미국 인디아나 주 밀빌, 오하이오 주 데이톤

[주요업적] 항공기 발명

[요약]
형 윌버 라이트(Wilbur Wright, 1867년 4월 16일~1912년 5월 30일)와 **동생 오빌 라이트**(Orville Wright, 1871년 8월 19일~1948년 1월 30일)는 1903년 12월 17일 조종이 가능하고 공기보다 무거운 동력 비행기를 제작하고 **최초로 비행에 성공시킨 미국인 형제**이다. 그로부터 2년 후 형제는 **첫 고정익 항공기를 제작**하였다. 1903년 역사상 처음으로 동력비행기를 조종하여 지속적인 비행에 성공하였다. 비행기개발에 대한 원조를 호소한 결과 **1909년 프랑스에서 아메리칸 라이트 비행기 제작회사를 설립**하게 되었다.

[생애]
형제가 공동으로 기계완구와 자전거점을 경영하다가 독일의 릴리엔탈이 글라이더 시험 중 추락사한 것을 알고 항공에 흥미를 가져 비행기 연구를 시작하였다. 1900년과 이듬해에 노스캐롤라이나주의 키티호크에서 2회에 걸쳐 글라이더의 시험비행을 하였다. 그 후 데이턴에서 비행기의 과학적 연구에 착수, 모형으로 200회 이상 시험하였고, 1902년 키티호크에서 1,000회에 이르는 글라이더 시험비행을 하였다. 같은 해 12월 데이턴에 돌아와 형제가 직접 만든 가솔린기관을 기체에 장치하여 1903년 12월 17일 키티호크에서 역사상 처음으로 동력비행기를 조종하여 지속적인 비행에 성공하였다. 이것은 12 마력의 발동기를 부착한 무미익복엽기(無尾翼複葉機)로 된 플라이어 1호로서, **처음 비행은 오빌의 조종으로 12초 동안 36m를 날았고, 2번째 비행은 59초 동안 243.84m를 비행하였다.** 1904년 허프먼 프레리에서 45분 동안 비행하였고, 상하 좌우로 조종하는 문제도 해결하였다. 1905년 플라이어 3호는 주회(周回)비행에 여러 차례 성공, 40km를 38분에 비행한 기록도 세웠다. 1908년 유럽 각지를 순회하면서 그들의 비행을 공개하기도 하였다.
그 뒤로 라이트 형제는 기체와 기관의 제작에만 전념하면서 그들의 비행기 개발을 원조해 주도록 여러 나라에 호소하였다. 1908년 마침내 미국 연방정부는 그들의 비행기 1대를 구입하였고, 같은 해 프랑스에서는 그들이 설계한 비행기를 조립하겠다는 회사가 나타나 이듬해 아메리칸 라이트 비행기 제작회사를 설립, 유럽에서의 비행기 제작에 선진적인 역할을 하였다. 형이 죽은 뒤 동생이 사장직을 이어받고, 1924년 하익(下翼)을 발명하였다. 데이턴에는 이 형제의 이름에서 딴 미국공군의 라이트 연구소가 있다.

형 윌버 라이트(1867년 4월 16일~1912년 5월 30일)와 동생 오빌 라이트(1871년 8월 19일~1948년 1월 30일)는 1903년 12월 17일 조종이 가능하고 공기보다 무거운 동력 비행기를 제작하고 최초로 비행에 성공시킨 미국인 형제이다. 그로부터 2년 후 형제는 첫 고정익 항공기를 제작하였다. 비록 최초의 실험기는 아닐지라도, 라이트 형제는 고정익 항공기를 조종할 수 있게 만든 최초의 사람들이었다. 항공기 제작 처음부터 라이트 형제는 신뢰성 있는 조종술을 비행 문제 해결의 열쇠로 보았다. 이로 인해 발명한 것은 라이트 형제의 3축 조종인데, 이 비행 조종 시스템은 조종사로 하여금 항공기를 효과적으로 조종하고 균형을 잡을 수 있게 해 주었다. 이 방법은 현재까지도 모든 고정익 항공기의 기본적인 조종방식이다. 그들의 첫 미국 특허 제 821393호는 항공기의 발명에 대한 언급보다는 항공기 표면 조종을 이용한 공기역학적 조종의 발명에 대한 것에서 그 사실을 확인할 수 있다. 이러한 접근은 강력한 엔진을 개발하는데 주력한 동시대의 발명가들과 대비되는 관점이었다. 손수 제작한 풍동을 사용함으로써 라이트 형제는 그 어느 누구보다 정확한 데이터를 수집할 수 있었고, 이는 라이트 형제가 이전보다 더 효율적인 날개와 프로펠러 설계를 가능케 했다. 라이트 형제는 수년 간 그들의 가게에 일하면서 자전거, 모터, 인쇄기 등의 기계를 통해 항공기 제작에 필수적인 기술들을 배웠다. **특히, 자전거 제작을 통해 라이트 형제는 자전거처럼 항공기 같은 불안정한 기계도 연습을 통해 조종이 가능하리라는 믿음을 얻게 되었다.** 1900년부터 라이트 형제의 첫 동력 비행이 있었던 1903년까지 시행했던 글라이더 테스트를 통해 조종사로서 가져야 할 기술들을 습득하게 되었다. 또한 라이트 형제의 자전거 가게에서 고용되어 일하던 찰리 테일러는 형제의 첫 항공기 엔진을 제작하며 항공기 발명에 큰 영역을 차지하게 되었다. 이후 항공기 발명가 라이트 형제는 수많은 사람들에 의해 비판과 첫 비행에 대한 반박을 받았는데, 대부분은 초기 항공 발명가들에 의한 이권 쟁탈전이었다.

🦏 ● 라이트 형제 명언

♣ 꿈이 그만한 가치가 있다고 믿는다면, 꿈만 쫓는 바보처럼 보여도 좋을 것이다.
♣ 언제나 새벽이 오기를 기다렸다.

포드-Henry Ford, 포드자동차 설립자, 미국 (1863년생)

기업인, 공학기술자

★ 지난 1,000년간 인물100명중 29위 선정
★ 인류 역사인물 100명중 91위 선정
★ 인류 역사인물 50명에 선정 (Wopen.com 한국.net 선정)

[출생-사망] 1863년 7월 30일, 미국 ~ 1947년 4월 7일 (83세)

[경력사항]

1936 포드 재단 공동설립

1903 포드 모터스 설립

디트로이트 에디슨 책임기술자

[생애]

헨리 포드는 미국의 기술자이자 사업가로 포드 모터 컴퍼니의 창설자이다. 미국 미시간 주 디트로이트 서쪽의 농촌에서 농부의 아들로 태어났다. 농업 노동의 합리화를 위한 운반의 개선을 위해 기계 기사를 지망, 디트로이트의 작은 기계 공장에 들어가 직공으로서 기술을 배웠다. 5년 후 고향에 돌아가 농사를 돌보면서 공작실을 만들어 연구를 계속하였고, 1890년 에디슨 조명 회사 기사로 초청되어 근무하던 중 내연기관을 완성하여 1892년 자동차를 만들었다. 1903년 세계 최초의 양산 대중차 포드 모델 T의 제작을 시작하였다. 포드 모델 T는 자동차의 대중화를 위해 헨리 포드가 실현한 대량 생산 방식의 자동차였다.

헨리 포드는 특히 **경영지도 원리로써 미래에 대한 공포와 과거에 대한 존경을 버릴 것, 경쟁을 위주로 일하지 말 것, 봉사가 이윤에 선행할 것, 값싸게 제조하여 값싸게 팔 것 등 4개의 봉사 원칙을 내세웠는데 이를 포디즘**이라 한다. 한편 포드는 공장의 경영합리화를 위해 제품의 표준화, 부분품의 단순화, 작업의 전문화라는 3S운동을 전개하면서 이 원칙을 달성하기 위하여 누드젠콘이 창안한 컨베이어 시스템을 채용하여 흐름작업조직으로 노동생산성 고무에 이바지하였다. 이것을 '**포드 시스템**'이라 하는데 특별히 경영을 봉사기관으로 보는 포드의 사상은 피터 드러커의 경영 이론에 계승되고 있다. 저서에 《오늘과 내일(1926년)》, 《나의 산업철학(1929년)》 등이 있다. 1947년 4월 7일, 향년 84세로 사망했다. 증손자는 윌리엄 클레이 포드 2세이다. 자동차 왕으로서 세계적으로 유명한 기술자 겸 실업가이다.

에디슨과 함께 미국의 입지전적 인물이다. 근대적 대량 생산 방식에 의하여 자동차를 대중화하였고 현재의 자동차 시대를 개척하였다. 미시간 주의 농가에서 태어나 소년 시절부터 기계에 흥미를 가졌으며, 15세 때 기계공이 되어 자동차 제작에 몰두하였다. 1903년 자본금 10만 달러로 포드 자동차 회사를 설립, 1908년 세계 최초의 양산 대중차 T형 포드의 제작을 개시하였다. 가장 큰 공적은 1913년에 조립 라인 방식에 의한 양산체제인 포드시스템을 확립한 것이다. 그 밖에 수많은 기술상의 새로운 토대와 계획, 조직 및 관리에 있어서 합리적 경영 방식의 도입 등으로 종래의 관행을 하나하나 타파해 나갔다.

1914년에는 최저 임금 일급 5달러, 1일 8시간 노동이라는 당시로서는 획기적인 노동 정책으로 세상을 놀라게 하였다. **헨리 포드의 산업 철학은 제품가격의 인하로 판매량을 확대하고, 생산효율을 높여 생산을 증대하여 가격을 더욱 낮춘다는 단순한 것이었다.** 포드 자동차 회사는 T형 포드로 미국 최대의 자동차 제조업체가 되고, 1924년에는 시장의 거의 반을 차지하였으나, 헨리 포드의 개성이 너무 강하고 편협한 탓으로, 말년에는 경영에 파탄을 가져왔다. 1920년대 말에는 경쟁사인 제너럴 모터즈(GM)에 선두 자리를 빼앗기고, 노동조합 운동에 반대를 계속하였으므로 경영이 악화되었다. 1936년에 설립한 포드재단은 교육 진흥에 크게 공헌하고 있다.

🦏 ● 포드 명언

♣ 당신이 할 수 있다고 생각하든 할 수 없다고 생각하든 당신이 옳다.

♣ 우리는 사람을 고용하는 것이지 그 사람의 경력을 고용하는 것이 아닙니다.
그 사람이 하버드 출신이든, 형무소 출신이든 나에겐 다 똑 같은 사람입니다.

♣ 높은 곳에 있는 열매를 따기 전에 낮은 곳에 있는 열매부터 따야 하는 것이다.
대중적인 시장은 얻기 쉬운 열매라고 볼 수 있다.

♣ 위대해진다는 것은 오해받게 되어 있다.

♣ 우리의 방침은 가격을 내리고 사업을 확장한 뒤에 제품의 품질을 개선하는 것이다.
가격을 내리는 것이 첫 번째 과제임을 누구나 알 수 있을 것이다.
우리는 어떤 고정가격도 고려한 적이 없다.
그렇기 때문에, 우리는 판매량이 늘어날 것이라고 믿는다.
우리는 단가를 걱정하지 않는다. 새롭게 정해지는 가격을 통해 단가를 낮출 수 있다.

♣ 성공 비결 중의 하나는 자신에 대한 무조건적인 신뢰였다.

♣ 나는 위대한 서민들을 위한 자동차를 만들 것이다. 많은 월급을 받지 못하는 사람들도
자동차를 사는 것이 가능하도록, 저렴한 가격으로 자동차를 생산할 것이다.

♣ 만약 돈이 당신의 자립을 위한 유일한 희망이라면 결코 가질 수 없을 것이다.
이 세상에서 사람이 유일하게 가질 수 있는 진정한 것은 지식과 경험, 능력의 축적이다.

♣ 절대 평범한 사람에게 투자하지 마라.

♣ 절대로 담보를 운에 맡기지 마라.

♣ 많은 사람들이 성공을 꿈꾸고 희망한다. 나에게 있어 성공이란 끊임없는 실패와
자기성찰을 통해서만 달성되었다.
실제로 성공은 당신의 일에 있어서 99%의 실패에서 비롯된 단 1%를 말한다.

♣ 우리는 성공보다는 실패에서 더 많은 것들을 배운다.

화이트헤드-Whitehead, 수학자, 철학자, 영국 (1861년생)

[출생] 1861년 2월 15일, 잉글랜드 켄트 주 램스게이트
[사망] 1947년 12월 30일(86세), 미국 매사추세츠 주 케임브리지

[국적] 영국
[관련인물] 플라톤, 러셀
[시대] 20세기 철학
[지역] 서양 철학
[직업] 수학자, 철학자

[분야] 신실재론
[학파] 과정철학
[연구 분야] 형이상학, 수학

[경력사항]
런던의 대학 교수
하버드 대학 교수(1924년~1938년)

[주요 업적] 과정철학
[서훈]
1945년 오더 오브 메리트(Order of Merit, OM)

[저서]
자연인식의 여러 원리(1919년), 자연의 개념(1920년), 상대성의 원리(1922년), 과학과 근대세계(1925년), 과정과 실재(1929년), 관념의 모험(1933년)

[요약]
알프레드 노스 화이트헤드는 영국의 철학자·수학자이다. 20세기를 대표하는 철학자의 한 사람으로서 기호논리학(수학적 논리학)의 대성자 중 한 사람이다.

[생애]
사적이 많은 영국 남부의 켄트 주 램스게이트에서 태어났으며, 아버지는 영국 성공회의 신부로 사립학교 교장이었다. 이러한 환경은 역사·종교·교육에 대한 화이트헤드의 관심을 함양시켜 주었다. 1880년 케임브리지 대학교에 입학하여 수학을 전공하였으며, 이어 장학금 연구원(펠로)으로 선발되고 강사가 되었다. 1910년에 런던 대학교의 응용수학 교수가 되기까지 버트런드 러셀과 10년간에 걸쳐 협력하여 수학의 논리적 기초를 논한 고전 《수학 원리》 3권을 완성하였는데, 이미 1898년의 《보편대수학론》(이 논문으로 왕립 학회 회원으로 선출되었다) 등에 이러한 논리-수학적 관심이 나타나 있었다. 또한 런던 대학교 시절에 상대성이론에 강한 관심을 보였고, 화이트헤드의 철학자로서의 업적은 《자연이라는 개념》 등 과학철학에 관한 여러 저작에 의해 확립되었다.
1924년 63세로 **하버드 대학교의 철학교수로 초빙**되어 미국으로 건너갔고, 매사추세츠 주의 케임브리지에 살며 《과학과 근대 세계》, 《상징작용》, 《과정과 실재》, 《관념의 모험》, 《사상의 제 양태》가 계속 간행되어 우주론 내지 형이상학 체계의 건설이 시작되었다. 이와 같이 과학의 기초에 각별한 관심을 가진 수학자 화이트헤드는 실재론적 기초 위에서 넓은 시야의 문명론을 전개하면서 '**유기체 철학**'이라고 불리는 새로운 철학 사상을 구축했다. 화이트헤드는 부인과 함께 담화의 명수였으며, 화이트헤드의 집은 계속 찾아드는 학생이나 동료를 위해 개방되어 있었다. 또 전 생애에 걸쳐 사회와 정치에 대해 강한 관심을 가졌다. 1945년에 문화훈장인 '오더 오브 메리트'을 수여받았다. **주요 저**서로는 《수학 원리》 (버트런드 러셀과 공저, 3권 1910년~1913년), 《과정과 실재》(1929년), 《관념의 모험》(1933년)이 있다.

[저술과 철학]

영국의 수학자, 철학자. 켄트주 람즈게이트에서 영국 국교회 목사의 집에서 태어났다. 케임브리지 대학에서 수학을 전공하고, 학생의 한 사람인 B.A.W. 러셀과 협력해서 수학을 형식 논리학에서 연역하는 것을 기도해서, 『수학원리』 3권(1910년~1913년)을 저술했는데 이 저작은 기호 논리학 역사상 획기적인 업적으로 평가받고 있다. 화이트헤드의 지적 관심은 당초부터 수학이나 논리학에서의 연역적 방법과 동시에, 직접 경험되고 관찰되는 자연의 세계로 향하고 있으며, 1910년 케임브리지를 떠나서 런던 대학으로 옮긴 후, 약 15년간, 이 양자의 종합이 화이트헤드의 철학의 중심과제가 되었다. 『자연인식의 여러 원리』(1919년), 『자연의 개념』(1920년), 『상대성의 원리』(1922년)는 모두 이 과제에 수용된, 과학의 철학을 둘러싼 저작이다.

1924년 런던 대학의 응용수학교수인 화이트헤드는 하버드 대학 철학교수에 취임하기 위해서 미국으로 옮기고, 이후 약 25년간 종교철학을 포함한 장대하고 치밀한 형이상학체계의 건설에 전념하였다. 이 시기의 주요 저서는 『과학과 근대세계』(1925년), 『과정과 실재』(1929년), 『관념의 모험』(1933년)등이 있다. 철학자로서의 화이트헤드의 첫 번째의 특징은 탁월한 수학자, 과학자이면서, 근대의 많은 철학자처럼 과학에서 유효하다는 것이 입증된 사고방식이나 방법을 그대로 철학 영역에 적용하는 잘못에 빠지지 않고, 철학의 고유한 과제를 간파, 그에 적합한 방법을 발전시키는 것이다. 화이트헤드에 의하면 그런 잘못을 범하고 있는 것이 〈비판학파〉이며, 그들은 명석·판명한 인식 추구와 언어관용의 한계 내에서의 분석에 안주해서, 우리들 사상의 근본적 전제에 반성을 가하고자 하지는 않았다.

그런데 이 반성이야말로 철학이며, 이 사상적 모험을 억지로 하는 철학이 〈사변학파〉이다. 화이트헤드는 사변철학을 〈그에 의거해서 우리들 경험의 모든 요소가 해석될 수 있는, 일반적 관념의 정합적, 논리적, 필연적 체계를 조립하려는 노력〉이라고 정의하는데, 그에는 경험적과 합리적인 양 측면을 갖춘 화이트헤드 자신의 철학의 요약이다. 화이트헤드의 철학은〈프로세스 철학〉, 〈유기체의 철학〉으로서 특징지어지는데, 그것은 경험 및 세계를 동적·아톰적인 것으로서가 아니라, 매우 근원적인 방법으로 동적·시간적인 것, 그 전체를 창조적 과정으로서 보기 때문이다.

통상 독립적 사물이나 사실로서 이해되고 있는 것은 세계 전체로서의 창조적 과정 중에서 비로소 성립하고, 의미를 가지는 것이며, 또한 그들 사물의 각각이 전체를 반영하는 창조적 과정이며, 경험이라고 한다. 화이트헤드는 이런 창조적 과정에서 발견되는 질서의 근원을 신이라고 하는데, 그것은 프로세스 중에 있는 것으로서 유한한 동시에, 프로세스에 대해서 확정을 주는 초시간적 근원인 한 무한한 자이다. 화이트헤드는 자신의 형이상학과 정합적인 이 신개념이 전통적인 초월적 무한존재라는 신개념보다도 그리스도교적이며, 복음서가 주장하는 신을 보다 충실하게 반영한다고 생각되며, 이 사고방식이 오늘날 〈프로세스 신학〉으로서 비교적 광범위한 영향력을 가지고 있다.

[업적]

화이트헤드는 수학자, 논리학자, 철학자, 런던의 대학 교수이다. 후에 미국으로 이주하여 하버드 대학 교수가 되었다(1924년~1938년). 러셀과 공저로 수학적 논리학에 관한 기초적 저작 『수학의 원리』(1910년~1913년)를 펴냈다. 화이트헤드는 물리학에 대변혁이 이루어진 금세기초 이래의 자연과학의 발전에 영향을 받아, **자연을 '과정'(process)으로 이해**, 이것을 **'경험'이라고 규정**하며 신실재론의 입장을 취하였다. 그 후에 화이트헤드는 **객관적 관념론**으로 전환하여 **세계의 '과정'은 '신의 경험'**이라 하면서 이것이 세계의 본원적 자연이고 이로부터 결과로서 나타난 자연, 물질적인 것이 나온다고 하였다. 말하자면 플라톤의 이데아계로부터 감성적인 현실 세계가 나온다는 것과 비슷한 구성이다. 사회에 관해서는 **뛰어난 인물 '과학적 인간'이 세계를 지배해야** 하고, 그에게 **절대적인 역할이 할당되어야 한다**고 생각하였다. 왜냐하면 역사의 추진력이라는 것은 '신의 경험'으로서의 관념을 인식하는 것에 있고 그것은 우수한 인물에게만 기대할 수 있기 때문이라는 것이다.

🦏 ● 화이트헤드 명언

♣ 개가 당신 무릎에 뛰어 들면 그건 당신을 좋아하기 때문이다.
　하지만 고양이가 똑같은 행동을 하면 그건 당신 무릎이 따뜻하기 때문이다.
♣ 아이디어에 생명을 불어 넣는 것은 모험이다. 아이디어는 그대로 유지되지 않을 것이다.
　(따라서) 무엇인가를 해야 한다.
♣ 예술은 경험에 패턴을 만드는 것이며, 미적 즐거움은 이 패턴을 알아보는 데서 생겨난다.

헤르츠-Heinrich Hertz, 교수, 전기공학자, 독일 (1857년생)

[출생-사망] 1857년 2월 22일 ~ 1894년 1월 1일 (36세)
[국적] 독일
[활동분야] 물리학
[출생지] 독일 함부르크

[요약]
독일의 물리학자이다. 헤르츠의 공명자를 이용하여 전자기파의 존재를 확인하였으며, 포물면거울을 사용해서 **맥스웰이론의 정확성을 입증**하였다. 이론적 연구로 움직이는 물체의 전기역학에 관한 연구와 역학의 기초원리에 관한 고찰 등이 있다.

[생애]
헤르츠는 함부르크 출생으로, 처음에는 기술자를 지망하여 고등공업학교에 다녔으나 자연과학으로 전향하여, 베를린대학에서 물리학을 전공하였으며 키르히호프와 헬름홀츠의 지도를 받았다. 1880년 헬름홀츠의 실험조수가 되었다. 1883년 킬 대학에서 이론물리학을 강의, 1885년 카를스루에 고등공업학교 실험물리학 교수가 되었다. 1889년 클라우지우스 후임으로 본대학 교수가 되었으나, 1892년경부터 만성패혈증으로 건강이 악화, 37세로 요절하였다.

22세 무렵 전자기이론 및 전자기파에 관심을 가졌으나 당시의 장치로는 관측실험이 불가능하였다. 카를스루에 고등공업학교에 부임하던 무렵부터 '크노헨하우엘의 소용돌이선'이라는 장치에서 힌트를 얻어 높은 진동수의 전기진동을 만들어내는 데 성공, 전자기파 실험에 착수하였다. 감응코일로 만든 불꽃방전이 이와 연결한 또 하나의 회로의 간극으로 방전을 유발한다는 것을 확인하였는데, 이것은 전기진동의 전파속도에 한계가 있다는 것이므로 그 속도를 측정하였다. 이어서 이 회로를 분리하여도 불꽃방전이 생긴다는 것을 알아내고, 회로의 고유진동수를 변화시켜 공명효과가 있음을 확인하였다. 이것을 전자기파 검출에 이용하도록 착상한 것이 헤르츠의 공명자이다. 공간 내를 전파하는 전자기파의 검증에는 정상파가 사용되고, 큰 방의 한쪽 벽에서 반사시킨 전자기파에 의해 정상파를 만들고, 공명자에 의해 그 세기의 교대성을 측정하고, 파장을 측정하였다.

이로써 **전자기파의 존재를 확인하고 그 전파속도가 빛의 속도와 같다는 것도 입증하였다.** 또 포물면거울을 사용해서 전자기파의 평행속을 만들고, 이것에 의해 **전자기파의 직진성·편향성·반사·굴절 등을 살펴서 전자기파가 빛이나 열복사와 같은 성질을 보인다는 것을 입증하였다**(1888년). 이것은 **맥스웰이론의 정확성을 입증한 것으로 중요한 업적이다.** 이론적 연구면에서도 뛰어났는데 특히 움직이는 물체의 전기역학에 관한 연구와(1890년), 역학의 기초원리에 관한 고찰은(1894년) 유명하다. 후자는 '헤르츠의 역학'으로서 역학에서 힘이나 에너지 등의 개념을 지워버리고, 질량과 시공에 의해서만 역학을 건설하려고 하는 독자적 시도였다.

[성장기]

헤르츠는 독일의 물리학자, 전기공학자이다. 일상생활에서도 자주 쓰는 주파수의 단위 헤르츠는 이 인물의 이름에서 따온 것이다. **헤르츠는 라디오파를 만들어 내는 장치를 만들어 전자기파의 존재를 처음 실증해 보였다.** 헤르츠는 독일 함부르크에서 태어났다. 기독교로 개종한 유대인 가정이었으며, 아버지는 변호사, 어머니는 의사의 딸이었다. 학창시절 과학과 언어에 재능을 보인다. 이 시절 아랍어와 산스크리트어를 배우기도 한다.

[연구와 업적]

드레스덴, 뮌헨, 베를린의 대학에서 과학과 공학을 공부한다. 구스타프 키르히호프, 헤르만 폰 헬름홀츠 밑에서 공부를 한다. 1880년 박사 학위를 받고 1883년 킬 대학교에서 이론 물리학 교수자리를 얻을 때까지 헬름홀츠 밑에서 공부한다. 1885년에는 칼스루에 대학교의 정교수가 되며 그곳에서 전자기파를 발견한다. 에테르가 없다고 밝혀낸 1887년의 마이켈슨-몰리 실험의 전조였던 1881년의 앨버트 마이켈슨의 실험 후에 그 실험결과를 설명하기 위해 맥스웰 방정식을 다시 정리한다.

실험을 통해 전기 신호가 공기 중을 통해 전달될 수 있다는 제임스 클라크 맥스웰과 마이클 패러데이의 예견을 실증한다. 이는 **무선통신을 발명하게 된 기초**가 된다. 헤르츠는 또한 후에 알베르트 아인슈타인이 설명하게 되는 **광전효과를 처음으로 발견**한다. 광전효과는 물체에 주파수가 높은 빛을 비출수록 전자를 잘 내놓는 현상을 말한다. 헤르츠는 독일 본에서 사망한다. 헤르츠의 조카 구스타프 루트비히 헤르츠 또한 노벨상 수상자이고, 구스타프의 아들 카를 헬무트 헤르츠 또한 초음파검사를 발명한 과학자이다.

● 헤르츠 명언

♣ 내가 발견한 라디오파가 어떤 실용성이 있다고는 생각하지 않는다.
♣ 추측컨대, 아무 것도 아니다. 맥스웰이 맞다는 걸 증명하는 실험일 뿐, 쓸모는 없다.
♣ 이런 수학 공식들이 독립적인 실존과 지능을 가지고 있다는 느낌을 떨쳐버릴 수가 없다.
  우리들, 심지어는 그 수학식들의 발견자들보다 더 현명한 것 같다.
♣ 맥스웰 이론은 맥스웰의 수식들 시스템이다.

테슬라-Nikola Tesla, 전기공학자 EE, 세르비아-미국 (1856년생)

★ 인류 역사인물 50명에 선정 (Wopen.com 한국.net 선정)

[출생] 1856년 7월 10일, 오스트리아 제국, 크로아티아리카 지방, 쉬말리아
[사망] 1943년 1월 7일 (86세), 미국 뉴욕 주, 뉴욕
[국적]
오스트리아 제국(1856년~1884년)
오스트리아-헝가리 제국(1867년~1918년)
미국(1918년~1943년)

[주요 업적]
테슬라 코일, 테슬라 터빈, 교류, 무선 통신, 유도 전동기, 회전 자장, 전중력학

[수상]
엘리엇 크레슨 메달 (1893년)
에디슨 메달 (1916년)
존 스콧 메달 (1934년)

[종교] 없음(무신론)

[요약]
니콜라 테슬라(세르비아인)는 오스트리아 헝가리 제국 출신 미국의 발명가, 전기공학자이다. **테슬라는 상업 전기에 중요한 기여를 했으며, 19세기 말과 20세기 초 전자기학의 혁명적인 발전을 가능케 한 인물로 잘 알려져 있다. 테슬라의 특허와 이론적 연구는 전기배전의 다상시스템과 교류모터를 포함한 현대적 교류 시스템의 기초를 형성하였다. 그의 이러한 연구는 2차 산업혁명을 선도하는 역할**을 하였다.

[생애]

오스트리아 제국(현재의 크로아티아)의 크로아티아 군대 프런티어 안에 있는 쉬말리안이라는 마을에서 태어난 세르비아계 오스트리아인 테슬라는 태어날 때부터 오스트리아 제국의 지배를 받았으며 후에 미국의 시민이 되었다. 라디오를 통한 무선 통신을 1894년 최초로 실현시킨 것과 전류전쟁의 승리로 인해 테슬라는 **미국에서 가장 대단한 전기 공학자 중 하나**로 널리 존경을 받았다. 테슬라는 **현대 전기공학을 개척**했으며 수많은 테슬라의 발명은 선도자로서 중요한 역할을 하였다. 테슬라는 1893년 이전에 무선 에너지 통신부터 전력장치까지 개발했으며, 비록 완성하진 못했지만 테슬라의 와덴클리프 탑 프로젝트에서 대륙을 잇는 무선통신을 실현시키기를 갈망했다. **자기장의 국제단위인 테슬라는 니콜라 테슬라의 이름**을 딴 것이다.

[유년기와 청년기]

테슬라의 부친은 정교회 사제였다. 테슬라는 어릴 때부터 시를 즐겨 썼으며 나중에 미국으로 이민을 갈 때 시들 중 일부를 가져가기도 했다. 다만 테슬라는 자신의 시가 공개되는 것을 대단히 꺼려했으며 지극히 개인적인 이유로 시를 즐겼다. **테슬라는 평생 동안 특별한 일이 있을 때마다 시 쓰기를 계속했다. 테슬라는 아주 어렸을 때부터 발명을 시작했다.** 테슬라가 가장 처음으로 발명한 것은 다섯 살 때 만든 작은 수차였다. 이는 오랜 시간이 흐른 후 독특한 터빈을 고안할 때 이용되었다고 알려져 있다. 테슬라의 발명품 중에는 여러 실패작들도 많았는데, 대표적으로 '**열여섯 마리 풍뎅이로 움직이는 장치**'가 있다.

테슬라는 발명에만 관심이 있던 것이 아니라 여느 아이와 같이 장난치기를 좋아하는 호기심 많은 소년이었다. 언제는 마을에 사는 부인이 입고 있던 긴 치마 위로 떨어져 치마를 찢어 놓은 적도 있었으며, 살아날 가망이 없다는 판정을 세 번이나 받았을 정도로 위험한 장난을 많이 쳤다고 한다. 물에서 놀다가 익사할 뻔한 적도 있었으며, 뜨거운 우유통 속에 들어가 산 채로 익을 뻔한 적도 있었다고 한다. 이처럼 테슬라는 매우 위험한 상황에 자주 놓였었다. 테슬라의 형 다니엘은 열두 살에 불의의 사고로 죽었다. 테슬라의 자서전에 따르면, 아버지의 친구가 선물해 준 말 때문에 다쳐 죽었다고 한다.

이러한 비극적인 사건으로 인해서 테슬라는 어렸을 때부터 마음속으로 무서운 생각을 자주 했는데, 이는 후에 테슬라가 병적인 공포증과 강박관념을 가지게 되는 데 큰 영향을 끼쳤다. 테슬라는 어렸을 때부터 상당히 유별난 성격을 가지고 있었다. 대표적인 예로 **식사를 할 때 항상 음식의 부피를 잰 후에야 먹기를 시작**했는데, 그렇지 않으면 테슬라는 식사에 아무런 흥미를 느낄 수 없었다고 한다. 뿐만 아니라 반짝이는 크리스털이나 날카롭게 각진 면을 보면 흥미를 느끼곤 했지만 여자들의 귀걸이에는 격렬한 반감을 일으켰다. 또한 신체적 접촉과 관련해 매우 민감했는데, 유명한 예로 '누군가를 총으로 겨누고 있다면 모를까, 그렇지 않은 경우라면' 절대로 다른 사람의 머리카락을 만지지 않았다고 한다.

[학창 시절]

테슬라는 대단히 천재적인 재능을 가지고 있었다. 언어적으로 모국어인 슬라브어 뿐만 아니라 영어, 프랑스어, 독일어, 이탈리아어까지도 구사할 수 있었고, 수학에는 상당히 뛰어난 소질을 가지고 있었다. 또한 **테슬라는 특별한 노력을 기울이지 않아도 순식간에 답을 알아버리는 경우가 종종 있었** 는데, 이에 대해 테슬라는 "이런 느낌이 들면 내가 문제를 해결했고, 결국에는 원하는 결과를 얻을 수 있다는 것을 직감적으로 알 수 있었다."고 말했다. 테슬라는 열 살 때 유럽의 중등학교기 관인 김나지움에 입학하였다. 테슬라는 많은 실험장비들을 갖춘 물리학 실험 시간에 큰 관심이 있었 으며, 이 학교에서도 테슬라의 수학적인 재능은 큰 빛을 발했다. 이 밖의 수업에는 관심이 없었던 테슬라를 본 테슬라의 아버지는 그를 상급학교로 진학시키기 위해 많은 노력을 하였다.

결국 테슬라는 크로아티아의 칼슈타트에 있는 상급 학교에 진학했다. 이때 테슬라는 말라리아 등 여 러 건강적인 문제를 겪고 있었는데, 아버지의 권유로 1년 동안 산에서 생활하게 되었다. 1875년 테 슬라는 산속생활을 마치고 오스트리아의 그라츠에 있는 종합기술학교에 입학했다. 첫해에는 군 당국 으로부터 장학금을 받았기 때문에 경제적인 어려움이 별로 없어 새벽 3시부터 밤 11시까지 거의 쉬 지 않고 열심히 공부했다. 하지만 다음해 경제 사정이 극도로 악화되면서 결국 공부를 다 마치기 전 에 학교를 그만두어야 했고 독학을 시작했다. 이때 **테슬라는 독일인 교수 포에쉴로부터 전기장치 에 흥미를 가지게 되었으며 이것이 교류 전기장치 개발의 시초가 되었다.**

[테슬라의 독특한 발명 방식]

테슬라는 흥분할 때마다 반짝이는 빛과 같은 환상을 보곤 했다. 테슬라는 이를 '때때로 강한 빛과 함께 나타나는 이미지들 때문에 겪게 되는 특이한 고통'이라고 표현했다. 테슬라는 이러한 고통스런 형상에서 벗어나기 위해 엄청난 정신적 훈련을 거듭했고 그 결과 테슬라는 머릿속에 자신만의 상상 의 세계를 가지게 되었다. 이를 바탕으로 **테슬라는 특별한 설계도나 모델이 있지 않아도, 또 실험 을 하지 않고도 발명에 필요한 모든 과정을 머릿속으로만 해결할 수 있었다.** 테슬라는 새로운 발명품을 만들 때, 항상 모든 과정을 머릿속으로 실제처럼 구현을 한 후에야 행동에 옮겼다고 한다.

[중년기]

1854년 안토니오 무치가 발명한 전화가 유럽에 널리 퍼지면서 토머스 에디슨의 유럽 지사에 의해 부다페스트에 전화 교환소가 문을 열게 되었다. 테슬라는 그 해 1월에 마침 부다페스트에 도착하게 되었고 테슬라의 삼촌의 도움으로 헝가리 정부의 중앙 전신국에 일자리를 얻게 되었다. 거기서 열심 히 일하면서, 과거 종합기술학교를 다닐 때 흥미를 가지게 되었던 **교류 전기 장치에 관한 연구를 시작했다.** 테슬라는 당시 직류모터가 가지고 있었던 문제를 **교류 전기 장치로써 해결하고자 했고, "나는 그 문제의 해결을 무슨 신성한 사명처럼 생각했다. 바로 사느냐 죽느냐의 문제였다. 만약 실패한다면 그때는 모든 것이 끝장이라고 생각했다."** 라고 말할 정도로 강한 열의를 가지고 있었다. 테슬라는 친구와 공원을 산책하는 과정에서 나온 발상을 바탕으로 회전 자장의 원리를 이용한 완전 히 새로운 시스템을 개발했다. 회전 자장은 두 개나 세 개의 서로 다른 위상을 갖는 교류 전류에 의 해서 만들어지는데, 이 개념을 이용하면 기존의 직류모터에는 반드시 있어야만 했던 정류자와 브러 시가 필요 없어진다. **테슬라는 끝없이 시스템을 보완해 가면서 교류 전기를 생산하고, 전송하고, 이용하는 데 필요한 모든 장치들을 설계했다.** 여기에는 다상 유도 모터, 위상 분할 유도 모터, 다상 동기 모터 등이 포함되어 있었다. **테슬라가 개발한 다상 시스템을 이용하면 전기를 생산하 고, 전송하고, 분배하고, 또 기계적인 동력으로 이용하는 것, 이 모두가 가능했다.**

1882년 테슬라는 가족과 오랜 친분을 유지하고 있던 푸스카스 형제의 주선으로 에디슨 전화회사의 파리 지사에 일자리를 얻게 된다. 테슬라는 **많은 실험을 바탕으로 자신의 교류 시스템이 현재의 직류 시스템보다 훨씬 월등하다는 것을 증명**해냈으며, 이러한 교류의 잠재적 가치를 알리고자 많은 노력을 기울였다. 파리 지사의 책임자이자 에디슨의 동료였던 찰스 베처러는 그러한 테슬라의 능력을 알아보고는 미국으로 갈 것을 권유했다. 1884년 테슬라는 그의 추천서와 함께 미국으로 떠났다.

[에디슨과 전류전쟁]
[에디슨과의 만남]
1884년 산업혁명이 진행되고 있던 미국에서 에디슨은 매우 다양한 분야에서 연구를 진행하고 있었다. 에디슨의 발전소 중 미국 펄가에 있던 발전소는 뉴욕에 있는 수백 개의 부유한 개인 저택과 도시 전체에 퍼져 있던 제분소나 공장, 극장 등에도 전기를 보내고 있었다. **에디슨은 점점 더 많은 전기조명 설비 요청을 받고 있었는데 직류 전기 장치로 인한 문제로 많은 고장 문의가 들어와 누전, 화재 등의 일을 수습했어야 했다. 이때 테슬라는 에디슨과 만나게 되었고 테슬라는 고장 난 설비를 고치는 일자리를 얻게 되었다.**

테슬라는 그 일자리에서 뛰어난 능력을 보여주었고 에디슨에게 인정을 받아 자유롭게 작업을 할 수 있었다. 작업을 하던 테슬라는 에디슨이 만든 원시적인 발전기를 좀 더 효율적으로 작동시킬 수 있는 방법을 찾아내었다. 테슬라는 에디슨에게 발전기들을 다시 만들 것을 요구하여 스물네 개의 발전기를 다시 설계하였고, 자동 조절장치를 설치함으로써 발전기 성능을 크게 향상시켰다.

그러나 이 프로젝트의 대가로 보너스 5만 달러를 약속했던 에디슨은 금액을 지불하지 않았고, 이것을 계기로 테슬라는 회사에 사표를 냈다. 기술자로서 이름이 알려지기 시작하던 테슬라는 일단의 투자가들로부터 테슬라에게 회사를 차려주겠다는 제안을 받게 되고 이를 수락하였다. 테슬라는 당시에 사용하고 있던 것보다 더 안전하고, 단순하며, 경제적인 아크등을 개발하여 특허를 내는 등의 일을 하였으나 회사로부터 밀려나게 되었다. 이후 테슬라는 경제침체로 1886년까지 일자리를 구하지 못하다가 웨스턴 유니온 전신회사의 경영자였던 브라운을 만나게 되어 테슬라의 이름을 딴 또 다른 회사가 세워졌다.

[전류전쟁]
1887년 4월 테슬라 전기회사가 새로이 창립되어 테슬라는 매우 열심히 일을 하였다. 테슬라의 머릿속에는 이미 수많은 발명품들이 이미 설계되어 있었기 때문에 손쉽게 많은 특허를 따낼 수 있었다. 코넬 대학교의 전기공학과를 만드는 과정에서 핵심적인 역할을 했던 윌리엄 앤터니는 테슬라의 교류 시스템의 가치를 한눈에 알아보고는 바로 지지하기를 시작했다. 때마침 에디슨의 직류 시스템을 바탕으로 수많은 발전소를 보유하고 있던 웨스팅하우스는 테슬라의 발명품의 가치를 눈여겨보게 되었고, 테슬라는 2천 달러의 월급을 받으며 웨스팅하우스의 설비를 자신의 교류 시스템으로 바꾸는 직업을 갖게 된다.

에디슨은 테슬라가 웨스팅하우스와 교류와 관련된 계약을 맺었다는 소식을 듣고 매우 화가 나 있었다. 이때부터 **전류전쟁이 시작**되게 된다. 테슬라의 교류 시스템에 위협을 느낀 에디슨은 곧바로 교류의 위험성에 대한 우려를 담은 자료들을 찍어내기 시작했다. 에디슨은 교류 전기를 이용해 애완동물들을 의도적으로 잔인하게 죽인 장면들이 포함된 전단지들을 배포하고 웨스팅하우스가 소유하게 된 특허들에 소송을 거는 등 끊임없이 웨스팅하우스의 교류시스템을 비난했다.

이를 지켜보고만 있던 **웨스팅하우스는 에디슨에 대항하기 위해 교류에 대한 교육 캠페인을 벌이기 시작했다.** 연설, 기사 등 다양한 방법으로 교류의 우수성을 알리기 위해 끊임없이 노력했다. 두 회사가 모두 자금난에 시달리게 되면서 전류전쟁은 더욱 심화되었다. 에디슨은 교류를 막기 위해 알바니에서 전압을 800볼트로 제한하는 법안을 통과시키려 했고, 웨스팅하우스는 법에 위반되는 음모를 꾸민 죄목으로 에디슨을 고소했다. 뿐만 아니라 에디슨은 죄수들의 사형에 교류 전기충격을 사용하자는 주장도 하였으며, 웨스팅하우스는 계속해서 교류의 실상을 증명하기 위해 노력했다. 대세는 점점 직류에서 교류로 넘어오기 시작했고 이를 직감한 **에디슨의 많은 직원들은 에디슨이 큰 실수를 저지르고 있다고 설득하기 시작했다.**

그러나 **에디슨은 끝까지 자신의 주장을 고집하다가 오랜 시간이 흐른 후에야 자신의 실수를 인정하기 시작했다.** 시간이 지나고 최종적으로 테슬라는 웨스팅하우스와의 계약을 연장하여 자신의 연구를 계속할 수 있었고, 웨스팅하우스는 사업 영역을 확장시켜 끝내 **테슬라의 교류 시스템을 이용한 발전소를 세웠다.** 이는 1891년 광산 지역에 전기를 공급하기 위한 것이었다.

[성공과 하락]

1893년 10월 나이아가라 위원회는 웨스팅하우스와 계약을 체결함으로써 미국 산업계를 오랫동안 악의적으로 갈라놓았던 전류전쟁이 막을 내리게 된다. 교류 시스템을 발명한 테슬라는 큰 영광을 얻을 수 있었다. 하지만, 제너럴 일렉트릭의 광고 캠페인은 테슬라의 업적을 자신의 회사에 돌리게 만들었고 이 때문에 테슬라는 자신의 업적에 비해 제대로 평가받지 못하였다. 웨스팅하우스는 테슬라의 교류 특허를 보호해 주어서 특허 논쟁에서 매번 결정적인 승리를 얻을 수 있었다. 테슬라는 이런 영광과 지위에도 불구하고 자신만의 시간을 가지려고 하며 자신의 상상력을 발전 시켰다. 이 시기에 테슬라는 자기장을 이용하여 세계의 기상을 조절하고, **무선으로 에너지를 보내는 방법과 무선 통신방법에 대한 아이디어**를 얻게 된다. 테슬라에게는 일생 중 가장 많은 것을 만들어낸 시기였으며 가장 행복한 시기였다.

하지만, 이 행복은 오래가지 않았다. 1895년 3월 13일 새벽 2시 30분에 사우스 피프트 33~35번지에 있던 그의 **실험실에서 큰 화재가 발생**하게 된다. 비싼 실험기기들이 다 타버리면서 총 피해액은 100만 달러를 넘겼다. 이 화재로 테슬라가 연구했던 무선 통신, 무선 에너지 전송, 운송 수단 등을 비롯해 조만간 X선으로 세상에 알려질 현상에 대한 연구마저도 사라졌다. 상업적으로 큰 가치를 지니고 있었던 액화탄소 제조기술도 불속에서 사라지고 말았다. 보험을 하나도 들어 놓지 않았던 테슬라는 이 화재로 파산 지경에 이르게 된다.

[X선에 대한 연구]

테슬라는 1893년 실험실과 뉴욕 여러 곳에서 작동하는 무선 통신 장치를 만들지만 실험실이 불에 타게 되고 실험실이 폐허가 된 뒤 에드워드 딘 아담스의 도움으로 50만 달러로 회사를 설립하고 웨스팅하우스에 장비를 요청하면서 무선통신 연구를 계속하게 된다. 다시 연구를 할 수 있는 재정이 마련된 테슬라에게 에드워드 딘 아담스가 새로운 회사를 만들고 헨리 모건으로부터 강력한 재정지원을 받자는 제의를 하는데 테슬라는 4만 달러만 받고 합병을 거부하였다. 이는 테슬라의 실수로 나중에 재정이 바닥나게 된다.

1895년 빌헬름 콘라트 뢴트겐의 X선 발견을 시작으로 많은 물리학자들이 X선 연구를 시작하게 되고 테슬라도 X선 연구를 진행하는데 사실 테슬라는 빌헬름 콘라트 뢴트겐의 발견이 있기 전에 X선 사진을 촬영하였고 빌헬름 콘라트 뢴트겐의 발견 이후 그 빛이 X선임을 알게 되었다. **테슬라는 X선을 연구하던 도중 조수가 X선에 너무 오랫동안 노출되어 사고가 나자 X선이 인체에 해롭다는 사실을 알게 되고 1897년 뉴욕 아카데미에 X선의 위험을 보고한다.** 이 시기에 테슬라는 조지 쉐프와 같이 연구를 하게 되는데 그는 테슬라가 앞으로 연구하는 동안 계속 함께하게 된다. 그리고 1899년 5월 18일에 테슬라는 레오나르드 커티스의 제안을 받아들이고 콜로라도 스프링스로 가게 된다.

[콜로라도 스프링스]

레오나르드 커티스는 테슬라에게 호텔과 자유롭게 이용할 수 있는 땅을 제공해주고 자신이 시티 파워 플랜트 전력회사에 주식을 갖고 있기 때문에 전기도 마음대로 쓸 수 있으니 콜로라도 스프링스에 와서 연구하라는 회신을 보낸다. 테슬라는 이에 응하여 쉐프와 조수 콜멘지토와 함께 콜로라도에 가기 위한 채비를 하게 된다. 테슬라는 콜로라도로 갈 때 새로운 목표 2가지를 세우는데 전 세계를 연결하는 무전 전신 시스템을 개발하는 것과 에너지를 효율적으로 보내는 방법을 연구하는 것이다. 1899년 5월 11일에 뉴욕을 떠나 시카고에서 원격 조종 보트시범을 선보이고 1899년 5월 18일 콜로라도 스프링스에 도착하고 본격적으로 실험실 건립에 착수하고 장비를 조립하기 시작했다. 테슬라는 이 당시에 개발한 전송 장치를 자신이 만든 것 중에 가장 멋진 발명품이라고 언급했다. 또한, 테슬라는 1억 볼트의 전압을 얻을 수 있고 여러 주파수의 전류를 발생시킬 수 있는 변압기를 보유하고 있었다. 1899년 테슬라는 폭풍이 칠 때 생기는 번개를 측정하게 되는데 이 번개가 일정한 주기를 가지고 있음을 발견하게 된다. 폭풍이 300 km 멀어질 때마다 번개는 하나의 주기를 갖는 것을 보고 정상파라는 것을 알게 되었고 지구가 하나의 큰 도체라는 생각을 하게 되는데 이를 이용하면 무선으로 메시지를 지구 반대편으로까지 보낼 수 있다고 한다. 이를 위해서는 변압비를 높게 할 수 있어야 하고 공명이 일어나도록 해야 한다.

이 때 테슬라는 인위적으로 번개를 방출하는 실험을 하게 되는데 소모되는 전력이 심하여 콜로라도 스프링스의 전력 발전기를 태워버려서 전력이 차단되자 테슬라는 이를 사비로 보상하며 계속 자신의 연구소에 전력을 공급할 것을 요구하였다. 나중에 테슬라는 같은 실험으로 목숨을 잃을뻔 한 적이 있기도 하였다. 테슬라는 콜로라도 스프링스에서 무선 수신 장치를 연구하고 있을 때 정체를 알 수 없는 소리를 잡게 되는데 테슬라는 규칙적인 패턴을 보고 다른 행성에 있는 존재가 인위적으로 만든 교신임을 확신하고 화성 또는 금성에서 오는 수신이라 추정했다. 1900년 테슬라는 콜로라도에서의 작업을 마치고 다시 떠날 준비를 한다. 그 때까지 테슬라는 자신의 장비를 외부에 공개하지 않았으며 자신이 그곳에서 이룬 성과에 대해 만족하였다.

[무선 통신]

테슬라는 1893년 필라델피아에 있는 프랭클린 연구소와 세인트루이스에 있는 국립 전등협회의 연설에서 최초로 무선통신을 시범을 보였다. 많은 사람들이 **1895년 굴리엘모 마르코니가 무선통신을 최초로 개발한 것으로 알고 있으나 실제로는 테슬라가 2년 더 앞섰다.** 테슬라는 5kw짜리 스파스 송신기로 30피트 떨어진 가이슬러 관에 수신하게 만들어서 무선 주파수 자극에 의해 가이슬러 관에 불이 들어오도록 시범을 보였다. 테슬라는 이 시범에서 무선 통신의 기본(안테나와 공중선, 접지, 인덕턴스와 전기 용량을 포함한 공중에서 땅으로 이어진 단일 회로, 동조를 맞추기 위해 조절 가능한 인덕턴스와 전기 용량, 송수신 장치, 전자관 검파기) 그리고 2년 뒤 마르코니가 발표한 무선장치 장비들은 테슬라의 것과 동일했다. 1891년 8월 25일 테슬라는 전기 학술 대회에서 강의를 하면서 기계식 진동자와 전기 발진기를 선보이는데 이 발진기가 '동기 무선통신' 분야에서 이용될 수 있고 이로 인해 많은 가능성이 펼쳐졌다.

[노벨상 사건]
1915년 11월 6일 〈뉴욕타임즈〉는 기사를 싣는데 그 내용은 에디슨과 테슬라가 노벨 물리학상의 공동 수상자로 결정되었다는 기사였다. 그러나 테슬라는 공식적으로 아무런 통보를 받지 못한 상태였고 자신이 그 상을 수상한다면 무선으로 에너지를 전송하는 기술을 개발했기 때문일 것이라고 말하였다. 마찬가지로 에디슨 역시 노벨상 수상에 대해서는 공식적으로 아무런 통보를 받지 못하였다. 〈타임즈〉지, 〈리터러리 다이제스트〉지, 〈일렉트리컬 월드〉지도 에디슨과 테슬라가 노벨상을 공동으로 수상하게 되었다는 기사를 실었다.
그러나 11월 14일 로이터 통신은 충격적인 소식을 전하게 되는데 노벨상위원회가 노벨 물리학상 수상자로 X선으로 광물을 분석한 리드대학의 윌리엄 헨리 브래그 교수와 케임브리지 대학의 윌리엄 로런스 브래그 교수를 선정하였다는 것이다. 이와 관련하여 노벨상 재단은 확인하기를 거부하였으며 테슬라와 가까웠던 전기 작가는 테슬라가 에디슨과 함께 공동 수상하는 것을 거부했다고 말하였으나 또 다른 전기 작가는 에디슨이 테슬라가 2만 달러의 상금을 받지 못하도록 수상을 거부한 것이라고 말하였다.

[테슬라의 사교 활동]
테슬라는 고독한 발명가로 누가 자신에게 간섭하는 것을 매우 싫어하였다. 따라서 테슬라는 일생동안 조직에 연루되지 않았고, 보통 스스로 거래를 이끌어 나갔다. 그렇기에 테슬라는 돈을 가진 사람들과 만나기 위하여 활동하게 되고 후에 뉴욕 400의 회원이 되어 사회적 부와 지위를 인정받게 된다. 테슬라의 독특한 개성과 지적인 수준, 그리고 부드러운 말솜씨는 상류사회에서 많은 인기를 얻게 해준다. 특히 많은 언론인과 문인들이 테슬라와 친밀한 관계를 맺고 지냈다. 그들 외에도 테슬라의 매력적인 연설은 대중들을 사로잡았고, 큰 영광을 얻을 수 있었다. 하지만, 테슬라는 사회적 여론에 개의치 않고 계속 활동하였고, 이 때문에 테슬라의 재력은 약화되게 된다.
테슬라와 진정으로 친하게 지내는 몇몇 안 되는 친구 중에는 1893년 토머스 마틴의 소개로 만나게 된 존슨 부부가 있다. 남편 로버트 존슨은 학자풍의 외모에 언어와 시에 뛰어난 재능을 갖고 있었으며 재치가 넘쳤다. 아내 캐더린 존슨은 자그마한 체구의 지적인 예쁜 여인이었다. 테슬라는 이들 집에서 머물면서 유럽의 여러 예술가와 작가들을 만날 수 있었고, 존슨 부부는 테슬라가 발명한 새로운 발명품을 후원해줄 백만장자들을 물색하는 것을 도와주었다. 테슬라에게 매력을 느끼는 여자들은 많았지만, 테슬라가 실제적으로 남자로서의 반응을 보인 여자는 거의 없기에 테슬라가 동성애자라는 말도 많았다고 한다. 테슬라와 가까운 관계로 발전한 대표적인 여성으로는 안네 모건이 있다. 하지만 이들 둘이 친구 이상의 관계였음을 뒷받침하는 증거는 아무것도 없었다.

[노년기 발명]

노년기가 되었음에도 테슬라의 발명에 대한 열망은 식지 않았다. 비둘기에게 모이를 주며 호텔 방을 전전하는 가난한 생활을 계속하지만, 머릿속은 언제나 새로운 아이디어들로 가득 차 있었다. 이 시기동안 그는 새로운 중력이론을 발표하기도 하면서 왕성한 활동을 죽을 때까지 계속하게 된다. 워터사이드 발전소에서 큰 터빈을 개발하는 과정에서 가연성 연료를 사용할 수 있게 판이 달린 특별한 도관을 개발한다. 이 특이한 도관은 최근에 유체 논리 소자로 이용되면서 '유체 다이오드'라고도 불린다. 테슬라는 라이트 형제를 비판하면서 자신이 설계한 비행기를 제시한다. 테슬라는 이때 이 비행기를 헬리콥터라고 설명했지만, 실제 이 비행기는 수직 이착륙기와 더 가깝다. 이 비행기는 헬리콥터와 같은 프로펠러를 이용하여 곧장 이륙할 수 있었으며, 작은 공간에서도 쉽게 이착륙이 가능했다. 후에 1950년대가 되어서야 테슬라의 아이디어는 시제품으로 만들어져 테스트를 받았다.

1917년 쯤 미국이 1차 세계대전에 참가할 무렵에는 독일군의 잠수함 때문에 연합군이 큰 피해를 받고 있었다. 이에 따라 잠수함을 사전에 추적하는 것이 큰 화두로 떠올랐다. 이런 상황에 맞게 **테슬라는 군사적인 목적으로 레이더의 기본 개념을 창시하게 된다.** "가령 초당 수백만 번 진동하는 엄청난 고주파의 전기 파동으로 이루어진 응집된 파동을 쏘고, 이 광선이 잠수함 선체에 부딪혀서 반사되어 나오는 빛을 중간에서 가로채면, 이 반사광선을 X-레이를 찍는 원리와 비슷한 방법으로 형광 스크린에 투사해 비출 수 있다. 이 광선은 파장이 매우 짧아야만 한다는 문제점이 있다. 다시 말해, 충분히 짧은 파장과 큰 에너지를 갖는 광선을 만들 수 있어야 한다. 간헐적인 간격을 두고 추적 광선을 쏘면 가공할 만한 에너지를 가지고 진동하는 광선을 만들 수 있다." -〈일렉트릭컬 익스페리먼트〉, 1917년 8월 이 발명은 약 15년 정도 지난 후 1930년대에 본격적으로 연구되어 실용화되게 된다.

[에디슨 메달]

뛰어난 기술자였던 베렌트는 자신도 에디슨 메달을 받기 위해 기다리고 있었지만, 전기 에너지 시대를 창조한 위대한 발명가가 가난하게 살고 있다는 것에 대해 매우 불합리다고 생각하였고, 테슬라에게 에디슨 메달을 제안한다. 테슬라는 처음에는 거부했지만, 베렌트의 끈질긴 부탁으로 결국 상을 받게 된다. 테슬라는 에디슨에 대한 큰 반감이 있었지만, 에디슨에 관한 멋진 연설을 하면서 수상식을 마친다.

[장 이론]

테슬라는 아인슈타인의 이론에 반박하여 새로운 의견을 제시한다. 전중력학이라고 불리는 이 이론에서 테슬라는 공간의 휘어짐은 자연의 작용 반작용 성질 때문에 불가능하며 우주는 에테르라는 물질로 가득 차있다고 설명했다. 논리적으로 많은 반박을 받았지만, 테슬라는 이에 굴하지 않고 노년동안 계속 이 이론을 탐구하였다. 2012년 7월 4일 유럽의 CERN연구소는 표준모형에서 우주의 모든 물질에 질량을 부여한 소립자인 힉스입자의 존재를 증명할 수 있게 된 것 같다고 발표하였다.(2014년에 발견되어 발견자가 노벨 물리학상을 수상함) 물리학자들의 설명을 빌리면 이 힉스입자는 모든 물질에 질량 부여하고 곧 사라졌다고 한다. 물리학자 중 일부는 이 힉스입자가 테슬라가 예언한 에테르가 아닐까 주목하고 있다. 따라서 물속에 떠있는 것처럼 온 우주의 모든 물질들이 여전히 힉스입자가 채운 공간 위에 존재하는 것이라고 설명하는 학자도 있고, 힉스만이 다른 차원들을 오갈 수 있기 때문에 우리가 알고 있는 4차원 이외에 수학적으로만 존재가 증명된 7개의 다른 차원에서 존재할 것이라는 추측도 있다.

[유산과 명예]
- 테슬라 (T):자속밀도를 표현하는 SI 단위. 니콜라 테슬라를 기념하여 1960년 파리에서 이 단위를 제정하였다.
- 테슬라: 달 뒷쪽에 있는 직경 26킬로미터의 크레이터
- 2244 테슬라: 작은 행성
- TPP 니콜라 테슬라: 세르비아에서 가장 큰 발전소
- 베오그라드 니콜라 테슬라 공항: 베오그라드 근교에 있는 이 공항은 테슬라를 기리며 이 이름을 지었다
- IEEE 니콜라 테슬라 어워드 상: 테슬라가 부학회장으로 있었던 IEEE도 니콜라 테슬라를 기념하여 이 상을 제정하였다. 이 상은 전력의 발전이나 이용 분야에 있어서, 특출한 기여를 한 개인이나 단체에게 돌아가는 상. 전력 분야에 있어서 가장 영예로운 상.

[기념비]
나이아가라폴스 (뉴욕 주)에 지어진 동상은 벨그레이드 전기전자 대학교의 복제품이다. 또 다른 동상은 캐나다 온타리오주의 나이아가라폴스에 있는 퀸빅토리아 공원에 지어졌다. 이 동상은 니콜라 테슬라 탄생 150주년인 2006년 7월 9일에 공식적으로 공개되었다.

[화폐에 나타난 테슬라]
니콜라 테슬라의 초상은 구 유고슬라비아 디나르에 등장했으며, 세르비아 디나르 화폐에 등장한다.

[테슬라 모터스]
엘론 머스크가 세운 테슬라 모터스라는 전기 자동차 제조 회사의 이름은 니콜라 테슬라의 이름을 따서 지은 것이다.

● 테슬라 명언

♣ 미래가 진실을 말하게 하라, 그리고 각각 그의 작품과 업적에 따라 평가하라.
현재는 그들의 것이지만, 내가 그동안 진실로 일한 미래는 내 것이다.
♣ 과학자는 즉시 나오는 결과를 목표로 하지 않는다.
그의 진보된 아이디어가 쉽게 바로 채택될 거라 생각하지 않는다.
그의 작품은 미래를 위해서 씨를 뿌리는 것이다.
그의 임무는 찾아올 누군가와 길을 위해 기초를 다지는 것이다.

♣ 문명의 확산은 불에다가 비유될 수 있다, 튀는 스파크, 반짝이는 불,
  그리고 속도와 힘이 점차 세지는 강력한 불길.

♣ 오늘날의 과학자는 수학으로 실험을 대체했다. 그리고 공식을 되풀이하다 마침내
  현실과는 연관성이 없는 것을 만들어낸다.

♣ 자연에서, 모든 것은 밀물과 썰물이다. 모든 것은 파동이다.
  모든 종류의 산업에서 교류전류가 (전기적 파동) 사용될 것이다.

♣ 나는 항상 시간을 앞서서 사는 것 같다. 내가 고안한 시스템이 나이아가라에서
  사용 될 때까지 19년을 기다렸고, 내가 1893년에 세상에 준 무선기술 발명품이
  보편적으로 상용화 되는데 15년을 기다렸다.

♣ 과학의 역사는 이론들이 사라질 수 있음을 보여준다.
  새로운 진리가 한 꺼풀 벗겨지면,
  우리는 자연을 더 이해하게 되고 우리의 인식과 관점들은 수정된다.

프로이드-Sigmund Freud, 의사, 심리학자, 오스트리아 (1856년생)

★ 지난 1,000년간 인물100명중 12위 선정
★ 인류 역사인물 100명중 69위 선정
★ 인류 역사인물 50명에 선정 (Wopen.com 한국.net 선정)

[출생-사망]
1856년 5월 6일, 오스트리아 ~ 1939년 9월 23일 (83세)

[학력사항]
1873 ~ 1881 빈대학교 의학 박사

[경력사항]
1936 영국학술원 객원회원
1882 오스티리아 빈 대학교 부속병원
1876 에른스트브리케 생리학연구소 연구원

[주요저서] 《꿈의 해석》(1900) 등

[요약]
지그문트 프로이드는 오스트리아의 신경과 의사이며 정신분석의 창시자이다. 히스테리 환자를 관찰하고 최면술을 행하며, **인간의 마음에는 무의식이 존재한다**고 하였다. 꿈·착각·해학과 같은 정상 심리에도 연구를 확대하여 심층심리학을 확립하였다.

[생애와 업적]

1856년 5월 6일 모라비아(현 체코) 지방 프라이베르크 마을에서 유대인으로 출생하였다. 지그문트 프로이드가 태어난 오스트리아-헝가리 제국에서 유대인에 대한 편견이 심했다. 지그문트 프로이드의 아버지는 세번째 결혼한 아말리에와의 사이에서 지그문트를 낳았다. 프로이드의 이복 형은 어머니와 나이가 비슷했다. 이복형제들에 비해 어머니의 보살핌을 많이 받았고 **김나지움 7학년 내내 최우수 학생으로 총명했다.** 빈 대학 의학부에 입학하여 에른스트 브뤼케 실험실에서 신경해부학을 공부하였다. 졸업 후 얼마 동안 뇌의 해부학적 연구하였고, 코카인의 마취작용을 연구하여 우울증 치료제로 시도했지만 결과는 좋지 못했다.

1885년 파리의 살페트리에르 정신병원에서 마르탱 샤르코의 지도 아래 히스테리 환자를 관찰하였고, 1889년 여름에는 낭시(프랑스)의 베르넴과 레보 밑에서 최면술을 보게 되어, 인간의 마음에는 본인이 의식하지 못하는 과정, 즉 무의식이 존재한다는 것을 믿게 되었다. 이보다 앞서 브로이어는 히스테리 환자에게 최면술을 걸어 잊혀져가는 마음의 상처(심적 외상)를 상기시키면 히스테리가 치유된다는 사실을 발견하였다. 프로이드는 브로이어와 공동으로 그 치유의 방법을 연구하였고, 1893년 카타르시스(정화)법을 확립하였다.

그러나 얼마 후 이 치유법에 결함이 있음을 깨닫고 최면술 대신 자유연상법을 사용하여 히스테리를 치료하는 방법을 발견하였고 1896년 이 치료법에 '**정신분석**'이라는 이름을 붙였다. 이 말은 후에 프로이드가 수립한 심리학의 체계까지도 지칭하는 말이 되었다. 1900년 이후 프로이드는 꿈·착각·말실수와 같은 정상 심리에도 연구를 확대하여 심층심리학을 확립하였고, 또 1905년에는 유아성욕론을 수립하였다. 하지만 초기 프로이드의 학설은 무시되었으나, 1902년경부터 점차 공명하는 사람들(슈테켈, 아들러, 융, 브로일러)이 나타났으며, 1908년에는 제1회 국제정신분석학회가 개최되어 잡지 《정신병리학 ·정신분석학 연구연보》(1908년~1914년), 《국제 정신분석학 잡지》 등이 간행되었다. 또 1909년 클라크대학 20주년 기념식에 초청되어 강연한 일은 정신분석을 미국에 보급시키는 계기가 되었다. 제1차 세계대전 후 사변적 경향을 강화하여 이드(id)·자아·초자아와 같은 생각과, **생의 본능 에로스·죽음의 본능 타나토스** 등의 설을 내세웠다. 1938년 오스트리아가 독일에 합병되자 나치스에 쫓겨 런던으로 망명하였고, 이듬해 암으로 죽었다. **20세기의 사상가로 프로이드만큼 큰 영향을 끼친 인물은 없다고 평가되며, 심리학** ·정신의학에서뿐만 아니라 사회학·사회심리학·문화인류학·교육학·범죄학·문예비평에도 큰 영향을 끼쳤다. 주요 저서에는 《히스테리 연구》(1895년), 《꿈의 해석》(1900년), 《일상생활의 정신병리학》(1901년), 《성욕에 관한 세 편의 에세이》(1905년), 《토템과 터부》(1913년), 《정신분석 강의》(1917년), 《쾌락 원칙을 넘어서》(1920년), 《자아와 이드》(1923년) 등이 있다.

프로이드는 **정신과 의사이며 정신분석학파의 창시자**인데, 무의식과 억압의 방어 기제에 대한 이론, 그리고 **환자와 정신분석자의 대화를 통하여 정신 병리를 치료하는 정신분석학적 임상 치료 방식을 창안**한 것으로 매우 유명하다. 또 그는 성욕을 인간 생활에서 주요한 동기 부여의 에너지로 새로이 정의하였으며, 자유연상, 치료관계에서 감정전이의 이론, 그리고 꿈을 통해 무의식적 욕구를 관찰하는 등의 치료기법으로도 알려져 있다. 그리고 프로이드는 뇌성마비를 연구한 초기 신경병 학자이기도 하였다. 신프로이드주의에서 프로이드의 많은 이론을 버리거나 수정하였으며, **20세기 말에 심리학 분야가 발전하면서 프로이드 이론에서 여러 결함이 드러났으나, 프로이드의 방법과 관념**

은 임상 정신 역학의 역사에서 중요한 위치를 차지하고 있다. 그의 생각은 **인문과학과 일부 사회과학에서 계속 영향을 주고 있다.**

[의과 대학]

프로이드는 법을 공부하기로 했다가 빈 대학교의 의과 대학에 입학하여 다윈주의자였던 카를 클라우스 교수 밑에서 공부하였다. 프로이드가 **의대를 택하게 된 가장 큰 원인은 다윈의 《종의 기원》과 괴테의 《자연》에 대한 독서 때문이었다.** 프로이드는 1885년 파리 살페트리에르 병원장 샤르코 밑에서 장학생으로 약 5개월간 연구하면서 히스테리와 최면술에 특히 관심을 가졌는데, 이것은 장차 정신분석학을 창안하는 데 매우 중요한 동기가 된다. 당시 뱀장어의 생애 주기는 아직 알려지지 않은 상태였다. 프로이드는 뱀장어의 수컷 생식 기관을 연구하면서 트리에스테의 오스트리아 동물학 연구소에서 4주간 지냈으며, 전임자들보다 별로 많은 것을 알아내지 못한 채 뱀장어 수백 마리를 해부하였다. 1876년에 그는 "뱀장어의 정소"라는 첫 논문을 오스트리아 과학아카데미 보고서에 실었는데, 여기서 프로이드는 이 문제를 해결하지 못했음을 인정하였다. 별달리 성공을 거두지 못해 명성을 얻지 못하자, 프로이드는 자신의 연구 분야를 바꾸게 된다.

1874년, 독일의 생리학자 에른스트 빌헬름 본 브뤼케는 '생리학 강의'를 출간하여 "정신 역학"의 개념을 제안한다. 열역학 제1법칙(에너지 보존)을 공식화했던 학자 가운데 한 사람이었던 물리학자 헤르만 폰 헬름홀츠와 공동연구했던 그는 모든 살아있는 유기체는 에너지-체계이며, 이 법칙에 지배받는다고 주장하였다. 그 당시 브뤼케는 비엔나 대학교 의과대학 1학년생이었던 지그문트 프로이드의 주임 교수였는데, 프로이드는 그의 새로운 "역학적" 생리학을 받아들였다. 브뤼케의 '생리학 강의'에서 그는 살아있는 유기체는 하나의 역학계이며 화학과 물리학의 법칙이 적용된다는 급진적인 견해를 내놓았다. 정신 및 정신과 무의식의 관계에 대한 프로이드의 역동적 심리학은 바로 여기서 출발하였다. 존 볼비에 따르면, 화학과 물리학의 원칙에 기반을 둔 프로이드의 기본적인 모델은 브뤼케, 메이네르트, 브로이어, 헬름홀츠, 헤르바르트에서 나온 것이라고 한다. 1879년, 프로이드는 1년간의 의무 군 복무를 수행하고자 연구를 잠시 접어두었으며, 1881년에 논문 "하급 어류종의 척수에 관하여"로 의학박사(M.D.) 학위를 받았다.

[프로이드와 정신 분석]

1885년 10월 프로이드는 유럽에서 가장 유명한 신경학자 장 마르탱 샤르코와 공동 연구차 파리에 갔다. 프로이드는 나중에 이 때 파리에 체류한 경험이 재정적으로 그리 희망적이지 않은 신경학 연구 대신, 정신 병리치료로 진로를 선회하는 계기가 되었다고 회고하였다. 샤르코는 히스테리와 히스테리 환자의 최면 감수성을 전공하였으며, 그는 청중 앞 무대에서 히스테리 환자를 자주 시연하였다. 하지만 나중에 프로이드는 최면 기법을 더 이상 치료 가능성이 있는 방식으로 사용하지 않고, **자유연상과 꿈 분석을 선호**하게 된다. 샤르코 자신도 말년에 히스테리에 대한 자신의 연구에 스스로 의문을 제기하였다.

1886년에 프로이드는 마르타 베르나이스와 결혼한다. 그 뒤 자신의 신경과 진료소를 차린다. 아내의 아버지 베르만은 함부르크의 수석 랍비였던 이작 베르나이스의 아들이었다. 프로이드는 신경계 환자들에게 최면 기법을 실험하였으나 많은 대상자들에게 최면이 쓸모없는 것으로 드러나자 이 치료 방식을 포기하였으며, 환자와 본인의 문제에 대해 대화를 나누는 치료법을 썼다. 이 방식은 "대화 치료"로 알려지게 되는데, 대화의 최종적인 목적은 환자가 처음에 거부하고 있으며 무의식에 갇힌 강력한 감정 에너지를 풀어주어 위치를 정해주는 것이었다.

프로이드는 이렇듯 환자가 어떤 감정을 거부하는 것을 "억압"이라고 불렀으며, 프로이드는 이것이 종종 정신의 정상적인 기능에 해를 끼치며 육체적 기능까지도 저하시킬 수 있다고 생각하였는데, 이를 **"정신 신체증"(심신증)**이라고 설명하였다. ("대화기법"이란 용어는 원래 프로이드의 동료인 요제프 브로이어의 환자인 '안나'가 만든 말이었다.) "대화 기법"은 정신 분석학의 기초로 널리 평가받고 있다. 나이 40대에 프로이드는 수많은 심신증 장애와 더불어 죽음에 대한 지나친 공포, 그 밖에 공포증에 시달렸다.

이 시기에 프로이드는 자신의 꿈, 기억 그리고 본인의 인격발달의 변천에 대해 탐색하는 데 몰두하였다. 이렇게 자신을 분석하면서 프로이드는 1896년에 죽은 자신의 아버지 야콥 프로이드에 대해 적대감을 느꼈으며, 또 어린 시절 매력적이고 따뜻하며 포근했던 어머니 아말리아 프로이드에게 느낀 성적 감정을 상기하였다. 자기 분석을 계속하여 지금까지 수집한 자료들을 모아 1899년 11월, 라이프치히와 비엔나에서 동시에 《꿈의 해석》을 출판했다. 그리고 정신학 분석을 연구하여 빈 정신 분석 학회를 조직했다. 1900년과 1902년에 책을 출간한 이후 프로이드 이론에 대한 관심은 점점 증가하였으며, 지지자 집단도 생겼다. 그러나 프로이드는 자신의 이론을 비평하는 지지자들과 충돌하기도 하였는데, 가장 유명한 사람은 원래 프로이드의 생각을 지지하던 카를 융이었다. 두 사람이 결별한 이유는 융이 종교와 신비주의에 흥미를 가지고 다룬 탓도 있는데, 프로이드는 이를 비과학적이라고 보았다.

[말년]

1930년, 프로이드는 **심리학과 독일어 문학에 기여한 공로로 괴테 상**을 받았다. 3년 뒤에 나치가 독일에서 집권하였으며, 이들이 불태우고 없앤 책 가운데서도 프로이드의 책이 특히 두드러졌다. 1938년 3월에 나치 독일은 오스트리아를 병합하였다. 그리하여 비엔나에서 반유대주의 감정이 들끓었으며, 프로이드와 가족의 집에는 비밀경찰들이 들이닥치기도 하였다. 또 비엔나 정신 분석 학회가 해산당하고 **유대인이라는 이유로 책과 재산이 모두 몰수당하자, 프로이드는 "자유롭게 죽기 위하여"** 망명길에 오르기로 결심하였다.

프로이드와 가족은 1938년 6월에 비엔나를 떠나 런던 햄프스티드의 20 메어스필드 가든스로 이주하였다. 스위스 코티지 근처에 벨사이즈 길과 피츠존 거리의 한쪽 모퉁이에 프로이드의 동상이 서 있다. 지독한 애연가였던 프로이드는 구강암 때문에 생전에 30번이 넘도록 수술을 받았다. 1939년 9월에 프로이드는 의사이자 친구인 막스 슈어를 설득하여 자살을 돕도록 하였다. 프로이드는 미완성 원고 〈정신 분석학 개관〉을 남겨두고 1939년 9월 23일에 죽었으며, 죽은 지 사흘 뒤에 프로이드의 유해는 영국 골더스 그린 공동묘지에 매장되었다.

[성품]

프로이드는 **시간 약속 같은 것을 지나칠 정도로 꼼꼼히 챙기는 스타일**이었다. 영국제 양모 정장에 옷감은 꼭 아내가 골라준 것을 썼다. 젊은 시절 자존심이 강했던 프로이드는 농담 삼아 "양복장이의 인상이 내게는 담당 교수의 인상만큼이나 중요하다."고 말했을 정도다.

[프로이드의 심리학]
[무의식과 꿈의 분석학]
무의식이 행동에 영향을 준다는 것을 대중화한 기구인 **심리학의 정신분석학회의 창시자**이다. 프로이드는 최면과 최면이 어떻게 신경증 치료에 도움을 주는지에 관심을 갖게 된다. 프로이드는 후에 **'대화 치료'**로서 지금 무엇이 알려져 있는가의 발전에 대해서 자유연상과 꿈의 해석을 지지하며 최면술을 포기한다. 이들은 정신분석학의 핵심 요소가 된다. 프로이드는 특히 그 당시에 히스테리라고 불렸던 것에 대해 관심을 가졌고 이는 지금 전환 신드롬이라고 불리고 있다. 프로이드의 이론들과 환자에 대한 프로이드의 치료는 19세기에 비엔나에서 논쟁이 되고 여전히 오늘날에도 뜨거운 논란이 되고 있다. 프로이드의 아이디어는 그것들을 과학적 의학적 논문으로서 계속 논의되는 것뿐만 아니라 문학, 철학, 일반 문화에서 종종 논의되고 분석되어 왔다. **자유연상(심리역동이론)**은 심리학에 사용되는 기술로서 지그문트 **프로이드에 의해 창시**되었다. 프로이드는 최면술이 틀리기 쉽고 의식이 있는 동안에 중대한 기억에 대하여 환자들이 회복할 수 있고 이해할 수 있다는 것을 발견했기 때문에 최면술로 치료하기를 그만두었다.

자유연상기법을 통해 프로이드는 명백하게 중요하지 않거나 잠재적으로 환자를 압박할 수 있는 혼란스러운 기억이 될지라도 그런 것에 관계없이 환자들에게 떠오르는 것은 무엇이든 말하도록 했다. 이 기법은 모든 기억은 단일 연합의 네트워크에 정렬되어 있고 당장이든 후일에든 그것은 중대한 기억과 직면하게 될 것이라는 전제를 깔고 있다. 불행하게도 프로이드는 기억해내는 모든 노력에도 불구하고 가장 고통스럽고 중요한 기억이 환자에게 저항을 일으킨다는 것을 발견했다. 프로이드는 결국 일정한 기억들이 철저하게 억압되어 있다가 정신의 의식영역으로 뚫고 올라올 것이라는 견해를 갖게 된다. 프로이드의 궁극적인 정신분석학적 치료는 그것들을 정신 깊숙이 묻어버리는 내부적인 정신 갈등으로서의 이러한 기억들의 회상에 과도하게 초점을 맞추지 않았으며, **자유연상 기법은 오늘날에도 여전히 정신에 관한 연구에서 일익을 담당하고 있다.**

[성과 심리]
프로이드는 신체 부위에서 리비도의 이동에 따라 쾌감을 추구하는 신체부분 또는 방법이 달라지는데 따라 발달 단계를 구분하였다. **구강기, 항문기, 남근기, 잠복기, 성욕기**로 나누는데 이를 심리성적 발달 단계라고 한다. 처음의 세 단계에서는 자신의 신체부위에서 만족을 추구하므로 〈전성욕기〉라고 한다. 뒤의 두 단계에서는 특정의 신체부위가 아니라 이성관계 등 사회적 활동을 통해 만족을 추구하므로 〈성욕기〉라고 한다.

1. 구강기(0~2세)
이 시기에는 입이 두 가지 형태의 행동을 한다. 먹고 마시는 흡입행동과 깨물고 뱉어내는 행동이다. 흡입 행동에 고착되면 먹고 마시고 흡연과 음주, 키스 등에 관심이 많으며 성장하여 낙천적이고 의존적이 된다. 이가 나올 때에 깨물고 뱉어내는 등 입의 공격적인 행동이 나타나는데 여기에 고착되면 성격적으로 적대감, 질투, 냉소적, 비관적, 공격적이 되고 남을 통제하려고 한다.

2. 항문기(2~4세)

생후 첫 해에는 부모들이 아동의 욕구가 부모를 통하여 최대한 충족되지만 배변훈련시기부터는 아동은 차츰 욕구충족이 시간과 장소의 구애를 받으며 거부되기도 하고 따라서 유예해야 함을 배운다. 이 시기에는 리비도가 항문에 집중되어 있으므로 배변활동을 통해 쾌락과 욕구충족을 느끼는데 적절히 훈련하여 아동의 욕구가 충족되면 자신의 배설물을 중요하게 여기고 자신의 창조물로 보기 때문에 창의적이고, 생산적인 성격이 된다. 배변훈련이 지나치게 엄하거나 잘 학습되지 못하면 부모의 요구에 대항하는 적대적, 가학적, 파괴적 성향이 나타날 수 있다. 또한, 항문을 이완시켜 배변하는 것보다 조이는 데에서 쾌감을 느끼는 경우 지나치게 깔끔하여 결벽증적인 성격이 나타난다. 그 밖에 융통성없는 기계적 성격, 구두쇠 심리가 나타난다.

3. 남근기(4~6세)

리비도가 성기에 집중되어 이의 감수성이 민감해지고, 만짐을 통해 쾌감을 느끼는 시기이다. 성 차이를 인식하고 출생에 대한 관심을 보인다. 남아는 오이디푸스 콤플렉스에 빠져 어머니를 성적 애착의 대상으로 생각하고 아버지를 미워하는 두려움이 나타난다. 여아는 남아와 비교하여 남근선망 등 열등감과 좌절감을 겪는 동시에 아버지를 성적 애착의 대상으로 생각하고 어머니를 적대시하는 일렉트라 콤플렉스에 빠진다. 이 시기에 나타나는 콤플렉스 현상은 동성 부모의 성역할을 학습함으로써 해소된다. 해소 정도에 따라 성역할 정체감과 성인기의 이성에 대한 태도가 결정된다.

4. 잠복기(6~12세)

초등학교 시기부터는 성적 욕구의 만족이 신체의 특정 부위의 자극이 아니라 친구관계, 취미활동, 스포츠 등 사회적 활동을 통해 이루어진다. 이 시기에는 쾌락원칙을 버리고 현실원칙을 따르며 아버지의 권위와 금지 또는 양심에 따라 사회적 도덕적 자아를 형성하게 된다.

5. 성욕기(12세 이후)

사춘기로서 성적 충동을 정상적인 성욕으로 통합하는 시기이며, 정서적 해방과 독립을 추구하는 심리적 이유기이다. 앞서의 단계들에서보다 약하기는 하지만 이 단계에서도 갈등이 있다. 그러나 앞서의 어느 단계에 고착되지 않았다면 이성과의 관계가 정상적으로 형성될 수 있다. 이성 관계와 또래관계 등 사회적으로 바람직한 활동을 통해 만족을 찾고 원시자아의 충동을 승화시킨다.

[자기 방어 기제]

개인을 보호하기 위한으로써 전략 압도되는 불안으로부터 개인을 보호함은 물론 기능을 수행하도록 도와준다. 자기 방어 기제에는 두 가지 특징이 있는데 하나는 무의식 차원에서 작용한다는 것과 다른 하나는 현실을 왜곡하게 지각하여 불안을 감소시키도록 한다는 것이다.

① **억압**: 가장 기본적인 방어기제. 위협을 주거나 수용하기 어려운 욕구, 사고, 기억이 의식화되거나 행동으로 표출되지 않도록 무의식적으로 차단하는 과정 (예: 다른 사람에 대한 공격적 충동이나 욕구를 의식에 떠오르지 못하도록 함)

② **동일시**: 무의식적으로 다른 사람의 특성(가치, 태도, 행동 등)을 내면화하는 과정 (예: 남아가 거세불안으로부터 자아를 방어하기 위해 어머니에 대한 성적 충동을 억압하고 아버지를 동일시함

으로써 아버지에 대한 적대감을 해소하고 애정을 획득함)

③ **부인**: 사실을 있는 그대로 인식하기를 거부하는 것, 백일몽, 환상 (예: 사랑하는 사람의 죽음을 인정하지 않는 것)

④ **반동형성**: 위협적인(공격적인) 충동을 의식수준에서 정반대의 충동, 말, 행동으로 대치하는 과정 (예: 음주욕구가 강한 사람이 금주운동에 참여하는 것)

⑤ **투사**: 수용하기 어려운 충동, 사고, 감정을 자기 자신의 것으로 인정하지 않고 다른 사람의 것으로 투사하는 과정 (예: 자기 내부에 증오심이 있는데도 다른 사람이 자기를 증오하고 있다고 생각하는 사람)

⑥ **주지화(지성화)**: 위협적인 대상에 대해 정서적으로 관련되지 않기 위해 그 대상에서 분리되는 과정 (예: 불쾌한 경험을 해야 하는 전문가, 검시관, 간호사, 외과의사 등이 많이 사용)

⑦ **치환(전위)**: 현실적인 제약요인으로 인해서 충동이나 욕구를 충족시킬 수 없을 때 다른 대상을 통해 충동이나 욕구를 충족시키려는 과정 (예: 아버지에게 꾸중을 듣고 난 후 동생에게 화풀이하는 형)

⑧ **승화**: 치환의 한 형태로, 성적 충동이나 공격적 충동을 사회적으로 바람직한 방식으로 전환하는 과정 (예: 직접 충족시킬 수 없는 성적 충동을 그림이나 음악, 문학작품을 통해 충족시키는 예술가)

⑨ **합리화**: 수용할 수 없는 행동에 대해 실제 이유가 아니라 그럴 듯한 이유를 둘러대거나 변명을 통해 난처한 입장이나 실패를 모면하려는 일종의 자기 기만전략 (예: 이솝우화의 '여우의 신포도')

⑩ **고착**: 새로운 발달단계로 이행할 때 경험하는 불안이나 좌절이 극심할 때 정상적인 발달이 일시적 혹은 영구적으로 중단되는 현상 (예: 지나치게 의존적인 아동이 독립적인 행동을 학습하는 것이 불안한 경우 고착 방어기제 사용)

⑪ **퇴행**: 불안을 해소하기 위해 초기 발달단계로 되돌아가거나 안정되고 즐거웠던 인생의 이전 단계로 후퇴하는 것 (예: 성인이 토라지거나 말을 하지 않는 것)

⑫ **보상**: 신체적 조건, 지적 특성, 성격 특성의 약점이나 결함을 극복하거나 감추는 것 (예: 외모에 열등감을 느끼는 학생이 공부를 열심히 하는 것)

[프로이드에 대한 비판]

과학철학자 칼 포퍼는 프로이드의 정신분석학은 반증이 불가능하기 때문에 과학일 수 없다고 보았다. 아돌프 그륀바움은 정신분석학은 반증가능하며, 사실상 틀렸음이 증명되었다고 주장한다. 비판자들과 옹호자들 간의 논쟁은 때때로 매우 격렬해져서, 이러한 논쟁들은 프로이드 전쟁으로 불린다. 행동주의 심리학, 진화심리학, 인지심리학은 정신분석학을 의사 과학으로 취급하여 인정하지 않는다. 회의주의자들 역시 정신분석에 대해 회의적이다.

[저서 목록]
[단행본]
『히스테리 연구』 요제프 브로이어 공저, 1895

『꿈의 해석』 1900

『일상생활의 정신병리학』 1902

『성욕에 관한 세 편의 에세이』 1905

『농담과 무의식의 관계』 1905
『억압, 증후 그리고 불안』 1906
『창조적인 작가와 몽상』 1908
『토템과 터부』 1913
『무의식에 관하여』 1914
『정신분석 강의』 1917
『쾌락 원리의 저편』 1920
『문명속의 불만/문화에서의 불안』 1930
『새로운 정신분석 강의』 1932
『정신분석학 개요』 1940
『우리의 마음은 남쪽을 향한다』 1895-1923 :
여행지에서 쓴 편지

[편집본]
『정신분석의 탄생』『꼬마 한스와 도라』『늑대 인간』『종교의 기원』『정신분석학의 근본개념』『예술
문학 정신분석』『정신병리학의 문제들』『끝이 있는 분석과 끝이 없는 분석』『정신분석운동』

프로이드 명언

♣ 가족들의 더할 나위없는 귀염둥이였던 사람은 성공자의 기분을 일생동안 가지고 살며,
  그 성공에 대한 자신감은 그를 자주 성공으로 이끈다.
♣ 글이란 지금 그곳에 없는 사람의 말이다.
♣ 무의식이 인간 행위의 진정한 장소이다.
♣ 생각이란 그 근원이 어디인지 알 수 없는 곳에서 갑자기 떠오르는 것이다.
  우리는 그 생각의 뒤를 추적해 갈 수도 없다.
♣ 엄밀한 의미에서 행복이란 극한적으로까지 억제되어 있던 욕망이 어느 순간 갑자기
  충족되었을 때 생기는 것이다.
♣ 욕망과 성의 충동이 인간 행동의 두 가지 동기이다.
♣ 우리들의 체내의 깊은 마음속에는 어떤 강력한 힘이 있다. 우리의 의식하는 마음과는
  별개의 것으로, 끊임없이 활동을 계속하여, 사고와 감정과 행동의 근원이 되고 있다.
♣ 이기주의자란 자기도 이기주의자일 수 있다는 생각을 전혀 해 보지 않은 사람이다.
♣ 인생의 목적에 대한 의문은 무한이라고 해도 좋을 만큼 제출되었지만,
  아직까지 대답이 주어진 일은 없다. 그처럼 답은 결코 허용되지 않는 모양이다.
♣ 종교는 환상이며 그것이 우리의 본능적 욕망과 일치한다는 사실로부터 그 힘이 생긴다.
♣ 지적 노동과 정신 활동으로부터 충분한 쾌락을 끌어낼 줄 아는 때에는,
  이미 운명도 그대를 어쩌지 못한다.

지석영-池錫永, 한의사, 교육자, 한글학자, 한국 (1855년생)

[출생] 1855년 5월 15일, 조선 한성부
[사망] 1935년 2월 1일 (79세), 일제 강점기 경성부

[국적] 조선, 대한제국
[본관] 충주(忠州)
[별칭]
자는 공윤
아호는 송촌(松村)
[직업]
한의사(의생), 한의학자, 정치인
한글학자, 국어학자, 교육자
[소속]
조선 의생 연합회 회장
(현 한의사 협회 회장) 전(前) 기호흥학회 부회장
[자녀] 지성주(장남)
[부모] 지익룡(부)
[친척] 지운영(형), 지홍창(손자)
[상훈] 대한제국 훈사등 팔괘소수장

[주요저서] 《자전석요》(1909)
[주요작품] 〈신정국문〉(1905)

[경력사항]
1917 조선병원 원장
1914 계동 유유당 소아과 개설
1908 대한의원 학생감, 국문연구소 위원
1907 대한의원 교육부 교관, 학감
1899 관립의학교 초대교장
1895 동래부사
1894 형조참의, 좌부승지, 한성부윤, 대구판관, 진주목사
1893 교동 우두보영당 설립
1882 전주, 공주 우두국 설치
1880 서울 우두국 설치
1879 부산 제생의원

[수상내역]
1928 조선 종두 50주년 기념식 표창

[요약]

지석영은 조선 후기의 의사·문신·국문학자이며 최초로 종두법을 도입했다. 의학교육사업과 한글 보급 및 연구에도 힘썼다.

[생애]

본관은 충주, 자는 공윤, 호는 송촌이며, 조선 말기인 1855년(철종 6) 서울 종로구 관훈동에서 출생하였다. 아버지 지익룡은 근교에 한약과 침으로 이름난 유의였다. 어려서 부터 의학에 대해 관심을 가졌었고, 특히 일찍부터 중국에서 들여온 서양 의학서의 번역본을 많이 읽었고, 영국의 의사 에드워드 제너의 우두법(우두 접종법)에 관심을 가지게 되었다. 1876년 수신사 자격으로 일본을 다녀온 역시 명의로 칭송이 자자하던 스승 박영선에게서 《종두귀감》을 얻어 보고 감명을 받았고, 1879년 10월 부산에서 일본인이 운영하던 제생의원에서 일본인 의사에게서 두 달 간 **우두법**을 배웠다. 그해 겨울 충청북도 충주시 덕산면에서 최초로 40여 명에게 우두를 시술하였다. 서울에는 종두장을 설치하였다. 1880년 2차 수신사 김홍집을 따라 일본에 건너가 우두종계소에서 두묘의 제조법을 배우고 두묘 50병을 얻어서 돌아와 종두법을 보급하기에 힘썼다.

1883년에는 문과에 급제, 성균관 전적, 사헌부 지평, 형조참의 등을 역임하였다. 1885년에는 《우두신설》을 저술하였다. **1890년대 후반에는 독립협회에서 활동**하기도 하였고, 1894년에는 김홍집에 의해 동학군 토벌에 참여하였다. 1896년에 동래 관찰사가 되어서도 우두법의 보급에 공헌하였으며, 1899년 경성 의학교가 세워진 이후로 교장으로 재직하다가 1907년 통감부에서 의학교를 폐지하고 1908년 대한의원 의육부로 개편할 때 학감이 되었으나 한일합방 후(1910년)에 사직하였다. 이후에는 소아과를 특히 진료를 하였고, 1915년에는 전선 의생 대회(전국 조선 의생 대회)가 열리고 회장을 맡는다.

일제는 보안법 1조로 조선 의생회의 해산을 명하고 관계자인 지석영 선생을 필두로 김성기, 최동섭, 경도학, 장기학, 윤용배, 조병근, 박인서등 의생들을 종로경찰서로 초취하여 금후 다시는 이와 같은 회를 설립하지 않겠다는 서약서를 제출하게 한다. 그리고 1916년 조선 의생회는 일제의 압박에 의해 해체되고 만다. 한글과 나라 정책에도 관심을 기울여, 1905년에는 〈신정국문 6개조〉를 고종에게 상소하여 공포하게 하고, 학부 안에 국문 연구소를 설치하게 하였으며, 1908년에는 국문 연구소 위원이 되었다. 1909년에는 한자를 국어로 풀이한 《자전석요》를 간행하여 한자 해석의 새로운 방법을 개발하기도 하였다.

[평가]

조선의 종두법 시행의 선구자로, 종두에 대한 알기 쉬운 서적을 저술하여 의학 발전에 기여하였고, 천연두가 유행할 때마다 우두 종법을 실시하여 병에 걸린 이들을 구제하였다. 또한, **한글 보급에 힘쓴 공로를 인정받아 팔괘장과 태극장을 받았다.**

[업적]

1876년(고종13) 수신사 김기수의 통역관으로 일본에 갔던 스승 박영선으로부터 구가 가쓰아키의 《종두귀감》을 전해 받고 종두에 관심을 갖기 시작했다. 1879년 부산에 있던 일본 해군병원 제생의원에서 종두법을 배우고 그해 겨울 처가가 있는 충주 덕산면에서 40여 명에게 종두를 시술했는데, 이것이 한국에서 공개적으로 실시된 최초의 종두로 알려져 있다. 이듬해 서울에서도 부산제생의원에서 보내온 두묘(痘苗)로 종두를 실시했다. 1880년 수신사 김홍집의 수행원으로 일본에 건너가 일본 위생국에서 두묘의 제조법과 독우의 채장법 등을 배우고 귀국한 뒤 서울에서 적극적으로 우두를 실시하는 한편 일본 공사관 의관 마에다 기요노리로부터 서양의학을 배우기도 했다.

1882년 임오군란이 일어나자 일본에서 종두법을 배워왔다는 죄목으로 체포령이 내려 일시 피해 있다가 정국이 수습된 후 불타버린 종두장을 다시 열어 종두를 보급했다. 그 해 9월 전라도 어사 박영교의 요청에 따라 전주에서, 이듬해에는 공주에서 각각 우두국을 설치하여 종두를 실시하고 그 방법을 가르쳤다. 1883년(고종 20) 식년문과에 을과로 급제하여 지평 등을 역임하고 1885년 《우두신설》을 저술했다.

1887년 우두의 기술을 미끼로 일본과 결탁한 개화당과 도당을 이룬다는 이유로 전라도 신지도에 유배되었다. 6년간의 유배 생활 동안 농학서인 《중맥설》과 의학서인 《신학신설》을 저술했다. 1892년 유배에서 풀려나 승지를 거쳐 1896년(고종33) 동래부사를 지냈다. 1899년 경성의학교 교장에 취임하여 이후 **10년간 의학교육 사업에 종사하는 한편, 한글 보급에 힘써** 〈신정국문〉(1905) 6개조를 상소하였다. 이 제안은 그대로 받아들여져 공포되었으며, 지속적인 연구를 위해 1908년 국문연구소 위원이 되었다. 또한 1909년 옥편의 효시인 《자전석요》를 간행하는 등 국문연구에도 공적을 남겼다.

[기타]

지석영의 부친 지익룡은 양반이라 개업은 하지 않았지만 한의학에 정통했고, 지석영의 장남 지성주는 1919년 경성의전(내과 전공)을 졸업한 후 개업했는데 1927년 및 1928년 동아일보에 독자를 위한 의학 관련 기사를 실을 정도로 장안의 명의로 소문났다. 지석영의 장남 지홍창은 서울의대 박사로 군의관을 거쳐 박정희전대통령 주치의를 지낸 바 있다.

● 지석영 명언

♣ 우리 가족에게 먼저 실험해 보아야 안심하고 쓸 수 있지 않겠느냐.
-1880년 가족에게 우두를 접종하면서

벨-Alexander Graham Bell, 전화기 발명가, 미국 (1847년생)

★ 지난 1,000년간 인물100명중 44위 선정
★ 인류 역사인물 100명중 42위 선정
★ 인류 역사인물 50명에 선정

[출생-사망] 1847년 3월 3일, 영국 ~ 1922년 8월 2일 (75세)

[학력사항]
런던대학교 의학
에든버러대학교

[경력사항]
1877 벨 설립
1873 미국 보스턴대학교 음성생리학 교수

[수상내역]
볼타상

[생애]
알렉산더 그레이엄 벨은 스코틀랜드계 미국인 과학자 및 발명가였다. **최초의 '실용적인' 전화기의 발명가**로 널리 알려져 있다. 원래 이름은 알렉산더 벨이었지만 가족과 친하게 지냈던 알렉산더 그레이엄이라는 사람을 존경하여 자기 이름에 그레이엄을 더 많이 썼다고 한다. 스코틀랜드의 에든버러에서 태어났고 1882년 미국으로 귀화하였다. 영국 왕립 고등학교 졸업 후, 런던에서 발음에 관한 연구를 하고, 대학 졸업 후에 발성법 교사로 있다가 교육자인 아버지를 도와 농아자의 발음 교정에 종사하였다. 런던 대학에서 생리 해부학 강의를 들은 후, 캐나다를 거쳐 미국의 보스턴에 가서 농아학교를 세우고 보스턴 대학의 발성학 교수가 되었다.
그레이엄 벨은 음성의 연구에서 전기적인 원거리 통화법을 고안하여, **1876년 최초의 자석식 전화기를 발명**하고, **1877년 '벨 전화 회사'를 설립**하였다. 그 후 계속 농아자와 발성 문제, 축음기, 광선 전화 등의 연구를 하고 만년에는 항공기의 연구에 전념하였다. **1880년에 〈사이언스〉지를 창간**하였다. 많은 사람들은 그레이엄 벨을 '청각장애인의 아버지'로 불렀다. 그러나 벨은 우생학을 믿고 있었기 때문에 어떤 면에서 이 별명은 반어적이다. 영국 런던대학교 유니버시티 칼리지 런던에서 음성학 학사를 받았으며, 훗날 UCL에서 강의를 하였다.

• 벨 명언

♣ 한쪽 문이 닫히면 또 다른 문이 열린다.
그러나 우리는 닫힌 문만 오랫동안 바라보고 집착하여 열리는 문을 보지 못한다.
♣ 나도 이 힘이 무엇인지 정의할 수는 없다.
내가 아는 것은 이 힘은, 자신이 원하는 것을 정확히 알고 이룰 때까지
절대로 멈추지 않겠다고 결심한 자에게만 주어진다는 것이다.

에디슨-Thomas Edison, 발명가, 미국 (1847년생)

★ 지난 1,000년간 인물100명중 14위 선정
★ 인류 역사인물 100명중 35위 선정
★ 인류 역사인물 50명에 선정 (Wopen.com 한국.net 선정)

[출생] 1847년 2월 11일, 미국, 오하이오 주 밀란
[사망] 1931년 10월 18일 (84세), 미국 뉴저지 주 웨스트 오렌지

[국적] 미국
[출신 대학] 無(독학)
[주요 업적] 에디슨 효과

[경력사항]
미국 발명가 명예의 전당 헌액
제1차세계대전시 해군고문회 회장
1882 에디슨 전등회사 설립
1870 뉴저지주 뉴어크에 공장 설립

[수상내역]
1928 의회명예훈장
1895 럼퍼드상
1887 마테우치 메달

[토머스 에디슨 연보]
1847 2월 11일 미국 오하이오 주에서 출생.
1868 보스턴에서 전신기사가 됨. '전기 투표 기록기'를 발명해 특허를 얻음.
1870 뉴욕에 실험실과 공장을 세우고 전기 기구 연구 및 제조를 시작.
1877 축음기 발명.
1879 탄소 필라멘트를 사용한 백열전구를 발명.
1887 웨스트 오렌지 연구소를 세우고 평반 축음기를 발명.
1889 키네토그래프 발명.
1895 X선용 투시경 발명.
1912 축음기와 활동사진을 연결해 키네토폰을 발명.
1929 백열전구 발명 50주년 기념 축하회에 참석 중 병으로 쓰러짐.
1931 10월 18일 병으로 사망.

[요약]

토머스 에디슨은 미국의 발명가 및 사업가이다. 세계에서 가장 많은 발명을 남긴 사람으로 1,093개의 미국 특허가 에디슨의 이름으로 등록되었고, '발명왕'이라 불린다. 토머스 에디슨은 후에 제너럴 일렉트릭 회사를 설립하였다.

[생애]

[출생 및 성장 과정]

오하이오 주 밀란에서 제재소를 경영하던 아버지 새뮤엘의 셋째 아들로 태어나, 미시간 주 포트 휴런에서 자랐다. 에디슨은 유년시절부터 만물에 대한 호기심이 많아 당시의 주입식 교육에 적응하는데 심한 어려움을 겪었다. 7세 때에 미시간주 포트휴런으로 이사를 가 그곳 초등학교에 들어갔으나 겨우 3개월 만에 퇴학을 당해 교육은 주로 어머니한테서 받았다. 정규 교육을 받은 것은 3개월 뿐 이었으나 교사였던 어머니의 열성적인 교육에 의해 점차 재능을 발휘하게 되었다.

집안이 가난하였기 때문에 12세 때 철도에서 신문·과자 등을 팔면서도, 시간을 절약하기 위하여 화물차 안으로 실험실을 옮겨 실험에 열중하였다. 기차에는 화물칸이 있기에 그곳에다가 조그마한 자기만의 연구실을 차려놓고 연구를 시작했다. 하지만 연구실에 불이 나고, 기차의 관계자들은 에디슨을 내쫓으면서 폭력을 행사하게 된다. 그때 맞은 부분이 귀인데, 그 이후로 에디슨은 청각 장애인이 되었다고 주장했다. 그 후부터는 사람들과의 교제도 끊고 연구에만 몰두하기 시작하였다.

당시 모르스 부호를 이용한 유선전신이 이용되던 시대였는데, **15세 때 역장 아이의 생명을 구해준 답례로 전신기술을 배우게 되어 1869년까지 미국·캐나다의 여러 곳에서 전신수로서 일하였다.** 신문을 팔던 에디슨은 뉴스가 유선전신을 타고 전달되는 것에 흥미를 느껴 전신기사가 된 것이다. 하지만 하루 종일 뉴스가 오기를 대기해야하는 전신기사에 싫증을 느끼게 되고 오히려 자신이 사용하는 유선전신시스템의 구조에 흥미를 느껴 결국 전신기를 만들기 시작한다. **에디슨이 만든 4중전신기는 하나의 전선을 4명의 전신사가 동시에 사용할 수 있는 신기술인데 이를 통해 큰돈을 벌게 된다.** 그 무렵 보스턴에서 **패러데이의 《전기학의 실험적 연구》**라는 책을 읽고 감명을 받았다. 그 책의 설명이 복잡한 수식을 쓰고 있지 않은 데에 많은 흥미를 느꼈으며, 그 책에 나오는 실험을 연구하다가 1868년에 전기 투표기록기를 발명하여 최초의 특허를 받았다. 이어서 다음해에는 주식상장표시기 등을 발명하였고 그 발명으로 얻은 자금을 기반으로 뉴저지주의 뉴어크에 공장을 세웠다.

[연구소 설립 및 발명]

전신기 특허로 큰돈을 번 에디슨은 1876년 세계 최초의 민간 연구소로 알려진 멘로파크 연구소를 세워 발명을 계속하였다. 1887년에는 웨스트오렌지로 연구소를 옮겼다. 에디슨의 발명은 굉장히 많아서 특허의 수가 1,300여 개나 된다. **에디슨의 발명품으로는 1871년에 인자(印字)전신기, 1872년에 이중전신기, 1874년 자동 발신기 개발, 1876년에 탄소전화기, 1877년 축음기 개발, 1879년에 백열전구 및 전화 송신기개발, 1880년 신식 발전기와 전등 부속품개발, 1881년 전차의 실험을 했고, 1882년 발전소를 건설했고, 1888년 영화의 제작방법을 알아냈고, 1891년에 영화 촬영기 및 영사기 개발, 1891년~1900년에 자기선광법, 1895년 광물을 가려내는 방법, 1900년 시멘트 공업의 개량, 1909년 엔진형 개발, 1900~1910년 축전지 개발 등이 있다.**

흔히 노력형 천재라고 알고 있으나 의외로 상당히 틀린 부분이 많다. 이 중 가장 높게 평가되는 부문은 역시 도시의 밤을 환하게 했다는 것이다. 전구의 발명은 발전, 송배전 부문의 발전을 가져오게 했고 각 가정마다 전기가 들어가게 된 계기가 되었다는 것이다. 제1차 세계대전이 발발하여 미국이 참전하게 되자, 한때 사업을 중단하고 해군 고문회의의 회장직을 맡아 군사과학상의 문제에 몰두하다가, 종전 후 다시 웨스트오렌지에 있는 연구소와 공장으로 돌아와 고무 대용식물의 탐구 등에 주력, 생애를 마칠 때까지 연구를 계속하였다. **에디슨의 일생을 통해서 볼 때 멘로파크에서 보낸 1876~1881년까지의 기간이 가장 창조력이 왕성하였던 시기이었다.** 발명기업은 번영하였고, 에디슨이 말한 월가의 재벌들이 에디슨의 특허를 손에 넣고자 서로들 경쟁을 벌이던 시기였다. 전신 · 전화 · 백열등의 개량 등 수십 가지에 이르는 조직적인 발명이 동시에 이루어져 가고 있었다.

그 중에서도 특히 중요한 것이 백열전구를 개선 · 발전시키고 그것의 생산방법을 발명한 것이었다. 이미 필라멘트의 재료로는 백금선이 좋은가 탄소선이 좋은가 하는 비교가 논의되고 있었는데, 1870년대에는 적당한 탄소선을 사용하는 것이 비교적 유망하다는 결론이 내려졌다. 1878년부터 백열전구의 연구에 몰두하기 시작한 에디슨은 수은 배기펌프의 개량과, 탄소 필라멘트의 채용으로 다음해인 1879년 10월 21일, 드디어 40시간 이상이나 계속해서 빛을 내는 전구를 만들어 내는 데 성공하였다. 필라멘트의 재료로는 대나무가 적합하다는 사실을 알고, 세계 여러 곳에 있는 대나무 산지까지 사람을 보내어 재료를 모아들였다. 일본 교토 부근에서 나는 대나무가 가장 좋다는 사실이 밝혀져 그로부터 약 10년 동안은 이 대나무를 사용하였다. 에디슨은 다시 전구를 보급하기 위하여 소켓 · 스위치 · 안전퓨즈 · 적산전력계 · 배전방식 등을 고안하고, 효율이 높은 발전기와 배전반의 설계 등, 전등의 부대설비에서 배전 · 충전 · 발전에 이르기까지의 전 기기체계를 창조해 냈다. 1882년에는 세계 최초의 중앙발전소와 에디슨 전기회사가 창립되었다. 그리고 1883년에 에디슨이 전구실험 중에 발견한 '에디슨 효과'는 20세기에 들어와 열전자 현상으로서 연구되고, 진공관에 응용되어 그 후의 전자공업 발달의 바탕이 되었다. 에디슨의 회사는 **전구의 특허권을 둘러싼 소송으로 많은 경제적인 손실을 보고 그 결과 에디슨은 회사에서 물러나게 되었다.** 그때 "**나는 전구를 발명하였으나 전혀 이익을 보지 못했다.**"라고 한 말에는 월가, 즉 독점자본으로부터 버림을 받게 된 그의 비통한 심경이 잘 나타나 있다.

에디슨은 대학의 강의를 싫어하였다. 보통 교육에 대해서도 "현재의 시스템은, 두뇌를 하나의 틀에 맞추어 가고 있다. 독창적인 사고를 길러내지는 못한다. 중요한 것은 무엇이 만들어지고 있는 과정을 지켜보는 일이다."라고 날카롭게 비판하였다. "**천재란 99%가 땀이며, 나머지 1%가 영감이다.**"라는 말은, 일생을 통한 에디슨의 유명한 모토였다. 이것은 말년의 술회, "**나는 발명을 계속하기 위한 돈을 얻기 위하여 언제나 발명을 한다.**"는 말과 더불어 끊임없이 연구와 창조를 계속한 끈질긴 에디슨의 발명가 정신을 단적으로 상징하고 있다. 에디슨이 태어난 밀란의 생가는 사적으로 지정되어 있으며, 미시간 주 디어본으로 옮겨진 멘로파크의 연구소와 웨스트오렌지의 연구소는 각각 박물관으로 남아 있다.

[제너럴 일렉트릭]
제너럴 일렉트릭은 에디슨이 세운 전기조명회사를 모태로 한다.

[에디슨 효과]
3극 진공관 발명의 기초가 되어 라디오 발명의 길을 열어 준 과학상의 중요한 발견을 말한다. 일부 학자들은 에디슨 효과를 에디슨의 가장 큰 업적으로 평가하기도 한다.

[가족관계]

에디슨은 한평생 발명과 사업에 힘써왔지만 가족에게는 정말로 소홀했다. 첫째 부인은 쓸만한 발명품을 만들어내지 않는다고 구박했고 대학교육에 대한 컴플렉스 탓에 자식들을 공과대학을 제외한 그 어떤 대학에도 보내지 않았다. 첫 번째 부인 메리 스틸웰이 죽었을 때 일이 바쁘다며 장례식도 가지 않았다고 하며, 그 후 한동안 적적하게 지내다 두 번째 부인이 된 미나 밀러에게 모스 부호로 프로포즈했다는 이야기가 전해진다. 가족에 소홀했던 탓인지 자식들의 삶도 좋지 못했다. 첫째 아들 토머스 주니어는 "전기 활력 회복기"라고 이름 붙인 가짜 건강기계를 만들어 팔다 고발당하는 등 아버지 이름을 빌려 사기나 치는 사기꾼이었고, 둘째 윌리엄은 하는 사업마다 망해서 매주 40달러씩 생활비를 대주는 처지가 되었다. 문제는 윌리엄의 부인이 허영심이 많았는지 주 40달러 가지고 어찌 사냐고 시도 때도 없이 편지를 보내 에디슨을 닦달했다는 것이다. 다만 셋째 아들 찰스 에디슨은 정계로 진출해 훗날 뉴저지 주의 주지사가 되었다. 자신의 아버지와 가장 친밀하다고 자부하던 그였지만, 그마저도 아버지 얼굴을 평생 봤던 시간이 채 1주일도 되지 않는다고 털어놓았다.

[공헌]

당시의 미국의 과학기술은 유럽에 비해 내세울게 없었다. 특히 유럽의 물리학은 19세기말에서 20세기 초까지 막스 플랑크, 닐스 보어, 퀴리 부부, 아인슈타인, 하이젠베르크 등 천재적인 학자들이 서로 경쟁하며 비약적인 발전하고 있었으나 미국은 변방이었다. **비록 에디슨은 학자적인 이론을 갖고 있지는 못했지만 실험과 호기심을 통한 발명으로 미국을 응용기술면에서 유럽을 압도할 수 있는 국가로 만들었다.**

🦏 ● 에디슨 명언

- ♣ 말하는 것의 두 배를 들으라고, 귀는 두개이고 입은 하나인 것이다.
- ♣ 나는 실망하지 않는다. 모든 잘못된 시도들은 앞으로 전진 하는 걸음이기 때문이다.
- ♣ 천재는 1퍼센트의 영감과 99퍼센트의 노력이다.
- ♣ 우리가 종종 기회를 놓쳐버리는 이유는, 기회가 작업복을 입고 일로 보이기 때문이다.
- ♣ 나는 실패를 안했다. 안 되는 10,000가지 방법을 발견해낸 것뿐이다.
- ♣ 실패한 많은 사람들은 성공에 얼마나 다가갔는지 깨닫지 못하고 포기해버린다.
- ♣ 사람들 중에 5퍼센트는 생각을 한다.
  10퍼센트는 자신이 생각하고 있다고 생각한다.
  나머지 85퍼센트의 사람은 생각하기를 죽기보다 싫어한다.

벤츠-Karl Benz, 발명가, 벤츠(사) 설립자, 독일 (1844년생)

[출생-사망] 1844년 11월 25일 ~ 1929년 4월 4일 (84세)

[국적] 독일
[활동분야] 기계

[출생지] 독일 카를스루에

[생애]

칼 프리드리히 벤츠는 독일의 기술자이자 기업인으로 1844년 11월 25일에 태어났다. **독일의 자동차 회사 메르세데스 벤츠사의 설립자로 알려져 있는 독일의 기계기술자, 자동차 발명자이다.** 철도 기관사였던 벤츠의 아버지는 벤츠가 두 살 때 사망해 살림은 궁핍했으나, 그의 어머니는 칼 벤츠에게 훌륭한 교육을 시켜주었다. 13세 때, 증기기관에 매료된 벤츠는 처음으로 자동차에 대한 꿈을 꾸기 시작한다. 성장해서 칼스루에 소재한 전문대학에 진학한다. 대학을 마친 뒤 같은 지역의 기계산업 회사에서 2년간의 실무 교육을 이수했고, 만하임 계량기 공장의 제도공 및 설계자로 일하며 엔지니어로서의 첫 발을 내딛는다.

그러나 칼 벤츠의 경력은 순탄히 이어지진 못했다. 1868년 직장을 잃었고, 교량 건축을 전문으로 하는 건축 회사에 입사했으나 여기서도 정착하지 못했다. 오스트리아 비엔나에서 짧은 기간 동안 제철회사에서 근무하기도 했다. 1871년 벤츠는 어릴 적부터 꿈꿔 오던 자동차를 만들겠다고 다짐하고 독일 만하임에서 첫 회사를 설립한다. 직접 영입했던 기계기술자인 오거스트 리터가 믿을 수 없는 사업 파트너라는 것을 알게 되자, 칼 벤츠는 아내인 베르타 링거의 결혼지참금을 그에게 주고 해고한 뒤 혼자 회사를 경영하게 된다.

1872년 칼 벤츠는 베르타 링거와 결혼했는데, 벤츠의 아내는 남편의 새 회사가 성공하는 데 결정적인 역할을 한 것으로 알려져 있다. 그녀는 장거리 자동차 주행을 한 첫 번째 사람이자 역사상 최초의 여성 자동차 운전자가 되었다. 1877년부터 내연기관의 발명에 뜻을 두어 여러 가스기관을 만들었으며, 벤츠 자동차를 설립하고 후에 다임러와 합병하여 다임러벤츠 자동차 제조회사로 메르세데스벤츠 자동차를 제작하였다. **1878년 고출력 2행정(사이클) 가스기관을 만들었고, 1883년 10월 벤츠 자동차를 설립하고 1884년 세계 최초로 전기점화 장치를 장착한 2행정 가스기관을 만들었다.** 1885년 다임러와 별도로 4행정(사이클) 가솔린기관을 달고 또 표면 기화기와 전기점화 장치까지 겸비한 획기적인 3륜 자동차를 제작하였다.

그 후 다임러와 합병한 다임러벤츠는 자동차 제조회사로 유명하며, 메르세데스벤츠 자동차를 제작하였다. 칼 벤츠의 사업은 초창기에는 성장이 더뎠다. 주철공장과 기계작업실은 재정 상황이 좋지 않아 공구들이 압류되기도 했다. 새로운 수입원을 찾기 위해 2행정기관에 관심을 돌린 칼 벤츠는 2년간의 개발 끝에 1879년 첫 번째 엔진 개발에 성공한다. 1877년 도이츠 가스 자동차 공장이 4행정기관에 대한 특허를 출원했기 때문에, 벤츠의 엔진은 2행정기관에 기반을 두었다. 2행정기관을 개발하면서 벤츠는 엔진 속도조절과 같은 여러 주요 기술특허를 획득하였다. 또한, 자동차의 시동을 걸기 위해 자체적으로 개발한 새로운 배터리 점화장치를 사용하였다.

칼 벤츠와 베르타 벤츠는 새로운 재정 지원자와 파트너, 은행의 도움으로 회사를 공개유한책임회사로 변경하고 회사명도 '가스 자동차 만하임'으로 개명했다. 당시 칼 벤츠의 지분은 5%에 불과했는데 경영에 함께한 파트너들이 자신의 설계에 영향력을 행사하려고 하자 1883년 회사를 떠난다. 같은 해 칼 벤츠는 사업가인 막스 로제와 프리드리히 빌헬름 에스링거로부터 재정적인 지원을 받게 되고, 그 해 10월, 'Benz & Co. 라인니쉐 가스 자동차 공장'을 설립했다. 새 회사는 급격하게 성장했다. 회사 종업원 수는 바로 25명으로 늘었고 가스 엔진 제조 면허도 발급 받았다.

벤츠는 자동차 엔진 개발에 모든 에너지를 쏟아 부을 수 있었다. 재정적으로 안정이 되자, 4행정 가솔린 엔진을 장착한 고성능 자동차의 설계를 시작했다. 회사가 커지고, 생산 시설도 대규모로 갖추게 되자 새로운 파트너 프리드리히폰 피셔와 율리우스 간스가 합류했다. 1890년 라인니쉐 가스 자동차 공장은 독일에서 두 번째로 큰 엔진 제조공장으로 발전했다. 1893년 칼 벤츠는 액슬 피벗 스티어링을 자동차에 도입했다. 1896년에는 '콘트라' 엔진을 개발하였는데, 이 엔진은 오늘 날 박서 엔진의 시초로 평가된다. Benz & Co.는 '벨로(Velo)'를 통해서 엄청난 판매량을 기록하는데, 소형이면서 저가로 약 1,200대를 1894년부터 1901년 사이에 생산했다. 자동차 역사학자들은 이 차량을 최초의 양산 차량으로 간주한다. **19세기 말 Benz & Co.는 세계에서 선도적인 자동차 회사로 성장했다.**

1899년에는 공개유한책임회사로 전환되고, 1890년부터 10년 동안 자동차 공장의 종업원은 50명에서 430명으로 늘어났고, 1899년에는 연간 생산량이 572대에 이르렀다. 1903년 1월 24일, 칼 벤츠는 경영일선에서 물러나고 이사직을 맡게 된다. 그러나 새 경영진이 경쟁사였던 메르세데스를 의식해 만하임 공장에 프랑스 설계자들을 고용한다는 소식을 듣고 회사를 떠난다. 칼 벤츠는 떠났지만 회사는 이듬해 연간 생산량이 3,400대를 돌파할 정도로 성장했다. 1906년, 칼 벤츠는 아들 유진과 공동 소유한 '칼 벤츠 죄네' 사를 라덴부르크에 설립했다. 자연 흡기 방식의 가솔린 엔진개발에 뛰어들었지만 실패하고, 새로운 차량 구조 개발에 관심을 돌렸다. 1925년까지 칼 벤츠 죄네사는 350대의 자동차를 생산하였다. 1912년 칼 벤츠는 아들이 회사를 경영하도록 하고 한명의 파트너로서 남게 된다. 회사는 점점 성장하였고 시장도 넓혀갔다. 특히, 영국에서는 택시 회사들이 칼 벤츠가 만든 차를 굉장히 선호했다. 칼 벤츠는 1929년 4월 4일 라덴부르크의 집에서 생을 마감했다. 제1차 세계대전이 끝난 1926년 벤츠와 다임러는 합병했다.

[가솔린 내연기관의 발명]
작은 모형의 고속엔진을 연구하여, 1878년 가스 고속엔진을 발명하고, 1885년 최초의 가솔린 엔진을 이용한 삼륜차 모토바겐을 만들었다. 1886년, 칼 벤츠는 자동차 특허를 받아 '벤츠 페이턴트 모터바겐'을 발표했다. 1번 모델은 1906년 독일 박물관에 기증하고, 2번 모델은 여러 차례 수정하여 개조했으며, 목재 스포크 차륜을 장착한 3번 모델은 베르타 벤츠가 1888년 최초로 장거리 자동차 주행을 할 때 사용했다. 만하임에 벤츠 공장을 만들었다가, 1926년 다이믈러의 공장과 합쳐 다이믈러 벤츠 공장을 세웠다. 벤츠의 개발은 오늘날의 자동차 산업의 효시가 되었다.

[다임러 벤츠와 메르세데스 벤츠]
1926년 벤츠와 다임러 모토즈는 제1차 세계 대전 이후 악화된 경영환경을 극복하기 위해 통합을 하여 '다임러 벤츠'로 회사명을 바꾼다. 그리고 자동차 브랜드의 이름을 메르세데스 벤츠로 명명한다. 이후 다임러 벤츠와 크라이슬러가 합쳐져 '다임러 크라이슬러'가 되었다. 다임러크라이슬러는 옛 마이바흐를 부활시켰다. 그러나 2007년에 다임러 크라이슬러는 다시 다임러 벤츠와 크라이슬러로 분리되었으며, 그와 동시에 다임러 벤츠는 회사명을 '다임러 AG'로 변경하여 오늘날까지 이르고 있다.

벤츠 명언

♣ 처음엔 자물쇠 장수가 되려고 공부했으나, 계속 변경, 결국엔 자동차 공학을 하게 되었다.
♣ 나의 첫 번째 고객은 미치광이 같은 사람이었다. 두 번째 고객은 죽는 게 소원이었다.
♣ 최고 아니면 아무것도 아니다. 과거, 현재, 미래에도.

니체-철학자(19C), Friedrich Nietzsche, 독일 (1844년생)

[출생-사망] 1844년 10월 15일 ~ 1900년 8월 25일 (55세)
[직업] 철학자
[분야] 생철학, 실존주의, 니힐리즘
[국적] 독일
[경력사항]
스위스 바젤 대학 교수(1869~1879)
[주요저서]
Also sprach Zarathustra, 1883~1891.
Jenseits von Gut und Bose, 1886.
der Wille Zur Macht, 1884~1888.

[요약]
독일의 철학자로서, 생(生)철학의 대표자로 실존주의의 선구자, 또 파시즘의 사상적 선구자로 말해지기도 한다. 본 대학을 거쳐 스위스의 바젤 대학 교수직(1869년~1879년)을 그만두면서부터 고독한 생활을 하다가 정신이상으로 정신병원에서 생애를 마쳤다. 니체는 종래의 합리적 철학, 기독교 윤리 등 모든 종래의 부르주아 자유주의의 이데올로기를 부정하고 철저한 니힐리즘(허무주의)을 주장하여 생(生)의 영겁회귀 속에서 모든 생의 무가치를 주장하고, 선악의 피안에 서서 '약자의 도덕'에 대하여 '강자의 도덕'을 가지고 초인(超人)에 의해서 현실의 생을 긍정하고 살아야 함을 주장했다. 이 사상 속에는 생물진화론의 생존투쟁의 사고가 존재하고 있음과 동시에, 자본주의가 제국주의 단계로 진행해 가는 19세기 말의 사회 상태를 반영하여, 노동자 계급의 격렬해져 가는 공세 앞에서 자본주의를

수호하기 위해 종래의 자유주의적 부르주아 이데올로기를 대신하여 파시즘의 이데올로기를 제창하였으며, **사회주의를 '노예도덕'**으로 간주하고 지배계급의 독재지배를 **'군주도덕'**으로 높이 내걸어 **'권력에의 의지'**를 강조하는 입장에 선 사람이었다.

[생애]
[출생과 학업 (1844 - 1868)]
[출생]

니체는 1844년 10월 15일 예전의 프로이센 (독일)의 작센 지방의 소읍인 뢰켄에서 개신교 목사의 아들로 태어났다. 니체의 이름은 프러시아의 왕인 프리드리히 빌헬름 4세에게서 빌려온 것으로, 빌헬름 4세는 니체가 태어나던 날에 나이가 49세를 넘었었다.(니체는 훗날 그의 이름에서 가운데에 있던 "빌헬름"을 빼버렸다.) 니체의 아버지인 카를 빌헬름 루트비히 니체(1813년~1849년)는 루터교회 목사이자 전직 교사이었고, 프란치스카 욀러(1826년~1897년)와 1843년에 결혼하였다. 니체의 여동생인 엘리자베스 니체는 1846년에 태어났고, 뒤를 이어 남동생인 루드비히 요셉이 1848년에 태어났다. 니체의 아버지는 뇌 질환으로 1849년에 세상을 떠났다. 니체의 어린 남동생은 1850년에 죽었다. 그 후 가족은 나움부르크로 이사를 갔고, 그곳에서 니체의 할머니와 어머니 프란치스카, 아버지의 결혼하지 않은 두 자매, 두 하녀들과 함께 살며 어린시절을 보냈다. 니체의 할머니가 1856년에 세상을 하직하자, 가족은 그들의 집으로 이사했다.

[학교]

1861년 니체는 소년학교에 출석했고 그 다음에는 구스타브 크루크와 빌헬름 핀터와 친구가 되었던 곳인 사립학교에 다녔다. 두 친구는 모두 명망있는 가문 출신이었다. 1854년 니체는 나움부르크에 있는 돔 김나지움에 다니기 시작했으나, 니체의 특출한 재능은 음악과 언어에서 발휘되기 시작했다. 그 후 국제적으로 유명한 슐포르타에 동료들처럼 입학했으며, 그곳에서 니체는 학업을 1858년부터 1864년까지 계속했다. 니체는 파울 도이쎈, 칼 폰 게르도르프와 친구가 되었다. 또한 니체는 시를 짓고 음악을 작곡하는 데 시간을 들였다. 슐포르타에서 니체는 특히 고대 그리스와 로마의 문학에 대해서 중요한 입문 과정을 이수할 수 있었다.

그 동안에 니체는 살면서 처음으로, 조그만 시골 마을의 기독교적인 환경에서 이루어지는 가족의 삶으로부터 거리를 둘 수 있었다. 1864년 졸업을 한 후에 **니체는 신학과 고대 철학을 본 대학에서 공부하기 시작했다.** 짧은 기간 동안, 니체는 도이쎈과 함께 대학생 학우회의 구성원이 되었다. 한 학기 후에 어머니의 분노에도 불구하고 니체는 신학 공부를 중단했고, 자신의 신앙도 상실하였다. 그것은 아마도 니체가 1835년~1836년에 다비드 슈트라우스가 쓴 《예수의 생애》란 책에서 그가 담당한 부분을 읽어나가던 중에, 그 책의 내용이 젊은 니체에게 깊은 영향을 주었기 때문에 생긴 일이었을 것이다. 그 후 니체는 프리드리히 빌헬름 리츨 교수 밑에서 철학을 공부하는 데 집중하였고, 이듬해에 니체는 리츨을 따라 라이프치히 대학으로 옮겼다. 거기서 니체는 에르빈 로데와 친구가 되었다. 이 무렵 니체의 첫 철학 저서의 출판이 곧 이루어지게 된다.

[철학공부와 군복무]

1865년에 니체는 쇼펜하우어의 글들을 알게 되었고, 니체는 1866년 프리드리히 알베르트 랑게의 책, 《유물론의 역사와 그 현재적 의미에 대한 비판》을 읽었다. 니체는 두 사람의 저서 모두와 자극적인 만남을 가질 수 있었다. 그들의 저서는 니체가 그의 지평을, 철학을 넘어서는 영역까지 확장하도록 격려했으며, 니체의 학업을 지속하게 하는 자극제가 되었다. 1867년 니체는 군에 자원하여 1867년 10월 군에 입대하였다. 니체는 나움부르크에서 프로이센 포병으로 한 해 동안 복무하였다. 그러나 1868년 3월에 니체는 말을 타다가 사고를 당해서, 가슴을 심하게 다쳤고 후송되었으나 군복무를 지속할 수 없었다.

[바그너와의 만남]

그 결과 니체는 장기간의 병가를 받고 니체의 관심을 다시 자신의 학업에 둘 수 있었고, 1868년 10월 라이프치히대학에서 공부를 계속했다. 그동안 쇼펜하우어의 철학을 접하였고, 고전문학자 에르빈 로데를 만나 친구가 되었다. 학업을 끝낸 후 그 다음 해에 바그너와 처음으로 만났다.

[바젤 대학교에서의 교수 생활 (1869 – 1879)]
[바젤대학교 고전문헌학 교수]

24살에 리츨의 도움으로, 스위스 바젤 대학교의 고전문헌학 교수에 취임하였다. 바젤 대학교에 들어선 이후, 니체는 프로이센의 국적을 포기했으며, 죽는 순간까지도 공식적인 시민권이 없었다고 한다. 하지만 니체는 1870년에서 1871년까지 프랑스-프로이센 전쟁에서 군의관으로 활동했는데, 카우프만은 니체가 군의관 활동 당시 매독에 관심이 많았다고 한다. (어떤 이들은 니체가 미친 까닭이 매독 때문이라고 주장한다.) 다시 바젤 대학교로 돌아오면서 그는 독일제국의 성립과 비스마르크의 등장을 보았다. 니체는 대학교에서 취임 강의로 "호메로스와 고전문헌학"을 연설했다. 니체는 신학과 교수인 프란츠 오버베크와 어울렸으며, 그와 평생동안 친구로 지냈다. 당시 러시아 철학자였던 아프리칸 스피르, 니체가 자주 강의를 들었던 동료 역사학자 야코프 부르크하르트 등도 니체에게 중요한 영향을 끼친 것으로 보인다. 한편으로 니체는 여러 강연회에 연사로 다니며 강연활동을 하기도 했다.

[바그너와의 만남과 결별]

니체는 이미 1868년부터 음악가 리하르트 바그너와 만나기 시작했었는데, 바그너의 부인과 바그너에게 매우 감탄하곤 했다. 또한 바젤에 있을 당시 바그너는 니체와 매우 긴밀한 관계에 있었으며, 바이로이트 축제 극장에 초대하기도 했다. 이후 바그너의 뛰어난 제자의 한사람으로도 인정받았지만, 바그너가 점차 기독교화되고 〈파르지팔〉에서처럼 기독교적인 도덕주의 모티브를 많이 이용하고, 국수주의와 반유대주의에 빠지자 바그너와 결별했다.

[박사학위]

1869년 라이프치히 대학교에서 시험과 논문이 없이 출판된 저술들만으로 박사학위를 받았다. 니체는 1872년에 《비극의 탄생》을 썼다. 하지만 리츨과 같은 니체의 동료들은 이 책에 대해 별로 열정이 없었던 것으로 보인다.

[저술]

1873년과 1876년 사이에는 《반시대적 고찰》을 썼는데, 총 4편으로 《다비드 슈트라우스, 고백자와 저술가》, 《삶에 대한 역사의 공과》, 《교육자로서의 쇼펜하우어》, 《바이로이트의 리하르트 바그너》로 나뉜다. 네 편의 에세이는 쇼펜하우어와 바그너가 주장하는 대로, 독일 문화의 발전 노선에 도전하는 문화 비평의 방향을 공유하고 있다. 1873년이 시작할 무렵, 니체는 또한 고대 그리스 비극에 나타난 철학 같이 사후에 출간된 기록을 점차로 모으고 있었다. 이 시기 동안 바그너와 그의 동료들 사이에서, 니체는 말비다 폰 메이센부르크와 한스 폰 뷔로우를 만났고, 1876년에 그에게 영향을 주어 니체의 초기 저작에 나타난 비관주의를 해소시킨, 파울 리와 우정을 나누었다.

그러나 니체는 1876년에 바이로이트 축제에서 진부한 공연과 대중의 천박함에 혐오감을 느끼고 실망했기 때문에, 결국에는 바그너와 거리를 두게 되었다. 1878년 니체는 그 특유의 경구가 가득한 《**인간적인, 너무나 인간적인**》을 **출판**하였다. 또한 니체는 쇼펜하우어와 바그너의 철학에서 이탈하기 시작했다. 또한 이즈음에 혼인을 하려 애쓰기도 했다. 1879년, 건강이 더욱 악화되면서 니체는 바젤 대학교의 교수직을 사임했다. 사실 니체는 어릴 적부터 병치레가 잦았는데, 가끔 두통이나 복통을 겪기도 했다. 1868년에 낙마사고와, 1870년에 걸린 병 때문에 니체의 건강이 더욱 악화된 것으로 보이며, 실제 바젤 대학교에서 휴가를 많이 갖기도 했다.

[퇴직]

1879년 이후 건강상의 악화와 자유로운 철학의 정립을 위해 35세에 바젤대학교를 퇴직하고, 조용히 산 속으로 들어가 요양과 집필에 전념했다.

[독립 철학자 생활 (1879 – 1888)과 죽음]

35세에 바젤 대학교에서 퇴직한 이후 니체는 강연도 그만두고, 병든 몸이 적응할 수 있는 곳을 찾아 유럽 각지를 돌아다니면서 집필생활에 몰두하였다. 1881년, 프랑스가 튀니지를 점령했을 때, 튀니지로 여행하기로 마음먹는다. 하지만 이내 그 계획을 접고 만다. (건강에 대한 문제로 여행을 취소한 것으로 보인다.) 1889년 1월 이탈리아 토리노에서 졸도한 후 **정신병원에 입원하여 생애의 마지막 10년을 보냈다.** 니체는 정신병 발작을 일으킨 후 완전히 정신상실자가 되었고, 이때부터 어머니와 함께 예나에서 거주했다. 어머니가 죽자 누이동생 엘리자베트가 니체를 바이마르로 옮겼고, 니체는 1900년 8월 25일 바이마르에서 죽었다. 니체가 죽자 엘리자베트는 고향 뢰켄의 아버지 묘 옆에 니체를 안장했다.

[철학]
[도덕비평]

니체는 도덕을 **주인의 도덕**과 **노예의 도덕**으로 구분 지었다. 니체에 따르면, 주인의 도덕은 지배자 계급의 도덕이며 이는 구체적으로 미래에 대한 확신과 미래에 대한 보증 그리고 창조력 등으로 구성된다. 노예의 도덕은 주인의 도덕과 달리 자연스럽지 않은 도덕이며, 노예들이 지배계급에 대해 품는 원한감정에서 비롯된 것이다. 달리 말해서, 니체가 말하는 **주인의 도덕**은 단순히 자기 자신에게 '좋은지' 혹은 '나쁜지'를 구분 짓는 **자연스런 도덕**이다. 그와 달리 노예의 도덕은 '선함'과 '악함'을 기준으로 하며, 이는 도덕적/ 정언적/ 형이상학적 의미를 갖는다.

다시 말해, **노예의 도덕은 비현실적이며 이상적**이다. 강자에게 선이란, '자기 자신에게 좋은 것'이며, 자신에게 활력을 주고 자신을 고양시키는 것이다. 강자에게 악이란, 나약하고 소심하며 순종적인 것이다. **강자는 자신에게 좋은 것을 '선'이라고 부르며, 자신에게 나쁜 것을 '악'이라고 부른다.** 이런 맥락에서 강자는, 자신과 반대되는 특성을 지닌 나약한 인간들을 '악'이라고 이름을 붙인다. 약자의 도덕은 강자의 도덕과 정반대이다. **강자는 자기 자신을 기준으로 '선'을 상정하지만, 약자는 먼저 '악'을 생각해낸다. 약자에게 '악'이란 자신을 지배하는 주인이다.** 약자는 타인에게 지배당한다. 왜냐하면 약자는 스스로를 지배하지 못하기 때문이다. 자기 자신에게 명령하지 못하는 자는, 타인의 명령을 듣게 된다.

그리하여 약자는 '자신을 억압하는 강자'를 우선적으로 '악'으로 상정한 이후에, 그와 반대되는 특성을 지닌 '자기 자신(약자)'를 '선'으로 상정한다. 그리하여 약자의 도덕에서는 '주인에게 복수하지 못하는 무력감'이, '자발적인 용서'로 둔갑하게 된다. 다시 말해, 노예의 도덕에서는 노예의 무력감이 미덕으로 코스프레한다. **나약한 인간이 생각하는 '악'이란, 강자의 특성인데, 구체적으로는 미래를 확증하는 강한 의지, 도전정신, 활력 등이다.** 주인의 도덕은 자기 자신에 대한 긍정에서 출발하지만, **노예의 도덕은 타인에 대한 원한에서 비롯**된다.

[기독교 비판]

니체는 기독교의 기원을 까발리면서 기독교적 가치들을 공격한다. 니체는 기독교의 기원을 자신의 몇몇 서적에서 암시하곤 한다. 예를 들면 〈우상의 황혼〉 서문에서, 니체는 기독교를 가리켜, "기독교는 대중을 위한 플라톤 사상에 불과하다."라고 서술한다. 〈도덕의 계보〉에서는 노예도덕(기독교)의 기원을 파헤쳐보려 시도하기도 한다. 처음에 니체는 스스로를 문헌학자로 인식하면서 위조된 서적을 믿을 수 없다고 말한다. 그 다음은 거기에서 더 나아가 날조된 가치들(기독교적 가치들)을 믿을 수 없다고 말한다. **니체에 따르면 진정한 기독교인은 예수 단 한명에 불과한데, 예수는 심리적 상태로서의 천국 (붓다가 말한 열반 개념과 유사)을 설했다.** 다시 말해, **니체에 따르면 예수는 저편세계 (천국, 저승, 이데아계, 이상세계, 노동자 천국 등)를 말하지 않았으며, 지금 여기에서의 구원을 말했다.**

그런데 바울이 등장해서 제도적 기독교를 만들었고 모든 것을 망쳐버렸다. 니체가 보기에 사도 바울은 저편세계라는 개념을 도입한 '복수의 사도'이며 (무엇에 대한 복수인가? 삶 그 자체에 대한 복수), '간질병 환자'이기도 하다 ("내 몸에 있는 사탄의 가시로 인하여" -고린도 전서(?), "환상을 보았는데..." -사도행전) 뿐만 아니라 기독교를 이론적으로 공고히 한 최고의 교부, 아우구스티누스를 냉정하게 비판한다. "기독교는 자신의 모범을 플라톤의 조잡한 모방으로부터 주조해내었다." (니체) 니체에 따르면 기독교란 노예민족인 유대인들이 만들어낸 도덕체계인데, 원한감정으로 점철되어 있다. "유대인은 항상 화내는 자신의 선지자들을 보고 그 모습에서부터 분노하는 신을 만들어내었다." "유대인에 비하면 우리 가운데 가장 화를 잘 내는 유럽인조차도 얼간이에 불과하다." 노예의 가치가 지배민족인 로마인의 가치를 뒤엎었다. "유럽은 커다란 동물원이었다. 이제 유럽은 커다란 정신병원이 되어버렸다." (니체, 〈도덕의 계보〉)

[힘에의 의지와 초인 사상]

니체는 존재가 자신의 존립과 완성을 위해 힘을 내기를 의지하는 것을 힘, **권력에의 의지**라고 하였다. 여기서 니체는 인간의 힘에의 의지는 일종의 '무의식'으로도 보았는데, 상황에 따라 일관적이지 않고 자신의 감정이나 생각을 숨기는 것은 인간이 살아남기 위한 힘에의 의지로 보았다. 또한, 진리를 추구하고자 하는 것도 힘에의 의지로 보았는데, 이는 인간은 진리를 통해 변화무쌍한 자연을 예측가능하게 만들어 변화무쌍한 자연에 대응하고자하기 때문으로 해석된다. **니체는 도덕을 지배자들이 민중, 피지배자를 통제하기 위한 하나의 수단으로 봤다. 니체는 강요된 도덕, 노예의 도덕에 머무르지 말고 인간 본연의 모습을 찾고, 인간의 능력을 최대한 발현할 것을 주장했다.**

또한 그는 이런 이상적인 사람을 '초인' 또는 '초인간'이라고 불렀는데, 이 초인이 인류를 이끌어 나가야 한다고 보았다. 하지만 이러한 생각은 인종차별주의자였던 그의 여동생 엘리자베스에게 다르게 해석되어 정치적으로 악용되기도 하였다. 니체는 인간이 **초인간이 되기 위해서는 3가지 과정을 거**치게 된다고 비유적으로 설명한다. 첫 번째는 **낙타의 모습**이다. 낙타는 순종적이다. 타자의 짐을 잔뜩 싣고 뜨거운 사막을 건너면서 불평한마디 하지 않는다. 언제나 친절하다. 그러나 낙타는 수동적이다. 그리하여 낙타는 **사자**가 되어야 한다. 사자는 공격할 줄 안다. 자율적인 행동을 한다. 이빨을 드러내고 으르렁거릴 줄 안다. 그러나 사자는 용감하나 지혜가 없고 자유롭지만 온전하지 못하다. 이윽고 사자는 **어린아이**가 된다. **아이는 언제나 해맑고 기발하며 한없이 자유롭다. 가치 창조가 가능한 존재다. 이 창조적 어린아이야말로 니체가 말한 초인간의 한 전형**이다.

[허무주의]

니체는 전근대적 문명의 유지에 대한 비판을 제기하였으며, 답은 그것을 극복하는 것이었다. 사회는 나날이 안정적으로 변하고 문명은 더 발전할수록 사람들은 더욱 권태로워진다. 점점 더 말초적인 쾌락을 원하고 문화는 타락해간다. 니체는 이러한 현상이 허무주의(니힐리즘)를 불러온다고 말했다. 또한 니힐리즘과 동시에 냉소주의, 반도덕주의적인 현상도 나타날 것을 예고하였다. 니체는 당시의 유럽 사회가 이미 수명이 다한 낡은 봉건주의잔재와 기독교적 가치관, 도덕주의, 위선적 엄숙주의적 가치관에 매달려 있기 때문에 목표를 잃고 방황한다고 보았고, 이러한 현상으로 인해 사회는 필연적으로 허무주의와 냉소주의로 흐르고 있다고 했다. 따라서 **니체는 새로운 사회를 요구하였는데, 그것은 바로 초인 중심의 사회였다.** 그는 2000년 동안 세계를 지배해온 기독교사상과 도덕주의에 의해 지배되어온 유럽 문명의 몰락과 니힐리즘, 냉소주의의 출현, 확산을 예고하였다.

[신은 죽었다]

니체가 말한 '신은 죽었다.'의 깊은 의미는 그의 철학사상 전반과 관련지어 이해할 때 드러난다. 니체는 소위 '망치의 철학자'로 일컬어지듯 합리적 근대성마저 해체하고 완전히 새로운 철학을 제시했다. 데카르트 이후 근대성은 이성에 다름 아니다. 이성은 중세의 막강한 절대 신성을 부정하면서 탄생했다. 또한 종교와 도덕의 이름으로 과학 문명을 부정하는 것 역시 극복의 대상으로 지적했다. 사람들은 최고의 가치와 이상 목표를 잃고, 몰개성화·획일화되어가며 개성을 상실하지만 이미 세계의 통일을 기할 수 없게 되었다고 보았다. 그래서 사람들은 왜소화되고 소극적이며 노예화하여 대중을 이루고 있다. 그리고 개인의 자유의지 보다는 대중의 목소리, 집단의 힘에 의존하게 되었다.

이러한 근대의 극복을 위해 그는 '신은 죽었다.'고 선언하고, 맹목적 도덕주의는 위선이라 생각했다. **피안적, 추상적인 것, 정신적인 것을 대신하여 차안적·지상적인 것을, 현실적인 것을 지향하는 것을 대안으로 제시했다.** 즉 힘에의 의지를 본질로 하는 생을 주장하는 니힐리즘과 합리주의, 개인주의의 실현을 통해 부조리를 해소하고, 모든 것의 가치전환을 시도하려 하였다. "그러니까, 신의 죽음은 17세기, 18세기에 이미 끝난 문제였다. 아니, 어쩜 2,500년 전 철학의 시작과 함께 끝난 것인지도 모른다. 탈레스 등의 자연철학은 유물론이 아니던가." 이것이 중세 암흑기에 잠복해 있다가 르네상스기에 부활해서 신은 다시 부정되고 과학혁명과 더불어 '신의 죽음'은 기정사실화 되고 만다. 따라서 근대, 근대성은 신의 죽음으로 신본주의가 가고 인본주의 즉 인간이성의 시대를 연 것이다. 그런데 니체는 느닷없이 이미 죽은 신을 또 죽었다고 외치지 않을 수 없었다. 철학자인 니체로서는 있을 수 없는 일이다. -여기에는 3가지의 이유가 있다고 생각된다.

1) 프랑스혁명의 성공으로 성직자는 대부분 축출되고 신은 정교분리와 함께 사라져갔지만 사회적으로 민중 속에는 여전히 종교적 습속과 문화, 양식이 잔존해 있었기에 니체는 이의 철폐를 강조하고 싶었던 것이다. 물론 **정치적으로도 종교는 가장 용이한 통치수단으로 계속 기능했다.** 이는 **니체가 보기에 기독교가 계속해서 힘센 강자(주인)의 도덕을 부정하고 순종, 겸손 등 소극적인 것을 미덕으로 하는 약한 자(노예)의 도덕을 강조한다고 보았기 때문이다.** 또한 몸이 병들고 약한 자를 사랑해야 한다는 기독교는 그의 철학에 있어 적대적이었다. 게다가 그가 보기에 기독교는 약하고 저열한 것들의 기준에 맞추어 인류를 타락시키고 있는 것으로 보였다. 따라서 니체는 '신은 죽었다.'라는 말로 기독교를 비판했으며, 강한 자의 도덕을 갖춘 초인이 사회를 이끌어 가야 한다고 보았다. 철학적으로는 논쟁거리도 안 되는 신의 위상이 정치, 사회를 옭아매고 세상을 기만하기까지 하는 현실에 니체는 분노했던 것이다.

2) 근대사회는 신의 사망선고를 내리는 것으로 시작했지만, 갑자기 신이 없는 인간의 삶은 공허하지 않을 수 없을 것이고 동시에 인간의 오만은 하늘을 찌르고도 남았다. 그래서 **인간 이성은 신격화되고 신의 자리를 차지하고 만다. 이성이 신으로 둔갑하는 순간이다.** 신성은 완전성이고 그를 대신한 이성도 역시 완전성을 고집하고 강변한다. 이성의 산물도 다 완전무결해서 일반 민중은 다시 이성의 노예로 전락하지 않을 수 없게 되었다. 바로 법과 제도라는 것에. 그런데 과연 이것이 완벽할 수 있을까. 어림도 없는 일이다. 이성이 완벽할 수 없는 것이니 악법이 생길 수밖에 없고 그럼에도 대중은 법에 대한 무조건적 복종을 강요받게 되니, 니체의 신의 사망 선언은 근대성, 즉 신이 되어버린 부조리한 이성신의 죽음을 말한 것으로 이해되는 것이다. **인간이성이 결코 신이 될 수 없는데 신 노릇을 해 왔기에 니체는 과감히 이성의 사망을 선고했다.** 이성에는 과학성도 있는 데, 과학의 폐해는 오늘날 그 정도의 심각성이 입증됐고 니체는 이마저도 비판함으로써 선견지명을 드러냈다. 이후, 푸코는 지식, 이성과 권력의 관계를 더 세밀히 규명해 니체를 높이 추앙했는데, 이미 이성은 정치권력의 가장 충실한 종이 되었다. 이런 이성을 해체하지 않고는 새로운 철학과 도덕은 기대할 수 없었을 것이다.

3) 근대성은 하루아침에 이루어지지 않는다. 지금도 미신과 맹신이 지배하지만 니체시대에도 미신이 판을 쳤다. 마르크스가 이미 물신이라는 용어를 만들어서 물질과 돈이 신을 대신해서 세상을 지배한다고 비판했지만, 니체도 여러가지 잡신, 미신, 물신이 좌지우지하는 사회를 봐줄 수가 없었다. 이의 부정도 당연히 포함된다. -이상, 니체가 말한 신의 죽음은 다양한 뜻을 지니고 있다고

여겨지며, 오늘날 철학에서 니체가 인정을 받는 것은 아직도 **이성의 시대임을 자칭하면서도 참된 이성은 사라지고 여전히 비과학성과 악법 및 미신, 맹신, 인격신이 지배하는 것에 지탄하고 세상을 바로잡고자 하는 의지의 발로가 아닐까** 하지만, 반대로 니체를 곡해해서 허무주의와 극단적 상대주의로 흐르는 면이 없지 않다. **니체는 잘못된 근대적 이성을 파괴만 한 것이 아니라 새로운 이성의 복원을 갈구한 낙천적인 미래의 창조자였다는 것을 놓쳐서는 안 되는 이유다.**

[바이마르의 니체 도서관 예술 이론]
[비극의 탄생]

니체 미학의 고대적 발판, 음악 정신에서 태어난 비극의 탄생의 결정적 새로움은 한 편으로는 그리스 인들에게서 발견되는 "디오니소스적 현상"에 대한 이해이고, 다른 한 편으로는 "소크라테스주의"에 대한 새로운 접근이었다. 이 책에서 무엇보다도 "디오니소스적인 것"을 통한 "비극의 탄생"과 "소크라테스적인 것"을 통한 "비극의 죽음"에 니체의 마음이 쏠렸다. 니체에게 소크라테스는 기독교 종교의 예비자를 구현하고 있었으며, 그에 반해서 디오니소스는 "반(反)그리스도"이고 "예술가 신"이다. 니체는 비극의 탄생에서 "선악을 넘어선" 염세주의와 비도덕적인 디오니소스 신의 "예술-종교"를 통해서, 간단하게 말해서 현존재가 예술적 현상으로서만 정당화되어서 나타나는 "예술가-형이상학"을 통해서 소크라테스에 의해서 구현된 현존재에 대한 도덕적 해석에 반대했다.

소크라테스는 아폴로적 명징성과 유쾌함, "지식의 빛"과 자아 인식의 인간적 구현이다. 그에 반해서 디오니소스는 "바쿠스적 소동과 춤"의 "어두운 심연", "사랑의 도취에서 생긴 자아망각"을 대표한다. 아폴로적인 것과 디오니소스적인 것은 니체 미학의 두 가지 근본적 범주이다. 헤라클레토스적 의미에서 조화롭게 대립된 두 예술 충동의 "접합"의 결과물이 니체에게는 단지 아테네 비극의 탄생만이 아니라, 예술 전체의 탄생이다. 첫 작품에서도 비극적-디오니소스적 상태인 "미학적 상태"의 특징과 아폴로적인 것이 지닌 소크라테스주의와의 친근성은 이미 후기 니체의 저서에서 점점 강하게 드러나는 아폴로적인 것에 대한 디오니소스적인 것의 우세를 인식하도록 만든다. 그 점과 연관된 디오니소스적 특성이 니체 미학이 지닌 독특한 새로움이다. 그것은 대립된 개념이고, 그것을 통해서 초기 니체는 반 고전주의적 미학의 전령이 되고 후기 니체는 영원 회귀의 반(反)기독교적 예술-종교의 선생님이 된다.

니체에게는 예술 신의 전형이 된 "아폴로적 디오니소스"는 디오니소스 자그레우스이다. 그의 정신으로부터 비극이 탄생했다. 그는 비극의 탄생 속에서만이 아니라 비극적 후기 철학의 핵심 인물이다. 거인 족에 의해서 갈가리 찢긴 디오니소스가 아폴로에 의해서 다시 맞추어지는 이야기가 들어있는 오르페우스교의 자그레우스 신화는 니체에게는 비극의 신비적 가르침이다. 그는 비극적 신화 그 자체이다. 이런 토양 속에서만 니체의 미래 미학이 성장하고, 젊은 니체의 예술가-형이상학이 자라난 것은 아니다. 신들의 황혼을 쓰는 후기 니체, 디오니소스의 최후의 제자도 결국 이 토대 위에 다시 서게 된다. 니체는 클레멘스 알렉산드리아누스, 크로이처와 라살을 통해서 오르페우스교 자그레우스 신화를 알게 된다. 그리고 이것은 "아폴로적-디오니소스적"이라는 유명한 대립 쌍이 결코 니체가 만들어낸 말이 아니라는 것을 입증한다. **니체는 크로이처, 라살, 미슐레 그리고 포이어바흐 등등의 생각을 자기 것으로 소화하고 발전시킴으로써 자신의 독자적 미학 이론을 만들어냈다.**

음악의 디오니소스적 정신에서 태어난 "비극의 탄생"이라는 환영 속에서 결정적인 것은 예술가, 예술 수용자 그리고 예술 작품의 분리를 해체하는 것이다. 자연과 "인간이 화해한 축제를 기리는" 그리스 디오니소스 축제의 모습 속에는 생산자와 소비자 혹은 생산자와 생산품의 분리가 들어설 자리가 더 이상 존재하지 않는다. 그리스 음악극의 탄생 시기에 대한 중요한 근본 경험으로부터 예술의 현재와 미래를 바라보면서 니체는 하나의 발전을 미리 보게 된다.

그러한 발전은 전래의 "예술 작품의 예술", 즉 개인적 예술가들의 예술 작품으로부터 바그너가 생각한 의미에서의 "종합예술"인 "축제극"으로 사람들을 이끌고, 바그너에 대해서 점점 거리감을 갖게 되는 것과 동시에 최종적 단계에서 세상을 보편적 예술 작품으로 보는 미학적 관찰로 이끈다. 바이로이트의 "축제극"에서 진정한 종합 예술작품인 "세계극"이 생겨난다. 더 이상 예술 작품은 하나의 세계가 아니다, 오히려 세계가 하나의 예술 작품으로 관찰된다. "모든 것이 유희다.", "모든 것이 예술이다." "정오", 아폴로적 디오니소스가 현현하는 순간에는 모든 것이 아름답고 선한 것으로 드러난다. 완벽하게 되고 미학적으로 정당화된 세계는 스스로를 잉태하는 예술작품으로 나타난다.

[차라투스트라]

미학적 현현으로서의 영원 회귀, **"영원 회귀"라는 생각은 차라투스트라의 기본 생각이고 니체의 "가장 깊숙한 곳에 있는 생각"이다.** 영원한 회귀는 오직 순간으로부터만 이해될 수 있다. "목표 없는 시간"이라는 무시무시한 순간 속에서 인간은 자신의 삶의 본래의 임무를 경험한다. 영원한 회귀의 신적인 순간은 미학적, 즉 비극적-디오니소스적 상태의 순간이다. 이 상태는 현존재에 대한 긍정(아모르파티)이 이루어지는 최상의 상태이고, 그 상태 속에서 허무주의, 인간과 모든 현존재의 과잉이 극복된다. 비극적-디오니소스적 상태는 가장 작고 보잘것없는 것의 회귀일지라도 영원 회귀에 대한 생각이 받아들여지는 상태이다. 최상의 세계 완성의 순간, 니체가 에머슨의 말을 빌어서 말하는 것처럼, 세상이 완벽하게 되는 "갑작스런 영원"의 신적 순간, 웃는 신 디오니소스가 춤을 추면서 우리 몸을 관통해 지나가는 디오니소스적 순간은 세상을 미학적 현상으로 영원히 정당화하는 순간이다. 이런 경험, "완벽한 정오"의 가장 고요한 시간에 일어나는 밝은 대낮의 "신비스러운 직관"으로 니체는 차라투스트라의 기본 생각이기도 한 자신의 철학하기의 원래 목적과 기본 경험을 분명하게 말한다.

미(美) 속에서 모순들은 억제된다. 그것은 서로 모순되는 것을 지배하는 힘의 최고 표식이다. 갑작스런 영원 회귀의 순간인 미의 디오니소스적 순간 속에서 지나간 것과 미래의 것의 충동과 공존의 경험이 현재의 순간에서 이루어진다. 영원이 시간이 되고, 시간이 영원이 된다. 이 순간에 시간은 갑작스런 영원의 정오-순간으로 지양된다. 차라투스트라는 초인의 지위에서부터 회귀를 가르친다. 초인은 "위대한 회귀의 년도"에 세상의 심연을 보고 견디어 낸 순간에 자신을 넘어서고, 비극적-디오니소스적 상태에서 자아를 잊어버리는 초개인적이고 창조적인 인간이다. 초인은 "영원의 샘물" 속으로 순간의 번갯불을 던지는 사람이다. 초인은 그림자가 가장 짧아지는 순간에 영원 회귀의 "정오의 심연" 속으로 떨어지는 번갯불이다. 영원 회귀의 순간은 아폴로적 디오니소스, 즉 비도덕적인 예술가 신 디오니소스 자그레우스가 미학적으로 현현하는 순간이다. 니체의 예술가 복음을 따르자면 종교가 아니라, 예술이 삶의 "형이상학적 활동"이다. 예술, 가장 "커다란 삶의 자극"이 영원 회귀 철학의 기관이다. 니체의 영원 회귀의 기본 이론은 예술의 형이상학이고, 반(反)그리스도적 예술-종교이고, "예술가-형이상학"이다.

[예술로써의 권력 의지]

사람들이 "권력 의지"라는 마술적 공식을 해석하고 평가하기 위해서 애를 쓴지도 이미 100년이 훨씬 더 지났다. 1901년 부분적으로는 오늘날에도 규범적인, 세기적인 니체 유고의 편집 본이 권력 의지라는 제목으로 출간되었다. 사람들은 이 책을 오랫동안 니체의 주요 저작으로 잘못 간주했다. 오래 전에 표어가 되어버린 그리고 정치적으로 잘못 해석된 권력(쟁취) 의지 이론은 실제로는 결코 실행되지 못했던 니체의 계획을 표시한다. 그 계획은 니체의 미학 이론에도 결정적으로 중요하다. 쇼펜하우어와는 대조적으로 니체는 자유 의지를 "파국적인 철학자들의 고안물"로 비판하고 여러 번 "어떤 의지도 존재하지 않는다."고 되풀이해서 말한다. 다른 한 편으로 니체는 권력 의지를 "세상의 정수", "존재의 가장 내밀한 본질"로 고찰한다. 그것은 권력 의지가 욕구가 없는 의지, 즉 원하는 자아가 없는 의지일 경우에만 서로 일치한다.

니체는 권력 의지라는 생각으로 분명 "나는 원한다."라는 문장에서 스스로를 표현하는 것처럼 (힘이 넘치는 초인)의 개인적 의지라는 생각을 뛰어넘는다. 이것은 특별히 차라투스트라의 첫 연설 ("세 가지 변신에 대해서")에서 분명해진다. 정신이 **낙타**가 되고 난 다음에, "너는 해야만 한다."는 명령이 낙타에게 내려진다. 정신이 **사자**가 되었을 때, 사자의 정신은 말한다. "나는 원한다."고. 하지만 **궁극적으로 정신은 아이가** 되어야만 한다. 이것이 정신의 세 번째이고 가장 심오한 변화이다, 그 변화 속에서 기독교적 도덕 "너는 해야만 한다."는 말 뿐만 아니라, 영웅적인 "나는 원한다."는 말도 아이의 순진함, 창조의 유희 속에서 "성스러운 긍정"을 얻기 위해서 극복되어져야만 한다. 초인은 "금발의 야수"가 아니라, 사자의 정신과 "나는 원한다."는 것을 극복하는 인간이다, 그의 정신은 아이가 된다. 3번째 정신의 변화 후에 생기는 욕구 없는 의지를 지니고, 자아를 잊어버린 주체의 고대적 모범은 헤라클레이토스 단편 B52에 나오는 유희하는 아이다. 이 단편에서 삶의 유희 혹은 세계-시간, 즉 아이온(Aion)은 유희하는 아이로 묘사된다. 그리고 헤라클레이토스의 유희하는 아이는 정신의 세 번째 변화 후에 생기는 니체의 유희하는 아이의 선행 인물이다. 즉 그 아이는 초인의 선행 인물인 것이다.

이 단편과 니체가 자신의 생각 속에 재해석한 것은 접합점으로 드러나고, 그 속에서 비극의 탄생을 쓴 초기 니체로부터 차라투스트라를 쓴 후기 니체로 이끌고 영원 회귀와 권력 의지라는 두 개의 어려운 생각을 결합시키는 것을 허용하는 여러 개의 결합선이 모여 있다. 니체가 헤라클레이토스를 해석한 것 속에 나타나는 세계-시간의 "위대한 년도"인 아이온은 영원 회귀가 신적 형상으로 나타난 것이다. 세계-아이인 아이온이 벌이는 세계-놀이가 지닌 이름이 권력 의지이다. 아이온의 목적 없는 유희 속에서는 욕구 없는 의지가 지배하며, 아이온은 권력 의지의 신적 의인화이다. 권력 의지와 영원 회귀는 동일한 아이온의 서로 다른 두 얼굴이다. 한 편으로는 아폴로적 디오니소스 그리고 다른 한 편으로는 제우스의 특징들을 지니고 있는 아이온이 니체의 비극적 후기 철학에서 예술로서의 영원 회귀와 권력 의지의 예술가-형이상학을 주관하는 신으로 합쳐진다.

[미학사적 문맥]

미학 이론에서 차지하는 중요성에도 불구하고 지금까지 거의 주목을 받지 못했던 사실, 니체가 고전 문헌 학자였다는 사실은 고대의 밑바닥에서부터 니체가 신랄하게 비판한 현대의 꼭대기로 곧장 도약을 하게 된 한 가지 원인일 수도 있다. 이 같은 도약은 특히 니체의 미학적 성찰을 두드러지게 만들었다. 니체의 말을 따르면 우리는 그리스인들로부터 먼저 우리가 직접 경험할 수 있는 것이 무엇인지를 배울 수 있다. 비극의 탄생에서 니체는 모든 예술이 내적으로 그리스인들에게 의존되어 있는 상태를 강조한다. 니체는 예술과 관련된 분야에서만 그런 것이 아니라 그리스인들을 "우리 문하의 최고의 스승"으로 칭찬한다. 기독교 신은 죽었고 그와 함께 형이상학도 죽었다. 그러므로 사람들은 형이상학 이전의 시대에서, 즉 비극적 그리스인들의 시대에 있던 소크라테스 이전 철학으로 되돌아 가야만 한다. 니체의 철학적 고생물학은 고대 토양의 점진적 재획득, 무엇보다도 소크라테스 이전 철학자들의 산재된 사유들을 발굴하는 것을 목표로 삼았다.

니체는 소크라테스 이전 철학에서 그보다 앞서 살았던 헤겔처럼 단순하게 임시적인 것을 본 것이 아니라, 니체보다 나중에 살았던 하이데거처럼 모범적인 것을 보았다. 니체의 퇴행은 다름이 아니라 진보이다. 니체는 플라톤 이전-형이상학 이전의 철학으로 자신이 되돌아간 것을 미래 미학으로 도약을 위한 도움닫기로 이해를 한다("미래의 시간은 나의 것이 될 것이다."). 니체는 비극 책이 쓰이던 시기에 미래의 미학이 바그너의 작품 속에서 미리 구현된 것으로 보았다. 그와 반대로 니체는 나중에 자신이 꿈꾸었던 비극의 탄생을 바그너 음악 정신에서 태어난 사산(死産)으로 인식을 해야만 했다. 소크라테스 이전 철학자들의 신전을 발굴한 것과 헤라클레토스의 비극적 철학의 재생을 위한 니체의 의지는 포스트모더니즘 미학 이론의 서곡으로 간주될 수 있다. 특별히 초기 형이상학 시기의 헤라클레이토스의 통찰력에 기반을 두고 있는 미학적 "세계-유희"로서의 "삶의 유희", 대립되는 것의 조화와 추한 것 속에도 존재하는 미의 편재성에 대해서 느낀 경험을 통해서 니체는 후기형이상학적 포스트모더니즘의 위대한 선조가 되었다. 그것으로써 니체가 동시적으로 보여주는 소크라테스 이전 과 이후의 특징은 동시에 존재하는 모더니즘 이전과 이후의 특징이기도 하다.

[평가]

생전에는 학계로부터 철저히 무시당했으며 종교계와 도덕주의자들로부터 혹독한 비판을 받았으 며 사회를 타락시킨다는 악의성 비방과 음해에 시달렸으나, 사망 이후 유럽의 철학과 문학에 지 대한 영향을 미친, 20세기의 가장 중요한 철학자의 한 사람으로 인정되고 있다. 니체의 사상은 매우 파격적이고 충격적이기 때문에 엄청난 비판을 피할 수 없었다. 실제 그를 평하는 데 있어서도 평가가 극과 극을 달리는 때도 많은데, **일부 기독교 신자들은 맹렬한 비판을 하며, 어떤 철학자들 은 니체를 천재적인 철학자로 보기도 한다.** 하지만 확실한 것은 그가 현대 철학사(특히 포스트모 더니즘)에 끼친 영향이 절대적이었다는 것이다. **니체는 프로이드나 마르크스 등과 함께 현대 철학 을 뒤흔든 철학자로 인정받는다.**

흔히 니체를 나치즘과 반유대주의, 인종차별주의의 시초라고 하는데 이것은 잘못된 생각이다. 이런 말이 나온 것은 인종차별주의자였던 여동생 엘리자베스가 니체의 저서들을 왜곡했기 때문이다. 엘리 자베스는 흩어졌던 니체의 저서들을 모아 일종의 보관서까지 열었으며, 미쳐 있던 니체에게 흰 사제 복을 입혀 전시하기도 했다. 게다가 엘리자베스는 히틀러에게 '니체의 초인이란 당신을 염두에 둔 것'이라는 말도 서슴지 않았다. 그러나 실존주의 철학자 하이데거가 1961년 《니체》를 출간한 이후 달리 평가되어 오늘날 니체에 대한 오해는 거의 해결되었다. 그리고 실제 니체는 오히려 자국인 독 일을 매우 싫어했고 민족주의 또한 매우 혐오했다고 한다.

[수용]

니체 자신은 자신의 저서에 대한 반응을 갈망했지만 허사였다. 정신착란에 걸리기 직전에 현재까지도 그치지 않고 지속되는 니체 수용이 시작되었다. "시인 철학자", 그에게는 철학이 학문 이론보다는 삶의 지혜와 더 많은 관련을 지닌 것이었다, 저서의 철학적인 내용을 통해서뿐만 아니고, 부분적으로는 시적 예언자적 양식을 통해서 그리고 무엇보다도 삶의 양식을 통해서도 **니체는 하이데거와 야스퍼스, 샤르트르 그리고 카뮈 같은 철학자들, 프로이드와 융과 같은 심리학자, 슈펭글러와 슈타이너와 같은 비밀스런 종교의 스승, 벤, 게오르게, 지드, 헤세, 호프만슈탈, 말로, 하인리히 만과 토마스 만, 모르겐슈타인, 무질, 오닐, 릴케, 쇼, 예이츠 등등의 시인들에게 영향을 끼쳤다.**

20세기-예를 들면 조형 예술에서 "발견한 대상"(뒤샹)의 경우에 드러나는 "작품의 부재"와 같은 현상으로 특징지어지는-가 시작되기 직전에 니체는 현재의 대부분의 미학 이론 보다 20세기 예술 정신을 생각으로 포착하고 드러내는 것에 더 많은 기여를 했다. 쉽게 오해할 수 있는 **"초인"**과 **"권력의지"**라는 핵심 개념과 도발적인 문장 때문에 보이믈러의 해석에 나타나는 것처럼 최초의 나치로 쉽게 오해받았던 니체가 특별히 동구권에서는 오랫동안 파시즘의 예비자와 "파시즘 미학의 선구자"로 배척을 받고 난 이후에, 니체는 현재 그 곳에서, 특히 구동독 지역에서 점점 인기를 얻고 있다.

니체의 전 저작을 비판적으로 검토하고 편집한 콜리와 몬티나리의 대단한 작업은 오래전부터 이탈리아에서 시작되어 우리 시대에까지도 지속되는 (특히 바티모의 경우에 관찰할 수 있는) 지적 반향의 표시이다. "세계의 유희에 대한 미학적 기본 지각"을 지닌 니체의 포스트모더니즘 이전의 "예술가-형이상학"의 수용은 프랑스에서는 오늘날까지 중단되지 않은 채 유지되고 있다. 카우프만의 니체 연구 이후로 미국에서도 니체에 대한 연구는 강화되었다. 동아시아에서 니체는 하이데거와 더불어 현재 가장 많이 수용된 독일 철학자이다. 기존 종교에 적대적이고 공격적이었던 니체가 현재까지도 인정을 받는 것은 개인주의의 영향이 크다고 볼 수 있다. **니체의 사상의 주류를 이루었던 '초인'의 개념이 개인이 갖추어야 할 하나의 이상이 되면서 니체 철학에 대한 관심이 증가했다고 볼 수 있다.**

[저작]

니체의 초기 저작은 《비극의 탄생》이며, 중기저작으로는 《인간적인, 너무나 인간적인》, 《서광》, 《즐거운 지식》, 《차라투스트라는 이렇게 말했다》가 있으며, 정신병 발병 직전인 1888년에는 《우상의 황혼》, 《반그리스도》, 《도덕의 계보》, 《이 사람을 보라》등의 작품을 발표했다.

1872년 : 《비극의 탄생》

1873~6년 : 《반시대적 고찰》

1873년 : 1부 〈다비드 슈트라우스, 고백자와 저술가〉

1874년 : 2부 〈삶에 대한 역사의 공과〉

1874년 : 3부 〈교육자로서의 쇼펜하우어〉

1876년 : 4부 〈바이로이트의 리하르트 바그너〉

1878~9년 : 《인간적인 너무나 인간적인》

1881넌 : 《아침놀》

1882년 : 《즐거운 지식》

1883~5년 : 《차라투스트라는 이렇게 말했다》

1883년 : 《차라투스트라는 이렇게 말했다》1, 2부

1884년 : 《차라투스트라는 이렇게 말했다》3부

1885년 : 《차라투스트라는 이렇게 말했다》 4부 (비공개 출판)
1886년 : 《선악의 저편》 ; 《비극의 탄생》, 《인간적인 너무나 인간적인》,
         《아침놀》 개정판 서문
1887년 : 《즐거운 지식》 개정판 서문; 《도덕의 계보》
1888년 : 《바그너의 경우》, 《우상의 황혼》, 《안티크리스트》, 《이 사람을 보라》,
         《디오니소스 송가》, 《니체 대 바그너》

[니체가 쓰러진 뒤]

1889년 1월 이탈리아 토리노의 길거리를 산책하던 중 갑작스럽게 쓰러졌다. 일설에는 이 무렵 니체가 정신적 능력을 완전히 상실했다고 한다. 니체는 1888년~1889년 해가 바뀔 무렵 정신적 암흑에 빠졌다. 니체의 저작들은 정본이라 할 만한 형식을 갖추지 못한 상태였다. 부분적으로 예전 저작들은 여러 출판사에서 여러 판본으로 나와 있었으나, 두 저작은 (니체가 잘못된 곳들을 지적한 가운데) 인쇄작업이 진행 중이었고, 아울러 인쇄되지 않은 자료들이 다양한 마무리 수준 상태로 존재했다.

이 인쇄되지 않은 자료는 프란츠 오버베크가 하인리히 쾨젤리츠 (페터 가스트)와 협의하여 처음으로 수집했다. 이들은 또한 니체의 최종 출판업자인 콘스탄틴 게오르크 나우만과 함께 계속적인 출판작업을 두고 논의했다. 그리고 1890년 말에 처음으로 파라과이에서 귀향한 니체의 누이 엘리자베트 푀르스터-니체가 가족을 대표하여 논의에 참견했다. 그간에 니체 저술의 판매고가 올랐다는 사실을 간과해서는 안 되겠다. 1892년 초에 처음으로 전집 판에 대한 합의에 도달했다. 이 전집 판은 나우만 출판사에서 간행되었으며, 쾨젤리츠가 이를 담당했다.

[사후]

니체는 도구적 이성주의, 자유주의, 반유대주의를 부정하였고, 파시즘, 자본주의, 공산주의, 전체주의 등을 비판하였다. 그러나 니체는 사후 게오르크 헤겔과 함께 아돌프 히틀러 및 파시즘의 상징적 존재로 악용되었다. 니체의 이름이 아돌프 히틀러 및 파시즘과 연결된 것은 그의 사후 그의 누이 엘리자베드 때문이었다. 엘리자베드는 대표적인 쇼비니스트이자 광적인 국수주의자이며 반유대주의자였던 베른하르트 푀르스터와 결혼하였다. 그러나 1889년 푀르스터가 자살한 뒤 니체를 푀르스터의 이미지로 개조하려 했고, 이무렵 니체는 극도의 심신쇠약에 시달릴 무렵이었다.

니체 사후 엘리자베드는 니체를 푀르스터의 이미지로 개조하려는 노력을 기울였다. 그와 한편으로 니체의 작품들을 무자비하게 통제하고 파괴하려 하였다. 그러다가 히틀러가 니체의 저작에 관심을 보이고, 시중에서 니체의 사상이 유행하게 되자 탐욕에 사로잡혔던 니체의 누이는 니체의 버려진 글들을 모아 〈권력에의 의지〉(1901년) 등을 출간했다. 엘리자베드는 히틀러의 열렬한 지지자이기도 했는데, 히틀러의 니체 추종 보다는 히틀러에 대한 그녀의 열렬한 지지 때문에 대중은 니체를 히틀러와 연결 짓게 되었다.

[작곡]

니체는 전문적인 음악 교육을 받았다고 생각되지 않지만, 13세 무렵부터 20세 무렵에 걸쳐 가곡과 피아노곡을 작곡했다. 그 후 작곡하는 일은 없게 되었지만, 바그너와의 만남을 통해 자극을 받고, 바젤 시절에 몇 개의 곡을 남겼다. 작풍은 전기 낭만파적으로, 슈베르트나 슈만을 연상케 한다. 니체가 후에 전혀 작곡을 하지 않게 된 것은 본업으로 바쁘게 보냈다고 하는 이유 외에, 자신의 작품인 《맨프레드 명상곡》을 한스 폰 뷰로에게 혹평 받은 것이 이유였다고 생각할 수 있다.

현재에 이르기까지 니체가 작곡가로서 인식되는 일은 전무하지만, 저명한 철학자가 작곡한 작품이라는 이유로 일부 연주가가 녹음하게 되었고, 서서히 그의 '작곡도 하는 철학자'로서의 측면이 밝혀지고 있다. 니체의 작품은 모두 가곡이나 피아노곡이지만, 2인 연탄곡 작품 중에는 《맨프레드 명상곡》 교향시 《에르마나리히》 등, 오케스트라를 염두에 두고 쓰여 졌을 것이라 여겨지는 작품도 있다. 또, 오페라의 스케치를 남기고 있는데, 2007년에 지크프리트 마트스가 니체의 스케치를 골자로 한 오페라 《코지마》를 작곡했다.

[생애 요약]

프리드리히 빌헬름 니체는 **19세기 독일 철학자**이며 **음악가**이자 **시인**이다. 니체는 종교, 도덕 및 당대의 문화, 철학, 그리고 과학에 대한 비평을 썼고, 특유의 문체를 사용했으며 경구에 대한 자신의 기호를 드러내었다. 니체의 영향력은 철학과 철학을 넘어서는 다른 영역에도 실질적으로 남아있는데, 특히 실존주의와 포스트모더니즘에서 그러하다. 니체는 철학으로 자신의 분야를 바꾸기 전에 이미 철학자로서 자신의 일을 시작했다. 24세에 니체는 바젤 대학에서 고전 철학을 가르치는 교수가 되었지만, 꾸준한 강연 활동을 다니기도 했다.

그러나 보불전쟁 이후 편두통과 안질환을 비롯한 각종 질병에 시달려, 살아있는 동안 계속 니체를 괴롭혔던 건강상의 문제와 철학적 신념에 따라 1879년에 대학교수직을 그만두었고 강연활동도 접었다. 이후 저술 활동에 매달렸으나 1889년 무렵부터 니체는 심각한 정신질환의 증세를 보였으며, 1900년에 사망할 때까지 어머니와 여동생의 돌봄을 받으며 살았다.

니체는 **기독교**와 **이상주의의 도덕**을 '**약자의 도덕**', '**노예의 도덕**', '**데카당스**'라고 배격하고, '**초인**' '**영원 회귀**'의 **사상**을 중심으로 하여 일종의 형이상학을 수립하여 뒤에 생의 철학이나 실존 철학에 큰 영향을 주고, 특히 《즐거운 지식》에서는 **신의 죽음을 선언**하였다. **니체는 플라톤 철학과 기독교적 도덕주의를 뒤집었으며, 기독교를 비판하여 유럽을 비판, 키에르케고르와 더불어 실존주의의 선구적인 역할을 하고 일부 지식인들의 계몽주의라는 세속주의의 승리가 가져온 결과 역시 부정적으로 평가**했다. 니체는 자유주의, 힘의 논리 등의 마키아벨리즘, 권위주의, 반유대주의 등에 강력히 비판, 반대하였지만 뒷날 '**니체**' 이름은 니체가 혐오하던 파시스트들에게 이용되기도 했다. 니체의 문체와 진리의 대상 및 가치에 대한 니체의 근본적인 질문은 중요한 해석의 문제를 제기했고, 현상학과 분석철학 모두에서 방대한 2차 문헌들이 생겨났다.

[저서]

《반시대적 고찰》(1873년~1876년)
《차라투스트라는 이렇게 말하였다》(1883년~1885년)
《인간적인, 너무나 인간적인》(1878년~1880년)

[같이 보기]

자라투스트라
자라투스트라는 이렇게 말했다
무신론

게오르크 헤겔
지그문트 프로이드
칼 융
반기독교주의
쇠렌 키르케고르
쇠렌 키르케고르와 프리드리히 니체
생태주의
인간적인, 너무나 인간적인
허무주의
냉소주의
무신론
실존 철학
쇼펜하우어
귀스타브 르 봉
신은 죽었다

[관련 서적]
- 들어라 위대한 인간의 조용한 외침을 (청하, 1982)
- 안티 크리스트 (이너북, 2005)
- 어떻게 살 것인가 (해누리기획, 2005)
- 니체의 숲으로 가다:니체의 사랑과 고뇌, 그리고 인간과 삶에 대한 열정! (지훈, 2004)
- 신은 죽었다 (휘닉스, 2004)
- 아침놀 (책세상, 2004)
- 차라투스트라는 이렇게 말했다 (장희창 역, 민음사, 2004)
- 언어의 기원에 관하여 외 (책세상, 2003)
- 어느 쓸쓸한 날의 선택 자살 (북스토리, 2003)
- 니체의 고독한 방황 (범우사, 2002)
- 선악의 저편·도덕의 계보 (책세상, 2002)
- 디오니소스 찬가 (민음사, 2000)
- 차라투스트라는 이렇게 말했다 (책세상, 2000)
- 유고:1887년 가을~1888년 3월) (책세상, 2000)
- 선악의 피안 (민성사, 2000)
- 니체 최후의 고백 (작가정신, 1999)
- 인간적인 너무나 인간적인 (청하출판사, 1999)
- 비극적 사유의 탄생 (문예출판사, 1997)
- 비극의 탄생 (홍신문화사, 1996)
- 비극의 탄생 (범우사, 1995)
- 우상의 황혼 반 그리스도 (청하출판사, 1984)
- 서광 (청하, 1983)
- 도덕의 계보, 이 사람을 보라 (청하출판사, 1982)

- 선악을 넘어서 (청하, 1982)

[한국어로 된 참고 문헌]
- 고병권, 《니체의 위험한 책, 차라투스트라는 이렇게 말했다》 그린비, 2003.
- 백승용: 니체 "우상의 황혼", 서울(서울대학교철학연구소) 2006.
- 카를 뢰비트, 강학철 옮김: 헤겔에서 니체로. 마르크스와 키아케고어. 19세기 사상의 혁명적 결렬, 서울(민음사) 2006.
- 정동호 외 지음: 오늘 우리는 왜 니체를 읽는가, 서울(책세상) 2006.
- 김정현: 니체, 생명과 치유의 철학, 서울(책세상) 2006.
- K. 야스퍼스, 이진오 옮김: 니체와 기독교, 서울(철학과현실사) 2006.
- 백승영: 니체, 디오니소스적 긍정의 철학, 서울(책세상) 2005.
- 뤼디거 사프란스키, 정미라 옮김: 니체, 인생을 말하다, 서울(현실과과학) 2004.
- 신경원: 니체, 데리다, 이리가레의 여성, 서울(소나무) 2004.
- 에른스트 벨러, 박민수 옮김: 데리다-니체, 니체-데리다, 서울(책세상) 2004.
- 뤼디거 자프란스키, 오윤희 옮김: 니체, 서울(문예출판사) 2003.
- 박찬국: 해체와 창조의 철학자, 니체, 서울(동녘) 2001.
- 김정현: 니체의 몸 철학, 서울(문학과현실사) 2000.
- 게르하르트 슈베펜호이저, 홍기수 옮김: 니체의 도덕 철학, 울산(울산대학교출판부) 1999.
- 질 들뢰즈, 이경신 옮김: 니체와 철학, 서울(민음사) 1998.
- 앨런 D. 슈리프트, 박규현 옮김: 니체와 해석의 문제, 서울(푸른숲) 1997.

🦏 • 니체 명언

♣ 나를 죽이지 못하는 모든 고통은 나를 더 강하게 할 뿐이다.
♣ 얼마나 깊이 고뇌할 수 있는 가가 인간의 위치를 결정한다.
♣ 나무는 높게 밝은 곳으로 올라가면 갈수록 그 뿌리는 점점 강하게 땅속 아래 어두운 곳으로 향한다.
♣ 인간은 가장 깊게 고뇌하기 때문에 가장 쾌활한 동물일 수 있는 것이다.
♣ 모든 것의 시작은 위험하다. 그러나 무언가 시작하지 않으면 아무것도 해결되지 않는다.
♣ 진실을 사랑한다면 천국에서가 아닌 이 땅에서 보답을 받게 된다.
♣ 해결되지 않는 문제에 마음을 너무 괴롭히지 말라.
　다른 일에 몰두함으로서 걱정에서 멀어지면 틀림없이 무언가 달라지게 된다.
♣ 사랑은 눈이 머는 것이다. 우정은 눈을 감아주는 것이다.
♣ 고난 속에 인생의 기쁨이 있다. 풍파 없는 항해, 얼마나 단조로운가?
♣ 언젠간 날고자 한다면 우선 서고, 걷고, 달리고, 오르는 것을 배워야 한다.
　바로 날아갈 수는 없다.

록펠러-John Davison Rockefeller, 사업가, 미국 (1839년생)

[출생] 1839년 7월 8일, 미국 뉴욕 주 리치퍼드
[사망] 1937년 5월 23일 (97세), 미국 플로리다 주 오몬드비치

[직업] 실업가, 자선가
[순자산]
포브스 선정 인류에서 가장 부유한 75인, 3,183억 달러 (약 318조원) (역대 1위에 해당)

[종교] 침례교
[자녀] 존 D. 록펠러 2세
[가족] 슬하 1남 4녀

[경력사항]
1890 ~ 1892 미국 시카고대학교 설립
1899 뉴저지주 지주회사 설립
1882 스탠더드 오일 설립, 회장
1870 오하이오스탠더드 석유회사 설립
1863 클리블랜드 정유소 설립
1859 상사회사 설립

[요약]
존 데이비슨 록펠러는 미국의 사업가 및 **대부호**이다. 1870년 스탠더드 오일을 창립, 석유 사업으로 많은 재산을 모아 **역대 세계 최고의 부자로** 손꼽히는 인물이다. 2010년 현재 세계 최대 석유 기업인 **엑슨모빌**도 그가 세운 **스탠더드 오일**에 그 기원을 두고 있다.

[생애]
뉴욕 주에서 순회 판매원의 아들로 태어났고, 1853년 가족을 따라 오하이오 주로 이주했다. 넉넉하지 못한 집안 형편으로 고등교육을 받지 못했고, **16세 때 클리블랜드에서 농산물 중개 상점에 근무하다 곧 자신의 중개 사업을 시작했다.** 1859년 펜실베이니아에서 석유 광맥이 발견되자, 1862년에 석유정제 업에 손을 대었다. 1870년 스탠더드 오일 회사를 창립하고 뛰어난 경영 수완으로 얼마 안 되어 미국 최대의 정유회사가 되었다. 스탠더드 오일 트러스트를 조직하여 석유업의 독점적 지배를 확립하였으나, 반 트러스트 법 위반으로 인정되어 1899년 트러스트를 해산하였다. 이어서 뉴저지 스탠더드 석유 회사를 설립하였으나, 1911년 미국 대법원에 의해 해산을 명령받아 은퇴하였다. (은퇴를 했지만 회사의 지분은 대부분 그가 소유했다.) 그 후 자선 사업에 몰두하여 **시카고 대학교를 설립**하고, **록펠러 재단**을 세워 병원·의학 연구소·교회·학교 등의 문화 사업에 전념하다 1937년 97세로 사망하였다. 그는 1남 4녀를 남겼는데, 아들 존 D. 록펠러 2세가 사업을 계승하였으며, 부통령

을 지낸 넬슨 록펠러 등 그의 많은 후손들이 정계·재계에서 활동하여 미국의 유명한 **록펠러 가문**을 형성했다.

[1937.5.23 '석유왕' 록펠러, 숨을 거두다]
록펠러가 20세기 초 '미국의 석유 왕'이라고 불리기 전까지 록펠러의 행보는 현대의 어떤 기업들도 흉내 내기 힘든 대단한 사건들의 연속이었다. 록펠러는 1878년 4월, 미국 전체의 정유 능력에 해당하는 연간 360만 배럴을 차지하고 있었다. 이미 1881년 록펠러는 미국에서 생산되는 석유의 95%를 손에 쥐고 있었다. "신대륙이 개척되기 시작했을 때, 영국 여왕이 개인에게 독점 사업권을 하사했던 때를 제외하곤, 이 땅에 이런 절대적인 독점은 존재하지 않았다."고 한다. 당대를 같이 살았던 미국의 신화적인 부자들인 앤드류 카네기, J.P. 모건과 더불어 록펠러라는 이름은 현대 경영자들에게 별과도 같은 존재이다. **자산 가치는 현재의 빌 게이츠의 3배 정도라고 한다.** 그리고 엄청난 기부금을 낸 자선 사업가이기도 하다. 록펠러의 경영기법, 근검절약을 그대로 따라하는 한국의 재벌회장들도 많다.

[미국이라는 거대한 나라에서 생산되는 석유의 95%를 독점]
어떻게 이런 어마어마한 부를 축적할 수 있었을까? 우선은 **석유**다. '쥐라기 공룡'의 시체가 땅 속에서 수만 년 동안 썩어 만들어진 석유, 이미 현대인들의 산소, 공기와 같은 이 연료가 산업화 시대에 들어서면서 **록펠러를 공룡 기업인으로** 만들어 주었다. 고래 기름으로 등잔을 밝히던 시대에 태어난 록펠러는 석유를 원료로 하는 내연기관이 필요한 시대를 살았으니 록펠러의 사업은 번창할 수밖에 없었다. 우선 시대를 잘 타고난 거인이었다. 물론 록펠러만이 석유 사업을 한 것은 아니다. 당대의 그 수많은 석유업자들은 모두 록펠러의 희생양이었다. 미국이라는 거대한 나라에서 **생산되는 석유의 95%나 독점한 록펠러**는 기업인으로서 무자비한 사람이었다. 말 그대로 '피도 눈물도 없이' 타 기업을 흡수·통합하고, 술도 여자도 음악, 미술 감상도 하지 않았다. 그 시간에 자신의 집무실에 앉아서 들어오는 돈과 나가는 돈을 유심히 바라보면서 자신에게 이토록 거대한 재산을 내려주시는 하나님의 은총에 감사하는 건실한 사람이기도 했다.

["내가 저기서 주급 4달러로 처음 일을 시작했지"]
미국 사회의 전설적인 가문인 록펠러가의 시조인 존 데이비슨 록펠러, 캘리포니아에서 금광이 발견되어 이주민들이 몰려들던 서부 시대의 개막 10년 전인 1839년 7월 8일 뉴욕 북부 리치포드에서 록펠러는 부자도 가난하지도 않은 평범한 집안에서 태어났다. 아버지는 윌리엄 에이버리 록펠러, 어머니는 일라이지 데이비슨 록펠러다. 어린 시절 간혹 떼돈도 벌어오는 아버지의 모습을 보면서 성장한 록펠러는 돈에 대해서는 어려서부터 남달랐다. 지금까지도 자기 개발서의 원조가 되기도 하는 **록펠러의 근검절약, 시간절약, 성공의 지름길**과 같은 이야기와 잠언들은 모조리 돈에 대한 이야기이다. 록펠러가 돈에 대해 남긴 감동적인 일화들도 인터넷 공간에 차고도 넘친다.
이러한 록펠러의 인생에 결정적인 순간은 1855년 클리블랜드의 센트럴 고등학교를 졸업하고 9월 26일 '휴이트 앤드 터틀'에 경리과 직원으로 입사해 '회계장부 A'를 기입하면서부터 시작되었다. 이 회사는 곡물과 여타 상품의 위탁판매와 생산물 하송도 담당하는 업체였다. 록펠러는 첫 직장에 취업한

9월 26일을 록펠러의 두 번째 생일로 기념한다. 훗날 대성한 록펠러는 매년 이 날이 되면 '자신의 영지'에 깃발을 올리고 그 때의 일을 축하했다. 이 지역을 지나가다 운전사에게 차를 세우게 하고 록펠러는 살짝 눈물을 머금은 얼굴로 이렇게 말했다고 한다. "봐! 저기 장방형의 건물 좀 보라구. 내가 저기서 주급 4달러로 처음 일을 시작했지~"

록펠러의 회계장부는 록펠러의 인생 그 자체였다. 록펠러처럼 성공하고 싶다면 록펠러의 '회계장부 정신'을 일단 배워야 한다. 록펠러 가문의 평전인 〈록펠러 가의 사람들〉에 이런 문장이 나온다. "록 펠러는 하루도 빼놓지 않고 장부를 기록했으며, 한 푼도 소홀히 하지 않고 수입과 지출금, 저축과 투자금, 그리고 사업과 자선금의 내역을 작성해 나갔다. 매주 그는 싸구려 하숙집의 집세로 1달러를 지불하는 것 외에도 소액기부 모임에 75센트를, 그리고 이리 스트리트 침례교회의 주일학교에 5센트, 빈민구제 활동에 10센트, 해외선교 활동에 10센트를 헌금했다." 록펠러는 4달러 주급 시절부터 기독 교 정신의 핵심인 십일조, 즉 자신의 수입의 10%를 헌금으로 평생을 낸 독실한 신자였다. 또한 미국 사회에 엄청난 기부금을 선사한 자선 사업가이기도 했다.

['이 시대 최고의 범죄자'라는 비판 그리고 자선단체의 설립]

20세기 초, 거금 10만 달러의 기부금을 낸 록펠러에게 한 목사가 록펠러의 이 돈은 '더러운 돈'이라 면서 설교를 했다. '더러운 돈'이 그 사회의 유행어가 되어 버렸다. 록펠러는 그 기부금을 내던 시절 만 해도 '이 시대 최고의 범죄자'라는 비판을 들어야만 했다. 이러한 비판의 이유는 그의 석유회사 스탠더드 오일의 성장 배경에 있다. 오늘날에도 문제가 되는 정경유착, 무자비한 기업 인수, 문어발 식 회사 확장 등 록펠러는 회계 장부를 들고 섬세하고 꼼꼼하게 대차대조표를 작성하며 돈을 벌기 위해서는 수단과 방법을 가리지 않았다. 록펠러의 손에 무너져 버린 수많은 정유회사와 경쟁자들은 이를 갈았지만 록펠러는 신경 쓰지 않았다. 언제나 단정하고 엄정한 눈빛으로 적들을 관대하게 바라 보면서 '석유 왕'의 품격을 잃지 않았다. 그렇게 재산을 증식했다.

어떤 기독교인은 록펠러의 재산에 대해서, 아담이 낙원에서 추방된 직후부터 매일 500달러씩 저축을 해도 아마 록펠러의 재산만큼은 안 될 것이라고 주장했다. 록펠러는 이러한 엄청난 부를 사회에 반 드시 환원해야만 했다. 돈이 눈덩이처럼 불어나 어쩌면 그 눈덩이에 록펠러가 깔려 죽어버릴 수도 있었다. 이때 프레더릭 게이츠 목사가 혜성처럼 나타나 록펠러의 재산을 자선사업에 유용하게 쓸 수 있도록 도와주었다. 게이츠 목사는 록펠러 이름을 딴 자선단체를 설립하고, 미국 최초의 의학 연구 소인 록펠러 의학 연구소(손자에 의해 훗날 록펠러 대학으로 개편), 교육사업 등을 통하여 실추된 이미지의 록펠러를 자비로운 자선사업가의 모습으로 대중에게 부각시켜 주었다.

97년을 살다 간 만년의 록펠러는, 록펠러를 증오하던 세대가 하나 둘 세상을 떠나면서, 새로운 이미 지로 미국의 존경받는 인물이 되었다. 한편 게이츠 목사는 탁월한 사업 감각으로 록펠러의 재산을 사회에 환원하면서도 당시 카네기가 주도권을 쥐고 있는 철강사업에도 손을 뻗어 재산을 늘렸다. 록 펠러에게는 정말 신이 내려준 존재와 같은 인물이었다. 록펠러가 사람을 쓰는 법은 이렇다. "내가 바라는 것을 해낼 수 있는 사람을 찾아내서 모든 것을 맡겨라." 게이츠 목사 이외에도 록펠러를 비방하던 많은 적들이 록펠러 밑으로 들어와 가장 충직한 사업가로서 활동했다.

[록펠러는 엄청난 재산을 기부와 사회사업에 쏟아 부었다]

록펠러의 시간은 바로 돈이었다. 그 정신으로 근 100년 동안 돈을 벌었고, 평생 동안 많은 재산을 사회에 기부했다. 록펠러는 1937년 5월 23일에 97세를 일기로 눈을 감을 때까지 부에 관한 한 개인이 보여줄 수 있는 최고의 정점을 보여주었다. 장례식은 25일에 리버사이드 교회에서 치루었다. 이 장엄한 날, 전 세계의 스텐더드 오일 계열사에서 5분간 일손을 놓고 20세기에 누구보다도 활활 타올랐던 석유 왕을 추모하였다.

죽기 얼마 전에 록펠러는 간신히 입술에서 새어나오는 힘든 목소리로 "스텐더드 오일에게 축복을, 우리 모두에게도" 라고 말했다. 록펠러는 석유 세상을 움직이는 왕이었다. 이 말은 자본의 왕이라는 말과도 상통했다. 그리고 록펠러는 엄청난 재산을 기부와 사회사업에 쏟아 부었다. 비판자들이 비아냥거려도 독실한 기독교 정신을 가지고 록펠러의 방식대로 성경을 읽고 사랑을 실천한 신자였다. 록펠러는 우리에게 참으로 어려운 존재이다. 어떻게 보아야 할지 판단이 잘 서지 않을 수도 있다. 무턱대고 비판을 하기에는 **그가 행한 '선행'의 그림자가 너무 넓다.**

🦏 ● 록펠러 명언

♣ 성공하려면 귀를 열고 입을 닫아라.
♣ 성공의 비밀은 평범한 일을 비범하게 행하는 것이다.
♣ 사업의 성공은 훈련과 절도, 고된 노력을 요한다.
  그러나 이런 것들에 지레 겁먹지만 않으면
  성공의 기회는 오늘도 그 어느 때 못지않다.
♣ 하루 종일 일하는 사람은 돈을 벌 시간이 없다.
♣ 진정으로 부유해지고 싶다면 소유하고 있는 돈이 돈을 벌어다 줄 수 있도록 하라.
  개인적으로 일해서 벌어들일 수 있는 돈은 돈이 벌어다 주는 돈에 비하면 지극히 적다.
♣ 나는 늘 끔직한 실패를 기회로 만들려고 애를 쓴다.
♣ 나는 그저 나보다 머리가 좋은 사람들을 채용했을 뿐이다.
♣ 스스로 못할 것이라고 생각하는 것은 자신을 속이는 가장 큰 거짓말임을 명심하라.
♣ 위대한 업적을 달성하기 위해서면 때로는 착한 일 따위는 제쳐 두어라.
♣ 훌륭한 리더십은 평범한 이들에게 뛰어난 사람들이 일하는 방식을 보여주는 것이다.
♣ 기회가 찾아오지 않음을 원망하는 사람은 자신의 무능력을 인정하는 것과 같다.
♣ 행운이란 진실로 그것을 원하는 사람에게 찾아간다.

카네기-Andrew Carnegie, 철강왕, 사업가, 미국 (1835년생)

[출생] 1835년 11월 25일, 영국, 파이프 주, 던펌린
[사망] 1919년 8월 11일 (83세), 미국, 매사추세츠 주, 레녹스

[사인] 기관지 폐렴

[국적] 미국
[직업] 강철 사업가, 자선가
[순자산]
2008년 1월 포브스 출처의 정보에 기초한 2008년 부의 역사적 수치에 따르며, 2007년 달러로 2,983억 달러임 (역대 2위로 발표)

[배우자] 루이스 횟필드 카네기
[자녀] 마가릿 카네기 밀러

[별칭] 강철왕
[활동분야] 경제
[주요저서] 《승리의 민주주의》(1886)
The Gospel of Wealth

[생애]
앤드루 카네기는 미국의 철강 재벌이다. 미국의 산업자본가로 US스틸사의 모태인 카네기 철강회사를 설립하였다. 세계적인 철강회사인 US스틸은 카네기의 철강회사를 투자자인 JP 모건이 합병을 통해 설립한 회사이다. 이후 교육과 문화사업에 헌신하였다. 카네기는 스코틀랜드 던펌린에서 섬유를 만드는 노동자의 아들로 태어났다. 어머니가 구멍가게를 운영하였지만 좀처럼 가난에서 벗어나지 못하자, 카네기 집안은 1848년 미국 펜실베이니아 주 피츠버그로 이주했다. 어려서부터 방적공 · 기관조수 · 전보배달원 · 전신기사 등의 여러 직업에 종사하다가, 1853년 펜실베이니아 철도회사에 취직하였다. 남북전쟁에도 종군하였고, 1865년까지 이곳에서 근무하는 동안, 침대차 회사에 투자하여 큰 이익을 얻었으며 철도기재 제조회사 · 운송회사 · 석유회사 등에도 투자하여 거액의 이윤을 얻었다.
1865년 철강 수요의 증대를 예견하여 철도회사를 사직하고 독자적으로 철강업을 경영하기 시작하여, 1872년 베서머제강법(베서머법)에 의한 미국 최초의 거대한 평로(平爐)를 가진 홈스테드제강소를 건설하였다. 1870년대부터 미국 산업계에 일기 시작한 기업합동의 붐을 타고, 피츠버그의 제강소를 중심으로 하는 석탄 · 철광석 · 광석 운반용 철도 · 선박 등에 걸치는 하나의 큰 **철강 트러스트를 형성**하였다. 1892년에는 카네기철강회사(뒤에 카네기회사로 개칭)를 설립하였는데, 이 회사는 당시 세계 최대의 철강 트러스트로서 미국 철강 생산의 4분의 1이상을 차지하였다.
1901년 카네기는 이 회사를 4억 4,000만 파운드에 모건계(系)의 제강회사와 합병하여 미국 철강시장의 65%를 지배하는 US스틸사를 탄생시켰다. 이 합병을 계기로 카네기는 실업계에서 은퇴하고, 교육과 문화사업에 몰두하였다. 카네기공과대학(현 **카네기멜론대학**) · 카네기교육진흥재단에 3억 달러 이상을 투자하였다. 인간의 일생을 2기로 나누어, 전기에서는 부를 축적하고, 후기에서는 축적된 부를 사회복지를 위하여 투자하여야 한다는 신념을 지니고 있었으며, 이를 실천한 위대한 인물이었다. 저서에 《승리의 민주주의》(1886년) 《사업의 왕국》(1902년) 《오늘의 문제》(1908년) 등이 있다.

[기부]
1902년 1월 29일 당시로서는 천문학적 액수인 2천5백만 달러를 기부하여 공공도서관 건립을 지원하

는 워싱턴 카네기협회를 설립했다. **미국 전역에 2,500개의 도서관을 지었다.** 카네기는 그밖에도 카네기회관, 카네기공과대학, 카네기교육진흥재단 등 교육·문화 분야에 3억 달러 이상을 기증했다. 현재 국제사법재판소의 건물인 평화궁을 지었으며, **카네기멜론 대학교를 설립했다.**

🦏 ● 카네기 명언

♣ 누구든지 좋은 기회를 만난다. 다만, 그것을 포착하는 시기를 맞추기 어려울 뿐이다.

♣ 무엇인가를 이루려고 하는 마음이 없다면 세상 어디를 가나 두각을 나타낼 수 없다.

♣ 밝은 성격은 어떤 재산보다도 귀하다.

♣ 보다 많이 구하면 많이 얻을 것이며, 보다 많이 노력하면 많은 결과를 얻을 것이다.

♣ 성공의 비결은 어떤 직업에 있든 간에
   그 분야에서 제 1인자가 되려고 하는 데에 있다.

♣ 성실한 한 마디의 말은 백만 마디의 헛된 찬사보다 낫다.

♣ 언짢은 문제가 일어났을 때도 결코 흥분하지 말라.

♣ 분별없이 충동적 행동을 하지 말라. 언제나 충동적인 생각은 좋지 않다.

♣ 오늘이라는 것은 우리들의 가장 중요한 소유물이다.

♣ 웃음이 적은 곳에는 매우 적은 성공밖에는 있을 수가 없다.

♣ 이 세상에는 흥미 있는 것으로 가득 차 있다.

♣ 자기는 유용한 재목이라는 자신만큼 사람에게 있어서 유익한 것은 없다.

♣ 좋은 기회를 만나지 못한 사람은 하나도 없다. 다만 그것을 잡지 못했을 뿐이다.

♣ 최상의 자리란 가장 많이 노력하는 자에게 주어지는 것이다.

♣ 행복의 비결은 포기해야 할 것을 포기하는 것이다.

♣ 자기보다 나은 사람을 부하로 하고 그와 더불어 일하는 길을 알고 있는 사람,
   이곳에 잠자고 있다. - 앤드류 카네기 묘비문 -

그레이-Elisha Gray, 전기공학자, 발명가, 미국 (1835년생)

[출생-사망] 1835년 8월 2일~1901년 1월 21일 (65세)
[국적] 미국
[활동분야] 과학
[출생지] 오하이오주 바니스빌

[요약]
그레이는 미국의 전기기술자 및 발명가이다. 1869년에 설립한 그레이-바턴 상회는 후에 **웨스턴일렉트릭** 사가 되었다. 전화기의 발명 특허에 대한 알렉산더 벨과의 소송에서는 패소하였다.

[생애]

오하이오주 바니스빌 출생으로, 오벌린 칼리지에서 물리학을 공부하고, 한동안 교사로서 근무하였으며, 1869년 E.M.바턴과 함께 그레이-바턴 상회를 설립하였는데, 이 상회는 뒤에 웨스턴 일렉트릭사로 발전하였다. 1876년 알렉산더 그레이엄 벨과 같은 날에 전화기의 발명 특허를 신청하였으므로 오랫동안 특허권을 둘러싸고 소송이 계속되었으나 12년 후 대심원에서 패소하였다. 1888년과 1891년에 서화(書畵)전신기의 특허를 취득하였다.

일라이셔 그레이는 미국의 발명가이다. 독자적으로 전화기를 발명했다. 오하이오 주 반스빌에서 출생하여 1876년 2월 14일 미국 특허사무소에 가서 공증을 받은 전화기 발명 특허를 약식으로 신청하였다. 몇 시간 전에 스코틀랜드 출신의 발명가 알렉산더 그레이엄 벨의 파트너 가디너 G. 휴바드가 벨을 대신하여 전화를 위한 특허권 신청서를 신청하였다고 한다. **웨스턴 유니언 전신 회사는 후에 그레이의 특허권을 구입하였으며 벨과의 소송에서 패소하였다.** 그레이가 함께 창설한 웨스턴 전기 제조 회사는 웨스턴 유니언 사를 위한 전화 장치를 만들었다. 매사추세츠 주 뉴턴빌에서 사망하였다.

● 그레이 명언

♣ 모두 이론뿐만 인 사람은 마치 망망대해에서 방향키 없는 배와 같다.
♣ 이론과 추측들은 사실에 기반 하는 한, 안전함에 탐닉하고 있다.
♣ 벨의 전화기에 대하여, 단지 과학영역에서만 호기심을 유발할 뿐, 상업적인 가치는 제한적일 것이다.

노벨-Alfred Bernhard Nobel, 발명가, 스웨덴 (1833년생)

[출생] 1833년 10월 21일, 스웨덴 스톡홀름
[사망] 1896년 12월 10일 (63세), 이탈리아 산레모

[국적] 스웨덴
[분야] 화학, 공학, 방위산업, 발명
[주요 업적] 다이너마이트 발명

[요약]

노벨은 스웨덴의 발명가, 화학자, 노벨상의 창설자이다. 고형 폭약을 완성하여 **다이너마이트라는** 이름을 붙였다. 과학의 진보와 세계의 평화를 염원한 노벨의 유언에 따라 스웨덴 과학아카데미에 기부한 유산을 기금으로 1901년부터 노벨상 제도가 실시되었다.

[생애]

알프레드 베른하르드 노벨은 스웨덴의 과학자이다. 노벨은 고체 폭탄인 다이너마이트를 발명했다. 노벨의 유언에 따라 노벨상이 제정되었다. 1833년 스웨덴 스톡홀름에서 발명가의 아들로 태어났다. 노벨의 아버지는 재주가 있는 건축기술자로 알려져 있다. 발명하기에만 열중하는 아버지라 가정의 살림은 나날이 빈궁에 빠져 들어갔다. 4세 때 핀란드로 이주하였다. 1837년 노벨의 아버지는 가족을 데리고 러시아의 상트페테르부르크로 이주하였다. 거기서 기계공장을 세우고 처음에는 번창하였다. 상트페테르부르크에서 초등교육을 받았다. 18세(1851년)에 미국에 유학하여 4년간 기계공학과 화학을 공부하였다. 크림전쟁(1853년~1856년)에서 러시아가 패전하는 바람에 노벨의 아버지 공장도 파산하였다. 아버지는 스웨덴으로 돌아가고 노벨은 두 형들과 함께 그냥 러시아에 머물러서 연구를 하였다. 이때부터 다이너마이트의 연구에 몰두하였던 것이다.

후에 다시 노벨은 스톡홀름에 돌아왔다. 이때 노벨은 혼자서 연구한 것이 아니라 노벨의 아버지도 좋은 공동연구자였다. 스웨덴에서 폭약의 제조와 그 응용에 종사하고 있던 아버지의 사업을 도와 폭약의 개량에 몰두하였다. 1863년 소브레로가 발명한 니트로글리세린과 중국에서 발명한 흑색화약을 혼합한 폭약을 발명하고, 그 이듬해 니트로글리세린을 기폭제로 사용하는 방법을 고안하여 아버지와 동생과 함께 이의 공업화에 착수하였다. 그러나 이 과정에서 1864년 9월 공장이 폭파되어 동생 에밀과 조수 4명이 희생되었다. 여기서 노벨은 니트로글리세린이 바로 액체라는 점에 위험의 원인이 있다고 인정하고, 1866년 이것을 규조토에 스며들게 하여 안전하게 만든 고체형 폭약을 완성하여 이것에 '**다이너마이트**'라는 이름을 붙였다.

다이너마이트를 발명하여 1867년에 특허를 얻었다. 1869년부터 파리 연구소에서 연구에 전념하여, 1875년 무산 화약 발리스타이트를 발명하였다. 1887년에는 니트로글리세린·콜로디온 면(綿)·장뇌의 혼합물을 주체로 하는 혼합 무연(無煙)화약을 완성하였다. **노벨의 공장은 스웨덴·독일·영국 등에서 연이어 건설되어, 1886년 세계 최초의 국제적인 회사 '노벨 다이너마이트 트러스트사'가 창설되기도 하였다.** 그동안 노벨의 형인 로베르트와 루트비히는 카스피 해의 서안에 있는 바쿠의 유전개발에 성공하여 대규모의 정유소를 건설하고 세계 최초의 유조선 조로아스타호(1877년 취항)를 사용하여 세계 최초의 파이프라인(1876년)을 채용했다. 이러한 발명 및 특허, 사업 등에 의해 노벨 가문은 유럽 최대의 부호가 되었다.

노벨은 평생 결혼하지 않았으며 자식도 없었다. 그러나 만년에 들어선 노벨의 마음은 슬펐다. 자기가 발명한 다이나마이트가 새 문명을 건설해가는 어려운 공사에 이바지되는 것은 기뻤으나 전쟁에 이용되어 많은 사람을 죽이는 힘이 되는 것은 도무지 참을 수 없었다. 노벨의 평화에 대한 갈구는 아주 컸다. 그래서 자기 여비서가 평화운동에 참가해서 일할 때는 많은 돈으로 원조해 주기도 하였다. 1895년 11월 자신의 재산을 은행기금으로 예치토록 하는 유서를 작성하였으며 1896년 12월 10일 63세를 일기로 사망하였다.

사망 1년 전에 유명한 **유언장**을 남겼는데, **노벨의 재산에서 생기는 이자로 해마다 물리학, 화학, 생리학 및 의학, 문학, 평화의 다섯 부문에 걸쳐 공헌이 있는 사람에 상을 주라는** 유언이었다. 세계의 평화와 과학의 발달을 염원해 오던 노벨의 유언에 따라 노벨의 유산은 스웨덴 과학 아카데미에 기부되었다. 그 기부금으로 **1901년부터 노벨상 제도가 설정되었다.** 이 상은 **물리학·화학·생리·의학·문학·경제학·평화의 6개 부문으로 나누어 국적 및 성별에 관계없이** 그 부문에서 뚜렷한 공로자에게 매년 수여되고 있다.

[독신과 여생 및 업적]

노벨이 열아홉 살 때 외국 유학 도중 프랑스에서 한 여인을 사모하게 되었으나, 나중에 이 소녀는 죽고 말았다. 이 죽음의 상처로 노벨은 재혼을 하지 않고 독신으로 1896년 이탈리아 산레모의 별장에서 여생을 마쳤다. 노벨의 생애와 노벨상과 역대 노벨상 수상자들을 다루는 노벨 박물관은 스톡홀름의 구 시가지에 있다. 주기율표 102번 원소인 노벨륨은 노벨의 이름을 따서 만든 것이다. 노벨은 역설과 모순으로 가득 찬 인물로 남아 있다. 비상하면서도 고독하고, **비관주의자이면서도 한편으로는 이상주의자**였던 노벨은 현대전에 사용된 강력한 **폭탄을 발명**했을 뿐만 아니라, 인류에 이바지한 지적인 업적에 수여하는 세계에서 **가장 권위 있는 상을 제정**하기도 했다. **과학의 진보와 세계의 평화를 염원한 노벨의 유언**에 따라 스웨덴 과학아카데미에 기부한 유산을 기금으로 1901년 이래로 세계의 **평화, 문학, 물리, 화학, 생리·의학, 경제 분야**에 노벨상 제도가 실시되고 있다.

[알프레드 노벨 연보]

1833 10월 21일 스웨덴 스톡홀름에서 출생.

1837 가족과 함께 러시아 상트페테르부르크로 이주.

1851 미국으로 유학. 기계공학과 화학을 공부.

1863 소브레로가 발명한 니트로글리세린과 중국에서 온 흑색화약을 혼합해 폭약을 발명.

1867 니트로글리세린을 연구해 다이너마이트를 발명, 특허를 얻음.

1875 무연화약 발리스타이트 발명.

1886 세계 최초의 국제적인 회사 '노벨다이너마이트트리스트'가 창설.

1896 12월 10일 스웨덴 과학 아카데미에 유산을 기부하고 사망.

1901 노벨의 유산으로 노벨상 제도가 만들어짐.

● 노벨 명언

♣ 희망이란 진리라는 알몸을 숨기기 위한 자연의 베일이다.

♣ 내게 천 가지의 아이디어가 있고 그중 하나가 쓸모 있다면 나는 그것으로 만족한다.

♣ 가난하지만 꿈을 가진 사람들에게 도움을 주고 싶다.

맥스웰-James Maxwell, 물리학자, 수학자, 영국 (1831년생)

★ 인류 역사인물 100명중 24위 선정

★ 인류 역사인물 50명에 선정 (Wopen.com 한국.net 선정)

[출생] 1831년 6월 13일, 영국 스코틀랜드 에든버러

[사망] 1879년 11월 5일 (48세), 영국 잉글랜드 캠브리지

[국적] 영국
[분야] 물리학자, 수학자
[소속]
마리스찰 칼리지, 에이버딘, 영국
킹스 칼리지 런던, 영국
케임브리지 대학교, 영국
[출신 대학]
에든버러 대학교
케임브리지 대학교
[주요 업적]
맥스웰 방정식
맥스웰-볼츠만 분포
맥스웰의 도깨비
[수상]
스미스 상 (1854년)
아담스 상 (1857년)
럼포드 메달 (1860년)
[주요저서] 《전자기학》(1873년)

[요약]
맥스웰은 영국의 물리학자이다. 캐번디시연구소 개설과 함께 소장이 되었다. **전자기학에서 거둔 업적은 장(場)의 개념의 집대성이며 빛의 전자기파설의 기초를 세웠고 기체의 분자운동에 관해 연구했다.**

[생애]
제임스 클라크 맥스웰은 스코틀랜드의 에든버러에서 태어난 영국의 이론 물리학자이자 수학자이다. 맥스웰의 가장 중요한 성과는 전기 및 자기 현상에 대한 통일적 기초를 마련한 것이다. 전기와 자기를 단일한 힘으로 통합해 뉴턴 역학과 함께 과학 발전의 초석이 되었다. **맥스웰의 전자기학의 확립은 19세기 물리학이 이룩한 성과로 높게 평가**받고 있다. 수학에 뛰어났던 맥스웰이 기존에 존재했던 패러데이의 유도 법칙, 쿨롱의 법칙 등 전자기 이론을 수식적으로 정리하여 나타낸 식이 '**맥스웰 방정식**'이다. 이 방정식은 전자기학의 기초가 되는 미분 방정식으로 이는 볼츠만의 통계역학과 함께 19세기 물리학이 이룬 큰 성과로 높이 평가받고 있다.
맥스웰은 전기장과 자기장이 공간에서 빛의 속도로 전파되는 파동을 이룰 수 있음을 증명하였다. 맥스웰은 이를 바탕으로 연구를 계속하여 1864년 《전자기장에 관한 역학 이론》을 발표하여 **빛이 전기와 자기에 의한 파동, 즉 전자파라는 것을 증명**하였다. 맥스웰의 연구 성과는 전자기학의 성립에 큰 영향을 주었다. 그 외에도 맥스웰은 기체의 분자운동에 관한 연구에서 분자의 평균 속도 대

신 분자의 속도 분포를 고려하여 속도 분포 법칙을 만들고 확률적 개념을 시사해 통계역학의 기초를 닦았다.

맥스웰의 전자기학 연구 성과와 기체 운동 연구는 이후 특수 상대성 이론과 양자 역학의 성립에 영향을 주었다. 맥스웰은 컬러 사진을 최초로 만든 사람이기도 하다. 맥스웰은 1861년 삼원색의 혼합으로 모든 색을 표현할 수 있다는 것을 응용하여 컬러 사진을 제작하였다. 맥스웰은 많은 물리학자들에게 **20세기 물리학에 가장 큰 영향을 끼친 19세기 과학자 중에 1명**으로 평가받고 있다. 맥스웰의 업적은 알베르트 아인슈타인이나 아이작 뉴턴과 견주어 지고 있다. BBC는 2000년도를 맞아 가장 큰 업적을 남긴 과학자 100명을 선정하면서 **아인슈타인과 뉴튼에 이어 맥스웰을 3위로 꼽았다.** 아인슈타인은 맥스웰 탄생 100주년을 기념하여 "**맥스웰의 업적은 뉴턴 이후 가장 심원하고 풍성한 물리학의 성과**"라고 평했다. 실제 아인슈타인은 자신의 연구실 벽에 **뉴턴과 마이클 패러데이**의 초상화와 함께 **맥스웰**의 사진을 걸어두었다고 한다.

[케임브리지 교수 시절]

1865년 맥스웰은 킹스 대학의 교수직을 사임하고 케임브리지 대학교의 교수가 되고 1871년에는 캐번디시 연구소에서 연구하였다. 맥스웰은 이후 캐번디시 연구소 사업에 전력을 기울였다. 또 맥스웰은 물리 과학이 진보하도록 돕고 학생 각자가 자신의 능력을 발달시키도록 돕는 일을 했다. 이는 캐번디시 연구소의 많은 연구원들이 다른 곳에 진출하여 보인 두드러진 모습을 통해 알 수 있다. 맥스웰의 가르침을 받은 학생 중 리처드 글레이즈브룩은 영국 국립 물리 연구소 창설 소장이 됐고, 윌리엄 네이피어 쇼는 영국에서 기상학을 전문 수준으로 끌어올렸다. 제임스 부처는 성공적인 변호사가 되었고, 그 외의 많은 학생들이 대학의 교수가 되었다. 1873년에는 아마 뉴턴의 〈프린키피아〉이후 물리학 역사상 가장 잘 알려진 책이라고 할 수 있는 〈전자기론〉을 **출판하였다.**

이 논문에서 맥스웰은 자신의 전자기 이론의 또 다른 측면을 확장하여 설명했고, 4원수 개념을 전자기장 방정식에 도입하여 우리의 현대 벡터 개념으로 표현하는 전자기장 방정식과 거의 닮은 모양으로 만들었다. 1874년에는 데번셔 공작이 맥스웰에게 맥스웰의 삼촌 헨리 캐번디시가 남긴 전기실험 작업의 미발표 자료를 남겨, 그것을 편집하는 것을 맡아 많은 시간을 할애했다. 맥스웰은 삶의 마지막 몇 해는 그 일을 하느라 소비하였다. 그 실험 자료에서 맥스웰은 쿨롱의 법칙을 쿨롱보다 효과적으로 증명하였다. 이 때 케임브리지에서의 맥스웰의 영향력은 맥스웰이 속한 학과를 넘어섰고, 또 유럽까지 뻗쳤다. 맥스웰은 1879년 11월 5일, **48세의 젊은 나이에 케임브리지에서 위암으로 생을 마감하였다.**

[업적]
[전자기학]

먼저 맥스웰 이전에 물리학에서 전기와 자기는 각 각 그에 대한 이론이 존재했다. 전기에서는 전하 사이의 힘은 거리의 제곱에 반비례하고 전하량의 곱에 비례한다는 쿨롱의 법칙이, 자기에서는 비오-사바르 법칙이 있다. 두 법칙에서 실험적으로 계산된 상수 k_1, k_2에서, 이들의 비의 제곱근이 파동의 속력을 의미하고, 이것이 실험적으로 계산된 빛의 속력과 같았는데 이를 바탕으로 **맥스웰은 '빛은 전자기파의 일종이다.'**라는 맥스웰의 **빛의 전자기파설**을 제안하게 된다. 맥스웰의 전자기 법칙은 전자기파가 빛의 속력으로 전기장과 자기장에 수직인 방향으로 진행한다는 것을 의미한다. 맥스웰의 전자기 방정식은 다른 사람의 손을 거쳐서 변형되었다. 열개가 넘었던 맥스웰의 방정식은 재능 있는 맥스웰의 후계자들에 의해 정리되었다.

[맥스웰 방정식]

맥스웰이 도달한 전자기장 방정식은 네 개의 식으로 이루어졌다.(수식은 생략) 첫 번째 맥스웰 방정식은 가우스 법칙이며, 쿨롱의 법칙을 일반화 한 식이다. 전하를 둘러싼 임의의 폐곡면을 나가는 전기력선의 수는 폐곡면 내부의 알짜 전하에 의해 결정된다는 식이다. 두 번째 맥스웰 방정식 가우스 자기 법칙이며, 임의의 폐곡면을 통과하는 자기 선속이 0임을 의미하며, 이에 따라 N극 또는 S극이 따로 존재하는 이른바 자기 홀 극은 존재하지 않는다. 세 번째 맥스웰 방정식은 패러데이의 유도 법칙이다. 자속 밀도의 시간에 따른 변화는 전기장을 생성한다는 내용의 식이다. 네 번째 맥스웰 방정식은 변위 전류에 의해 수정된 앙페르 회로 법칙으로, 맥스웰은 에테르에 대한 가정으로 변위 전류에 대한 개념에 도달하였다. 이 방정식 속에 구현된 **맥스웰의 장이론은 19세기 전자기 이론을 마무리** 지었고, 이 이론은 **20세기까지 영향력을 발휘**하였다. 아인슈타인은 맥스웰 방정식에서 공간과 시간의 개념을 과감하게 혁신할 실마리를 찾았고, 그 다음에 맥스웰의 전자기장 이론을 따라 자신의 일반 상대성 이론을 만들었다. 현대에 와서는 양자장론이 입자 물리학의 기둥이 되었다.

[평가]

알베르트 아인슈타인은 맥스웰을 두고 다음과 같이 평했다. "맥스웰 이전에 사람들은 물리적 실재를 물질의 점으로 생각했다. 그 변화는 운동만으로 구성되어 전미분방정식을 따르는 것이었다. 맥스웰 이후로 사람들은 물리적 실재가 연속적인 장으로 나타난다고 생각했는데, 이것은 역학적으로 설명할 수 없고 **편미분 방정식을 따른다.** 실재의 개념에 관한 이러한 변화는 **뉴턴 이후 물리학의 가장 심대하고 가장 풍성한 수확**이다. "물리학은 맥스웰 이전과 이후로 나뉜다. 그와 더불어 과학의 한 시대가 끝나고 또 한시대가 시작되었다." 맥스웰의 친구이자 맥스웰의 평전을 집필한 루이스 캠벨은 맥스웰에 대하여 다음과 같이 적었다. **"맥스웰은 인간이 인식하는 주도적인 물리 법칙의 거대한 확실성을 줄이려고 끊임없이 노력했다. 마치 습관적으로 무한한 것들과 신비로운 교류를 하고 있는 것 같았다."** 마이클 패러데이는 맥스웰에게 다음과 같이 적었다. "당신의 연구는 나에게 기쁨을 주었으며, 이 주제를 다룰 정도로 뛰어난 당신의 수학적 재능에 감탄했고, 그 다음에는 이 주제가 그렇게 정연한 것에 놀랐습니다."

[생애 및 연구]

15세가 되기 전에 난형곡선(卵形曲線)에 관한 논문을 에든버러왕립학회에 제출하여 사람들을 놀라게 했다. 에든버러대학에 진학하여 《회전곡선의 이론》《탄성고체의 평형(平衡)》 등의 논문을 쓰고, 1850년 케임브리지대학에서 공부했다. 1855년 펠로로 선출되었으며, 색채론과 전자기학을 연구했다. 1856년 애버딘대학 자연철학 교수가 되었다. 이 무렵 토성고리의 연구로 애덤스상을 받았으며, 1860년까지 재직하다가 런던의 킹스칼리지로 옮겼다. 1865년 병을 얻어 교수직을 그만두기까지의 5년간 색채론에 관한 연구를 하면서 전자기학 이론의 기초가 되는 《**물리적 지력선(指力線)**》《**전자기의 장(場)의 역학**》 등의 **논문을 완성**하였다. 또한 '상이한 온도 및 압력에서의 공기의 점성'에 관한 연구를 비롯하여 기체의 분자운동론에 관한 중요한 연구가 이루어졌으며, 전기저항의 단위를 결정하기 위한 실험적 연구도 행해졌다.

사직 후 커쿠브리셔의 글렌레어로 돌아가 명저 《전자기학》(1873년)을 발표하고, 열학에 관한 간단한 저술도 했다. 그 무렵 케임브리지대학에서는 대학총장 데번셔 공의 기부금으로 1871년 교수직이 개설되고, 맥스웰이 실험소 설립을 담당했다. 이것이 캐번디시 연구소이며, 1874년 연구소 개설과 함께 맥스웰이 소장이 되었다. 전자기학에서 거둔 업적은 **장(場)의 개념의 집대성**이다. 패러데이의 고찰에서 출발하여 유체역학적 모델을 써서 수학적 이론을 완성하고, 유명한 전자기장의 기초방정식인 **맥스웰방정식(전자기방정식)**을 도출하여 그것으로 전자기파의 존재에 대한 이론적인 기초를 확립했다. 전자기파의 전파속도가 광속도와 같고, 전자기파가 횡파라는 사실도 밝힘으로써 빛의 전자기파설의 기초를 세웠다(1873년). **전자기파는 이후 헤르츠에 의해 실험적으로 입증되었다.** 기체의 분자운동에 관한 연구도 빛나는 업적이다. 당시까지의 분자의 평균속도 대신 분자속도의 분포를 생각하며 속도분포법칙을 만들고, 그 확률적 개념을 시사함으로써 통계역학의 기초를 닦았다.(맥스웰볼츠만의 분포법칙) 기체의 점성률에서는 분자의 평균자유행로의 개념을 도입하기도 하였다. **1879년 케임브리지에서 암으로 사망**하였다.

[맥스웰 연보]

1831 6월 13일 영국 에든버러에서 출생.

1847 16살의 나이로 에든버러 대학에 입학.

1850 케임브리지대학으로 유학.

1856 에버딘대학 자연철학 교수로 재직.

1857 토성 고리의 구조에 관한 논문 발표.

1859 애덤스상 수상.

1860 킹스 칼리지 런던 자연철학 및 천문학 교수로 취임.

1865 케임브리지 대학교의 교수로 재직.

1873 《전자기학》 발표.

1874 케임브리지대학에 캐번디시연구소 개설, 소장직을 맡음.

1879 11월 5일 케임브리지에서 위암으로 사망.

🦏 ● 맥스웰 명언

♠ 맥스웰의 업적은 가장 심오하고, 가장 유익하다. (아인슈타인의 평가)

♣ 모든 수학적 과학들은 자연법칙과 수 법칙의 관계 위에 세워진다.

♣ 수학자들은 인간의 언어만으로는 아직 표현할 수 없는
새로운 아이디어를 가지고 있다고 돋보이게 말할 수도 있다.

♣ 하늘이 한계라고 생각하는 사람은 제한된 상상력을 가지고 있다.

♣ 철학적 시스템을 주의 깊게 살펴봤는데, 신의 작용인 것은 아무것도 못 찾았다.

뒤낭-Jean Henri Dunant, 적십자 창시자, 노벨상, 스위스 (1828년생)

사회사업가, 국제적십자 창시자, 최초의 노벨 평화상 수상자

[출생-사망] 1828년 5월 8일, 스위스 ~ 1910년 10월 30일 (82세)

[학력사항]
~ 1903 하이델베르크대학 명예박사

[경력사항]
1863 국제적십자위원회 설립
1853 스위스 뤼랑에소테 은행 알제리 지점장, 제네바 자선협회 회원

[수상내역]
1901 제1회 노벨평화상

[주요저서] 《솔페리노의 회상》(1862년)

[출생] 1828년 5월 8일, 스위스 제네바
[사망] 1910년 10월 30일(82세), 스위스 하이덴
[국적] 스위스
[직업] 사회 활동가, 사업가, 작가
[종교] 개신교(칼뱅주의)
[부모] 장 자크 뒤낭, 앙트와네트 뒤낭 콜라동
[상훈] 노벨 평화상 (1901년)

[요약]
장 앙리 뒤낭은 국제적십자위원회의 창시자로, 1901년 최초의 노벨 평화상 수상자이다. 뒤낭의 생일인 5월 8일을 적십자의 날로 정하여 기념하고 있다.

[생애]
[성장과정]
장 앙리 뒤낭은 1828년 5월 8일 스위스 제네바에서 5남매의 장남으로 출생하였다. 아버지 장 자크는 부유한 사업가이자 제네바공화국 대의원으로 제네바의 고아 수용소 자혜국장(慈惠局長)을 역임하였다. 어머니 안 앙트와네트는 종교개혁자 장 칼뱅을 존경하는 개신교 신자였다. 어머니 신앙이 깊은 칼뱅교도로, 또한 고아원 등에 대한 봉사에 힘썼다. 앙리의 부모는 노블레스 오블리주를 실천하는 이들로 아버지는 소년원에서 자원봉사를 했으며, 교도소 재소자들의 복지에 관심이 있었다. 개신교

전통에서 자란 앙리 뒤낭은 나눔의 실천을 중시하는 개혁교회로 전향하였다. 부모의 영향으로 청소년기부터 환자와 가난한 사람들을 구호하는 데 힘썼으며, 1844년 영국 복음주의자들이 만든 기독교 사회운동 단체인 YMCA(기독교 청년연합회) 창설에 참가하기도 하였다.

앙리 뒤낭은 부모의 영향을 받아 청소년기부터 환자와 가난한 사람들을 돕는 데 힘썼는데, 앙리 뒤낭은 제네바의 빈민촌을 찾아가 봉사 활동을 했으며 친구들을 모아 빈민구호단체를 결성하였다. 이 단체는 1852년 11월 30일 스위스 제네바에서 창설된 기독교청년회 YMCA(Young Men's Christian Association)로 발전하였다. 1853년 스위스 뤼랑에소테 은행에 입사하여 아프리카 알제리로 갔으며, 그곳에서 식민지 경영에서 막대한 이익이 창출되는 것을 목격하였다. 뒤낭은 미개지역의 개발을 통해 경제적 이익을 얻을 것을 꿈꾸며, 은행을 그만두었다. 자신의 힘이 아닌 아버지의 경제적인 도움을 받아서 활동하는 한계를 발견하고, 북아프리카의 알제리에 지역주민들의 빈곤퇴치를 위해서 알제리에서 땅을 사들이고 제분회사(製粉會社)를 설립하였다. 하지만 앙리 뒤낭의 기대와 달리 사업은 어려워지고 자금난으로 어려움에 처하게 되었다. 주변 친척들에게 도움을 요청했지만 앙리 뒤낭의 사업이 위험 부담이 크다는 이유로 거절되었다.

[적십자 창립]

1859년 궁지에 몰린 뒤낭은 알제리를 식민 통치하고 있던 프랑스 황제를 찾아가 도움을 청할 결심을 하고, 북이탈리아 전선에 머물며 오스트리아와 전쟁을 지휘하고 있던 나폴레옹 3세를 찾아갔다. 하지만 격전이 벌어지고 있던 터라 나폴레옹 3세를 만나지 못하고 돌아오는 길에 솔페리노의 격전에서 발생한 **수만 명의 사망자와 부상자를 목격하고, 국적에 구애받지 않는 구호활동에 참가**했다. 앙리 뒤낭은 자신의 사업 목적을 제쳐두고 부상자 구호에 참가하였으며 이때 앙리 뒤낭의 인생이 사업가에서 사회활동가로 뒤바뀌는 계기가 되었다.

1862년 그 때의 경험을 《솔페리노의 회상》(1862년)으로 출판하였으며, 이 책에서 **뒤낭은 전시의 부상자 구호를 위한 중립적 민간 국제기구 창설의 필요성을 역설**하였다. 이 제안은 유럽 각국으로부터 큰 호응을 받아 1863년 국제 적십자가 창립되고, 다음해인 **1864년 10월 26일 유럽 16개국이 정치, 종교, 이념의 중립성 유지, 국적에 구애받지 않는 구호활동을 원칙으로 하는 적십자(제네바)조약이 스위스 제네바에서 체결**되었다. 전쟁터에서 부상자를 돌보는 것은 적군도 아군도 아니며 이들의 활동을 방해나 공격해서도 안되고 중립성을 인정한다는 내용을 명문화하고, 흰색 바탕에 붉은색 십자가를 새겨 넣은 상징을 표시하도록 하였다.

[말년]

알제리에서 벌여놓은 앙리 뒤낭의 사업은 점차 악화되어 감당하기가 어려워졌고, 앙리 뒤낭은 모든 재산을 잃고 엄청난 빚더미에 시달리게 되었다. 적십자활동을 통해 부모가 물려준 유산을 포함한 전 재산을 모두 써버린 앙리 뒤낭은 1867년 고향인 제네바를 떠나 프랑스 파리에 이사하여 글을 옮겨 적는 일을 하였다. 국제적십자 조직의 내분이 일어나 앙리 뒤낭은 회장의 자리에서도 물러나게 되었다. 앙리 뒤낭은 가난하고 초라한 신세로 전락하고 최소한의 연금에 의지해서 살아가게 되었다.

1871년 프랑스와 독일간의 보불전쟁이 벌어지자 앙리는 프랑스 국방위원회의 보조를 받으면서 구호활동을 하였다. 1892년에는 스위스출신 의사의 배려로 알프스가 보이는 양로원에서 1910년 별세할 때까지 여생을 보냈으며, 전쟁에 반대하는 평화주의 사상을 주장하였다. **1901년에는 박애 정신과 평화에 기여한 공로가 인정되어 제1회 노벨평화상을 받았지만 앙리 뒤낭의 생활은 나아지지 않았다.** 1910년 10월 30일 앙리 뒤낭은 많은 사람들에게 잊혀진 채로 스위스 하이덴에서 죽음을 맞이했다. 적십자 운동의 아버지라고 불리며, **앙리 뒤낭의 생일인 5월 8일을 적십자의 날로 정하여** 기념하고 있다.

[노벨상 및 기념]

1901년 박애정신과 평화에 기여한 공로가 인정되어 제 1대 노벨 평화상을 받았다. 영국 엑슬리에서 만들고 중앙교육연구원에서 한국말로 옮긴 앙리 뒤낭 위인전에 따르면 앙리 뒤낭은 말년에 "**비로소 마음의 평화가 찾아왔다.**"라고 말했다. 또한 "**모든 사람은 서로 다투어서는 안 됩니다.**"라는 말로써 평화주의 사상을 주장하였다. '**적십자 운동의 아버지**'로 불리며, 1864년 **뒤낭의 생일인 5월 8일을 적십자의 날로 정하여** 기념하고 있다.

[연보]

1828 스위스 제네바 출생
1844 YMCA운동 참가
1853 스위스 뤼랑에소테 은행 알제리 지점장으로 아프리카 파견
1859 솔페리노 전투에서 구호활동
1862 솔페리노의 회상 출판
1864 국제적십자 창설
1901 제1회 노벨평화상 수상
1910 스위스 하이덴에서 사망

🦏 • 뒤낭 명언

♣ 생명 앞에서는 모두가 평등합니다.
♣ 도와주기 위해서, 누구인지 물어보지 않고.
♣ 오 주여, 당신의 힘으로, 평화가 있게 하소서.

파스퇴르-Louis Pasteur, 화학자, 미생물학자, 프랑스 (1822년생)

★ 지난 1,000년간 인물100명중 13위 선정
★ 인류 역사인물 100명중 11위 선정
★ 인류 역사인물 50명에 선정 (Wopen.com 한국.net 선정)

[출생] 1822년 12월 27일
[사망] 1895년 9월 28일 (72세)

[국적] 프랑스

[분야] 화학, 미생물학, 생화학, 세균학

[소속] 스트라스부르 대학교, 릴 노르 대학교, 에콜 노르말 쉬페리외르

[출신 대학] 에콜 노르말 쉬페리외르
[지도 학생] 샤를 프리델
[주요 업적] 백신 발명, 저온 살균법

[직업] 화학자

[요약]
루이 파스퇴르는 프랑스의 생화학자이며 로베르트 코흐와 함께 세균학의 아버지로 불린다. 분자의 광학 이성질체를 발견했으며, 저온 살균법, 광견병, 닭 콜레라의 백신을 발명했다.

[생애]
가죽 무두질공 장-조셉 파스퇴르가에서 태어났다. 아버지는 루이스의 교육에 열의를 보여, 돌에서 아르보이스(주라)로 옮겨 그곳의 초등학교에서 공부하게 하였으며, 이어서 베산콘에서 교육을 받게 했다. 어린 시절에는 미술에 소질을 보였지만, 1843년 파리의 에콜 노르말에 입학하여 발라드의 연구실에 들어갔다. 1846년에 박사 학위를 취득했다. 1848년 타르타르산과 파라타르타르산의 구조상의 차이를 발견해서 분자 비대칭의 기초를 명확하게 했다. 화학을 전공했지만 처음은 재능을 보이지 못하고 지도한 교수의 한 명은 파스퇴르를 "평범하다"라고 평가했다.
1848년 디종에서, 이어서 곧 스트라스보그에서 교편을 잡았다. 1854년 릴 대학 교수, 이어서 학부장이 되었다. 1857년 에콜 노르말로 돌아가 과학 디렉터가 되었다. 같은 해 락트산 발효에 관한 논문을 발표, 1860년 발효에 관한 논문으로 상을 받았고, 1862년에는 41세로 과학 아카데미의 회원으로 뽑혔다. 1863년 포도주의 연구에 착수했으며, 1865년 누에 병, 콜레라의 연구를 시작했다. 1865년 독일의 본 대학에서 의학 박사 학위를 받았으나, 독·불 전쟁이 시작하면서 아르보이스로 피난을 가서 본 대학에 공개장을 보내 학위를 반납했다. 또 그 무렵부터 맥주와 효모에 대해서 연구를 했다.
1873년 의약 아카데미 회원, 1874년 화농성 병원의 연구에 착수했으며, 1875년 살균법을 확립, 탄저병 등 전염병의 병원(1877년), 화농성 병원(1879년), 이어 닭 콜레라, 페스트 등도 연구를 했으며, 1880년에는 전염병 예방의 백신을 발견했다. 그 무렵부터 광견병의 연구를 시작해, 1884년 그 예방법을 완성, 1885년에는 예방 주사의 인체에의 적용에 성공하여, 이 난치병을 극복했다. 1882년 Academie française 회원, 1888년 파스퇴르 연구소가 열렸고, 이듬해에 소장으로 취임했다.

1892년에는 그의 70세 축하가 성대히 열렸으나, 이미 건강은 쇠약해져 1895년 9월 28일 파리 근교 빌레뉴브에서 사망했다. **오늘날에는 파스퇴르 연구소는 파리뿐만 아니라 세계 각지에 몇 개소가 건설되어, 인류의 은인인 그의 업적이 추모되고 있다.** 파스퇴르의 연구 논문 등은 파스퇴르의 손자 루이 파스퇴르에 의해 정리되어 파스퇴르 전집으로서 남아 있다.

[주석산의 성격 해명]

초기 화학자 시절의 업적으로는 주석산의 성질을 해명(1849년)한 것이 있다. 천연물, 특히 포도주의 침전물로부터 취할 수 있는 이 화합물의 용액은 통과하는 빛의 편광면을 회전시킨다. 그러나 이상하게도 인공적으로 합성된 주석산은 화학반응이나 분자식은 같음에도 불구하고 이러한 효과를 갖지 않는다. 파스퇴르는 주석산의 미세한 결정을 조사하고서 결정에는 비대칭인 2 종류가 있어, 각각이 서로의 거울상이란 사실을 알아냈다. 끈질기게 분류 작업을 한 결과 2 종류의 주석산을 얻을 수 있었다. 한 종류의 용액은 편광면을 시계 방향으로 회전시키는 데 반해, 한편은 반시계 회전으로 회전시키는 것이었다. 그리고 이 2 종류를 반반씩 혼합한 것은 편광에 대해서 어떤 효과도 미치지 않았다. 이것으로부터 파스퇴르는 주석산의 분자는 비대칭인 형태를 하고 있고 왼손용 장갑과 오른손용 장갑과 같이 서로 거울상 관계에 있는 2종류의 형태가 있는 것이라고 올바르게 추론했다. 처음으로 키랄 분자를 실증한 것도 큰 실적이었지만, 이후 파스퇴르는 한층 더 유명한 실적을 완수하는 생물학·의학의 분야로 나아가고 있었다.

[스트라스부르 대학교 교수]

파스퇴르는 결정학에 관한 박사 논문에 힘입어 스트라스부르 대학교의 화학의 교수의 지위를 얻었다. 1854년엔 릴의 새로운 이과 대학의 학장으로 지명되고, 1857년에는 고등사범학교의 사무국장 겸 이학부장이 되었다.

[자연발생설 비판]

1861년의 저작 《자연발생설 비판》에서 발효가 미생물의 증식 때문이란 사실을 보였고, 동시에 영양분을 포함한 고기국물에서 미생물이 증식하는 것은 자연발생에 의한 것이라는 종래의 설을 뒤집어 보였다. 먼지가 통과하지 못하도록 하는 필터를 통해 바깥 공기를 접촉할 수 있는 용기에 새로 끓인 고기국물을 놔두거나, 필터는 없지만 'S'자 모양으로 구부러진 플라스크를 사용해 티끌이 들어가지 않도록 하여 공기를 접촉하게 하면, 고기국물에서는 아무것도 자라지 못했다. 따라서 고기국물에 발생하는 미생물은 외부로부터 들어온 티끌에 붙은 포자 등 미생물에 의한 것이며, 고기국물 중에서 자연발생 하는 것은 아니다. 이와 같이 하여 파스퇴르는 자연발생설을 비판했다. 루이 파스퇴르가 세균설을 처음 주장한 것은 아니다. 세균설은 벌써 지롤라모 프라카스토로, 프리드리히 헨레 등에 의해서 주장되고 있었다. 파스퇴르가 한 것은 세균설(생물 속생설)의 올바름을 실험으로 명백하게 보여줘서, 유럽 사람에게 납득시킨 것이다.

[살균법]

파스퇴르의 연구는 발효 음료를 오염하는 미생물이 있다는 것을 나타내고 있었다. 이로부터 파스퇴르는 우유 등의 액체를 가열해 그중에 포함되어 있는 박테리아나 곰팡이를 모두 죽이는 방법을 발명했다. 파스퇴르와 클로드 베르나르는 1862년 4월 20일에 최초의 실험을 실시했다. 이 방법은 곧바로 가열살균법(파스퇴라이제이션)으로 알려지게 되었다. 음료 오염으로부터 미생물이 동물이나 인간에게 감염된다는 결론을 내린 파스퇴르는 미생물이 인체에의 들어오는 것을 막아야 한다고 주장했고, 이는 스코틀랜드의 외과의사 죠제프 리스터가 외과 수술 소독법을 개발하는 데에 이르렀다.

[누에 병 치료]
1865년 파스퇴르는 양잠업의 구제에 착수했다. 그 무렵 미립자병으로 불리는 병에 의해 많은 누에가 죽고 있었다. 이 도중인 1867년에는 뇌졸중으로 쓰러져 왼쪽 반신불수가 되었지만 수년에 걸치는 조사의 결과 병의 원인은 누에의 알에 세균의 감염인 것을 증명해 치잠 사육소로부터 이 세균을 구제하는 것으로 미립자병을 막을 수 있는 것을 나타냈다.

[혐기성균 발견]
파스퇴르는 혐기성균, 즉 공기 없이 증식 하는 미생물을 발견했다. 1895년 미생물학으로 최고의 영예인 레이웬훅크 메달을 수상했다.

[사망]
1895년, 1868년부터 일련의 발작에 의한 합병증이 원인이 되어, 파리 근교에서 73세의 나이로 사망했다. 파스퇴르의 장례는 프랑스 정부의 주도로 국장으로 치러졌다. 노트르담 대성당에 매장되었지만, 곧 유해는 파스퇴르 연구소의 지하 성당으로 이장되었다.

[업적]
현대과학의 입장에서 볼 때 파스퇴르는 미생물학의 기초를 다지는 데 가장 큰 역할을 한 사람이다. 파스퇴르는 질병과 미생물을 최초로 명확하게 연결해 전염성 질병의 원인이 병원성 미생물이라는 학설을 완성했다. 파스퇴르는 1846년부터 발라드(1802년~1876년)의 조수로 화학 연구에 참여했다. 1848년에 주석산 결정에 대한 선광성을 연구해 이학박사가 되었다. 릴레대학교 화학교수로 근무하던 1856년에 양조업자들이 자신들의 포도주가 쉽게 상하는 이유를 알려 달라고 부탁해 발효에 대한 연구를 시작했다. 발효 현상을 화학 반응만으로 설명하던 기존의 이론에서 벗어나 미생물이 발효와 관련 있을 것이라는 생각으로 연구에 전념했다. 그리하여 정상 알코올 발효는 효모 때문에 발생하지만 비정상 발효는 젖산균과 같은 다른 미생물 때문에 생긴다는 것을 알게 되었다.
1861년에는 백조 목처럼 생긴 긴 플라스크를 이용한 실험으로 자연발생설이 잘못된 이론임을 증명해 큰 명성을 얻었다. 여기서 한걸음 더 나아가 미생물이 질병의 원인임을 증명하고, 이를 예방하기 위해 1863년에는 저온살균법을 고안해 발표했다. 1865년에는 생사 제조업자들과 농림부 장관에게서 당시 유행하던 누에 병에 대한 해결책을 마련해 달라는 요청을 받았다. 파스퇴르는 누에 병이 또 다른 병원성 미생물로 생기는 것임을 밝혀내고 예방 대책을 마련했다. 그리고 이 연구를 진행하던 1866년에 『포도주의 발효』를 출간하면서 발효의 종류와 미생물과의 관련성을 밝히고 포도주를 만드는 과정을 과학에 기초해 설명하기도 했다.
1877년부터 인간과 고등동물에 발생하는 감염성 질환으로 관심을 돌린 그는 1880년, 가축이 잘 걸리는 전염병인 탄저병과 닭 콜레라에 대한 연구를 시작해 이 질병의 해결을 위한 예방접종법을 개발했다. 그리고 1885년에는 광견병 예방주사를 개발하기에 이르렀다. 탄저균에 의해 발생하는 탄저병은 원래 가축이 걸리는 질병이지만 사람도 걸릴 수 있으므로, 파스퇴르의 예방법은 사람의 감염성 질병을 해결하는 데에도 큰 도움이 되었다. 각 분야에 걸쳐 수많은 공적을 이룬 파스퇴르를 기념하고자 **프랑스의 과학아카데미에서는 1886년부터 파스퇴르 연구소를 설립하기 위한 모금운동을 전개해 1888년에 준공식을 한다. 파스퇴르는 이 연구소의 초대 소장으로 취임했으며, 이 연구소는 현재 프랑스는 물론 세계 의과학연구의 중심지로서 역할을 수행**하고 있다.

1895년 9월 28일, 73세로 세상을 떠난 후에는 연구소 지하에 묻혔으며, 현재 연구소의 일부는 파스퇴르를 기념하는 박물관으로 개조되어 관광객들을 맞고 있다. 프랑스가 낳은 19세기의 위대한 과학자인파스퇴르가 영원히 사람들의 머릿속에 남게 된 것이다. 1796년에 제너는 인류를 괴롭혔던 두창을 해결할 수 있는 종두법을 발표했다. 이에 영감을 얻은 파스퇴르는 자신이 예방접종을 하려고 사용한 균으로 만든 약을 '**백신**'이라 하고, 자신이 고안한 방법을 '**예방접종**'이라 불렀다. 즉, 예방접종은 제너가 종두법을 개발할 때 암소를 이용한 데서 유래한 명칭이다. 세균으로 생긴 질병인 닭 콜레라와 탄저병, 바이러스로 생긴 질병인 광견병 예방법을 발견한 파스퇴르에게 '**미생물학의 아버지**'라는 별명이 붙었다. 현대의 외과는 파스퇴르와 리스터가 가르쳐 준 이론과 예방법 덕분에 감염의 위험에서 벗어나 안전하게 수술하고 있다.

● 파스퇴르 명언

♣ 목표를 이룰 수 있게끔 나를 이끌어준 비밀이 있습니다. 나의 유일한 강점인 끈기입니다.
♣ 관찰 영역에서는 준비된 마음에게만 기회가 주어진다.

빅토리아-Victoria, 여왕, 대영제국, 영국 (1819년생)

19세기 대영제국의 전성기를 이끈 여왕
그레이트브리튼 아일랜드 연합왕국 여왕

[출생일] 1819년 5월 24일
[출생지] 그레이트브리튼 아일랜드 연합 왕국 런던 켄싱턴 궁전

[사망일] 1901년 1월 22일 (81세)
[사망지] 그레이트브리튼 아일랜드 연합 왕국, 와이트 섬 오스번 하우스

[재위] 1837년 6월 20일~1901년 1월 22일

[대관식] 1838년 6월 28일
[전임자] 윌리엄 4세
[후임자] 에드워드 7세
[인도 여제]
[재위] 1876년 5월 1일~1901년 1월 22일
[즉위식] 1877년 1월 1일

[휘] 알렉산드리나 빅토리아
[가문] 하노버 왕가
[부친] 켄트와 스트래선 공작 에드워드
[모친] 작센코부르크잘펠트 공녀 빅토리아
[배우자] 작센코부르크고타의 앨버트
[종교] 영국 성공회

[생애]
빅토리아는 대영제국, 아일랜드 연합왕국과 인도의 여왕이다. 빅토리아의 재위 기간은 '빅토리아 시대'로 통칭되며, '해가 지지 않는 나라'로 불렸던 **대영제국의 최전성기**와 일치한다. 그리고 많은 유럽의 왕가와 연결되어 있어 '유럽의 할머니'라고도 불린다. 64년간의 재위 기간 동안 안정적인 왕권을 수립하였는데, '**군림하되 통치하지 않는다.**'는 영국 왕실의 전통이 이때부터 시작되었다. 1877년 1월 1일부터 1901년 1월 22일까지는 영국 군주로서 최초로 인도제국의 여제로도 군림하였다. 한편 **빅토리아는 혈우병 보인자였고, 이 유전자가 유럽의 왕가로 퍼져 러시아 왕가의 몰락을 부르기도 했다.** 영국의 전성기를 이루고 자본주의 선진국이 되는 동시에 2대정당제 의회정치가 전개되었고, 그 동향이 세계적으로 큰 영향을 끼쳤다. '**군림하되 통치하지 않는다.**'는 원칙을 따라 오늘날의 영국 군주의 패턴을 확립했다.
아버지는 조지 3세의 4남인 켄트 공(公)이다. 하노버왕가의 마지막 군주로서, 태어난 이듬해 아버지가 죽자 독일 출신의 어머니와 독일계 보모의 손에서 엄하게 자랐다. 백부인 윌리엄 4세가 죽자 18세의 나이로 왕위에 올랐으나, 하노버왕가에서는 여자의 상속권이 인정되지 않았기 때문에 하노버왕가가 성립한 이후로 계속된 영국과 하노버의 동일군주 관계는 끝나고, 빅토리아는 영국 왕위만을 계승하였다. 즉위 당시의 총리 멜번이 어진 아버지와 같은 태도로 빅토리아를 지도해주고, 또 아버지가 생전에 휘그당과 가까웠던 관계도 있어서, 초기에는 자유당에 호의적이고 보수당 내각에 대해 불만을 가졌다. **1840년 사촌인 색스코버그 고타가(家)의 앨버트 공과 결혼하였다.** 독일 출신인 공은 영국에서 백안시되고 빅토리아도 애정을 가지지 않았으나, 고결한 인격과 풍부한 교양으로써 여왕에게 좋은 조언자와 이해자가 되어, 공사와 가정생활에서 빅토리아를 두루 뒷받침하였다. 이기적인 데가 있던 **빅토리아가 국민이 자랑하고 존경하는 여왕으로 자라날 수 있었던 것은 공에게 힘입은 바가 컸으며, 빅토리아도 차차 공의 인품에 감화되어 깊이 사랑하게 되었다.**
1861년 공이 42세의 나이로 죽자 빅토리아는 비탄에 잠기어, 버킹엄 궁전에 틀어박힌 채 모든 국무에서 손을 떼었다. 그러나 디즈레일리의 설득으로 차차 마음을 바로잡고 동시에 그가 거느리는 보수당에 동조하였으며, 1877년 그가 바치는 인도 여제의 제관을 받았다. 9명의 자녀를 두었고 독일·러시아 등과 친척 관계를 맺었으며, 행복한 말년을 보낸 뒤 보어전쟁이 한창 진행되던 도중, 64년간의 치세를 마쳤다.

여왕의 치세는 빅토리아시대로서 영국의 전성기를 이루었으며, 자본주의의 선두 선진국이 되는 동시에, 정치적으로는 디즈레일리와 글래드스턴으로 대표되는 2대 정당제 의회정치가 전형적으로 전개되었으며, 외교 면에서도 영광스런 고립을 지키면서 그 동향이 세계적으로 큰 영향을 끼쳤다. 그러한 빛나는 시대에 살면서도 빅토리아는 '군림하되 통치하지 않는다.'는 원칙을 따랐다. 그리하여 강한 개성으로 강경하게 적극 외교를 밀고 나가는 파머스턴이 마음에 들지 않았다. 또, 보수주의로 기운 후반기에는 글래드스턴의 자유주의에 대해 비판적이었지만, 어디까지나 본분을 지킬 뿐 자신의 의사를 강요하지 않음으로써 오늘날과 같은 영국 군주의 패턴을 확립하였다. 전기 작가 스탠리 웨인트럽은 빅토리아 여왕에 대해 이렇게 썼다. "빅토리아 여왕은 국민의 애정, 전통에 대한 동경, 그리고 충성심 높은 중산층의 가치관을 바탕으로 더욱 강화된 의례적인 군주제를 유산으로 남겼다. 빅토리아는 영국 그 자체이다."

[빅토리아 시대의 영광]

유럽사에 있어서 19세기는 영국의 시대라고 해도 과언이 아니다. 당시 영국은 자칭, 타칭 '해가 지지 않는 나라'라고 불렸다. 지구가 돌아 영국에는 밤이 오더라도 세상 어딘가 영국의 식민지 중 한 곳 이상은 낮이기 때문에 이런 별명이 붙었다. 19세기 영국은 대표적인 선진 산업 자본주의 국가이며 민주주의 국가인 동시에 제국주의국가였고 대표적으로 빈부 격차가 극심한 나라였다. '해가 지지 않는 나라'라는 얼핏 들어 대단해 보이는 말도 곰곰이 생각해보면그만큼 약소국을 무력으로 침략하여 정치적으로 경제적으로 착취하였다는 것을 의미한다. 19세기 영국의 영광은 그 영광의 그늘 뒤에 가려진 사회하층민과 약소국의 희생 덕택에 가능한 것이었다. 빛과 어둠의 시대, 영광의 이면에 잔혹한 착취를 숨기고 있던 시대, 그 시대를 보통 사람들은 빅토리아 시대라고 부른다. 빅토리아 시대는 1837년부터 1901년까지 영국의 빅토리아 여왕이 통치하던 64년의 기간을 의미한다.

19세기의 2/3에 해당하는 빅토리아 여왕의 재위기간 동안 영국은 전무후무한 역사상 가장 화려한 전성기를 누렸다. 영국 고유의 전통은 이 시기에 비로소 정돈이 되었고, 유럽 어느 나라보다 먼저 해외에 눈에 돌렸기 때문에 이즈음에 와서는 세계 곳곳에 영국 식민지를 두어 역사상 가장 넓은 땅을 확보하였다. 경제적으로는 산업혁명을 일으킨 국가답게 선구적으로 산업 자본주의를 발전시켜 세계에서 가장 많은 부를 쓸어 담았다. 그리고 오랫동안 시행착오를 겪던 의회 민주주의도 두 개의 당으로 정리되어 정착됐다. 그 이면에 무수한 사회적·정치적 문제들을 안고 있었음에도 불구하고 이 시기 영국은 누구도 따라 잡을 수 없는 세계 최고의, 최대의 그리고 최선의 국가였다. 이 모든 것을 가능케 한 시기, 영국의 군주는 빅토리아 여왕이었다. 빅토리아의 존재는 그 상징성만으로 19세기 영국의 행보에 든든한 버팀목이 되었다.

🦏 ● 빅토리아 명언

♣ 큰 사건들은 나를 조용하고 침착하게 만든다. 내 신경에 거슬리는 사소한 일들이다.

♣ 눈을 감고, 영국을 생각해라.

♣ 우리는 패배의 가능성에 관심 없다. 그런 것들은 존재하지 않는다.

♣ 우리에겐 실패는 없고, 단지 성공과 새로운 배움이 있을 뿐이다.

마르크스-Karl Marx, 철학자, 독일/무국적 (1818년생)

★ 지난 1,000년간 인물100명중 7위 선정
★ 인류 역사인물 100명중 27위 선정
★ 인류 역사인물 50명에 선정

[출생] 1818년 5월 5일, 프로이센 라인란트 트리어
[사망] 1883년 3월 14일 (64세), 영국 런던

[거주지] 독일, 프랑스, 벨기에, 영국
[국적] 독일/무국적
[학력] 예나 대학교 철학 박사
[직업] 철학자, 혁명가, 사회학자
[종교] 없음 (무신론)
[배우자] 예니 마르크스

[요약]
카를 하인리히 마르크스는 후대에 큰 영향을 끼친 독일 라인란트 출신의 **공산주의 혁명가, 역사학자, 경제학자, 철학자, 사회학자, 마르크스주의의 창시자**이다. 1847년 공산주의자동맹을 창설했다. 1847년 프리드리히 엥겔스와 공동집필해 이듬해 2월에 발표한 《공산당 선언》과 1867년 초판이 출간된 《자본론》의 저자로 널리 알려져 있으며, 러시아의 10월 혁명을 주도한 블라디미르 레닌은 마르크스를 이론적 기반으로 삼았다. 맑스, 막스, 칼 마르크스 등으로 표기하기도 하나, 외래어 표기법에 준하는 표기는 "카를 마르크스"이다.

[생애]
과학적 사회주의-공산주의의 창시자, 변증법적 및 사적 유물론 그리고 과학적 경제학의 정립자이다. 1818년 5월 5일에, 라인 주의 프리에르 시에서 부유하고 교양있는 변호사의 가정에서 태어났

다. 아버지는 유태인이고, 1824년 프로테스탄트로 개종했다. 마르크스는 프리에르의 고등학교를 졸업한(1835년) 뒤, 본 및 베를린 대학에서 수학하고 법률학을 전공했지만, 특히 철학과 역사를 연구했다. 이 시기에는 아직 헤겔학파의 관념론자에 머물러 있었다. 베를린에서 청년헤겔학파 그룹에 들어간 마르크스는 이 파의 극좌파에 섰으며 혁명적 민주주의 사상을 다져 나갔다. 교수가 될 꿈을 꾸었지만, 당시의 반동정책을 고려하여 이를 포기하고 1842년 「라인신문」의 편집에 참가한 뒤 주필이 되어 이 신문을 혁명적 민주주의의 기관지로 바꾸어 놓았다. 마르크스는 그 활동과 이론연구에서 헤겔철학의 타협적 경향, 정치적으로 보수적인 입장, 그 원리와 현실의 사회관계 및 그 변혁의 과제 사이에서 발견되는 불일치를 발견하고 헤겔로부터 이탈, 더 나아가서는 청년헤겔학파에도 만족하지 않고 포이에르바하의 유물론으로, 또한 현실에 관한 경제적인 연구로 나아갔다.

거기에서 마르크스는 혁명적 민주주의로부터 프롤레타리아 공산주의로, 노동자 계급의 입장으로 혁명적 변화를 수행했다(1844년). 이것이 일어났던 것은 유럽에 있어 프롤레타리아 계급투쟁의 진전과 실레지엔 지방의 섬유 노동자의 봉기 그리고 파리에서의 그 자신의 혁명적 투쟁에의 참가가 커다란 요인으로 작용했다. 「라인신문」이 폐간된(1843년) 뒤, 마르크스는 파리로 이주하여 그곳에서 동지와 함께 『독불연감』(1844)을 편찬, 여기에 『헤겔 법철학 비판』, 『유태인 문제』를 발표하고, 마르크스의 경제학과 역사 및 공상적 사회주의에 대한 연구 성과 위에 서서 프롤레타리아의 역사적 역할, 사회혁명의 필연성, 노동운동과 과학적 세계관의 결합의 필요성을 역설했다. 이 시기에 마르크스는 파리에서 엥겔스와 만나게 되는데(1844년), 이후 우정이 깊어져 활동을 같이 하게 된다. 이 두 사람은 계통적으로 새로운 세계관을 창조해 내며, 그 주요한 원리는 마르크스의 『경제학·철학 초고』(1844년), 엥겔스와 공저한 『신성가족』(1845년), 『독일 이데올로기』(1845~1846년) 그리고 마르크스의 『포이에르바하에 관한 테제』(1845년), 『철학의 빈곤』(1847년)을 통해서 형성되었다. 이렇게 해서 마르크스주의는 종합적인 과학으로서 그 구성 부분(철학·경제학·사회주의)이 통일적으로 표명되었다.

1847년에 마르크스는 브뤼셀에 살면서 여기에서 비밀결사 '공산주의자동맹'의 기틀을 잡고, 그 제2차 대회에서 적극적으로 활동했다. 대회는 마르크스와 엥겔스에게 그 강령의 초안을 의뢰했다. 이렇게 해서 유명한 『공산당 선언』(1848년 3월 발표)이 쓰이고, 마르크스주의의 기본적 입장이 거기에서 열매를 맺어 여기에는 "새로운 세계관, 사회생활의 영역을 포함하는 수미일관된 유물론, 가장 전면적이고 심원한 발전학설인 변증법, 계급투쟁 및 새로운 공산주의 사회의 창조계급인 프롤레타리아의 세계사적·혁명적 역할에 관한 이론이 천재적인 명료함으로 풍부하게 드러나 있다."(레닌). 1848년~1849년의 독일혁명의 시기, 마르크스는 「신(新) 라인신문」의 주필로 활약하고 혁명의 전선에 서서 싸웠다. 이 혁명의 실패로 인하여, 마르크스는 독일에서 추방당하고 런던으로 이주하여 이 지역에서 생을 마친다(1883년 3월 사망). '공산주의자동맹'이 해산(1852년)된 뒤에도 노동운동 활동을 계속하고, 1864년에 제1인터내셔널을 창립했으며 이 조직을 주재하면서 많은 나라에서 노동운동을 결합하고 그 운동을 상세히 비교하여, 비프롤레타리아적·전(前)마르크스주의적 사회주의자들을 통일시키면서 이들이 지닌 입장의 오류와 싸웠다. 모든 마르크스의 활동은 마르크스의 이론에 불가결한 재료를 제공했으며 그 이론의 발전에 공헌했다.

사회주의혁명과 계급투쟁, 부르주아 혁명에 있어서의 프롤레타리아의 전술, 노동자와 농민 동맹의 필요성, 혁명에 있어서의 부르주아 국가기관의 파괴, 프롤레타리아 독재에 관한 구상 등이 거기에서 만들어졌다. 『프랑스에서의 계급투쟁』(1850년), 『루이 보나파르트의 브뤼메르 18일』(1852년),

그리고 파리 코뮌(1871년)의 경험을 토대로 집필한 『프랑스에서의 내전』(1871년)에서 그 사상이 전개되고 있다. 『고타강령비판』(1875년)에서는 과학적 사회주의-공산주의의 견해가 더욱 발전된 형태로 설파되고 있다.

마르크스는 경제학에 주요 노력을 기울이고 전 생애를 거쳐 『**자본론**』의 집필에 전념했다. 이 저작은 경제학에 관한 획기적인 저서로 공산주의 기초를 짓는 과학적 성과일 뿐만 아니라 유물론과 변증법에 있어 그 어느 것과도 비교할 수 없을 정도의 철학적 의의를 지닌다. 『**자본론**』은 마르크스 생존 시에 제1권이 출판되고(1867년), 제2권, 제3권, 제4권(즉 『잉여가치학설사 Ⅰ, Ⅱ, Ⅲ』)은 사후 엥겔스의 손에 의해 편찬되었다(1885년~1894년). 레닌이 지적하고 있듯이 『**자본론**』에 이르러 마르크스주의는 가설의 단계에서 과학적 단계로 확립된 것이다. 그 이전에 씌어진 『**경제학비판**』 서문에서 사적 유물론의 기본적 입장이 요약되고 있는 것은 잘 알려져 있다. 이렇게 해서 **마르크스가 남긴 성과**는 마르크스의 동료 엥겔스와 함께 이후 **역사 발전에 큰 공헌**을 하고 있다.

[사상]

마르크스는 헤겔의 철학에서 출발했고 헤겔의 사고방식에서 큰 영향을 받았지만 헤겔이 주장한 세계 정신의 관념, 즉 우리가 헤겔의 관념론이라고 부르는 것과는 거리가 있다. **마르크스는 한 사회의 물질적인 삶의 조건이 우리의 생각과 의식을 결정한다고 생각했다.** 마르크스는 물질적 삶의 조건의 변화가 역사에 결정적인 작용을 한다는 것을 증명하고자 하였다. **한사회의 정신적인 상황이 물질적 변화를 일으키는 것이 아니라, 그 반대로 물질적인 상황이 정신적인 상황을 결정한다고 생각했다.** 마르크스는 특히 한사회의 생산수단의 발전이 다른 모든 분야에 변화를 일으켜 역사를 발전시킨다고 강조했다.

[종교관]

흔히 마르크스하면 유대교와 기독교사이에서의 방황과 "종교는 인민의 아편"이라는 말 때문에 보수적인 종교인들로부터 반종교적 인물로 잘못 인식되고 있지만, "종교는 인민의 아편"이라는 말은 종교가 현실의 사회경제적 모순으로 고통을 받는 민중들에게 현실 도피적 경향을 나타내도록 기능한다는 것을 의미한다. 마르크스가 보기에 종교는 민중들이 내세에만 관심을 갖게 함으로써, 그들의 삶을 고통스럽게 하는 자본의 억압과 착취를 사회비판과 계급투쟁으로 극복하지 못하게 하는 '인민의 아편'이었던 것이다. 또한 마르크스는 종교를 가리켜 민중의 환상적 행복이라고 했는데, 이 또한 종교를 반대하는 말이 아니라 종교의 현실 도피적 경향을 비판한 말이다. 실제로 민중들은 그들에게 고통을 주는 사회적 억압과 착취를 계급투쟁으로 극복할 방법이 없을 때는 하늘나라, 극락, 메시아, 미륵 같은 종교적 환상을 만들어낸다. 즉, 마르크스는 종교의 현실 도피적 경향을 비판한 것이지 종교 자체를 반대한 것이 아니다.

[기독교를 인본주의로]

실제로 마르크스는 딸 엘리노어가 교회에서 두려움의 감정을 갖자 "부자들이 목수의 아들을 죽인 것"을 말해주면서도 "목수의 아들이 어린이들을 사랑하였으므로 기독교는 용서받을 수 있는 것이야."라고 말했다. 마르크스는 유대인집안 배경으로써 독일이 유대인에게 한 것이 기독교가 한 것이라고 생각한 듯하다. 기독교가 가진 자들, 권력이 있는 자들과 결탁하여 예수를 죽인다고 비판했지만, 기독교의 인본주의적 가치를 존중했다는 뜻이다. 현대 마르크스주의도 기독교를 인본주의라는 공동가치를 화두로 대화해오고 있다.

[영향]

마르크스주의는 오늘에 이르기까지 수많은 논쟁을 통과했다. 러시아 혁명을 성공시킴으로써 비로소 마르크스주의는 정통으로 확립된다. 그러나 스탈린 집권 후 마르크스주의는 왜곡되고 이에 반발해 본래의 마르크스로 회귀하려는 새로운 세력이 유럽에서 부상한다. 그람시의 헤게모니 이론과 아도르노 등이 주도한 프랑크푸르트 학파의 비판이론이 두각을 나타냈다. 이는 1968년에 일어난 프랑스 5월 혁명의 사상적 좌표가 되기도 하였다. 프랑스에서는 구조주의적 마르크스주의가 인기를 끌었다. 그러나 마르크스주의의 위기와 시련은 사상의 종주국 소련에서 발생했다. 고르바초프가 등장하여 페레스트로이카를 추진하면서 자본주의 진영과 대결이 아닌 타협을 모색하던 중, 걷잡을 수 없는 수렁으로 추락한 것이다. 끝내 소련은 해체되고 마르크스주의도 매우 극적인 종언을 고하는 듯했다. 어느날 갑자기 전 세계에서 가장 강력했던 정치이념이 형체도 없이 현실 정치에서 사라졌다.

[마르크스주의의 재평가]

그러나 애초 마르크스주의는 자본주의의 극단의 모순을 예리하게 비판하면서 탄생한 이상, 자본주의와 운명을 달리 할 수 없었다. 마르크스주의 영향력은 특히 학문적으로, 여전히 건재할 수밖에 없는 것이다. **마르크스의 치밀한 분석력과 통찰력은 현대 학문에 지대한 영향**을 끼쳤다. 현대 사회를 올바로 이해하기 위해서는 마르크스는 필수다. 자본과 노동의 관계에 대한 이론적 해명과 자본주의 세계화와 계층화에 대한 정확한 비판은 탁월하고 유효하기 때문이다. 자본주의가 전 지구로 확장되면서 부자와 빈자, 부국과 빈국의 차이는 더욱 커지고 있다. 마르크스가 지적한 인간소외, 물신숭배, 생산과 소비의 과잉, 공황의 문제 등도 지금도 계속 발생하고 있다. 이를 해결하려면 싫든 좋든 마르크스를 탐구하고 이해하지 않을 수 없다.

적어도 사회과학자라면 마르크스에 신세지지 않은 사람이 없다고 하듯, 마르크스에게는 독보적인 면이 존재하는 것이다. 2005년, BBC방송은 전문가들에게 설문조사를 해서 **세계에서 가장 유명하고 영향력이 있는 사상가**를 뽑았다. 단연 **1위는 마르크스**였다. 마르크스주의가 비록 현실에서 다 완성되지는 못했지만 자본주의를 냉철하고 객관적으로 비판했고 여러 대안을 세울 수 있게 했다는 점에서 높은 평가를 받지 않을 수 없었던 것이다. 자유주의 정치철학자인 아이제이아 벌린은 "일부 결론상의 오류가 있었지만 마르크스 사상이 갖는 중요성은 조금도 변하지 않았다." 면서 "마르크스의 사상은 역사, 사회를 바라볼 때 **새로운 관점을 제시**하고 **인간의 인식을 높여**주며 **새로운 길을 열어준**다."고 강조했다.

[주요 저서]

1842년, The Philosophical Manifesto of the Historical School of Law
1843년, 《헤겔 법철학 비판 서설》《헤겔 법철학 비판》, 강유원 옮김 (이론과실천, 2011)
1843년, 《유대인 문제에 대하여》

1844년, 〈제임스 밀에 대한 평주〉

1844년, 《경제학–철학 수고》《경제학–철학 수고》, 강유원 옮김 (이론과실천, 2006)

1845년, 《신성가족》

1845년, 《포이어바흐에 대한 테제》《루트비히 포이어바흐와 독일 고전철학의 종말》에 수록됨, 프리드
리히 엥겔스/강유원 옮김 (이론과실천, 2008)

1845년, 《독일 이데올로기》《독일 이데올로기》, 박재희 옮김 (청년사, 2007)

1847년, 《철학의 빈곤》《경제학–철학초고/자본론/공산당선언/철학의 빈곤》, 김문현 옮김 (동서문화사,
2008)

1847년, 《임금 노동과 자본》 박광순 옮김 (범우사, 2008)

1848년, 《공산당 선언》 강유원 옮김 (이론과실천, 2008)

1852년, 《루이보나빠르뜨의 브뤼메르 18일》《칼맑스 프리드리히엥겔스 저작선집 2권》, 박종철 출판
사 편집부 엮음

1857년, 《정치경제학 비판 요강》(Grundrisse), 김호균 역, 지만지, 《정치경제학 비판 요강》

1859년, 《정치경제학 비판》《정치경제학 비판을 위하여》

1861년, 《미국남북전쟁에 관한 기고》

1862년, 《잉여가치론》

1865년, 《가치, 가격 그리고 이윤》《칼맑스 프리드리히엥겔스 저작선집 3권》, 박종철출판사 편집부
엮음

1867년, 《자본 I》《자본론 1 상》, 김수행 옮김 (비봉출판사, 2001)
　　　　《자본론 1 하》, 김수행 옮김 (비봉출판사, 2005)
　　　　《자본 I-1》, 강신준 옮김 (길, 2008)
　　　　《자본 I-2》, 강신준 옮김 (길, 2008)

1871년, 《프랑스 내전》

1875년, 《고타강령비판》

1883년, 〈바그너에 대한 평주〉

1885년, 《자본 II》
　　　　《자본론 2》, 김수행 옮김 (비봉출판사, 2004)
　　　　《자본 II》, 강신준 옮김 (길, 2010)

1894년, 《자본 III》《자본론 3 상》, 김수행 옮김 (비봉출판사, 2004)
　　　　《자본론 3 하》, 김수행 옮김 (비봉출판사, 2004)
　　　　《자본III-1》, 강신준 옮김 (길, 2010)
　　　　《자본III-2》, 강신준 옮김 (길, 2010)

🦏 ● 마르크스 명언

♣ 서로 모순되는 두 측면의 공존 그것들의 투쟁,
　새로운 범주로의 그것들의 융합은 변증법적 운동의 본질이다.

♣ 임금노동이 없으면 자본도 자산계급도 자산계급 사회도 있을 수 없다.

♣ 의식은 처음부터 사회적 산물인 것이며 오직 인간이 존재하는 한
　그것은 의연히 그러한 산물인 것이다.

♣ 인간의 사유가 객관적 진리성을 가지고 있느냐 있지 않느냐 하는 문제는
　결코 이론적 문제가 아니라 실천적 문제이다.

♣ 진리를 부싯돌에 비유하는 것이 적합하다.
　세게 치면 칠수록 부싯돌은 더욱 밝은 불꽃을 튕긴다.

♣ 사람들은 스스로 자기의 역사를 창조하지만 그러나 그것을
　자기의 뜻대로 창조하는 것은 아니다.
　그들은 자기의 역사를 자기 자신의 선택한 환경 속에서 창조하는 것이 아니라
　자기 앞에 놓여있는 기성 된 과거에서 물려받은 환경 속에서 창조한다.

♣ 물질적 생활의 생산방식은 사회적, 정치적 및 정신적 생활과정 일반을 제약한다.
　인간의 의식이 그들의 존재를 규정하는 것이 아니라 반대로
　그들의 사회적 존재가 그들의 의식을 규정한다.

♣ 바로 인간에 관한 과학이 자연과학을 포괄하게 될 것과 마찬가지로
　자연과학도 앞으로 인간에 관한 과학을 포괄하게 될 것이다.
　따라서 이 두 부류의 과학은 한 부류의 과학으로 될 것이다.

♣ 노동과정에 필요한 일체 요소는 물질 요소인 생산수단과 인적요소인 노동력이다.

♣ 생산력 안에는 과학도 포괄되어 있다.

♣ 현실적인 실천으로 묻고 대답하라.

♣ 실천으로부터 분리된 사유의 현실성 또는
　비현실성에 관한 논쟁은 공리공론의 문제이다.

♣ 문명의 이기가 지나치게 많이 생산되면
　도움이 되지 않는 인간이 지나치게 많아지는 결과를 낳는다.

♣ 존재가 의식을 결정한다.

♣ 자기를 쌓아올리는 것은 노동에 있다.

♣ 화폐는 인간의 노동과 생존의 양도된 본질이다.
　이 본질은 인간을 지배하며 인간은 이것을 숭배한다.

♣ 삶을 표현하는 방식이 그 사람을 말해준다.

♣ 인간이란 자기의 운명을 지배하는 자유로운 자를 말한다.

♣ 인간은 정치적인 동물일 뿐 아니라 사회 속에서만 한 개인으로 발전할 수 있다.

♣ 자본주의 생산수단을 취하는 모든 나라는 생산과정을 거치지 않고
　이익을 얻으려는 열병에 곧잘 걸린다.

에이다-Ada Lovelace, 최초 프로그래머, 영국 (1815년생)

[출생] 1815년 12월 10일, 영국 런던
[사망] 1852년 11월 27일(36세) 영국 런던 매릴번

[사인] 자궁암
[국적] 영국
[별칭]
러브레이스 백작부인 각하 어거스타 에이다 바이런 여사
[직업] 수학자

[배우자]
윌리엄 킹-노엘 초대 러브레이스 백작
[부모]
조지 고든 바이런(父),
앤 이사벨라 바이런(母)

[생애]
에이다는 1815년 12월 10일에 저명한 낭만파 시인 조지 고든 바이런과 앤 이사벨라 바이런의 외동딸로 영국에서 출생하였다. 바이런에게는 혼외관계를 통해 태어난 다른 자녀들이 있었지만, 정상적인 혼인관계를 통해 출생한 법적자녀는 에이다가 유일하다. 바이런은 이복누이인 어거스타 리와의 불륜설에 시달리고 있었고, 이를 불식하기 위해 원하지 않는 결혼을 했다는 해석이 있다. 바이런은 아내가 임신하자 대를 이어 작위를 계승할 '영예로운 소년'을 낳아주길 바랐지만, 딸이 태어나자 실망감을 표시했다.
바이런은 딸을 이복누이의 이름에서 어거스타라고 이름 짓고, '**에이다**'라고 불렀다. 1816년 1월 16일, 바이런은 앤 이사벨라에게 이혼을 통보하고 태어난 지 한 달된 에이다와 함께 친정으로 쫓아냈다. 당시 영국법은 부모의 이혼에 있어 아버지에게 전적인 양육권을 부여하였지만, 바이런은 친권을 전혀 행사하지 않았고 석 달이 지난 4월 21일, 영원히 영국을 떠나버렸다. 이것은 앤 이사벨라가 평생에 걸쳐 전남편인 바이런의 부도덕한 행실을 성토하게 만들었고, 일련의 사건들로 인해 어린 에이다는 빅토리아 사회에서 유명해지게 되었다. 영국을 떠난 바이런은 딸에 관련한 그 어떤 연락도 주고받지 않았다. 그리고 에이다가 여덟 살이 되던 해에 **그리스 독립전쟁으로 얻은 질병으로 숨졌다.**

[성장]
에이다는 어린 시절부터 무척 병약했고, 자주 아팠다. 8살 때는 일시적으로 시력을 상실할 정도의 두통을 앓았고, 14살 때는 홍역에 걸려(1829년) 병상에서만 지내다가 16살이 되어서야 간신히 지팡이를 짚고 걸을 수 있었다(1831년). 앤 이사벨라는 에이다의 양육을 할머니에게 맡기는 등 아이에게 소홀하였음에도 이혼한 여성에 대해 관대하진 못한 사회적 시선을 의식하여 대외적으로는 모성이 가

득한 어머니의 모습을 보여주려 하였다. 때문에 할머니에게 에이다의 안부를 묻는 편지를 보내고는 어머니로서 성실하다는 것을 증거로 삼기위해 보관하게끔 했다. 앤 이사벨라의 친구들은 10대시절의 에이다에게서 '도덕적인 일탈'의 징후들을 포착하였다고 얘기하였지만, 에이다는 훗날 어머니의 친구들이 자신에 대해 과장된 얘기를 지어내곤 했다고 불평했다. 그러나 18살의 에이다가 가정교사와 사랑에 빠져 도피를 시도하였고, 이것이 사전에 발각되어 스캔들로 비화되는 것을 원하지 않은 어머니와 친구들에 의해 좌절된 일이 있었던 것을 볼 때, 에이다의 성장기에 방황의 흔적이 있음은 사실이라고 볼 수 있다.

어머니는 에이다가 아버지를 닮는 것을 두려워하여 문학 대신에 수학이나 논리학에 심취하게끔 유도하였다. 에이다는 가정교사로부터 수학과 과학을 배웠는데, 에이다의 스승은 윌리엄 프렌드, 매리 소머빌과 같은 19세기의 과학자들이었고 그 중엔 저명한 수학자 드모르간도 있었다. 17살 무렵 (1832년)부터 에이다는 수학적 재능을 꽃피우기 시작했다. 드모르간은 어머니 앤 이사벨라에게 보내는 편지에서 에이다에게 일류 수학자가 될 재능이 있다고 말했다. 딸에게서 아버지 바이런을 지우고자 하는 앤 이사벨라의 집착은 컸다. 에이다가 20살이 될 때까지 아버지 바이런의 그 어떤 초상화도 보지 못하도록 차단할 정도였지만, 에이다는 아버지를 사모했고 죽을 때는 아버지 곁에 묻히기를 원했다. 에이다는 이복자매인 클라라 알레그라 바이런은 너무 어린 나이에 죽어 만나지 못했지만, 고모 어거스타 리의 딸 엘리자베스와는 몇 번의 접촉이 있었다. 하지만 어거스타 리는 에이다와의 만남을 의도적으로 회피하였다.

19세가 되던 해(1834년), 에이다는 사교계의 일원이었고, 여러 행사에 참석하기 시작하였다. 에이다는 춤추는 것을 좋아하였고 아름다운 자태로 보는 이들을 매혹시켰다. 그러나 바이런의 친구인 존 홉하우스는 예외라서 당시의 에이다를 단지 이렇게만 묘사했다. **"덩치가 크고 피부가 까칠한, 그런데 어딘가 바이런과 닮은 구석이 있는(특히 입부분이) 젊은 여자였다.".** 에이다는 어머니의 영향을 받아 아버지의 친구들을 좋아하지 않았는데, 이 사실을 에이다는 홉하우스에게 고백하였고 그 후엔 서로 친구가 되었다. 가정교사인 서머빌과는 끈끈한 유대를 맺었고 다른 유명인사 들과의 교류도 있었는데 그 면면을 보자면 앤드류 크로스, 데이비드 브루스터, 찰스 휘트스톤, 찰스 디킨스, 마이클 패러데이와 같은 당대의 명사들이었다.

[바베지와의 만남과 최초의 프로그램]

에이다는 스스로를 '시적인 과학자', 분석가, 형이상학자라고 불렀다. 그리고 골상학과 최면술을 포함한 당대의 과학적 유행에 관심이 많았다. 1844년에는 친구에게 두뇌가 생각과 감정을 일으키는 원리를 나타내는 수학적인 모델을 만들고 싶다고 얘기하였고, 이 연구와 관련하여 전기기술자 앤드류 크로스를 방문하여 실험방법을 배우기도 했다. 같은 해, 에이다는 칼 폰 라이헨바흐 남작이 쓴 〈자성에 대한 연구〉를 읽고 평론을 쓰기도 하였지만 출판하지는 않았다. 말년에는 어머니에게 보내는 편지에서 수학과 음악의 상관관계에 대한 연구를 하고 있다고 말했다. 에이다는 자신을 가르친 많은 스승들 중에서도 여류 과학자인 매리 서머빌을 좋아하고 따랐는데, 찰스 배비지와의 만남은 서머빌의 주선을 통해서 이루어진 것이었다.

배비지로부터 전해들은 '초기 컴퓨터'에 대한 연구에 에이다는 매혹되었고, 서머빌과의 친분을 최대한 이용하여 배비지와 자주 접촉하려 하였다. 에이다의 여름별장에 있는 테라스 한쪽에서 두 사람은 수학에 대해 토론하곤 하였고, 그곳은 '철학자의 길'이라고 불렸다. 1842년에 찰스 배비지는 해석기관에 대한 세미나를 위해 이탈리아의 토리노 대학을 방문했는데, 이 날의 강연을 들은 젊은 과학자(훗날 이탈리아의 총리가 되는) 루이기 메나브레아는 프랑스어로 해석기관에 대한 논문을 썼다. 배비지와 에이다의 친구 찰스 휘트스톤은 이것을 영어로 번역할 것을 제안하였고, 에이다는 번역과 함께 본문보다도 분량이 많은 주석을 논문에 추가하였다. 해석기관에 대해 설명하는 것은 당시로선 매우 어려운 작업이었다. 주석문은 알파벳 순서대로 A부터 G까지의 각 파트로 이루어져 있었고, G 파트에는 '베르누이 수'를 구하는 해석기관용 알고리즘이 실려 있었는데 이것이 현대에 들어서서 최초의 컴퓨터 프로그램으로 인정되어 에이다에게 최초의 컴퓨터 프로그래머라는 수식어가 붙게 되었다.

에이다는 주석문에서 '해석기관'은 프로그램을 작성하여 입력하는 방식을 통해 복잡한 문제를 해결한다는 점에서 종래의 계산 기계와는 본질적으로 다르다고 설명하였고, 특히 해석기관이 더욱 다양한 목적을 위해 활용될 수 있는 가능성을 제시하였다. 배비지조차도 단순히 계산이나 수치를 처리하는 장치로만 해석기관을 이해했던 것과 비교하면 개념적인 도약이었다. 에이다는 음악의 요소들이 해석기관이 처리할 수 있는 형태로 변환될 수 있다면 해석기관을 이용하여 작곡과 같은 창작활동도 가능하다고 언급하였고 여기서 현대의 컴퓨터에 대한 예측을 엿볼 수 있다. 작업을 마친 후에도 두 사람의 우정은 변함이 없었고 서신 교환은 계속되었다. 말년에 에이다는 바베지를 유언의 집행자로 지명하는 편지를 썼지만, 법적문제로 인해 전달되지는 못했다.

[업적]
러브레이스 백작부인 어거스타 에이다 킹은 영국 시인 조지 고든 바이런의 딸로 세계 최초의 프로그래머로 알려져 있다. 출생명은 어거스타 에이다 바이런, 대중적으로는 에이다 바이런, 혹은 에이다 러브레이스라는 이름으로 불린다. 과학만능주의가 팽배하던 19세기를 살다간 귀족여성으로서 이학적(理學的)인 관심과 타고난 지능을 바탕으로 초기 컴퓨터과학에 인상적인 발자취를 남겼다. 에이다는 찰스 배비지의 연구에 대한 좋은 이해자이자 협력자였고, 배비지가 고안한 해석기관을 위한 공동작업으로 널리 알려져 있다.

해석기관에서 처리될 목적으로 작성된 알고리즘이 최초의 컴퓨터 프로그램으로 인정되었던 바 '세계최초의 프로그래머'라는 수식어가 붙는다. 해석기관을 단순한 계산기 또는 수치 처리 장치로만 생각하던 당대의 과학자들과는 달리 훨씬 다양한 목적으로 활용될 수 있는 가능성에 주목하여 현대 컴퓨터의 출현을 예측하였다. 프로그래밍 언어에서 사용되는 중요한 개념인 루프, GOTO문, IF문과 같은 제어문의 개념을 소개하였다. 에이다는 서브루틴에 관한 개념도 고안하였는데, 이것은 1948년 모리스 윌키스가 개발한 최초의 어셈블리어의 개념으로 추가된다. 에이다 프로그래밍 언어는 에이다의 이름을 따서 만들어진 프로그래밍 언어이다.

[기념]
에이다의 생일날인 1980년 12월 10일에 미국 국방부는 "에이다"라는 이름의 새로운 컴퓨터 프로그래밍 언어에 대한 참조 설명서를 승인하였다. 에이다 프로그래밍 언어(MIL-STD-1815)의 미국 국방부 군사 규격에 붙여진 숫자는 에이다가 태어난 해를 기념하기 위한 것이다. 영국 컴퓨터 협회는 매

년 에이다의 이름으로 메달을 수여한다. 탄생 197주년을 기념하여 구글은 에이다를 모델로 한 **구글 두들**을 헌정하였다.

🦏 ● 에이다 명언

♣ 컴퓨터는 우리가 명령하는 방법을 알고 있는 것은 무엇이든 계산해낼 수 있다.
♣ 나에게 종교는 과학이고, 과학은 종교이다.
♣ 가능하면 잘 이해하자. 내 이해력은 알고 싶은 모든 것들의 극히 작은 부분 일뿐이다.
♣ 모든 문제들로부터, 당신의 최고이며 가장 현명한 피난처는 과학 속에 있다.
♣ 나의 뇌는 단순히 숙명적으로 죽는 것 이상이다. 시간이 보여줄 것이다.
♣ 더 많이 공부 할수록, 나의 특별한 재능은, 점점 더 채워지지 않는다는 걸 느낀다.

다윈-Charles Darwin, 진화론 생물학자, 영국 (1809년생)

★ 지난 1,000년간 인물100명중 4위 선정
★ 인류 역사인물 100명중 16위 선정
★ 인류 역사인물 50명에 선정 (Wopen.com 한국.net 선정)

[출생] 1809년 2월 12일, 잉글랜드 슈루즈버리
[사망] 1882년 4월 19일 (73세), 잉글랜드 런던 던하우스

[국적] 영국
[분야] 박물학, 생물학
[출신 대학] 케임브리지 대학교 신학과, 에든버러 대학교 의과대학
[수상] 로열 메달, 월스턴 메달, 코플리 메달

[주요저서]
《종의 기원》(1859년), 《식물의 교배에 관한 연구》(1876년)

[요약]
생물진화론을 정하여 뜻을 세운 영국의 생물학자이다. 해군측량선 비글호에 박물학자로서 승선하여, 남아메리카·남태평양의 여러 섬과 오스트레일리아 등을 항해·탐사했고 그 관찰기록을 《비글호 항해기》로 출판하여 진화론의 기초를 확립하였다. 1859년에 진화론에 관한 자료를 정리한 《종의 기원》이라는 저작을 통해 진화 사상을 공개 발표하였다.

[생애와 업적]

찰스 로버트 다윈은 **영국의 생물학자, 박물학자이며 진화론자이다. 철학자로 인정받기도 한다.** 슈루스베리의 의사 로버트 다윈의 아들로 태어났다. 박물학자 이래즈머스 다윈의 손자이며, 생물학자 프랜시스 골튼의 외사촌 형이기도 하다. 1825년 에든버러대학에 입학하여 의학을 배웠으나 성격에 맞지 않아 중퇴하였다. 에든버러대학 의학부를 중퇴한 후, 케임브리지대학 신학부를 졸업했지만, 실제로는 박물학을 연구했다. 1831년~1836년 해군 측량선 비글호에 동승하여 남태평양의 지질과 동식물을 자세히 조사하여, 생물 진화의 확신을 얻고 귀국하여, 동(同)시대의 생물학 및 영국 농업에서의 품종 개량의 성과를 개괄하여 **생물진화론과 자연도태설을** 확립했다. **생물진화론의 정립에 공헌하였다.** 진화론을 체계적으로 정리한 뒤 저서 **종의 기원**을 통해 공식적으로 진화론을 발표하여 논란이 되었다. 《종의 기원》에서 생물의 진화론을 내세워 코페르니쿠스의 지동설만큼이나 세상을 놀라게 **했다.** 당시 지배적이었던 창조설, 즉 지구상의 모든 생물체는 신의 뜻에 의해 창조되고 지배된다는 신중심주의 학설을 뒤집고 새로운 시대를 열어, 인류의 자연 및 정신문명에 커다란 발전을 가져오게 했다. '**인간과 원숭이는 공통 조상을 갖는다.**'는 그의 발언은 당시 유럽 사회에 충격을 주었고, **진화론과 창조설간의 논쟁**에 본격적으로 불을 붙였다.

[유년기]

찰스 다윈은 1809년 2월 12일 영국 슈루즈버리에서 부유한 의사 로버트 워링 다윈과 어머니 수잔나 사이에서 2남 4녀 중 다섯째 아이이자 둘째 아들로 태어났다. 찰스 다윈의 할아버지 이래즈머스 다윈은 노예제도에 반대하는 진보 지식인으로 이름이 난 의사였다. 외할아버지는 도예가이자 기업가인 조시아 웨지우드였다. 할아버지들은 박물학자이며, 아버지 로버트와 어머니 수잔의 동생인 외삼촌은 모두 사업가로 다윈 가족과 웨지우드 가족은 모두 오랫동안 친밀하였고, 찰스 다윈의 부모님과 더불어 몇 쌍의 겹결혼으로 인해 친한 인척 관계에 있었다.

그러나 어머니 수잔이 다윈이 8세 때 생을 마감하고, 누나인 캐롤라인 등 3명의 누이가 어머니를 대신하여 다윈을 길렀다. 아버지 로버트는 아내의 죽음에 성격이 엄격해졌지만, 아이들이 혹시 비뚤어질까봐서 심하게 꾸짖거나 하지는 않았다. 이러한 집안의 가풍은 다윈이 어진 성품과 당시로선 자유로운 성공회믿음을 가지게 하였다. 웨지우드의 가문은 다윈의 탄생 당시 이미 종교개혁으로 영국의 전통교회로 뿌리내린 성공회를 받아들였지만, 양가 모두 원래는 하느님으로서의 예수보다는 사람으로서의 예수에 무게를 두는 반(反)삼위일체 기독교 교회인 유니테리언 교회의 신도였다. 다윈가는 휘그당의 급진자유주의에 뜻을 같이 하고 있었다. 이렇듯 다윈의 집안은 자유주의가 전통인 집안이었으나, 아버지 로버트는 관례에 따라 아이들에게 성공회에서 세례를 받게했다.

그러나 다윈 남매와 어머니는 유니테리언 교회를 갔다. 어린 시절부터 박물학적인 취미를 좋아하고, 8세 때 식물, 조개, 광물 수집하는 취미를 가지게 되었다. 아버지 로버트는 할아버지와 달리 박물학에는 관심이 없었지만, 꽃과 나무를 가꾸는 일인 원예가 취미였기 때문에 어린 다윈은 자신의 작은 정원을 가졌다. 또한 할아버지와 같은 이름의 형 에라스머스는 화학 실험에 몰두했고, 다윈에게 실험을 돕게 했다. 다윈은 형을 라즈라고 부르면서 그리워했다.

[학창시절]

찰스 다윈은 할아버지 에라스무스를 만나지는 못했지만 어려서부터 할아버지가 쓴 책들을 읽으면서 생물에 대한 호기심을 갖게 된다. 1817년부터 1825년까지 다윈은 초중등 교육을 받았다. 초등학교 시절 다윈은 교육을 지식전수로 잘못 이해하여 학생만의 좋은 점들을 존중하고 키워주지 않는 잘못된 교육 때문에 수업에 집중하지 못하여, 교사에게서 '항상 멍하게 있는 녀석'이라는 심한 욕을 듣기도 했다.

[의대진학]

의사였던 아버지 로버트 다윈은 아들이 의사가 되기를 희망했고, 찰스 다윈을 의대로 진학시키려 노력하였다. 그러나 찰스는 의학에 별로 관심이 없었고, 청소년기 때부터 곤충 채집과 동물 관찰에 흥미를 보였다. 아버지는 찰스 다윈을 설득했지만 찰스 다윈은 별로 공감하지 않았다. 다윈은 16세 때인 1825년에 아버지의 직업을 물려받기 위해 부모 슬하를 떠나 에딘버러 대학교에서 의학을 배웠다. 그러나 피를 봐야 한다는 사실에 거부감을 가졌고, 의학보다는 곤충 채집같은 경험에 입각한 자연계의 다양성을 좋아했다. 더구나 마취학이 없었기 때문에 수술이 환자들에게 고통을 주는 19세기 유럽 의학의 인도주의에 어긋나는 모습과 지나치게 학문에 치우친 의대 교수들의 지루한 강의에 친숙해지지 못하고 1827년에 에딘버러 대학교를 떠나게 된다.

[박물학과의 만남]

당시 남미의 탐험 여행에 동행한 경험이 있는 흑인 해방노예(영국에서는 1833년 성공회 복음주의자들의 영향으로 노예무역이 없어졌음)존 에드먼스턴에게서 동물의 박제 제작 방법을 배웠다. 다윈은 존을 매우 느낌이 좋은 지적인 사람이라고 생각하여 그리워했다. 존 에드먼스턴이 가르쳐준 박제만들기는 나중에 비글호의 항해에 참가해 생물 표본을 만들 때 많은 도움이 되었다. 2학년 때에는 플리니 협회(급진적인 유물론에 매료된 박물학의 학생들의 클럽, 고대 로마의 박물학자 대 플리니우스와 연관)에 소속해, 해양 생물의 관찰 등에 종사했다.

다윈은 로버트 에드몬드 그랜트의 해양 무척추동물의 생활환경과 해부학의 연구를 도왔다. 어느날, 그랜트는 장바티스트 라마르크의 진화 사상을 칭찬했다. 다윈은 놀랐지만, 그 무렵 할아버지의 책을 읽어 유사한 개념을 알고 있었고, 그리고 그 생각이 논쟁적인 것을 알고 있었다. 대학교의 박물학의 수업은 지질학의 수성론(Neptunism)과 화성론(Plutonism) 논쟁 등을 포함하고 있었지만 지루했다. 또 식물의 분류를 배워, 당시 유럽에서 가장 많은 식물수집을 자랑한 에딘버러 대학교 박물관에서 연구를 도왔다.

[신학과 진학]
[케임브리지 대학교 신학과]

1827년 아들이 성공회 신부가 되기 바라는 아버지의 뜻에 따라, 케임브리지 대학교 신학과에 입학하였다. 하지만 본인의 흥미에 따라 식물학자 헨슬로와 지질학자 아담 세지윅 교수의 지도를 받았으며, 1831년에 최고 성적으로 케임브리지 대학교를 졸업헀다. 과학 역시는 이 두 대학교 시절을 다윈의 인생에서 가장 중요한 시기였던 것으로 보고 있지만, 본인은 훗날 회고록에서 **"학문으로서 대학교에서 (에딘버러 대학교에서도) 얻은 것은 아무것도 없었다."**고 말했다. 그 뒤 다윈은 세계 일주를 하게 되는데, 이때 아버지 로버트의 반대가 극심하였다. 그러나 에딘버러 대학 재학시절의 은사인 존 스티븐스 헨슬로의 간곡한 설득으로 아버지 로버트는 아들의 세계 일주를 허용하였고, 이는 훗날 찰스 다윈의 생애는 물론 생물학계에도 족적을 남기게 되는 비글호 항해를 할 수 있게 되었다.

[케임브리지 대학교 신학부]
에딘버러 대학교에서 좋은 결과를 얻지 못하자, 아버지는 다윈을 성공회 신부로 만들기 위해서 1827년에 케임브리지 대학교에 넣어 신학, 고전, 수학을 배우게 했다. 다윈은 성공회 신부가 되면 성공회 미사 집전, 성서와 신학연구 등의 교회 일을 하고 남는 시간의 대부분을 박물학에 쏟을 수 있다고 생각했다. 그래서 아버지의 제안을 기꺼이 받아 들였지만 찰스 다윈의 관심은 신학이 아닌 박물학이었다. 케임브리지 대학교에서도 육촌 윌리엄 다윈 폭스와 함께 필수는 아니었던 박물학이나 곤충 채집에 심취했다. 어릴 때부터 동식물에 관심을 가졌고, 케임브리지대학의 식물학 교수 헨슬로와 친교를 맺어 그 분야의 지도를 받았다. 폭스의 소개로 성직자이자, 박물학자인 존 스티븐스 헨슬로와 만나 친한 친구이자, 제자가 되었다. 다윈은 학내에서 헨슬로가 만든 정원을 둘이서 자주 산책했던 것으로 알려져 있다. 후에 헨슬로와의 만남에 대해서, **자신의 연구에 가장 강한 영향을 주었다고 회고**하고 있다. 또 성직자이면서 지질학자였던 아담 세지윅에게 배워, 층서학에 평범하지 않은 재능을 발휘했다.

[자연신학]
동시에 당시 다윈은 신학의 권위자인 윌리엄 페일리의 《자연신학》을 읽었고, 모든 생물은 하느님이 천지창조의 시점에서 완벽한 형태로 창조했다고 하는 설을 납득하고 믿었다. 자연철학의 목적은 관찰을 기반으로 한 귀납적 추론에 의해서 법칙을 이해하는 것이라고 기술한 존 허셸의 새로운 책이나, 알렉산더 홈볼트의 과학적 탐험 여행 등의 책을 읽었다. 그들의 불타는 열의에 자극되어 열대지방에서 박물학을 배우기 위해서 졸업한 뒤 동년배들과 테네리페 섬에 여행할 계획을 세우며, 그 준비 단계로 세지윅의 웨일스 지질 조사에 참가했다.

[여행]
이때의 찰스 다윈의 취미는 음악이나 후에 잔인하다며 그만둔 사냥이었다. 입학을 했던 1827년 여름에는 조시아 2세와 그 딸이자, 미래의 아내가 될 엠마 웨지우드와 유럽 대륙을 여행하고 파리에 몇 주간 머물렀다. 이것이 처음이자 마지막 유럽 대륙 여행이었다.

[진화론 연구]
1831년 22세 때 헨슬로의 권고로 해군측량선 비글호에 박물학자로서 승선하여, 남아메리카·남태평양의 여러 섬(특히 갈라파고스제도)과 오스트레일리아 등지를 두루 항해 및 탐사하고 1836년에 귀국하였다. 그 동안에 널리 동식물의 상(相)이나 지질 등을 조사하여 후에 진화론을 제창하는 데 기초가 되는 자료를 모았다. 특히 갈라파고스제도에서의 관찰, 즉 다른 환경의 섬과 거기에서 생활하는 같은 계통의 생물에서 볼 수 있는 사소한 변이와의 관련은, 다윈으로 하여금 진화사상의 심증을 굳히는 주요 요인이 되었다. 또, 라이엘의 《지질학 원리》도 큰 영향을 주었다.
1839년 《비글호 항해기》를 출판하여, 여행 중의 관찰기록을 발표하면서 진화론의 기초를 확립하였다. 또한 지질학상의 문제, 산호초의 생성원인의 연구에 착수하였다. 1842년에는 건강 때문에 켄트 주(州)에 은거하여 진화론에 관한 자료를 정리하고, 1856년부터 논문을 쓰기 시작하였다. 그런데 1858년에 동남아시아에서 연구 중이던 월리스가 다윈과 같은 견해의 논문을 보내오자, 이에 놀란 찰스 다윈은 서둘러 논문을 정리하여 그 해 런던의 린네학회에 월리스의 논문과 함께 동시에 발표했다. 대단히 신중한 태도로 연구를 진행하고 있던 중, 1858년 왈라스(1823년~1913년)로부터 거의 같은 의견의 논문을 받고, 주위의 권유에 따라 같은 해 왈라스의 논문과 함께 자신의 학설을 발표했다.

1859년 《종의 기원》(정식 명칭은 '자연 선택에 의한 종의 기원에 관하여')이라는 저작에 진화 사상을 공표하였다. 진화론의 골자는 바로 그 저서의 표제에 나타나 있는 바와 같이, 자연선택설을 요인론으로 한 것이다. 자연선택설은 생물의 어떤 종의 개체 간에 변이가 생겼을 경우에, 그 생물이 생활하고 있는 환경에 가장 적합한 것만이 살아남고, 부적합한 것은 멸망해 버린다는 견해이다. 곧, 개체 간에서 경쟁이 항상 일어나고 자연의 힘으로 선택이 반복되는 결과, 진화가 생긴다고 하는 설이다. 이 설에서는 개체간의 변이가 어떻게 생기느냐에 대해서는 설명하지 못하고, 라마르크가 제창한 환경의 영향에 따라 생긴 변이가 다음 대에 유전한다고 하는 획득형질유전론을 채용하고 있다. 또한, 개체 간에 경쟁이 일어난다고 하는 견해는 **맬서스의 《인구론》**에서 시사를 받은 것이라고 한다. 《**종의 기원》은 초판 1,250부가 발매 당일에 매진될** 정도로 큰 반응을 불러일으켜, 후에 6판까지 출판되었다. 계속해서 많은 저서를 통해 자신의 학설을 제창하고 커다란 반향을 불러일으켰다. 1860년 진화론에 관한 논쟁이 옥스퍼드에서 일어나 헉슬리와 후커 등의 지지로 다윈의 견해가 인정을 받았다. 종교계를 필두로 한 각계의 격렬한 비난공세에 대해 찰스 다윈 자신은 적극적으로 대응하지 않고, 헉슬리 등이 대변론전을 벌였다. 찰스 다윈의 세계관은 유물론적이고 무신론적이었지만, 진화론과 종교의 관계에 대해서는 신중한 자세를 취하여 적극적인 발언은 삼갔다. 1862년~1881년에 한 걸음 더 나아간 진화론에 관한 저작을 발표하였는데, 그 중에서도 《사육동식물의 변이》(1868) 《인류의 유래와 성선택》(1871)이 유명하다. 특히 후자는 《종의 기원》에서 뚜렷이 제시하지 못했던 인간의 진화에 대하여 찰스 다윈의 태도를 분명히 한 저술로서 중요한 의의가 있다. 찰스 다윈은 진화론 외에도 생물학상의 몇 가지 연구를 하였다. 1880년의 《식물의 운동력》은 식물의 굴성에 대한 선구적 연구인데, 식물학자인 아들 프랜시스 다윈(1848년~1925년)과 공동으로 이룬 것이다. 또한, 《식물의 교배에 관한 연구》(1876년)와 《지렁이의 작용에 의한 토양의 문제》(1881년) 등 여러 방면에 걸쳐 있다. 찰스 다윈은 1882년 켄트 다운에서 죽었다. 다윈의 진화론은 **물리학에서의 뉴턴 역학과 더불어 사상의 혁신을 가져와** 그 후의 **자연관·세계관의 형성에 큰 영향**을 끼쳤다.

다윈 명언

♣ 가장 힘센 종족이 최후까지 살아남는 게 아니다. 가장 영리한 종족도 아니다.
　살아남은 것은 변화에 가장 민감한 종족이다.
♣ 하나님의 존재를 부인하지 않는 점에서 나는 무신론자가 아니다.
　내 일반적인 생각으로는, 내 정체성은 불가지론자가 가장 적합한 설명이라고 생각한다.

링컨-Abraham Lincoln, 16대 대통령, 미국 (1809년생)

★ 지난 1,000년간 인물100명중 23위 선정

[출생일] 1809년 2월 12일
[출생지] 미국 켄터키 주 호진빌

[사망일] 1865년 4월 15일 (56세)
[사망지] 미국 워싱턴 D.C.

[임기] 대통령 1861년 3월 4일 ~ 1865년 4월 15일

[정당] 공화당
[종교] 침례교
[배우자] 메리 토드 링컨
[자녀] 로버트 토드, 에드워드 베이커, 윌리엄 월러스, 토머스 태드
[부모] 토머스 링컨, 낸시 링컨

[요약]
미국의 제16대 대통령이다. 남북 전쟁에서 북군을 지도하여 점진적인 노예 해방을 이루었다. 대통령에 재선되었으나 이듬해 암살당하였다. 게티즈버그에서 한 연설 중 유명한 '국민에 의한 국민을 위한 국민의 정부'라는 불멸의 말을 남겼다.

[생애]
켄터키 주(州) 호젠빌 출생이다. 가난한 농민의 아들로 태어나 어려서부터 노동을 하였기 때문에 학교교육은 거의 받지 않았지만, 독학하여 1837년 변호사가 되어 스프링필드에서 개업하였으며, 1834~1841년 일리노이 주의회 의원으로 선출되었다. 1847년 연방 하원의원으로 당선되었으나, 미국 멕시코전쟁에 반대하였기 때문에 인기가 떨어져 하원의원직은 1기로 끝나고 변호사 생활로 돌아갔다. 1850년대를 통하여 노예문제가 전국적인 문제로 크게 고조되자 정계로 복귀하기로 결심하고, 1856년 노예반대를 표방하여 결성된 미국 공화당에 입당하여, 그해 대통령선거전의 공화당후보 플레먼트를 응원함으로써 자신의 웅변이 알려지게 되었다.
1858년 일리노이 주 선출의 상원의원선거에 입후보하여 재선을 노리는 민주당의 더글러스와 치열한 논전을 전개함으로써 전국적으로 유명해졌다. 더글러스와의 공개논전에서 행한 **"갈려서 싸운 집은 설 수가 없다. 나는 이 정부가 반은 노예, 반은 자유의 상태에서 영구히 계속될 수는 없다고 믿는다."**는 유명한 말을 하여 더글러스의 인민주권론을 비판하였다. 선거결과에서는 패하였으나, 7회에 걸친 공개토론으로 링컨의 명성은 전국적으로 알려지게 되고, 1860년 대통령선거에서는 공화당의 대통령후보로 지명을 받았다. 그러나 링컨이 대통령후보로 지명된 것은 노예제에 대한 링컨의 견해가 과히 급진적인 것은 아니었기 때문으로 알려져 있다.

이 선거에서는 민주당 쪽에서 노예제 유지의 브리켄리지와 인민주권의 더글러스의 두 명의 후보로 분열되었기 때문에 링컨이 당선되었다. 그러나 링컨의 당선과 함께 남부 여러 주들은 합중국을 이탈하여 남부 연합국을 결성하였다. 링컨은 이미 노예제를 가지고 있는 남부 여러 주들의 노예를 즉시 무조건 해방시킬 생각은 없었으나, 앞으로 만들어질 준주(準州)나 주(州)는 자유주의로 할 것을 강력히 주장하였기 때문이다. 1861년 3월 4일 대통령에 취임하자 링컨은 "나의 최고의 목적은 연방을 유지하여 이를 구제하는 것이지, 노예제도의 문제는 아니다."라고 주장하였으나, 4월 섬터 요새에 대한 남군의 공격으로 마침내 동족상잔의 남북전쟁이 시작되었다. 전쟁 중 링컨은 의회에 대하여 대통령의 권한 강화를 요청하고, 독재적 권한을 행사하여 인신보호령장의 정지, 언론집회의 자유의 제한을 강행, 반대당으로부터 비난을 받았다. 그러나 링컨의 목적은 여러 세력을 조정하여, 북부의 강경론자들을 누르면서 노예해방을 점진적으로 단행하는 것이었다.

전황은 처음에는 북군에게 불리하였으나, 1862년 9월 남 군이 수세로 몰린 때를 노려 노예제 폐지를 예고하고 외국의 남부 연합국 승인을 저지함으로써, 북부와 해외여론을 자기편으로 유도하여 전황을 일거에 유리하게 전개하는 데 성공하였다. 1863년 11월 게티즈버그국립묘지 설립 기념식 연설에서 유명한 "**국민에 의한, 국민을 위한 국민의 정부는 지상에서 영원히 사라지지 않을 것이다.**"라는 불멸의 말을 남겼다. 전쟁 중인 1864년의 대통령선거에서는, 재선 전망이 불투명하였으나, 그랜트가 총사령관으로 임명된 후 승리가 계속된 것이 링컨에게 유리하게 작용해서 재선에 성공하였다. 1865년 4월 9일 남군사령관 리가 애포매틱스에서 그랜트에게 항복함으로써 남북전쟁은 종막을 고하였다. 전쟁이 종막에 가까워짐에 따라 관대한 조치를 베풀어 남부의 조기 연방 복귀를 바랐으나, 4월 14일 워싱턴의 포드극장에서 연극관람 중, 남부인 배우 부스에게 피격, 이튿날 아침 사망하였다.

[에이브러햄 링컨 연보]

1809 2월 12일 켄터키 주에서 출생.

1816 사우스웨스트 인디애나 주로 이주함.

1830 일리노이주로 이주.

1834 일리노이 주의회 의원 지냄(~1841년).

1837 변호사 자격증 획득.

1842 메리 토드와 결혼.

1847 연방 하원의원을 지내면서 미국-멕시코 전쟁에 반대함.

1855 연방 상원의원선거에서 패함.

1856 공화당 부통령 후보 경선에서 패함.

1858 공화당 상원의원후보로 민주당 더글러스와 노예문제를 놓고 대토론을 벌임. 상원의원에는 낙석함.

1861 제16대 대통령으로 취임. 남북전쟁 발발.

1863 《노예해방선언문》 공포. 게티스버그국립묘지 헌정기념식 연설.

1864 대통령에 재선됨.

1865 남북전쟁 종식. 4월14일 워싱턴 포드극장에서 피격, 4월15일 사망.

[업적]

에이브러햄 링컨은 1861년 3월부터 암살된 1865년 4월까지 미국의 16번째 대통령으로 재직했다. **링컨은 남북전쟁이라는 거대한 내부적 위기로부터 나라를 이끌어 벗어나게 하는 데 성공하여 연방을 보존하였고, 노예제를 끝냈다.** 당시 미국 서부 변방의 개척지에 사는 가난한 가정 출신이었기 때문에, 링컨은 공부를 학교에서 배우기보다는 혼자서 스스로 할 수밖에 없었다. 링컨은 변호사가 되었고, 일리노이 주 의원이 되었고, 미국 하원의원을 한 번 했지만, 상원 의원 선거에서는 두 번 실패하였다. 링컨은 가족과 함께 시간을 많이 보내지는 못했지만, 자상한 남편이었고 네 아이의 아버지였다. 링컨은 미국의 노예제도의 확장에 대해서 공개적인 반대자였으며, 선거 기간 중 토론과 연설을 통해서 자신의 입장을 분명하게 드러냈다. 그 결과 링컨은 1860년 미국 대통령 선거에서 공화당의 대통령 후보 지명을 확보하였다.

대통령이 된 후에 링컨은 임기 중 일어났던 남북전쟁에서 북부 주를 이끌며 미합중국에서 분리하려 노력했던 남부연합에 승리를 거뒀다. 1863년에는 **노예 해방 선언을 발표**했고, 미국 헌법 수정 제13조의 통과를 주장하며 **노예제의 폐지를 이끌었다.** 대통령으로서 링컨은 군사적, 정치적 양면으로 내전 승리에 집중했으며, 미국 남부 11 주의 분리 독립 선언 이후, 그 주들과 통합할 방법을 계속 모색했다. 링컨은 전례 없는 군사조치를 취했으며, 분리 독립주의자로 의심되는 사람은 재판 없이 수감하거나 구금조치를 취했다. 링컨은 남북전쟁에서 율리시스 그랜트 장군과 같은 최고 지휘관의 선발에 깊이 관여하며 남북전쟁을 승리로 이끌었다. 역사가들은 링컨이 공화당 내 여러 분파의 지도자를 내각에 참여시킴으로써 당의 분파가 협력하도록 잘 조정했다고 말한다. 링컨은 1861년 말 트랜트 호 사건에서 영국과 전쟁 위기까지 몰렸던 위기를 잘 해결했다.

링컨의 리더십 아래, 북군은 남북의 경계가 되던 주들을 점령할 수 있었다. 또 **링컨은 1864년의 대통령 선거에서도 다시 승리했다.** 공화당의 중도파 수장으로서, 링컨은 모든 방향에서 비판을 받았다. 노예제도에 반대하던 공화당 급진파에서는 남부에 대해 더욱 강한 조치를 촉구했으며, 전쟁에 반대하던 민주당에서는 평화와 협상을 촉구했다. 분리 독립주의자들은 링컨을 적으로 보았다. 링컨은 반대파에 지원책을 폄으로서 지지를 끌어내고자 했으며, 뛰어난 수사학 이용과 연설을 통해 대중의 의견을 이끌었다. 예를 들어 **게티스버그 연설은 미국의 전통인 자유주의 곧 자유, 평등, 민주주의에 대한 상징이 되었으며, 역사를 통틀어 가장 많이 인용되는 연설로 손꼽힌다.**

전쟁이 종료돼 가면서 링컨은 전후 재건에 대해 신중한 시각을 보이며 **관대한 화해를 통해 국가를 통합하는 정책을 주장했다.** 남부연합을 이끌던 로버트 리 장군의 큰 패배가 있은 지 6일 뒤에 링컨은 미국 역사상 처음으로 대통령 임기 중에 암살되었다. 링컨은 지속적으로 전문가들에게서 모든 **미국 대통령 중 가장 위대한 대통령으로 꼽히고 있으며 영웅, 성자, 순교자가 된** 실제 키 (197 cm)만큼 역사의 거인이라 할 수 있다. 링컨은 미국 대통령 중 최초로 성립 당시의 13주 이외의 지역에서 태어난 대통령이었다. 현재 통용되고 있는 **미국의 5달러 지폐에는 링컨의 초상화가 그려져 있다.**

🦏 ● 링컨 명언

♣ 국가는 거기에 거주하는 국민의 것이다.

국민이 현 정부에 염증을 느끼게 되면 그들은 언제든지 그것을 개선할 헌법에 보장된 권리를 행사하거나 분할 내지 전복시킬 수 있는 혁명권을 행사할 수 있다.

♣ 국민의 국민에 의한 국민을 위한 정부는 이 땅에서 영원히 사라지지 않을 것이다.

♣ 국민의 일부를 처음부터 마지막까지 속일 수는 있다.

또한 국민의 전부를 일시적으로 속이는 것도 가능하다.

그러나 국민 전부를 끝까지 속이는 것은 불가능하다.

♣ 나는 계속 배우면서 갖추어 간다. 언젠가는 나에게도 기회가 올 것이다.

나는 노예가 되고 싶지 않은 것처럼 주인도 되고 싶지 않다.

♣ 나는 어릴 때 가난 속에서 자랐기 때문에 온갖 고생을 참으며 살았다.

겨울이 되어도 팔꿈치가 노출되는 헌 옷을 입었고 발가락이 나오는 헌 구두를 신었다.

그러나 소년시절의 고생은 용기와 희망과 근면을 배우는 하늘의 은총이라 생각하지 않으면 안 된다. 영웅과 위인은 모두 가난 속에 태어났다.

성실 근면하며 자신의 일에 최선을 다한다는 정신만 있으면 가난한 집 아이들은 반드시 큰 꿈을 이룰 수 있다.

♣ 헛되이 가난을 슬퍼하고 역경을 맞아 울기만 하지 말고,

미래의 밝은 빛을 향해 분투노력하며 성공을 쟁취하지 않으면 안 된다.

♣ 나는 천천히 걸어가는 사람이다. 그러나 뒤로는 가지 않는다.

♣ 나이가 40을 넘은 사람은 자기 얼굴에 책임을 져야 한다.

♣ 어떤 일을 할 수 있고, 해야 한다고 생각하면 길이 열리게 마련이다.

♣ 일이란 기다리는 사람에게 갈 수도 있으나 끊임없이 찾아 나서는 자만이 획득한다.

♣ 하나님이 자기를 만드셨기 때문에 자기는 가치 있는 사람이라고 확신하는 사람을 비참한 사람으로 만들기는 어렵다.

무치-Antonio Meucci, 전화기 발명가, 이탈리아-미국 (1808년생)

[**출생**] 1808년 4월 13일, 토스카나 대공국 피렌체

[**사망**] 1889년 10월 18일 (81세), 미국 뉴욕 주 뉴욕 스태튼아일랜드

[**국적**] 이탈리아 왕국, 미국

[**분야**] 전자기학, 통신상치

[**주요 업적**] 발명가, 혁신가, 사업가

[요약]

안토니오 무치는 전화기를 발명한 발명가이다. 알렉산더 그레이엄 벨 보다 무려 16년 앞서서 먼저 발명하였으나, 가난하여 특허를 임시특허로 할 수 밖에 없었다. 그 이유는, 자기이름으로 등록하기 위해서는 돈이 필요했는데 돈이 없어서 정식 등록을 하지 못했다. 그런데 알렉산더 그레이엄 벨이 전화기를 발명해서 이것을 문제 삼아 소송을 걸었지만, 승소직전 심장마비로 생애를 마쳤다.

[생애]

피렌체에서 태어나 피렌체 미술원, 그리고 세관의 직원과 페르고라 극장의 무대 기사로 일하였다. 이때 미래의 아내인 에스테르 모치를 알게 된다. 1831년, 혁명의 움직임에 말려 들어가 안토니오 무치의 정치적 신념에 의해 토스카나 대공국을 뒤로 하여 쿠바에 이주하지 않을 수 없게 되어 1835년에 하바나의 타콘 극장에 근무해 1850년에는 아메리카 합중국에 도착했다. 뉴욕에 도착한 안토니오 무치는 수지 양초 공장(주세페 가리발디가 일하던 곳이다.)을 설립하였고 1854년 무렵에 기계를 이용한 최초의 전화기를 완성했다. 안토니오 무치의 사무소와 침실에 있는 중병의 아내와의 대화를 목적으로 한 것이었다.

상당한 시간이 지나고 수지 양초 회사는 도산하여 자금난에 시달리지만 그 와중에도 안토니오 무치의 발명은 계속 되었다. 안토니오 무치의 발명품인 전화기의 특허권을 얻는데 충분한 자금이 없었지만 1871년에 일시적인 특허를 얻어 매년 10달러를 지불해서 갱신했다. 마지막에 갱신한 년도는 1873년이다. 그리고 뉴욕의 전신 회사에 발명을 제시해 보았지만 전신 회사는 전화기의 잠재 능력을 깨닫지 못했다. 1876년에 알렉산더 그레이엄 벨은 안토니오 무치 전화에 대한 특허를 취득했고, 이 사실을 알아챈 안토니오 무치는 즉시 제소했지만 이미 파산한 상태였으며, 음식을 사는데도 어려운 상태였다. 결국 재판에서 안토니오 무치는 기계식 전화만을 발명했고 알렉산더 그레이엄 벨은 전기식 전화를 개발하여 전기식 특허를 얻었다고 하는 판사의 판단으로 1887년에 안토니오 무치는 모든 전화 특허권을 알렉산더 그레이엄 벨에게 넘겨준다.

[특허]

전기식 음성 전달 장치 이외에도 안토니오 무치는 화학적·기계적 방법을 이용한 장치를 다수 발명해 특허를 받았다. 자금의 부족 때문에, 그의 전화기(전기식 음성 전달 장치)인 텔레폰은 통상의 특허를 잡히지 않았지만, 특허료를 매년마다 10달러의 갱신료를 계속 지불했다. 특허를 결정적으로 하기 위해서는 250달러를 필요로 했기 때문에 안토니오 무치는 친구의 모금에 의지했지만 20달러 이상 모아지지 않았다. 그래서 **안토니오 무치는 알렉산더 그레이엄 벨보다 16년 앞서 전화기를 만들었지만, 특허료 때문에 알렉산더 그레이엄 벨이 최초의 전화기를 만든 사람으로 알려져 있다.**

[공식 인정]

백년 이상, 이탈리아 왕국 이외에서 전화는 알렉산더 그레이엄 벨에 의해서 발명된 것으로 받아들여졌다. 사후 113년이 흐른 후인 **2002년 6월 11일 미국 의회의 결의안에 따라 안토니오 무치가 전화기의 최초 발명가로서 공식으로 인정받게 되었다.**

● 무치 명언

♠ 특허는 시간...
♠ 다 끝난 일...
♠ 운명...

4.6 18세기 출생 인물들

1700년대, 즉 18세기에 태어난 인물들 13명을 소개한다. 정치, 철학, 문학, 예술, 경제 및 과학 분야 등에 지대한 영향을 끼친 인물들이 포함되어 있다.

패러데이-Michael Faraday, 물리/화학자, 영국 (1791년생)

★ 지난 1,000년간 인물100명중 61위 선정
★ 인류 역사인물 100명중 23위 선정
★ 인류 역사인물 50명에 선정 (Wopen.com 한국.net 선정)

[출생] 1791년 9월 22일, 잉글랜드 서리 주 뉴잉턴 버츠
[사망] 1867년 8월 25일 (75세), 잉글랜드 런던 햄프턴 궁전

[직업] 물리학자, 화학자
[국적] 영국
[분야] 물리학, 화학
[소속] 왕립 협회
[주요 업적] 전자기 유도, 전기 화학, 패러데이 효과
[수상] 왕립 메달(1846)
[종교] 기독교

[요약]
패러데이는 영국의 화학자 및 물리학자이다. 19세기 최대의 실험 물리학자이며 '전기학의 아버지'라고 불린다. 런던 뉴인턴에서 출생하였다. 어려서 제본소 직공으로 있었고, 왕립 연구소에서 드버의 강의에 의하여 과학연구에 뜻을 갖고 1813년부터 그의 조수로 전기 및 화학을 연구, 동 화학교수가 되었다. 1823년에는 염소의 액화, 1825년에는 벤젠을 발견, 1831년 전자 감응 현상을 발견하

여 발전기의 발명을 유도, 1833년 전해에 관한 패러데이의 법칙을 세웠고, 전기화학 당량을 발견하였다. 1837년 전자장론의 기초를 확립, 1838년 진공 방전에 있어서의 암흑부를 발견하였다. 기타 진공 방전의 연구, 반자성 물질의 발견 등 업적이 크다. 패러데이는 **맥스웰의 이론과 상대성 이론이나 양자론과 같은 근대 물리학을 탄생하게 하는 데 많은 영향**을 주었다. 《전기의 실험적 연구》·《화학 및 물리학의 실험적 연구》 등의 저서도 있다.

[생애 및 연구]
마이클 패러데이는 **전자기학과 전기화학 분야에 큰 기여를 한 영국의 물리학자이자 화학자이다.** 패러데이는 어린 시절에 정식적인 교육을 거의 받지 못했음에도 불구하고, 역사적으로 매우 훌륭한 과학자로서 남겨져 있다. 대장간 집 아들로 런던 교외 뉴잉턴 바츠에서 태어났다. 읽고 쓰기와 산수만 배우고 1804년 서점 겸 제본업자의 가게에서 일하며 제본중인 과학서적에 흥미를 느껴 책에 적힌 실험을 시도해 보기도 했다. 1812년에 당시 영국의 유명한 화학자 데이비경의 공개강좌를 듣고, 그의 강연을 정성껏 정리한 노트를 첨부하여 그에게 일자리를 구해줄 것을 부탁하는 편지를 보냈는데, 1813년 데이비의 비서 겸 조수로 채용된 이후 왕립연구소의 실험실 조수, 실험실 주임(1825년), 왕립협회 회원(1824년), 화학 교수(1833년)로 일했다.

33년 동안 왕립연구소의 다락방에서 지내며, 왕립연구소로 넘어오는 공업상의 여러가지 문제, 주로 **화학적 연구**에 몰두, 1816년 토스카나의 생석회를 분석하여 처녀논문을 발표하고, 1819년부터 5년 동안 철의 합금에 관해 연구했다. 1823년에는 염소가스를 액화하는 데 성공하고, 이어 이산화황·이산화질소·암모니아 등을 계속 액화했다. 1825년에는 가스통 바닥에 괴는 물질 속에서 벤젠을 발견하고 그것이 탄소와 수소로 이루어 졌음을 밝혔다.

이 무렵 하셀 등과 광학유리를 개량하기 위해 중(重)유리를 만들었는데, 이 유리는 후일 반자성(反磁性)을 연구하는 데 사용되었다. 1820년 외르스테드가 전류의 자기작용을 발견하고, 앙페르(암페어)가 전기자기의 상호작용에 관해「앙페르(A)의 법칙」을 정식화하는 등 이 분야가 정전기·자기학에서 **전기와 자기의 상호작용을 연구**하는 전자기학으로 크게 비약하는 단계를 맞이할 무렵 패러데이는 **전자기학을 연구하기 시작**했다. 1821년 **전자기 회전의 실험에 성공**하고 전기와 자기의 상호작용을 확산한 패러데이는 전류의 자기작용의 반대, 즉 자기에서 전기가 생기는가 하는 문제를 탐구했다. 정상전류에서 자기가 생기는 데 착안, 도선가까이에 강력한 자석을 놓음으로써 정상전류를 얻을 수 있다고 생각한 그는, 1824년 전류를 통한 도선 가까이에 강력한 자석을 놓고, 좀 떨어진 곳에 놓은 자침의 진동을 관찰했으나 어떤 변화도 발견되지 않았다. 유도전류를 얻으려면 자기를 변화시킬 필요가 있는데, 미처 그런 것까지 생각지 못했던 당시에 이 일을 인식하는 데 7년이 소요되었다.

1831년 회로의 개폐에 의해 제2의 회로에 전류가 생긴다는 것과, 코일 속에 막대자석을 출입시키면 전류가 생긴다는 것을 확인하고 **전자기유도를 발견**했다. 1833년, 그 때까지 알려져 있던 볼타 전기 더미의 전기·열전기·동물전기·마찰전기·전자기유도의 전기 등 여러 가지 전류의 동일성을 확인한 패러데이는 정량화를 가능하게 하는 전기분해의 법칙을 정식화했다. 이 때 전기화학 당량과 이온 개념을 도입하여 전기분해를 특수한 전기전도로 생각하고 그 메커니즘을 밝히려고 했다. 36년에는 전기용량이, 개재하는 물질에 의존한다는 것을 확인하고 이른바 원격작용론을 비판한데 이어 후일 맥스웰에게 계승되는 역선(力線)의 개념을 도입하여 근접작용 론의 기초를 닦았다. 패러데이는 35년에 자기유도를, 38년에 기체방전에서의「패러데이 암부(暗部)」를, 45년에는「패러데이 효과, 반자성」을 발견했으며, 50년에는 복빙(復氷)의 발견 등 주목할 만한 많은 업적을 남겼다.

[실용화 업적]

물리학에서, 패러데이는 **전자기장에 대한 기본적인 개념**을 확립하는 직류가 흐르는 도체 주위의 자기장에 대한 연구를 했으며, 자성이 광선에 영향을 미칠 수 있다는 것과 그들 사이의 근본적인 관계가 있다는 것 또한 확립하였다. 또한, 패러데이는 전자기 유도, 반자성 현상, 그리고 **전기 분해의 법칙의 원리에 대해서도 발견**하였다. 패러데이가 발명한 전자기 회전 장치는 전기 모터의 근본적 형태가 되었고, 결국 이를 계기로 **전기를 실생활에 사용할 수 있게** 되었다. **화학자로서**, 패러데이는 벤젠을 발견했고, 염소(Cl)의 격자무늬 수산화물에 대해 조사했으며 초기 형태의 벤젠 버너, 산화 상태들의 체계, 그리고 양극, 음극, 전극, 이온과 같이 널리 쓰이는 전문 용어들을 처음으로 도입했다.

패러데이는 영국 왕립과학연구소의 초대 풀러 화학 석좌교수가 되었고, 평생 동안 그 직위를 유지했다. 패러데이는 자신의 생각들을 매우 명료하고 간단한 언어로 표현한 훌륭한 실험주의자였다. 하지만, 패러데이의 수학실력은 간단한 대수까지만 가능했으며, 삼각법 역시 다루지 못하였다. 맥스웰은 패러데이를 포함한 과학자들의 업적을 모아 현대 전자기학에서 기초적인 이론으로 받아들여지고 있는 여러 쌍의 공식들로 요약을 하였다.

[후대의 평가]

패러데이가 수많은 사람들로부터 존경받는 이유는 과학적 성과와 전기기술역학의 토대로 인한 것만은 아니다. **패러데이의 가장 인상 깊은 점은 겸손한 성품**이다. 패러데이는 항상 포기할 각오를 가지고 일에 임했었고, 명예를 주겠다는 손길을 철저히 거절했다. 그러나 패러데이는 자신의 발견이 지닌 가치만은 명확히 이해했다. 1831년 경 영국의 빅토리아 여왕은 패러데이에게 물었다. "당신의 전기장치와 전선들은 대체 왜 필요한 것입니까?" 패러데이는 조금도 주저하지 않고 대답했다. "지금은 잘 모르겠습니다. 하지만 언젠가는 그것들에 세금을 물릴 수 있을 것입니다." 실제로 패러데이는 자신의 일과 공부에 대해서는 결코 겸손한 태도를 보이지 않았다. 그러나 자신 스스로에 관해서는 매우 겸손했고, 보수적이었다. 심지어 자신의 연구를 위해 지급된 봉급을 포기한 경우도 있었다. 패러데이는 귀족이 되는 것을 거부했고, 런던의 왕립 협회의 회장 자리를 두 번이나 거절하기도 했다. 전체적으로 보면, 패러데이는 생각과 발견에 대해 주어지는 대우나 보답을 잘못된 것이라고 여겼다. "지적인 노력에 대해 상을 준다면 그 가치가 떨어진다고 나는 생각한다. 설사 협회나 아카데미가, 심지어 왕이나 통치자가 개입한다 해도 가치저하가 덜하지는 않을 것이다." 또한, **패러데이는 천재일 뿐만 아니라 과학이란 학문을 대중화한 인물**이기도 했다. 1826년 패러데이가 만든 '**아이들을 위한 크리스마스 강연회**'는 지금까지도 런던 왕립 협회의 전통으로 내려져온다. 이 강연회에 패러데이 스스로도 약 20번 가량 참여했었고, 현재 영국의 20파운드 권 지폐에는 이 강연을 하는 패러데이의 모습이 그려져 있다. 그 중에서 가장 유명한 강의는 '**양초 한 자루에 담긴 화학 이야기**'이다. 이 강의는 책으로 출판되어 현재까지도 판매가 진행 중이다. 이처럼 패러데이는 슬하에 아이가 없었지만, 자신의 유년시절 여러 강연을 들으며 과학에 대한 열정을 얻고 과학의 세계로 가는 통로를 찾았던 것을 잊지 않았다.

● 패러데이 명언

♣ 자연의 법칙과 일치만 한다면 진실만큼 아름다운 것은 없다.
　　또한 자연법칙과 일치하는지의 여부를 아는 데는 실험만큼 좋은 것도 없다.
♣ 양초의 불꽃은 어둠속에서도 빛을 발하지만,
　　다이아몬드는 불꽃이 없으면 결코 빛날 수 없다.
♣ 나는 작은 공동묘지에 묻히길 원한다. 내 친구들도 모두 거기에 있으니깐.

가우스-Carl Friedrich Gauss, 수학자, 독일 (1777년생)

19세기 최대의 수학자, 아르키메데스, 아이작 뉴턴과 함께 세계 3대 수학자

★ 인류 역사인물 50명에 선정 (Wopen.com 한국.net 선정)

[출생] 1777년 4월 30일, 신성 로마 제국 브라운슈바이크뤼네부르크
선제후령 브라운슈바이크

[사망] 1855년 2월 23일 (77세), 하노버 왕국 괴팅겐

[국적] 독일
[분야] 수학, 물리학
[소속] 괴팅겐 대학교
[출신 대학] 헬름슈타트 대학교
[주요 업적]
비유클리드 기하학
가우스-뤼카 정리
가우스-보네 정리
가우스의 빼어난 정리
가우스 적분
대수학의 기본 정리
이차 상호 법칙
가우스 정수
가우스 법칙
가우스 소거법
가우스 곡률

가우스 함수
[수상] 코플리 메달(1838년)
[주요저서]
《정수론연구》(1801년) 《천체운동론》(1809년) 등

[요약]
요한 카를 프리드리히 가우스는 독일의 수학자이자 과학자이다. 정수론·통계학·해석학·미분기하학·측지학·전자기학·천문학·광학 등의 많은 분야들에 크게 기여하였다. 정수론이 수학에서 중요한 자리를 차지할 수 있도록 큰 공헌을 한 것이 높이 평가되고 있다. 가우스는 수학의 왕자라는 별명으로, 오늘날의 세대들에게 친숙한 이름이기도 하다.

[생애와 연구]
대수학·해석학·기하학 등 여러 방면에 걸쳐서 뛰어난 업적을 남겨, **19세기 최대의 수학자**라고 일컬어진다. 수학에 이른바 수학적 엄밀성과 완전성을 도입하여, 수리(數理)물리학으로부터 독립된 순수수학의 길을 개척하여 **근대 수학을 확립**하였다. 한편 물리학, 특히 전자기학·천체역학·중력론·측지학 등에도 큰 공헌을 하였다. 브룬스비크에서 노동자의 아들로 태어나 빈궁한 가운데 성장하였지만, 일찍부터 뛰어난 소질을 보였기 때문에, 어머니와 숙부의 노력으로 취학할 수 있었다. 10세 때 등차급수의 합의 공식을 창안하는 등 신동으로 알려져 브룬스비크 공 페르디난드에게 추천되어, 카롤링 고교를 거쳐 괴팅겐 대학에 진학하였다. 고교시절에 이미 정수론·최소제곱법 등으로 독자적인 수학적 업적을 올렸는데, 괴팅겐대학 재학 시절에 정 17각형의 문제에 열중한 것이 수학의 길을 선택하기로 결심한 계기가 되었다. 가우스는 헬름슈테트 대학으로 옮겨 22세 때 학위를 받았으며, 그 후 다시 브룬스비크로 돌아와 페르디난드공(公)의 도움을 받으면서 수학을 계속 연구하였다.
1801년에 간행된 명저 《정수론연구》는 2차의 상호법칙의 증명을 풀이하였으며, 합동식의 대수적 기법을 도입하여 이 분야에 획기적인 업적을 쌓아 올렸고, 학위 논문에서 이룩한 대수학의 기본정리의 증명과 더불어 학계에 이름을 떨쳤다. 그러나 가우스에게 대학에서의 지위를 가져다준 것은 오히려 **천체역학에 관한 업적**이었다는 점으로 미루어 보아, 당시의 학계에서 뉴턴역학의 영향이 얼마나 컸던가를 짐작할 수 있다. 즉, 1801년 소행성 케레스가 발견되자, 이 별의 궤도결정이 문제로 대두되어, 가우스가 이를 계산해 내어 해결한 공을 인정받아 1807년에 **괴팅겐대학 교수 겸 천문대장**으로 임명되었다.
1800년 이후 **가우스의 연구는 대략 4기로 구분**할 수 있다. 제1기는 소행성의 궤도결정을 시작으로 **천체역학을 연구**하던 1820년까지의 시기이고, 이 시기의 연구는 《천체운동론》(1809)에 집대성되어 있다. 또한, 수학 분야에서는 **초기하급수의 연구 및 복소변수의 함수론의 전개**가 있다.(베셀에게 보낸 서한에 적혀 있으며, 훗날의 코시의 정리도 포함한다.) **제2기**는 **측지학**에 관계한 시기로서, 1821년에 하노버 정부와 네덜란드 정부의 측지사업의 학술고문으로 위촉받은 일이 계기가 되어 곡면론의 검토, 즉 곡률의 문제, 등각사상의 이론, 그리고 곡면의 전개가능성 등을 고찰하였다. 이것은 미분기하학으로 향하는 최초의 일보였다. 한편, 정수론의 영역에서도, 주로 4차의 상호법칙 연구에서 비롯하여 **복소정수의 연구**에 이르러 대수적 정수의 이론을 창시하였고, 이것은 아이젠슈타인, 쿠머,

데데킨트 등에게 계승되었다. 또한, 데이터의 처리와 관련하여 1821년~1823년의 논문에서 최소제곱법을 이론화하여 통계에서 가우스분포의 의의를 강조하였다.

제3기는 1830년부터의 10년간으로서, 주요 관심사는 **물리학** 쪽으로 옮겨져 갔다. 특히, 베버와의 협력 아래 추진한 지구자기의 측정 및 이의 **이론적 체계화**가 두드러진 업적이다. 괴팅겐에 자기관측소를 설립하고, 측정을 위하여 자기기록계를 제작하였으며, 또한 절대단위계를 도입함으로써 전자기학의 기초를 닦는 데 공헌하였고, 한편으로는 퍼텐셜 론을 전개하여 이것의 수학적 기초의 수립을 추진하였다. 이 밖에, 전신기의 발명과 모세관현상의 연구 등도 이 시기에 이룩한 것이다. 1840년경부터 만년에 이르는 **제4기**에는, 오늘날의 위상해석학인 위치해석학 및 복소변수의 함수와 관련된 **기하학을 연구**하였다. 이상과 같이 수학자이며 동시에 관측자이기도 했던 가우스는 '**괴팅겐의 거인**'으로서 이름을 남겼지만, 우선권 다툼이라든지 후진의 업적에 대한 냉담한 태도 등으로 가끔 나쁜 평을 받게 된 것은 아마도 완전성을 중요하게 여긴 가우스의 성격 탓인지도 모른다. 가우스의 좌우명은 "**수는 적으나 완숙하였도다.**"였다.

[가우스 연보]

1777 4월 30일 신성 로마 제국 브룬스비크에서 출생.

1792 사이에 카롤링 학교(현 브룬스비크 공과대학교)에서 수학.

1795 괴팅겐 대학교에서 수학.

1796 정17각형 작도법 발견.

1799 헬름슈테트대학에서 박사 학위를 수료.

1801 《정수론연구》 출간.

1807 별의 궤도결정을 계산해 낸 공을 인정받아 괴팅겐대학 교수 겸 천문대장으로 임명.

1809 《천체운동론》 출간.

1821 하노버 정부와 네덜란드 정부의 축지사업에 학술고문으로 위촉.

1831 괴팅겐 대학교에 물리학 교수로 취임. 동료 교수인 빌헬름 베버와 교류.

1840 퍼텐셜에 관한 가우스정리를 발견.

1855 2월 23일 괴팅겐에서 사망.

[연도별 생애]
[1777년~1798년]

수학계의 최고의 거장 가우스는 독일 브라운슈바이크에서 벽돌 굽는 일을 하는 가난한 가정에서 태어났다. 가우스의 아버지는 제대로 된 학교 교육을 받지 못했기 때문에, 학문이라는 것은 쓸모없는 것이라고 생각하였다. 그래서 아들이 자신의 뒤를 이어, 벽돌 노동자가 되기를 원했다고 한다. 그러나 가우스는 학문을 공부하는 것을 좋아했기 때문에, 가우스는 유년 시절에 아버지와 자주 다퉜다고 한다. 그러나 어머니는 가우스의 학업에 대하여 긍정적이었고, 삼촌도 마찬가지였다. 어머니와 삼촌의 지원 덕분에 가우스는 열심히 공부할 수 있었다.(물론, 아버지는 지원을 해주지 않았다.) 이후, 브라운슈바이크 공작의 지원으로 1792년부터 1795년 사이에 카롤링 학교 (지금은 브라운슈바이크 공과대학교)라고 불리는 곳에서 공부할 수 있었다. 후에는 브라운슈바이크 공작의 도움을 받아서 괴팅겐 대학교로 옮겨가, 1795년부터 1798년까지 머물렀다.

괴팅겐 대학교에서 가우스는 몇 가지 중요한 이론들을 독립적으로 재발견하였다. 1796년 가우스는 변의 개수가 페르마 소수인 정다각형은 자와 컴퍼스만으로 작도가 가능하다는 것을 보였다. 특히, 3월 30일에 십칠각형의 작도법을 발견하였다. 이것은 고대 그리스 시대부터 수학에서 중요한 부분을 차지해 온 작도 문제에서 주요한 발견이었다. 훗날에 가우스는 이 결과에 너무 기뻐한 나머지 아르키메데스가 묘비에 원기둥에 내접한 구를 새겼고, 야코프 베르누이가 묘비에 로그 나선을 새긴 것과 마찬가지로 자신의 묘비에 십칠각형을 새겨달라고 요청하였는데, 묘비에는 십칠각 형을 원과 구별하기 힘들기 때문에, 17개의 점으로 된 별이 대신 새겨졌다.

또한, 가우스는 정수론 영역에서 합동 산술을 발견했고, 1796년 4월 8일에 최초로 이차 상호 법칙의 법칙을 증명해 보였다. 이 놀라운 일반 법칙은 수학자들이 이차 방정식의 해결 가능성을 결정지을 수 있도록 해주었다. 그리고 1796년 5월 31일에 추측된 소수 정리는 소수들이 정수들 사이에서 어떻게 분포하는지에 대해서 이해할 수 있도록 도와주었다. 또한, 가우스는 모든 자연수는 3개의 삼각수들로 나타날 수 있음을 7월 10일에 증명해 보이면서, 그의 일기에 "Heureka! num=$\Delta+\Delta+\Delta$."라는 유명한 말을 남겼다. 1796년 10월 1일에는 다항식의 유한한 영역에서 계수에 따른 해의 개수에 대한 연구 결과를 출판했다. 가우스는 대표적 저서인 《산술 연구》를 21살이던 1798년에 완성하였는데, 1801년에서야 출판되었다.

[1799년~1830년]

1799년 박사 학위 논문으로, "대수방정식의 근의 존재 증명"을 저술하였다. 1변수의 모든 유리정함수는 1차 또는 2차의 소인수로 분해된다는 것을 보였다. 가우스는 복잡한 숫자들을 넘어서, 모든 일정하지 않은 하나의 변수 다항식은 적어도 하나의 근을 가진다는 대수학의 기본 정리를 증명했다. 장 르 롱 달랑베르를 비롯한 수학자들은 가우스에 앞서 잘못된 증명들을 내놓았는데, 가우스는 논문에서 달랑베르의 증명을 비판하였다. 오늘날의 관점에서는 조르당 곡선 정리를 증명 없이 사용한 가우스의 증명 역시 엄밀하지 못했지만, 가우스는 그 뒤에 세 개의 다른 증명들을 내놓았다. 1849년의 마지막 증명은 오늘날에도 엄밀하게 여겨지며, 가우스의 증명들을 통해서 복소수의 개념이 명확하게 정의되었다. 1801년에는 1798년 완성된 《산술 연구》가 출판되었다. 이 책에서 가우스는 합동 산술에 대하여 서술하였고, 이차 상호 법칙을 최초로 증명하였다. 주세페 피아치가 소행성 세레스를 발견하자, 가우스는 세레스의 궤도를 계산하였고, 가우스가 예측한 지점에서 세레스가 재발견되었다. 이로 인하여 가우스는 과학계에 유명세를 타게 되었다.

가우스는 브라운슈바이크 공작으로부터의 장학금에 의존하였는데, 1807년 괴팅겐 천문학 관측소의 박사 겸 괴팅겐 대학교 천문학과 교수로 임명되어서, 재정적으로는 안전하게 되었다. 가우스는 개인적인 삶에 있어서는 그리 행복하지 못했다. 그와 첫 번째 부인인 요하나 오스토프 사이에 2남 1녀를 두었고, 카를 요제프(1806년~1873년), 빌헬미나(1808년~1846년)와 루트비히(1809년~1810년)이다. 그러나 요하나는 1809년에 사망하였고, 곧 아들 루트비히도 어려서 사망하였다. 가우스는 자신의 첫 번째 부인 요하나의 가장 친한 친구인 미나 발데크와 재혼하였고, 2남 1녀를 두었다. 오이게네(1811년~1896년)는 1832년경에 미국으로 이민하였다. 빌헬름(1813년~1879년)은 미국으로 이민해서 농장을 시작하였고, 미국 세인트루이스에서 구두 사업으로 부자가 되었다. 테레제(1816년~1864년)는 가우스가 죽을 때까지 집에 머물렀고, 가우스 사후에 결혼하였다.

가우스는 미국으로 이민한 두 아들과 갈등하였고, 아들들이 가문의 이름을 욕되게 하지 않기 위하여 학문에 입문하는 것을 반대하였다. 가우스는 오이게네가 변호사가 되기를 원했지만 오이게네는 언어학을 공부하고 싶어 했다. 그들은 오이게네가 열었던 파티에서 논쟁했고 결국 가우스는 파티 비용 지불을 거절했다. 아들은 화가 나서 미국으로 이민을 떠났고, 꽤 성공을 거두었다. 하지만 오이게네는 가우스의 친구들과 동료들 사이에서 평판이 좋지 않았기 때문에 성공하는데 꽤나 오랜 세월이 걸렸다. 미나 발데크는 오랜 질병으로 인하여 1831년에 사망하였고, 그 뒤에는 딸 테레제가 집안일을 대신하였다. 가우스의 어머니는 1817년부터 1839년에 사망할 때까지 가우스와 동거하였다.

[1831년~1855년]

1855년에 독일 괴팅겐에서 77세의 나이로 사망하였다. 괴팅겐의 알바니프리드호프 묘지에 묻혔고, 가우스의 사위 하인리히 에발트와 가우스의 가까운 친구이자 전기 작가였던 볼프강 자르토리우스가 가우스의 장례식에서 추도사를 맡았다. 가우스의 뇌는 보존되어서, 루돌프 바그너가 연구하였다. 뇌의 무게는 1,492kg, 대뇌의 부분이 219.588cm³이었고, 회백질이 많이 발달되었다는 사실이 발견되어, 20세기 초에 가우스의 천재성을 설명하는 증거로 제시되었다. 완벽주의자에 대단히 열심히 일하는 학자였다. 아이작 아시모프에 따르면, 어떤 문제와 씨름하던 중, 가우스의 아내가 아파서 죽어간다는 말을 듣자, "그녀에게 조금만 기다리라고 전해 주시오."라고 했다고 한다. 이 일화는 월도 더닝턴의 《가우스, 과학의 타이탄》에도 짧게 소개되어 있지만, 더닝턴은 이 일화의 진위가 의심스럽다고 서술하였다. 다작(多作) 스타일의 작가는 아니었으며, 스스로 보기에 완벽하거나 비판을 견디리라고 생각되지 않는 원고는 결코 출판하지 않았다. 이것은 개인적인 모토인 "드물지만 성숙하게"에 철저하기 위함이었다.

동시대인들이 대단한 수학적 업적이라고 발표한 것들을 수 년 또는 수십 년 전에 가우스가 먼저 발견했다는 사실이 일기를 검토한 후대인들에 의해서 발견되었다. 수학사가인 에릭 템플 벨은 "**만일 가우스가 그의 모든 발견들을 적시에 출판했더라면, 인류의 수학사는 50년은 당겨졌을 것**"이라고 말했다. 가우스를 따르는 젊은 수학자들을 양성하는 일에 소홀했다는 비판을 받는다. 드물게 소수의 수학자들과 협력 작업을 했으며, 다른 사람들에게 오만하고 엄격하다는 인상을 주었다. 학생도 적은 수만 받았는데, 그나마도 가르치는 일을 좋아하지는 않았다. 학회는 1828년 독일 베를린에서 열린 모임에만 한 차례 참석하였다.

그런 중에서도 가우스의 제자 가운데 리하르트 데데킨트, 베른하르트 리만, 프리드리히 베셀 등은 당대 가장 뛰어난 수학자로 성장하였다. 가우스는 우편으로 교류하였던 프랑스의 여성 수학자 소피 제르맹의 능력을 인정하며, 명예 학위를 수여하려 했다. 가우스는 **아르키메데스, 아이작 뉴턴과 함께 세계 3대 수학자들 중 한 명**이 됐고, 오늘날에는 "수학의 노예"라는 타이틀로 굉장히 유명하다. 가우스는 수학뿐만 아니라 여러 분야에서 큰 기여를 했다. 특히, **정수론을 수학의 중요한 분야로 만들었다는 평가**를 받는다.

[주요 업적]

가우스는 변의 개수가 페르마 소수인 정다각형은 자와 컴퍼스만으로 작도가 가능하다는 것을 보였다. 가우스는 정수론을 수학의 중요한 분야로 만들었다. 가우스는 모든 자연수는 3개의 삼각수들로 나타날 수 있음을 증명해 보였다. **가우스는 아르키메데스, 아이작 뉴턴과 함께 세계 3대 수학자들 중 한 명**이 됐고, 오늘날에는 "수학의 왕자"라는 타이틀로 굉장히 유명하다.

[정수론]

가우스의 저서 《산술 연구》는 일반적인 정수론의 용어에 있어서는 혁명적 개선이다. 정수의 나누어 떨어지는 개념의 처리를 매우 단순화 시킨 합동 산술과 합동식 등을 만들어 냈다. 그리고 1보다 큰 모든 자연수는 소인수들의 순서를 무시하면 유일한 방법으로 소인수 분해된다는 산술의 기본 정리를 최초로 증명했고, 레온하르트 오일러와 장 르 롱 달랑베르에 의해서 발표되었지만 엄격하게 증명되지 못했던 이차 상호 법칙을 증명하였다. 이러한 성과를 포함하고 있는 **가우스의 《산술 연구》는 정수론의 발달에 크게 기여**하였다.

[최소제곱법]

최소제곱법은 측정한 값을 바탕으로 한 결과의 제곱합이 최소가 되는 값을 구하여, 측정 결과를 처리하는 방법이다. 이 방법의 발견에 대한 선후 논쟁이 가우스와 아드리앵마리 르장드르 사이에서 일어났다. 최초의 발표는 르장드르가 1806년에 한 것이지만, 가우스는 1795년에 그것을 발견했다고 주장했다. 가우스가 이러한 논쟁을 싫어했기 때문에 심각한 학문적 논쟁은 편지들과 사후에 발견된 논문들을 통해서 가우스가 먼저 발견했다는 것이 밝혀졌다.

[천문학]

가우스가 과학계에서 유명해진 것은 왜행성 세레스의 궤도를 예측했기 때문이다. 주세페 피아치에 의해서 발견되었지만, 태양광선 속으로 사라진 세레스의 궤도를 이전의 조제프루이 라그랑주, 피에르시몽 라플라스 등에 의해서 만들어진 방법들로는 완전히 예측하는 것이 불가능했다. 하지만 가우스는 그의 위치 추산력(천체의 매일 매일의 위치가 미리 쓰여진 천문학적 달력)을 바탕으로, 세레스의 위치를 거의 정확하게 예측해 내었다. 이후, 가우스는 자신의 방법을 계속해서 발전시키고, 새로운 행성이 발견되는대로 궤도를 계산했다. 그 방법은 《천체 운동론》으로 발표되었고, 이후에 가우스의 제자인 요한 프란츠 엥케에 의해서 개선되어, 지금까지도 쓰이고 있다.

1801년 1월 1일 이탈리아의 천문학자 주세페 피아치는 소행성 세레스를 발견했지만, 그것을 며칠 동안 밖에는 관찰할 수 없었다. 가우스는 그것이 다시 발견될 수 있는 위치를 정확하게 예측했다. 그리고 그것은 고타에서 1801년 12월 31일에 프란츠 크사버 폰 차흐에 의해서 재발견되었고, 하루 뒤엔 브레멘에서 하인리히 올베르스에 의해서 재발견되었다. 차흐는 가우스의 지적인 작업과 계산이 없었다면 세레스를 다시 발견할 수 없었을 것이라고 말했다.

1801년 1월 1일 피아치의 세레스 발견은 가우스가 커다란 행성들에 의해서 방해받은 미행성의 운동에 관한 이론에 대한 작업을 하도록 이끌었다. 이 작업은 《천체 운동론》(원뿔 곡선을 따라서 태양을 공전하는 천체 운동론)이라는 이름으로 1809년에 출판되었다. 피아치는 세레스의 움직임을 단지 2달 동안 밤하늘을 가로질러서, 3도 만큼만을 따라갈 수 있었다. 그때, 세레스는 태양 빛 뒤로 일시적으로 사라졌다. 몇 달 뒤 세레스가 다시 나타났을 때, 당시의 수학적인 방법들로는 3도(전체 궤도의

1%)의 부족한 데이터로부터 위치를 추정하는 것이 불가능했기 때문에, 피아치는 그 위치를 찾을 수가 없었다.

그때 당시, 13세였던 가우스는 그 문제에 관해서 직접 듣고 달려들었다. 석 달 동안 집중해서 작업을 한 뒤에, 가우스는 세레스의 최초 발견으로부터 약 1년 뒤인 1801년 12월의 위치를 예측했고, 이 예측은 0.5도 내에서 정확하다는 것이 밝혀졌다. 그 과정에서 가우스는 또한 18세기의 궤도 예측에 대한 복잡한 수학을 합리화했다. 《천체 운동론》으로 몇 년 뒤에 출판된 가우스의 업적은 천문학적인 계산에 대한 초석을 마련해 주었다. 그것은 가우스 인력상수를 제시했고, 오늘날에는 측정 오차의 영향을 최소화하기 위해서 모든 과학에 사용되는 최소제곱법을 포함하고 있었다. 1809년에 가우스는 정규분포 오차 가정 하에 그 방법을 증명할 수 있었다. 최소제곱법은 1805년에 이미 아드리앵마리 르장드르가 발표하였지만, 가우스는 자신이 1795년부터 그 방법을 사용했다고 주장했다.

[측지학]

측지학이란 용어는 땅을 분할하는 것을 의미하는 그리스어에서 유래되었고, 지구 표면상에 있는 지점들 간의 상호 위치 관계를 구하는 측량을 위한 학문이다. 이 분야는 천문학과도 관련이 있었기 때문에, 가우스는 측지학 문제에 빠져들었다. 1818년에 가우스는 자신의 계산 능력을 실용적으로 사용하였는데, 하노버 주의 측지선을 측량하여, 이전의 덴마크 측량들과 연결지었다. 가우스는 측량 작업을 위해서 거울로 태양광을 반사시켜서, 먼 거리에서 위치를 측정하는 회광기를 발명하였다.

1821년에 하노버 정부와 네덜란드 정부의 측지 사업의 학술 고문으로 위촉받으면서, 곡면론과 관련된 곡률 문제, 등각 사상 이론, 곡면의 전개 가능성 등을 연구하였다. 그리고 야외에서 측량을 수행하고 감독했으며, 회광기와 각을 재는 가우스의 방법을 이용함으로써 관측은 이전에 비해서 한층 더 정확성을 갖게 되었다. 또한 기하학적인 관점에서 지표면이란 단지 모든 점에서 중력의 방향이 직각으로 교차하는 곡면이라는 준위 곡면을 정의하였고, 이는 오늘날에는 퍼텐셜 이론으로 불리는 문제와 관련되어 있으며, 가우스의 이론적 연구들은 현대 측지학의 기초가 되었다.

[비유클리드 기하학]

그리스의 기하학자인 유클리드의 《유클리드의 원론》에 있는 기하학적인 공리들에 따르면, "임의의 직선 위에 없는 한 점을 지나, 그 직선과 평행한 직선은 오직 하나만 그을 수 있다."고 여겨졌다. 하지만 가우스는 이러한 평행선을 몇 개나 그을 수 있다는 수행 평가에서 출발하여도, 모순이 없는 비유클리드 기하학이 만들어진다는 것을 보여주었다. 1829년 이전, 가우스의 편지들은 가우스가 평행선의 문제를 어렴풋이 토론한 것을 보여준다. 그리고 가우스의 오랜 제자인 월도 더닝턴은 그 사실을 성공적으로 증명했다.

그러나 가우스는 이 업적을 출판하지 않았다. 가우스의 친구 보여이 퍼르커시와 학생들은 유클리드의 기하학에 대한 다른 공리들로부터 평행 공리를 증명하려고 시도하였지만, 실패하였다. 보여이의 아들 보여이 야노시는 1829년에 쌍곡 기하학이라는 비유클리드 기하학을 발견했고, 이를 1832년에 출판하였다. 이것을 본 뒤, 가우스는 보여이 퍼르커시에게 "이 발견을 축하하는 것은 결과적으로 나 자신을 축하하는 것이다. 연구 내용 전반에 걸쳐, 대부분이 내가 30세에서 35세 사이에 생각했던 것과 거의 일치한다."고 편지를 썼다. 이로 인해서 가우스와 보여이야노시의 관계는 멀어지게 되었다.

[미분기하학]

가우스는 측지학에 대해서 연구하면서 미분기하학에 관심을 갖게 되었다. 1828년 곡률의 개념에 대한 중요한 성질을 제시하고, 가우스의 빼어난 정리를 증명하였다. 이 정리에 따르면, 면의 곡률이 측정 각들과 면의 거리에 따라서 완전히 결정지어질 수 있고, 곡률은 면이 3차원 공간상에서 어떻게 배치되어 있는지에 의존하지 않는다.

[전자기학]

전류가 나침반 바늘에 영향을 준다는 한스 크리스티안 외르스테드의 발견과 마이클 패러데이의 유도 전류 발견을 토대로, 가우스는 빌헬름 에두아르트 베버와 함께 전자석 전신기를 만들었다. 전신기의 선은 약 1km에 달했고, 전신기를 통해서 짧은 메모를 교환했기 때문에 이 장치는 실질적으로 이용된 최초의 전기적 전신기였다. 가우스는 1831년 독일 괴팅겐 대학교 물리학과 교수로 취임한 때부터, 물리학 교수인 빌헬름 에두아르트 베버와 공동으로 많은 성과를 거두었다. 지구 자기장에 대한 새로운 지식을 이끌어 내고, 전기 법칙들로부터 키르히호프의 법칙을 유도하였다. 1832년에는 〈지자기력의 절대적 측정〉이라는 논문에서 절대 단위계를 도입하여, 물리학에서 정량적인 측정에 대한 새로운 원리를 제시했다. 가우스의 새로운 관찰 방법을 통해서, 지구의 자기장을 이전에 비해서 월등하게 정확한 방법으로 측정할 수 있게 되었다.

가우스와 베버는 1833년 처음으로 전자기식 전신기를 만들어서, 독일 괴팅겐 물리협회와 관측소를 연결했고, 자기 관측을 위해서 관측소에 자기 기록계를 제작했다. 그리고 베버와 함께 자기 학회를 설립했고, 이 단체는 세계 곳곳에서 지구의 자기장을 측정하는 것을 지원하였다. 가우스는 자기장에서 수평 밀도를 측정하는 방법을 개발하기도 했다. 그리고 가우스와 베버의 단위 체계는 1881년 프랑스 파리에서 개최된 국제회의에서 약간의 수정을 거쳐서, 센티미터, 그램, 초를 기본 단위로 하는 CGS 단위계로 승인되었다. 가우스의 이 업적을 기리기 위해서, 자기력 선속의 밀도를 나타내는 단위로 가우스가 사용되고 있다. 〈지자기의 일반 이론〉(1838)을 통해서 지구의 자기장의 원인이 지구 내부에 있다고 했고, 나중에 북극의 오로라에 의한 자기 혼란과 같은 다른 요인들도 고려되었다.

[광학·역학]

천문학 분야에서 활발한 활동을 하면서 망원경 개발과 관련하여, 광학을 연구하였다. "빛의 굴절에 관한 연구"에서 가우스는 순전히 기하학적인 방법으로 렌즈들을 조합해서, 두꺼운 렌즈에서도 두께를 무시할 수 있는 단일 렌즈에 대해서 성립하는 간단한 식을 이용할 수 있다는 것을 알아냈다. 그 외에도 모세관 현상과 관련하여, "평형 상태에서 유체의 형태론에 대한 일반 법칙"에서 한 방울의 수은 액체를 이용해서 수은의 모세 상수를 구하는 방법을 소개하고, "역학의 새로운 일반 원칙에 관하여"에서 해밀턴의 원리와 관련된 논의를 했다.

[일화]

가우스가 어렸을 때, 가우스의 지도교사였던 뷔트너 선생님이 "1~100까지의 숫자들을 모두 더하면 몇이 나올까?"라는 문제를 냈는데, 제일 먼저 종이에 5,050이라고 쓴 뒤 뷔트너 선생님에게로 제출했다는 유명한 일화가 있다. 가우스가 어떤 계산 문제에 씨름하다가 힘겹게 계산을 끝마친 아버지에게

"아빠! 이 계산은 틀렸어요. 이게 맞는 수예요."라고 말했다는 일화도 있다.

[가우스의 일기]

가우스의 일기는 1796년 3월 30일부터 1804년 7월 9일까지 쓰여졌고, 가우스가 죽은 후 1898년에서야 발견되었다. 가우스가 발표하지 않았거나 친구들과의 편지에서 간략히 언급했던 매우 많은 양의 수학적 결과를 담고 있었기 때문에, 가우스의 수학적 업적을 판단하는 것에서 중요한 자료가 되었다. 총 146가지의 발견에 대한 간단한 증명과 계산 결과, 수학적 정리의 단순한 주장 등이 담겨 있다. 이 내용들로부터 **대수학, 해석학, 정수론 등에 관한 가우스의 위대한 발견들을 추적할 수 있게** 되었다.

이 일기에서는 가우스가 보여주었던 신중함과 어려움의 가면을 벗어 버렸다. 가우스는 수많은 발견들을 자신의 엄격함, 아름다움, 종합성에 대한 기준 때문에 발표하지 않았는데, 일기를 통해서는 그와는 다른 모습도 보여주었다. 아르키메데스가 "유레카!"를 외쳤듯이, 가우스는 일기를 통해서 "새로운 행복이 솟아나도다!" "계간(GEGAN)을 정복하였다!!" 등의 표현으로 발견에 대한 기쁨과 환희를 나타내었다. 여기에서 계간(GEGAN)이 무슨 뜻인지는 오랫동안 수수께끼로 남아 있었는데, 오늘날에는 "산술 기하 평균과 타원함수 사이의 관계의 약자인 (라틴어) NAGEG 나게그를 반대로 쓴 것으로 추측되고 있다.

🦏 ● 가우스 명언

♣ 수학은 모든 과학의 여왕이며 정수론(數論)은 수학의 여왕이다.
  그 여왕(수학)은 겸손해서 종종 천문학이나 다른 자연과학에 도움을 주기도 한다.
  그러나 모든 관계(상호작용을 설명하는 이론)에서 그 여왕은 최고 자리에 오를 만한 자격이 있다.

♣ 이러한 고상한 수학의 놀랄 만한 매력은, 그 아름다움을 수학에 빠질 수 있는
  용기를 지닌 사람에게만 보여준다.

♣ 수는 우리 마음의 산물이고, 공간은 마음 밖의 현실이다. 그래서 우리는 수가 주는 재산이 최고라고 생각해서는 안 된다는 것을 겸허하게 인정해야 한다.

♣ 신도 수학적인 사고를 갖고 있다. 수학적인 사고를 갖고 세상을 창조했다.
  수학적인 사고 없이 질서 정연한 자연이 존재할 수 없다. 신은 대단히 총명하다.

♣ 우리에게 가장 큰 즐거움을 주는 것은 지식이 아니라 배우는 것이다.
  소유가 아니라 얻으려고 노력하는 과정이다.

♣ 내가 만든 한 주제(이론)를 전부 파악하고 다 터득하고 나면 나는 그 이론과 결별했다.
  아무것도 모르는 어둠 속으로 다시 가기 위해서다.

♣ 인간이란 결코 만족할 줄 모르는 참 이상한 동물이다.
  만약 그가 한 이론을 만들었다면 그것은 그 속에서 평화스럽게 안주하려고 하는 것이 아니라
  다시 다른 이론을 시작하기 위해서다.

♣ 철학자가 진실한 것을 이야기한다면 그것은 사소한 것이다.

그러나 철학자가 사소하지 않은 것을 이야기한다면 그것은 거짓이다.

♣ 나는 말하는 것보다 계산하는 것을 더 먼저 배웠다.

♣ 아무리 큰 대성당도 건축 공사장의 마지막 조각이 치워질 때까지는

대성당이라고 할 수 없다.

♣ 대자연이여, 나의 여신인 자연이여,

당신이 정해 놓은 법칙에 따라 봉사하는 것이 나의 의무입니다.

(셰익스피어의 리어 왕에 나오는 이 구절은 가우스가 곧잘 이용하는 대사라고 한다.)

베토벤-Ludwig van Beethoven, 작곡가, 독일 (1770년생)

★ 지난 1,000년간 인물100명중 30위 선정

★ 인류 역사인물 100명중 45위 선정

★ 인류 역사인물 50명에 선정

[출생] 1770년 12월 17일, 프로이센 본

[사망] 1827년 3월 26일 (56세), 오스트리아 제국 빈

[국적] 프로이센 독일

[직업] 피아노 연주자, 오르간 연주자, 작곡가

[장르] 서양 고전 음악

[악기] 피아노, 오르간

[활동 시기] 1778년 ~ 1827년

[생애]

베토벤의 할아버지는 네덜란드의 플랑드르 귀족 출신의 음악가로, 손자와 동명인 루트비히 판 베토벤(1712년~1773년)이었다. 할아버지 베토벤은 17살에 독일로 이주하여 쾰른 선제후 궁정의 베이스 가수로 취직해서 악장으로 승진하였다. 그의 외아들 요한 판 베토벤(1740년~1792년)도 같은 곳에서 테너 가수로 일하였으며 피아노와 바이올린 교습으로 부수입을 벌었다. 요한은 1767년 마리아 막달레나 케베리히와 결혼하였는데, 마리아는 원래 모두 7남매를 낳았다. 장남인 루드비히 마리아는 태어나자마자 곧 죽었고, 둘째가 루트비히 판 베토벤이다. 셋째 카알과 넷째 요한을 낳은 후에도 낳은 자녀들도 모두 일찍 죽었다.

어머니가 죽은 후 살림을 맡아 준 가정부가 있었지만 실질적인 부양은 베토벤의 몫이었다. 첫째 동생인 안톤 카알(1774년~1815년)은 형과 같이 작곡가가 되려고 했지만 일찍 포기하고 세무서원이 되었다. 피아노를 웬만큼 치기는 하였지만 별다른 재능이 없었기에 나중에 형의 평판이 높아지자 형의 작품을 처분해서 한 몫 보려는 생각으로 형이 출판을 꺼려했던 초기의 습작들을 팔아치우는 등 여러

가지로 형을 괴롭혔다. 베토벤 전기 작가인 세이어는 바가텔집 작품33과 가곡 작품52 등으로 추측하고 있다. 카알의 아들도 삼촌인 베토벤에게 말할 수 없는 괴로움을 안겨주었다. 막내 동생인 니콜라스 요한 역시 베토벤에게 골치 아픈 존재였다. 형의 도움으로 약제사가 된 그는 상당한 돈을 모은 다음에는 형에게 돈을 빌려주고는 그것을 미끼로 형의 작품을 마음대로 처분했다. 품행이 단정치 못한 여인과 결혼할 때에도 형의 반대를 꺾고 결혼한 뒤로부터는 더 멀어졌다. 상재가 대단해서 제법 재산을 모았으나 베토벤이 어려운 곤경에 처했을 때에도 결코 도우려고 하지 않았다.

[부친]

베토벤의 첫 음악 교사는 아버지 요한이었다. 흔히 요한은 가혹한 선생이며, 어린 베토벤을 "건반 악기에 세워놓았으며, 아이는 대개 울고 있었다."고 회자된다. 그러나 그로브 음악 및 음악가 사전에서는 요한의 그런 행동에 대한 확실한 기록증거가 없다고 지적하며, "억측과 속설은 둘 다 늘어나는 법"이라고 주장하고 있다. 베토벤은 다른 음악 선생으로는 판 덴 에덴의 궁정 오르간 주자인 토비아스 프리드리히 프파이퍼 가족의 친구이며, 베토벤에게 피아노를 가르쳤다. 친척에게 바이올린과 비올라를 가르침이 있었다.

베토벤의 음악적 재능은 어릴 때부터 두각을 드러내어, 9살 나이 (속설에서 말하는 7살이 아닌) 에 공연을 할 수 있을 정도였다. 당시 레오폴트 모차르트의 명성을 알고 있던 아버지 요한은 아들을 신동으로 삼아 돈을 벌려 했으나 결과는 시원찮았다. 1778년 3월 베토벤의 첫 대중 공연회 포스터에서 요한은 거짓말로 아들 베토벤이 6살이라고 주장하였지만 실제로는 7살 4개월, 즉 8살이었다. 다시 말해 아들 베토벤의 재능을 인정받기 위해 2살을 속였지만 큰 효과는 보지 못하였다. 그렇지만 이 때문에 베토벤은 자신의 실제나이를 2살 더 어리게 알고 살게 되는데 훨씬 후에야 자신의 실제 나이를 알게 된다. 또 아버지는 베토벤에게 피아노 연주를 시켜 번 돈으로 술을 사먹으며 흥청망청 썼다.

[음악수업]

1779년 이후 어느 시기에 베토벤은 본에서 자신이 가장 존경하는 교사였던 크리스티안 고틀프 네페에게 음악 수업을 받게 되는데, 그는 같은 해 궁정 오르간 주자로 임명된 사람이었다.네페는 베토벤에게 작곡을 가르쳤으며, 1783년 3월 베토벤이 처음으로 출판한 곡인 드레슬러 행진곡에 의한 9개의 건반 변주곡(WoO. 63)을 작곡하는 데 도와주었다. 베토벤은 곧 네페의 보조 오르간 주자로 일하였는데, 처음에는 임금을 받지 않은 일이었으나(1781년), 나중에 악장 안드레아 루체시가 지휘하는 궁정 예배당에 고용되었다.

[사람들과의 만남]

베토벤은 여러 사람들에게 소개받아, 이때부터 베토벤의 삶에서 중요한 역할을 하게 된다. 젊은 의대생 프란츠 베겔러는 베토벤을 폰 브로이닝 집안(나중에 베겔러는 이 집안의 딸과 결혼함)에 소개해 주었다. 베토벤은 종종 폰 브로이닝 집안에 갔는데, 여기서 베토벤은 독일 문학과 고전 문학을 접하였으며, 이 곳 아이 몇몇에게 피아노를 가르쳐주었다. 폰 브로이닝 가의 환경은 알코올 의존증 환자인 아버지의 통제가 점점 심해지는 자신의 집안에 비교한다면 편안한 곳이었다. 이 시기에 베토벤은 페르디난트 폰 발트슈타인 백작과 알게 되어 베토벤은 평생 친구이자 재정 지원자가 되었다.

[모차르트와의 만남]

모차르트의 전기작가인 오토 얀은 모차르트가 베토벤의 천재성에 감탄했다는 일화를 전하고 있는데 그 내용은 다음과 같다. 베토벤이 17살이 되던 해인 1787년, 오스트리아의 수도인 빈으로 여행을 떠난다. 그 여행의 목적이 베토벤 자신은 모차르트를 만나기 위해서라고 단정 짓고 있지만, 꼭 그것 때문만은 아니었다. 이때까지 접해보지 못했던 새로운 자연과 새로운 음악을 접하고 싶은 마음도 충분히 내재하고 있었을 것이다. 모차르트는 베토벤이 만나고 싶다는 청을 듣고 거절할 마음도 있었지만, 베토벤의 고향인 본에서 유명한 작곡가라는 말에 베토벤을 만나게 된다.

모차르트의 요구에 의해 베토벤은 즉흥곡을 연주했는데, 모차르트는 베토벤이 그것을 암기하고 치는 거라 여기고 별로 탐탁하지 않게 생각했다. 그러자 베토벤은 평상시에 가장 자신이 있는 즉흥 실력을 모차르트에게 보여주기 위하여 모차르트에서 즉흥곡의 테마 주제를 요청한다. 흥이 일기만 하면 즉흥연주에 뛰어난 솜씨를 자랑하던 그였고, 베토벤의 뛰어난 연주는 모차르트를 감탄시키기에는 너무나 충분하였다. 그 **즉흥곡을 듣고, 모차르트는** 여러 친구들이 모여 있는 옆방으로 뛰어가 이렇게 외쳤다. **"저 사내를 잘 지켜보게, 나보다 유명하게 될 존재가 나타났다네."** 솔직히 1787년의 베토벤의 최초 빈 여행에 관하여 확실하게 단정 짓는 기록은 아무것도 없다.

베토벤이 모차르트를 만났는지, 만났다면 어느 정도 대화를 나누었는지, 또는 모차르트에게서 레슨을 받았는지의 여부도 확인할만한 자료가 전혀 없다는 것이다. 그리고 오토 얀이 주장한 것과 같이 베토벤이 모차르트와 만났다는 것을 뒷받침할 만한 뚜렷한 근거 또한 별로 찾아 볼 수 없다. 당시의 모차르트는 오페라 "돈지오반니"의 작곡에 전념하고 있어서, 사소한 방문객은 잘 만나주지도 않았던 터여서, 이때 당시에는 유명하지도 않고 이름도 알려지지 않은 시골청년 베토벤에게 관심을 보였을 리 없고, 모든 이야기는 사람들의 상상이 지어낸 이야기에 불과하리라는 것이 근래의 통설이고, 국제 음악계에서는 거의 규정사실로 짓고 있는 실정이다. 이것을 증명해줄만한 물질적인 증거가 없기 때문이다.

모차르트는 "교향곡의 아버지"라 불리는 하이든을 통하여 오랜 기간 동안 수없이 많은 교제를 하였고, 하이든에게서 레슨을 받은 기록들을 많이 발견할 수 있다. 또한 베토벤도 하이든이 영국의 런던에서 베토벤의 고향인 본으로 여행을 와서 잠시 쉬고 있을 때 하이든을 찾아가서 재능을 인정받았고, 얼마 후 빈으로 다시 건너가서 하이든에게 수많은 레슨을 받은 기록도 남아있고 피아노 소나타 1~3번 작품2는 하이든에게 헌정한 곡이다.

[궁정 교향악단]

1789년 음악가였던 아버지의 뒤를 이어 베토벤은 법적 지위를 얻어 집안을 부양하기 위해 아버지가 받는 월급의 반을 받을 수 있었고, 궁정 교향악단에서 비올라를 연주하여 가족의 수입으로 삼았다. 교향악단에서의 경험으로 베토벤은 모차르트의 새 오페라 작품을 비롯하여 당시 궁정에서 연주하던 다양한 오페라에 익숙해졌고, 당시 지휘자의 조카이며 자신과 거의 동갑이던 플루트 및 바이올린 주자 안톤 라이하와 친구가 되었다.

[하이든과의 만남]

선제후의 도움으로 1792년 베토벤은 빈으로 갔다. 아마 1790년대 말 당시 런던으로 가던 요제프 하이든이 성탄절쯤에 본에서 머물 때 그에게 처음으로 소개받은 것으로 보인다. 하이든은 베토벤이 작곡한 2곡의 장송칸타타 악보를 보고 베토벤의 재능을 인정하여 베토벤을 자신의 제자로 받아들이게 되어 1792년 7월에 런던에서 빈으로 귀환한 뒤부터 베토벤과의 인연이 시작된다. 베토벤이 본을 떠날 때 베토벤의 친구들이 이별의 인사말을 적은 기념노트를 보면, 빠른 날짜는 8월 24일(리히터가 쓴 것), 늦은 날짜는 11월 1일(브로이닝이 쓴 것)이므로, 베토벤이 빈으로 떠날 준비 기간과 출발시간을 거의 가늠할 수 있다. 11월 10일에 빈에 도착한 베토벤은 즉시 하이든에게서 가르침을 받았다. 하이든은 그에게 만족했지만, 베토벤은 실제로 가르침을 받다보니 이전의 위대한 우상이었던 거장 하이든에게 여러가지로 실망을 느끼게 되었다. 특히 하이든이 고치고 돌려준 베토벤의 악보를 본 요한 셴크(1753년~1836년)가 미처 하이든이 발견하지 못했던 많은 오류와 잘못을 지적해주자 하이든에 대한 불신감은 더욱 깊어졌다. 베토벤은 마침내 **"하이든에게서는 아무것도 배울 것이 없다."**고 선언하게 되었다. 당시 하이든이 베토벤에게 아무것도 가르쳐주지 않았다고는 도저히 믿어지지 않지만 하이든의 느긋하고 여유 있는 성격을 생각해보면 누군가에게 가르친다는 일이 적성에 맞았던 것은 아니었던 것 같다. 그런데다 가르치는 상대가 혈기에 급한 성격으로 알려진 베토벤이었으니 둘이 서로 잘 맞지 않았음은 당연하지 않았을까 싶다.

그 후 베토벤은 당시 빈에서 뛰어난 이론가로 통하던 요한 알브레히츠베르거(1736년~1809년)에게 가르침을 받고, 모차르트의 연적으로 알려진 안토니오 살리에리(1750년~1825)년에게 성악곡 작곡을 배운다. 그리고 1793년 말, 결국 베토벤은 하이든 곁을 떠나지만 두 사람간의 불화가 어느 정도였는지는 확실치 않다. 베토벤이 스스로 가장 만족해하던 C단조 3중주곡을 출판하지 말라고 하이든이 충고한 것 때문에 베토벤은 심한 상처를 받았던 일도 있듯이, 어쨌든 두 사람 사이에 뭔가 개운치 않은 앙금이 있었던 것만은 사실인 것 같다. 1794년, 하이든이 두 번째 영국 여행을 떠나자 베토벤은 선생님을 바꿀 수 있는 절호의 기회가 왔다. 그럼에도 불구하고 베토벤은 1795년 피아노 소나타 1~3번 작곡을 완성하여 하이든에게 헌정하였으며, 그해 8월 하이든이 빈으로 돌아왔을 때 카를 리히노브스키 후작 저택의 연주회에서 직접 들려주었다. 이 3곡의 소나타가 작품2로 출판되었다는 사실은 하이든과 베토벤의 사이가 결정적으로 나쁜 것은 아니었음을 말해주고 있다.

베토벤 쪽에서 말하자면 하이든은 과거의 업적을 놓고 볼 때 역시 위대한 대선배였다. 단지 베토벤은 자신의 향학열을 만족시켜주지 않은 것에 대한 불만을 가졌을 뿐이었다. 또 누구도 따라올 수 없는 지위와 연륜을 갖춘 하이든 쪽에서 볼 때도 신출내기 청년 음악가의 불평이나 불만 따위에 일일이 대응하여 신경을 쓸 필요가 없었다. 그런 사정이 두 사람 간의 돌이킬 수 없는 불화를 막아준 것이라고 여겨진다. 피아노 3중주 1~3번 작품1과 피아노 소나타 1~3번 작품2를 작곡한 것 외에 그 당시에는 출판되지 않은 상당수의 곡을 작곡하는데 오늘날에는 대부분 WoO작품번호로 분류된다. 베토벤의 작품을 볼수록 작곡 양식이 성숙해지고 범위가 넓어지고 있음을 보여준다. 음악학자들은 1791년에 쓴 어느 변주곡집에서 그의 교향곡 3번의 주제와 비슷한 부분이 있음을 찾아낸 바 있다.

[음악수업]

베토벤은 바로 작곡자로 자립하지 않았으며, 음악 공부와 피아노 연주에 몰두하였다. 하이든의 지도를 받으며 베토벤은 대위법을 숙달하고자 하였으며, 이그나츠 슈판지히에게서 바이올린 교습을 받았다. 이때 일찍이 베토벤은 때때로 안토니오 살리에리에게서 주로 이탈리아 풍 성악 작곡 양식 등의 수업을 받기도 하였다. 이 관계는 1802년(또는 1809년까지일 수도 있다.)까지 이어졌다. 1794년 하이든이 영국으로 떠나자 선제후는 베토벤이 고향으로 돌아오리라 기대하였다. 그러나 베토벤은 빈에 남기로 하였으며, 요한 알브레히츠베르거과 다른 선생에게서 대위법 공부를 계속하였다. 선제후의 장학금 지급 기간이 끝났으나, 요제프 프란츠 롭코비츠 공, 카를 리히노브스키 공, 고트프리드 판 슈비텐 남작 등 이미 빈의 여러 귀족들의 그의 재능을 알아보고 재정적인 지원을 해 주었다.

[연주활동]
1793년 베토벤은 빈에서 피아노 명인이자 귀족 살롱의 즉흥 연주자로 명성을 얻었으며, 여기서 베토벤은 요한 제바스티안 바흐의 평균율 클라비어곡집의 전주곡과 푸가를 연주하기도 하였다. 베토벤의 친구 니콜라우스 짐로크는 베토벤의 작품을 출판하기 시작하였는데, 처음 출간한 작품은 변주곡집(WoO 66)로 보인다. 1794년 거의 내내 베토벤은 작곡에 매달렸으며 작품 출판을 하지 않아 이듬해 1795년의 작품 출판이 더욱 중요해졌다. 베토벤은 1795년 3월에 빈에서 처음으로 대중 연주회에서 공연하여 피아노 협주곡을 선보였다. 기록 증거가 모호하여 이 작품이 베토벤의 피아노 협주곡 1번인지 2번인지는 불분명하나 두 작품 모두 완성을 앞둔 비슷한 상황이었다(두 작품 모두 몇 년 동안 완성되어 출판되지 못함). 연주회 직후 베토벤은 자신의 작품을 출판하면서 처음으로 작품 번호를 붙여 피아노 3중주 1번을 내놓았다. 이들 작품은 자신의 후원자 리히노브스키에게 헌정되었으며, 한 해 생계비에 가까운 이익을 얻었다.

[유명세를 타다]
1796년 베토벤은 1789년 모차르트의 연주 여행처럼 중부 유럽의 문화 중심지를 순회하였다. 여정에는 리히노브스키 공 (그는 모차르트의 연주 여행에도 동행하였다)도 함께하였으며, 베토벤은 프라하, 드레스덴, 라이프치히, 베를린을 방문하였으며, 작곡과 공연 활동으로 환영받았다. 여행 중 베토벤은 프라하에서 가장 오래 머물렀는데, 리히노브스키 가문의 인맥 덕분에 베토벤은 도시에 오기도 전에 이미 명성이 높았다. 베를린에서는 첼로 소나타(Op.5)를 작곡하여 첼로를 연주하는 음악 애호가인 프리드리히 빌헬름 2세 임금에 헌정하였다. 이 곡은 첼로와 피아노의 서로 다른 성격을 잘 고려한 작품으로, 비르투오조 첼로와 피아노 파트를 잘 결합한 작품으로 유명하다. 임금은 베토벤에게 금화가 가득 든 코담뱃갑을 주었는데, 베토벤은 연주 여행으로 "많은 돈"을 벌었음을 알았다.
1796년 7월 베토벤은 빈으로 돌아왔으며, 그해 11월에 다시 여행을 떠났는데, 북쪽이 아닌 동쪽으로 가서 프레스부르크(오늘날 브라티슬라바)와 페슈트로 갔다. 프레스부르크에서 베토벤은 친구 안드레아스 슈트라이허가 보낸 피아노로 연주하였는데, 이를 놓고 베토벤이 농담하기를 "나에게는 너무 좋다. 왜냐하면 이 피아노는 나만의 음색을 낼 자유를 빼앗아가기 때문이다."라고 말하였다. 베토벤은 1797년에 거의 빈에서 체재하였는데, 베토벤에게는 여름과 가을마다 심각한 질병(아마 티푸스)에 시달렸으나, 작곡(작곡 부탁을 받는 일이 많아졌다)과 연주를 계속하였다. 이 시기에(1795년일 수도 있다) 베토벤은 처음으로 자신의 청력에 문제가 있음을 알게 되었다. 1798년 다시 프라하로 여행할 때, **청력이 점차 약해지면서 결국 연주 여행 자체를 포기하게 된다.**

[음악적 성숙]
1798년에서 1802년 사이에 베토벤은 드디어그가 작곡의 꽃이라고 여기던 현악 4중주와 교향곡에 손을 대었다. 1798년에서 1800년 사이에 베토벤이 작곡한 현악 4중주 1~6번 (Op.18)(요제프 프란츠 롭코비츠 공의 부탁으로 그에게 헌정한 곡이다)은 1801년에 출판되어 1800년 교향곡 1번과 2번과 함께 초연하였으며, 베토벤은 하이든과 모차르트의 뒤를 잇는 신예 음악가 세대의 중요한 인물로 평가받았다. 베토벤은 계속 다른 악곡도 작곡하여 "비창"(Op. 13)과 같은 유명한 피아노 소나타 작품도 내놓았는데, 쿠퍼는 이를 **"성격의 강렬함, 감정의 깊이, 독창성, 역동성, 음조 면에서 이전 작품을 뛰어넘었다."**고 평가하였다. 1799년 베토벤은 자신의 생전에 널리 인기를 얻었던 7중주도 완성하였다.

1800년 2월 2일에 베토벤은 교향곡 1번을 초연하기 위하여 도시 극장을 임대하였으며, 하이든과 모차르트의 작품과, 자신의 7중주, 교향곡 1번, 피아노 협주곡 한 곡(이들 곡은 당시 출판되지 않은 상태였다) 등 다양한 곡목을 공연하였다. 알게마이네 무지칼리쉐 차이퉁 지에서 "오랫동안 가장 흥미로운 연주회"라고 묘사했던 이 연주회는 어려움도 겪었는데, 일부 비평가들은 "연주자들이 독주자에 별 관심을 기울이지 않는다."며 비판하기도 하였다. 베토벤이 모차르트와 하이든의 영향을 받은 것은 분명하나(가령 베토벤의 피아노와 목관 5중주에서는 자신만의 독특한 기법이 쓰였으나 형식이 같은 모차르트의 작품과 매우 비슷한 측면을 보임)무치오 클레멘티와 같은 음악가들에게서도 양식상의 영향을 받았다. 베토벤의 선율, 음악적 전개, 전조(轉調)와 기조(基調)의 쓰임, 감정의 특성 면에서 그의 영향을 빼놓을 수 없으며, 자신의 초기 작품이 처음으로 출간될 때 일부 작품에서 그 영향이 도드라졌다. 그때부터 1800년까지 베토벤과 자신의 음악은 이미 후원자와 출판업자 사이에서 큰 인기를 얻고 있었다.

[교습]

1799년 5월 베토벤은 헝가리인 백작부인 안나 브룬스비크의 딸들에게 피아노를 가르쳤다. 교습은 한 달을 채 넘기지 못하였는데, 베토벤은 맏딸 요제피네(1779년~1821년)와 관계를 맺어, 그때부터 수많은 억측의 대상이 되었다. 교습이 끝난 직후 요제피네는 요제프 다임(1752년~1804년)백작과 혼인하였으며, 베토벤은 이들의 가정에 자주 방문하였으며, 모임에서 교습을 하거나 악기를 연주하였다. 요제피네의 결혼은 누가 보기에도 불행하였으나, 부부는 네 자녀를 두었으며, 1804년 다임이 죽은 뒤에도 요제피네와 베토벤의 관계는 별 진전이 없었다. 베토벤은 그 밖에 다른 제자도 있었다. 1801년에서 1805년까지 베토벤은 페르디난트 리스를 가르쳤는데, 그는 작곡가가 되어 나중에 그들의 만남을 다룬 책인 "베토벤은 기억한다."를 썼다. 젊은 카를 **체르니도 1801년부터 1803년까지 베토벤 밑에서 수학**하였다. 체르니 자신도 저명한 음악 교사가 되었는데, 베토벤이 맡은 **제자 가운데는 프란츠 리스트도 있었다.** 그는 또 베토벤의 피아노 협주곡 5번 "황제"도 빈에서 초연한 바 있다. 1800년에서 1802년 사이에 베토벤은 주로 두 작품에 집중하였는데, 월광 소나타 등과 이보다는 작은 곡도 계속 썼다. 1801년 봄 그는 발레곡 "프로메테우스의 창조물"을 완성하였다. 이 작품은 성공을 거두어 1801년과 1802년에 수차례 공연되었으며, 베토벤은 이 곡의 인기에 편승하여 피아노 편곡판도 내놓았다. 1802년 봄, 베토벤은 교향곡 2번 을 완성하여 연주회를 열려고 하였으나 결국 취소되어버렸다.

이 교향곡은 이듬해 1803년 4월에 자신이 상임 작곡가로 있는 빈 강의 강변 극장의 어느 예약 연주회에서 초연되었다. 교향곡 2번과 더불어 이 연주회에서는 교향곡 1번, 피아노 협주곡 3번, 오라토리오 "감람산의 예수"도 같이 공연됐다. 평가는 제각각이었으나, 연주회는 재정적으로 성공하였고, 베토벤은 일반 연주회 표의 세 배 가격으로 표 값을 책정할 수 있었다. 1802년 전에는 어쩌다 가끔 형 베토벤을 도와주던 동생 카를이 출판 경영에서 큰 역할을 맡으면서, 베토벤은 출판업자와의 사업도 발전하게 되었다. 당시 최근 작곡된 작품에 더 높은 값을 불러 협상할 뿐 아니라, 카를은 베토벤이 예전에 작곡하고는 출판하지 않았던 일부 작품도 팔았으며, 형이 인기 있는 작품들을 다른 악기 편성으로 편곡하도록 권하였다. 베토벤은 이런 부탁에 응했는데, 베토벤은 출판업자들이 다른 사람을 고용하여 자신의 작품을 비슷하게 편곡하는 것을 막을 수 없었기 때문이었다.

[청력 상실]

1796년경 베토벤은 점차 청력을 잃어갔다. 베토벤은 심각한 귀울음(이명) 증세를 보여 음악을 감지하기 어렵게 되었으며, 대화도 피하게 되었다. 왜 청력을 잃었는지는 알려지지 않았는데, 매독, 납 중독, 티푸스, 자기 면역 장애(가령 전신 홍반성 루푸스) 등의 설이 있으며, 심지어 잠을 깨기 위해 찬물에 머리를 담그던 습관이 지적되기도 한다. 이에 관한 가장 오래된 설명은 당시 부검 결과로, 오랫동안 외상이 커져 "내이(귓속)가 부푼" 상태였다는 것이다.

베토벤이 죽은 다음날 한 어린 음악가가 베토벤의 머리카락을 잘라서 가져가서, 베토벤의 머리카락을 죽을 때까지 잘 보관했으며 대대로 가보로 물려줬다. 2차 세계대전 때 이 베토벤의 머리카락은 행방이 묘연해졌는데 이것이 1994년 런던 소더비 경매소에서 세상에 공개된다. 베토벤의 머리카락을 아르곤 국립연구소에서 분석한 결과 **일반인의 100배가 넘는 납수치**가 나타났다. 이로써 베토벤이 일생동안 겪은 육체적 고통과 청력상실의 직접적인 원인이 **납중독임**이 밝혀졌다.

1801년에 베토벤은 친구들에게 편지를 보내어 자신의 증상을 설명하고 이로 인해 음악 활동과 사회 생활에 어려움을 겪고 있다고 알렸다.(그러나 베토벤의 가까운 친구 일부는 이미 청력 상실을 알고 있었던 것 같음) 베토벤은 의사의 조언에 따라 빈 바로 바깥에 있는 오스트리아의 작은 마을인 하일리겐슈타트에서 1802년 4월부터 10월까지 지내며 자신의 증세에 적응하고자 하였다. 여기서 하일리겐슈타트 유서를 쓰는데, 베토벤은 음악 활동을 위하여 계속 살겠노라는 자신의 결심을 담았다. 시간이 지나면서 청력 상실은 심해졌다. 이에 관한 확실한 일화가 있는데, 자신의 교향곡 9번을 초연할 때 연주가 끝나자 아무것도 들리지 않던 베토벤은 자신이 청각장애인임을 배려한 여가수의 도움으로 객석을 향해 뒤돌아서자 관객들이 떠들썩하게 박수를 치고 있음을 보았으며 그러자 눈물을 흘렸다고 한다.

베토벤은 청력을 잃었어도 작곡을 계속할 수 있었으나, 수지맞는 돈벌이 수단이던 공연연주는 점점 어려워졌다. 1811년에 그는 연주회에서 피아노 협주곡 5번 "황제"를 연주하려 하였으나 실패한 뒤로 베토벤은 다시는 사람들 앞에서 연주하지 않았다. 베토벤은 피아노 소리를 조금이라도 감지하기 위하여, 피아노 공명판에 막대기를 대고 입에 물어서, 그 진동을 턱으로 느꼈다. 독일 본의 베토벤하우스 박물관에는 나팔 기구 등 보청 기구들이 전시되어 있다. 분명 큰 걱정거리였지만, 카를 체르니는 베토벤이 1812년까지는 그럭저럭 사람의 말이나 음악을 들을 수 있음을 일고 있었다. 그러나 1814년 베토벤은 거의 대부분 귀머거리가 되었으며, 베토벤이 손님들 앞에서 피아노로 시끄러운 아르페지오나 우레같은 베이스 음표를 연주할 때, "아름답지 않소?"라고 말할 때 손님들은 베토벤의 익살과 용기에 깊은 동정을 느꼈다.

베토벤이 청력을 잃으면서 특이한 사료가 보존되었다. 바로 베토벤의 대화록이었다. 죽기 전 10년 또는 몇 년 동안 베토벤의 친구들은 베토벤에게 할 말을 이런 책에다가 써서 전하였으며, 베토벤은 말로 대답하거나, 책에다가 쓰기도 하였다. 이 책들은 음악이나 다른 화제에 대한 토론을 담고 있으며, 베토벤의 생각을 전해주고 있으며, 음악과 자신의 관계에 대하여 어떻게 생각했는지 그리고 자신이 얼마나 자기 작품의 연주를 어떻게 느꼈을 지에 대한 연구의 자료가 되고 있다. 불행히도 베토벤이 죽은 뒤 베토벤의 비서 안톤 신틀러가 음악가 베토벤을 이상화된 모습으로 그리려고 이러한 대화록 400권 중 264권을 파손해버렸다.(또는 고친 것도 있음)

[후원]

베토벤 이전까지의 음악가와 귀족간의 관계는 종속관계였다. 바하, 헨델, 하이든, 모차르트 등의 작곡가들도 역시 귀족 슬하에 있던 귀족의 보호와 후원을 받고 사는 종속관계였다. 하이든도 에스테르하지 가문 소속의 음악가였지만 에스테르가문의 후계자가 워낙 음악에 관심이 없던 탓에 말년이 돼서야 에스테르하지 가문에서 벗어날 수 있었으며, 모차르트도 귀족과의 종속관계를 벗어나기 위해 아르코 백작에게 발길질을 당하는 수모까지 겪은 끝에 결국 종속관계에서 벗어났지만, 그 덕분에 후원을 받지 못하여 가난한 말년을 보내게 된다.

모차르트의 말년 작품들이 더 성숙했던 이유는 귀족과의 종속관계에서 귀족의 요구대로 작곡했던 틀을 벗어나 좀 더 자신의 감정이 반영된 영향이 큰 이유였다. 베토벤도 귀족들의 후원을 받았는데, 베토벤은 역대 음악가들 중에서 최초로 가장 많은 후원을 받았을 뿐더러 귀족들에게 가장 인기가 많았던 작곡가였다. 베토벤의 작품이 워낙 평이 좋았던 이유도 있었지만, 가장 큰 이유는 베토벤의 이름의 붙여진 '판(van)'이라는 호칭이었다. 'Van'이라는 호칭은 그 당시에는 네덜란드 출신 귀족에게 붙여지는 표시였고, 베토벤의 할아버지 루드비히가 17살 때 독일로 이주한 네덜란드 귀족 출신이었기 때문에 많은 게르만계의 독일, 오스트리아 귀족들은 다른 음악가들과는 달리 베토벤에게만큼은 같은 동급으로 대우를 해주었을 뿐더러 귀족들에게 가장 많이 후원을 받은 인기 많은 작곡가였다.

베토벤의 이름에 붙여진 Van 칭호 덕분에 베토벤의 초창기 빈 데뷔가 다른 작곡가들에 비해 쉬운 편이었다. 베토벤은 귀족들로부터 동급 지원을 받았을 뿐더러 음악가로서의 가치를 높여주게 되어 나중에는 베토벤 스스로도 귀족들의 존경과 인사를 받는 것을 당연시 여기게 되는데, 1812년 베토벤과 괴테가 테플리쯔 온천에서 처음으로 만나 같이 산책을 하던 중에 자신들의 앞으로 지나가는 왕후들의 행렬을 보고 괴테는 먼저 인사를 했지만 베토벤은 그들이 먼저 인사하기를 기다렸다가 결국 왕후들에게 먼저 인사를 받았다는 일화가 있다. 이 일화로 인하여 괴테와 베토벤은 친분을 깊게까지는 나누지 못했다고 한다. 이 일화는 나중에 베토벤이 베티나 브렌타노에게 자신의 심정을 담아 전해지게 된다. 이렇게 괴테와 헤어진 뒤에 좋아하는 시인들로 호우머, 쉴러, 클롬슈토크 등에 대해 이야기하면서도 괴테는 한 번도 언급한 적이 없다고 한다. 그렇지만 베토벤의 이런 사고방식은 후대 음악가 및 예술가들의 인식을 바꿔놓는데 크게 기여를 하여 베토벤 사후에 여러 음악가들이 귀족의 종속관계가 아닌 음악가, 즉 하나의 예술가로서의 인정을 받을 길을 가는 발판을 마련해주게 되어 후대 음악가들이 베토벤을 상당히 존경했던 또 다른 이유가 여기에 있다.

다시 베토벤의 후원으로 돌아와서, 베토벤의 데뷔 초창기에는 작품 출판과 공연회로 수입을 벌었으나, 후원자들의 지원도 받았는데 이들을 위하여 베토벤은 개인 연주회를 베풀고 이들의 부탁을 받은 작품을 써서 일정 기간을 두었다가 나중에 출판하기도 하였다. 요제프 프란츠 롭코비츠 공, 카를 리히노브스키 공 등 베토벤의 초기 후원자들 몇몇은 작곡을 요청하고 출판된 작품을 구매함과 더불어 연금을 지불하기도 하였다. 아마 베토벤의 가장 중요한 귀족 후원자는 레오폴트 2세 황제의 막내아들인 루돌프 대공이었을 터인데, 그는 1803년 혹은 1804년에 베토벤에게서 피아노와 작곡 교습을 받았다. 두 사람은 친구가 되어 1824년까지 만났다. 베토벤은 루돌프에게 14곡을 헌정하였는데, 그 가운데는 대공 3중주(1811년)과 대작 장엄 미사(1823)도 있다. 루돌프도 답례로 베토벤에게 자신의 작품 한 곡을 헌정하였다.

베토벤이 루돌프에게 보낸 편지들은 오늘날 악우 협회에 보관되어 있다. 왕실 극장의 직위를 거부한 뒤 1808년 가을에 베토벤은 나폴레옹의 동생이자 베스트팔렌 왕국의 임금인 제롬 보나파르트가 카셀의 궁정에서 급료가 높은 악장 자리를 맡아달라고 제안하여 이를 받아들였다. 베토벤의 친구들에게서 소식을 전해들은 루돌프 대공, 킨스키 백작과 롭코비츠 공은 베토벤이 빈에 머물도록 설득하고자 연간 4,000 플로린의 연금을 주겠다고 약속하였다.

루돌프 대공만이 베토벤에게 약속한 날에 주기로 한 연금의 몫을 지불하였다. 킨스키는 장교직 복무로 소환되어 아무것도 주지 않았으며, 얼마 안 되어 말에서 떨어져 죽었다. 롭코비츠는 1811년 9월에 연금 지불을 중단하였다. 뒤이어 후원을 계속해주는 사람이 없었으며 베토벤은 대개 작품의 권리를 팔거나 1815년 이후 적은 연금에 의지하였다. 당초 후원자들의 재정 지원 약속은 프랑스와의 전쟁이 일어나면서 어느 정도는 무의미해졌는데, 정부가 전쟁 준비로 돈을 찍어내어 심각한 물가 상승이 일어났기 때문이었다.

[슈베르트와의 만남]

베토벤은 훗날 "가곡의 왕"으로 불리는 프란츠 슈베르트와 만난 적이 있었다. 두 사람의 거처는 불과 2km 떨어져 있는 거리에 살았지만 베토벤의 청력상실을 비롯한 합병증으로 제대로 된 대화를 하지 못했기 때문에 쉽게 만나지 못했다. 슈베르트의 소심한 성격 또한 이유 중 하나이기도 했다. 그러다 지인들의 권유로 슈베르트가 용기를 내어 만나게 된 것이다. 베토벤은 슈베르트로부터 받은 슈베르트의 악보를 보고 감탄을 금치 못했으며 이렇게 늦게 만난 것에 대해 후회를 했고 슈베르트에게 다음과 같이 말한다. "자네를 조금만 더 일찍 만났으면 좋았을 것을... 내 명은 이제 다 되었네. 슈베르트 자네는 분명 세상에 빛낼 수 있는 훌륭한 음악가가 될 것이네. 그러니 부디 용기를 잃지 말게..." 그 후 슈베르트에게 자신이 하고 싶은 말을 글로 적으라고 했지만 슈베르트는 베토벤의 허약한 목소리를 듣고 괴로운 나머지 방을 뛰쳐나가고 말았다. 베토벤이 죽기 일주일 전의 일이었고 이것이 슈베르트와의 처음이자 마지막 만남이었다.

[작품]
[교향곡]

교향곡 1번 다 장조 Op. 21 (1800년)
교향곡 2번 라 장조 Op. 36 (1803년)
교향곡 3번 내림 마 장조 "영웅" Op. 55 (1805년)
교향곡 4번 내림 나 장조 "낭만적" Op. 60 (1807년)

교향곡 5번 다 단조 "운명" Op. 67 (1808년)

교향곡 6번 바 장조 "전원" Op. 68 (1808년)

교향곡 7번 가 장조 "대곡" Op. 92 (1813년)

교향곡 8번 바 장조 "소곡" Op. 93 (1814년)

교향곡 9번 라 단조 "합창" Op. 125 (1824년)

교향곡 10번 내림 마 단조 Bia. 838 (1824년)

(미완성 원고로 남겨졌지만 베리 쿠퍼에 의해 1악장만 완성된 채 출판됨)

[아노곡, 실내악곡]

베토벤의 32곡의 피아노 소나타는 음악의 신약성서라고 부름

피아노 소나타 8번 C단조 작품13 '비창'

피아노 소나타 11번 B flat장조 작품22 '화려한 대 소나타'

피아노 소나타 14번 C#단조 작품27-2 '월광'

피아노 소나타 15번 D장조 작품28 '전원'

피아노 소나타 17번 D단조 작품31-2 '템페스트'

피아노 소나타 21번 C장조 작품53 '발트슈타인'

피아노 소나타 23번 F단조 작품57 '열정'

피아노 소나타 24번 F#장조 작품78 '테레제를 위하여'

피아노 소나타 25번 G장조 작품79 '뻐꾸기'

피아노 소나타 26번 E flat장조 작품81a '고별'

피아노 소나타 29번 B flat장조 작품106 '함머클라비어'

3개의 소나타 WoO.47 no.1~3 '선제후' 바가텔 F단조 WoO.57 (Grove Op.170) "재미있는 안단테"

바가텔 A단조 WoO.59 (Grove Op.173) "엘리제를 위하여"

그외 바가텔 24곡 (Op.33 no.1~7, op.119 no.1~11, Op.126 no.1~6)

디아벨리 왈츠 주제에 의한 33개의 변주곡 C장조 작품120 (바하의 골트베르그 변주곡과 쌍벽을 이룰 정도로 대작)

총 21곡의 피아노 변주곡 작곡

그외 미뉴에트,가보트,캐논,론도,전주곡,폴로네이즈,군대행진곡 4곡, 피아노 4중주 등의 다수 소품 작곡

피아노 3중주 7번 B flat장조 작품97 "대공" (피아노 3중주곡 역사상 최고의 명곡)

총 11곡의 피아노 3중주 작곡

현악 4중주 16번 F장조 작품135 포함 총 16곡의 현악4중주와 푸가1곡 작곡

바이올린 소나타 5번 F장조 작품24 "봄"

바이올린 소나타 9번 A장조 작품47 "크로이처" (총 10곡의 바이올린 소나타 작곡)

첼로 소나타 3번 A장조 작품69 (첼로 소나타 역사상 최고의 명곡, 총5곡의 첼로 소나타 작곡)

[미사, 오라토리오, 오페라, 칸타타와 기타 성악곡]

《미사곡 C장조》 Op. 86

《장엄미사곡 D장조》Op. 123

오라토리오《감람산 위의 그리스도》Op. 85

칸타타 《영광의 순간》 Op. 136 외 다수의 칸타타 작곡

콘서트 아리아 《오, 무정한 자여》Op. 65 (20

여곡의 콘서트 아리아 작곡)

100여곡 이상의 성악을 위한 캐논 작곡

가곡《그대를 사랑해》WoO. 123

가곡《아델라이데》Op. 46

영국 민요를 주제로 한 가곡 300여곡 작곡 및 일

반가곡 200여곡 작곡

오페라 《피델리오》Op. 72 (그 외 미완성 오페라인 《베스타의 불》이 있음)

[협주곡]

피아노 협주곡 0번 E flat 장조 WoO. 4 (1784년)

피아노 협주곡 1번 C 장조 Op. 15 (1796년 ~ 1797년)

피아노 협주곡 2번 B flat 장조 Op. 19 (1798년)

피아노 협주곡 3번 c 단조 Op. 37 (1803년)

피아노 협주곡 4번

피아노 협주곡 5번 "황제"E flat장조, Op. 73 (세계 3대 피아노 협주곡 중의 하나, 총 7곡의

피아노 협주곡 작곡, 0번 E flat장조 WoO.4와 6번 D장조 미완성 협주곡 있음)

바이올린 협주곡 D장조 Op. 61 (세계 3대 바이올린 협주곡 중의 하나, 베토벤이 직접 플룻 협주곡

과 피아노 협주곡으로 편곡한 곡도 있음)

삼중협주곡 C장조 Op. 56

[관현악곡]

웰링턴의 승리 "전쟁" Op. 91 (1804년)

합창환상곡 C단조 Op. 80

극음악 《코리올란》 C단조 Op. 62(총 11곡의 극음악 작곡)

극음악 《아테네의 폐허》 Op. 113 (베토벤의 터키행진곡은 4번째 나오는 부수음악임)

극음악 《에그몬트》 F단조 OP. 84

발레음악 《프로메테우스의 창조물》 Op. 43

🦏 ● 베토벤 명언

♣ 가장 뛰어난 사람은 고뇌를 통하여 환희를 차지한다.

♣ 고난의 시기에 동요하지 않는 것, 이것은 진정 칭찬 받을 만한 뛰어난 인물의 증거다.

♣ 국가가 헌법을 지니지 않으면 안 되듯 개개인도 자신의 규범을 갖지 않으면 안 된다.

♣ 나는 운명의 목을 죄어 주고 싶다. 어떤 일이 있더라도 운명에 져서는 안 된다.

♣ 나는 참고 견디면서 생각한다. 모든 불행은 뭔지 모르지만 좋은 것을 동반해 온다고.

♣ 나도 볼테르처럼, '벌이 조금 쏘았다 하더라도 질주하고 있는 사나운 말을
멈추게 할 수는 없다.'라고 생각한다.

♣ 나의 예술은 가난한 사람들의 행복을 위해서 바쳐지지 않으면 안 된다.

♣ 남보다 더욱 하느님께 가까이하고 하느님의 영광을 인류 세계에 널리 알려주는 일 이외에 더
고귀한 사명은 없다.

♣ 남을 위해 일한다는 것은 어릴 때부터 나의 최대의 행복이었고 즐거움이었다.

♣ 남의 충고를 들어서 좋은 일이란 극히 드물다. 무슨 일을 철저하게 생각한다면
누가 당사자 이상으로 모든 사정을 구체적으로 생각할 수 있을 것인가.

♣ 내가 받은 지시. 시골에 머물러 있으라는 것.
어떤 외진 곳이라도 있으면 이것을 실행하기는 쉽다.
여기서는 나의 비참한 귀머거리도 나를 괴롭히지 않는다.
시골에서는 나무란 나무는 모두 '거룩하도다. 거룩하도다.'하고 나에게 말을 건네는
것 같다. 숲 속의 황홀, 누가 이것을 모두 표현할 수 있을 것인가.

♣ 네 자신의 불행을 생각하지 않는 가장 좋은 방법은 일에 몰두하는 것이다.

♣ 눈물을 거둬들이고 싶은 자는 사랑의 씨를 뿌려야 한다. 많이 듣고 조금 말하라.

♣ 매일 아침 5시부터 아침 식사 때까지 공부할 것!

♣ 명성을 얻은 예술가는 그 때문에 괴로워한다. 따라서 그들의 처녀작이 때로는 최고다.

♣ 모든 것은 순수하게 그리고 투명하게 신에게서 흘러나온다.
나는 걱정에 사로잡혀 악에 눈이 어두워진 나머지
거듭거듭 뉘우치고 깨닫고 마음을 씻고 닦고 한 끝에
최초의 숭고한 맑은 원천, 신에게로 돌아갔다. 그리하여 당신의 예술로 돌아갔다.
그런 때 이기심에 망설이는 일은 없었다.

♣ 무엇인가를 뛰어 넘을 때마다 나는 행복을 느낀다.

♣ 불행은 이상한 것이다. 불행을 말하면 점점 더 커진다.
그 원인과 그것이 미치는 범위를 올바로 이해하는 것만이 불행을 이겨낼 수 있다.

♣ 세계 질서와 미(美)에 관해서 밝혀지는 것이 있다면 그것은 신이다.
아름다움도 신을 그 토대로 가진 점에서는 세계 질서와 조금도 다를 것이 없다.
세계 질서가 일반적인 자연법칙에서 그 근원을 찾을 수 있는 것은
모든 자연이 최고의 예지의 작용이기 때문이다.

♣ 신성(神性)에 가까이 가서 그것이 가지고 있는 빛을 인류 위에 부어줄 수 있는 이상으로 아름다운 행위는 없다.

♣ 아무리 가까운 친구일지라도 자신의 비밀을 털어놓지 말라.
그대가 아직 친구에게 충실하지 못하였는데 그것을 친구에게 요구하는가.

♣ 오직 너의 예술을 위해서 살아라!
지금 너는 귀의 감각 때문에 큰 제약을 받고 있으나
이것이 네가 살아가는 오직 하나의 길이다.

♣ 왜 나는 작곡하는가? 내가 마음속으로 지니고 있는 것은 밖으로 표현되지 않으면 안 된다. 그래서 작곡하는 것이다.

♣ 음악은 사람들의 정신에서 불꽃이 튀게 하지 않으면 안 된다.

♣ 이 지상에서는 할 일이 너무 많다. 서둘러라.

♣ 인내 또 인내 그래야만 우리들은 가장 비참한 일에서도 무엇인가 얻는 것이 있을 터이고 신이 우리들의 과오를 용서하실 만한 가치를 지니게 되는 것이다.

♣ 정말로 낙숫물이 돌을 뚫는다.

♣ 증오는 그 마음을 품는 자에게 다시 돌아간다.

♣ 진리는 현자를 위해 존재하고, 미는 느끼기 쉬운 마음을 위해 존재한다.
진리와 미는 서로 포함되어 있으며 서로 보충하는 것이다.

♣ 학문과 예술만이 인간을 신성(神性)에 까지 끌어올린다.

♣ 훌륭하고 고결한 행동을 하는 사람은 다만 그 한가지만으로도
불행을 견디어 나갈 수 있다는 것을 나는 증명하고 싶다.

♣ 훌륭한 인간의 특징은 불행하고 쓰라린 환경에서도 끈기 있게 참고 견디는 것이다.

나폴레옹-Napoleon Bonaparte, 정치가, 황제, 프랑스 (1769년생)

★ 지난 1,000년간 인물100명중 27위 선정
★ 인류 역사인물 100명중 34위 선정
★ 인류 역사인물 50명에 선정

[출생] 1769년 8월 15일, 코르시카 공화국 아작시오
[사망] 1821년 5월 5일 (51세), 세인트헬레나 롱우드
[사인] 위암

[종교] 로마 가톨릭교회(1809년 파문당함)
[본명] 나폴레옹 보나파르테
[국적] 프랑스
[활동분야] 정치, 군사

[**출생지**] 지중해 코르시카 섬 아작시오

프랑스 황제:
[**재위**] 1804년 5월 18일~1814년 4월 11일
　　　1815년 3월 20일~1815년 6월 22일
[**대관식**] 1804년 12월 2일

이탈리아 국왕:
[**재위**] 1805년 3월 17일~1814년 4월 11일
[**대관식**] 1805년 5월 26일

[**배우자**] 조제핀 드 보아르네
오스트리아의 마리 루이즈
[**왕가**] 보나파르트 왕가

[**요약**]
나폴레옹 보나파르트는 프랑스의 군인이자, 정치가이며, 프랑스 대혁명 시기 말기 무렵의 정치 지도자이자 1804년부터 1815년까지 프랑스의 황제였다. 프랑스혁명의 사회적 격동기 후 제1제정을 건설했다. 제1통령으로 국정을 정비하고 법전을 편찬하는 등 개혁정치를 실시했으며 유럽의 여러 나라를 침략하며 세력을 팽창했다. **나폴레옹 법전**은 세계의 민법 관할에 크나큰 영향을 미쳤지만, 나폴레옹은 나폴레옹 전쟁에서의 역할로 가장 잘 알려져 있다. 그는 유럽 전체에 헤게모니를 형성했고, 프랑스 대혁명의 이상을 퍼트렸으며, 이전 정권의 양상을 복원하는 제국 군주제를 통합했다. **그가 전쟁마다 승리를 거두었기 때문에 지금까지 가장 위대했던 장군들 중 하나로 기억**되고 있다. 그러나 **러시아원정 실패로 엘바 섬에, 워털루전투 패배로 세인트헬레나 섬에 유배**되었다.

[**생애**]
나폴레옹은 지중해 코르시카 섬 아작시오에서, 프랑스 본부에서 포병 장교로 훈련받은 부모 카를로 보나파르테와 레티치아 라몰리노 사이에서 태어났다. 그의 이름인 나폴레옹 보나파르트는 부모가 지어준 나폴레오네 부오나파르테란 본명을 이후에 프랑스식으로 바꾼 것이다. 프랑스혁명의 사회적 격동기 후의 안정에 편승하여, 제1제정을 건설하였다. **군사·정치적 천재로서 세계사상 알렉산드로스 대왕·카이사르와 비견**된다. 아버지가 지도자 파올리를 따라 프랑스에 대한 코르시카 독립운동에 가담하나, 싸움에 진 뒤에는 도리어 프랑스 총독에게 접근하여 귀족의 대우를 받았다. 1779년 아버지를 따라 프랑스에 건너가, 10세 때 브리엔 유년학교에 입학하여 5년간 기숙사 생활을 하였다. 코르시카 방언으로 프랑스어 회화에 고민하며 혼자 도서실에서 역사책을 읽는 재미로 지냈으나, 수학만은 뛰어난 성적을 보였다.
1784년 파리육군사관학교에 입학, 임관 뒤 포병소위로 지방연대에 부임하였다. 1789년 프랑스혁명 때 코르시카로 귀향하여, 파올리 아래서 코르시카국민군 부사령에 취임하였다. 프랑스 육군은 3회에

걸친 군대이탈과 2중 군적에 대해 휴직을 명하였다. 1792년 파올리와 결별하고, 일가와 함께 프랑스로 이주하였다. 1793년 가을 툴롱항구 왕당파반란을 토벌하는 여단 부관으로 복귀하여, 최초의 무훈을 세웠다. F.로베스피에르의 아우와 지우를 갖게 되어 이탈리아 국경군의 지휘를 맡았다. 테르미도르의 반동 쿠데타로 로베스피에르파로 몰려 체포되어 다시 실각, 1년간 허송세월을 보냈다.

1795년 10월 5일(방데미에르 13일), 파리에 반란이 일어나 국민공회가 위기에 직면하자, 바라스로부터 구원을 요청받고, 포격으로 폭도들을 물리쳤다. 이 기민한 조치로 재기의 기회를 포착, 1796년 3월 바라스의 정부이자 사교계의 꽃이던 조세핀과 결혼, 총재정부로부터 이탈리아 원정군사령관으로 임명되었다. 이탈리아에서 오스트리아군을 격파하여 5월에 밀라노에 입성, 1797년 2월에는 만토바를 점령하는 전과를 올렸다. 10월 오스트리아와 캄포포르미오조약을 체결하여, 이탈리아 각지에 프랑스 혁명의 이상을 도입한 인민공화국을 건설하였다.

나폴레옹의 명성은 프랑스에서도 한층 높아졌다. 하루 3시간만 잔다는 소문도 있었으나, 비서 브리센에 의하면 건강에 항상 신경을 써서 하루 8시간은 잤다고 한다. 나폴레옹은 프랑스 제1공화국에서 눈에 띄게 지위가 올랐고 제1차 및 제2차 대프랑스 동맹과의 전쟁을 승리로 이끌었다. 1798년 5월 5만여 명의 병력을 이끌고 이집트를 원정하여 결국 카이로에 입성하였다. 7월 해군이 아부키르 만에서 영국함대에 패하여 본국과의 연락이 끊기자 혼자서 이집트를 탈출, 10월에 프랑스로 귀국하였다. 곧 나폴레옹을 통해 총재정부를 타도하려는 셰이에스·탈레랑 등의 음모에 말려들었다. 나폴레옹은 1799년 11월 9일(브뤼메르 18일) 군을 동원하여 쿠데타를 일으켰고, 500인회를 해산시켜 원로원으로부터 제1통령으로 취임하여, 군사독재를 시작하였다. 5년 뒤에는 프랑스 원로원이 나폴레옹을 황제 자리에 앉혔다.

나폴레옹은 평생 코르시카인의 거칠음·솔직함을 잃지 않아, 농민출신 사병들로부터 신뢰를 받고 있었으나, 역사적 영웅으로 보면 **인간성을 무시하고 도덕성이 결여된 행동의 주인공**이었다. **광대한 구상력, 끝없는 현실파악의 지적능력, 감상성 없는 행동력**은 마치 마력적이라고 할 정도였다. 이처럼 독특한 개성이 혁명 후의 안정을 지향하는 과도기의 사회상황에서 보나파르티즘이라는 나폴레옹의 정치방식이 확립되었다. 제1통령으로서 국정정비·법전편찬에 임하고, 오스트리아와의 결전을 서둘러 1800년 알프스를 넘어 마렝고에서 전승을 이룩하였다. 1802년에는 영국과 아미앵화약을 맺고, 1804년 12월 인민투표로 황제에 즉위하여 제1제정을 폈다. 즉위소식을 들은 **베토벤**이《영웅 교향곡》의 악보에서 펜을 던지고, '**인민의 주권자도 역시 속물 이었다.**'고 한탄하였다고 한다.

영국을 최대의 적으로 간주하던 나폴레옹은 즉위하자, 곧 상륙작전을 계획하였다. 1805년 가을 프랑스함대는 트라팔가르 해전에서 넬슨의 영국해군에 다시 격파되어, 나폴레옹의 웅도(雄圖)는 끝내 이루어지지 않았다. 그러나 같은 해 12월 아우스터리츠전투에서 오스트리아·러시아군을 꺾은 이래, 프랑스육군은 전 유럽을 제압하여 위세를 전 세계에 떨쳤다. **19세기의 첫 10년 동안 나폴레옹이 이끄는 프랑스 제국은 나폴레옹 전쟁을 주도하였다.** 유럽의 모든 강대국이 이 전쟁에 휘말렸으며, 많은 승리 뒤에 프랑스는 유럽의 지배적 자리에 앉게 되었다.

나폴레옹은 광범위한 제휴와 친구들과 친척들을 유럽 다른 나라들을 통치게 하여 프랑스의 위상을 유지시켜나갔다. 1809년 조세핀과 이혼, 이듬해 오스트리아 황녀 마리 루이즈와 재혼하였다. 스페인의 무장시민들과의 싸움과 1812년의 러시아 원정은 나폴레옹의 삶을 완전히 돌려놓았다. 나폴레옹의 대육군은 전쟁에서 큰 손상을 입었고 다시 원상태로 돌아오지 못했다. 러시아원정에서 실패하면서 운세도 기울어져, 1813년에 라이프치히에서 제6차 대프랑스 동맹에 의해 프랑스는 전쟁에서 패배하였다. 1814년 3월에는 **영국·러시아·프러시아·오스트리아군에 의해 파리를 점령당하고, 나폴레옹은 정권에서 내려오고 엘바 섬으로 유배되었다.**

이듬해 1815년 3월 다시 파리로 들어가 황제에 즉위하였으나, 1815년 6월에 워털루전투에서 대패배하여 영국에 항복하였다. 그 뒤 대서양의 세인트헬레나 섬에 유배되어, 나폴레옹은 삶의 마지막 6년을 영국 왕실에 의해 구속된 채로 세인트헬레나 섬에서 보내고, 거기에서 죽었다. 부검 결과 **사인**은 **위암**으로 결론이 났으나, 나폴레옹의 사인은 상당한 논쟁을 일으켰으며, 일부 학계 측에서는 **비소 중독설**도 제기되었다. 나폴레옹이 구술하는 회상록을, 동행하던 옛 부하 라스카스가 기록하였다.

🦏 ● 나폴리 명언

♣ 최후의 승리는 인내하는 사람에게 돌아간다. 인내하는 데서 운명이 좌우되고, 성공이 따르게 된다.

♣ 나는 언제나 노동하고 있다. 그리고 늘 생각한다. 내가 항상 어떠한 일에 당면했을 때 당황하지 않고 즉시로 처리하는 것은 미리 여러 가지 경우에 대해서 생각해 두었기 때문이다. 다른 사람이 예상조차 할 수 없는 돌발 사태에 처했을 때에 즉시로 내가 해결해 버리는 것은 내가 천재이기 때문이 아니라, 평상시에 있어서의 명상과 반성의 결과인 것이다. 식사할 때나 혹은 극장에서 오페라를 구경할 때도 나는 늘 머릿속에서 움직이고 있다.

♣ 나는 2년 후를 생각하지 않고 살았던 때가 없다.

♣ 나의 실패와 몰락에 대하여 책망할 사람은 나 자신밖에는 아무도 없다. 내가 나 자신의 최대의 적이며, 비참한 운명의 원인이었다.

♣ 당신들의 국가를 영속시키려면, 공공의 안전을 위해 결속하라.

♣ 부귀와 명예는 그것을 어떻게 얻었느냐가 중요하다. 도덕에 근거를 두고 얻은 부귀와 명예라면 산골에 피는 꽃과 같다. 즉, 충분한 햇별과 바람을 받고 성장한다.

♣ 부도덕 중의 으뜸은 자기가 모르는 직업을 가지는 것이다.

♣ 부하 걱정을 많이 하는 지휘관은 패하기 마련이다.

♣ 사람은 그가 입은 제복대로의 인간이 된다.

♣ 사람은 덕보다도 악으로 더 쉽게 지배된다.

♣ 사람의 처세법에 있어서 가장 중요한 것은 정에 쏠리지 않아야 하며, 동시에 이치에도 쏠리지 않고, 두 가지를 다 억제할 줄 알아야 한다는 것이다.

♣ 사랑에 대한 유일한 승리는 탈출이다.

♣ 산다는 것은 곧 고통을 치른다는 것과 같다. 그러므로 성실한 사람일수록 자신에게 이기려고 애를 쓰는 법이다.

♣ 살아 있는 졸병이 죽은 황제보다 훨씬 가치가 있다.

♣ 성격의 씨앗을 뿌리면, 운명의 열매가 열린다.

♣ 숙고할 시간을 가져라. 그러나 일단 행동할 시간이 되면 생각을 멈추고 돌진하라.

♣ 승리는 노력과 사랑에 의해서만 얻어진다. 승리는 가장 끈기 있게 노력하는 사람에게
 간다. 어떤 고난의 한가운데 있더라도 노력으로 정복해야 한다. 그것뿐이다.
 이것이 진정한 승리의 길이다.

♣ 신을 비웃는 자는 어리석은 자이다.

♣ 죽음은 아무것도 아니다. 그러나 패배자로서 영광 없이 사는 것,
 그것은 매일 죽는 것이나 다름없다.

♣ 승리를 원한다면, 모든 것을 걸어야 한다.

♣ 1퍼센트의 가능성, 그것이 나의 길이다.

♣ 인류의 역사가 시작된 이래, 역사를 지배한 것은 항상 승리의 법칙이었다.
 그 외의 다른 법칙은 없다.

♣ 숭배의 대상인 동시에 두려움의 대상이 되는 것, 이것이 통치다.

♣ 승부는 언제나 간단하다.
 적이 무엇을 원하는지를 간파해야 한다. 그리고 적으로 하여금 원하는 것,
 꿈꾸는 것이 가능하다고 믿게 하는 것이다.

♣ 앞을 내다보지 못하는 자는 이미 패배한 자이다.

♣ 비범한 작전이란, 유용한 것과 불가피한 것만을 시도하는 것, 바로 그것이다.

♣ 모든 것을 걸어야 한다면, 저 어린 신병들 속에, 최전방에,
 내가 던지는 내 목숨이야말로 최후의 카드가 아니겠는가.

♣ 왕좌란 벨벳으로 덮은 목판에 불과하다.

♣ 사람이란 처음에는 일을 끌고 가지만 조금 있으면 일이 사람을 끌고 가게 된다.

♣ 엉터리 행사로 사람의 마음을 사로잡는 것은 감동적인 사상으로
 사람을 신복시키는 것보다 훨씬 확실하다.

♣ 승리는 대군의 것이다.

♣ 아무리 위대한 천재의 능력일지라도 기회가 없으면 소용이 없다.

♣ 약속을 지키는 최선의 방법은 약속을 하지 않는 것이다.

♣ 우리가 어느 날 마주칠 재난은 우리가 소홀히 보낸 어느 시간에 대한 보복이다.

♣ 의지할 만한 것은 남이 아니라 자신의 힘이다.

♣ 인생에 있어 가장 중요한 것은 실패했다고 낙심하지 않는 것이며
 성공했다고 지나친 기쁨에 도취되지 않는 것이다.

♣ 사치한 생활 속에서 행복을 구하는 것은 마치
 그림 속의 태양에서 빛을 기다리는 것과 같다.

♣ 숙고할 시간을 가져라. 그러나 일단 행동할 시간이 되면 생각을 멈추고 돌진하라.

♣ 비장의 무기가 아직 나의 손에 있다. 그것은 희망이다.

♣ 나의 사전에는 불가능이란 단어가 없다.

모차르트-Wolfgang Mozart, 음악가, 오스트리아 (1756년생)

★ 인류 역사인물 50명에 선정 (Wopen.com 한국.net 선정)

[출생] 1756년 1월 27일, 신성 로마 제국 잘츠부르크
[사망] 1791년 12월 5일 (35세), 신성 로마 제국 빈, (현재의 오스트리아 수도)
[국적] 신성 로마 제국
[직업] 작곡가
[장르] 서양 고전 음악
[악기] 피아노, 하프시코드, 바이올린 등
[배우자] 콘스탄체 모차르트
[가족]
아버지 레오폴트 모차르트
어머니 안나 마리아 모차르트
누나 마리아 안나 모차르트
장남 카를 토마스 모차르트
차남 프란츠 크사퍼 볼프강 모차르트
[종교] 로마 가톨릭교회
[주요수상] 황금박차(拍車)훈장
[주요작품]
《피가로의 결혼》(1786년)이나 《돈 조반니》(1787년) 《마적》(1791년)

[요약]
볼프강 아마데우스 모차르트는 **오스트리아의 서양 고전 음악 작곡가**이다. 궁정 음악가였던 아버지 레오폴트 모차르트에게 피아노와 바이올린을 배웠고 그 후 요한 세바스티안 바흐의 아들인 요한 크리스티안 바흐에게서 작곡하는 법 및 지휘를 배웠다. **모차르트가 남긴 작품은 성악·기악의 모든 영역에 걸쳐 다채롭다.** 그의 공적은 **빈고전파의 양식을 확립**한 데 있고 **전고전파의 여러 양식을 흡수, 개성적인 예술을 이룩**했다.

[생애]
모차르트는 1756년 1월 27일 **잘츠부르크**에서 태어났다. 출생 직후에 가톨릭의 성당에서 받은 세례명은 요한네스 크리소스토무스 볼프강구스 테오필루스 **모차르트**였다. 흔히 알려진 중간 이름인 아마데우스는 세례명에 있는 중간 이름 중 하나인 테오필루스를 같은 뜻의 라틴어로 바꾼 것이다. 어렸을 때부터 재능을 보여 4세 때 건반 지도를 받고 5세 때 소곡을 작곡하였다. 아버지는 모차르트의 뛰어난 재능을 각지의 궁정에 알리기 위하여 아들이 6세 되던 해부터 여행을 계획하여 1762년 7월 바이에른 선거후의 궁정이 있는 뮌헨에 가서 연주하고, 이어 빈으로 가서 여황제 마리아 테레지아 앞에서 연주하는 등 많은 일화가 있다.

작곡가로서 모차르트의 활동에 커다란 자극과 영향을 준 것은 서유럽을 거의 일주하다시피 한 여행(1763년~1766년)이었다. 여행에서는 파리에서 알게 된 쇼베르트, 런던에서 알게 된 바흐(J.S.바흐의 막내아들)로부터 많은 영향을 받았다. 또 파리에서는 바이올린 소나타를, 런던에서는 최초의 교향곡(제1번 Eb장조) 등을 작곡했는데, 이 교향곡은 8세 때의 작품이었다. 두 번째로 빈을 다녀온 뒤, 1769년~1773년에는 3번에 걸쳐 이탈리아를 여행하였는데 그동안 교황에게서 황금박차(拍車)훈장을 받고, 볼로냐의 아카데미아 필라르모니카의 입회시험에 뛰어난 성적으로 합격하기도 하였다. 그리고 볼로냐에서 마르티니로부터 음악이론·작곡을 배운 일과 이탈리아의 기악·성악에 직접 접한 일 등은 그 후의 교향곡·오페라·교회음악 창작에 풍부한 자극이 되었다.

모차르트는 이때 10대 소년으로 오페라의 작곡 의뢰를 받고 밀라노에서 작곡한 오페라를 상연(1770년)하였는데, 제2회(1771년)와 제3회(1772년~1773년)의 이탈리아 여행은 그 곳에서 오페라를 작곡 상연하는 것이 목적이었다. 그 후 1777년까지는 주로 잘츠부르크에 머물면서 미사곡과 사교적인 작품을 많이 작곡하였으나, 차차 그 직무에 불만을 갖기 시작하여 1777년 가을부터 1779년까지 어머니와 함께 다른 궁정에 취직하기 위하여 만하임·파리를 여행하였다. 목적은 이루어지지 않았으나 음악면에서는 만하임악파와 접촉하는 등 수확이 컸고 이때《파리교향곡》(1778년) 외에 많은 작품을 작곡하였다. 또한 만하임에서의 아로이지아 베버와의 사랑, 파리에서의 어머니의 죽음 등 인생의 경험도 많이 하였다.

여행에서 돌아온 후 궁정음악가로서의 활동을 계속하였으나, 1780년 말 뮌헨궁정으로부터 의뢰받은 오페라《크레타의 왕 이도메네오》의 상연을 위하여 잘츠부르크를 떠난 것이 계기가 되어, 그 때까지 마음속에 품고 있었던 대주교 히에로니무스와의 불화가 표면화하여, 모차르트는 아버지의 반대와 사표의 반려에도 불구하고 빈에서 살기로 결심, 모차르트의 인생의 후반이 여기에서 시작되었다. 빈에서는 처음 작곡·연주(피아노)·교육활동을 하였으며, 오페라《후궁으로부터의 도주》(1782년)와 《하프나교향곡》(1782년), 피아노협주곡 등을 작곡하였고 1782년 8월에는 아버지의 반대를 무릅쓰고 아로이지아의 여동생 콘스탄체와 결혼하였다.

모차르트가 빈에 머무는 동안에 작곡한 교향곡이나 현악4중주곡은 하이든의 것과 함께 고전파시대의 전형적인 스타일을 확립하는 작품이 되었다. 하이든과는 1785년경에 직접 알게 되어 서로 영향을 주고받는 사이가 되었다. 빈시대의 후반에 접어들자 모차르트의 작품세계는 한층 무르익었으나, 그 반면 빈의 청중들의 기호로부터는 차차 멀어져, 생활은 어려워지고 친구들로부터 빌린 빚도 많아졌다. 1786년부터 이듬해에 걸쳐 그러한 상황이 눈에 띄게 나타났는데《피가로의 결혼》(1786년)이나 《돈 조반니》(1787년) 등의 오페라는 이 시기의 걸작들이다. 후자가 초연된 해 4월 베토벤이 찾아왔고 5월에는 아버지가 세상을 떠났다. 그리고 글룩의 뒤를 이어 궁정실내작곡가의 칭호를 받았으나, 이것은 이름뿐이고 경제적으로는 그다지 도움이 되지 못하였다. 이듬해에는 경제적 궁핍 속에서 이른바 3대교향곡《제39번 E장조》《제40번 G단조》《제41번 C장조: 주피터교향곡》을 작곡하였다.

그 뒤에도 모차르트는 몇 차례 여행을 하였다. 1789년의 베를린 여행에서는 프로이센의 국왕 프리드리히 빌헬름 2세를 알현하여 작곡의뢰를 받았다. 이듬해 초에는 오페라 부파《코시 판 투테》를 완성하고, 가을에는 레오폴트 2세의 대관식이 거행되는 프랑크푸르트로 가서《대관식협주곡》등을 포함한 연주회를 열었으나 빚은 늘어날 뿐이었고 1791년 8월 의뢰받은 오페라《티투스제의 인자(仁慈)》의 상연을 위하여 프라하로 여행하였으나 이때부터 건강이 나빠지기 시작하였다. 9월에는 징그슈필의 대작 《마적》을 완성하여 성공을 거두었으나, **《레퀴엠》을 미완성인 채 남겨 두고 12월 5일 빈에서 세상을 떠났다.** 빈의 성 마르크스 묘지에 매장되었으나 유해가 묻힌 정확한 장소는 알 수 없다. 36세도 채 되지 않은 짧은 생애였으나, 어려서부터 창작활동을 해 왔기 때문에 모차르트가 남긴 작품은 성악·기악의 모든 영역에 걸쳐 다채롭다. **모차르트의 공적은 하이든과 함께 빈고전파의 양식을 확립한 데 있으며, 모차르트를 앞섰던 이른바 전(前)고전파의 여러 양식을 한 몸에 흡수하여, 하이든과도 뚜렷이 구별되는 개성적인 예술을 이룩하였다.**

[볼프강 아마데우스 모차르트 연보]

1756 1월 27일 오스트리아 잘츠부르크에서 출생.

1762 아버지의 계획 하에 뮌헨 궁정과 빈의 여황제 마리아 테레지아 앞에서 연주.

1763 3년간 서유럽을 일주하며 여행. 이 여행에서 슈베르트, 바흐 등을 만남.

1770 밀라노에서 작곡한 오페라를 상연.

1780 뮌헨궁정으로부터 의뢰받은 오페라 《크레타의 왕 이도메네오》의 상연을 위하여 잘츠부르크를 떠남.

1782 빈에서 오페라 《후궁으로부터의 도주》, 《하프너교향곡》, 피아노협주곡 등을 작곡.

1786 《파리교향곡》, 오페라 《피가로의 결혼》 등을 작곡.

1787 오페라 《돈 조반니》 작곡.

1789 베를린 여행에서 프로이센 국왕 프리드리히 빌헬름 2세에게 작곡의뢰를 받음.

1791 8월 의뢰받은 오페라 《티투스제 인자》를 상연하기 위해 프라하로 여행.

　　　9월 징그슈필의 대작 《마적》을 완성하여 성공을 거둠.

12월 5일 빈에서 사망.

[성장기]

모차르트의 아버지인 레오폴트 모차르트는 잘츠부르크 궁정 관현악단의 음악 감독이었는데, 볼프강의 누나인 안나를 어려서부터 가르쳤고, 이를 볼프강은 지켜보았다. 세 살 때부터 볼프강은 누나를 보고, 스스로 건반을 다루고 연주하는 법을 터득했다. 아버지 레오폴트는 어린 아들의 재주를 보았고, 아들의 음악적 재능이 뚜렷이 빛을 발하게 되면서 작곡을 그만두었고 볼프강에게 피아노와 바이올린을 가르쳤다. 모차르트는 피아노와 바이올린에 매우 뛰어났다. 안나의 뮤직북에 적힌 레오폴트의 기록에 따르면 어린 볼프강은 네 살 때 여러 곡을 배웠다고 한다. 모차르트의 음악적 능력은 빠르게 발달하여, 다섯 살 때 이미 작곡을 하기 시작했다.

사람들은 모차르트를 믿지 못하여 일부러 모차르트의 집에 찾아와서 모차르트를 시험해 보았다. 사람들은 모차르트의 아버지인 레오폴트가 모차르트의 곡을 써주었다고 의심했기 때문이다. 하지만, 모차르트는 그 사람들에게 뛰어난 작곡 실력과 재능을 보였고, 사람들은 모차르트를 믿기 시작하였다. 그 후 아버지 레오폴트는 요한 세바스티안 바흐의 아들인 요한 크리스티안 바흐에게 아들을 보내 작곡하는 법에 대한 기예를 더 배우게 했다. 1777년에는 어머니와 함께 뮌헨, 만하임, 파리를 여행하였는데, 그 와중에 파리에서 어머니를 여의었다. 여행을 다니면서 모차르트는 많은 음악가들과 만났는데, 그 중에서 1764년에서 1765년 사이에 **런던에서 만난 요한 크리스티안 바흐의 영향을 많이**

받았다. 모차르트는 바흐로부터 처음으로 교향곡을 작곡하는 법을 배웠으며 이러한 토대로 모차르트는 사후까지 수많은 걸작의 교향곡을 남기는 중요한 계기가 된다.

[베토벤과의 만남]

또한 모차르트는 빈에서 생활하던 1784년에 루트비히 판 베토벤과도 만났다. 모차르트는 어려운 집안사정에도 불구하고 자신을 찾아온 베토벤을 반갑게 맞이하였는데, 이때 베토벤의 나이는 불과 14세였다. 모차르트는 베토벤이 자신이 만든 즉흥곡을 또 다른 작품으로 훌륭하게 소화해내자 칭찬을 아끼지 않았으며 **교육비를 일절 거절하고 베토벤을 교육시키는데 전념했다.** 그러나 베토벤은 어머니가 사망하였다는 소식을 듣게 되자 모차르트에게 작별인사를 하고 빈을 갑작스럽게 떠났다. 만난 지 불과 1달만의 일로 이것이 두 거장의 마지막 만남이었다. (베토벤이 다시 빈에 찾아온 건 1792년으로 그때는 모차르트가 죽은 지 1년이 지난 뒤다.) 그러나, 이 이야기의 근거는 **오토 얀이 저술한 모차르트의 전기**가 유일하다. 따라서 오늘날은 그 신뢰성이 부인되고 있다.

[죽음]

모차르트의 죽음과 그 원인에 대해서는 수많은 전설을 비롯하여 학설이 많다. 낭만적인 주장으로는 모차르트의 건강이 점점 약해지면서 모차르트의 모습과 작품 역시 다가오는 죽음과 함께 쇠퇴하였다는 것이 있다. 반면에 다른 학자들은 모차르트의 마지막 해가 그에게 성공적이었으며, 모차르트의 죽음이 가족들에게 충격이었다는 점을 들어 모차르트의 죽음이 급작스러웠다고 주장한다. 모차르트의 죽음의 원인 또한 추측이 무성하다. 기록에는 모차르트가 **"무수히 난 좁쌀만한 발열"**로 죽었다고 되어 있는데, 현대 의학으로 진단할 수 있는 것에 비해서는 충분한 정보가 되지 못하고 있다. 사인에 대한 학설 중에는 선모충병, 중독, 류머티스열, 덜 익힌 돼지고기에 의한 식중독 등이 있다. 환자의 피를 뽑았던 당시의 의술도 모차르트의 죽음을 앞당기는 데에 기여했던 것으로 여겨진다. 볼프강 아마데우스 모차르트는 1791년 12월 5일 오전 0시 55분경에 죽었다. 콘스탄체는 모차르트가 완성하지 못한 작품 레퀴엠의 완성을 여러 제자들에게 맡겼으나 끝내 완성시키지 못하다가 결국 프란츠 크사버 쥐스마이어가 완성시켰다.

모차르트가 가난과 무관심 속에서 죽었다는 이야기와 달리, 모차르트는 나름대로 만족할 만한 수입이 있었고 프라하 같이 멀리 떨어진 곳에서 꾸준한 작곡 의뢰를 받았다. 모차르트가 말년에 전성기 때만큼의 명성을 누리지는 못했으며 돈을 꿔 달라고 쓴 편지가 있지만, 이는 모차르트가 가난해서가 아니라 번 돈보다 더 많이 썼기 때문이었다. 그 실례로 모차르트가 입은 옷은 보석으로 장식된 화려한 의상이었다. 모차르트는 빈 외곽의 성 마르크스 묘지에 묻혔다. 뉴 구루브에 따르면 모차르트가 여러 사람과 함께 묻힌 것은 사실이나 그것은 가난해서가 아니라 당시 빈 중산층의 장례 풍습대로였다. 그것은 잘 정비된 묘지였으며 나무로 된 것이었으나 묘비도 있었다. 묘비가 나무였던 것 또한 당시 빈 중산층의 장례 풍습에 따른 것이었다. 실제 당시 빈에서는 화려한 장례가 엄격히 금지되었다. 전설에 따르면 장례식 날에 비가 오고 천둥이 쳤다고 하나 뉴 그루브에 따르면 사실은 구름 한 점 없는 쾌청한 날이었다고 한다. 현재 모차르트의 무덤의 위치를 알 수 없는 것은 성 마르크스 묘지가 더 많은 묘지를 수용하기 위해 이장을 거듭하였기 때문이지 아무렇게나 묻었기 때문은 아니다. 콘스탄체 모차르트는 남편이 죽은 후 추모 음악회, 미발표 작품의 출판 등으로 경제적으로 성공하였다.

1809년 그녀는 덴마크 출신 외교관이었던 게오르크 니콜라우스 폰 니센과 재혼했다. 그들은 덴마크로 이주했다가 다시 잘츠부르크로 돌아와 여생을 마감했다. 콘스탄체와 새 남편은 모두 모차르트에 대한 전기를 남겼다.

[음악]

모차르트는 다작을 한 작곡가로, 오페라 약 27곡, 교향곡 약 67곡, 행진곡 약 31곡, 관현악용 무곡 약 45곡, 피아노 협주곡 약 42곡, 바이올린 협주곡 약 12곡, 회유곡 약 40곡, 그 외 독주곡, 교회용 성악곡, 실내악곡 칸타타, 미사곡 등 다양한 장르를 아우르며 600 여곡을 작곡하였다. 모차르트의 많은 작품이 그 당시에 있던 형식에서 벗어나지 않지만, 피아노 협주곡만큼은 모차르트 혼자서 발전시켜서 대중화했다. 모차르트는 미사곡을 포함한 종교 음악과 실내악곡, 그리고 디베르티멘토와 춤곡과 같은 가벼운 곡도 썼다. **주요 작품으로는 《교향곡 41번》, 《피가로의 결혼》, 《돈 죠반니》, 《마술 피리》 등과, 최후의 작품인 《진혼곡》이 있다. 고전 음악을 완성한 것으로 평가받는다.**

[모차르트가 받은 영향]

모차르트의 유년기는 궁정 바이올리니스트인 아버지 레오폴트의 교육으로 클라비어에 숙달하여 유럽 각지를 일찍부터 순회 연주하였다. 당시 유럽의 각지에서는 여러 가지 새로운 양식적 시도가 있었으므로 모차르트의 여행은 그러한 새로운 예술적 동향에 직접 접할 기회를 부여받고 모차르트의 창작 능력에 지대한 영향을 미쳤던 것이다. 이처럼 모차르트가 일찍부터 부친의 천재교육과 유럽의 연주 여행에서 직접 체험하고 또한 받은 중요한 영향을 살펴보면 대강 아래와 같다. **잘츠부르크 음악:** 어린 모차르트가 출생지에서 받은 영향은 **모차르트의 예술적 소질을 형성**하였다. 잘츠부르크의 음악은 결코 깊이가 있다고는 할 수 없으나 우아함이 감도는 경쾌감이 특징으로서, 이 지방의 작곡가 에이베를린이나 요제프 하이든의 동생 미하엘 하이든의 음악에 기조를 이룩하기도 했다. **파리의 음악:** 1763년에서 1764년, 파리에서 알게 된 요제프 슈베르트, 에카르트, 르그랑의 영향을 받아 당시 파리를 휩쓸던 **우아하고 경쾌한 클라브생 음악에서 감명**을 받았다.

요한 크리스티안 바흐: 1764-5년의 영국 체재 중, 대 바흐의 막내아들 크리스티안의 **교향곡에서 배운** 바가 많았다. 이시기 쳄발로 소나타로 곡을 편곡한 쳄발로 협주곡 3곡을 작곡하였다. **이탈리아 음악:** 1770년의 이탈리아 여행 중, 마르티니 신부로부터 직접 지도를 받아 엄격한 **대위법 음악에 대한 흥미**를 더하였다. **전(前)고전파의 작곡가들:** 1773년 여름의 빈 여행에서 하이든, 바겐자일, 몬 등의 견고한 구성미의 음악에 결정적인 자극을 받아 **독일 음악을 재인식**하였다. **갤런트 양식:** 미하엘 하이든의 **우아한 작풍에 감명**을 받고 모차르트의 선천적인 음악적 기질과도 어울려 우아한 표현이 개화하였다. 미하엘 곡의 작품 중에는 쾨헬목록에 잘못 포함되어있는 곡도 있다. **요제프 하이든:** 모차르트가 1781년 빈에 정착한 뒤부터 직접적인 교류에 의하여 한층 그 유대가 강해졌으며 모차르트는 1782-1785년에 걸쳐 작곡한 6곡의 현악 4중주곡 〈하이든 4중주곡〉을 하이든에게 바쳐 감사를 표하였다.

[후세에 준 영향]

모차르트는 감정과 감각이 극도로 예민하여 당시의 각종 음악 양식을 부드러운 태도로 흡수, 여기에 개성의 심오한 특성을 반영하여 독일 고전주의 음악의 정수를 표현함으로써 후세에 결정적인 영향을 끼쳤다. **모차르트의 교향곡은 그 개성적인 창작이 베토벤에게 이어졌고, 가극은 베버에 의하여 계승되었다.** 조아키노 로시니는 모차르트가 "천재성만큼 지식을 가지고 있으며, 지식만큼 천재성을 가지고 있는 유일한 음악가"라고 말했다. 루트비히 판 베토벤은 그의 제자 페르디난드 리스에게 자신이 모차르트의 피아노 협주곡 24번의 1악장의 주제만큼 대단한 선율을 생각해낼 수 없다고 말했다. 베토벤이 모차르트에게 보내는 경의로 쓴 작품이 있는데, 마술 피리의 주제에 의한, 첼로와 피아노를 위한 두 개의 곡과 모차르트의 피아노 협주곡을 위해 쓴 카덴자 등이 그것이다. 모차르트는 베토벤을 만나고 나서 그를 칭찬한 적이 있었다. 표트르 일리치 차이콥스키는 모차르트를 위해 《모차르티아나》를 썼으며, 구스타프 말러는 모차르트의 이름을 부르다 죽었다. 막스 레거의 가장 널리 알려진 작품인 《모차르트의 주제에 의한 변주곡과 푸가》는 모차르트의 피아노 소나타 11번 에 의한 것이다.

[쾨헬 번호]
모차르트의 작품을 정리하려는 시도는 있었지만, 처음으로 성공한 것은 1862년 루트비히 폰 쾨헬에 의해서였다. 쾨헬은 쾨헬 번호에 따라 모차르트의 작품들을 정리했다.

[일화]
모차르트는 전설을 많이 가지고 있는 작곡가이다. 예를 들어 모차르트가 남긴 레퀴엠이 스스로를 위한 것이라는 것인데, 많은 작가들이 이 이야기에 영감을 받아 글을 썼지만, 진실을 밝히기 위한 학자들의 연구에는 방해가 되는 것이다. 유명한 것은 모차르트가 안토니오 살리에리와 경쟁 관계에 있었으며 살리에리가 모차르트에게 독을 먹여 죽였다는 이야기인데, 이것은 알렉산드르 푸시킨의 연극 《모차르트와 살리에리》, 니콜라이 림스키코르사코프의 오페라 《모차르트와 살리에리》, 피터 섀퍼의 연극 《아마데우스》의 주제로 다뤄졌다. 《아마데우스》는 영화로 만들어져 여덟 개의 아카데미상을 받았다.

많은 사람들이 섀퍼의 연극에서 모차르트가 천박하고 촌스럽게 그려졌다 하여 이를 거짓 과장이라 비난하였다. 다른 전설은 모차르트의 음악적 천재성에 대한 것이다. 또한 영화 《아마데우스》에서 그려진 것처럼 모차르트가 영감을 받아 머릿속에서 음악을 완성한 다음 한 번도 고치지 않고 써내려갔다는 것인데, **실제로는 한번에 거침없이 작곡하는 것이 아닌 신중하고 노력하는 작곡가였으며, 그의 음악적 지식과 기법은 오랜 시간 동안 이전 시대의 음악을 연구함으로써 나온 것이라는 주장이 있다.** 실제 모차르트는 젊은 시절에 당대 내려오던 작품들을 분석하지 않은 게 거의 없었다 할 정도로 엄청난 노력을 했으며, 한 편에서는 '표절의 천재'라는 비아냥과 오명에 대해 평생을 싸워야 했다고 한다.

[프리메이슨]
모차르트는 프리메이슨의 회원으로 가입하여 적극적으로 활동하였다. 1784년에 12월 14일에 프리메이슨 '자선' 지회에 가입하였고, 후에는 장인, 마스터 메이슨까지 되었다. 다만, 당시에는 프리메이슨에 가입한다는 것이 가입자 자신의 사회적 영향력에 대한 과시의 의미가 컸으므로, 친목 단체인 프리메이슨의 특성상 그리 문제될 일은 아니었다.

● 모차르트 명언

♣ 음악이 열정이 넘치더라도, 격렬하든 아니든, 혐오감의 원인으로 표현되지 않아야 한다.
  그리고 음악은 가장 공포스런 상황에서도 듣는 사람을 고통스럽게 하지 않아야 하며
  사람들을 기쁘게 하고 매료시켜야 한다. 그래서 음악으로 항상 남아있게 된다.
♣ 사람들은 내 음악이 쉽게 만들어진다고 생각하는 우(遇)를 범한다.
  그 누구도 나만큼 작곡하는데 시간을 보내고, 작곡에 대해 생각하지는 않았을 것이다.
  내가 거듭 연구해보지 않았던 음악의 거장(巨匠)은 없다.
♣ 언어가 끝나는 곳에서 음악은 시작된다.
♣ 다른 사람이 칭찬을 하든지 비난을 하든지 나는 개의치 않는다.
  다만 내 감정을 충실히 따를 뿐이다.

괴테-Johann Wolfgang Goethe, 작가, 철학자, 독일 (1749년생)

[출생] 1749년 8월 28일, 프랑크푸르트 암 마인
[사망] 1832년 3월 22일 (82세), 바이마르

[직업] 시인, 소설가, 극작가
[국적] 독일
[활동 기간] 낭만주의
[배우자] 크리스티아네 불피우스

[학력사항]
1765 ~ 1768 라이프치히대학교 법학

[경력사항]
바이마르공국 재상
1775 ~ 1785 베츨러 고등법원

[요약]
독일의 시인·극작가·정치가·과학자이다. 세계적인 **문학가**이며 **자연연구가**이다. 바이마르 공국(公國)의 **재상**으로도 활약하였다. 주저는 《빌헬름 마이스터의 편력시대》(1829) 《파우스트》 등이 있다.

[생애]
요한 볼프강 폰 **괴테**는 독일의 작가이자 철학자, **과학자**이다. 바이마르 대공국에서 **재상** 직을 지

내기도 하였다. 왕실고문관인 아버지 요한 카스파르 괴테와 프랑크푸르트암마인 시장의 딸인 어머니 카타리네 엘리자베트 텍스토르 사이에서 태어났다. 북독일계 아버지로부터는 '체격과 근면한 생활 태도'를, 남독일계의 어머니로부터는 예술을 사랑하는 '이야기를 짓는 홍미'를 이어받았다. **어려서 천재 교육**을 받았으며, 7년 전쟁 중 괴테의 고향이 프랑스군에게 점령되었을 때 프랑스 극과 회화에 관심을 기울였으며, 그레트헨과의 사랑(1763년~1764년)이 깨어진 후 16세 때 입학한 라이프치히 대학교에서 법학을 공부했다. 재학 중(1765년~1768년), 안나카타리나 쇤코프와 연애를 하였고, 이 체험을 통해 로코코풍의 시나 희곡을 발표하였는데 목가조의 희극 〈애인의 변덕〉, 〈공범자〉가 그것이다. 분방한 생활로 병을 얻어 고향으로 돌아왔다. 귀향하여 요양 중(1768년~1770년), 수산네 폰 클레텐베르크(1723년~1774년)와의 교제를 통하여, 경건한 종교 감정을 키웠으며, 또한 신비과학이나 연금술에 홍미를 기울였다. 회복 후, 1770년 스트라스부르 대학교에서 법률박사 학위를 얻었다. 그러던 중에 헤르더와 상봉해, 문학의 본질에 눈뜨고 성서, 민요, 호메로스, 세익스피어 등에 친숙해졌다.

그의 영향으로 세익스피어의 위대함을 알게 되고 당시 지배적이었던 프랑스 고전주의 미학에의 반발이 심해졌다. 제센하임의 목사의 딸인 프리데리케 브리온을 사랑하여 민요풍의 청신 소박한 서정시를 지었고, 대승원의 건물을 보고 고딕 건축의 진가를 터득하기도 하였다. 귀향 후 변호사를 개업(1771년)하였으나, 관심은 오히려 문학에 쏠려 《괴츠 폰 베를린힝겐》(1773년)의 초고를 정리하고 다름슈타트의 요한 메르크(1741년~1791년)와 친교를 맺었다. 1772년 법률실습을 위해 베츨라어 고등법원으로 가게 되고 그곳에서 샤를로테 부프(1753년~1828년)를 알게 되었다. 프랑크푸르트로 돌아와, 슈투름 운트 드랑기의 대표작인 희곡 《괴츠 폰 베를린힝겐》 및 비극 《클라비고》, 비극 《슈텔라》와 소설 《젊은 베르테르의 슬픔》을 발표하여 작가적 지위를 확립했다.

[초기 바이마르]

1775년 4월 릴리 쇠네만과 약혼했지만 얼마 후 파혼하고, 당시 18세였던 작센바이마르 아이제나흐 대공국의 군주 카를 아우구스트 공에게 초청되어 11월 바이마르에 도착했다. 바이마르 시절 전기의 약 10년간(1775년~1786년)에는 정무를 담당하여 추밀참사관, 추밀고문관, 내각수반으로서 치적을 쌓는 한편 광물학·식물학·골상학·해부학 등의 연구에도 정진했다. 그 밖에 카를 아우구스트 공의 모후 아나 아말리아, 시인 크리스토프 빌란트, 고전적 교양미가 풍부한 폰 크네벨 소령, 궁정가수 코로나 슈뢰터 등 궁정 안의 사람들과 밀접한 친교를 맺었다.

괴테는 이런 정무나 사회 및 자연연구를 통하여 자연과 인생을 지배하는 법칙을 터득하고 자기 억제를 배우며 슈투름 운트 드랑적인 격정을 극복하여 점차 평정과 원숙의 도를 더해 갔는데, 이러한 과정에서 샤를로테 폰 슈타인 부인에 의한 감화가 있었음을 지적하지 않을 수 없다. 그녀는 우아하고 감수성이 예민한 일곱 아이의 어머니였으나, 괴테의 이상적인 여인상이었다. 부인에 대한 애정과 동경, 절도와 체념, 이러한 것들이 한 덩어리가 되어 시인에게 내면적인 평정을 갖게 하였다. 이런 **내면적 변화에 응하여 저술된 것이 비극 《타우리스 섬의 이피게니》(산문판 1779년), 《토르콰토 타소》와 서정시 〈인간성의 한계〉 〈신성〉 등의 시 작품들**이다.

[이탈리아]

그러나 다른 한편 초기 바이마르의 10년간은 궁정생활의 중압으로 마음의 안정을 빼앗겨 정돈된 창작활동을 할 여유를 주지 않았으므로 1년 반에 걸쳐서 이탈리아로(1786년~1788년) 여행을 떠났다. 이에 관해서는 후일 《이탈리아 기행》(1816년)과 《제2차 로마 체재》(1829년)에 자상하게 기술되어 있다. 이탈리아에서 괴테는 남국의 밝은 자연과 고미술에 접합으로써 고귀한 내용을 완성된 형식으로 표현하는 독일 고전주의 문학을 완성하기에 이르렀다. 《타우리스 섬의 이피게니》(1786년)와 《토르콰토 타소》(1790년)는 그의 대표작이며, 《에그몬트》(1787년)는 슈투름 운트 드랑에서 고전주의로 옮겨가는 과도기의 작품이다.

[바이마르]

괴테는 1788년 6월 무렵에 독일로 귀국하여, 그해 7월에는 크리스티아네 폰 불피우스와 동거하여 1789년 12월 25일 장남 아우구스트를 낳았다. 그런데 1789년 7월 14일에 발발된 프랑스 혁명으로 괴테는 1792년에는 아우구스트 공을 따라 제1차 대프랑스 전쟁에 종군하여 발미 전투(1792년 9월)와 마인츠 포위전(1793년 4월~1793년 7월)에 참전했다. 그리고 그 직후 독일 문학사상 중요한 사건이 일어났는데 그것은 괴테와 실러의 상봉이었다. 1794년 7월말, 예나 자연과학 회의의 귀로에 종합적, 직관적인 괴테와 이념적, 분석적인 실러는, 괴테의 식물변형론을 통해 상호 이해하여, 1805년의 실러 별세 때까지 친교를 계속했다.

양자간에 교환된 서한은 독일 고전주의 문학의 가장 귀중한 자료로 되어 있다. 실러와 사귀는 동안에 저술된 주요작품에는 교양소설《빌헬름 마이스터의 수업시대》(1795년~1796년)와 서사시《헤르만과 도로테아》(1797년)가 있다. 실러의 사후, 만년에 접어든 괴테는 《시와 진실》등 일련의 자서전을 저술하기 시작하는 한편, 이미 착수했던 창작의 완성에 힘썼다. 《친화력(親和力)》, 《빌헬름 마이스터의 편력시대》와 《파우스트》를 완성했고, 또한 《서동시집》(1819년), 《마리엔바트의 애가》(1823년)를 저술했다. 그의 만년에 관해서는 요한 페터 에커만(1792년~1854년)의 《괴테와의 대화》에 상술돼 있다.

[업적]

궁정극장의 감독으로서 경영·연출·배우 교육 등 전반에 걸쳐 활약했다. 1806년에 《파우스트》제1부를 완성했고 별세 1년 전인 1831년에는 제2부를 완성했으며, 연극을 세계적 수준에 올려놓았다. 자연과학 분야에 까지 방대한 업적을 남겼으며, 연극면에서는 셰익스피어뿐만 아니라 프랑스의 고전작가들을 평가했고, 또한 그리스 고전극의 도입을 시도하였다.

[종교]

괴테는 루터교 가정에서 태어났지만 리스본 지진(1755년)과 7년 전쟁(1756년~1763년)을 계기로 신앙에 회의를 가졌다. 1782년 **괴테는 "난 반 기독교인이나 말뿐인 기독교인이 아니라 비 기독교인이다."**라고 말했다.

[작품]

《젊은 베르테르의 슬픔》

《빌헬름 마이스터의 수업시대》
《빌헬름 마이스터의 편력시대》
《이탈리아 기행》
《파우스트》
《서동시집》
시 〈프로메테우스〉

[작품활동 및 연구활동]
독일 고전주의의 대표자로서 **세계적인 문학가이며 자연연구가**이고, 바이마르 공국의 **재상**으로도
활약하였다. 아버지는 법률가이며 제실고문관으로서 엄격한 성격이었으며, 시장의 딸인 어머니는 명
랑하고 상냥하여 아들의 좋은 이해자였다. 7년 전쟁(1756년~1763년) 때에는 프랑스에 점령되어 평
화롭고 부유했던 괴테의 집도 프랑스 민정장관의 숙사가 되고, 아버지의 엄격한 교육계획 역시 중단
되었으나, 괴테는 자유롭게 프랑스의 문화에 접할 기회를 얻었으며, 15세 때 그레트헨과의 첫사랑을
경험하였다.
1765년에 라이프치히대학에 들어가 법률을 공부하면서 자유분방한 생활을 보내다가, 1768년 각혈하
여 고향으로 돌아와 요양생활을 하였다. 그 무렵에 신비주의와 중세의 연금술에 관심을 갖게 되고,
어머니의 친구인 크레텐베르크의 감화로 경건파의 신앙에 접근하였다. 그녀는 후일 《아름다운 영혼
의 고백》의 모델이 되었다. 1770년 스트라스부르에서 법학 공부를 계속하기 위해 머무르면서 헤르더
를 알게 되어 종래의 로코코 취미의 문학관은 철저히 분쇄당하고, 세익스피어의 위대성을 배우게 되
었다. 그리고 자연 감정의 순수성에 시의 본질을 구하려는 노력이 《들장미》의 가작(佳作)을 낳게 하
였다.
이 무렵 근처 마을 목사의 딸 프리데리케 브리온과 목가적인 사랑을 하였고 약혼까지 하였으나, 결
국 일방적으로 약혼을 파기하였다. 그 후 회한과 마음의 부담 속에서 우울한 나날을 보내게 되는데,
이 때 겪은 내적 체험이 훗날 괴테의 시의 주제가 되었다. 1771년 변호사가 되어 고향에서 변호사업
을 개업하였고, 1772년에는 제국 고등법원의 실습생으로서 몇 달 동안 베츨러에 머물렀다. 이 때 **샬
로테 부프와의 비련을 겪고 《젊은 베르테르의 슬픔》(1774년)을 썼는데, 이 작품으로 일약 문단
에서 이름을 떨쳤고**, 독일적 개성해방의 문학운동인 '슈투름 운트 드랑(질풍노도)'의 중심인물로서
활발한 창작활동을 하였다. 1775년에 바이마르 공국의 젊은 대공(大公) 카를 아우구스트의 초청을 받
고 바이마르로 가서 여러 공직에 앉게 되고 재상이 되어 10년 남짓 국정에 참여하였다. 이 동안 괴
테는 정치적으로 치적을 쌓는 한편, 지질학 ·광물학을 비롯하여 자연과학 연구에도 몰두하였다.
1784년, 동물에만 있고 인간에게는 없는 것으로 되어 있던 간악골(骨)을 발견하여(죽기 1년 전에 학
회에서 인정되었음) 비교해부학의 선구자가 되었다. 이 무렵 괴테는 샤를로테 폰 슈타인 부인과 12
년에 걸친 연애를 하여, 부인으로부터 인간적 및 예술적 완성에 큰 영향을 받았으나, 1786년에 이탈
리아 여행을 떠남으로써 부인과의 애정관계는 끝을 맺었다. 이딸리아에서는 수업하는 화가로서의 생
활을 보내면서 1,000매에 이르는 스케치를 그렸으며, 희곡 《타우리스섬의 이피게니》(1787년) 《에흐몬
트》(1787년) 등을 써서 슈타인 부인에게 바쳤다. 이 여행은 예술가로서의 괴테의 생애에서 하나의
전환점이 되었으며, 고전주의에의 지향을 결정한 시기로서 중요하다.

1788년에 바이마르에 돌아온 괴테는 조화업을 하는 가난한 집안의 딸 크리스티아네 불피우스를 만나 동거하면서(정식 결혼은 1806년), 비로소 가정적인 행복을 누리게 되었다. 이 무렵에 괴테는 시인과 궁정인의 갈등을 그린 희곡 《타소》(1789년)와, 관능의 기쁨을 노래한 《로마 애가》(1790년)를 발표하였다. 과학논문 《식물변태론》도 이 시기의 산물이다. 1791년에는 궁정극장의 감독이 되었으며, 그 때부터 고전주의 연극 활동이 시작되었다. 한편, 1789년 이후의 프랑스 혁명의 격동은 바이마르 공국도 휩쓸게 되어, 1792년에 괴테는 아우구스트 대공을 따라 프랑스로 종군하였다.

1794년부터 괴테는 실러가 기획한 잡지 《호렌》에 협력하여 굳은 우정을 맺었다. 이념의 사람 실러와 실재(자연)의 사람 괴테와의 이 우정은 1805년에 실러가 죽을 때까지 계속되었는데, 그 10년 남짓한 시기에 괴테는 실러의 깊은 이해에 용기를 얻어 많은 작품을 완성하였다. 오랫동안 중단되었던 《파우스트 Faust》의 재착수, 《빌헬름 마이스터의 도제 시절》(1796)의 완성, 서사시 《헤르만과 도로테아》(1797년)의 발표 등, '현재에서의 완성을 지향하는' 독일 고전주의는 여기서 확립되었다. 1797년에는 실러의 《시신연감》에 공동작의 단시(短詩) 《쿠세니엔(손님에게 드리는 선물)》414편을 발표하여 문단을 풍자하였다. 또한 문단의 물의를 외면한 채 이야기체로 쓴 시를 경작하여, 1797년은 '발라드의 해'라고 일컬어진다.

1805년 실러의 죽음과 더불어 괴테는 만년기를 맞이하였다. 만년의 괴테의 문학 활동 중 가장 특징적인 것은 '세계문학'의 제창과 그 실천이었다. 괴테는 그 무렵에 이미 유럽 문학의 최고 위치를 차지하고 있었고, 그 위치에서 프랑스 ·이탈리아 ·영국, 나아가서 신대륙인 미국의 문학을 조망할 수 있었다. 그래서 괴테는 각 국민문학의 교류를 꾀하고, 젊은 세대를 위한 세계 문학적 시야를 넓혔던 것이다.

만년의 문학작품으로서는 《빌헬름 마이스터의 편력시대》(1829년)와 《파우스트》의 완성이 최고봉을 이룬다. 전자는 당시의 시대와 사회를 묘사한 걸작이라 할 수 있으며, 후자는 한 인간의 생애가 전 인류의 역사에 뒤지지 않는 깊이와 넓이를 지니고 있음을 보여주는 장엄한 드라마이다. 《파우스트》는 23세 때부터 쓰기 시작하여 83세로 죽기 1년 전인 1831년에야 완성된 생애의 대작이며, 세계문학 최대걸작의 하나이다.

인생과 우주에 대한 지칠 줄 모르는 정열가였던 괴테는 만년에도 세 차례의 연애를 체험하였다. 그 하나는 미나 헤르츨리프와의 사랑으로서, 이 소녀를 모델로 하여 소설 《친화력》(1809년)을 썼다. 또 하나는 아내 불피우스가 죽은 뒤에 알게 된 빌레머 부인과의 사랑으로, 그녀를 사모하여 읊은 《서동시집》(1819년)이 간행되었다. 마지막으로, 괴테는 마리엔바더로 피서여행을 갔다가 74세의 노령으로 19세의 처녀 우를리케 폰 레베초를 사랑하게 되었다. 이 사랑은 거절되었으나, 그 연모의 정이 시집 《마리엔바더의 비가》(1823년)에 잘 나타나 있다.

그 밖에 만년의 작품으로 《이탈리아 기행》(1829년)과 자서전인 《시와 진실》(1833년) 등이 있다. 또한 괴테의 광학연구의 결정인 《색채론》이 1810년에 발표되었는데, 여기에는 뉴턴의 이론에 대한 잘못된 비판이 들어 있어 순학문적인 견지에서는 받아들여지지 않고 있으나, 탁월한 관찰과 견해가 많이 보이고 있다. **괴테는 문학작품이나 자연연구에 있어서, 신과 세계를 하나로 보는 범신론적 세계관을 전개하였으며, 괴테의 종교관은 범신론적 경향이 뚜렷하지만, 복음서의 윤리에는 깊은 존경을 표시하였다.** 괴테의 유해는 바이마르 대공가(大公家)의 묘지에 대공 및 실러와 나란히 안치되어 있다.

🦏 ● 괴테 명언

♣ 반드시 진리가 구체화할 필요는 없다. 진리가 우리의 정신 속에 깃들이고 공감을
　 불러일으키고, 그리하여 종소리처럼 힘세고 자비롭게 공기 속에 울리기만 하면 충분하다.

♣ 백만 명의 독자도 기대하기 어려운 작가는 단 한 줄의 글도 쓰지 말아야 한다.

♣ 법률의 힘은 위대하다. 그러나 펜의 힘은 더욱 위대하다.

♣ 보람있는 일에 복종하는 것이 인간의 지혜이다. 그 일을 방해하는 것들을 정복해
　 나가는 것이 곧 생활이다. 정복이 없이는 생활의 내용을 얻지 못한다.
　 우리의 하루는 정복의 노력으로 빛나야 한다.

♣ 부정한 것이 부정한 방법으로 없어지는 것보다는 부정이 행해져 있는 편이 오히려 낫다.

♣ 불에 피운 향이 인간의 생명을 상쾌하게 하는 것처럼 기도는 인간의 마음에
　 희망을 북돋워 준다.

♣ 불의(不義)를 발견하기는 매우 쉬운 일이다. 불의는 남의 행동을 보고 있으면
　 어디가 잘못되었는지 금방 알 수 있다. 그러나 진리를 발견하는 것을 어렵다.
　 사람이 발견하고자 애써야 할 것은 이러한 진리이다.

♣ 비겁자는 안전한 때에만 위압적으로 나선다.

♣ 사람들은 누구나 친구의 품안에서 휴식을 구하고 있다.
　 그 곳에서라면 우리들은 가슴을 열고 마음껏 슬픔을 털어놓을 수 있기 때문이다.

♣ 사람은 자신이 하는 일에 대하여 신념을 가져야 한다.
　 그리고 자신이 옳다고 확신하는 일을 실행할 만한 힘을 모두가 다 가지고 있는 법이다.
　 자신에게 그 같은 힘이 있을까 주저 말고 앞으로 나아가라.

♣ 사람의 성격이 가장 잘 나타날 때는 누군가와 마주 대하여 말하고 듣고 웃을 때다.

♣ 사람의 욕망은 내버려두면 한이 없다. 끝없는 욕망은 차라리 없느니만 못하다.
　 자기 욕망에 한계를 갖는다는 것은 목표를 분명히 가진 것이 된다.

♣ 사람이 여행을 하는 것은 도착하기 위해서가 아니라 여행하기 위해서이다.

♣ 사랑이 없는 삶, 사랑하는 사람이 없는 생활, 그것은 하찮은 환등기가 비춰주는 '쇼'에
　 지나지 않는다. 나는 슬라이드를 잇따라 바꾸어 비춰보지만 어느 것을 본들 모두가
　 시시해서 다시 되돌려 놓고는 다음 슬라이드로 다급히 바꾸고는 한다.

♣ 사랑이여, 너야말로 진정한 생명의 꽃이며 휴식 없는 행복이다.

♣ 사랑하는 것이 인생이다. 기쁨이 있는 곳에 사람과 사람 사이의 결합이 이루어진다.
　 사람과 사람 사이의 결합이 있는 곳에 또한 기쁨이 있다.

♣ 30분이란 티끌과 같은 시간이라고 말하지 말고, 그 동안이라도 티끌과 같은 일을
　 처리하는 것이 현명한 방법이다.

♣ 상세히 검토해보면 모든 철학은 지리멸렬한 언어로 번역된 상식에 지나지 않는다.

♣ 생명은 자연의 가장 아름다운 발명이며, 죽음은 더 많은 생명을 얻기 위한 기교이다.

♣ 서두르지 않고, 그러나 쉬지도 않고.

♣ 선(善)을 행하는 데는 나중이라는 말이 필요 없다.

♣ 선의의 말이 좋은 장소를 점령한다면 겸허한 말은 보다 좋은 곳을 점령한다.

♣ 성격은 인격에 의한 것이며 재능에 의한 것은 아니다.

♣ 세상에는 어느 하나 하는 일이 없기 때문에 과오도 범하는 일이 없는 사람이 있다.

♣ 세상에서 해방되는 데에 예술보다 더 좋은 것은 없다.
　또한 세상과 확실한 관계를 갖는 데에도 예술을 통하는 것이 가장 좋다.

♣ 순간은 참으로 아름답다. 내가 하고 싶은 것을 위해서 공부하고, 일하고,
　노력하는 이 순간이야말로 영원히 아름답다. 순간이 여기 있으리라.
　내가 그와 같이 지낸 과거의 날들은 영원히 없어지지 않으리라.
　이러한 순간에야말로 나는 가장 큰 행복을 느낀다.

♣ 시간이 언제나 당신을 기다리고 있다고 생각지 말라!
　게을리 걸어도 결국 목적지에 도달할 날이 있을 것이라는 생각은 잘못이다.
　하루하루 전력을 다하지 않고는 그날의 보람은 없을 것이며,
　동시에 최후의 목표에 능히 도달하지 못할 것이다.

♣ 시인은 진실을 사랑한다. 시인은 반드시 그것을 느끼는 마음을 가지고 있다.

♣ 신만이 완벽할 뿐이다. 인간은 완벽을 소망할 뿐이다.

♣ 신문을 읽지 않으면 나는 마음이 태평하고 자못 기분이 좋습니다.
　사람들은 너무 남의 일에만 신경을 쓰고 자기 눈앞의 의무는 잊어버리기 쉽습니다.

♣ 신앙은 모든 지식의 시작이 아니라 끝이다.

♣ 신앙의 가장 사랑스러운 자식은 기적이다.

♣ 나누어 통치하라는 말은 훌륭한 표어다. 합병하여 지도하라는 말은 더 나은 표어이다.

♣ 나는 시를 만든 것이 아니다. 시가 나를 만든 것이다.

♣ 나는 인간이었다. 그것은 싸우는 자란 것을 의미한다.

♣ 나는 죄와 더불어 실책을 미워한다. 특히 정치적 실책을 한층 더 미워한다.
　그것은 수백만의 인민을 불행의 구렁텅이에 몰아넣기 때문이다.

♣ 나에게 혼자 파라다이스에서 살게 하는 것보다 더 큰 형벌은 없을 것이다.

♣ 남에게 기만당하는 것은 결코 아니다. 스스로 자기를 기만하는 것이다.

♣ 남의 좋은 점을 발견할 줄 알아야 한다. 그리고 남을 칭찬할 줄도 알아야 한다.
　그것은 남을 자기와 동등한 인격으로 생각한다는 의미를 갖는 것이다.

♣ 남자가 젊은 여자를 좋아하는 것은 어쩌면 지성과는 전혀 별문제다.
　여자의 아름다움, 젊음, 애교, 성격, 단점, 변덕, … 그 밖의 말로 표현할 수 없는
　여러 가지를 좋아하지만 결코 여성의 지성을 사랑하지는 않는다.
　이미 사랑이 깊다면, 지성은 우리들을 연결하는 역할도 충분히 할 수 있으리라.
　그러나 불타오르게 하고 정열을 불러일으키는 힘은 지성에게는 없는 것이다.

♣ 남자는 세계가 자신이지만, 여자는 자신이 세계다.

♣ 내가 가지고 있는 모든 지식은 조금만 노력하면 누구나 습득할 수 있지만,
　나의 마음만은 오직 내 자신의 것이다.

♣ 누가 가장 행복한 사람인가? 남의 장점을 존중해 주고 남의 기쁨을 자기의 것인 양
　기뻐하는 자이다.

♣ 누구나 자기가 최고라고 생각한다. 그래서 많은 사람들이 이미 경험한 선배의 지혜를
빌지 않고 실패하며 눈이 떠질 때까지 헤매곤 한다. 이 무슨 어리석은 짓인가.
뒤에 가는 사람은 먼저 간 사람의 경험을 이용하여, 같은 실패와 시간낭비를 되풀이하지 않
고 그것을 넘어서 한 걸음 더 나아가야 한다. 선배들의 경험을 활용하자.
그것을 잘 활용하는 사람이 지혜로운 사람인 것이다.

♣ 눈물과 더불어 빵을 먹어 보지 않은 자는 인생의 참다운 맛을 모른다.

♣ 당신은 항상 영웅이 될 수는 없다. 그러나 항상 사람은 될 수 있다.

♣ 당신이 만약 참으로 열심히라면 "나중에"라고 말하지 말고,
지금 당장 이 순간에 해야 할 일을 시작해야 한다.

♣ 대중의 시중을 드는 자는 가련한 동물이다.

♣ 독일인들은 착한 심성을 가진 민족, 다시 말해서 가족적 삶에 대한 성실성과 의욕을
지닌 민족이다.

♣ 두 가지 평화로운 폭력이 있다. 즉, 법률과 예의범절이다.

♣ 마음에는 예의란 것이 있다. 그것은 애정과 같은 것이어서 그같이 순수한 예의는
밖으로 흘러나와 외면 행동으로 나타나는 것이다.

♣ 마지막에 할 일을 처음부터 알고 있지 않으면 안 된다.
무엇이 만들어질 것인가는 처음부터 결정된다.

♣ 모든 것은 젊었을 때 구해야 한다. 젊음은 그 자체가 하나의 빛이다.
빛이 흐려지기 전에 열심히 구해야 한다.
젊은 시절에 열심히 찾고 구한 사람은 늙어서 풍성하다.

♣ 모든 국민은 각자 자기의 천직에 전력을 다하라. 이것이 조국에 봉사하는 길이다.

♣ 몸가짐은 각자가 자기의 모습을 비치는 거울이다.

♣ 무식한 것을 두려워하지 말라. 허위의 지식을 가지고 있음을 두려워하라.

♣ 문학은 단편의 지편(紙片)이다. 세상에 일어난 일과 세상에 말해진 말 가운데 극히
작은 부분이 쓰여져 있다. 그 쓰여진 것 중에서 극히 작은 부분이 남아 있을 뿐이다.

♣ 미(美)는 감춰진 자연법칙의 표현이다. 자연의 법칙이 미에 의해서 표현되지 않았다면
영원히 감춰져 있는 그대로일 것이다.

♣ 미(美)는 예술의 궁극의 원리이며 최고의 목적이다.

♣ 가설은 건축공사가 진척되고 있는 동안 건물주변에 여러 가지로 구축되어 건물이 완성되면
제거되는 발판에 불과하다.

♣ 가장 유능한 사람은 가장 배우기에 힘쓰는 사람이다.

♣ 가장이 확실하게 지배하는 가정에는 다른 데서 찾아 볼 수 없는 평화가 깃든다.

♣ 격언에 가로되, '머슴에겐 영웅이 없다.'고 했다. 그 이유는 영웅은 영웅만이 알아주기 때문
일 것이다. 그러나 머슴도 자기와 동등한 자라면 평가할 수 있을 것이다.

♣ 결혼 생활은 모든 문화의 시작이며 정상(頂上)이다. 그것은 난폭한 자를 온화하게 하고, 교양
이 높은 사람에게 있어서 그 온정을 증명하는 최상의 기회이다.

♣ 고상한 남성은 여성의 충고에 따라 더욱 고상해진다.

♣ 고통이 남기고 간 뒤를 보라! 고난이 지나면 반드시 기쁨이 스며든다.

♣ 과거를 잊는 자는 결국 과거 속에 살게 된다.

♣ 과오는 인간에게만 있다. 인간에게 있어서 과오는 자기 자신이나 타인, 사물에의 올바른 관계를 찾아내지 않은 데서 비롯된다. 과오나 허물은 일식이나 월식과 같아서 평소에도 그 모습을 나타내고 있으나 보이지 않다가, 비로소 그것을 고치면 모두가 우러러보는 하나의 신비한 현상이 된다.

♣ 꽃을 주는 것은 자연이고 그 꽃을 엮어 화환을 만드는 것은 예술이다.

♣ 꿈을 계속 간직하고 있으면 반드시 실현할 때가 온다.

♣ 괴로움을 남기고 간 것을 맛보라! 고난도 지나고 나면 감미롭다.

♣ 그대의 마음속에 식지 않는 열과 성의를 가져라. 당신은 드디어 일생의 빛을 얻을 것이다.

♣ 그래, 어떻든 간에 인생은 좋은 것이다.

♣ 기쁘게 일하고, 해 놓은 일을 기뻐하는 사람은 행복하다.

♣ 커다란 위험이 가로놓인 것은 현명함과 어리석음이 상반하고 있을 경우이다.

♣ 타인을 자기 자신처럼 존경할 수 있고, 자기가 하고 싶다고 생각하는 것을 타인에게 할 수 있다면, 그 사람은 참된 사랑을 알고 있는 사람이다. 그리고 세상에는 그 이상 가는 사람은 없다.

♣ 평화 시의 애국심은 다만 사람들이 앞뜰을 쓸고 가업에 충실하면 세상일을 학습하여 나라의 번영에 기여하는 데 있다.

♣ 하늘은 어디를 가나 푸르다는 사실을 알기 위해서 세계일주 여행을 할 필요는 없다.

♣ 하늘은 필요할 때마다 은혜를 베푼다. 신속히 이것을 포착하는 사람은 운명을 개척한다.

♣ 한 가닥 머리카락조차도 그 그림자를 던진다.

♣ 항상 사람들은 '옛 사람을 연구하라'라고 말한다. 그런데 그것은 '현실 세계에 주의하고 그것을 표현하도록 힘써라!'라는 말과 다를 바가 없다. 왜냐하면 옛 사람도 그들의 생존 중에 그렇게 한 것이므로.

♣ 행동하는 자는 항상 양심이 없다. 관찰하는 자 이외에는 누구에게도 양심은 없다.

♣ 행복한 인간이란, 자기 인생의 끝을 처음에 이을 수 있는 사람을 말한다.

♣ 행실은 각자가 자기의 이미지를 보여주는 거울이다.

♣ 현재에 열중하라. 오직 현재 속에서만 인간은 영원을 알 수 있다.

♣ 확실한 일을 실행할 힘은 누구나 가지고 있다.

♣ 허영은 경박한 미인에게 잘 어울린다.

♣ 현자에게 잘못이 없다면 어리석은 자는 절망할 수밖에 없을 것이다.

♣ 희망만 있으면 행복의 싹은 그곳에서 움튼다.

♣ 희망은 제2의 혼이다. 아무리 불행하다 하더라도 혼이 있으면 쉽게 가라앉지 않는다. 아무리 힘들다 하더라도 혼이 있으면 쉽게 좌절하지 않는다.

♣ 감정과 의지에서 나오지 않는 예술은 참된 예술이라고 할 수 없다.

♣ 결혼 생활은 참다운 뜻에서 연애의 시작이다.

♣ 고난이 있을 때마다 그것이 참된 인간이 되어 가는 과정임을 기억해야 한다.

라부아지에-Antoine Lavoisier, 화학자, 프랑스 (1743년생)

"근대 화학의 아버지", "화학의 시조"

★ 인류 역사인물 100명중 20위 선정
★ 인류 역사인물 50명에 선정 (Wopen.com 한국.net 선정)

[출생] 1743년 8월 26일, 프랑스 파리
[사망] 1794년 5월 8일 (50세), 프랑스 파리 콩코르드 광장
[국적] 프랑스
[직업] 화학자
[분야] 화학
[소속] 세금징수 조합, 프랑스 과학 아카데미
[주요 업적]
플로지스톤설 부정
질량 보존의 법칙 확립
원소와 화합물 구분
산소 명명

[요약]
라부아지에는 **프랑스의 화학자**이며, **근대 화학의 아버지**라 불린다. 한글로는 짧게 줄여 '라부아지에'라고도 표기한다. 라부아지에는 뛰어난 실험가였으며, 화학 이외의 다른 방면에서도 뛰어난 능력을 발휘하여 여러 공직에 있기도 하였다. 연소에 대한 새로운 이론을 주장하여 플로지스톤설을 폐기하면서 화학을 크게 발전시켰고, 산화 과정에서 산소의 작용, 산화나 호흡 간의 정량적인 유사점 등을 발견하기도 하였다. 또한 **화학 반응에서 질량 보존의 법칙을 확립**하였으며 원소와 화합물을 구분하여 **근대 화합물 명명법의 기초를 마련**하였다. 화학에 정량적인 방법을 처음으로 도입한 학자 중 한 명이기도 하다.

[생애]
프랑스의 화학자이며 현대 화학 창시자 중 한 사람이다. 파리에서 출생한 부유한 변호사의 아들로 태어났다. 마자랭 대학을 마친 후, 법률을 배웠으나 차츰 과학에 흥미를 가졌으며 천문학·식물학·광물학 등을 배우고, 화학은 루엘에게 배웠다. 일찍이 과학 아카데미회원이 되고(1768년), 이어서 국립 화약 공장 감독관에 취임(1775년)해서, 조병창 내에 자기의 실험실을 가졌다. 1779년 징세 청부인이 되고, 프랑스 혁명 때는 신성부의 몽즈·라그랑주·라플라스 등과 함께 신도량 형법 설정 위원(1790년), 이어서 국민 금고 역원(1891년)이 되었으나, **징세 청부인의 전력(前歷)이 드러나 투옥(1793년)되어 처형**되었다.
유황·인이 연소에 의해 무게가 증가하는 것을 확인(1772년)한 이래 기체와 연소의 연구에 전심하고,

금속재가 금속과 공기의 결합에 의한 것을 실증했다(1774년). 프리스틀리의 연소 수은재에 대한 실험 담에서 힌트를 얻어서, 실험을 계속하여 금속과 결합하는 공기의 본체를 추구, 공기가 두 가지의 기체에 의해 이루어지는 것을 입증했다(1777). 즉 산소의 성질을 인정하여 연소의 본질을 밝혔고, 동물의 호흡에서 호흡과 연소는 본질적으로 동일한 현상이라는 것을 확인했다.

그 밖에 산의 산소설을 제출하고, 산소의 단체성을 인정하여 이것을 원소로 보았다. 이와 같은 연구에 의하여 슈탈의 플로지스톤(연소)설은 완전히 전복되었다. 라플라스와 공동으로 열의 연구를 하고, 열량계를 창안, 생체열의 원인은 호흡이라는 완만한 연소에 의한 것임을 증명했다(1778년~1784년). 합성과 분해의 두 면에서 물의 조성을 밝혀(1784년), 유기화합물의 원소분석법의 원형을 수립했다(1784년). 푸르크루아 · 베르톨레 등과 함께 새로운 화학 명명법을 발표(1787년), 단체의 개념을 분명히 했다. 또 당의 알코올 발효를 연구, 생성물의 분석 결과에서 처음으로 '질량 불변의 법칙'을 수립했다(1787년~1788년). 이러한 연구에 의해 **새로운 합리적인 화학의 체계를 확립, 현대 화학의 시조**로 불린다.

🦏 ● 라부아지에 명언

♣ 언어란 대단히 훌륭한 분석적인 방법이다. 수학(대수학)은 사물이나 대상에 적용시킬 수 있는 가장 간단하고, 정확한 최고의 표현방법으로 언어이자 또한 분석방법이다.
   간단히 말해서 (사물이나 자연현상에 대한) 탐구기술은 잘 정리된 분석방법에 의해 가능하다.
♣ 사라지는 건 없다. 창조된 것도 없다. 모든 것은 변형된다.
♣ 자연은 광대한 화학 실험실이라고 생각한다.
   거기서 모든 종류의 구성과 분해가 형성된다.
♣ 언어는 진정한 분석적 방법이다.
♣ 아무 것도 태어나지 않는다. 아무 것도 죽지 않는다.
♣ 나는 젊고, 영예를 간절히 원한다.

제퍼슨-Thomas Jefferson, 3대 대통령, 미국 (1743년생)

★ 지난 1,000년간 인물100명중 15위 선정
★ 인류 역사인물 100명중 64위 선정
★ 인류 역사인물 50명에 선정 (Wopen.com 한국.net 선정)

[출생-사망] 1743년 4월 13일 ~ 1826년 7월 4일 (83세)

[국적] 미국

[활동분야] 정치, 교육, 철학
[출생지] 미국 버지니아 주

[요약]
토마스 제퍼슨은 미국의 정치가·교육자·철학자이다. 자유와 평등으로 건국의 이상이 되었던 1776
년 7월 4일 독립선언문의 기초위원이었다. 1800년 제3대 대통령에 당선되었고 1804년 재선되었다.
철학·자연과학·건축학·농학·언어학 등으로 많은 사람들에게 영향을 주어 '몬티첼로의 성인'으로 불
리었다.

[생애]
토마스 제퍼슨은 버지니아 주에서 태어났다. 윌리엄앤드메리대학교를 졸업하고 1767년 변호사가 되
었지만, 정치에 관심이 많아 정계로 진출하여 1769년 버지니아 식민지의회 하원의원이 되었다. 1775
년 버지니아 대표로서 제1·2차 대륙회의에 참가하였고, 1776년 독립선언문 기초위원으로 선출되
었다. 자유와 평등을 외쳐 미국 건국의 이상이 되었던 그해 7월 4일의 독립선언문은 주로 토마
스 제퍼슨이 기초한 것이다. 그 후 버지니아로 돌아와 주의회 의원·주지사 등을 지냈고, 봉건적인
장자상속제의 폐지와 정교분리를 위한 신교(信敎)자유법의 제정에 노력하였다.
1783년 연방의회 의원이 되자 달러를 단위로 하는 통화제도와 오하이오 강 북서부지역에 관한 정부
안을 입안하여 신생공화국의 기초를 닦는 데 이바지했다. 1785년 프랑스 주재공사에 임명되고, 1789
년 G.워싱턴 행정부의 초대 국무장관에 취임했다. 그러나 강력한 중앙정부제를 주장하는 재무장관
해밀턴과의 정책대립으로 1793년 사임하였다. 해밀턴이 주도하는 연방파에 대하여 민주공화당을 결
성하여 그 지도자가 되었는데, 이것이 현재의 민주당의 기원이다.
1796년에는 부통령, 1800년에는 제3대 대통령에 당선되어 새 수도 워싱턴에서 취임식을 거행한
최초의 대통령이 되었다. 재임 중 문관의 무관에 대한 우월, 소수의견의 존중, 종교·언론·출판 자
유의 확립 등에 주력하고, 1803년 캐나다 국경에서 멕시코 만에 이르는 광대한 지역을 프랑스로부터
구입하여 영토를 거의 배가하는 한편, 나폴레옹전쟁에 의하여 국제긴장에 휩쓸리지 않도록 고립주의
외교정책을 유지하면서 중립을 지켰다. 1804년 재선되고, 1809년 4월에 정계에서 은퇴하였다.
그 후 버지니아의 몬티첼로에 돌아가 1819년 버지니아대학교를 설립하고 스스로 학장에 취임하여
민주적 교육의 보급에 노력하였다. 또한 철학·자연과학·건축학·농학·언어학 등 다방면에 걸쳐 많
은 사람들에게 영향을 주어 '몬티첼로의 성인(聖人)'으로 불리었다. 독립선언 50주년 기념일에
사망하였다. 생전에 자신이 직접 정해 놓았다는 묘비명 "미국 독립선언의 기초자, 버지니아 신교
자유법의 기초자, 버지니아대학교의 아버지 토마스 제퍼슨 여기에 잠들다."라는 글귀가 유명하다.

[연보]
1743 4월13일 버지니아 주에서 출생.
1762 윌리엄 앤 메리대학 졸업.
1767 변호사 개업.
1769 버지니아 주 자치의회 의원으로 당선.

1772 마사 웨일스 스켈턴과 결혼.

1774 제1차 대륙회의에 주 대표로 참가.

1776 제2차 대륙회의에서 《독립선언서》 초안 작성 및 대륙회의 승인 공포.
　　버지니아 주 하원의원으로 당선.

1779 버지니아 주 주지사 당선.

1783 미 연방의회 의 지냄.

1785 프랑스주재 공사 역임.

1789 조지 워싱턴 정부의 초대 국무장관 지냄.

1797 존 애덤스 정부의 부통령 지냄.

1800 미국 제3대 대통령 당선.

1803 프랑스로 부터 루이지애나 지역(현재의 미 중부지역) 매입.

1809 대통령직 퇴임 후 고향 버지니아 주로 돌아감.

1819 버지니아대학교 설립하여 초대학장으로 취임.

1826 7월4일 버지니아 주 몬티첼로에서 사망.

[버지니아 대학교의 아버지]

대통령에서 물러난 후, 제퍼슨은 계속 공직에서 일하였다. 토마스 제퍼슨은 더욱 수준 높은 교육을 학생들에게 가르칠 수 있지만 다른 대학들처럼 교회의 영향을 받지 않는 대학을 짓기를 매우 희망하였다. 제퍼슨은 교육받은 사람들이 제대로 된 사회를 만드는 데에 크게 일조할 것이라 믿었고, 또한 경제적 사정이 좋지 않은 사람들에게도 공부할 수 있는 길을 열어주기 위하여 대학이 특정 계층이 아닌 모두에게 공평한 기회를 줘야 한다고 생각하였다. 1800년 1월에 조지프 프리스틀리에게 보낸 편지에서 제퍼슨은 대학을 짓기 전 십수년간 대학 건축과 운영 계획 등을 만들어 놓았다고 썼다.

1819년 마침내 버지니아 대학교의 설립이 이루어지면서 토마스 제퍼슨의 꿈은 이루어졌다. 그러나 정식으로 개교하지는 않아 1825년에야 대학에 학생들이 편입되었는데 버지니아 대학교는 학생들에게 원하는 선택과목의 강의를 들을 수 있도록 허락한 최초의 대학교였다. 당시 버지니아 대학교 설립은 북아메리카에서 가장 큰 건축 사업 중 하나로 제퍼슨의 교육 이념에 따라 교회보다는 도서관을 중요시하였다. 사실 대학 캠퍼스 예배당은 그의 본래 계획에는 없었으나 설립하도록 허락하고, 대신 예배당이 대학교에 관한 모든 교육적인 정책에 철저히 관여하지 못하게 하였다. 1826년에 죽을 때까지, 제퍼슨은 많은 학생들과 교수들을 자신의 집인 몬티첼로로 초대하였는데 이 중 훗날 유명한 소설가가 되는 에드거 앨런 포도 있었다.

제퍼슨은 버지니아 대학교의 교정을 만들면서 교육과 신생 공화국의 농업 중심의 민주주의를 강하게 나타내는 디자인을 채택하였다. 전문적인 학생을 육성하려는 제퍼슨의 교육 이념은 토마스 제퍼슨의 교정 설립 계획에서도 잘 드러났는데 전문적인 학생을 육성하기 위해 만든 교정을 더 론(The Lawn)이라고 이름을 붙였다. 대학생들은 여러 개의 교정 별관에서 독특한 자신들만의 전문 분야를 개척해 나갔는데, 별관은 사각형의 건물로 교실, 실험실, 교무실, 그리고 기숙사 등으로 사용되었다. 매우 특이한 것이, 정면에서 보면 별관들의 크기가 같아 보이지만 사실은 크기가 약간 다르다. 또한 별관들은 각 학생용 시설과 여러 개의 회랑으로 서로 연결되어 있었다. 큰 정원과 텃밭은 뱀 모양의 벽으로 둘러싸여 있어 제퍼슨이 주창한 농업 중심의 생활방식을 강조하고 과학적 농업 기술을 가르쳤다. 제퍼슨의 매우 질서 있고 꼼꼼한 교정 설립 계획은 중앙의 '**더 론**'이라 불리는 사각형 건물을 놓고 좌우에 서로 연결되는 회랑과 학생 전용 건물들을 세워놓아 조화를 이루게 하였다. 안뜰은 지식의 보고인 도서관과 같이 평지에 에워싸져 있었다. 도서관의 맞은편에 있는 부지는 훗날 세워질 건물의 자리를 마련하기 위해 잔디밭으로 내버려두었다. '더 론'에 있는 건물들의 크기는 중앙의 도서관에 가까워질수록 크기가 달라지는데 계속 가까이 갈수록 건물이 차이가 나며 건물의 위치 역시 계속 도서관으로 다가갈수록 약 1m씩 높은 곳에 위치해 있다. 중앙의 도서관은 가장 높은 위치에 있으며 이러한 디자인은 미래로 향해 끊임없이 올라가면 정상의 자리를 차지할 수 있다는 뜻을 내포하고 있다. 제퍼슨은 고대 그리스와 고대 로마 스타일을 매우 좋아하였는데 토마스 제퍼슨은 과거 민주주의 국가들의 건축 스타일이 미국의 민주주의를 가장 잘 나타낼 것이라 생각하였다. 각각의 건물들은 모두 고대 2층의 신전의 정면으로 디자인하였고 도서관은 로마의 판테온을 모델로 삼아 건축하였다. 이 소박한 벽돌로 쌓은 교정 건물들의 조화는 종교와 교육은 분리되어야 한다는 공공 교육의 중요성을 보여주는 질서정연한 건축학적 결정체였다. 이러한 교정 설립 계획과 건물 건축은 오늘날까지 지적인 생각과 염원을 표현하고 있는 인간이 만든 건축물의 좋은 본보기가 되고 있다. 미국 건축가 협회 회원 간의 투표에서 제퍼슨의 버지니아 대학교 설립이 미국 건축학 역사상 가장 중요한 작업이라고 칭송하였다. 버지니아 대학교는 버지니아 주의 교육 체계의 결정체로 만들어졌다. 제퍼슨은 모든 주의 주민들이 이제 자신의 능력에 따라 대학교에 들어와 공부를 할 수 있다는 견해를 가지고 있었다.

[정치철학]

제퍼슨은 모든 사람들이 각각 자신들만의 "**절대권**"을 가지고 있다고 믿었다. 또한 절대권은 정부 설립 여부와 상관없이 사라지지 않으며 다른 사람이 그 절대권을 줄 수도, 받을 수도, 혹은 뺏을 수도 없다 역설하였다. **절대권은 바로 개인에게 주어진 "자유"의 권한**이라고도 설명하였다. 제퍼슨은 **절대권을 이렇게 설명하였다. "올바른 자유는 우리가 다른 사람의 인권을 침해하지 않고 스스로 조절하면 아무도 막을 수 없다. 나는 법의 규제 아래라고 쓰지 않았는데 왜냐하면 법은 폭압자의 뜻이지 우리의 뜻이 아니며, 언제나 우리의 사생활과 인권을 침범할 수 있기 때문이다."** 그리고 제퍼슨은 정부가 자유권을 만들 수 없으며, 이를 위반해선 안 된다고 강조하였다. 또한 **정당한 자유의 제한은 법에 쓰여 있는 것이 아니라 다른 사람이 가지고 있는 똑같은 자유를 침범하지만 않으면 되는 간단한 것**이라고도 말하였다. 제퍼슨은 정부가 다른 사람의 자유를 침범하는 사람들을 규제해야 할 뿐만 아니라, 정부 자체도 개인의 자유는 건드리지 말아야 한다고도 얘기하였다.

토마스 제퍼슨은 당시 버지니아에서 장자에게만 토지를 상속하는 장자 상속권에게 반기를 들어, 모든 아들들에게 공평히 유산을 분배하여야 한다고 주장하였다. **제퍼슨은 인간이 다른 사람과 좋은지 나쁜지 구별할 수 있는 타고난 도덕성과 스스로 자신을 제한할 수 있는 선천적인 자연권을 가지고 있다고 믿었다.** 토마스 제퍼슨은 또한 "도덕성이 무정부주의적 사회를 움직여 오로지 사람의 도덕성만 있어도 정부가 필요 없다." 하였으나, 그에 대하여 제대로 설명하지는 못하였다. 제퍼슨은 여러 번 부족 안에서 스스로 다스리는 아메리칸 원주민의 생활과 제도를 극찬하였다. 또한 이러한 이유로, 일부 학자들은 제퍼슨을 보고 감상적, 철학적 무정부주의자라고도 부른다. 제퍼슨은 케링턴 대령에게 보내는 편지에서 정부 없이 사는 인디언들이 엄격하고 막강한 정부 치하의 유럽인들보다 행복지수가 높다고 설명하였다. 그러나 제퍼슨은 무정부주의가 귀족, 평민 등 어느 계급에게나 모순적이라고 믿었다. 또한 제퍼슨은 국민들로부터 통치에 대한 찬성을 얻고 미국의 세력 확장을 위하는 미국 정부를 비판하지 않고 오히려 칭송하였다.

독립 선언서의 서문에서 제퍼슨은 이렇게 썼다. "우리들은 다음과 같은 것을 **자명한 진리**라고 생각한다. 즉, 모든 사람은 **평등**하게 태어났으며, 조물주는 몇 개의 **양도할 수 없는 권리를 부여**했으며, 그 권리 중에는 **생명과 자유와 행복의 추구**가 있다. 이 권리를 확보하기 위하여 인류는 정부를 조직했으며, 이 정부의 정당한 권력은 인민의 동의로부터 유래하고 있는 것이다. 또 어떠한 형태의 정부이든 이러한 목적을 파괴할 때에는 언제든지 정부를 변혁 내지 폐지하여 인민의 안전과 행복을 가장 효과적으로 가져올 수 있는, 그러한 원칙에 기초를 두고 그러한 형태로 기구를 갖춘 **새로운 정부를 조직하는 것은 인민의 권리**인 것이다."

"인민의 동의"를 주창한 제퍼슨은 사람들이 과거 조상들의 행동으로 인하여 정신적으로 나뉠 수 없다고 굳게 믿었다. 또한 여기에는 빚과 법도 포함되었다. 제퍼슨은 **"어느 사회이든 간에 완벽한 헌법이나 법을 만들 수 없다. 지구는 현재 살고 있는 사람들의 몫이다."**라고 말하였다. 제퍼슨의 묘비문은 토마스 제퍼슨이 스스로 쓰기를 고집하였는데 묘비문에는 이렇게 쓰여 있다.

"HERE WAS BURIED THOMAS JEFFERSON
AUTHOR OF THE DECLARATION OF AMERICAN INDEPENDENCE OF THE
STATUTE OF VIRGINIA FOR RELIGIOUS FREEDOMAND FATHER OF THE
UNIVERSITY OF VIRGINIA"

묘비 아래에 있는 사각형의 기둥에는 또 이렇게 쓰여져 있다.
"BORN APRIL 2 1743 O.S. DIED JULY 4 1826"

토마스 제퍼슨은 자신이 한 일에서 미국 대통령이었다는 사실을 제외시켰는데 자신이 한 일 중 가장 쓸데없는 일이라고 생각하였기 때문이다. 또한 묘비문 밑에 쓰여 있는 이니셜인 O.S.는 구력, 즉 율리우스력을 뜻하는데 제퍼슨이 태어날 때 영국은 아직 율리우스력을 썼고 1752년에 가서야 영국 정부는 신력법을 선포하여 쓰는 달력을 율리우스력에서 그레고리력으로 바꾸었다.

[업적과 평가]

토마스 제퍼슨은 미국의 정치인으로 3번째 미국 대통령(재임 1801년~1809년)이자 **미국 독립 선언서의 기초자**이다.(1776년) 제퍼슨은 영향력 있는 건국의 아버지 중 한 사람으로, 미국 공화주의의 이상을 논파하기도 하였다. 또한 미국의 역대 대통령 중 존경을 받는 대통령 중의 한 사람이다. 토마스 제퍼슨의 대통령 재임 기간 중 일어난 큰 사건은 루이지애나 매입과 루이스와 클라크의 서부 원정이었다. **제퍼슨은 영국과 프랑스의 계몽 지식인들에게 큰 감명을 받아 계몽사상을 자신의 생 정치 철학으로 삼았다.**

폭넓은 지식과 교양, 재능으로 그는 줄곧 벤저민 프랭클린과 더불어 18세기 미국 최대의 르네상스식 인간으로 평가되기도 한다. 제퍼슨은 반연방주의를 지향하여 자작농을 공화주의 미덕의 모범이라 이상화하였고 도시와 자본가를 믿지 않았으며 각 주의 독립적인 권한과 강력히 그 권한이 제한 된 연방정부를 지향하였다. 제퍼슨은 또한 인권을 중요시하고 **계몽주의의 기본 원칙인** '사람 밑에 사람 없고 사람 위에 사람 없다.', '모든 사람은 신 앞에 평등하다.'고 역설하였으나 사실 토마스 제퍼슨은 200여 명의 노예를 가지고 있던 농장주였고 흑인과 아메리카 원주민을 부정하는 견해를 가지고 있었다. 제퍼슨은 박학다식한 사람으로 대통령 외에도 여러 분야에 탁월한 재능을 발휘했다. 토마스 제퍼슨은 원예가였고 정치인이었으며 그 외에도 **법률가, 건축가, 과학자, 고고학자, 고생물 학자, 작가, 발명가, 농장주, 외교관, 음악가,** 그리고 버지니아 대학교의 창립자였다. 1962년 존 F. 케네디 대통령이 백악관 연회장에서 열린 만찬에서 49명의 노벨상 수상자들을 환영할 때, **케네디 가** "나는 토마스 제퍼슨 대통령이 이곳에서 혼자 식사한 경우를 제외한다면, 역대 백악관에서 열린 만찬 중 재능과 지식의 총집합체에서 여러분들이 최고라고 생각합니다."라고 할 정도로 제 퍼슨은 여러 분야에서 다재다능하였다는 평가가 있다. 미국의 역대 대통령 중에서 8년의 재임 기 간 동안 한 번도 거부권을 행사하지 않은 유일한 대통령이며, 현재까지도 **미국의 역대 대통령 중 가장 훌륭한 대통령 중 하나로 인정받으며 역대 대통령 조사순위에서도 상위권을 차지하고 있 다.** 그러나 흑인 여성인 샐리 헤밍스와의 불륜관계로 5명의 사생아가 제퍼슨의 서자녀일 가능성이 있다는 논란이 있다.

● 제퍼슨 명언

♣ 아무 하는 일 없이 시간을 허비하지 않겠다고 맹세하라. 우리가 항상 뭔가를 한다면
　 놀라우리만치 많은 일을 해낼 수 있다.

♣ 오늘 할 수 있는 일을 내일로 미루지 말라.

♣ 당신 스스로 해결할 수 있는 일로 다른 사람을 괴롭히지 말라.

♣ 벌어들인 만큼만 쓰도록 하라.

♣ 값이 싸다는 이유로 원하지도 않는 물건을 구입하지 말라.

♣ 자만은 허기, 갈증, 추위보다도 많은 대가를 요구한다.

♣ 소식(小食)을 후회하는 이는 없다.

♣ 낙관적인 태도를 가져라.

♣ 기우(杞憂)는 마음을 병들게 한다.

♣ 무리 없이 일을 처리하라.

♣ 화가 치밀 때는 열까지 센 다음 말한다.

와트-James Watt, 발명가, 기계공학자, 영국 (1736년생)

★ 지난 1,000년간 인물100명중 25위 선정

★ 인류 역사인물 100명중 22위 선정

★ 인류 역사인물 50명에 선정

[출생] 1736년 1월 19일, 스코틀랜드 렌프루셔 그리녹
[사망] 1819년 8월 25일 (83세), 영국 버밍엄 핸즈워스

[경력사항]
1794 볼턴 와트 및 가족상회 설립
1785 영국 왕립협회 회원
1775 볼턴 와트 상회 설립
1757 글래스고대학교 수학기계공

[거주지] 글래스고, 이후에 핸즈워스로 이주
[국적] 영국, 스코틀랜드
[소속] 글래스고 대학교, 볼턴앤드와트
[출신 대학] 글래스고 대학교
[종교] 스코틀랜드 장로교
[주요업적] 증기기관 개량
[시대] 18~19세기 영국 산업혁명 시대

[요약]
제임스 와트는 스코틀랜드의 발명가이자 기계공학자였다. 와트는 영국과 세계의 산업 혁명에 중대한 역할을 했던 **증기기관을 개량하는 데 공헌**하였다. 흔히 증기기관을 발명했다 알려졌지만, 실제로는 **기존의 증기기관에 응축기를 부착하여 효율을 높인 것**이다. 팽창작동·복동기관·유성기어장치의 회전기관·평행운동·보일러의 매연방지장치·원심조속기·압력계 등의 발명과 마력의 단위에 의한 동력의 측정 등이 **와트의 주요한 업적**이다.

[생애]
[성장기]
제임스 와트는 1736년 1월 19일, 스코틀랜드의 항구도시 그리녹에서 태어났다. 와트의 아버지는 조선공이자, 선주, 하청업자였으며 도시의 고위공무원이었으며 와트의 어머니는 잘 교육받은 명문가의 자제였다. 그들은 모두 장로교인이자 열렬한 신도였다. 와트는 정규교육을 받지 않았다. 소년시절을 아버지 일터에서 보내는 동안 수세공(手細工)에 관심을 갖게 되었다. 처음엔 와트는 집에서 어머니에게 교육을 받았으나, 이후 그리녹 문법학교에 입학했다.
와트는 아주 뛰어난 손재주를 보였고, 공학과 수학에 재능이 있었다. 반면, 라틴어나 그리스어에 대해서는 관심을 갖지 않았다. 와트가 열여덟이 되었을 때, 와트의 어머니가 사망했으며 아버지의 건강 또한 악화되기 시작했다. 와트는 기계 만드는 법을 배우기 위해 1년간 런던에서 지낸 후 스코틀랜드로 돌아왔으며, 상공업 중심지 글래스고에 자신만의 공업소를 차리기 위해 정착했다. 와트는

놋쇠로 된 반사식 항해용 (거울과 같은) 기구, 평행자, 저울, 망원경 부품, 기압계 등을 주로 만들거나 고쳤다. 와트가 최소 7년간을 도제공(견습생)으로 지내지 않았기 때문에, 당시 스코틀랜드에 학습 도구를 만드는 다른 이들이 없었음에도 글래스고의 대장장이 길드가 와트의 가입을 막았다.

[대학 생활]

그래머 스쿨을 마친 뒤, 1755년 런던으로 가 수학기계공 견습이 되었고, 1757년 글래스고대학 수학기계공으로 임명되었다. 와트는 전문가의 손길이 필요한 천문학 기구들이 글래스고 대학에 들어오게 되며 이러한 난관을 헤쳐 나갈 수 있었다. 와트는 이러한 기구들이 제대로 사용될 수 있도록 관리하고 보수를 받았다. 그 뒤 세 명의 교수들이 와트에게 대학 내 **작은 공업소를 세울 수 있도록 제안** 했다. 이 공업소는 1757년에 시작되었으며 교수들 중 한 명인 물리학자이자 화학자 조지프 블랙은 와트의 친구가 되었다. 처음에 와트는 대학의 과학 기구들을 유지시키고 수리하는 일을 했다. 1759년 와트는 건축가이자 사업가였던 존 크렉과 동업해 악기와 장난감을 포함한 제품들을 생산하기 시작했다. 이 동업은 이후 6년 동안 계속되었고, 최대 16명의 직원들을 고용했다. 크렉은 1765년에 사망했고, 고용했던 직원 중 하나인 알렉스 가드너가 나중에 사업을 맡았으며 이 사업은 20세기까지 지속되었다.

[연구활동 및 사업]

1763년 최초 발명인 투시화법기를 만들어 낼 때까지 블랙, 로벅 등의 과학자들과 교류하였다. 1764년 와트는 대학으로부터 뉴커먼 배수기관 모형의 수리를 의뢰받았다. 이 기관의 열효율이 좋지 못한 점을 발견하고 1765년 콘덴서를 분리하는 착상을 하였다. 이 착상을 로벅이 구체화하려고 하였으나 피스톤의 패킹 문제에 부딪쳐 개발은 진전되지 못했다. 동료인 크레이그가 죽자, 1767년~1774년까지 스코틀랜드 운하측량사로서 일하였다. 1768년 버밍엄의 업자 볼턴을 알게 되었고, 1769년 로벅의 원조를 받아 증기기관에 관한 최초의 특허를 받았다. 와트는 이 특허에서 기관의 열효율을 증가시키는 진전을 이루었다. 1773년 로벅이 파산하자 1774년 볼턴이 와트기관의 특허 소유권을 획득하였다.

1775년 볼턴은 와트의 특허권을 25년간 연장함으로써 버밍엄에 공장을 경영, 볼턴과 와트의 유명한 공동사업 '볼턴-와트 상회'가 문을 열게 되었다. 그들 최초기관은 1776년 운전을 개시하였으나, 실용화되기까지는 다시 5년이 걸려 이 기업은 1780년대까지는 이익을 보지 못하였다. 1775년~1780년대까지 와트는 그의 기관을 완성시키기 위하여 전력을 기울였다. **팽창작동·복동기관·유성기어장치의 회전기관(1782년 특허)· 평행운동(1784년)· 보일러의 매연방지장치(1785년)· 원심조속기(1788년)· 압력계(1790년) 등의 발명과 마력의 단위에 의한 동력의 측정 등은 주요한 업적이다.** 또 버밍엄의 진보적 과학자 등의 모임인 '달의 모임'의 핵심 멤버가 되었고, 프리스틀리와 만나면서부터 화학에도 관심을 가지게 되었다. 1794년 새로운 기업 '볼튼-와트 및 가족상회'를 설립하여 점차 자녀들에게 사업을 이양해 가는 한편, 1795년 소호의 주조공장을 개설, 기관의 대량생산을 시작하였다. 그러나 1800년 최초 특허권의 기한이 만료됨으로써 볼턴과 공동사업도 막을 내리게 되었다. 그는 여생을 조각기계의 발명에 바치다가 히스필드에서 죽었다.

[결혼 생활]

1764년, 와트는 사촌인 마가렛 밀러와 결혼해 다섯 명의 자식을 낳았지만 그 중 두 명만이 성인이 될 때까지 살아남았다. 와트의 아내는 1772년에 출산 중 사망했고, 와트는 1777년에 글래스고의 염색업자의 딸인 앤 맥그리거와 재혼해 두 명의 자식을 낳았다.

[와트의 증기 기관이 가지는 의의]

증기의 열에너지를 기계동력으로 바꾸는 증기 기관에 대한 구상과 시도의 역사는 매우 오래되었다. 문제는 **기술적 효율성을 높여 폭넓게 일반화, 상용화시킬 수 있느냐 하는 것**이었다. **이 문제를 해결한 사람이 제임스 와트이다.** 와트는 증기 기관 자체의 발명자가 아니며, 기존 증기 기관의 단점을 대폭 개선하고 새로운 아이디어를 실현시킨 '와트식 증기 기관'을 발명하고 특허를 취득한 사람이다. '발명가'로 일컬어지는 사람들이 피해가기 힘든 일종의 숙명, 즉 도대체 어디까지가 제임스 와트의 독창적 발명인가, 하는 문제와 논쟁에서 와트도 자유롭지 못하다.

그러나 **분명한 것은 그가 분리 응축기를 독자적으로 발명해내는 등 증기 기관의 일대 혁신을 가져옴으로써, 산업화의 동력이 될 수 있게 했다는 점**이다. 하나의 기술 혁신이 역사의 방향에까지 영향을 미치기까지는, 하나의 기술 혁신 그 자체만으로는 부족하다. 기술 혁신을 확장 적용시킬 수 있느냐 하는 것과, 그러한 확장 적용을 가능케 하는 다른 기술 혁신들도 중요하다. 와트의 증기 기관은 그 자체로 미친 영향도 물론 중요하지만 후대 연구가들에 의해 개량되고 응용되어 보다 다양하고 유용하게 이용되었다는 점에서 더욱 큰 가치를 가진다.

예컨대 **증기기관**은 와트의 생전에는 **광산에서 지하수를 배출시키는 용도에만 이용**되었으나, 사후인 1825년, 영국을 시작으로 광산에서 먼 곳까지 광물을 운반하는 데에 증기기관을 사용한 철도 운송이 도입되었다는 점에서 보다 높은 가치를 가진다. 1790년 새뮤얼 크럼프턴이 증기기관을 바탕으로 발명한 뮬 방적기가 면사의 대량 생산으로 이어진 것 역시 산업 혁명으로 방증되는 중요한 사건이다. **와트의 증기기관은 '증기기관의 시대'를 대표**하는 것이면서, 동시에 '증기 기관의 시대'를 이루는 하나의 부분이기도 하다.

[제임스 와트 연보]

1736 1월 19일 스코틀랜드 그리녹에서 출생.

1755 런던에서 수학기계공 견습공이 됨.

1757 글래스고대학에 수학기계공으로 취업.

1763 투시화법기를 발명.

1767 스코틀랜드 운하측량사로 활동.

1769 로벅의 원조를 받아 증기기관에 관한 최초의 특허를 얻음.

1774 로벅의 파산으로 인해 볼턴이 와트기관의 특허를 소유.

1775 볼턴과 와트의 공동사업인 '볼턴앤드와트'를 창립. 이듬해 운전을 개시.

1782 유성기어장치의 회전기관이 특허를 얻음.

1790 압력계 발명.

1819 8월 25 영국 버밍엄에서 사망.

🦏 ● 와트 명언

♣ 진실이 신발을 신기전에, 거짓이 세상을 떠돌아다닐 수 있다.

♣ 난 이 기계 외에 다른 건 생각 할 수 없다.

♣ 더 많이 파내고, 더 많이 구멍을 뚫고, 더 많은 나무를 자를 것이다.

워싱턴-George Washington, 1대 대통령, 미국 (1732년생)

★ 지난 1,000년간 인물100명중 21위 선정

★ 인류 역사인물 100명중 26위 선정

★ 인류 역사인물 50명에 선정 (Wopen.com 한국.net 선정)

[출생일] 1732년 2월 22일

[출생지] 대영 제국 버지니아 식민지 웨스트모어랜드

[사망일] 1799년 12월 14일 (67세)

[사망지] 미국 버지니아 주 마운트 버넌

[국적] 미국

[활동분야] 정치

[임기] 1789년 4월 30일 ~ 1797년 3월 3일

[부통령] 존 애덤스

[후임] 존 애덤스(제2대)

[정당] 무소속

[별명] 미국의 국부(Father of USA)

[종교] 이신론, 성공회

[배우자] 마사 워싱턴

[요약]

조지 워싱턴은 미국의 정치가이다. 독립혁명군 총사령관으로서 독립전쟁을 성공으로 이끌었고 헌법제정회의에서 새로운 **연방헌법을 제정**하고 **중앙정부 권한을 강화**하였다. 조지 워싱턴은 미국의 **초대 대통령**(1789년~1797년)이 되었다. **초대 대통령**이 되어 국내 여러 세력의 단합과 헌법의 실현 등에 힘써 신생 미국의 기반을 다지는 데 크게 공헌하였다.

[생애]

'건국의 아버지'로 불린다. 버지니아주 출생으로, 부유한 지주의 아들로 태어나 독학으로 토지측량관

이 되었다. 1752년 이복형이 죽자 광대한 마운트버넌의 토지와 버지니아 민병대(民兵隊)의 부대장직을 이어받고 1754년 7년전쟁, 즉 프렌치인디언전쟁에 참가하였다. 애팔래치아산맥 서쪽의 땅이 프랑스인에 의하여 지배되는 것을 반대한 때문이었다. 그 후 본국과 식민지와의 항쟁이 일어나자 서부의 토지문제를 놓고 본국의 정책에 크게 반발하였다. 버지니아의회 의원으로서 1765년 헨리를 지지, 인지조례의 반대를 관철시켰으며, 1769년 타운센드법을 반대하다 의회가 해산당하게 되자 영국상품 불매동맹을 결성하였다. 1774년 제1회 대륙회의에, 1775년 제2회 대륙회의에 버지니아의 대표로 참석하고, 이 회의에서 무력항쟁이 결의되자 조지 워싱턴은 **독립혁명군 총사령관에 임명**되었다.

총사령관으로 있으면서 피로에 지친 식민지군을 격려, 역경을 극복해나갔다. 1781년 10월 프랑스군의 원조를 받아 요크타운전투에서 결정적인 승리를 거두고 독립전쟁을 성공으로 이끌었다. 1783년 강화조약이 체결되자 군대를 해산시킨 뒤 연합회의에 군의 통수권을 반환하고 고향으로 돌아왔다. 그러나 연합회의가 무력하여 미국의 독립이 다시 위기에 처하게 되자 1787년 헌법제정회의가 열리게 되었다. 이 회의에서 조지 워싱턴은 의장직을 맡아 **새로운 연방헌법을 제정하고 중앙정부의 권한을 강화**하였다. 이 헌법에 의하여 **워싱턴은 1789년 미국 대통령 선거에서 처음이자 마지막으로 만장일치로 대통령에 당선**되었고, 같은 해 4월 30일 초대 대통령에 취임하였다.

조지 워싱턴은 국내 여러 세력의 단합에 노력하고, 헌법을 실제 정치에 반영시키는 한편, 여러 나라와의 국교를 조정하는 일에 주력하였다. 그러기 위해서 정견을 달리한 해밀턴과 제퍼슨을 각각 재무장관과 국무장관으로 기용하여 국내 재정정책의 수립과 외교정책의 정비를 담당하게 하였다. **연방정부가 수립된 후 대통령으로 재임하는 동안 정부 각 부서의 관례와 임무에 대한 기초를 놓았다.** 워싱턴은 해외 문제에 대해 어떠한 간섭도 취하지 않는 정책을 택하였다. 1793년에 발발한 프랑스와 영국과의 전쟁에 대해서는 해밀턴의 의견을 받아들여서 중립을 선언하고, 유럽의 분쟁에는 개입하지 않는다는 **전통적인 고립주의 외교정책을 수립**하였다. 1795년 워싱턴은 전쟁을 회피하고자 영국과 제이 조약을 맺었다. 토머스 제퍼슨과 조지 워싱턴이 이끄는 민주-공화당이 영국과의 조약을 반대하였지만, 워싱턴은 자신의 특권을 사용하며 강행하였다.

워싱턴은 강력한 중앙 정부를 수립하는 계획을 추진하는 과정에서 국가부채를 조성하였고, **효율적인 세금제도를 시행**하였으며, **국가은행을 창설**하기도 하였다. 워싱턴은 공식적으로는 연방당 소속이었지만 퇴임 연설에서 당파성과 파벌주의 그리고 해외에서 벌어지는 전쟁의 가담 등에 대한 엄중한 경고와 공화주의적인 덕목을 강조하였다. 1796년 3선 대통령으로 추대되었으나 민주주의 전통을 세워야 한다는 이유로 끝내 사양하였다. 신생 미국의 기반을 굳게 다진 데 대한 그의 공적은 높이 평가되고 있다. **워싱턴은 1799년에 향년 67세로 사망**하였다. 헨리 리는 장례식에서의 연설에서 워싱턴을 "전쟁에서 맨 앞, 평화에서 맨 앞, 고향사람들의 가슴에 맨 앞"이라 칭송하였다. 역사학자들은 꾸준히 조지 워싱턴을 가장 훌륭한 미국 대통령 중 하나로 여기고 있다. 현재 통용되고 있는 **미국의 1달러 지폐에는 조지 워싱턴의 초상화**가 그려져 있다.

[독립전쟁 업적]

1775년부터 1783년까지 벌어진 미국 독립 전쟁에서는 **대륙군 총사령관으로 활동**하였다. 처음에는 미국의 대국민들이 조지 워싱턴을 국왕과 같은 군주로 인식하여 서로 거리감을 느꼈으나, 점차 미국의 건국과 혁명 과정에서 주요한 역할을 수행하여 "미국 건국의 아버지"라고 불릴 정도로 유명한 정치인으로 등극했다. 1775년 대륙회의에서 **워싱턴은 영국에 대항하기 위해 결성된 대륙군의 총사령관으로 임명**되었다. 워싱턴은 미국 독립전쟁 첫 전투인 보스턴 전역의 렉싱턴 콩코드 전투부터 파리조약으로 독립을 승인 받을 때까지 **총사령관으로서 복무**하였다. 워싱턴은 한편으로는 금방이라도 와해될 것 같았던 **대륙회의를 주재**하고, 각지에서 모인 결속력 없는 군대를 통솔하면서, 동맹국인 프랑스와 의견을 조율하여야 했다. 1783년 전쟁이 끝난 후 워싱턴은 자신의 농장으로 돌아가 개인적인 삶을 살았다. 당시의 **영국의 국왕인 조지 3세는 워싱턴이 고향으로 돌아갈 것이라는 소문에** 대해 "만약 워싱턴이 그리한다면, 그는 세계에서 가장 훌륭한 사람일 것"이라고 언급하기도 하였다. 1787년, 조지 워싱턴은 연합규약을 대체하는 미국 헌법의 초안을 작성하기 위해 열린 필라델피아 헌법 제정 의회를 주재하였다.

[조지 워싱턴 연보]
1732 2월22일 버지니아 웨스트모얼랜드 웨이크피드에서 출생.
1749 독학으로 토지 측량관이 되어 측량기사로 활동함.
1752 버지니아 민병대 소령(부대장)임관.
1754 7년전쟁(트렌치 인디언전쟁)에 참가.
1759 마사 댄드리지 커스티스와 결혼. 하원의원으로 당선됨.
1765 인지조례(印紙條例)의 반대를 관철시킴.
1769 영국상품 불매운동 전개.
1774 제1차 대륙회의에 버지니아 대표로 참가.
1775 제2차 대륙회의에서 대륙군(독립혁명군) 총사령관에 임명됨.
1781 요크타운전투에서 영국군의 항복을 받아냄.
1787 워싱턴을 의장으로 한 제헌의회에서 미합중국 헌법제정.
1789 4월 30일. 미합중국 초대 대통령에 취임.
1793 프랑스와 영국간 전쟁시 유럽분쟁 불개입정책 고수.(중립선언)
1797 대통령직 퇴임.
1799 12월14일 버지니아 마운트 버넌에서 사망.

🦏 • 워싱턴 명언

♣ 거룩한 섬광과 같은 것은 부족하지만 그러나 너의 가슴이 살아 숨 쉬도록 하는 것, 그것은 양심이다. (워싱턴이 14세에 쓴 글)
♣ 미국인들은 자유인이 될 것인가, 아니면 노예가 될 것인가를 결정해야 할 때가 온 것 같다. 지금은 우리 미국인들이 자신들의 재산을 지켜야 할 것인가 말 것인가를 결정해야 할 시기이다. 또 지금은 우리들의 집과 농장이 약탈당하고 파괴당하며 우리 노력의 산물들이 비참한 상태에 떨어지게 놔둘 것인가, 말 것인가를 결정해야 할 시기이다. 앞으로 태어 날 수백만의 미국인의 운명이 하나님의 보호 아래 우리 부대의 용기와 행동에 달려있다.
잔인하고 극악무도한 우리의 적들은 우리들이 최고의 용감한 저항을 할 것인가,
아니면 가장 비굴한 굴복을 할 것인가에 대한 선택권을 우리에게 남겨두고 있다.
우리는 이 상황을 극복할 것인가, 아니면 굴복하여 죽을 것인가를 선택해야 한다.
(독립전쟁 때, 롱아일랜드 전투에 앞서 워싱턴이 부대원들에게 한 연설 중)
♣ 모든 것이 잘 되었다. 이제 나는 죽는다. 나는 죽는 것이 두렵지 않다. (워싱턴이 임종시)

칸트-Immanuel Kant, 철학자, 프러시아-독일 (1724년생)

★ 지난 1,000년간 인물100명중 59위 선정

[출생] 1724년 4월 22일, 프로이센 왕국 쾨니히스베르크
[사망] 1804년 2월 12일 (79세), 프로이센 왕국 쾨니히스베르크

[시대] 18세기 철학
[지역] 서양 철학
[학파] 칸트주의, 계몽주의
[연구 분야] 인식론, 형이상학, 윤리학, 논리학
[주요 업적]
정언 명령, 선험적 관념론, 종합 명제, 본체(물자체), 사페레 아우데(네 자신의 지성을 사용할 용기를 가져라), 성운설

[요약]
칸트는 가장 위대한 철학자로 손꼽히는 독일 출신의 철학자이다. 서양 근세 철학의 전통을 집대성하고 비판철학을 탄생시켰으며, 독일 관념철학의 기초를 세웠다. 프리드리히 대왕의 계몽적인 정책의 혜택으로 칸트의 철학은 독일적 특수성을 뛰어넘는 세계 시민적인 철학이 될 수 있었다. 당시 혁신적 사상이었던 뉴턴역학에 특히 관심을 두어 1755년 〈천계(天界)의 일반 자연사와 이론〉을 저술하였으며, 여기에서 그는 뉴턴역학의 원리를 확대 적용하여 우주의 탄생을 규명하려고 하였다. 이는 후에 '칸트-라플라스의 성운설(星雲說)'로 널리 알려져 이 분야의 연구에 도움을 주었다.
루소는 칸트로 하여금 인간의 존엄성에 눈을 뜨게 하였는데, 그 영향으로 칸트는 루소와 뉴턴의 사상을 기초로 한 비판 철학을 탄생시킬 수 있었다. 칸트는 1781년에 출간한 비판 철학의 첫 번째 저서 〈순수이성비판〉에서 **신 중심적인 성격을 띠는 형이상학의 모든 개념이 인간 중심적으로 바뀌어야 하는 이유를 제시하면서** 그것이 이론적으로 성립하지 않음에 대해 밝혔다. 그의 두 번째 비판서인 1788년의 〈실천이성비판〉에서는 좀 더 발전하여 종교를 바탕에 둔 **인간의 자율적 도덕을 논**하였고, 세 번째 비판서인 1790년의 〈판단력비판〉에서는 목적론적 인식의 구조를 명백히 밝히고 새로운 인간학적 철학을 마무리 짓고자 하였다. **칸트의 철학은 훗날 등장한 독일 신칸트학파 외에도 수많은 철학적 조류에 커다란 영향을** 주었다.

[생애]
1724년 프로이센의 상업도시 쾨니히스베르크(현재 러시아의 칼리닌그라드)에서 수공업자인 아버지 요한 게오르크 칸트와 어머니 안나 레기나 사이에서 태어났다. 칸트는 11명의 자녀 중 넷째로 태어났다(11명의 자녀 중 어른 될 때까지 살아남은 사람은 5명뿐이었다). '에마누엘'이란 이름으로 세례를 받았으며, 히브리어를 공부한 후에 칸트는 자신의 이름을 '이마누엘'(하느님이 우리와 함께 계시다)로 바꾸었다. 칸트는 삶을 통틀어서 쾨니히스베르크로부터 100마일 보다 더 멀리 떨어진 곳으로 여

행한 적이 결코 없다.

칸트의 아버지인 요한 게오르크 칸트는, 당시 프로이센에서 가장 북쪽에 위치한 도시인 메멜로부터 이주한 독일인 마구(馬具) 제작자이었다. 칸트의 어머니인 느 레기나 도로시아 류터는, 뉘른베르크에서 태어났다. 칸트의 할아버지는 스코틀랜드에서 동프로이센으로 이주한 사람이었으며, 칸트의 아버지는 여전히 가족의 성을 스코틀랜드식("Cant")으로 적곤 했다. 어렸을 때 칸트는 돋보이지는 않았으나 성실한 학생이었다. **칸트는 경건주의를 따르는 가정에서 성장했다.** 기독교의 경건주의는 종교적인 헌신과 겸손함 그리고 성경을 문자 그대로 해석하는 것을 강조하였다. 그 결과로 칸트가 받은 교육은, 수학과 과학보다는 라틴어와 종교 훈련을 우선시 하였고, 엄격하고 가혹하며 훈련을 강조하는 것이었다. **칸트의 부모는 청교도적 생활을 하였으며, 이는 유년시절의 칸트에게 깊은 영향을 끼친 것으로 전해진다.** 칸트는 1732년 어머니와 친분이 있던 신학자 슐츠가 지도하던 사학교 프리드릭스 김나지움에 입학하고 1740년에 졸업했다. 같은 해에 쾨니히스베르크의 대학에 입학하여 철학과 수학을 공부했는데, 특히 마르틴 크누첸에게 논리학과 수학을 지도 받은 것으로 알려져 있다.

이후에도 **자연과학에 관심을 갖고 아이작 뉴턴의 물리학에 매료되었다.** 후대의 전기 작가의 기록에 의하면, 칸트는 1746년《활력의 진정한 측정에 관한 사상》이라는 졸업논문과 함께 대학을 졸업했으나, 아버지가 사망함에 따라 학자금과 생계유지를 위해 수년에 걸쳐 지방 귀족가문의 가정교사 생활을 하면서 홀로 철학연구를 계속했다고 한다. 그러나 칸트는 곧 대학으로 돌아왔으며 1755년 6월 12일,《일반자연사와 천체이론》이라는 논문으로 박사학위를 받음과 동시에《형이상학적 인식의 으뜸가는 명제의 새로운 해명》이라는 논문으로 대학에서 강의를 할 수 있는 자격을 얻었다.

이후 **대학에서 일반논리학, 물리학, 자연법, 자연신학, 윤리학등 여러 분야의 주제로 강의했다.** 1756년 크누첸이 사망하자 그의 후임으로 교수직을 얻으려 노력했지만 성과를 거두지 못했다. 그렇지만 1764년 프로이센의 교육부에서 제공한 **문학 교수자리를 거절할 정도로 철학교수직을 갈망했다.** 18세기까지도 수학과 물리학은 자연철학으로 간주되어 철학의 영역에 속했다. 1766년에는 생활비를 충당하기 위해 왕립도서관의 사서로 취직하여 1772년까지 근무하기도 했다. 그사이 칸트는 원하던대로 쾨니히스베르크 대학의 철학교수직를 얻게되는데, 이때 발표한 교수취임논문(1770년)은 칸트 비판 철학의 시작을 알리는 저술로 평가되고 있다.

10여 년간의 철학적 침묵기를 거친 후 칸트는 1780년대에 일련의 중요한 저서, 즉 에세이《계몽이란 무엇인가? 라는 물음에 대한 답변》,《윤리 형이상학의 정초》,《자연과학의 형이상학적 기초》를 잇달아 발표하면서 점점 명성이 올라갔다. 그리고《순수이성비판》(초판:1781년, 재판:1787년),《실천이성비판》(1788년), 그리고《판단력비판》(1790년)에서 칸트의 비판철학의 정수를 선보였다. 눈부신 학문적 성취와 더불어 1786년~1788년에는 쾨니히스베르크대학의 총장에 선출되는 영예를 누렸다. 약 20여 년간에 걸쳐 칸트는 한 번도 쾨니히스베르크를 떠나지 않았으며, 알려진 것처럼 규칙적인 일상생활을 영위하면서 강의와 사유에 전념했다. 다만 1792년에 논문출판과 검열을 두고 학부 관리처와 작은 의견 충돌이 있었던 것으로 전해진다. 문제의 논문은《인간본성에 있어서의 근본악에 관하여》란 제목으로서 당시의 계몽주의사상과 종교에 관한 칸트의 솔직한 견해가 대학 관리처로부터 경고를 받은 것으로 전해지고 있다. **평생 독신으로 살며 커피와 담배를 즐겼던 칸트는 1804년 2월 12일 새벽 4시, 80세를 향년으로 생을 마감한다.** 칸트가 마지막으로 "그것으로 좋다."라는 말을 남겼다.

[칸트 철학]

칸트는 18세기 철학에 있어 가장 절대적인 영향력을 끼친 인물로 평가 받는다. 실제로 칸트 이전의 철학과 이후의 철학은 차이를 보인다. 이것은 칸트가 초감각적인 세계를 논하는 기존의 형이상학과는 다른 '학문으로서의 형이상학'의 체계를 세우려고 했으며, 그러한 체계의 근거가 되는 **인식론을 연구하여 합리주의와 경험주의의 문제점을 지적하면서 인식론에 바탕을 두고 두 사상의 한계에서 벗어난 철학을 하려고 시도했기 때문이다. 칸트가 말하는 '학문으로서의 형이상학'은 인식론에 근거를 두고 이성이 이성 자신을 비판하는 철학이다.

[비판 철학]

칸트의 철학이 비판철학이라 불리는 이유는 무엇보다도 칸트의 세 가지 저서《순수이성비판》,《실천이성비판》,《판단력비판》에서 연유한 것으로 볼 수 있다. 이들 책의 제목 끝에 붙인 '비판'이라는 개념은 칸트가 과거의 철학을 비판적 연구 분석한 것으로 이해될 수 있으며 또한 칸트는 이러한 측면에서 스스로의 철학을 '**비판철학**'이라고 불렀다. 칸트가 이러한 비판 철학을 펼치게 된 데에는, 뉴턴의 자연과학과 루소의 철학, 그리고 인간의 인식능력에 대한 흄의 회의를 받아들인 점이 크게 작용하였다. 세 권의 저서 내용을 요약한 질문과 각 책이 다룬 영역은 다음과 같다.

《순수이성비판》(1781년): 나는 무엇을 어떻게 알 수 있을까? -**인식론**

《실천이성비판》(1788년): 나는 어떻게 행동해야 하나? -**윤리학**

《판단력비판》(1790년): 나는 무엇을 바랄 수 있나? -**미학**

[인식론]

17~18세기 철학은 인식론으로 크게 **합리주의와 경험주의로 나뉘었다.** 여기서 합리주의는 인간이 본래부터 지닌 선험적 이성을 중시하였고, 경험주의는 인간이 경험함으로써 지식을 얻는 귀납법을 중시하였다. 합리주의의 방식은 "백마는 희다."와 같이 술어가 주어의 개념에 이미 포함되어 있는 분석판단을 하므로, 지식을 확장해 나가는 데 크게 도움이 되지 못하였고, 경험주의의 방식은 귀납적인 방법을 강조하며 종합판단을 한 나머지 진리의 필연성을 찾는 데 한계를 드러내었다. 여기서 칸트는 이 두 사상을 통합한 선험주의를 주장하였다. 즉, 지식의 보편성과 필연성을 인정하면서도 인식을 확장하는 '선험적 (선천적: a priori) 종합판단'을 긍정하였다. 칸트는 《순수이성비판》에서 인간의 이성이 지닌 한계를 지적하면서 인간 인식에 선험적 형식을 도입하는 이른바 '코페르니쿠스적 전환'을 시도하였다.

'코페르니쿠스적 전환'이란 인간이 대상을 있는 그대로 인식하는 것이 아니라 인간의 인식이 대상의 관념을 만들어낸다는 생각이다. 쉽게 말하면 **인간은 대상이 있는 대로 아는 것이 아니라, 아는 대로 그 대상이 있다고 믿는다**는 것이다. 따라서 칸트에게 진리는 주체의 판단형식에서 찾아야 하는 무엇이다. 칸트의 인식론은 감성을 통해 얻은 감각을 범주를 사용하여 지성(오성)으로 인식하고, 초경험적인 것은 이성으로 인식한다는 것이다. 감성은 어떤 물자체를 지각하는 능력이며, 범주는 이러한 감각을 인식하게 하는 하나의 틀이다. 따라서 감성과 지성은 인간이 지각 하는 데 있어 없어서는 안 되는 필수적인 요건인 셈이다. 여기서 칸트는 인간이 사물을 인식하는 데 시간과 공간 값이 필요하다고 본다. 구체적인 연장과 존재하는 시간이 없으면 우리는 인식을 할 수 없다고 보았기 때문이다. 다만, 감정과 같은 것은 공간 값은 없지만 시간 값만 있는 것으로 보았다.

칸트는 저서 《순수이성비판》에서 초경험적인 것을 이성으로 알려고 하는 것을 비판하였다. 가령 신의 존재를 증명하려는 존재론적 증명 등을 비판하여 여러 형이상학적인 사상들을 배격하고자 하였다. 이 말은 형이상학의 영역이 거짓이라는 것이 아니라, 우리가 인식 할 수 없는 것으로, 어떤 형이상학적 명제가 참인지 거짓인지는 알 수 없다는 것이다. 또한 칸트는 인간의 지성이 사물의 현상을 분류, 정리할 수 있으나, 그 현상 너머에 숨은 본질에는 이를 수 없다고 보았다. 인간은 사물의 본질이나 신에 해당하는 물자체를 인식할 수 없는 것이다. 따라서 칸트에 따르면, **기존의 형이상학은 인간이 인식할 수 없는 초감각적이고 초경험적인 것을 인식의 범주 안으로 끌어들이는 오류를 저지른 것이다.** 칸트는 형이상학이 그런 오류에서 벗어나 이성의 인식체계에 대한 학문이 되어야 한다고 생각했다. 하지만 칸트는 형이상학적인 신, 영혼들의 존재를 도덕을 다루는 과정에서 다시 요청하게 된다.

[윤리학]

칸트는 윤리학을 연구하면서, 주관적인 감정이나 상황에 따라 '차이가 나는' 도덕이 아니라 모두가 인정할 수 있는 '**보편적이고 객관적**'인 도덕을 추구하였다. 모두가 합리적이고 타당하다고 생각하는 도덕을 지키는 것이 옳다고 생각했기 때문이다. 이러한 도덕을 **도덕법칙**이라고 부르는데, 칸트는 인간은 자신의 감정에 따라 선을 베푸는 것은 옳지 않다고 보았다. 여기서 칸트는 **인간은 마음속에서 충동과 도덕이 투쟁한다**고 보았다. 즉, 옳고 그른 일을 하는 것에 대해서 인간의 마음속에서는 충동과 도덕심이 투쟁을 하며, **도덕이 이기면 선한 행동을 하고 충동이 이기면 그른 일을 하게 된다**고 보았으며, 그렇다고 도덕이 충동을 없애 버려서는 안 된다고 하였다.

칸트는 행위의 '결과'보다는 행위의 '동기'를 중요하게 생각했다. 칸트는 어떤 결과를 얻거나 어떤 목적을 달성하려는 '수단으로서의 명령'이 아니라, 명령 그 자체가 목적인 '무조건적인 명령'을 도덕법칙으로 제시하였다. 다시 말하면 때와 장소에 따라 달라지는 조건적인 가언(假言) 명령이 아니라, 어떠한 상황에서라도 무조건 따라야만 하는 의무로서의 명령인 정언(定言) 명령을 내세운 것이다. 칸트에 따르면, 누구나 어떤 조건에서든 따라야만 하는 정언 명령은 다음의 두 가지를 들 수 있다.

첫째 명령은, "네 의지의 준칙(격률)이 언제나 동시에 보편적 입법의 원리가 될 수 있도록 행위하라"이다. 이 말은 쉽게 말해 **누구든지 어떤 행동을 할 때는 스스로 생각할 때 다른 모든 사람이 그와 같은 행동을 해도 괜찮다고 생각되는 행동을 해야 한다**는 뜻이다.

둘째 명령은, "너 자신과 다른 모든 사람의 인격을 언제나 동시에 목적으로 대우하도록 행위하라"이다. 칸트는 당시 유럽에서 유행하던 자연론적인 인간관을 반대하였다. 인간이 자연법칙의 지배를 받는다고 본 자연론적인 인간관을 부정하면서, 칸트는 **모든 인간의 평등한 존엄성**을 강조했다. 칸트에 따르면, **인간에게는 '도덕 법칙'이 있다**는 것이다. 인간은 절대적인 가치를 지닌 인격체로서, 다른 목적을 위한 수단이아니리, 그 '**자체가 목적**'이며 **그에 합당한 존엄한 대우를 받아야 한다**고 했다.

[영향과 비판]

[영향]

서양 사상에 대한 칸트의 폭넓은 영향은 헤아릴 수 없는 정도이다. 특정한 사상가에게 준 구체적인 영향을 넘어서, 칸트는 자신이 살았던 시대에서부터 지금까지에 이르는 철학연구가 칸트 이전으로 돌아갈 수 없을 정도로 철학의 틀 구조를 바꾸었다. 달리 말하면, **칸트는 패러다임의 전환을 이루었다.** 이러한 전환은 공리주의에서 후기 칸트학파의 사상에 이르는 혁신과 밀접하게 연관된 채로 철학과 사회과학, 인문학 분야 모두에서 유지되었다. "칸트의 '**코페르니쿠스적 전환**'은 우리의 지식에 대한 연구의 중심에서 인간 주체 또는 아는 사람으로서의 역할을 담당하고 있다. (이와 같은 전환이 없다면) 우리는 우리와 아무 상관없는 사물 자체와 우리에게 그 사물이 어떤 것인지에 대해서 철학적으로 설명할 수 없다."

칸트의 생각은 그 전부 또는 일부가 이후에 각기 다른 주장을 펼친 학파들에게서 드러나고 있다. **독일 관념론, 실증주의, 현상학, 실존주의, 비판 이론, 언어 철학, 구조주의, 후기 구조주의, 해체주의**가 그러한 예이다. 칸트의 영향은 사회과학과 행동과학에서도 나타나는 데, 막스 베버의 사회학과 장 피아제의 심리학, 그리고 노암 촘스키의 언어학을 예로 들 수 있다. 칸트가 패러다임을 철저하게 바꾸었기 때문에, 특별히 칸트의 저서나 칸트의 용어를 언급하지 않는 학자들까지도 칸트의 영향에서 벗어날 수 없었다. 칸트의 생애 동안에, 칸트의 사상은 상당한 주목을 받았다. **칸트는 1780년대에서 1790년대 까지 라인홀드, 피히테, 셸링, 헤겔, 노발리스에게 영향을 끼쳤다.** 칸트의 이론적이고 실천적인 글쓰기에 영향을 받아 일어난 철학 운동은 독일 관념론으로 알려졌다. 예를 들어 독일 관념론자인 피히테와 셸링은, 전통적으로 "형이상학"에 포함되었던 "절대적인 것", "신", "존재"와 같은 개념을 칸트 비판철학의 영역으로 옮기려고 시도하였다.

[비판]

칸트가 살아있을 당시부터 칸트 철학에 대한 비판과 반발이 있었다. 칸트는 **이성의 능력과 종교를 모두 비판했고**, 이러한 비판은 **당시에 이성을 신뢰하던 철학자나 종교를 믿던 종교인에게는 매우 불만스러운** 것이었다.

[제자가 바라본 칸트]

칸트의 제자 요한 헤르더는 그의 스승에 대해서 다음과 같이 평가한다:

"사고를 위한 이마는 침착한 유쾌함과 기쁨의 자리였다. 말에는 풍부한 사상이 넘쳐흘렀고 농담과 재치가 장기였다. 알만한 가치가 없는 것에 대해서는 무관심했다. 어떤 음모나 편견 그리고 명성에 대한 욕망도, 진리를 빛나게 하는 것에서 칸트가 조금이라도 벗어나도록 유혹하지 못했다. 칸트는 다른 사람들로 하여금 스스로 생각하도록 부드럽게 강요했다. 내가 **최고의 감사와 존경을 다해 부르는 그의 이름은, 이마누엘 칸트**이다."

[업적]

이마누엘 칸트는 근대계몽주의를 정점에 올려놓았고 독일 관념철학의 기초를 놓은 프로이센의 철학자이다. 칸트는 21세기의 철학에 까지 영향을 준 새롭고도 폭 넓은 철학적 관점을 창조했다.

칸트는 또한 인식론을 다룬 중요한 저서를 출간했고, 종교와 법, 역사에 관해서도 중요한 책을 썼다. 칸트의 탁월한 저서 중 하나인 《순수이성 비판》은 **이성 그 자체가 지닌 구조와 한계를 연구한 책**이다. 이 책에서 칸트는 전통적인 형이상학과 인식론을 공격하고 있으며, 칸트 자신이 그 분야에 공헌한 점을 부각시키고 있다. 칸트가 만년에 출간한 다른 주요 저서에는 윤리학을 집중적으로 다룬 **《실천이성 비판》**과 미학, 목적론 등을 연구한 《판단력 비판》이 있다. 칸트는 종래의 경험론 및 독단론을 극복하도록 비판철학을 수립하였다.

인식 및 실천의 객관적 기준을 선험적 형식에서 찾고, **사유(思惟)가 존재를, 방법이 대상을 규정한**다고 하였다. **도덕의 근거를 인과율이 지배하지 않는 선험적 자유의 영역에서 찾고, 완전히 자율적이고 자유로운 도덕적 인격의 자기 입법을 도덕률로** 삼았다. 칸트는 도덕적 인격을 목표로 하면서도 자의적인 '**한 사람의 의욕과 다른 사람의 의욕이 자유의 보편원칙에 따라 합치될 수 있는 여러 조건**'을 법이라 생각하였다. 칸트에게 내적 자유의 실현 수단인 법은 외적 자유를 제한하는 강제를 본질로 한다는 점에서 도덕과 엄격히 구별되었다. 칸트는 다른 한편으로 **국가에 대해서 계약설의 입장**을 취했는데, 칸트는 국가계약을 역사적 사실같이 취급한 계몽기의 사상을 발전시켜서 이것을 국민주권을 위한 이론적 요청으로 파악하였다. 또한 칸트는 국가 간의 전쟁을 하지 않는, 영구 평화를 어떻게 실현할 수 있을지에 대하여 책을 썼다. 칸트는 **전쟁으로 인해 생긴 문제점을 전쟁이 끝난 뒤에 조정하여 해소하는 제도가 필요**하다고 생각했고, 그 제도의 내용은 국제법의 개념에 근거한 국제 연맹이어야 한다고 제안하였다.

[저서]
《일반 자연사와 천체론》 (1755년)
《미와 숭고의 감정에 관한 고찰》 (1764년)
《아름다움과 숭고함의 감정에 관한 고찰》, 이재준 옮김, 책세상, 2005년
《가감계와 가상계의 형식과 원리》 (1770년)
《감성계와 지성계의 형식과 원리들》, 최소인 옮김, 이제이북스, 2007년
《순수이성비판》 (1판, 1781년: 2판, 1787년) 최재희 옮김, 박영사, 2009년(개정판)
백종현 옮김(전2권), 아카넷, 2006년
《미래의 형이상학을 위한 서설》 (1783년)
《형이상학 서설》, 백종현 옮김, 아카넷, 2012년
《계몽이란 무엇인가? 라는 물음에 대한 답변》 (1784년)
《세계시민적 견지에서 본 보편사의 이념》 (1784년)
《세계시민적 견지에서 본 보편사의 이념》, 이석윤 옮김,
《윤리 형이상학의 정초》 (1785년)
《윤리형이상학 정초》, 백종현 옮김, 아카넷, 2005년
《도덕 형이상학을 위한 기초 놓기》, 이원봉 옮김, 책세상, 2002년
《자연과학의 형이상학적 기초》 (1786년)
《실천이성비판》 (1788년) 백종현 옮김, 아카넷, 2002년; 최재희 옮김, 박영사, 2011년
《판단력비판》 (1790년) 이석윤 옮김, 박영사, 2005년; 백종현 옮김, 아카넷, 2009년

《순수이성의 한계 내의 종교》(1793년)
《이성의 한계 안에서의 종교》, 백종현 옮김, 아카넷, 2011년
《영원한 평화를 위하여》(1795년) 이한구 옮김, 서광사
《윤리 형이상학》(1797년)

[칸트 전집]
독일 왕립학술원에서 간행한 전집 (편집 1910, Berlin). 흔히 "학술원판"으로 불리는 이 전집은 칸트 저술 인용의 표준으로 사용되고 있다. 주어캄프 출판사에서 간행한 봐이셰델 편집.

🦏 ● 칸트 명언

♣ 결혼으로 여자는 자유로워지고, 결혼으로 남자는 자유를 잃는다.
♣ 깊이 생각하면 할수록 새로운 감탄과 함께 마음을 가득 차게 하는 기쁨이 두 가지 있다. 하나는 별이 반짝이는 하늘이요, 다른 하나는 내 마음속의 도덕률이다. 이 두 가지를 삶의 지침으로 삼고 나아갈 때, 막힘이 없을 것이다. 항상 하늘과 도덕률에 비추어 자신을 점검 하자. 그리하여 매번 잘못된 점을 찾아 반성하는 사람이 되자.
♣ 나는 철학을 가르치지 않는다. 나는 철학하는 것을 가르칠 뿐이다.
♣ 나는 해야 한다. 그러므로 나는 할 수 있다.
♣ '나처럼 행동하라'하고 누구에게나 말할 수 있도록 노력하라.
♣ 남의 자유를 방해하지 않는 범위 내에서 자기의 자유를 확장하는 것, 이것이 자유의 법칙이다.
♣ 노동 뒤의 휴식이야말로 가장 편안하고 순수한 기쁨이다.
♣ 매우 세련된 예술이라 하더라도 사람들을 결합시키는 도덕적 이상을 담아내지 못하면 그것은 기껏 오락물에 지나지 않는다. 그런 예술은 삶에 지친 사람들이 일시적인 기분전환을 할 때만이 필요할 따름이다.
♣ 머리 위에는 별이 반짝이는 하늘, 내 마음에는 도덕률.
♣ 모든 종교는 도덕을 그 전제로 한다.
♣ 상비군(상시 전투를 할 수 있는 국방병력)은 시간이 지남에 따라 모두 폐지되어야 한다.
♣ 선행이란 다른 사람들에게 베푸는 것이 아니라, 자신의 의무를 다하는 것이다.
♣ 술은 입을 경쾌하게 한다. 술은 마음을 털어놓게 한다. 이리하여 술은 하나의 도덕적 성질, 즉 마음의 솔직함을 운반하는 물질이다.
♣ 신은 인간을 자유롭게 창조했다. 인간은 그 자신의 힘을 현명하게 사용하는 방법을 배우기 위해 자유롭지 않으면 안 된다.
♣ 여자는 까다롭고, 남자는 감상적이다.
♣ 여자는 거부하고, 남자는 요구한다.
♣ 여자는 참을성이 있어야만 하며, 남자는 너그러워야만 한다.
♣ 웃음은 남성적인 것이고, 눈물은 여성적인 것이다.

♣ 인간은 교육을 통하지 않고는 인간이 될 수 없는 유일한 존재다.

♣ 자기와 남의 인격을 수단으로 삼지 말고, 항상 목적으로 대우해야 한다.

♣ 자식을 기르는 부모야말로 미래를 돌보는 사람이라는 것을 가슴속 깊이 새겨야 한다.
　자식들이 조금씩 나아짐으로써 인류와 이 세계의 미래는 조금씩 진보하기 때문이다.

♣ 재물은 생활을 위한 방편일 뿐, 그 자체가 목적이 될 수는 없다.

♣ 한 가지 뜻을 세우고, 그 길로 가라. 잘못도 있으리라. 실패도 있으리라.
　그러나 다시 일어나서 앞으로 나아가라. 반드시 빛이 그대를 맞이할 것이다.

♣ 행복의 원칙은 첫째 어떤 일을 할 것, 둘째 어떤 사람을 사랑할 것,
　셋째 어떤 일에 희망을 가질 것이다.

아담 스미스-Adam Smith, 경제학자, 윤리학자, 영국 (1723년생)

★ 지난 1,000년간 인물100명중 20위 선정

★ 인류 역사인물 100명중 30위 선정

★ 인류 역사인물 50명에 선정 (Wopen.com 한국.net 선정)

[출생] 1723년 6월 5일, 스코틀랜드 피페의 커스칼디
[사망] 1790년 7월 17일 (67세)

[국적] 영국
[영향줌] 자본주의, 국부론
[기여] 자본주의의 개념 정립

[요약]
아담 스미스는 영국의 정치경제학자·도덕철학자로 고전경제학의 창시자이다. 근대경제학, 마르크스 경제학의 출발점이 된《국부론》을 저술하였다. 처음으로 경제학을 이론·역사·정책에 도입하여 체계적 과학으로 이룩하였다. 경제행위는 '보이지 않는 손'에 의해 종국적으로는 공공복지에 기여하게 된다고 생각하였으며 예정조화설을 주장하였다.

[생애]
스코틀랜드 출신의 정치경제학자이자 윤리철학자이다. 후대의 여러 분야에 큰 영향을 미친《국부론》의 저자이며, 고전경제학의 창시자이다. 고전경세학의 대표적인 이론가인 아담 스미스는 일반적으로 경제학의 아버지로 여겨지며 자본주의와 자유무역에 대한 이론적 기초를 제공했다. 아담 스미스는 스코틀랜드 피페의 커크칼디의 세무 관리의 아들로 태어났다. 출생일은 정확하게 알려져 있지 않지만 1723년 6월 5일 커크칼디에서 세례를 받았다. 세관 관리집안에 유복자로 태어나 평생을 독신으로 살았다. 아담 스미스의 부친은 아담 스미스가 세례받기 약 6개월 전에 사망했다. 4살

경에 일단의 집시들에게 납치되었지만 아담 스미스의 삼촌에 의해서 구출되어 모친에게로 돌아왔다. 스미스의 전기 작가인 존 레이는 장난스럽게 아담 스미스는 별로 쓸만한 집시가 되지 못했을 것이라고 첨부한다.

1737년, 14살에 글래스고 대학교에 입학하여 철학자 데이비드 흄의 친구였던 도덕철학 교수인 프란시스 허치슨으로부터 **윤리철학을 공부하였다**. 1740년 옥스퍼드 대학에 장학생으로 입학하였으나 옥스퍼드대의 생활은 아담 스미스의 삶에 큰 영향을 끼치지 못하였으며 1746년에 자퇴하였다. 1740년~1746년 옥스퍼드대학교 밸리올 칼리지에서 공부한 뒤, 1748년에 케임즈 경의 후원하에 에딘버그에서 공개 강의를 하게 되었다. 1750년경에는 데이비드 흄을 만났으며 돈독한 관계를 유지하게 되었다. 강의에 대한 호평이 계기가 되어 1751년 글래스고 대학 논리학 강좌의 교수가 되었다. **1759년 유럽에 명성을 떨치게 된 도덕감정론을 발표**하였다.

해치슨 교수의 후임으로 도덕철학의 강의를 맡아 《도덕감정론》(1759년)이라는 저서를 내 전 유럽에서 명성을 떨쳤다. 이 책에서 인간행위의 타당성을 제3자적 존재로서의 '관찰자'에 의한 동감여부로 고찰하였다. 1764년부터 귀족인 타운젠트의 아들을 데리고 개인교사를 하며 유럽여행을 시작한다. 2년에 걸쳐 프랑스 등지를 여행하며 여러 나라의 행정 조직을 시찰하고 중농주의 사상가들과의 접촉을 통해 이들의 사상과 이론을 흡수하였다. 1764년~1766년 청년 공작 개인교사로서 프랑스 여행에 동행할 때, 볼테르와 케네, 튀르고 등과 알게 되었는데, 특히 케네에게서 경제학상으로 큰 영향을 받았다.

귀국 후 저술활동에 전념하여 1776년 유명한 〈국부론〉을 발표하여, 국가가 여러 경제 활동에 간섭하지 않는 자유 경쟁 상태에서도 '**보이지 않는 손**'에 의해 사회의 질서가 유지되고 발전된다고 주장하였다. 이 책은 경제학 사상 최초의 체계적 저서로 그 후의 여러 학설의 바탕이 된 고전 중의 고전이다. 아담 스미스가 사망한 뒤 글래스고대학교에서 1763년에 했던 강의 내용이 《글래스고대학 강의》란 제목으로 1798년에 출간되었다. 이 책은 당시 학생들의 필기장을 근거로 쓰여 졌는데, 당시 아담 스미스의 강의가 도덕철학의 강의이면서도 동시에 법학 · 경제학 분야에까지 걸쳐 있음을 보여준다. 말년에 '**경제학의 아버지**'로 불리게 되었으며, **근대경제학, 마르크스 경제학은 스미스의 《국부론》으로부터 출발**하였다.

《국부론》은 경제학을 처음으로 이론 · 역사 · 정책에 도입, 체계적 과학으로 이룩하였고, 중상주의적 비판은 당시의 영국의 자유통상정책으로 구체화되었다. 중상주의 비판을 통하여, 부는 금 · 은만이 아닌 모든 생산물이라고 규정하고, **노동의 생산성 향상이 국민의 부의 증대**라고 보아 **생산에서의 분업을 중시**하였다. 근대인의 이기심을 경제행위의 동기로 보고, 이에 따른 **경제행위는 '보이지 않는 손'에 의해 종국적으로는 공공복지에 기여하게 된다**고 생각하였다.

아담 스미스는 **생산과 분배에는 자연적 질서가 작용하여 저절로 조화되어 간다고 하는 자연법에 의한 예정조화설**을 설파하였다. 1778년 에든버러의 관세 위원이 되고, 1787년 글래스고 대학 학장을 지냈다. 아담 스미스는 영국 정통파 '경제학의 아버지'라고 불리며, **윤리학자로도** 알려져 있다. 아담 스미스는 시장 경제야말로 사는 사람과 파는 사람 모두에게 만족스런 결과를 낳으며, 사회의 자원을 적절하게 배분할 수 있다고 보며, 다음과 같은 유명한 말을 남기기도 하였다. "**우리가 저녁 식사를 기대할 수 있는 건 푸줏간 주인, 술도가 주인, 빵집 주인의 자비심 덕분이 아니라, 그들이 자기 이익을 챙기려는 생각 덕분이다. 우리는 그들의 박애심이 아니라 자기애에 호소하며, 우리의 필요가 아니라 그들의 이익만을 그들에게 이야기할 뿐이다.**"

🦏 ● 아담 스미스 명언

♣ 인생이 비참하고 무질서해지는 까닭은 선택한 것과 포기한 것의 차이를 과대평가하기
때문입니다. 조금 더 좋은 것이야 있겠지만, 지나친 열정으로 인해 신중함이나
공정함을 유지하지 못하게 되거나, 과거 실수에 대한 부끄러움, 잘못에 대한 후회로
마음의 평화를 잃을 만큼 가치 있는 일은 없습니다.

♣ 인간이 불행해지는 가장 큰 원인 중 하나는,
바로 자신이 언제 진정으로 행복한 가를 모르기 때문이다.

♣ 인간사의 불행과 혼란을 야기 시키는 원인은 바로 부와 가난의 차이점을
과대평가하는 데에서 출발한다.

♣ 우리가 저녁 식사를 기대하는 것은
푸줏간, 술집, 빵집 주인의 자비심이 아니라 그들 자신의 이해에 대한 배려다.
우리가 호소하는 것은 그들의 인류애에 대해서가 아니라 자애심에 대해서이며,
우리가 그들에게 말하는 것은 결코 우리 자신의 필요에 의해서가 아니라
그들의 이익에 의해서이다.

♣ 인간이 아무리 이기적이라고 상정하더라도 인간의 본성에는 분명 이와 상반되는
몇 가지 원리들이 존재한다.

♣ 부자들의 자연적 이기심과 탐욕에도 불구하고, 그들은 자신들의 여러 개량의 산물을
가난한 사람들과 나누어 가진다. 그들은 보이지 않는 손에 인도되어 토지가 모든 주민에게 평등
한 몫으로 분할되었을 때 행하여졌을 것과 거의 같은 생활필수품을 분배하게 된다.
그리하여 (구체적으로) 의도하거나 알지 못하면서도 이렇게 사회의 이익을 증진하고
종족 증식의 수단을 제공하게 된다.

프랭클린-Benjamin Franklin, 정치인, 발명가, 미국 (1706년생)

[출생-사망] 1706년 1월 17일~1790년 4월 17일 (84세)
[출생지] 영국 령 미국, 보스턴
[사망지] 미국 펜실베니아 주 필라델피아

[직업] 정치가, 철학자, 발명가
[국적] 미국
[정당] 무소속
[자녀]
윌리엄 프랭클린, 프란시스 프랭클린, 사라 프랭클린

[요약]

프랭클린은 미국의 정치가이며 철학자이다. 1776년 프랑스에 파견되어 미국·프랑스 동맹 체결, 1782년 미·영 평화조약을 체결했다. 프랭클린의 태도는 아메리카니즘의 전형으로 평가되었다. 생애를 통하여 도덕, 철학, 정치 문제에 관심을 쏟고 많은 논문을 발표하였으며 특히 **프랭클린의 자서전은 백만인의 생활철학**으로서 널리 영향을 미쳤다. 프랭클린의 사고의 근본에는 **개인의 창의성이야말로 진보의 원천**이라는 개인 생활의 정신적 충실을 추구하는 모랄리즘에 있었다. 그것은 18세기의 시민 정신에서 이어받은 것이다.

프랭클린은 또한 전기의 성질 등 자연과학적 연구도 남기고 있다. 1742년 미국철학회의 창립에 참가하고 1769년 회원들에게 '유익한 지식의 증진'을 위하여 '일반 자연철학자'가 가입할 수 있도록 문호를 개방할 것을 촉구하였다. **벤저민 프랭클린은 미국의 "건국의 아버지" 중 한 명이자 미국의 초대 정치인 중 한 명**이다. 프랭클린은 특별한 공식적 지위에 오르지는 않았지만, 프랑스 군과의 동맹에 있어 중요한 역할을 해, 미국 독립에 중추적인 역할을 했다. 프랭클린은 **계몽사상가 중 한 명**으로서, 유럽의 과학자들의 영향을 받았으며 **피뢰침, 다초점 렌즈 등을 발명**하였다. 달러화 인물 중 대통령이 아닌 인물은 알렉산더 해밀턴(10달러)과, **벤저민 프랭클린(100달러)** 두 명뿐이다.

[생애]
[유년기]

대장장이이자 농부인 토마스 프랭클린과 제인 화이트의 아들이자, 프랭클린의 아버지인 조사이어 프랭클린은 1657년 12월 23일 영국의 노샘프턴셔 주 엑턴에서 태어났다. 프랭클린의 어머니 아비아 폴저는 제분업자이자 교사인 피터 폴저와 전에 계약 하인이었던 메리 모릴의 딸로서 1667년 8월 15일 매사추세츠 주 낸터킷에서 태어났다. 폴저의 자손 J.A. 폴저는 19세기에 폴저스 커피를 설립했다. 조시아 프랭클린은 2명의 부인과 함께 17명의 자식이 있었다. 그는 엑턴에서 대략 1677년 그의 첫 번째 부인으로 앤 차일드와 결혼했고 1683년 보스턴에 그녀와 함께 이주했다. 그들은 이주하기 전에 3명의 아이가 있었고 이주 후 4명을 더 갖는다. 그녀의 죽음 후에, 조시아는 사무엘 윌러드의 주례로 올드 사우스 미팅 하우스에서 1689년 7월 9일 아비아 폴저와 결혼했다. 그들의 8번째 아이인 벤자민은 조시아 프랭클린의 15번째 아이이자 10번째 막내아들이었다.

1706년 1월 17일에 보스턴에서 비누와 양초를 만드는 집안의 15번째 아이로 태어난 벤자민 프랭클린은 10살 때 집안 형편으로 인해 다니던 학교를 그만두고 형의 인쇄소에서 일을 배우기 시작하였다. 프랭클린의 열정적인 노력 덕분에 능숙한 인쇄기술을 습득하게 되었고, 또한 글쓰는 솜씨를 늘려가기 시작하였다. 1723년, 프랭클린의 나이 17세 때에 프랭클린은 가출하여 보스턴을 떠나 필라델피아로 가게 된다. 그 곳에서 **무일푼으로 시작하여 빠른 시간에 인쇄업자로서 성공했고, 1730년에는 24살의 나이로 인쇄소를 소유**하기도 하였다. 1732년 프랭클린은 《가난한 리처드의 연감》이라는 책을 발간해서 대중들로부터 많은 호응을 얻기 시작했다.

[정치활동]

1731년에는 펜실베이니아 대학에 도서관을 설립하여 도서관의 발달에 크게 이바지하였다. 1736년에 펜실베이니아의 하원의원으로 임명되어서 1751년부터 1764년까지 국회의원의 임무를 수행하였다. 펜실베이니아 시 체신장관 대리로 일하였으며(1737년~1753년), 그 결과로 전 식민지의 체신장관 대리로써, 우편 업무에 관한 사항을 많이 개선시켰다.(1753년~1774년)

[과학]

1748년 프랭클린의 사업이 많이 번창함에 따라서, 프랭클린은 과학에 뜻을 두어 사업을 대리인에게 맡기고 자신은 봉급을 받으면서 과학을 탐구하는데 더 많은 시간을 보냈다. 1740년대 초기에 프랭클린이 발명한 **난로(프랭클린 스토브)는 아직도 생산되고 있으며**, 그 이후에도 아주 많은 실험을 행하였다. 1752년에 프랭클린의 유명한 실험인 '연 실험'을 행하였고, 번개가 전기를 방전한다는 것을 증명하였다. 프랭클린은 번개를 구름에서 끌어내기 위해 금속으로 만든 뾰족탑을 세우자고 제안한 최초의 사람이었다. 이러한 연구들의 결과로, 또 프랭클린의 실용적인 면의 재현으로, 프랭클린의 **피뢰침이 발명**되었다. 후에 **복초점 렌즈**가 발명되는데 이것도 프랭클린의 대표적인 발명품이다.

1753년 영국의 로열 소사이어티 회원으로 선정 되었고, 코플리 상을 받았다. 그해 전 식민지 체신장관 대리가 되어 우편제도를 개선하였고 1754년 올버니회의에 펜실베이니아 대표로 참석, 최초의 식민지 연합안을 제안하였다. 1757년 펜실베이니아의 이익을 위하여 교섭을 벌일 목적으로 **영국에 파견되어 식민지에 자주과세권을 획득**하고 귀국하였다. 1764년 다시 영국으로 건너가 **인지조례의 철폐를 성공**시켰다. 1775년 귀국하여 제2회 대륙회의의 펜실베이니아대표로 뽑혔고 **1776년 독립선언 기초위원에 임명**되었다. 그해 프랑스로 건너가 **아메리카-프랑스동맹을 성립**시키고, 프랑스의 재정원조를 획득하는 데 성공하였다. **1783년 파리조약에는 미국대표의 일원**이 되었다.

[정치적 업적]

정치가로서 프랭클린은 아메리카 식민지의 자치에 대해 영국의 관리들과 토론을 벌일 때 식민지의 대변인으로 활약했고, **독립선언서 작성에 참여**했으며, 미국 독립전쟁 때 프랑스의 경제적·군사적 원조를 얻어냈다. 또한 영국과 협상하는 자리에서 미국 대표로 참석하여 13개 식민지를 하나의 주권국가로 승인하는 조약을 맺었으며, 2세기 동안 미국의 기본법이 된 **미국 헌법의 뼈대를 만들었다.** 특히 **토마스 제퍼슨**과 함께 기초한 '미국독립선언문'은 역사에 길이 남을 업적이다.

[연보]

1729년 '펜실베이니아 가제트'지 경영
1752년 전기유기체설 제창
1753년 영국의 로열 소사이어티 회원으로 선정
1754년 올버니회의에 펜실베이니아대표로 참석, 최초의 식민지 연합안 제안
1757년 영국에 파견, 식민지에 자주과세권 획득
1764년 영국에서 인지조례 철폐
1775년 제2회 대륙회의의 펜실베이니아대표
1776년 독립선언 기초위원 임명
1783년 파리조약 미국대표 일원
1785년 펜실베이니아 행정위원회 위원장

1787년 헌법회의 펜실베이니아대표
1790년 84살에 세상을 떠남

[저서]
[대표 저서 (1) : 자서전]

벤저민 프랭클린의 저서 중 가장 주목 받은 작품은 벤저민 프랭클린의 자서전-**덕에 이르는 길**이다. 대표적인 계몽주의자로 미국의 객관적인 계몽주의 정신의 표상이었던 프랭클린은 청교도와 비슷한 평범한 스타일로 글을 썼으며 문학에 반하는 정신으로 문학은 항상 실용적인 목적으로 창작되어야 함을 강조하였다. 이 자서전은 그야말로 어린 시절부터 자신의 이야기를 그려 나가는 작품이다. 자서전 중간 부분에는 에이블 제임스 씨가 프랭클린에게 보낸 편지 내용이 등장한다. 이 편지는 프랭클린에게 자서전을 쓰라고 권유하는 내용이다. 또 후에 벤저민 보건이 프랭클린에게 보낸 편지내용이 등장한다. 앞에 나온 에이블 제임스가 보낸 편지 내용과 마찬가지로 벤저민 보건도 프랭클린에게 자서전을 꼭 쓰라고 설득한다. 프랭클린의 자서전으로 인해 행복과 위대함을 얻는데 출신은 아무 상관이 없으며, 개인의 인격에 영향을 주어 사람들의 마음을 변화시켜 사회나 가정의 행복을 촉진시키며, 많은 젊은이들이 용기와 희망을 얻게 될 것이라고 말한다. 또 많은 사람들이 프랭클린이 쓴 자서전을 읽게 되면 지혜로운 삶을 살 수 있을 것이라고 하며 벤저민 보건은 프랭클린을 설득한다.

자서전의 특징적인 면모로는 벤자민 **프랭클린이 인생지침으로 삼았던 13가지 덕목이 제시된다**는 것이다. 평소 근면한 사람이 되어야 한다는 프랭클린의 가르침은 일생의 삶에 철학이 되었고 **절제, 침묵, 질서, 결단, 절약, 근면, 진실, 정의, 중용, 청결, 침착, 순결, 겸손의 13가지 덕목들의 계율들을 정의**하였다. 조그마한 수첩을 만들어 매일 저녁에 그 날 하루의 행동을 생각하고 각 계율과 관련하여 잘못한 것이 있으면 해당란에 흑점을 찍도록 하는 등의 구체적인 방법을 제시함으로써 많은 이들의 귀감이 되었다. 자서전을 크게 두 부분으로 나뉘게 되는데 첫 번째 부분은 아들에게 편지를 보내는 형식으로 시작하며, 두 번째 부분은 1784년에 프랑스 대사관에서부터 인생을 다시 시작하는 모습을 보여준다. 프랭클린의 자서전은 현대에도 끊임없는 관심을 불러일으키고 있으며, 최근에는 벤자민이 휴대하고 다녔던 수첩형식을 착안하여 만든 **프랭클린 플래너라는 일정 관리수첩**이 성행하기도 한다.

[대표 저서 (2): 부로의 길]

『The Way to Wealth』(부로의 길)는 1758년 벤저민 프랭클린에 의해 쓰여진 저서이다. 이것은 『가난한 리처드의 달력』에 서문으로 처음 실렸던 글이며, 사업에서 성공하려면 어떻게 해야 하는지에 대한 자신의 생각을 정리한 것이다. 신부인 아브라함이 경매가 시작되기를 기다리는 군중들에게 『가난한 리처드의 달력』에 실렸던 핵심 내용들을 인용하며 부자가 되는 길에 대해 말하는 형식으로 진행된다. 프랭클린의 독자적인 시야와 지성은 그 당시 세대, 그리고 우리 세대에게 정치와 사회에 대해 다른 관점을 제시하였다.

특히, 『The Way to Wealth』(부로의 길)를 통해 프랭클린은 정해진 사회적 '표준'에서 벗어나 부와 소비에 관한 유례없는 관점을 제시하였다. 그 당시 부자들은 돈을 흥청망청 쓰는 경향이 매우 짙었으며 그들에게는 부를 과시하는 것은 하나의 관습이 되어있었다. 프랭클린은 이러한 경향성을 매우 반대하며 '부로의 길'이라는 저서를 통해 이들 부자들의 행위를 비판하는 동시에 바른 저축과 소비의 미덕을 대중들에게 전파하려 노력하였다.

소개되는 몇 가지 조언들은 다음과 같다.

1. 근면함: "끊임없이 떨어지는 물방울이 돌을 뚫으며, 근면함과 인내심으로 생쥐는 밧줄을 갉아 두 동강 낸다." 프랭클린은 게으름과 나태로 인한 낭비를 지적하면서 시간의 중요성에 대해 역설한다. 또한 "우리는 언젠가 묘지에서 충분히 편안한 잠을 잘 수 있다."에서 잠을 줄일 필요가 있으며, 시간은 인생을 위한 소중한 재료이며 자산이다. 더불어 목표를 향한 끊임없는 노력과 능력을 아끼지 말라고 충고한다. 쾌락을 버리고, 부지런한 습관과 근면함을 계속한다면 굶주리지 않을 것이고, 시간을 잘 관리한다면 자연히 여가시간도 갖게 될 것이다. "오늘의 하루는 내일의 이틀과 같다." 에서 내일은 어떤 일어날지 모르기 때문에 오늘 일을 미루지 말라고 프랭클린은 조언한다.

2. 신중함: 벤저민 프랭클린은 "이사를 세번 하는 것은 한번 불이 난 것과 같다." 라며 매사에 주의를 기울이는 것, 즉 신중함을 강조한다. 프랭클린은 신중함을 신뢰와 관련하여 그 중요성을 역설한다. "작업자를 감독하지 않는 것은 그들에게 당신의 지갑을 열어주는 것과 마찬가지다."라며 신뢰에 대한 신중함이 없다면 막대한 피해를 본다고 한다.

3. 절약: 프랭클린은 "샘물이 말라야 비로소 사람들은 물의 소중함을 알게 된다.", "**필요하지 않은 물건을 사게 된다면, 머지않아 필요한 물건을 팔아 치우게 될 것이다.**"라는 구절을 통해 낭비하는 삶의 어리석음을 말하며 **절약의 중요성**을 말한다. "**최초의 욕망을 억제하는 것이 뒤따르는 욕망을 모두 충족시키는 것보다 훨씬 쉬운 일이다.**"라는 구절을 통해 **절제된 삶**을 살아가는 중요성을 강조하며 "**채무자는 채권자의 노예다.**" 라고 말하며 빚을 진 사람은 진정으로 자유로울 수 없음을 말한다.

4. 경험: '부로의 길'(The Way to Wealth)에서 마지막으로 언급된 가치는 **경험**이다. 프랭클린은 "**충고를 해줄 수는 있으나 일을 대신해줄 수는 없다.**"며 앞서 언급된 세 가지 가치도 실천하고 거기서 교훈을 얻어야 의미를 가진다고 강조했다. 특히 프랭클린은 "경험은 어쩌면 돈이 많이 드는 수업입니다. 그러나 우매한 사람들은 그것에서도 거의 배우지 못합니다."라고 하며 **본인이 경험하고 그것에서 나오는 교훈을 겸허히 수용하려는 태도가 중요**하다고 주장한다.

[기타]
[프랭클린 연구소]
펜실베이니아 주의 **필라델피아에 있는 과학기술연구소**로, 1824년에 설립되었으며 바톨 연구기금, 프랭클린 연구센터, 프랭클린 연구실험실, 프랭클린 과학박물관, 천문관, 벤저민 프랭클린 국립기념관 등을 포함하고 있다. 1884년 미국 최초의 국제전기 박람회를 개최하였으며, 1916년에는 최초의 대륙간 전화통신의 공개실험이 이루어진 곳이다. 1930년대 초에는 벤저민 프랭클린의 이름을 따서 **프랭클린 연구소**라 이름을 지었다.

플랭클린 명언

♣ 가지고 싶은 것은 사지 마라. 꼭 필요한 것만 사라. 작은 지출을 삼가라.
작은 구멍이 거대한 배를 침몰시킨다.

♣ 건강을 유지하는 것은 자신에 대한 의무이며, 또한 사회에 대한 의무이다.

♣ 게으름은 쇠붙이의 녹과 같다. 노동보다도 더 심신을 소모시킨다.

♣ 결단하여 해야 할 일은 실행하겠다고 결심하라. 결심한 것은 반드시 실행하라.

♣ 결혼은 적절한 치료가 된다. 결혼은 인간의 가장 자연스러운 상태다.
따라서 사람은 결혼에서 진정한 행복을 찾게 된다.

♣ 고통을 겪어야 강하게 된다는 것이 얼마나 숭고한 일인가를 알라.
인내할 수 있는 사람은 그가 바라는 것은 무엇이든지 손에 넣을 수가 있다.

♣ 과학 서적은 새로운 것을 읽고, 문학 서적은 오래된 작품을 읽어라.

♣ 금전은 바닥이 없는 바다 같은 것. 양심도 명예도 빠져서 떠오르지 않는다.

♣ 남에게 선행을 베풀 때, 그 사람은 스스로에게 최선을 다하고 있는 것이다.

♣ 남의 경험에서 무언가를 배울 만큼 현명한 사람은 없다.

♣ 너의 적을 사랑하라. 그들은 너의 결점을 말해 주기 때문이다.

♣ 당신이 생명을 사랑한다면 시간을 낭비하지 말라! 시간이야말로 생명을 만드는 재료이다.

♣ 당신이 할 일은 당신이 찾아서 해라.
그렇지 않으면 당신이 할 일이 끝내 당신만 찾아다닐 것이다.

♣ 덕이란 절제이다. 덕이란 침묵이다. 덕이란 규율이다. 덕이란 결단이다. 덕이란 검약이다. 덕이란 근면이다. 덕이란 성실이다. 덕이란 공정이다. 덕이란 중용이다. 덕이란 청결이다. 덕이란 평정이다. 덕이란 순결이다. 덕이란 겸양이다.

♣ 독서는 인간을 정신적으로 충실하고 명상으로써 심오하게 해줄 뿐만 아니라
영리한 두뇌를 만들어 준다.

♣ 돈을 빌려준 사람은 돈을 빌린 사람보다 훨씬 기억력이 좋다.

♣ 돈을 빌리러 가는 것은 자유를 팔러 가는 것이다.

♣ 만사에 극단적으로 흐르지 말라.

♣ 만족하는 사람이 충분히 가진 사람이다.

♣ 말을 타려면 바싹 붙어 앉고 사람을 타려면 느슨하고 가볍게 앉으라!

♣ 먹는 것은 자신을 즐겁게 하기 위함이요. 입는 것은 남을 즐겁게 하기 위함이다.

♣ 받은 상처는 모래에 기록하라. 받은 은혜는 대리석에 새기라.

♣ 백 권의 책에 쓰인 말보다, 한 가지 성실한 마음이 더 크게 사람을 움직인다.

♣ 백년을 살 것처럼 일하고 내일 죽을 것처럼 기도하라.

♣ 불필요한 것을 사면, 필요한 것을 팔게 된다.

♣ 사람은 다른 사람으로부터 믿음과 신뢰를 잃었을 때 가장 비참해진다.

♣ 사랑 없는 결혼이 있다면, 결혼 없는 사랑도 있으리라.

♣ 사업을 좌우하여라. 사업에 의해 좌우되어서는 안 된다.

♣ 살기 위해서 먹어라. 먹기 위해서 살지 말라.

♣ 손윗사람에게 겸손하고, 동등한 사람에게는 예절 바르며, 아랫사람에게는 고결해야 한다.

♣ 쓰고 있는 열쇠는 항상 빛난다.

♣ 시간은 돈이라는 것을 기억하라.

♣ 악은 자기 자신이 보기 흉하다는 것을 알고 있다. 그래서 악은 가면을 쓴다.

♣ 어떤 사람에게 말을 할 때는 그의 눈을 보고 그가 말을 할 때에는 그의 입을 보라.

♣ 오늘의 하루는 내일의 두 배의 가치가 있다.

♣ 오늘 할 수 있는 일을 내일로 미루지 말라.

♣ 엉터리로 배운 사람은 아무 것도 모르는 사람보다 훨씬 더 어리석다.

♣ 요리법이 발달되고 나서 사람들은 필요한 것보다 두 배나 더 많은 음식을 먹는다.

♣ 욕망의 절반이 실현되면, 고생은 두 배가 될 것이다.

♣ 우둔한 사람의 마음은 입밖에 있지만, 지혜로운 사람의 입은 그의 마음속에 있다.

♣ 20세에 소중한 것은 의지, 30세에는 기지, 40세에는 판단이다.

♣ 인간은 도구를 만드는 동물이다.

♣ 인간은 죽을 때까지 완전한 인간이 못된다.

♣ 인내하는 사람은 그가 원하는 것을 이룩할 수가 있다.

♣ 자유가 서식하는 곳, 이곳이 바로 나의 고향이다.

♣ 정열에 휩싸여 있는 남자는 미친 말도 다스린다.

♣ 정의심이 없는 용기는 나약하기 짝이 없다.

♣ 좋은 전쟁 또는 나쁜 평화는 없다.

♣ 지갑이 가벼우면 마음이 무겁다.

♣ 지식에 투자하는 것이 가장 이윤이 높다.

♣ 충성스런 친구가 셋이 있다. ―늙은 아내, 늙은 개, 그리고 현금.

♣ 칭찬, 그것은 때로는 삶의 활력소가 되기도 하지만 때로는 추진력을 잃게도 만든다.

♣ 칭찬 받을만한 자격이 없는 사람에게 안겨주는 칭찬은 이를 데 없는 조롱이다.

♣ 태만은 천천히 움직이므로 가난이 곧 따라잡는다.

♣ 핑계를 잘 대는 사람은 거의 좋은 일을 하나도 해내지 못한다.

♣ 하늘은 스스로 돕는 자를 돕는다.

4.7 14세기~17세기 출생 인물들

1300년대(14세기)부터 1600년대(17세기) 사이에 태어난 인물들 18명을 소개한다. 과학, 철학, 문학, 천문학, 종교, 예술, 정치 등 많은 분야에 영향을 끼친 인물들이 포함되어 있다.

비발디-Antonio Lucio Vivaldi, 작곡가, 이탈리아 (1678년생)

[출생-사망] 1678년 3월 4일 ~ 1741년 7월 28일 (63세)

[국적] 이탈리아
[활동분야] 예술
[출생지] 이탈리아 베네치아
[주요작품]
《조화의 영감》《사계》

[요약]
비발디는 이탈리아의 작곡가·바이올린 연주자이다. 40여 곡의 오페라를 비롯해 많은 종교적 성악곡, 가곡 등을 남겼는데 기악곡은 음악사에서 특히 중요한 구실을 했다. 협주곡 분야에서도 코렐리 등이 만든 형식을 발전시켜 알레그로—아다지오—알레그로의 세 악장형식의 독주협주곡과 합주협주곡을 작곡, 새로운 경지를 개척했다.

[생애]
안토니오 루치오 비발디은 이탈리아 베네치아의 성직자이며, 작곡가이자 바이올린 연주가이다. 붉은 머리의 사제(司祭)라는 별명으로 불리기도 했다. **4개의 바이올린 협주곡으로 된 '사계'의 작곡가**로 잘 알려져 있다. 베네치아의 산 마르코 대성당의 바이올린 주자였던 조반니 바티스타의 아들로 태어나, 부친에게 음악의 기초를 배웠다. 15세로 신부(神父)가 되었으나, 본디 몸이 약하여 숨이 차서 미사를 올릴 수가 없었기 때문에 음악에 전념하게 되었다고 전해진다.
비발디는 1703년부터 1740년에 걸쳐 대체로 베네치아의 여자고아원 겸 음악학교이던 피에타 고아원에 근무했으며 1716년에는 합주장이 되었고 뒤에는 합창장도 겸하였다. 이 학원의 학생들의 오케스트라는 당시 유럽에서도 명성을 떨쳤기 때문에 비발디는 마음껏 해볼 수 있었을 것으로 생각된다. 비발디는 그 동안에도 자작한 오페라를 상연하기 위하여 이탈리아 각지를 순회하기도 하고 빈이나 암스테르담으로 가기도 하였다. 1741년에 빈으로 간 비발디는 **빈궁 속에 객사하여 그 곳 빈민묘지에 안치되었다.** 이때의 빈 방문 목적은 명확하지는 않으나 황제 카를 6세의 후원을 받으러 간 것으로 추측된다. 비발디의 이름은 그 후 아주 잊혀져있었으나 대 바흐가 편곡한 작품이 계기가 되어 그 전모가 밝혀졌다.

[작품]
비발디의 작품은 오페라와 여러 곡의 교회 음악과 기악곡이 많은데, 그 중에서도 바이올린을 주로 한 협주곡이 유명하며, 그때까지의 악곡에 비하여 리듬이 활발하고 노래하듯 아름다운 선율이 특징이다. 비발디의 작품은 독일 음악가들에게도 큰 영향을 주었으며, 바흐는 비발디의 작품을 건반악기 연주용으로 편곡하였다. 주요 작품으로 신포니아 23곡, 합주 협주곡 〈조화의 영감〉, 바이올린과 관현악을 위한 〈4계〉 등이 있다. 특히 〈4계〉는 표제 음악의 표본으로 불린다. 〈조화의 영감 협주곡〉은 서울특별시 도시철도공사에서 환승음악으로 사용하고 있다. (그래서 "환승"이라는

부제를 가지게 되었다.)

비발디는 약 500곡이나 되는 기악작품, 약 40곡의 오페라 외에 모테토, 오라토리오, 칸타타 등을 작곡했다. 작곡은 처음에는 베네치아나 암스테르담에서 출판되었으나 대부분은 수고(手稿) 형태 외엔 남아 있지 않다. 비발디는 무엇보다 우선 토렐리(1658년~1709년), 알비노니(1671년~1750년)들에 의하여 개발된 독주 콘체르토의 세계에서 안정된 양식을 확립시킨 작가로 알려져 있다. 비발디는 또 복수의 독주악기로 하는 콘체르토도 수없이 썼으나 이것은 대개 **빠르게-느리게-빠르게**의 3악장으로 되었으며 전합주와 독주가 교대하는 리토르넬로 형식으로 했다.

[영화화]

대한민국에서 2009년 1월 8일에 비발디의 생애를 영화화한 안토니오 비발디-베니스의 왕자가 개봉되었다. 안토니오 비발디 역에는 스테파노 디오니시가 열연하였다.

[음악활동과 업적]

베네치아 출생으로 어려서부터 산마르코대성당의 바이올린 연주자였던 아버지로부터 바이올린과 작곡의 기초를 배웠다. 1693년 수도사가 되고, 10년 후에 사제로 서품되었다. 1703년~1740년에는 베네치아 구빈원(救貧院) 부속 여자음악학교에 바이올린 교사로 근무하며 합주장·합창장을 역임하였는데, 그 동안 학생들을 위하여 작품을 많이 만들어 학교 관현악단에서 발표하는 등 활발한 음악활동을 하였다. 또 한때는 만토바의 필립공의 악장으로 있었으며, 1716년~1722년에는 마르첼로와 알비노니의 영향을 받아 오페라 작곡에도 주력하였다. 그 후 여러 차례 로마·피렌체·빈 등지를 연주여행 하였으며, 또 국외에서도 여러 차례 연주회를 가졌다. 비발디는 40여 곡의 오페라를 비롯하여 많은 종교적 성악곡, 가곡 등을 남겼는데 **기악곡은 음악사에서 특히 중요한 구실**을 하였다.

협주곡 분야에서도 코렐리 등이 만든 형식을 발전시켜 갖가지 현악기와 관악기를 위한 독주협주곡과 합주협주곡을 작곡, 새로운 경지를 개척하였다. 그것은 대부분 알레그로-아다지오-알레그로의 세 악장형식이며, 알레그로악장에서는 으뜸조-딸림조-관계조-으뜸조라는 전형적인 조구성을 보이고 있다. 이러한 **작품들이 다음 세대에 미친 영향은 매우 컸으며, J.S.바흐는 비발디의 작품을 여러 곡 편곡하여 그 기법을 익혔다.** 주요작품에는 신포니아 23곡, **합주협주곡 《조화의 영감》, 바이올린과 관현악을 위한 《사계》**, 갖가지 독주악기를 위한 협주곡 다수와 실내소나타 12곡, 바이올린소나타 17곡 등이 있다.

[안토니오 비발디 연보]

1678 3월 4일 베네치아에서 출생. 아버지 조반니 밥티스타, 어머니 카밀라.

1693 성직자가 되기 위한 교육을 받기 시작함.

1703 3월 23일 사제가 됨. 피에타 음악원의 바이올린 교사가 됨.

1705 현존하는 최초의 작품 Op.1이 간행됨.

1713 최초의 오페라 《이관의 오토 대제》가 베네치아에서 초연.

1718 만토바로 음악여행. 1720년까지 거주함.

1729 Op.11, 12 출판. 각지로 음악여행을 떠남.

1738 3월 피에타 음악원 직무해제됨. 암스테르담의 초청으로 연주회 개최.
1740 협주곡 20곡을 헐값에 내놓고 가을 여행을 떠남.
1741 7월 28일 빈에서 객사. 슈페탈 묘지에 빈곤자로 매장됨.

🦏 ● 비발디 명언

♣ 나는 겁쟁이다. 나는 질투에 굴복했고, 이제 그것이 내 심장을 먹는다.
♣ 거기엔 아무 말도 없다. 거기에는 단지 음악만이 있다.
♣ 삶, 난 신나게 살겠다. 음악소리가 크게 나는 동안은, 내가 맨 위에 있다.

라이프니츠-G.W. Leibniz, 철학자, 과학자, 독일 (1646년생)

[출생] 1646년 7월 1일, 작센 선거 후령 라이프치히
[사망] 1716년 11월 14일 (70세), 작센 선거 후령 하노버

[국적] 독일
[분야] 형이상학, 신정론, 수학, 논리학
[출신대학] 라이프치히 대학교

[생애]
독일 **계몽철학**을 연 **철학자**이며 **객관적 관념론**의 입장에 섰다. 라이프치히 출신으로 매우 조숙한 소년으로 성장했다. 정치가, 외교관으로서 다양한 활동을 하는 한편, 백과전서적인 박식가이다. 수학에서 뉴턴과는 별도로 미적분학의 방법을 창안하였고, 물리학에서는 에너지 보존의 법칙을 예견했다. 또 지질학, 생물학, 역사학에 대해서도 연구했다. 라이프니츠의 철학에 따르면, 세계는 무수히 많은 단일불가분의 실체, 즉 능동적인 힘의 단위로서 자신 속에 전(全)우주를 표상하는 '**우주의 거울**'로서의 **모나드로 구성**된다. 그 표상력의 명암의 정도차(差)가 무기적 자연에서 신에 이르기까지의 물(物)과 심(心)의 차(差)를 연속적으로 만들어 낸다.(**모나드론**) 각각 독립적이고 서로 관계가 없는, 라이프니츠에 의하면 "창이 없는" 모나드를 상호 관련짓고 세계의 통일을 형성하는 것은 신에 의한 '예정조화'이다. 세계가 신의 예정조화이며 최선의 질서를 얻고 있다고 보는 것에서, 라이프니츠의 낙관주의적 사고를 파악할 수 있고, 악의 존재도 세계 전체의 선한 질서를 위해 필요한 전제라고 설명하는 '변신론'에서도 그것이 보인다.
라이프니츠 철학의 특징은 신과 자연, 목적론과 기계론, 정신과 물질, 선과 악 등을 조화적, 화합적인 관점에서 통합하려고 기도했다는 데에 있다. 여기에서는 당시 독일 봉건제와 자라나고 있던 자본제와의 사상 상의 조정의 시도가 나타나고 있다. 그러나 **라이프니츠의 모나드론에는, 관념**

론적이지만 자연적으로 활동하고 무한한 내용을 내포하고 발전한다고 하는 모나드의 사상이 있으며, 이것은 후에 독일 고전철학의 변증법을 준비한 것으로 평가받고 있다. 인식론에서는 감각을 원천으로 하는 경험론에 대해, 합리론의 입장에서 모나드의 표상작용에 기초를 둔 생득적 합리성으로부터 진리의 성립을 설명하고, 진리의 기준을 명백성과 무모순성에 두었다. 초시간적인 영원의 진리인 '이성의 진리'의 체득에서는 아리스토텔레스의 논리학으로 충분하지만, 다른 한편 경험적인 자연법칙 등의 '사실의 진리'는 '충족이유의 원리'를 필요로 한다고 했다. 라이프니츠의 논리학 사상은 수학적 사상의 기초를 수립한 것으로서 평가받고 있다.

[연보]

1646년 7월1일 독일 라이프치히에서 출생

1661년~1666년 라이프찌히와 예나 대학에서 수학

1663년 '개체의 원리에 관하여'라는 논문으로 학부 졸업

1666년 '결합술에 관한 논고'로 알트도르프 대학 철학박사. 뉘른베르크의
        황금십자단의 사무관으로 근무

1667년 마인츠에서 요한 크리스챤 보이네부르크과 친교

1670년 마인츠의 선제후 요한 필립 쉰보른에 의해 마인츠의 대법원의 교열위원으로 임명

1672년 루이 14세, 이집트 원정을 설득하기 위해 파리를 방문. 1676년까지 체류함

1672년~1673년 사칙연산기 발명

1672년~1676년 회이헌스, 아르노 등과 교류, 미적분법 발견

1673년 영국방문. 왕립협회의 회원이 됨

1673년 『철학자의 고백』 저술

1676년 파리를 출발하여 하노버로 가는 도중 암스테르담에서 뢰벤 훅과 스피노자 만남.
        하노버 공작의 궁정 도서관 사서가 됨

1678년 하노버 궁정 고문관으로 임명됨

1678년~1686년 하르쯔 산 탄광에 풍력을 이용한 배수시설 설치 작업에 종사

1679년~1702년 J. B. Bossuet와 기독교 교회의 재통합에 관한 서신교환

1684년 "Nova Methodus pro maximis et minimis" 출판

1685년 벨펜하우스가의 역사를 서술 시작

1686년 형이상학논고 저술

1686년~1687년 아르노와 서신교환

1687년~1690년 뮌헨, 비인, 베니스, 페라라, 로마, 나폴리, 피렌체, 볼로냐, 프라하,
        드레스덴 등을 여행

1689년 이탈리아에서 그리말디 신부 만남

1697년 "최신중국학" 초판 출간

1698년~1706년 베를린의 궁정설교가 D. E. Jablonski와 프로테스탄트교회 통합에 관해 의견교환

1700년 프로이센의 학술원 설립

1705년 "신 인간오성론" 탈고

1705년~1716년 Bosse와 서신교환

1710년 "변신론" 출간

1712년 영국 왕립 협회가 뉴턴을 미적분법의 발견자로 인정

1712년~1714년 비인에 체류, 합스부르크가의 유진공과 교류. "단자론",
      "자연과 은총의 이성적 원리" 저술

1714년 하노버 공작이 영국왕 조지1세로 등극

1716년 11월14일 라이프찌히에서 죽음

[업적]

고트프리트 빌헬름 라이프니츠는 **독일의 철학자**이자 **수학자이다.** 라이프니츠는 책을 쓸 때 라틴어 (~40%), 프랑스어(~30%), 독일어(~15%) 등 다양한 언어를 사용하였다. 라이프니츠는 철학과 수학의 역사에서 중요한 위치를 차지한다. 아이작 뉴턴과는 별개로 **무한소 미적분을 창시**하였으며, 라이프 니츠의 수학적 표기법은 아직까지도 널리 쓰인다. 라이프니츠는 기계적 계산기 분야에서 가장 많은 발명을 한 사람 중 한 명이기도 하다. 파스칼의 계산기에 자동 곱셈과 나눗셈 기능을 추가했고, 1685년에 핀 톱니바퀴 계산기를 최초로 묘사했으며, 최초로 대량생산 된 기계적 계산기인 라이프니 츠 휠을 발명했다.

또한, **라이프니츠는 모든 디지털 컴퓨터의 기반이 되는 이진법 수 체계를 다듬었다. 철학에서 라 이프니츠는 낙관론으로 유명하다.** 라이프니츠는 제한적인 의미에서, 우리가 살고 있는 우주가 신이 창조할 수 있는 최선의 우주라고 결론지었다. **라이프니츠는 데카르트, 스피노자와 함께 17세기 최 고의 3대 합리주의론자 중 한명이다.** 라이프니츠의 업적은 현대 분석철학을 앞당겼지만, 한편으로 라이프니츠의 철학은 스콜라 철학적인 면도 있다. **라이프니츠는 물리학과 공학에 많은 공헌을 했 고, 생물학, 의학, 지질학, 확률론, 심리학, 언어학, 정보과학 분야에서 나중에 나올 개념들을 예견했다. 그리고 정치학, 법학, 윤리학, 신학, 역사학, 철학, 언어학에 관한 저술을 남겼다. 방 대한 분야에 걸친 라이프니츠의 공헌은 다양한 학술지와 수만 개의 편지, 그리고 출판되지 않은 원고에서 발견되었다.** 이와 같이 다채로운 활동을 하면서도 라이프니츠가 남긴 연구는 방대한 양에 달하지만, 바쁜 생활 탓인지 연구를 편지나 메모 등의 형태로 남아있는 것이 많다. 철학만을 보더라 도 생전에 발간된 것은 《변신론》(1710년)뿐이며, 사후 출판된 것 가운데서도 라이프니츠의 사상이 정리된 책은 별로 없다.

라이프니츠의 철학의 특징은 그 이전의 여러 가지 사상적 대립을 모두 자기 것으로 받아들여서 조화시킨 점이다. 데카르트적 물체관과 피에르 가상디의 원자론, 기계관과 목적관, 섭리와 자유, 경 험론과 이성론, 나아가 근세사상과 스콜라 철학의 조화까지 찾아볼 수 있다. 주요 저서로는 《모나드 론》, 《형이상학 서설》, 《인간오성신론》이 있다. 데카르트와 스피노자와는 달리, 라이프니츠는 대학 에서 철저한 철학교육을 받았다. 라이프니츠는 자신의 철학 학사 논문을 감독한 제이콥 토마시우스 교수에게 강한 영향을 받았지만, 평생에 걸친 **스콜라 철학과 아리스토텔레스 철학**은 라이프니츠가 다른 길을 걷게 만들었다. 라이프니츠는 또한 루터교 대학에서도 존경을 받은 기독교 스페인 사람인 프란시스코 수아레스의 저서를 열심히 읽었다. 라이프니츠는 르네 데카르트, 크리스타안 하위헌스, 아이작 뉴턴과 로버트 보일의 새로운 방식과 결론에 깊게 관심을 가졌지만, 그들의 업적을 스콜라

철학의 틀에 갇힌 채로 평가했다. 그럼에도 불구하고 라이프니츠의 방식과 관심거리들은 종종 20세기의 분석철학과 언어철학을 예견했다.

[수학자로서의 업적]
그 당시의 삼각함수, 로그함수의 수학적 개념은 추상적이였는데, 라이프니츠는 1692년과 1694년에 이를 명료화 시켰다. 또한 가로좌표, 세로좌표, 기울기, 현, 그리고 수직선과 같은 기하학적 개념들을 함수의 그래프로부터 이끌어 내었다. 18세기에는 함수와 이런 기하학적 개념들 사이의 연관성이 약해졌다. 라이프니츠는 선형 방정식의 계수를 배열(오늘날의 행렬)로 생각할 수 있다고 하였다. 행렬을 이용하면 그 방정식의 해를 찾는 것이 쉬워지는데, 이 방법은 후에 가우스 소거법으로 명명되었다. 라이프니츠의 불 논리와 수리논리학의 발견 또한 수학적 업적의 일부이다.

[미적분]
라이프니츠는 아이작 뉴턴과 같이 무한소를 사용한 계산법(미분과 적분)을 발명한 것으로 알려져 있다. 라이프니츠의 공책을 보면 라이프니츠가 처음으로 $y = f(x)$의 그래프 밑의 면적을 계산하는데 적분계산법을 도입한 날이 1675년 11월 11일이라는 것을 알 수 있다. 라이프니츠는 이 날 지금도 쓰는 표기법 몇 개를 만들었는데, 그 예로 라틴어 summa의 S를 길게 늘인 적분기호, 라틴어 differentia에서 유래한 미분기호 d가 있다. 이 제안이 라이프니츠의 가장 큰 수학적 업적일 것이다. 미적분학에서 곱셈 법칙은 현재 "라이프니츠의 법칙"으로 불리고, 적분 기호 안에 있는 함수를 어떻게 미분해야 되는지 설명한 이론은 라이프니츠의 적분 규칙이라고 불린다.
라이프니츠의 증명은 대부분 기하학적 직감에 의한 사실이였다. 라이프니츠는 무한소라고 불리는 수학적 존재를 밝혀냈고, 역설적이게도 이것을 대수적 성질에 적용하자고 제안했다. 1711년부터 라이프니츠가 죽을 때까지 라이프니츠는 존 케일, 뉴턴 등 다른 사람들과 미적분학을 뉴턴과 독립적으로 발견했는지, 원래 뉴턴의 아이디어를 다른 표기법으로 썼는지 긴 논쟁을 하였다. 19세기에 극한에 대한 정의와 실수에 대한 정밀한 분석이 오귀스탱 루이 코시, 베른하르트 리만, 카를 바이어슈트라스와 그 외 다른 사람들에 의해 이루어졌고, 보다 엄격한 미적분학이 나왔다. 코시는 계속 미적분학의 기본으로 무한소를 사용했지만, 바이어슈트라스에 의해 무한소는 천천히 미적분학에서 사라져갔다. 그럼에도 불구하고 해석학 밖, 특히 과학과 공학에서는 무한소가 계속 사용되었고 오늘날까지 전해졌다. 1960년에 에이브러햄 로빈슨은 모형 이론을 이용하여 라이프니츠의 무한소의 엄밀한 정의를 설립하기 위해 노력했다.

[위상기하학]
프랙탈 기하학은 라이프니츠가 말한 자기유사성과 연속의 성질을 기반으로 브누아 망델브로가 창시한 것이다. 라이프니츠가 "직선은 곡선과 같고, 어떠한 부분도 전부와 닮았다."라고 쓴 것을 보면, 라이프니츠는 2세기씩이나 먼저 위상수학을 예견한 것이다. 패킹에 대한 일화로, 라이프니츠는 라이프니츠의 친구이자 연락을 주고받는 사이인 데스 보스에게 원을 하나 그려보라고 말했다. 그리고 그 안에 접하는 세 개의 합동원을 최대의 반지름을 가지도록 그리라고 했다. 그러면 이 세 개의 원 사이에 하나의 원을 그릴 수 있고, 이 과정은 무한히 반복될 수 있다. 자기유사성을 보여주는 전형적인 예이다. 라이프니츠는 유클리드 공리를 발전시키는 데에도 같은 원리를 사용하고 있다.

[과학자와 공학자로서의 라이프니츠]

라이프니츠의 저술들은 우리가 미처 인식하지 못한 발견들을 찾고, 현재의 지식을 발전시키기 위해 오늘날에도 연구되고 있다. 물리학에 관한 라이프니츠의 대다수의 저술은 게르하르트의 《Mathematical Writings》에 포함되어 있다.

[물리학]

라이프니츠는 그 당시 떠오르던 정역학과 동역학에 상당한 공헌을 했으며, 때로는 데카르트와 뉴턴의 생각에 반대했다. 뉴턴이 공간을 절대적으로 생각했던 반면에, 라이프니츠는 공간을 상대적이라고 생각하고 운동 에너지와 위치 에너지를 기반으로 하여 운동에 관한 새로운 이론(동역학)을 고안했다. 라이프니츠 물리학의 중요한 예시 중 하나는 라이프니츠가 1695년에 저술한 《Specimen Dynamicum》이다. 자연의 본질에 관한 라이프니츠의 생각들은 정역학, 동역학과 잘 들어맞지 않았고, 아원자 입자가 발견되고 양자 역학이 고전 역학을 밀어내기 전까지는 말도 안 되는 것으로 여겨졌다.

예를 들어, **라이프니츠는 뉴턴과의 논쟁에서 공간, 시간과 물체의 운동이 절대적이지 않고 상대적이라고 말함으로써 아인슈타인의 이론을 예견했다.** 종종 간과되는 사실이지만, 라이프니츠 법칙도 물리학의 다양한 분야의 증명들에서 중요한 역할을 한다. **라이프니츠의 충족 이유율은 오늘날 우주론에서 인용되고 있고, 동일성 원리는 양자역학에서 인용된다. 오늘날 우주론의 한 갈래인 디지털 철학 옹호자들은 라이프니츠를 선구자로 여긴다.**

[활력]

라이프니츠의 활력은 현대물리학에서의 운동에너지의 제곱 배인 mv^2이었다. 라이프니츠는 특정한 역학계에서 에너지의 총량이 보존된다는 것을 깨달았고, 이것을 물질의 본질적인 특성으로 여겼다. 라이프니츠의 생각은 국가적인 논쟁을 일으켰다. 활력 개념은 영국의 뉴턴과 프랑스의 데카르트가 옹호하는 운동량 보존과 경쟁 관계로 여겨졌고, 그래서 그 두 나라는 라이프니츠의 생각을 무시하려는 경향이 생겼다. 오늘날 밝혀진 바에 의하면, 에너지와 운동량 모두 보존되며, 물질의 본질에 대한 두 접근 방식 모두 유효하다.

[다른 자연 과학]

지질학 : 라이프니츠는 지구가 용해된 상태의 핵을 가지고 있다고 제안하였다. 이는 현대 지질학과 일치한다. 발생학 : 라이프니츠는 전성설 지지자였다. 그러나 유기체들이 무한 가지의 조합이 가능한 미세구조로부터 생겨났다고 제안하기도 했다. 생명과학 및 고생물학: 라이프니츠는 비교해부학과 화석을 통해 변형설에 관한 놀라운 통찰을 얻었다. 라이프니츠의 주요한 업적은 생전에 출판되지 못한 《Protogaea》에 기록되어 있다. 이 책은 최근에 이르러서야 영어로 번역되어 출간되었다. 라이프니츠는 최초로 유기체 이론을 연구한 사람이기도 하다. 의학 : 라이프니츠는 당대의 의사들에게 학설은 자세한 비교 관찰과 검증된 실험에 기반 해야 하며, 견고한 과학적 사실과 형이상학적 관점을 구분해야 한다고 권고했다.

[사회 과학]

심리학 : 라이프니츠는 의식과 무의식 상태의 구분을 제안했다.

공중위생학 : 라이프니츠는 역학과 수의학을 총괄하는 행정상의 기관을 만들자고 주장했다. 그는 공중위생과 예방책을 가르치기 위해, 일관성 있는 훈련 과정을 정착시키려고 노력했다.

경제학 : 라이프니츠는 세금 개혁과 국민 보험을 제안했고, 무역수지에 대해 관심을 가졌다. 심지어 라이프니츠는 오늘날의 게임 이론과 비슷한 이론을 제안하기도 했다.

사회학 : 라이프니츠는 의사소통 이론의 기반을 닦았다.

[공학]

갤런드는 1906년에 라이프니츠의 실용적인 발명품들과 공학 연구에 관한 라이프니츠의 저술들을 모아 책을 출간했다. 한글로 번역된 저술은 거의 없지만, 라이프니츠가 실용적인 삶을 추구한 성실한 발명가, 공학자이자 응용 과학자라는 사실은 분명하다. **라이프니츠는 '실천을 가진 이론'라는 좌우명을 따르며, 이론을 실생활에 적용하고자 노력했다. 그래서 응용과학의 아버지로 불린다. 라이프니츠는 바람을 동력으로 하는 프로펠러, 물 펌프, 채광 기계, 수압 프레스, 등불, 잠수함, 시계 등을 설계했다.** 라이프니츠는 데니스 파핀과 함께 증기 기관도 만들었다. 심지어 바닷물을 담수화하는 방법도 제안했다. 1680년부터 1685년까지는, 독일 하르츠 산에 있는 은광을 괴롭혀 온 만성적인 홍수를 해결해 보려고 노력했으나 실패했다.

[계산이론]

라이프니츠는 최초의 컴퓨터 과학과 정보 이론가일지도 모른다. 젊은 시절에, **라이프니츠는 이진법을 다듬었고 전 생애에 걸쳐 그 체계를 사용했다. 라이프니츠는 또한 라그랑주 다항식과 알고리즘 정보 이론을 예견했다. 라이프니츠의 논리 계산학은 만능 튜링 기계의 발명을 앞당겼다.** 사이버네틱스 이론의 창시자인 노버트 위너는 라이프니츠의 저술에서 사이버네틱스 이론의 기반인 **피드백 개념을 찾았다고 1934년에 말한 바 있다.**

라이프니츠는 1671년에 사칙연산을 수행할 수 있는 기계를 발명하기 시작했고, 수년에 걸쳐 발전시켜 나갔다. '단계 계산기'라고 불린 이 발명품은 상당한 관심을 끌었고 라이프니츠가 1673년 왕립 협회에 선출되는 계기가 되었다. 하지만 라이프니츠는 받아올림과 받아내림을 완벽하게 자동화시키지는 못했으므로 큰 성공은 아니었다. 라이프니츠는 하노버에 몇 년간 머무르면서 많은 수의 비슷한 기계들을 만들었다. 쿠튀라는 라이프니츠의 출판되지 않은 1674년작 원고에서 몇몇 대수적 연산까지도 수행할 수 있는 기계의 묘사를 찾았다고 말했다. **라이프니츠는 나중에 찰스 배비지와 에이다 러브레이스에 의해서 만들어질 하드웨어와 소프트웨어 개념을 모색하고 있었다. 그 결과, 라이프니츠는 1679년에 펀치 카드의 초기 형태인 공깃돌로 이진수를 표현하는 방식의 기계를 고안했다.** 현대 컴퓨터는 중력에 의해 움직이는 공깃돌을 레지스터와 전위차에 의해 생기는 전자의 흐름으로 대체했지만, 돌아가는 방식은 라이프니츠가 1679년에 상상한 것과 비슷하다.

[도서관학]

독일 하노버와 볼펜뷔텔의 도서관에서 사서로 일하면서, 라이프니츠는 도서관학의 창시자 중 한 명이다. 볼펜뷔텔의 도서관은 그 당시로서는 굉장히 많은 10만권이 넘는 책을 소장하고 있었다. 그래서 라이프니츠는 새로운 건물을 설계했고, 이 건물은 의도적으로 도서관이 되도록 설계된 최초의 건물로 여겨진다. 또한, 옥스퍼드 대학 Bodleian 도서관의 색인 체계가 그 당시 현존하는 유일한 색인 체계였는데, 그것이 있다는 사실을 모르고 다른 색인 체계를 독자적으로 고안했다. 그리고 색인을 쉽게 하기 위해서, 출판사들에게 매년 출판 되는 모든 책의 제목을 표준 규격에 맞춰 정리해 달라고 요청했다.

라이프니츠는 이 체계가 요하네스 구텐베르크이래의 모든 인쇄물을 포함하기를 바랐다. 이 제안은 그 당시에는 받아들여지지 않았지만, 미국 국회도서관과 영국 국립 도서관의 후원 아래 20세기 영어 출판사들 사이에서 비슷한 체계가 규격화 되었다. 라이프니츠는 과학을 발전시키기 위한 수단으로 데이터베이스를 만들자고 주장했다. 라이프니츠의 이상언어이론과 논리 계산학은 각각 에스페란토 같은 인공어와 수리논리학을 예견한 것으로 여겨진다.

[학사원 설립 노력]

라이프니츠는 연구에 협력이 필요하다고 강조했다. 그래서 영국 왕립 학회나 프랑스의 파리 과학 아카데미 같은 국립 과학 학사원의 설립을 지지했다. 실제로 라이프니츠는 여행을 통해 독일 드레스덴과 베를린, 러시아 상트페테르부르크, 오스트리아 빈에서의 과학 학사원 설립을 직접적으로 추진했다. 단 한 곳에서만 결실을 맺었는데, 그 결과가 1700년에 설립된 베를린 학사원이다. 라이프니츠는 죽을 때까지 그 학회의 회장을 맡았다. 이 학회는 후에 독일 과학 학회가 되었다.

[법률가로서의 업적]

마르쿠스 아우렐리우스 같은 사람을 빼면 어떤 철학자도 라이프니츠 같이 많은 실용적인 일을 한 사람은 없다. 라이프니츠의 법률, 윤리, 정치에 관한 저서는 영어권 철학자들에게 오랜 기간 동안 간과되어 왔으나, 최근에 바뀌었다. 라이프니츠는 토머스 홉스 같은 군주정치나 폭정의 변호인이 아니었고, 그렇다고 해서 18세기 미국, 존 로크의 정치적 관점, 민주주의를 지지하는 관점에 반응을 보인 것도 아니었다. 다음의 라이프니츠가 바론 보이네버그의 아들 필립에게 1695년에 보낸 편지에서는 라이프니츠의 정치적 성향이 잘 드러난다.

"나는 국왕의 권력과 복종에 대한 질문에 대해 왕자에게는 국민들이 저항할 권리를 가지라고 설득하는 것이 좋고, 반대로 국민들에게는 나라에 수동적으로 복종하라고 설득하는 것이 좋다고 말해왔다. 하지만 나는 원칙적으로 혁명의 사악함이 혁명을 일으키는 것보다 훨씬 악하다는 그로티우스의 의견에 동의한다. 하지만 나는 왕자가 도를 넘어서서 죽음을 각오해야하는 위험 속에 도시의 안녕을 걸 수도 있다는 사실을 깨달았다. 이런 경우는 매우 희귀하지만 이 구실 아래 폭력을 인정하는 신학자는 이것을 자제해야 한다. 과한 행동은 부족한 것보다 훨씬 위험한 것을 알아야 한다." 라이프니츠는 1677년에 각 나라를 대표하는 자가 모여 그들의 생각을 자유롭게 말하고 운영되는 유럽연맹에 불려갔다. 그 동안 라이프니츠는 유럽 연합이 나올 것을 미리 예상했다. 또한 라이프니츠는 유럽이 하나의 종교를 채택할 것이라고 믿었다. 라이프니츠는 이러한 제안을 1715년에 번복했다.

[저술 활동]

라이프니츠의 저술은 출판 되지 않은 것들이 많기 때문에, 주어진 연도는 특별한 언급이 없는 한 출판한 연도가 아니라 저술이 끝난 연도이다.

1666년 《결합법론》

1671년 《새로운 물리학의 가설》

1673년 《철학자의 신념》

1684년 《극대·극소를 위한 새로운 방법》

1686년 《형이상학 서설》

1703년 《이진법에 관한 설명》

1710년 《변신론》

1714년 《모나드론》

1765년 《인간오성신론》

라이프니치 명언

♣ 우리를 동물과 구별하게 하고, 이성과 과학을 부여하며,
  우리 자신과 신에 대한 지식으로 이끌게 하는 것은 필연적이고 영원한 진리에 대한 앎이다.
  합리적인 영혼과 마음이라는 것은 바로 우리 마음속에 있다.
♣ 영혼의 영역에서는 명료함을 찾아라. 물질세계에서는 실익을 찾아라.
♣ 사랑한다는 것은 우리의 행복을 다른 사람의 행복에 갖다 놓는 것이다.
♣ 두 가지 종류의 진리가 있다. 이성과 사실에 대한 진리다.
  이성에 대한 진리는 필연적이기에 진리에 반하는 것은 없다.
  사실에 대한 진리는 불확실하다. 그래서 사실에 반대되는 일들이 생길 수 있다.

뉴턴-Isaac Newton, 물리학자, 수학자, 영국 (1642년생)

★ 지난 1,000년간 인물100명중 2위 선정

★ 인류 역사인물 100명중 2위 선정

★ 인류 역사인물 50명에 선정 (Wopen.com 한국.net 선정)

[출생] (그레고리력 1643년 1월 4일), 율리우스력 1642년 12월 25일,
    영국 링컨셔 주 울즈소프

[사망] (그레고리력 1727년 3월 31일) (84세), 율리우스력 1727년 3월 20일,
    영국 런던 켄싱턴

[국적] 영국

[분야] 물리학, 수학, 천문학, 연금술, 자연철학, 기독교 신학, 경제학

[소속] 케임브리지 대학교
[출신 대학] 케임브리지 대학교
[지도 교수] 아이작 배로, 벤저민 풀린
[주요 업적]
고전역학, 뉴턴 운동 법칙, 만유인력의 법칙, 미적분학, 기하광학, 뉴턴의 방법, 퓌죄 급수
뉴턴 유체, 뉴턴-코츠 공식, 뉴턴의 냉각 법칙

[수상] 왕립학회 회원
[종교] 성공회

[생애]
아이작 뉴턴 경은 **영국의 물리학자 및 수학자**이다. 학계와 대중 양측에서 인류 역사상 가장 영향력 있는 사람들 가운데 1명으로 꼽는다. **1687년 발간된 자연철학의 수학적 원리("프린키피아")는 고전역학과 만유인력의 기본 바탕을 제시하며, 과학사에서 가장 영향력 있는 저서 중의 하나로 꼽힌다.** 이 저서에서 뉴턴은 다음 3세기 동안 우주의 과학적 관점에서 절대적이었던 만유인력과 3가지의 뉴턴 운동법칙을 저술했다. 뉴턴은 케플러의 행성운동법칙과 아이작 뉴턴의 중력 이론 사이의 지속성을 증명하는 방법으로 아이작 뉴턴의 이론이 어떻게 지구와 천체 위의 물체들의 운동을 증명하는지 보여줌으로써, 태양중심설에 대한 마지막 의문점들을 제거하고 과학 혁명을 발달시켰다.
뉴턴은 또한 첫 번째 **실용적 반사 망원경을 제작했고, 프리즘이 흰 빛을 가시광선으로 분해시키는 스펙트럼을 관찰한 결과를 바탕으로 빛에 대한 이론도 발달시켰다.** 또한, 아이작 뉴턴은 실험에 의거한 뉴턴의 냉각 법칙을 발명하고 음속에 대해서 연구했으며, 뉴턴 유체의 개념을 고안하였다. 수학적 업적으로 뉴턴은 고트프리트 빌헬름 라이프니츠와 함께 미적분학의 발달에 대한 성과를 가지고 있다. 또한, 그는 일반화된 이항정리를 증명하고, 소위 뉴턴의 방법이라 불리는 미분 가능한 연속 함수 f인 f(x) = 0 을 푸는 방법을 발명하고, 거듭제곱 급수의 연구에 기여했다.
뉴턴은 2005년 영국 왕립학회 회원들을 대상으로 한 "아이작 뉴턴과 알베르트 아인슈타인 중에서 과학사에 더 큰 영향을 끼치고, 인류에게 더 큰 공로를 한 사람이 누구인가"를 묻는 설문 조사에서 2가지 모두에서 우세를 보임으로써, 여전히 과학자들에게 영향력이 있음이 입증됐다. 뉴턴은 전통적인 기독교 성직자는 아니었지만, 신앙심 또한 깊었다. **뉴턴은 자신을 오늘 날까지 기억되도록 만든 자연과학보다도 성서 해석이나 오컬트 연구에 더 많은 시간을 쏟았다고 한다.**
그럼에도 불구하고, 마이클 하트가 저술한 "The 100"에서 역사상 두 번째로 많은 영향을 끼친 사람으로 기록되었다. **뉴턴은 삼위일체설을 부정하였고 유일신인 창조주를 믿었다.** 1661년 6월 뉴턴은 삼촌의 권유로 영국 케임브리지 대학교 트리니티 칼리지에 입학하였다. 그 시절 대학의 가르침은 아리스토텔레스의 철학에 기반을 두고 있었는데, 뉴턴은 이를 르네 데카르트와 같은 현대 철학자의 철학으로 바꾸고, 천문학 역시 갈릴레오 갈릴레이와 같은 천문학자의 이론으로 대신하였다. **1665년 뉴턴은 이진법을 일반화하였고, 이는 훗날 미적분학의 기초가 되었다.**
1665년 영국에서는 흑사병이 대대적으로 유행하게 되어, 이 기간 동안 케임브리지 대학교는 폐교하였다. 이 시기에 뉴턴은 2년 동안 고향에 내려가 있었다. 뉴턴의 위대한 업적의 대부분은 이 시기,

즉 1665년~1666년에 싹튼 것으로, 유명한 사과의 일화도 이 무렵의 일이다. 2년간의 한적한 시골에서의 삶은 과학과 철학에 대한 사색에 많은 시간을 할애할 수 있는 기회를 주었으며, 이 시기에 **수학, 광학, 천문학, 물리학의 중요한 발견들을 해냈다.** 그래서 **뉴턴 스스로도 2년간의 휴학 기간에 대해 "발견에 있어서 전성기를 이루었다."고 평가**하였다. 1667년 케임브리지 대학교가 다시 문을 열자, 뉴턴은 다시 케임브리지 대학교로 돌아와서 석사 학위를 받았고, 이듬해에는 반사 망원경을 만들었다. 이 공로로 뉴턴은 1672년 왕립학회 회원으로 뽑혔다. 이보다 앞선 1669년에는 뉴턴의 지도 교수였던 아이작 배로 교수의 뒤를 이어서, 케임브리지 대학교 수학과 교수가 된 후, 미적분학에 대한 연구를 시작하였다. 이 새로운 수학의 발견에 대해서 고트프리트 빌헬름 라이프니츠와의 우선권 문제로 오랫동안 논쟁이 계속되기도 하였다.

1675년 박막의 간섭 현상인 뉴턴 환을 발견하였는데, 여기서도 뉴턴의 "빛의 입자설"과 네덜란드의 크리스티안 하위헌스가 발표한 "빛의 파동설"의 엇갈린 주장으로, 두 사람 사이에는 한동안 논쟁이 계속되었다.(단, 오히려 라이프니츠와 뉴턴이 서로의 수학적인 업적들을 인정하고 존경했다고 하는 사람들도 있어서 어느 쪽이 사실인지는 아직도 확실하지 않다.) **만유인력의 구상은 오래 전부터 싹이 터 있었으나, 요하네스 케플러의 행성 운동에 관한 3가지 법칙, 갈릴레오 갈릴레이의 지상 물체의 운동 연구, 크리스티안 하위헌스의 진동론 등을 종합·통일하기 위하여, 이론적 연구에 많은 시간을 들였다.**

물체 운동 및 만유인력의 기초 법칙을 2대 지주로 하는 이론 역학을 세운 것은 그의 저서 《프린키피아(자연철학의 수학적 원리)》에서였으므로, 착상 이래 20년 후의 일이었다.(사람들은 흔히, 사과나무에서 사과가 떨어진 것을 보고 만유인력의 법칙을 생각해낸 뉴턴의 모습을 떠올리기 쉽지만, 어떤 사람들은 뉴턴의 업적을 극적으로 묘사하는 사람들이 지어낸 허상에 불과하다고 주장하기도 한다. 특히, 수학의 왕자라고 불리는 카를 프리드리히 가우스가 대표적인 예이다.) 뉴턴은 1684년 핼리 혜성을 발견한 것으로 유명한 천문학자 에드먼드 핼리와 행성 운동에 대해서 토론할 정도로 천문학에도 식견이 있었다.

[아이작 뉴턴 연보]

1642 12월 25일 잉글랜드 동부 링커셔에서 출생.

1665 스펙트럼 연구로 빛의 분산을 밝혀내었으며 반사망원경 제작.

1666 만유인력의 법칙 발견.

1667 케임브리지 대학 특별연구원을 지냄.

1668 석사 학위를 받음. 뉴턴식 반사망원경 발명.

1687 《자연 철학의 수학적 원리》 출판.

1688 케임브리지 대학 대표 국회의원을 지냄.

1699 런던 조폐국에서 장관을 지냄.

1703 왕립학회 회장으로 선출.

1705 영국 여왕으로부터 기사 작위를 받음.

1710 그리니치 천문대 감찰 위원장을 지냄.

1727 3월 20일 켄싱턴에서 사망.

● 뉴턴 명언

♣ 나는 아름다운 조개와 매끄러운 조약돌을 찾으며 해변을 즐겁게 거니는 소년과 같았다.
  내 눈앞에는 미지의 진리가 가득한 바다가 펼쳐져 있었다.
♣ 내 앞에 미지의 진리가 가득한 거대한 바다가 펼쳐진 해변에서, 나는 노는 아이와 같았다.
♣ 만일 내가 다른 이들보다 더 멀리 볼 수 있었다면,
  그것은 내가 거인들의 어깨 위에 올라서 있었기 때문이다.
♣ 플라톤은 나의 친구이다. 아리스토텔레스는 나의 친구이다.
  그러나 나의 가장 위대한 친구는 진리이다.
♣ 나는 우주의 움직임을 계산할 수 있으나 인간의 광기는 계산할 수 없다.
♣ 만일 내가 어떤 귀중한 발견을 하였다면, 그것은 나에게 어떤 다른 재능보다
  끈질긴 집중력이 있었기 때문이다.
♣ 만일 내가 어떤 공직을 수행할 수 있었다면, 그것은 나의 끈질긴 생각 덕분이었다.
♣ 어떤 위대한 발견도 용감한 추측 없이는 발견될 수 없다.
♣ 요령은 적을 만들지 않고도 요점을 만드는 기술이다.
♣ 모든 행동에는 그에 상응하는 반작용이 생긴다.
♣ 주목해야 하는 것은 실험의 횟수가 아니라 실험의 질이다.
♣ 가장 아름다운 시스템인 우주는 지적이며 강력한 존재의 (Being) 지배 아래 진행한다.
♣ 우리는 다리는 충분히 만들지 않으면서 너무나 많은 벽을 만든다.
♣ 신은 만물을 숫자와 무게와 측량으로 창조하였다.
♣ 나는 가설의 틀은 만들지 않는다.

로크-John Locke, 17세기 철학자, 영국 (1632년생)

★ 지난 1,000년간 인물100명중 18위 선정
★ 인류 역사인물 100명중 44위 선정
★ 인류 역사인물 50명에 선정 (Wopen.com 한국.net 선정)

[출생] 1632년 8월 29일, 잉글랜드 왕국, 섬머셋셔, 라잉턴
[사망] 1704년 10월 28일 (72세), 잉글랜드 왕국
[국적] 영국
[활동분야] 철학
[출생지] 영국 링턴
[시대] 17세기 철학 (근대 철학)
[지역] 서양 철학

[학파] 영국 경험주의, 사회 계약설, 자연법
[연구 분야]
형이상학, 인식론, 정치철학, 심리 철학, 교육
[주요저서] 《인간오성론》(1690년)
[주요 업적]
타블라 라사, "피치자의 동의에 기반한 정부"; 자연상태; 생명권, 자유와 소유권

[생애 연보]
1632 서머싯 주 링턴에서 출생(8월 29일)
1642 영국내전의 발발
1647-52 웨스트민스터 학교 재학
1649 찰스 1세의 처형
1649~1660 크롬웰 공화정권 수립 및 지배
1652 옥스퍼드의 크라이스트 처치 칼리지에 입학
1655 학사학위 취득
1658 석사학위 취득
1660 로버트 보일을 만남
1660 왕정복고와 찰스 2세의 즉위
1660~1661 시민행정관에 대한 단편적 논문들을 집필
1660 옥스퍼드 대학에서 그리스 어 강의
1662 옥스퍼드 대학에서 수사학 강의
1663~1664 『자연법에 관한 시론』들을 집필
1665 브란덴부르크 대사의 비서
1667~1681 애슐리 경(후일 새프츠베리 백작)의 고문의사이자 비서
1668 왕립협회 회원으로 임명
1668~1675 캐롤라이나 지주 및 귀족 연합의 비서
1671 『인간 지성에 관한 시론』 집필 착수
1672 애슐리 경이 새프츠베리 백작의 작위를 받아 대법관에 임명. 로크 역시 성직록 담당서기에 임명
1673 새프츠베리 백작, 가톨릭에 반대해 파면됨. 로크 역시 성직록 담당서기 직위에서 물러남
1673~1675 무역 및 플랜테이션 위원회 비서
1674 의학 학사학위 취득
1674 옥스퍼드에서 의학연구원으로 임명
1675~1679 프랑스 여행
1677~1678 새프츠베리 백작, 반국왕적 언행으로 인해 투옥
1683~1689 네덜란드로 망명
1684 왕명에 의해 크라이스트 처치 칼리지의 교수자격 박탈
1688 명예혁명 발발
1689 메리 공주를 수행하여 영국에 귀국

1689 『관용에 관한 서한』, 『통치론』 및 『인간지성에 관한 시론』 출판
1693 『교육에 관한 약간의 성찰』 출판
1695 『기독교의 합리성』 출판
1696~1700 무역위원회 감독관
1704 에식스 주 하이 레이버, 오츠에서 사망(10월 28일)
1705~1707 『사도 바울의 서한에 대한 주해』(전6권) 출판

[요약]
존 로크는 영국의 철학자이자 정치사상가로서 계몽철학 및 경험론철학의 원조로 일컬어진다. 자연과학에 관심을 가졌고 반스콜라적이었으며 《인간오성론》등의 유명한 저서를 남겼다. **교육에도 많은 관심을 보여 소질을 본성에 따라 발전시켜야 한다고 주장**하였다.

[생애]
로크의 생애, 무엇보다도 존 로크의 젊은 시절에 관해 남아 있는 기록은 많지가 않다. 1632년 섬머셋셔의 작은 마을 라이턴에서 법조인의 아들로 태어났다. 부모로부터 청교도식의 엄한 교육을 받은 것으로 전해지며 유년시절은 브리스톨 근교의 펜스포드에서 보냈다. 1647년 웨스트민스터 기숙사학교에 입학하여 우수한 성적으로 졸업했다. 1652년 옥스퍼드 대학의 크리스트 칼리지에 장학생으로 입학하여 **언어, 논리학, 윤리학, 수학, 천문학을 두루 공부**하면서 데카르트 철학을 처음으로 알게 된다.
1656년 학사학위를 받은 후 2년간 석사과정을 밟았다. 1660년 옥스퍼드 대학의 튜터로 5년간 활동한 후 1664년경부터 과학, 특히 의학을 연구하였다. 1665년~1666년 공사 비서로서 독일의 브란덴부르크에 머물렀으며, 이를 계기로 로크는 약 10여년간 정치무대에서 활동을 한다. 처음 백작 에쉴리의 서기로 발탁되어 1675년에는 심지어 무역 식민위원회의 서기장에 임명되기도 한다. 1675년~1679년 주요 저서인 〈인간 오성론〉의 저술을 시작하였다. 이 시기에 로크는 심한 천식으로 정계에서 은퇴한 후 프랑스의 몽펠리에르에서 약 4년간에 걸쳐 휴양 생활을 한 후 1679년 영국으로 돌아온다. 1689년 명예혁명에 의한 윌리엄 3세의 즉위로 귀국하여 1690년 공소원장이 되고, **망명 중 집필한 〈인간 오성론〉을 발표하여 일약 유명해졌다.** 1700년 에식스에 은퇴하였다가 그곳에서 1704년에 사망하였다.

[저서]
로크의 저서로는 당시 '새로운 과학' 곧 근대과학을 포함한 인식의 문제를 다룬 그의 주저 〈인간 오성론(Understanding)〉, 〈통치론〉 그리고 〈관용에 대한 편지〉 등이 있다.

[철학사상]
존 로크는 인식론의 창시자이며 계몽 철학의 개척자일 뿐 아니라, 존 로크의 정치·교육·종교 등의 사상은 영국과 프랑스에 큰 영향을 미쳤다. 존 로크는 처음에는 데카르트 사상에 관심을 가졌으나, 후에는 데카르트의 생득적 관념을 맹렬히 비판하며, 관념의 경험적 발생을 주장하였다. 존 로크에 의하면 "**인간의 마음은 본래 백지와 같은 것으로 어떠한 성분도 생득적 관념을 갖고 있지**

않다. 인간에게 지식과 추리의 재료인 관념을 주는 것은 경험뿐인데, 경험은 감각과 반성으로 나뉜다. 우리는 감각에 의하여 달다, 짜다, 희다, 둥글다 등의 관념을 가지며 반성에 의해 사유, 의지, 상기 등의 관념을 가진다. 이들은 단순 관념으로서 이들이 복합하여 복합 관념이 생긴다. 이성론에서 말하는 실체도 복합 관념에 지나지 않는다."고 하여 **경험론**의 입장을 취하였다. 존 로크의 정치사상은 전제주의에 반대하고, 국가는 개인의 생명·재산·자유를 보호해야 한다고 하였다. 국가 성립에 관해서는 계약설을 택하고, 의회적인 민주 정치와 입법·사법·행정의 삼권 분립의 기초를 만들었다.

[인식론]
로크는 처음으로 헌정민주정치와 자연권리를 주장한 사람이다. 존 로크의 정치이론들은 미국, 영국, 프랑스 등 여러 서방국가들에 큰 영향을 끼쳤다. 로크의 자유주의는 미국에서는 신성시 여겨졌고 민족이론으로까지 발전되었다. **존 로크의 사상은 미국 정치가 토머스 제퍼슨에게 크나큰 영향을 주었고, 이는 후에 독립 혁명의 밑거름이 되었다.** 로크가 프랑스에 끼친 영향은 더욱 엄청나다. 로크의 사상이 프랑스에 전해진 후, **존 로크의 사상은 훗날 프랑스 계몽주의 운동, 프랑스 대혁명등의 대사건에 크나큰 영향을 주었다.**

[정치철학]
로크는 홉스와 마찬가지로 인간은 자연상태에서는 정치적인 존재(고대의 인간상. 아리스토텔레스 비교)가 아니라고 말한다. 인간은 자연 상태에서 신으로부터 주어진 정당함에 따라 공평하며, 권리가 있는데 그것은 바로 자신의 재산을 가질 수 있다는 것이다. 이것은 그 당시의 다른 철학자들과 비교되는 로크의 주장이기도 한데, 그 이유는 자연상태에의 인간의 소유는 이웃의 동의를 받아야 한다는 주장과는 상충되게도, 로크는 인간은 일을 통하여 신이 주신 자연을 주변 사람의 동의 없이 소유할 수 있다는 것이다. 하지만 이 소유에는 한계가 있고, 그 한계라 함은 자신이 사용할 수 있는 한도 내에서 소유해야하는 것이기 때문에, 가령 예를 들어 어떤 사람이 혼자 먹을 만큼 이상의 사과를 얻어 그 사과를 썩게 한다면, 그것은 자연의 법에 어긋난다고 보았다. 여기서 남은 잉여생산물에 대한 물물교환이 생겨나며, 그 물물 교환을 간편하게 하기 위해서 돈이 발명되었다. 금, 은, 돈과 같은 것들은 썩지 않기 때문에 인간은 자연 법칙을 어기지 않는 한도 내에서 자신의 재산을 증식할 수 있었다. 로크는 또한 **자연속에서 자연법칙이 존재하는 한 인간은 자유를 누릴 수 있었다고 주장**하였으며, 내 재산이 도난을 당했을 시에는 도둑에 대한 처벌을 할 수 있는 권리가 누구에게나 있었다고 주장하였다. 그러나 인간은 자기의 재산을 보다 더 효과적으로 안전하게 지키기 위해서 다른 어떠한 기관이 필요하였는데, 그 기관을 만들기 위한 중간과정이 바로 **사회계약설**이다. 사회계약설에 의하여 국가는 성립되었으나 국가는 절대권력을 행사하는 기관이 아니며, 홉스의 국가관과 대조, 입법부가 정한 법에 의해 행정부에서 통치되는 기관이었다. (완벽한 삼권분립의 형태가 아님) 국가는 그 기능을 제대로 수행하지 못했을 경우, 국민의 재산을 안전하게 보호할 의무, 계약을 성립한 국민에 의해 파기될 수 있다는 것도 로크의 주장에서 주목할 만하다.

[생애 해설]
존 로크는 1632년 영국 서머셋 주의 링턴 마을에서 태어났다. 그 해는 곧 발발할 내전에서 처형당할 운명의 찰스 1세의 지배가 7년째 되는 해였고, 홉스가 아직 존 로크의 주요 저작을 완성하기 전이며, 스피노자가 태어난 해이기도 했다. 존 로크가 태어난 작고 초라한 생가는 로크의 외가였다. **로크의 아버지와 어머니는 각각 청교도적인 상인 가문 출신**이었는데, 아버지 쪽은 의류업에, 어머니 쪽은 제혁업에 종사해온 집안이었다. 존 로크의 아버지는 서머싯주 치안 판사들의 법률 대리인이자 서기로서 평범한 삶을 영위하였다. 존 로크의 아버지는 영국내전 당시 의회군에서 복무하기도 했는데, 로크는 아버지의 상관이자 당시 유명한 정치가였던 포프햄의 후원에 힘입어 웨스트민스터 학교에 들어가게 되었다.

로크는 1652년에 옥스퍼드의 크라이스트 처치 칼리지로 진학하였으며, 학위를 취득한 후에도 줄곧 연구원으로서 그곳에 머물렀다. 별다른 일이 없었다면 로크는 성직자의 길을 걸어갔을 것이고 안정되고 존경받는 삶을 살 수 있었을 것이다. 그러나 로크는 의학에 관심을 가지고 여기에 매달리게 되었는데 이것이 존 로크의 운명을 근본적으로 바꾸는 계기가 되었다. 여하튼 옥스퍼드에서 로크는 히브리어 및 아랍어 문헌을 포함하여 고전을 두루 섭렵할 수 있었으며, **의학 공부를 통해서는 인간들이 어떻게 자연계에 대하여 알게 되는가에 대한 과학적이고 실험적인 경험을 하게 되었다.**

크라이스트 처치에 있는 동안 로크의 관심을 사로잡았던 것 중의 하나는 **종교적 관용**의 문제였다. 그런데 종교적 관용과 관련해서 로크가 첫 번째로 다룬 주제는 종교문제에 대한 시민행정관의 권위에 관한 것이었다. 여기서 존 로크는 비국교도 집단들에게 무제한적인 자유를 허용해줄 것을 요구하는 극단적인 종파주의자의 견해에 맞서 신의 의사가 나타나지 않은 '무관한 사항'에 관한 한 전적으로 시민행정관의 권위를 옹호하였다. 로크는 시민행정관이 가진 권위는 시민사회, 나아가 정부의 필요성을 명시하는 자연법과 이성에 기초하고 있다고 생각했으며, 따라서 그 후 몇 년 동안 자연법 자체의 성격과 인간이 어떻게 하여 자연법에 대한 지식을 습득하는 가라는 문제의 연구에 몰두하였다. 존 로크는 크라이스트 처치 칼리지에서 학생들에게 **자연법에 대해 강의도** 하고, 그 주제에 관한 일련의 논문을 라틴어로 저술하기도 하였다. 자연법과 그것에 근거한 정부는 일생 동안 존 로크의 정치철학의 기본적인원칙으로 남아있게 되었다. 철학에 대한 로크의 관심은 데카르트와 가상디의 저작들에 의해 일깨워졌는데 원숙기의 로크의 견해는 여러모로 가상디의 견해에 더 가까웠다. 그러나『인간 지성에 관한 시론』의 중심 주제인 '**인간이 어떤 지식을 가질 수 있는가**'에 대한 엄밀하고 체계적인 이해를 유도한 것은 데카르트의 견해였다. 로크를 위대한 철학자의 반열에 오르게 했던 주저 『**인간 지성에 관한 시론**』은 "우리 자신의 능력을 검토하고, 우리의 지성이 어떠한 대상을 다루는 데 적합하고 혹은 부적합한가를 고찰하기 위한" 시도였다. 이 책이 비록 1689년에 출간되었지만 많은 주요 논점들에 대한 상세한 초고는 대부분 이 시기 즉 1660년대 말과 1679년대 초에 씌어졌다. 또한 **로버트 보일, 아이작 뉴턴과의 친교를 통해서 존 로크는 자신의 자연과학적 소질을 계발하였다.** 동시대의 많은 사람들처럼 로크 역시 당대 자연과학의 새로운 경험적 방법의 성공에 깊은 감명을 받게 되었으며, 앞서 언급한 것처럼 과학 특히 의학이 존 로크의 주된 관심사가 되었다.

1667년 개업 외과의가 되었던 로크에게 1년 후 존 로크의 운명을 바꾸는 일이 있었는데 그것은 바로 화농성 간 종양으로 몸져 누워있던 애슐리 경의 외과 수술을 집도하였던 것이다. 이 수술은 성공 확률이 매우 낮은 것이었음에도 로크는 이를 훌륭히 완수하여 애슐리 경의 생명을 구하였다. 애슐리 경은 후일 새프츠베리 백작이 된 인물로서, 이후 30년간 파란만장한 영국 정치의 한복판에 서 있었던 인물이었기에 로크의 운명도 자신의 후견인의 격동적인 운명과 함께, 그리고 1683년 새프츠베리가 죽은 후에는 존 로크가 이끌던 광범위한 정치적 집단의 운명과 함께 부침을 거듭하게 되었다. 수술을 계기로 로크는 애슐리 가의 고문 의사직을 제의 받았고, 이를 수락하여 런던에 있는 애슐리 저택으로 거처를 옮겼다. 이로 인해 로크는 정계의 중심부와 직접적인 접촉을 가지게 되었다. 왜냐하면 존 로크는 곧 애슐리 가에서 의사 이상의 직분을 떠맡게 되었고, 애슐리 경이 관여하고 있던 많은 정치적 활동에 관해 조언을 하게 되었기 때문이다.

1667년에 로크는 『관용에 관한 시론』을 저술하는데, 존 로크가 이 글을 쓰게 된 동기는 아마도 새프츠베리와 교분을 맺고 있었던 데서 직접 비롯된 것으로 보인다. 복고적인 영국 국교회주의에 맞서 비국교도에 대한 관용을 새프츠베리가 지속적으로 지지한 것과 로크가 관용과 출판의 자유를 위해 활발하게 공적·사적 캠페인을 벌인 것 사이에는 동기적 및 내용적 연관이 있다고 해야 할 것이다. 이 글이 상당한 관심을 끌게 된 이유는 후일 『관용에 관한 서한』에서 훨씬 정교한 형태로 제시된 견해의 실체를 이 글을 통해 예견할 수 있을 뿐만 아니라, 존 로크가 이 글의 서두에서 자신의 정치 이론의 핵심을 간결하게 압축해서 서술하고 있기 때문이다. 존 로크는 그 『관용에 관한 시론』에서 정치권력의 유일한 목적은 사회성원들의 선(善), 안전 및 평화를 실현하고 보장하는 것이며, 따라서 그 목적이 정부활동을 평가하는 유일한 척도가 되어야 한다고 주장하였다. 그 논문에서 로크는 또한 절대군주제의 관념을, 그것이 왕권신수설에 근거하든 아니면 인민의 양도에 의해 기원한다고 주장되든, 거부하였다.

로크의 주인이자 친구였던 새프츠베리는 찰스 2세의 궁정에서 가장 힘있는 정치적 인물이자 궁정에 대한 국내의 정치적 반대파의 지도자로서 급기야는 궁정을 전복시키기 위한 혁명을 계획하기도 하였다. 특히 찰스 2세의 동생이자 가톨릭 교도인 요크 공 제임스를 왕위계승에서 배제하려던 "배척법안"을 둘러싼 위기가 극에 달하였던 1679년 이후 4년 동안 새프트베리는 왕정에 대항하는 전국적인 정치운동을 조직, 지도하였는데, 그것은 국왕의 권한에 대한 헌법적 제한을 강화하고 선출된 하원의 권리를 보호하며 찰스 2세의 가톨릭교도 동생인 제임스를 왕위계승에서 배척하는 것을 목적으로 하였다. 이 기간 잠시 새프츠베리의 비서직을 맡았던 로크는 그러나 곧바로 건강이 악화되어 런던을 떠나 크라이스트 처치 칼리지로 돌아갔다. 그후 2년간은 가끔씩 런던을 방문하는 것 이외에는 줄곧 옥스퍼드에서 머물렀다. 그러나 그 동안 새프츠베리는 찰스 2세의 서자인 몬머스 공을 옹립하려는 혁명을 시도하였고, 이 권력투쟁에서 찰스 2세가 승리하자 새프츠베리를 포함한 반대자들은 네덜란드로 피신해야 했는데, 그는 그곳에서 1683년 1월에 세상을 떠났다.

로크의 초기 전기작가들은 새프츠베리의 음모에 로크가 직접적으로 관련되지는 않았다고 본다. 그러나 실제로 그는 반란과 혁명에 상당히 깊숙이 개입하고 있었으며, 후일 『통치론』으로 출판된 저작도 원래는 새프츠베리의 계획을 지원하기 위해 그 당시에 구상, 집필된 것으로 추정되고 있다. 여하튼 세상에 널리 알려진 존 로크와 새프츠베리 간의 인간적·정치적 교분으로 부담을 느낀 로크는 1683년 9월에 로테르담으로 피신하였다. 존 로크의 이러한 행동은 자신이 유죄임을 시인한 것으로 받아들여졌으며, 1684년 11월에 크라이스트 처치 칼리지는 정부의 명령에 따라 존 로크의 직위를 박탈하였다. 이듬해 몬머스 공의 반란이 진압된 후, 로크도 그 음모에 개입한 혐의로 기소되었다.

나중에 사면령이 내려진 후에도 로크는 계속 네덜란드에 남아있기로 결심하였으며, 1688년 명예혁명이 성공하여 윌리엄 공이 영국에 입성하고 찰스 2세가 영국을 탈출하고 난 뒤인 1689년 2월 메리 공주를 호송하는 배에 동승하여 귀국할 때까지 그곳에 줄곧 머물렀다. 네덜란드에 머무는 기간 동안 로크의 건강상태는 매우 호전되었고, 따라서 존 로크는 시간적 여유를 가지고 연구와 저술에 임할 수 있었을 뿐만 아니라 많은 사람들과 교분을 쌓게 되었다. 관용에 관한 논의가 활발했던 그 시기에 로크는 네덜란드 인 친구이자 신학자인 림보르치에게 라틴어로 쓴 서신을 보냈는데, 그 서신은 1689

년 4월에 『관용에 관한 서한』이라는 제목으로 출판되었다.

네덜란드에서 체재하는 동안 로크는 아마도 이미 여러 해 동안 몰두하고 있었던 가장 위대한 존 로크의 저작인 『인간 지성에 관한 시론』의 집필에 있어서도 상당한 진전을 보았다. 종교적 관용에 관한 로크의 생각은 이미 옥스퍼드 시절에서부터 가다듬어진 것이지만 이를 출판하게 된 계기는 가톨릭을 신봉하던 프랑스의 루이 14세가 프랑스와 북유럽의 개신교를 압박하는 것에서 비롯되었다. 1685년 낭트 칙령의 폐지와 프랑스에서 위그노 교도들에 대한 전면적인 종교적 박해, 그리고 네덜란드에 대한 프랑스의 강력한 군사적 압박에 직면하여 로크는 『관용에 관한 서한』을 통해 종교적 자유를 강력하게 옹호하고 나섰던 것이다. 이 글에서 로크는 기독교인에게 있어서 진실한 믿음과 참된 경배의 중요성을 강조하면서 이를 실천하는 특정한 방식을 어떤 정부도 개인에게 강요해서는 안 됨을 역설하고 있다.

로크는 어느 누구도 다른 사람의 믿음에 대한 책임을 떠맡을 수 없으며, 지배자나 국가가 이 같은 시도를 하는 것은 권력을 남용하는 것임을 명백히 한다. 권력의 정당한 행사는 인간 세계의 재화와 이익들을 보호하는 것에만 국한되어야 하며 신과 인간 사이의 문제에 간여해서는 안 된다는 로크의 사상은 오늘날에는 거의 상식처럼 들리지만, 신교 국이든 가톨릭 국이든 상관없이, 세속권력과 교회권력 간에 긴밀한 유대를 가지고 있던 당시 유럽에서는 상당히 급진적인 것으로 받아 들여졌다. 그러나 종교적 관용과 관련하여 현대의 독자들을 당혹하게 하는 것은, 로크에게 종교에서 관용의 권리는 무신론자에게는 보장되지 않는다는 점이다.

로크가 말하는 관용은 신과 개인 간의 관계의 직접성을 옹호하려는 것이지 이 관계 자체를 부인하는 것에는 적용되지 않는 것이다. 로크에게 무신론자들은 다른 인간 동료들에게 위험을 가져다주는 사악한 운명의 뿌리로 여겨졌던 것이다. 종교적 관용에 관한 로크의 주장을 이해함에 있어 우리는 이 점을 간과해서는 안 될 것이다. 영국에 귀국한 후 로크는 1689년에 익명으로 『통치론』을 그리고 자신의 이름으로 『인간지성에 관한 시론』을 출판하였다. 그러나 로크 자신이 애써 숨기려고 하였음에도 불구하고 『통치론』의 저자가 로크일 것이라는 추측은 공공연한 비밀이 되다시피 하였다. 그전에 아무 것도 출판한 적이 없으며 새프츠베리의 비서로서 일개 개인으로 남아 있던 로크는 서양 철학사에 한 획을 긋는 『인간 지성에 관한 시론』을 비롯한 일련의 저작들의 출판과 더불어 그리고 명예혁명의 성공으로 인해 친한 친구들이 정계의 고위직에 취임함에 따라 마침내 57세 이르러 '영광된 만년'을 맞이하게 되었다.

로크는 여러 가지 주요 공직을 제의 받았으나, 물품세에 관한 이의신청 심사관, 무역 및 플랜테이션 위원회의 감독관을 잠시 맡은 것을 제외하고는 건강상의 이유로 모두 거절하였다. 존 로크는 에식스 주 하이 레이버 근처의 오츠에 있는 친구 마샴 부처의 저택으로 은퇴하여, 그곳에서 1704년 72세의 나이로 세상을 떠났다. 이 은퇴기 동안 로크는 연구와 저술활동을 계속하여 『인간 지성에 관한 시론』의 개정판을 출간하였으며, 『관용에 관한 서한』을 옹호하기 위해 그 비판자인 옥스퍼드 퀸즈 칼리지의 조너스 프로스트와 장기간에 걸친 논쟁을 벌이기도 하였다. 존 로크는 또한 교육과 경제문제에 대한 글을 남기기도 하였으나, **말년에 로크의 주된 관심사는 신학으로서 1695년에 그는 『기독교의 합리성』이라는 제목의 책을 익명으로 출판하였다.**

로크의 최후 저작은 로크의 사후 출판된 것으로, 사도 바울의 서한들을 주해한 글이다. 존 로크의 임종에 이르러 마침내 로크는 익명으로 출판된 자신의 모든 저작들에 대해 자신이 저자임을 전적으로 인정하였다. 로크의 철학적, 정치적, 종교적 견해들 중 청교도적인 것은 결코 없었으나 존 로크의 사유 전체의 고결함과 인간적 깊이를 부여했던 개인적 정체감은 철저히 청교도적이었다. 이러한 기질 때문인지 로크는 자신이 쓴 어떠한 논문도 내버리기를 매우 싫어하였는데, 이로 인해 우리는 실제로 존 로크와 교류했던 사람 혹은 존 로크의 동시대인들보다 존 로크에 대해 더 많은 것을 알 수 있는 자료를 갖게 되었다. 이 자료의 대부분은 현재 보들레이안 도서관에 보관되어있는 러브리스 소장본으로서 우리의 연구를 기다리고 있다.

[업적과 영향]

존 로크는 잉글랜드 왕국의 철학자·정치사상가이다. 로크는 영국의 첫 경험론 철학자로 평가를 받지만, 사회계약론도 동등하게 중요한 평가를 받고 있다. 존 로크의 사상들은 인식론과 더불어 정치철학에 매우 큰 영향을 주었다. 존 로크는 가장 영향력있는 계몽주의 사상가이자 자유주의 이론가의 하나로 널리 알려져 있다. 존 로크의 저서들은 **볼테르와 루소에게 영향**을 주었으며, 미국 혁명뿐만 아니라 여러 스코틀랜드 계몽주의 사상가들에게도 영향을 미쳤다. **로크의 영향은 미국 독립 선언문에 반영**되어 있다. 평화·선의·상호부조가 있는 낙원적 자연상태에서 노동에 의한 자기 재산을 보유하는 자연권의 안전 보장을 위하여 사회 계약에 의해서 국가가 발생되었다고 주장하였다. 그것은 국가의 임무는 이 최소한의 안전보장에 있다고 하는 야경국가론이다.

그것을 위한 권력으로서 국민은 계약에 의하여 국가에 그것을 신탁(信託)하였다고 주장하여 **국민 주권에 기초**를 두었으며, 명예혁명 후의 영국 부르주아 국가를 변론하고 영국 민주주의의 근원이 되었다. 로크의 정신에 관한 이론은 "자아 정체성"에 관한 근대적 개념의 기원으로서 종종 인용되는데, 데이비드 흄과 루소 그리고 칸트와 같은 이후의 철학자들의 연구에 현저한 영향을 주었다. 로크는 "의식"의 연속성을 통해 자아를 정의하려 한 최초의 철학자이다. 그는 또한 정신을 "빈 서판"(백지 상태)으로 간주하였는데, 데카르트나 기독교 철학과는 다르게 사람이 선천적 관념을 지니지 않고 태어난다고 주장하였다.

● 로크 명언

♣ 걱정거리는 곧 우리를 통제한다.
♣ 만약 해결책이 없는 문제가 있다면, 왜 걱정하는가? 해결책이 있다면 왜 걱정하는가?
♣ 인간은 항상 인간의 행복은 환경이 아닌 본인의 마음에 달렸다는 사실을 잊는다.
♣ 우리는 카멜레온과 같다. 우리는 우리의 어조와 우리 주변 사람들로부터
　도덕적 특성의 색깔을 받아들인다.
♣ 모든 부는 노력의 산물이다.
♣ 역사는 거의 전투와 살인뿐이다.
♣ 나는 행동이 사람의 생각을 가장 훌륭하게 해석해준다고 늘 생각해왔다.
♣ 무엇에 대한 불신은 또 다른 무엇에 대한 맹신에서 비롯된다.
♣ 건강한 신체에 건전한 정신이 깃든단 말은 이 세상에서 행복한 상태를 간결하게,
　그러나 충분히 묘사한다.

파스칼-Blaise Pascal, 17세기 과학자, 프랑스 (1623년생)

[출생] 1623년 6월 19일, 프랑스 클레르몽페랑
[사망] 1662년 8월 19일(39세), 프랑스 파리

[국적] 프랑스
[분야] 확률론, 유체역학, 철학, 신학 등
[출신 대학] 파리 대학교
[지도 교수] 마랭 메르센
[주요 업적]
파스칼의 정리
파스칼 삼각형
파스칼 라인
파스칼의 실험
유체정역학

[요약]
블레즈 파스칼은 **프랑스의 심리학자, 수학자, 과학자, 신학자, 발명가 및 작가**이다. 블레즈 파스칼은 흔히 과학자나 수학자로 알려져 있지만, 실제로는 철학과 신학에 더 많은 시간을 투자했다. 블레즈 파스칼의 주요 저서로는 **팡세, 시골 친구에게 보내는 편지** 등이 있다.

[생애]
파스칼은 프랑스의 클레르몽페랑 지방에서 루앙의 회계사 에티엔 파스칼의 아들로서 태어났다. **파스칼은 어려서 수학에 비상한 면모를 보이기 시작하였으나**, 블레즈 파스칼은 몸이 허약하였으므로 시간을 줄곧 집에서만 보냈다. 아버지 에티엔은 파스칼의 교육에 매우 관여하였다. 어린 나이에는 **기성 지식보다는 자연현상에 관심을 갖도록 하였으나 수학을 가르치지 않았으므로 파스칼은 수학에 오히려 흥미를 느꼈고 가정교사에게 기하학을 주제로 하여 지속으로 질문하고 여가에 수학을 공부하곤 하였다.** 12세 때는 삼각형의 내각이 180도라는 사실을 오직 자력으로 발견하여 주위 사람들을 놀라게 하였다.
이를 계기로 에티엔은 어린 파스칼에게 에우클레이데스의 기하학 원론을 주고 기하학 공부를 계속하게 격려한 이후 블레즈 파스칼은 **신동**이라는 말이 아깝지 않은 면모를 수학 분야에서 보여주었다. 13세 때는 파스칼의 삼각형을 발견했고 14세 때는 현재는 프랑스 학술원이 된 프랑스 수학자 단체의 주 정기 회동에 참가하였다. 16세 때는 사영기하학의 기초가 되는 파스칼의 정리를 증명하였고 17세 때는 파스칼의 정리를 이용하여 명제 400개를 유도하였다. 19세에는 회계사인 아버지의 일을 돕고자 **최초 계산기인 파스칼라인을 발명**하였다. 21세 때는 수은기둥을 사용한 일련의 실험으로 유체정역학의 기초를 다지는 파스칼의 법칙을 정립하기도 하여 파스칼은 진정한 신동의 모습을 보여주었다.

[도박과 확률]

블레즈 파스칼이 "수학사에서 가장 위대한 인물이 될 뻔한 사람"이라고 불리는 이유는 파스칼이 종교상 고찰에 정신을 집중하여 27세 때는 수학과 과학 연구를 중단하였기 때문이다. 블레즈 파스칼이 살던 17세기는 유럽에서 기독교의 여러 종류가 생겨나고 서로 논쟁하던 때이다. 3년간 연구를 중단했던 블레즈 파스칼은 수학의 세계로 돌아와 "수삼각형론"을 재작성하였고 유체의 압력을 주제로 하여 여러 가지를 실험하면서 수학상 재능을 재발휘할 때 노련하고 탁월한 도박꾼 앙투안공보는 이전까지 고민한 분배하는 문제를 해결하고자 당시 유능한 수학자였던 블레즈 파스칼에게 문의하였다. 분배하는 문제는 일정한 점수를 따면 그 딴 쪽이 상금을 타는 경기에서 한 쪽이 이기고 있는데 부득이한 사정으로 경기가 중단되는 때 상금을 배분하는 수단이다. 블레즈 파스칼은 당대 또 다른 천재 수학자 페르마와 서신을 주고받으면서 이 문제를 해결하는 과정에서 둘은 확률론 기초를 같이 다졌다

[마차 사고]

파스칼이 다시 수학에 재능을 꽃피우려는 순간에 마차 사고가 발생했다. 1654년 말이 끄는 사두마차를 타고 있었는데, 말의 고삐가 풀려 마차가 다리로 돌진했다. 다행히 파스칼의 생명에는 아무런 지장이 없었지만, 이런 행운은 지독한 신도였던 파스칼이 자기 분석을 하도록 만들었다. 그리고 파스칼은 점점 더 신학에 집착하게 되었다. 이 와중에 **파스칼은 유명한 팡세, 시골 친구에게 보내는 편지 등을 저술했고**, "인간은 생각하는 갈대이다."라는 유명한 말을 남기기도 하였다.

[요절한 천재]

블레즈 파스칼은 1658년에 **치통에 시달리면서** 정신상 엄청나게 학대받았다. 두통이 멈추지 않아 잠도 제대로 못 이룰 정도로 고통스럽게 4년을 지냈다. 비록 이 두통을 잊고자 사이클로이드를 연구하여 수학의 발전에 크게 기여하였지만, 1662년 6월, 자기 부정 행위로서 블레즈 파스칼은 천연두에 걸린 가난한 가족에게 집을 내주고 누이의 집에 들어가 지냈고 같은 해 8월 19일 경련 발작으로 블레즈 파스칼의 찬란하면서도 고통스럽던 삶이 끝났다. 사체를 해부한 결과, **파스칼의 위장과 중요 기관들이 정상이 아니었고 뇌에도 심각한 외상이** 있었다.

[수학자로서 파스칼]

파스칼은 "수학사에서 가장 위대한 인물이 될뻔한 사람"이라는 별명이 있을 정도로 젊은 나이에 수학에 많은 업적을 남겼다. 파스칼은 **13세 때 파스칼의 삼각형을 발견**하였고 **16세에 파스칼의 정리를 발표**하였으며, 19세에는 행정부의 회계사인 아버지의 작업을 편하게 하고자 **최초 계산기인 파스칼라인을 발명**하기도 하였고 도박과 관련하여, 당대 다른 천재 수학자 페르마와 서신을 주고받으면서 **확률론을 창시**하였으며, 사망하기 4년 전에는 사이클로이드의 중요한 성질을 증명하였다.

[업적과 사유]

프랑스의 수학자·물리학자·철학자·종교사상가이다. '파스칼의 정리'가 포함된 《원뿔곡선 시론》, '파스칼의 원리'가 들어있는 《유체의 평형》등 많은 수학·물리학에 대한 글들을 발표하고 연구를 하였

다. 또한 활발한 **철학적·종교적 활동**을 하였으며, 유고집 《**팡세**》가 있다. **프랑스 오베르뉴 지방의 클레르몽페랑에서 태어났다. 3세 때 어머니가 죽고** 소년시절에 아버지를 따라 파리로 왔다. 학교 교육은 받지 않았으나 **독학으로 유클리드기하학을 공부하며 연구하였다.** 16세에 《**원뿔곡선 시론 (試論)**》을 **발표**하여 당시의 수학자들로부터 주목을 받았다. 사영(射影)기하학에서 나오는 '**파스칼의 정리**'는 이 시론에 포함되어 있다.

1640년 아버지와 함께 루앙으로 옮겨, 아버지가 하는 세무의 능률을 높이기 위하여 계산기를 고안, 1642년 성공하였다. 루앙에 있을 때 얀선주의의 신앙혁신운동에 접하여 최초의 회심을 경험하였으며, 같은 시기에 토리첼리의 실험을 행한 이래, 진공에 관한 문제, 유체정역학에 관한 문제에 흥미를 가졌고, 마침내 《**진공에 관한 신실험**》을 **발표**하였다. 1647년 질병의 진단을 받기 위해 파리로 돌아와, 그 무렵 귀국 중에 있던 데카르트의 방문으로 서로 만나게 되었다. 이듬해 처남 페리에에게 부탁한 퓌드돔 산 정상에서의 실험에 의해 대기의 압력을 확인하였다.

1651년 아버지가 죽은 후 여동생 자클린이 포르 루아얄 수도원으로 들어간 것과는 달리, 파스칼은 로아네스 공, 슈발리에 드 메레 등과 친교를 맺고 사교계에 뛰어들어 인생의 기쁨을 추구하였다. 노름에서 딴 돈을 공정하게 분배해주는 문제에서 확률론을 창안하여, 《**수삼각형론**》 및 그 《**부대(附帶) 논문**》을 썼다. 파스칼은 이 논문으로 수학적 귀납법의 훌륭한 전형을 구성하였으며, 수의 순열·조합·확률과 이항식에 대한 수삼각형의 응용을 설명하였다. 또 물리실험의 결과를 《**유체의 평형**》 《**대기의 무게**》라는 두 논문으로 정리하였다. 초등 물리학에서 나오는 '파스칼의 원리'는 《유체의 평형》 속에 포함되어 있다. 1654년 여름부터 사교계에 대한 혐오감이 점점 싹텄고, 11월 23일 깊은 밤, 결정적인 회심의 환희를 체험하고 포르 루아얄 수도원의 객원이 되었다. 이 점은 수녀인 여동생 자클린에게서 입은 감화가 컸다고 한다. 《**죄인의 회심에 대하여**》《**초기의 그리스도 신자와 오늘의 그리스도 신자의 비교**》《**요약 예수 그리스도 전**》 등의 소품은 바로 그 무렵의 저작이다. 또 포르 루아얄 데상에서는 《드사시 씨와의 대화》를 남겼다.

당시 프랑스의 가톨릭교회 내에서는 정치적 주도권을 쥐고 있던 예수회와 포르 루아얄에 모인 얀선 파 사이에 신학상의 격렬한 논쟁이 벌어지기 시작했는데, 파스칼은 자신도 모르는 사이 그 논쟁에 말려들었다. 파스칼은 《**시골 친구에게 부치는 편지**》라는 제목의 서한체 글을 익명으로 속속 간행하여 예수회 신학의 기만을 폭로하는 한편, 그 오만불손한 윤리를 공격하였다. 1656년 1월부터 이듬해 3월까지 18편의 서한문을 발표하였다. 파스칼은 이 서한문에서 구사한 경쾌하고 솔직한 표현에 의해 프랑스어에 새로운 문체를 도입한 결과가 되었다.

1658년 우연한 동기에서 **사이클로이드 문제를 해결하고 적분법을 창안해** 냈다. 《**사이클로이드의 역사**》《**삼선형론**》《**사분원의 사인론**》《**원호론**》《**사이클로이드 일반론**》 등 일련의 수학논문 속에 그 이론이 나타나 있다. 그 외에도 《**기하학적 정신에 대하여**》《**설득술에 대하여**》《**질병의 선용을 신에게 비는 기도**》 등의 소품을 쓴 것도 그 무렵의 일이다. 《그리스도교의 변증론》을 집필하기 위하여, 단편적인 초고를 쓰기 시작하였으나 병고로 인하여 완성하지 못한 채, **39세로 생애를 마쳤다.** 사망 후 파스칼의 근친과 포르 루아얄의 친우들이 그 초고를 정리·간행하였는데, 이것이 《**팡세**》의 초판본(1670년)이다. 12세 때 유클리드 기하학에 몰두하여 16세에는 데자르그의 사영(射影)기하학)을 근거로 하여 『원추 곡선론』을 기술하였고 그 후 **1642년 계산기를 발명**하였다. **파스칼은 확률론, 수론 및 기하학 등에 걸쳐서 공헌한 바가 크다.** 1646년 토리첼리의 기압계 실험을 배움으로써 **진공이 존재한다는 가설을 주장**하였는데, 파스칼의 진공 및 공기압력에 관한 이론은 자연에 관한 역학이론을 발전시키고 자연의 신비성을 제거하는 데 큰 몫을 했다. 즉 파스칼은 자연탐구에 있어서는 추리나 경험보다 권위가 앞서야 한다고 했는데, 파스칼의 과학적 견해와는 다른 경향을 보인다. 초기에는 자유사상가들과 어울렸으나 종교적 체험 이후 포르 르와얄 수도원에 들어가 **종교에 귀의하**였다. 엄격한 금욕종교인 쟝세니즘에 귀의한 파스칼은 인간의 위대함을 역설하는 스토아 철학, 삶의 허무를 강조하는 회의주의나 쾌락주의는 모두 인간의 삶이 지니는 모순 전체를 통찰하여 구원 받을 수 있는 것은 오직 기독교에 의해서만 가능하다고 했다.

우리들은 기하학적 방법에 의하여 확실성을 얻지만, 그 확실성은 우리들의 제한된 능력에 의한 것이다. 따라서 기하학적 방법은 제1명제를 제공해 주기는 해도 제1원리를 밝히지는 못하며, 그것은 계시에 의해서만 가능하다고 했다. 이러한 파스칼의 종교적 입장은 『팡세』에 잘 드러나 있는데 여기에서 파스칼은 **기독교 변증론**을 설파한다. 파스칼이 철학을 배격하고 종교적 경건함에 호소했기 때문에, 현대에 들어와서 키에르케고르와 비교되기도 하며 특히 실존주의자들의 탐구대상이 되고 있다. 왜냐하면 파스칼은 인간의 삶의 조건, 즉 한계상황을 명백히 제시하기 때문이다. 자연의 문제에 관하여 수학과 자연과학으로써 탐구하기를 제시하면서도 제한된 인식을 넘어서서 진리와 행복에 도달하기 위하여 **기독교 신앙을 강조**한 파스칼의 입장은 **실존철학적이면서도 신비주의적인 철학적 색채**를 강하게 띠고 있다.

🦏 ● 파스칼 명언

♣ 겉으로 보기에 무척 연약해 보이는 모든 것이 바로 힘이다.
♣ 결점이 많다는 것은 나쁜 것이지만 그것을 인정하지 않는 것은 더 나쁜 것이다.
♣ 고뇌에 지는 것은 수치가 아니다. 쾌락에 지는 것이야말로 수치다.
♣ 고민하면서 길을 찾는 사람들, 그들이 **참된 인간상**이다.
♣ 우리들이 사랑하는 것은 사람이 아니라 사람 그 자체가 지니고 있는 특성인 셈이다.
♣ 칭찬받기를 원하면 자화자찬을 하지 말라.
♣ 클레오파트라의 코가 조금만 낮았더라면 세계의 역사는 완전히 바뀌었을 것이다.
♣ 해야 할 일을 하고 있는가! 이것은 가장 중요한 과제이다. 왜냐하면, 당신의 인생에 있어서 오직 하나의 의미는 신이 원하시는 이 짧고 제한된 시간 속에서 하고 있는가 아닌가에 달려 있기 때문이다. 당신은 지금 당신이 **해야 할 일을 하고 있는가** 뒤돌아 볼 때다.
♣ 현재는 결코 우리의 목적이 아니다. 과거와 현재는 수단이며, **미래만이 우리의 목적이다.**
♣ 힘없는 정부는 미약하고, 정의 없는 힘은 포악이다.
　힘없는 정의는 도움이 안 된다. 정의 없는 힘은 폭군적이다.

우리는 정의로운 것을 힘세게 만들 수 없으므로, 힘센 것을 정의로운 것으로 삼아 왔다.

♣ 나는 내가 곧 죽는다는 사실에 대해서는 안다. 하지만 내가 결코 피할 수 없는
그 죽음이란 것에 대해서 어느 무엇 하나 아는 것이 없다는 점이다.

♣ 나는 특히 누구를 치켜세우고 칭찬하는 사람 쪽에 서고 싶은 생각이 없다.
또 누구를 지칭하여 비난하는 쪽에도 끼고 싶지 않다. 현재 행복한 체하는 사람의
편에도 들고 싶은 생각이 없다. 고민하면서 길을 찾는 사람, 이런 사람의 모습이야말로 가장
인간다운 사람이라고 생각한다.

♣ 너그럽고 상냥한 태도, 그리고 무엇보다 사랑을 지닌 마음!
이것이 사람의 외모를 아름답게 하는 힘은 말할 수 없이 큰 것이다.

♣ 누구나 결점이 그리 많지는 않다. 결점이 여러 가지인 것으로 보이지만 근원은 하나다.
한 가지 나쁜 버릇을 고치면 다른 버릇도 고쳐진다.
한 가지 나쁜 버릇은 열 가지 나쁜 버릇을 만들어낸다는 것을 잊지 말라.

♣ 도대체 사람들이 무슨 일을 도모하고 있는가 주위를 돌아보아라. 사람들은 가장 소중하고 불
요불급한 것만 빼놓고 쓸데없는 것들만 생각한다. 곧 춤, 음악, 노래, 집, 재산, 권력을 생
각한다. 그리고 심지어 부자와 왕을 시샘한다. 하지만 그들은 그런 것들이 인간다운 삶에서 정
말 필요한 것인가 전혀 생각하지 못한다.

♣ 도박을 즐기는 모든 인간은, 불확실한 것을 얻기 위해서 확실한 것을 걸고 내기를 한다.

♣ 마음속의 공허는 내 마음속에 생명력을 불러일으킴으로써만 메울 수 있을 뿐이다.

♣ 모든 것은 항상 시작이 가장 좋다.

♣ 모든 사람이 서로에 대해서 어떻게 말하는지 알게 된다면,
누구든 이 세상에서 네 명 이상의 친구를 가지지 못할 것이다.

♣ 무엇이든지 풍부하다고 반드시 좋은 것은 아니다. 더 바랄 것 없이 풍족하다고 해서
그만큼 기쁨이 큰 것은 아니다. 모자라는 듯한 여백, 그 여백이 오히려 기쁨의 샘이다.

♣ 무지함을 두려워 말라. 거짓 지식을 두려워하라.

♣ 불행의 원인은 늘 나 자신에게 있다.

♣ 자기에게 이로울 때만 남에게 친절하고 어질게 대하지 말라. 지혜로운 사람은 이해관계를 떠나
서 누구에게나 친절하고 어진 마음으로 대한다. 왜냐하면 어진 마음 자체가 나에게 따스한
체온이 되기 때문이다.

♣ 자기 인생의 의미를 모르는 사람은 불행하다. 그것을 알 수 없다고 확신하고,
또한 모르는 것이 예지라고 떠벌리는 사람은 더욱 불행하다.

♣ 자연에는 완벽한 신의 형상이라고 느끼게 하는 것이 있는가 하면,
전혀 그렇지 않다고 느끼게 하는 불완전한 것도 있다.

♣ 신이 있다는 쪽에 내기를 걸어라. 만일 이긴다면 무한한 행복을 얻을 수가 있지만,
진다하여도 잃을 것은 아무 것도 없지 않은가. 그러니 주저하지 말고 신을 믿어라.

데카르트-Rene Descartes, 철학자, 프랑스 (1596년생)

근대 철학의 아버지

★ 지난 1,000년간 인물100명중 32위 선정
★ 인류 역사인물 100명중 49위 선정
★ 인류 역사인물 50명에 선정 (Wopen.com 한국.net 선정)

[출생] 1596년 3월 31일, 프랑스 왕국 라에 엔 투렌
[사망] 1650년 2월 11일 (53세), 스웨덴-노르웨이 스톡홀름

[시대] 17세기 철학
[지역] 서양철학
[학파] 데카르트 주의, 합리주의 철학, 기초주의
[연구 분야] 형이상학, 인식론, 수학
[주요 업적]
데카르트적 회의, 직교 좌표계, 이원병존주의, 신의 존재에 대한 존재론적 논증, 보편수학

[요약]
르네 데카르트는 **프랑스의 물리학자, 근대 철학의 아버지, 해석기하학의 창시자**로 불린다. 데카르트는 합리론의 대표주자이며 본인의 대표 저서 《방법서설》에서 '**나는 생각한다, 고로 존재한다.**'는 계몽사상의 '**자율적이고 합리적인 주체**'의 근본 원리를 처음으로 확립한 것으로 유명하다. 1606년 예수회가 운영하는 라 플레쉬 콜레즈에 입학하여 1614년까지 8년간에 걸쳐 철저한 중세식 그리고 인본주의 교육을 받게 된다. 1626년부터 2년 동안 수학과 굴절광학을 연구하며 미완성 논문 〈정신지도의 규칙〉을 쓴다. 1628년 말, 네덜란드로 돌아온 데카르트는 다시 저술활동에 몰두해 《세계론》을 프랑스어로 출판한다.
1637년에는 《방법서설》에 굴절광학, 기상학, 기하학의 세 가지 부분을 덧붙여 익명으로 출판했다가 후에 프랑스어로 《방법서설》을 완성한다. **1644년 자신의 철학을 체계적으로 정리하여 라틴어로 《철학원리》를 출판한다.** 그 후 데카르트는 여러 사람과 편지로 자신의 생각을 전하곤 했는데, 보헤미아의 왕 프리드리히의 딸 팔츠의 엘리자베스에게 **최고선에 관한 자신의 생각들을 편지로 보낸 것들**이 모여 1649년 출판된 데카르트의 마지막 책, 《정념론》이 된다. 1650년 2월 11일, 데카르트는 폐렴에 걸려 54세의 나이로 세상을 떠난다.

[생애]
데카르트는 1596년 투렌 지방의 투르 인근에 있는 소도시 라에(현재 그의 이름으로, 데카르트)의 법관 귀족 가문에서 태어났다. 데카르트의 아버지는 브흐따뉴의 헨느 시의원이었으며, 어머니는 데카르트가 태어난 지 14달이 못되어 세상을 떴다. 이후 데카르트는 외할머니 밑에서 성장했으며, 어린 시

절 몸이 무척 허약했다고 전해진다. 1606년 데카르트는 예수회가 운영하는 라 플레쉬 콜레즈에 입학하여 1614년까지 8년간에 걸쳐 철저하게 중세식 그리고 인본주의 교육을 받게 된다. 5년간 라틴어, 수사학, 고전 작가 수업을 받았고 3년간 변증론에서 비롯하여 자연철학, 형이상학 그리고 윤리학을 포괄하는 철학 수업을 받았다.

데카르트가 이 시기에 받은 교육은 후에 데카르트의 저서 여기저기에 흔적을 남기게 된다. (특히 《방법서설》에 많은 영향을 끼쳤다.) 라 플레쉬를 졸업한 후 뿌아띠에 대학 법학과에 입학해 수학 · 자연 과학 · 법률학 · 스콜라 철학 등을 배우고, 수학만이 명증적인 지식이라고 생각하였다. 1616년에 리상스를 취득한다. 이후 데카르트는 '세상이라는 커다란 책'으로부터 실질적인 지식을 얻고자 학교 밖으로 나갔고, 다시는 제도권 교육으로 돌아오지 않았다. 졸업 후 지원병으로 입대하여 네덜란드에 갔으며, 30년 전쟁이 일어나자 독일에 출정하였다. 1619년 네덜란드를 여행하면서 첫 작품 짧은 《음악 개론》을 썼다. 같은 해에 독일 바이에른의 막시밀리안 군대에 들어가기 위해 프랑크푸르트를 거쳐 여행하던 중 11월 10일 울름의 한 여관에서 자신의 삶의 길을 밝혀 주는 꿈을 꾸게 된다. 데카르트는 여기서 **삶의 목표를 학문에 두기로 결심**하였다. 1620년 제대하고 프랑스에 귀환, 1626년부터 **파리에서 수학·자연 과학, 특히 광학을 연구**하였다.

1627년에 다시 종군한 후, 1628년 단편 〈정신 지도의 법칙〉을 집필, 자신의 방법론 체계를 세우려 하였다. 같은 해 가을, 연구와 사색의 자유를 찾아 네덜란드로 건너가 철학 연구에 몰두하였다. 《방법서설》, 《성찰》, 《철학의 원리》, 《정념론》 등은 네덜란드에 약 20년간 머물러 있는 동안에 저술한 것이다. 1628년 겨울에 데카르트는 로마 가톨릭 교회의 영향 밑에 있는 프랑스를 떠나, 자유로운 학문 분위기가 지배적인 네덜란드로 이주했다. 네덜란드에서 암스테르담, 하아렘, 에그몬드 등의 도시로 여러 차례 주거지를 옮기면서 더러는 개인 교사로 혹은 은둔 학자로 생활을 했다. 이 시기 (1630년~1633년)에 자연과학에 관한 책 《세계》를 집필한 것으로 여겨지며, 이 책에서 데카르트는 코페르니쿠스와 갈릴레오 갈릴레이가 주장한 지동설을 바탕으로 세계에 관한 자신의 견해를 진술했다. 1637년부터 데카르트는 존재론과 인식론 문제에 몰두한 것으로 보이는데, 이 해에 《방법서설》을 출판했다.

존재론과 인식론에 관한 연구 결과는 1641년 《제1 철학에 관한 성찰》이란 제목의 책으로 출판하게 된다. 1649년 스웨던 여왕 크리스티나의 초청을 받아 스톡홀름에 부임하여 여왕에게 철학을 강의하고, 아카데미 창립에도 관여하였으나, 1650년 초 폐렴으로 사망하였다. **데카르트는 학문 중에서 수학만이 확실한 것으로 철학도 수학과 같이 분명하고 명확히 드러나는 진리를 출발점으로 해야 한다고 생각하였다.** 데카르트는 기존의 모든 지식을 의심하였는데, 그렇지만 **최후의 의심할 수 없는 명제, "나는 생각한다. 고로 존재한다."에 도달, 이것이 철학의 근본 기초**라고 설명하였다. 그 기계적 우주관은 18세기 프랑스의 유물론에 영향을 주었다. 데카르트는 '근대 철학의 아버지'라고 불리며, 수학에 있어서는 해석 기하학을 창시하여 근대 수학의 길을 열어놓았다. **데카르트는 수학자로서도 유명하지만 철학자로의 삶도 살았다.**

데카르트는 가장 확실하고 의심할 여지가 없는 진리를 찾으려 했다. 그래서 택한 방법이 진리가 아닌 것들을 소거하는 것인데, 그 방법은 저서 《방법서설》에 잘 나타나 있다. **데카르트는 확실한 진리를 찾으려 불확실하다고 생각하는 감각도 배제** 했는데, 이는 감각도 반드시 맞는 것이라고 확신할 수 없기 때문이다. 그리하여 도달한 결론이 **"나는 생각한다, 고로 존재한다."**이다. 이 결론에 도달한 것은 《방법서설》에도 잘 나타나 있다. 전능한 악마가 인간을 속이려 한다고 해도, 악마가 속이려면 생각하는 자신이 필요하다는 것이다.('제일철학을 위한 성찰'에 나와 있다.) 이 명제는 근대 철학을 대표하는 명제이며, 데카르트 이후 근대 철학은 이 명제에 절대적인 영향을 받았다. 특히 데카르트가 사용한 관념이라는 개념은 칸트와 같은 철학자에도 큰 영향을 미쳤다. **데카르트는 본유관념과 인위관념, 외래관념을 분리하였다.** 여기서 **외래관념은 밖에서 오는 관념**을 말하고 **인위관념은 자신의 의지에 따라 만들어 내는 관념**을 말하며, **본유관념은 태어나면서 부터 존재하는 관념**을 말한다.

본유관념은 '삼각형의 꼭짓점은 세 개이다.', '정육면체의 면은 여섯 개 이다.', '유클리드 기하학에서 두 평행선은 서로 만나지 않는다.'와 같은 것으로, 언제나 확실하게 참인 것으로 판단되는 것을 말한다. 덧붙여 데카르트는 신의 관념도 확실한 것으로 보았다. 데카르트는 존재론적 증명을 통하여 신이 있음을 증명하였다. 그러나 이러한 **존재론적 증명은 나중에 칸트의 비판을 받았다.** 데카르트는 주체와 대상을 일치시키려 실체를 두 부분으로 나누었다. 바로 연장과 사유이다. 연장은 구체적인 부피와 같은 공간을 차지하는 실체를 말하고, 사유는 연장과 달리 부피와 같은 것이 없는 실체를 말한다. 데카르트는 인간을 연장과 사유가 함께 있는 것으로 보았다. 여기서 사유는 몸을 제어시키는 것으로 보았다. 또한 몸과 사유를 이어주는 부분을 송과선으로 보았는데, 데카르트 이후 철학자들은 이 송과선을 몸으로 볼 것인지, 아닌지에 대해서 논란을 벌이기도 했다.

[일화]

데카르트가 태어난 지 얼마 되지 않아서, 데카르트의 어머니는 폐병으로 세상을 떠났다. 당시 갓난아기였던 데카르트는 병에 걸려 목숨이 위태로웠고 의사마저도 소생할 가망이 없다는 진단을 내렸다. 다행히도 마음씨 고운 한 간호사의 보살핌 덕분에 데카르트는 겨우 살아남을 수 있었다. 아마도 이때의 일로 인해 데카르트의 이름을 '**중생(重生)'이란 뜻의 데카르트**로 지은 것으로 보인다.

[특성]

데카르트는 주변 사물에 대한 호기심이 강해 어려서부터 조용한 곳에서 골똘히 생각에 잠기는 버릇이 있었다. 데카르트의 부친은 데카르트에게 철학가 기질이 있음을 발견하고 '**꼬마 철학가**'라는 별명을 붙여 주었다. 부자의 관계는 그다지 좋지 않았는지 데카르트는 스스로 형제 중에서 아버지가 가장 싫어하는 아이였다고 말한 바 있다. 그리고 형제들과도 살가운 정을 나누지 못했다. 이런 이유 때문인지 데카르트는 자주 집을 떠나 혼자 여행을 다녔고 친구들에게 마음을 쏟았다. 어린 시절 가지고 놀던 장난감 중에서 사팔뜨기 인형을 제일 좋아했던 데카르트는 커서도 유독 장애인들에게 호감을 보였다.

[수학]

8세 때 데카르트는 라 플레슈의 예수회 학교에 입학하여 고진문학과 수학을 공부했다. 데카르트의 선생님은 데카르트를 똑똑하고 부지런하며, 품행이 단정하고, 내성적이지만 승부욕이 강하고, 수학에 특별한 재능이 있다고 평가했다. 데카르트는 학교의 구시대적 교육방식에 불만을 참지 못하고 자신이 배운 교과서를 잡다한 지식의 쓰레기라고 비난을 퍼부었다. 데카르트는 1613년에 파리로 가서 법률을 배웠고 1616년 푸아티에 대학교를 졸업했다. 데카르트의 아버지는 데카르트의 식견을 높이기 위해 1617년 데카르트를 다시 파리로 보냈다. 그러나 데카르트는 화려한 도시 생활에 별다른 흥미를 느끼지 못했다. 수학과 관련된 도박만이 데카르트의 유일한 위안이었다.

1617년의 어느 날 한가로이 길을 걷던 데카르트는 벽에 붙은 광고지를 발견했다. 호기심이 발동한 데카르트는 무엇인지 확인하기 위해 광고지가 붙은 곳으로 다가갔다. 광고는 네덜란드어로 적혀 있어서 내용을 알 수 없었다. 데카르트는 네덜란드어를 아는 사람에게 도움을 구하기 위해 주위를 둘러보았다. 마침 자신을 향해 걸어오는 행인을 발견한 데카르트는 광고에 적힌 내용을 물었다. 뜻밖에도 그 사람은 네덜란드 대학교 교장이었고 데카르트에게 광고 내용을 설명해 주었다. 광고는 어려운 기하학 문제가 적혀 있었고 이 문제를 푸는 사람에게 사례하겠다는 내용이었다. 상황을 이해한 데카르트는 단지 몇 시간 만에 문제를 풀었고 자신에게 수학적 재능이 있음을 발견했다.

[해석기하학]

"내가 바라는 것은 평온과 휴식뿐이다."라고 말한 수학의 새로운 국면으로 이끈 수학자 데카르트는 어린 시절 몸이 허약해 눈뜨기 힘든 아침 시간, 교장 선생님의 허락을 받아 같은 또래의 보통 소년들과는 달리 제 좋을 때까지 침대에 누워 휴식을 취하였다. 중년이 된 데카르트는 학교생활을 되돌아보고 나서 이 길고 조용한 아침의 명상이 자신의 철학과 수학의 참다운 원천이었다고 얘기한다. 그 예에 해당하는 일화가 있다. **데카르트가 처음으로 도입한 좌표 개념의 발견**과 관련된 일화인데, 30년 전쟁 당시 용병으로 참여하였을 당시 몸이 약해 병영의 침대에 누워 천장에 붙어있는 파리를 보고 파리의 위치를 나타내는 일반적인 방법을 찾으려고 애쓰다가 '**좌표**'라는 **발상을 하게 되었다**는 것이다.

[철학]

어느 날 데카르트는 문득 자신에게 이상한 성향이 있음을 자각한다. 사시(사팔뜨기)라는 신체적 결함을 가진 사람만 보면 왠지 더 친근감을 느끼고 이유 없이 호의를 베푼다는 사실을 발견한 것이다. 그 이유를 찾으려고 애쓰던 데카르트는 결국 어린 시절에 한 소녀를 사랑한 적이 있었고, 그녀의 눈이 사시였음을 기억해 낸다. 사랑에 빠진 데카르트에게 소녀의 신체적 결함은 전혀 문제되지 않았다. 사랑의 감정이 그녀의 신체적 결점을 압도하여, 사시라는 결점은 훗날 무의식적으로 좋은 감정을 촉발하는 계기가 되었던 것이다. 경험의 지배를 받는 인간은 어떤 선택의 순간에 부닥쳤을 때, 자신도 모르는 사이에 과거에 받은 감정적 충격이나 상처 때문에 종종 객관적인 판단을 내리지 못한다. **근대철학의 아버지, '철학의 왕자'로 군림했던** 데카르트는 이 사소한 일화를 통해, 감정이 어떻게 이성의 판단을 방해하는지 깨닫는다.

[수학과 철학]

르네 데카르트는 30년 전쟁 때 울름가 주변의 전쟁터를 돌아다녔다. 그곳은 겨울에 너무나 추웠다. 데카르트가 술회한 바에 의하면, 데카르트는 어느 벽난로 속으로 기어들어갔고, 그 난로 속에서 잠이 들었다가 세 가지 꿈을 꾸었다. **첫 번째 꿈에서 데카르트는 심한 바람이 불고 있는 거리 한 모퉁이에 서 있었다.** 데카르트는 오른쪽 다리가 약하여 제대로 서 있을 수 없었는데 그 근처에는 바람에 흔들리지 않는 한 사람이 있어 데카르트 자신이 그 쪽으로 날아가 버렸다. 잠깐 눈을 떴다가 다시 잠에 빠져들었는데, **두 번째 꿈에서 데카르트는 미신으로 흐려지지 않는 과학의 눈으로 무서운 폭풍을 지켜보고 있었다.** 이 폭풍은 일단 그 정체가 폭로되고 난 후에는 데카르트에게 아무런 해도 끼치지 못한다는 사실을 데카르트는 깨달았다. **세 번째로 꿈을 꿀 때는**, 테이블 위에 사전과 그 옆에 다른 책이 놓여 있는데 '**나는 어떠한 생활을 보내야 할 것인가?**'라는 글귀가 눈에 들어오며 낯선 사람이 데카르트에게 다가와 'Quiet Non'(그는 이것을 인간의 지식과 학문의 '참과 거짓'이라 해석함)으로 시작하는 시를 보여주었다. 데카르트는 세 번째 꿈에서 깨어난 후에 이미 꾼 꿈들의 의미를 생각하였는데 **첫 번째 꿈은 과거의 오류에 대한 경고이며, 두 번째 꿈은 데카르트를 사로잡은 진실의 정신이 내습한다는 것이고, 마지막 꿈은 모든 과학의 가치와 참된 지기에의 길을 열 것을 명령**하는 것이라고 생각하였다.

이 사건은 데카르트가 참된 지식으로의 접근법에 대하여 스스로가 정당성을 확신하고 있음을 보여주고 있다. 데카르트는 이미 이 꿈들을 꾸기 8개월 전 베크만에게 보낸 보고에 '앞으로는 기하학에서 발견해야 할 것은 거의 아무것도 남지 않을 것이다.'라고 자신의 계획을 공언하였다. 기하학과 대수학의 결합으로 두 개의 학문 영역을 하나의 학문으로 파악하는 데 성공한 데카르트는 더 나아가 모든 학문을 하나의 방법론으로 통합하려 하였다. 모든 문제는 동일하고 보편적인 '수학적' 방법으로 해결할 수 있다는 생각이었다. 이 방법을 데카르트는 '**보편수학**'이라고 불렀다. 하지만 철학의 진술은 수학의 진술처럼 아주 기초적이고, 논리적이고, 엄격해야만 하는데 아직 그러지 못했다. 철학의 기초를 확립하기 위해서 데카르트는 우선 모든 것들에 대해 회의했다. 그럼으로써 모든 근본 중의 근본을 발견했다. 다시 말해서 데카르트는 근대철학의 토대를 발견했으며, 이 토대 위에 하나의 새로운 철학교회를 세웠다.

[죽음]

1649년 2월, 스웨덴의 여왕 크리스티나는 데카르트를 스웨덴 황궁으로 초대했다. "크리스티나는 학문에 대한 열정과 해박한 지식을 지녔다. 그녀는 여왕으로서 위대한 학자의 시간을 뺏을 권한을 지니고 있었다. 데카르트는 그녀에게 사랑에 관한 글을 써서 바쳤는데, 이것은 그때까지 그가 무시해왔던 제목이었다." 여왕은 일주일에 세 번 데카르트에게서 철학 강의를 들었는데 반드시 새벽 5시에 강의하도록 명했다. 데카르트는 그동안 아침에 늦게 일어나는 습관을 가지고 있었지만 여왕의 명에 따라 일주일에 3일은 한밤중에 일어나서 스웨덴의 찬 공기를 가르며 자신의 숙소에서 여왕의 서재로 찾아가야 했다.

1650년 2월 1일, 새벽 찬 바람을 맞은 데카르트는 감기에 걸렸고, 곧바로 폐렴으로 악화되었다. 데카르트는 1650년 2월 11일 스톡홀름에서 세상을 떠났다. 데카르트의 유골은 1667년에 파리에 돌아왔고 주느비에브 뒤몽 성당에 안치되었다. 1799년 프랑스 정부는 데카르트의 유해를 프랑스 역사관으로 옮겨 프랑스 역사상 위대한 인물들과 함께 모셨다. 1819년 이후 데카르트의 유골은 다시 생 제르맹 데프레 성당에 안치되었다. 데카르트의 묘비에는 이런 글이 적혀 있다. "**데카르트, 유럽 르네상스 이후 인류를 위해 처음으로 이성의 권리를 쟁취하고 확보한 사람이다.**"

[업적]

르네 데카르트는 **근세사상의 기본 틀을 처음으로 확립함**으로써 근세철학의 시조로 일컬어진다.

데카르트는 이원론을 주장하였는데, 이는 과학적 자연관과 정신의 형이상학을 연결지어 세상을 몰가 치적이고 합리적으로 보는 태도와 정신의 내면성을 강조하였다. 대륙철학의 합리주의의 근본이 된 데카르트의 회의론은 다양한 해석으로 받아들여지고 있다. 그 중 가장 유명한 것은 '**의심이 가능한 모든 믿음을 제외함으로써 기본적인 신념만을 남기는 것을 목표로 한다.**'는 것이었다. 데카르트는 수학을 이러한 의심의 여지가 없는 기본 신념으로 여겨 철학을 포함한 모든 진리를 수학적인 원리로 해석하기 위해 노력했다. 또한 데카르트는 철학뿐만 아니라 수학, 과학적인 업적도 이룩하였다. 1625 년부터 파리에 거주하며 광학을 연구한 끝에 빛의 굴절의 법칙을 발견하였다.

1637년 《**방법서설**》 및 이를 서론으로 하는 《**굴절광학**》, 《**기상학**》, 《**기하학**》의 세 시론을 출간하 였다. 수학자로서의 데카르트는 **데카르트 좌표계(직교 좌표계)를 만들어 해석기하학의 창시자**로 알려졌으며 **방정식의 미지수에 최초로 x를 사용**했다. 그 뿐 아니라 데카르트는 거듭제곱을 표현하 기 위한 지수의 사용 등을 발명했다. **르네 데카르트는 다양한 여러 상황에서 적용될 수 있는 보 편적인 수학을 만든 혁명적인 수학자이며 동시에 고대 그리스 과학을 모두 집대성한 철학자이자 과학자이다.**

데카르트의 보편적인 수학은 본인이 예견했듯이 광학, 천문학, 기상학, 음향학, 화학, 건축학, 물리학, 공학, 회계 등에 다양하게 응용되었으며 본인이 미처 예견하지 못했던 분야인 **전기학, 인 공두뇌학, 미생물학, 유전학, 경제학 등에도 응용**되고 있다. 데카르트는 "**나는 생각한다. 고로 존 재한다.**"는 말로 자신의 존재를 입증하며 이 절대적인 진리를 이용해 구성요소의 진리 값을 이용한 다른 진술을 증명하는 법을 개발했다. 데카르트는 과학을 대하는 데에 있어 크기, 모양, 운동 등의 경험적인 양에 집중하고자 했다. 아리스토텔레스의 "자연은 진공을 싫어한다."는 이론에 따라 진공의 개념을 받아들이지는 않았으나 세 가지 물질의 연장이 곧 공간을 이루고 있다고 설명했다. 르네 데 카르트의 글과 방법론을 곁들인 데카르트적 회의는 서양철학의 특징적인 방법 중의 하나가 되었다.

[수학적 업적]

르네 데카르트의 가장 큰 업적 중 하나는 **해석기하학의 창시**이다. 《Discourse on Method》에 포함 된 소논문 《La Geometrie》(1637년)은 수학의 역사에 큰 공헌을 했다. 논문에서 데카르트는 곡선에 대수 방정식을 부여하는 방법을 발견해, 모든 원추곡선을 단 한 종류의 2차 방정식으로 표시하는 데 에 성공하고 그를 제시함으로써 과학과 수학을 연결하는 중요한 연결고리를 만들었다. 또한 데카르 트는 숫자(밑) 위에 작은 숫자(지수)를 씀으로써 거듭제곱을 간단하게 표현하는 방식을 생각해냈다. 데카르트의 수학적 업적은 라이프니츠가 제안하고 뉴턴이 발전시킨 미적분학의 근간을 이루었다. "실 계수의 n차방정식의 양의 실근의 개수는 다항식 f(x)의 실수의 열 사이에서 일어나는 부호변화의 수 와 같거나 그 수보다 짝수 개만큼 적다."는 데카르트의 부호법칙은 다항식의 근의 개수를 구하는 데 에 유용하게 사용된다. 방정식의 미지수에 처음으로 x를 사용한 것도 르네 데카르트의 업적이다. 1618년 르네 데카르트는 네덜란드로 여행을 떠나 이삭 베크만을 조우했으며, 그에게 많은 문제에 수 학을 적용하는 방법을 보여주었다. 데카르트는 수학이 어떻게 류트의 음정을 맞추는 데에 정확하게 응용될 수 있는지와 무거운 물체가 물속에 들어갔을 때 수면의 높이 변화를 나타내는 대수적인 공식 을 제안했다. 또한 진공 상태에서 물체가 낙하할 때 임의의 시간에서 그 물체가 가속하는 속도를 예 측하는 방법과 어떻게 회전하는 팽이가 똑바로 서있으며 이를 통해 인간이 공중에 뜰 수 있는 방법을 이야기했다.

베크만의 일기를 통해 1618년 말까지 데카르트가 이미 기하학적인 문제를 해결하는 대수 방정식의 적용을 여러 방면에 응용했다는 것을 알 수 있다. 르네 데카르트는 수학을 "불연속적인 양의 과학"으로, 기하학을 "연속적인 양의 과학"으로 보았으나 그 둘 간의 장벽은 해석기하학이 창시됨에 따라 허물어졌다. 데카르트는 산술과 대수학은 그저 숫자의 과학이 아니라 무리수의 사용을 정의하고 새로운 수학의 가능성을 연 명제의 과학이라는 것을 깨달았다. 《방법서설(정신지도를 위한 규칙들)》을 통해 데카르트는 수학과 모든 과학은 상호관계적이며 둘을 따로 생각하는 것보다 전체적으로 다루는 것이 쉽다고 주장했다.

[과학적 업적]

과학자로서의 르네 데카르트는 물리학 분야에 큰 공헌을 했다. 10살 때, 라 플레슈의 학교에 입학해 논리학, 윤리학, 물리학과 형이상학, 유클리드 기하학과 새로운 대수학 및 갈릴레이의 망원경에 의한 최신 업적에 이르기까지의 훌륭한 교육을 받으며 과학자로서의 초석을 다졌다. 1618년 르네는 군에 자원입대하여 장교로서 복무하였는데, 이 때 데카르트의 과학적 흥미는 탄도학, 음향학, 투시법, 군사 기술, 항해술 등까지 발전시켰다. 그 해 겨울 아마추어 과학자이자 당시 수학의 지도자였던 이삭 베크만을 처음 만나 다시 이론적인 문제와 물리학에 흥미를 가진 이후 몇 년간 물리학분야에 있어 빛의 원리, 공학, 자유낙하 등에 관련된 여러 문제들을 해결했다. 데카르트는 문제를 해결하는 방식에 있어 이론적 전개 방식을 사용하였는데, 이는 가장 작은 수의 원리로부터 출발하여 이미 알려져 있는 모든 사실을 설명하고, 더구나 새로운 사실의 발견으로까지 이끌어 내는 방식이다. "스넬의 법칙"이라고도 불리는 데카르트의 굴절의 법칙이 이 때 발견되었으며, 데카르트는 자신의 저서 《굴절광학》에서 독자적으로 증명한 "굴절의 법칙"을 언급하는 한편, 시력에 관한 다양한 연구 내용을 설명했다.

데카르트는 《천체론》를 통해 코페르니쿠스와 갈릴레이가 주장한 지동설을 바탕으로 하는 세계에 관한 자신의 견해를 밝혔다. 후일 뉴턴에 의해 거부된 데카르트의 와류이론에 의하면 에테르의 미소한 입자들이 혹성이나 태양 주위에 거대한 회전흐름, 즉 소용돌이 속에 떠 있는 어린이의 보트와 같이, 이 태양의 소용돌이 속으로 운반되고, 달도 마찬가지로 지구의 주위로 운반된다는 것이다. 르네 데카르트의 물리학은 클리포드 트루스델로부터 **"데카르트의 물리학은 현대적 의미의 시초이다."**라는 평을 들었다. 데카르트는 사물의 본질을 외연(extension)으로 보았다. 사물에 체계적 의심을 적용해 그것의 감각적 특징들을 지워 나간다면 마지막에 남는 것은 공간의 일부를 채우고 있는 무색, 무미, 무취의 어떠한 것이라고 보았다.

데카르트의 공간은 물질로 꽉 차있는 플레넘으로, **불의 원소, 공기의 원소, 흙의 원소의 세 종류의 물질**로 채워져 있다. 다른 어떠한 감각적 속성이 없이도 크기, 모양, 운동 등으로만 물질을 정의해 차가움, 뜨거움, 습함 등의 질적인 개념을 끌어낼 수 있을 것이라 믿은 데카르트는 플래넘을 구성하는 작은 원소들의 충돌이 자연의 크고 작은 변화들을 일으킨다고 보았다. 또한 데카르트는 자신의 책에서 눈에 대한 해부학적 구조를 설명하며 빛이나 외부 이미지가 동공과 내부 유리체를 거쳐 굴절되고 상이 뒤집혀 망막에 맺히고 시신경을 통해 자극이 전달되는 과정 뿐 아니라 눈이 얼마나 상을 최대화하고 또렷하게 인식하는가에 대한 과정을 현미경과 망원경의 개념에까지 확대시켰다. 책의 마지막 장에서는 렌즈 깎는 법을 설명하며 망원경과 현미경의 유용성을 언급했다.

또한 생물학 분야에서의 르네 데카르트는 윌리암, 하베이와 나란히 **근대 생리학의 아버지라 불린다.** 데카르트는 전생리학의 기초가 되는 대가적 가설을 도입했다. 다양한 동물의 머리를 해부해보며 상상력과 기억이 위치하는 곳을 찾기 위한 연구를 했으며, 네덜란드에 머무른 기간 동안 많은 시간을 들여 인체를 해부했다. 데카르트는 가설적 모델 방법을 통해 육체 전체를 일종의 기계로 간주해 눈의 깜빡임과 같은 자율적인 동작 현상과 보행과 같은 복합 동작에 있어 많은 관찰과 다양한 기계론적 설명을 내세웠다. 이러한 모든 동작과 운동을 기계론적으로 설명하는 데카르트의 방식은 근대적 생리학에 강력한 영향력을 발휘했다. **결국 데카르트는 자연에서 영혼을 제거시켜 중세적 자연관을 밀어내고 기계적 세계관을 정당화함으로써 자연계의 만물을 물체의 위치와 운동으로 설명 가능한 것으로 만드는 데에 막대한 기여를 했다.**

[데카르트의 방법적 회의]

데카르트적 회의는 자신의 글과 방법론이 곁들여진 방법론적 회의이다. 데카르트적 회의는 자신이 믿는 바의 진실성 여부에 대해서 의심하는 체계적인 방법으로 철학의 특징적인 방법이 되었다. 이 의심의 방법은 절대적인 진실로서 받아들일 수 있는 것을 찾기 위해 자신의 모든 믿음을 의심한 르네 데카르트에 의해 서양 철학에 대중화 되었다.

[특성]

데카르트적 회의는 방법론적이다. 데카르트적 회의의 목적은 의심할 수 없는 것을 찾는 것으로서 의심을 절대적인 진리를 찾는 수단으로 이용하는 것이다. 특하나 경험적 정보의 오류 가능성은 데카르트적 회의의 대상이 된다. 데카르트 회의론의 목적에 관해서는 여러 가지 해석이 있다. 이 중 가장 저명한 것은 토대주의자들의 주장으로 데카르트의 회의론은 의심이 가능한 모든 믿음을 제외하는 것으로서 기본적인 신념만을 남기는 것을 목표로 한다는 것이다. 이러한 의심할 여지가 없는 기본 신념으로부터 데카르트는 다음 지식을 파생하려고 시도한다. 데카르트는 지식을 상대적인 관점으로 바라보는 것이 아니라 절대적인 진리를 토대로 쌓아갔다. 이는 대륙철학의 합리주의를 축약시켜 보여주는 원형적이고 중요한 예시이다.

[기법]

데카르트적 회의는(4개의 과학적인 단계로 나눌 수 있다. 첫째, 사실이라고 아는 정보를 받아들이는 것. 둘째, 이 사실들을 더 작은 단위로 나누는 것. 셋째, 간단한 문제들을 먼저 해결하는 것. 넷째, 더 확장된 문제들의 완전한 목록을 만드는 것.) 의심을 과대하게 하는 것이므로 의심의 경향성을 가진다고 한다. (데카르트의 기준으로의 지식은 단순히 합리적인 것 아닌 가능한 모든 의심을 넘어선 것을 말한다.) 데카르트의 성찰(1641년)에서 데카르트는 의심할 수 없는 절대적인 진리로만 이루어진 믿음체계를 처음부터 끝까지 철저하게 만들기 위하여 자신의 모든 믿음의 진실 여부를 의심하기에 이르렀다.

[데카르트의 방법]

데카르트적 회의의 원조인 르네 데카르트는 모든 신념, 아이디어, 생각, 중요성을 의심에 두었다. 데카르트는 어떠한 지식에 대한 근거나 추리 또한 거짓일 수도 있다는 것을 보여주었다. 지식의 초기 상태인 감각적 경험은 잘못되었을 확률이 높기 때문에 의심되어야 한다. 예를 들어, 어느 사람이 보는 것은 환각일 수도 있다. 그 사람이 보는 것이 환각이 될 수 없다는 것을 증명할 수 있는 것이 없다. 즉, 만약, 어떠한 신념이 논박될 수 있는 방법이 하나라도 존재한다면, 이의 진실 여부에 대한 근거가 불충분한 것이다. 이것으로부터 데카르트는 꿈과 악마라는 두 가지 주장을 제안했다. 데카르트는 인간은 자신이 깨어있다는 것을 믿는다는 것을 가정했을 때, 우리가 꿈을 꿀 때 믿기 어려운 와중에 현실 같을 경우가 있다는 것을 알고 있었다. **깨어있을 때의 경험과 꿈을 꿀 때의 경험을 구별할 수 있는 충분한 근거가 없다.**

데카르트는 우리가 꿈이라는 생각들을 만들어낼 수 있는 세계에 산다는 것을 인정했다. 하지만, **성찰(1641년)의 끝에 가서는 적어도 회상을 할 때에는 꿈과 현실을 구분할 수 있다고 결론을 내렸다.** 데카르트는 우리가 경험하는 것이 악의적 천재에 의해 조정 당하고 있는 것일 수 있다고 생각했다. 이 천재는 똑똑하고 강하며 남을 잘 속인다. 데카르트는 그가 우리가 살고 있다고 생각하는 허울적인 세상을 만들었을 수도 있다고 생각했다. 성찰에서 데카르트는 한 사람이 미쳤었다면, 그 광기가 그 사람이 옳다고 생각했던 것이 자신의 정신이 자신을 속이는 것일 수도 있다고 생각하게 된다고 하였다.

데카르트는 또한 우리가 올바른 판단을 내리는 것으로부터 막는 어떤 강력하고 교활한 악마가 존재할 수 도 있다고 했다. 데카르트는 그의 모든 감각들이 거짓말을 할 때, 한 사람의 감각이 그 사람을 쉽게 속일 수 있기 때문에 그 생각을 자신에게 거짓을 할 이유가 없는 강력한 존재가 심어두었으며 그의 강력한 존재에 대한 생각은 사실일 수밖에 없다고 생각하였다. 자신의 존재조차도 의심의 방법을 적용하여 의심하는 것이 **"나는 생각한다, 고로 존재한다."**란 말을 탄생시켰다. **데카르트는 자신의 존재를 의심하려고 했지만, 존재하지 않는 다면 의심할 수 없기 때문에 그가 의심을 하고 있다는 사실이 그의 존재를 증명하는 것이라는 것을 깨달았다.**

[합리론]

인식론에서 합리주의란 사실의 기준이 감각이 아닌 지적이고 연역적인 것이다. 이 방법을 강조하는 정도에 따라 서로 다른 관점의 합리주의자들이 있다. 추리력이 지식을 얻는 다른 방법들보다 우선적이라는 온건한 위치부터 추리가 지식을 얻는 유일한 방법이라는 극단적인 위치까지 존재한다. 근대 이전의 합리주의는 철학과 같은 것을 의미했다.

[배경]

계몽운동 이후로, **합리론은 데카르트, 라이프니츠, 스피노자에서와 같이 수학적인 방법을 철학에서 사용하기 시작한다.** 합리주의는 영국에서 경험주의가 우세했던 것과는 달리 유럽의 대륙 쪽에서 우세했기 때문에 대륙 합리주의라고도 불린다. 합리주의는 경험주의와 자주 대조된다. 하지만, 어떤 사람이 합리주의를 믿으며 동시에 경험주의를 믿을 수 있다는 점만을 봐도 아주 넓게 보았을 때 이 두 관점은 서로를 완전히 배제하지 않는다는 것을 알 수 있다. 극단적인 경험주의자는 모든 생각이 외적인 감각이던 내적인 감정이던 경험을 통해 얻는다는 관점을 갖는다. 따라서 지식은 본질적으로 경험으로부터 유추되거나 경험을 통해 직접 얻는다는 입장이다. **경험주의와 합리주의에 있어서 논**

점이 되는 것은 인간의 지식의 근본과 우리가 알고 있다고 생각하는 것을 증명하는 적절한 방법이다.

합리주의의 몇 부류의 지지자들은 기하학의 자명된 이치와 같은 근복적이고 기초적인 원칙들로부터 나머지 모든 지식들을 연역적으로 유추할 수 있다고 주장한다. 이 관점을 가졌던 철학자들로는 스피노자와 라이프니츠를 들 수 있다. 이 둘은 데카르트에 의해 제기되었던 인식론상의 근본 원리에 대한 문제들을 해결하려고 시도하는 것으로 합리주의의 근본적인 접근의 발전을 가져왔다. 스피노자와 라이프니츠 둘 다 원칙적으로는 과학적 지식을 포함한 모든 지식이 추론만을 통해 얻을 수 있다고 주장했지만, 수학을 제외한 영역에서는 인간에게 실질적으로 불가능하다는 것을 관찰했다. 합리주의자와 경험주의자의 구별은 나중에 일어난 일로 그 시기의 철학자들은 알지 못했다. 그 구별 또한 애매하여 대표적인 세 합리주의자들은 경험주의에 있어서도 중요하게 평가된다. 또한, 많은 경험주의자들이 스피노자와 라이프니츠보다 데카르트의 방법론에 가까웠다.

[합리주의와 데카르트]

데카르트는 불변의 사실들에 대한 지식들만 추리를 통해서만 도달할 수 있다고 생각했다. 다른 지식들은 과학적 방법의 도움을 받아 경험을 필요로 한다고 생각했다. 데카르트는 또한 꿈이 감각적 경험과 같이 생생하게 느껴지지만, 이러한 꿈들은 사람에게 지식을 제공할 수는 없다고 했다. 또한, 자각하고 있는 감각적 경험은 환각이 원인이 될 수도 있기 때문에 감각적 경험 자체가 의심의 여지가 있다고 했다. 그 결과로 데카르트는 사실을 찾기 위해서는 현실의 모든 믿음을 의심해야 한다는 것을 연역적으로 얻어내었다. 데카르트는 이러한 믿음을 방법서설, 제1 철학에 관한 성찰과 철학원리에 실었다. 데카르트는 지적으로 인정되지 않은 것은 지식으로 분류하지 않는 방법을 통해 사실을 찾아내는 방법을 발전시켰다.

이러한 방법을 통해 얻어낸 사실들은 데카르트에 의하면 어떠한 감각적 경험을 필요로 하지 않았다. 추론을 통해 얻어낸 사실은 직관적으로 알 수 있는 작은 요소들로 나뉘어 연역적인 방법을 통해 현실에 대한 명백한 사실들에 도달할 것이다. 따라서 데카르트는 그의 방법의 결과로, **추론은 지식을 결정짓는 유일한 방법이며 이 방법은 감각의 도움 없이 행해질 수 있다고 주장했다.** '코기토 에르고 숨'은 어떠한 경험의 간섭도 받지 않은 결론이다. 이는 데카르트에게 있어서 반박할 수 없는 논리로서 다른 모든 지식을 쌓을 수 있는 토대가 되었다.

[이원론]

"나는 생각한다, 그러므로 나는 존재한다."라는 명제는 데카르트의 형이상학의 제일원리인 동시에, 견실한 과학에 도달하기 위한 제일 원리였다. **데카르트는 기존의 사상에 반동적이었으며 과학에서 발견된 사실을 철학적인 세계관에 옮기려고 시도하였다.** 데카르트는 갈릴레오의 기하학적 물리학에 큰 영향을 받았으나, 데카르트가 보기에 그것은 엄밀성이 부족했다. 감각에 기초한 물질 세계의 개념과 좀더 엄격한 수학적인 물질세계의 개념을 구별하는 가운데, 데카르트는 후자가 더 객관적인 것이라는 입장을 취하였다. 데카르트에게 있어서 물질세계를 지각하는 감각적 경험은 주관적이며 자주 착각을 일으키고 외부세계와 동일한지 알 수 없기 때문에 회의의 대상이 되었다. 데카르트의 목표는 주관을 넘어서 객관적 지식을 확보할 수 있는가에 있었다.

따라서 데카르트가 취하는 입장은 감각적 경험이 아닌 이성 관념으로, 이는 선험적으로 우리에게 주어지는 것이었다. 데카르트는 자신에게 주어진 선험적 관념에 따라, 실체를 정신적인 것과 물질적인 것 두 가지로 구분했다. 왜냐하면 정신과 육체는 명확하고 명료한 속성들의 전적으로 구별되는 두 조합을 통해 이해될 수 있기 때문이었다. 데카르트에게 있어서 **정신적인 실체의 본성은 사유하는 것이며 물질적인 실체의 본성은 연장된 것**이었다. 먼저 정신은 연장적인 특징이 없고 불가분적이므로, 연장을 지니고 있는 물질과는 판명하게 구분된다.

데카르트는 육체 없이도 존재하는 나를 상상할 수 있다고 하면서, 정신을 물질과는 분리되어 생각할 수 있는 또 하나의 실체로 본 것이다. 이러한 정신은 좁은 의미에서는 순수한 지성(수학, 철학을 탐구하는)을 뜻하며 넓은 의미에서는 상상 작용, 감각 작용이 속한다. 감각 작용 신체에서 온 감각인 내부 감각과 외부사물로부터 비롯된 외부 감각으로 나뉜다. 내부감각은 다시 어디에서 오는지 위치를 알 수 있는 고통, 배고픔, 목마름과 같은 관념과 위치를 알 수 없는 분노, 슬픔과 같은 정념으로 나뉜다. 이 신체들의 내부감각은 정신을 속여 가짜의지를 생성해서 신체를 움직이게 한다. **데카르트에게 있어 정신은 인간적인 것이 아니라 유한한 것이며, 제한되어있지만 신과 동일한 유형의 능력을 지니고 있는 것이다.**

이에 따라 정신적인지 판단하는 기준은 신이었으며, 이런 배경으로 인해 순수하게 지적인 능력인 상상력이나 감각 지각과 같이 육체를 전제로 하는 능력과 구분된다고 생각하였다. 한편 데카르트에게 있어서 물질(육체)은 연장을 가지고 있으며, 기하학적 공간에 위치하기 때문에, 섞여있거나 겹치지 않는다. 또한 기하학의 원리에 따라 무한 분할이 가능하며 이러한 모든 물체의 위치와 공간은 기하학적 공간에서 좌표화가 가능한 것이다. 데카르트의 이러한 공간 개념에 있어서 빈 공간은 존재하지 않으며, 항상 물질에 의해 점유되어 있는 것으로서 운동은 연쇄적으로 각 물질의 위치가 바뀌는 것을 의미하는 것이다.

데카르트에게 있어 관념들 자체는 사물의 본성이 아니라 그와 유사한 것으로 각 관념들은 물체를 특수한 방식으로 그려낸다. 또한 **정신과 육체는 섞여있는 것이다.** 과거 플라톤의 정신과 신체는 선원과 배의 관계로 한쪽이 다른 한쪽을 지배하는 것이었으나, 데카르트는 이 둘이 밀접하게 연관되어 있다고 한다. 이에 대해 데카르트는 송과선이라는 솔방울 모양의 샘을 통해 설명하려 한다. 육체가 신경선으로 동물정기라는 기체화된 혈액을 자극하면 인과적으로 감각적 내용이 송과선을 통해 정신에게 전달된다는 것이다. 데카르트는 이러한 설명에 대해 기계적인 방식으로 '자연에 의해 확립되었다.'라는 주장을 한다.

[데카르트 사상과의 대립]
[아이작 뉴턴]
과학혁명 이전의 자연관은 지금과는 완전히 달랐다. 자석들은 왜 서로 잡아당기거나 밀어낼까? 상처에 약을 바르면 왜 나을까? 이런 질문에 대해서 르네상스 자연주의에서는 자연을 살아있는 신비한 생명체로 파악하며, 자석의 N극과 S극이 서로 잡아당기는 이유는 서로가 공감을 하기 때문이고, N극과 N극이 밀치는 이유는 서로 반감을 가지고 있기 때문이라고 설명했다. 식물이 성장하고, 동물이 스스로 자각해서 움직이는 모든 운동의 원리를 영혼으로 보았다. 이렇게 **자연을 마치 생명과 감정이 있는 인간처럼 여기는 르네상스 자연주의는 신비주의적인 성격을 띠게 되었고, 자연에 대한**

합리적인 설명을 추구할 동기를 부여하지 못했다. 하지만 근대과학은 자연에서 신비로움을 제거해 버렸다. 자연은 객관적 실체로 이루어져 있고, 수학적 법칙에 의해서 설명할 수 있으며, 자연에서 일어나는 모든 운동은 외적인 요인에 의해서 이루어진다는 신념을 가져다주었다.

이런 근대과학의 출발점이 된 것이 바로 데카르트와 아이작 뉴턴이다. 데카르트는 "기계적 철학"을 제시하며, 우리가 세상을 보는 방식을 새롭게 규정했다. 기계적 철학은 자연은 눈에 보이지 않는 미세한 물질로 이루어져 있으며, 자연 현상이란 이런 물질들의 운동에 의해서 일어난다고 전제하고, 각종 자연 현상들을 미세한 물질들의 직선 운동과 충돌로 설명했다. 앞에서 르네상스 자연주의자들이 자석을 공감, 반감을 이용해서 설명했던 것에 비해서, 데카르트의 기계적 철학에서는 입자와 운동이라는 개념을 이용해서 설명하고 있다. 즉, 자석에는 눈에 보이지 않는 아주 작은 구멍들이 있고, 자석 주변에는 눈에 보이지 않는 작은 나사들이 배열되어 있어서 자석의 구멍을 통해서 작은 나사들이 통과하는데, 나사들의 운동 방향에 따라서 자석은 서로 끌리기도 하고, 서로 밀어내기도 한다는 것이다.

르네상스 자연주의에서 자석은 외부에서 특별히 힘이 작용하지 않아도 스스로 움직이는 매우 신비로운 존재로 여겨졌지만, 기계적 철학의 눈으로 본 자석은 신비로움을 잃었다. 이렇게 데카르트는 자연을 합리적이고 명쾌하게 이해가 가능한 대상으로 만들었다. 기계적 철학에서는 생명체와 비생명체의 구분조차 불필요했다. 데카르트에게 자연은 단지 기계에 불과했으며, 그 자체의 목적이나 생명은 존재하지 않았다. 데카르트는 이렇게 자연에서 영혼을 제거시켜서, 중세적 자연관을 밀어내고 기계적 세계관을 정당화했다. 이로써 자연은 기계적 법칙에 따라 움직이며, 자연계의 만물은 물체의 위치와 운동으로 설명 가능한 것이 되어버렸다. 이렇게 데카르트는 17세기 과학혁명의 기본 구조를 만들어냈지만, "자연은 정확한 수학적 법칙에 의해 지배되는 완전한 기계"라는 그의 생각은 일생동안 하나의 가설로 남아있어야 했다.

데카르트의 꿈을 실현시키고, 과학혁명을 완성한 사람은 아이작 뉴턴이었다. 데카르트의 기계적 철학에서 "운동"이라는 개념을 이어받아, 뉴턴도 자연 현상의 기본을 운동으로 이해했다. 하지만 운동을 표현하는 방식에서는 데카르트보다 한 걸음 더 나아가서, 입자의 운동에 수학적 성격을 합친 "힘"이라는 개념을 가져와, 운동을 정량적으로 분석했다. 다시 말해서 "힘"을 운동의 원인으로 설정하여, 힘의 수학적인 표현을 찾아내고, 거기서부터 가속도, 속도, 물체의 움직이는 궤적 등을 계산하는 역학의 방법을 정식화했다.

뉴턴은 결국 데카르트를 뛰어넘지만, 가장 근본적인 부분에서는 데카르트와 공유하는 부분이 많았다. 복잡한 자연을 단순하게 분해해서 이해하는 방식이나, 운동에서 자연 현상의 근원을 찾고, 그 운동을 수학적인 언어로 풀어내려고 했던 점 등은 두 사람 모두에게서 발견되는 경향이다. 17세기 말에서 18세기까지 "프랑스의 데카르트와 영국의 뉴턴 중 누가 옳았는가" 하는 문제가 양국 과학자들의 관심사로 떠오르면서 두 사람의 공통점보다 차이점이 더 많이 부각되어 왔지만, 사실 두 사람은 차이점보다 공유하는 것이 더 많았던 사람들이다. 어떻게 보면, 두 사람을 그렇게 항목별로 비교할 수 있다는 점 자체가 역설적으로 두 사람이 공통의 관심사를 가지고 있었다는 것을 반증하는 것일 수도 있다. 우리에게 있어서 데카르트와 뉴턴의 가장 큰 공통점은 우리가 자연 세계를 바라보는 방식을 새롭게 규정했다는 점에 있다. 20세기 초에 양자역학과 상대성이론의 등장으로 위기를 맞는 듯했지만, 여전히 우리의 일상 세계는 데카르트와 뉴턴이 확립해 놓은 고전역학의 법칙에 따라서 움직이고 있다.

[데카르트와 스피노자]

스피노자는 실체를 다음과 같이 정의한다. "실체란 자신 안에 있으며, 자신에 의하여 생각되는 것" 이라고 이해한다. 즉, 실체는 그것의 개념을 형성하기 위해서 다른 것의 개념을 필요로 하지 않는 것이다. "자신 안에 있다는 것"은 그 자체로 존재한다는 뜻이고, "그 자체로 존재한다는 것"은 다른 것에 의존하지 않고 자립적으로 존재함을 뜻하고, "자기 자신에 의해서 생각된다는 것"은 그 개념을 형성하기 위해서 다른 어떤 것을 필요로 하지 않음을 뜻한다. 그러므로 스피노자는 실체를 다른 것에 의존하지 않는 독립적 존재로 파악하고 있음을 알 수 있다.

데카르트는 그 정의를 실체로 적용할 때, 의미를 악화시켜서 자신이 내린 정의에 충실히 따르지 않았다. 데카르트는 실체란 "존재하기 위해서 신의 도움만을 필요로 하는 것들"이라고도 정의한다. 이는 실체 개념을 창조물에까지 확대시킨 것이다. 반면 스피노자는 자신이 내린 실체 개념을 엄격히 적용하였다. 스피노자에 따르면, 실체는 자립적 존재이기 때문에 "유한 실체"라는 말은 불합리한 개념이며, 신만이 실체라고 주장한다. "신 이외에는 어떠한 실체도 존재할 수 없으며, 또한 파악될 수도 없다."고 한 스피노자의 정리에서 잘 드러난다. 신이 어떤 존재이며, 어떤 방식으로 세계에 개입하는지에 대해서도 두 사상가는 커다란 입장 차이를 보인다. 이신론을 주장하는 **데카르트의 신은 인격을 소유한 존재**이다. 그러므로 세계를 자신의 의지에 따라 창조, 소멸, 심지어는 개입할 수도 있다. 반면 스피노자는 신을 그런 초월적 존재로 보지 않는다. 신의 의지에 의한 "기적"같은 것은 신의 작동 방식을 법칙으로 이해하고자 한 스피노자에게는 비합리적인 것이다.

[종교적인 믿음]

르네 데카르트의 종교적 믿음은 학계에서 엄밀히 논쟁되어 왔다. 데카르트는 〈제1철학에 관한 성찰〉의 목적들 중 하나가 기독교 신앙을 옹호하기 위한 것이라고 주장하면서 독실한 로마 가톨릭 신자가 되는 것을 주장했다. 하지만 데카르트의 시대에서 데카르트는 이원론 또는 무신론을 믿은 것으로 비난받았다. 동시대의 **파스칼**은 "데카르트의 철학에서 데카르트를 용서할 수 없다. 데카르트는 신 없이 지내기 위해서 최선을 다했다. 하지만 데카르트는 신에게 손가락 움직임 하나만으로 세계를 확립하라고 재촉하는 것을 피할 수 없었지만, 그 후에 데카르트는 신을 더 이상 필요로 하지 않았다." 스티븐 고크로져의 데카르트 전기는 데카르트가 죽는 날까지 진리를 발견하기 위한 단호하고, 열정적인 열망과 함께 로마 가톨릭 교회에 깊은 종교적 믿음을 가졌다고 저술한다. 데카르트가 스웨덴에서 죽은 후, 크리스티나 여왕은 스웨덴의 법이 신교도 지도자를 요구했기 때문에, 로마 가톨릭 교회로 바꾸기 위해서 그녀는 왕위에서 물러났다. 로마 가톨릭 교회에 대해서 그녀가 장기적으로 접촉한 사람은 개인지도 교사인 데카르트 뿐 이었다.

[주요 저서]

데카르트 전집: 11판, 1982-1991 파리.
《음악개론》: 1618년.
《정신지도규칙》: 1626-1628년.
《인간, 태아발생론》: 1630-1633년, 1662년 출판.
《세계》: 르몽드 1630-1633년, 1664년 출판.

《방법서설》: 1637년 문예출판사 1997.

《기하학》: 1637년.

《성찰》: 1641년 양진호, 옮김, 책세상출판사 2011.

《성찰》: 1641년 이현복 옮김, 문예출판사 1997.

《철학의 원리》: 1644년 원석영 옮김, 아카넷 2002.

《어떤 비방문에 대한 주석》: 1647년.

《인체의 구조에 관하여》: 1647년.

《뷔르만과의 대화》: 1648년.

《정념론》: 1649년 김선영 옮김, 문예출판사, 2013.

《음악에 관한 소고》: 1656년, 사후 출판.

《서한집》: 1657년, 클라우데 클레르슬리에에 의해 출판.

데카르트 명언

♣ 남을 사랑하는 아름다운 마음은, 얼굴을 아름답게 한다.
그러나 남을 원망하는 나쁜 마음은, 고운 얼굴을 추악하게 만든다.

♣ 남을 증오하는 감정이 얼굴의 주름살이 되고 남을 원망하는 마음이 고운 얼굴을
추악케 한다. 감정은 늘 신체에 반사적으로 나타난다. 사랑의 감정은 신체 내에
조화되어 따뜻한 모습을 나타낸다. 그리고 맥박이 고르며 보통 때보다 기운차게 움직인다.
또 사랑의 감정은 위장의 활동을 도와 음식을 잘 소화시킨다.
따라서 사랑의 감정은 무엇보다 건강에 좋은 것이다.

♣ 마음의 괴로움은 육체의 고통보다 더 견디기 힘들다. 마음의 목마름은 물을 마셨다고 해서
해갈되지 않는다. 마음의 평온함을 얻은 사람은 자기 자신에게나 타인에게도 따뜻하고 평화롭다.
마음이 선량하면 모든 것이 좋아진다. 마음을 열고 향상시키기 위해서는 명상이 필요하다.

♣ 분노에 불같이 노하는 사람은 분노에 창백해지는 사람만큼 두렵지 않다.

♣ 애정은 생리적으로 강하고 미움은 생리적으로 약하다. 당신이 남을 원망하는 감정을
품고 있다면 당신의 피는 매우 나쁜 상태에 놓인다. 당신은 음식 맛조차 잃을 것이다.
당신의 건강을 위해서 남을 오래 원망하는 감정에 머물러 있지 말아야 한다.
순조로운 혈액 순환, 맑은 공기, 적당한 온도, 이것들은 모두 사랑의 표현인 것이다.

♣ 좋은 책들을 읽는 것은 지난 몇 세기 동안에 걸친
가장 훌륭한 사람들과 대화를 하는 것과 같다.

♣ 인간에게 필요한 가장 중요한 지식은 어떻게 살 것인가, 어떻게 하면 악을 멀리하고
선을 더 많이 행할 수 있는가 하는 것이다.

♣ 진리란 오류의 반대이다.

♣ 만약 당신이 정말로 진리를 추구하는 사람이라면,
생전에 한번 정도는 가능한 한 모든 것을 깊게 의심할 필요가 있다.

♣ 인간이 현명해지는 것은 경험에 의한 것이 아니라, 경험에 대처하는 능력 때문이다.

♣ 결단을 내리지 않는 것이야말로 최대의 해악이다.

♣ 훌륭한 정신을 갖는 것만으로는 충분치 않다.
　중요한 것은 그것을 올바른 방향으로 이끄는 것이다.

♣ 나는 생각한다. 고로 나는 존재한다.

케플러-Johannes Kepler, 천문학자, 독일 (1571년생)

★ 인류 역사인물 100명중 75위 선정

[출생] 1571년 12월 27일, 독일 슈투트가르트 근처 바일데어슈타트
[사망] 1630년 11월 15일 (58세), 독일 바이에른 레겐스부르크

[거주지]
바덴뷔르템베르크, 슈타이어마르크, 보헤미아, 오버외스 터라이히 등지
[국적] 신성 로마 제국
[분야]
천문학, 천체물리학, 수학, 광학, 자연 철학, 점성술
[소속]
그라츠 대학교, 린츠 대학교, 프라하 황궁, 발렌슈타인 공작령
[출신 대학] 튀빙겐 대학교
[지도 교수] 미하엘 매스틀린
[주요 업적]
케플러 초신성 발견, 케플러의 행성운동법칙, 케플러의 추측, 천체물리학 창시, 굴절 망원경 개량, 구분구적법 연구, 자연 철학 대중화 시도
[영향받음]
신플라톤주의, 니콜라우스 코페르니쿠스, 튀코 브라헤

[영향줌]
아이작 뉴턴, 에드먼드 핼리, 크리스토퍼 렌, 토머스 홉스 등
[종교] 루터교→(결별)

[생애]
케플러는 독일의 **천문학자**이다. 슈투트가르트 시 부근의 바일에서 출생하여 튀빙겐 대학에서 신학을 배우고, 이때 지동설을 접했다. 그라츠 대학에서 수학 및 천문학을 가르쳤다(1594년~1600년). 프로테

스탄트였기 때문에, 신교가 박해를 당하게 되자 프라하로 가서 티코 브라에(덴마크의 천문학자)의 조수가 된다. 티코가 죽은 후 그가 남긴 화성 관측 결과를 정리하여, **행성은 태양을 초점으로 하는 타원 궤도를 돈다고 하는 소위 '케플러의 법칙'인 '행성운동'의 제1법칙 및 면적 속도가 보존된다고 하는 '행성운동'의 제2법칙**에 이르렀고 이것은 1609년 『신(新)천문학』에 발표되었다. 루돌프 2세 사후 종교박해와 싸우면서 각지를 전전하다 빈곤 속에서 세상을 떠났다. 그 사이 1619년 행성의 태양으로부터의 거리와 그 주기의 관계를 밝힌 **제3법칙**을 논문 「세계의 조화」를 발표하였다. 그러나 이러한 각 법칙은 뉴턴의 출현 이전에는 충분히 설명되지 않아 인정받지 못하였다.

[업적]

요하네스 케플러는 독일의 수학자, 천문학자, 점성술사이자 17세기 천문학 혁명의 핵심 인물이었다. 자신의 이름이 붙은 행성운동법칙으로 유명하며, 후대의 천문학자들은 케플러의 저작 《신천문학》, 《세계의 조화》, 《코페르니쿠스 천문학 개요》를 바탕으로 그 법칙을 성문화하였다. 또한 이 저작들은 아이작 뉴턴이 만유인력의 법칙을 확립하는 데 기초를 제공하였다. 생애 동안 케플러는 오스트리아 그라츠 신학교의 **수학선생**, 천문학자 튀코 브라헤의 조수, 루돌프 2세, 마티아스, 페르디난트 2세 등 세 황제를 모신 신성 로마 제국의 **제국 수학자**, 오스트리아 린츠에서의 수학선생, 발렌슈타인 장군의 **점성술사**라는 **다양한 경력**의 소유자였다. 또한 케플러는 **광학 연구 분야의 초석**을 닦았으며, **굴절 망원경을 개조**하여 성능을 향상시켰으며(케플러식 망원경), 동시대의 인물인 갈릴레오 갈릴레이의 망원경을 이용한 발견이 공식적으로 인정되는 데 공헌하였다.

케플러가 살던 시대에는 천문학과 점성술의 경계가 분명하지 않았으나, 천문학(자유 인문의 범위 내에 있는 수학의 한 가지)과 물리학(자연 철학의 한 가지) 사이에는 확고한 경계가 있었다. 케플러는 신이 '이성의 자연적인 빛'을 통해 알 수 있는 지적 계획에 따라 세상을 창조했다는 신념에 차 있었으며, 이러한 종교적 신념에 의거하여 **자신의 저술 속에 종교적 논쟁과 과학적 추론을 융합**시켰다. 케플러는 천문학을 보편적 수리물리학의 한 갈래로 인식함으로써 고대의 물리학적 우주론의 전통을 바꾸었고, 자신의 새로운 천문학을 이른바 "천체 물리학, "아리스토텔레스의 《형이상학》으로의 여행", "아리스토텔레스의 《천체에 관하여》의 보충"이라고 묘사했다.

🦏 • 케플러 명언

♣ **자연은 무엇이든 최소한으로 사용한다.**
♣ **기쁨은 인생의 요소이며, 인생의 욕구이며, 인생의 힘이며, 인생의 가치이다.**
  인간은 누구나 기쁨에 대한 욕구를 갖고 기쁨을 요구하는 권리를 갖고 있다.
♣ **자연현상의 다양성은 너무 대단하고, 하늘에 숨겨진 보물들이 너무 많아 인간의 마음은 새로운 영양공급에 결코 부족함이 없다.**

셰익스피어-William Shakespeare, 극작가, 영국 (1564년생)

★ 지난 1,000년간 인물100명중 5위 선정
★ 인류 역사인물 100명중 31위 선정
★ 인류 역사인물 50명에 선정

[출생] 1564년 4월 26일, 잉글랜드 워릭셔 주 스트랫퍼드 어폰 에이번
[사망] 1616년 4월 23일 (51세), 잉글랜드 스트랫퍼드 어폰 에이번

[직업] 극작가, 시인, 배우
[국적] 영국
[사조] 영국 르네상스 연극
[배우자]
앤 해서웨이(1582-1616)
[자녀]
수재나 홀
햄넷 셰익스피어
주디스 퀴니

[주요작품]
《로미오와 줄리엣》《베니스의 상인》《햄릿》《맥베스》

[요약]
윌리엄 셰익스피어는 영국의 극작가, 시인이다. 셰익스피어의 작품은 영어로 된 작품 중 최고라는 찬사를 받으며, 셰익스피어 자신도 최고의 극작가로 손꼽힌다. 셰익스피어는 자주 영국의 "국민 시인"과 "에이번의 시인"으로 불렸다. **영국이 낳은 세계 최고 극작가로서, 희·비극을 포함한 38편의 희곡과 여러 권의 시집 및 소네트집**의 작품을 남겼다.

[생애와 작품활동]
1564년 잉글랜드 중부의 스트랫퍼드어폰 에이번에서 출생하였다. 정확한 출생일은 알려지지 않고 있으며, 4월 26일은 셰익스피어가 유아세례를 받은 날로, 최초의 기록이다. 셰익스피어가 태어난 마을은 아름다운 자연에 둘러싸인 영국의 전형적인 소읍이었고, 아버지 존 셰익스피어는 비교적 부유한 상인으로 피혁가공업과 중농(中農)을 겸하고 있었다. 아버지가 읍장까지 지낸 유지였으므로, 당시의 사회적 신분으로서는 중산계급에 속해 있었기 때문에 **셰익스피어는 풍족한 소년시절을 보낸 것으로 짐작된다.** 당시 스트랫퍼드어폰에이번에는 훌륭한 초·중급학교가 있어서 라틴어를 중심으로 한 기본적 고전교육을 받았으며, 뒤에 그에게 필요했던 고전 소양도 이때 얻은 것으로 볼 수 있다.
그러나 1577년경부터 가운(家運)이 기울어져 학업을 중단했고 집안일을 도울 수밖에 없었다. 학업을

중단하고 런던으로 나온 시기는 확실치가 않다. 다만 1580년대 후반일 것으로 생각되며, 상경의 동기가 극단과 어떤 관계였는지의 여부도 알 수 없으나, 1592년에는 이미 세익스피어가 유수한 극작가의 한 사람이었다는 사실을 선배 극작가인 그린의 질투어린 비판을 통하여 알 수 있다. 1590년을 전후한 시대는 엘리자베스 1세 여왕 치하에서 국운이 융성한 때였으므로 문화면에서도 고도의 창조적 잠재력이 요구되었던 시기였다. 이러한 배경을 얻어 세익스피어의 천분은 더욱 빛날 수 있었다. 당시의 연극은 중세 이래의 민중적·토착적 전통이 고도로 세련되었으며, 특히 그리스·로마의 고전을 소생시킨 르네상스 문화의 유입을 맞아 새로운 민족적 형식과 내용의 드라마를 창출해 내려는 때이기도 하였다.

그러나 1592년~1594년 2년간에 걸친 **페스트 창궐로 인하여 극장 등이 폐쇄되었고, 때를 같이하여 런던 극단도 전면적으로 개편**되었다. 이때부터 신진극작가인 세익스피어에게 본격적인 활동의 기회가 주어졌다. 세익스피어는 당시의 극계를 양분하는 세력의 하나였던 궁내부장관 극단(당시는 유력자를 명목상의 후원자로 하여 그 명칭을 극단에 붙이는 것이 관례였다)의 간부 단원이 되었고, 그 극단을 위해 작품을 쓰는 전속 극작가가 되었다. 세익스피어는 이 극단에서 조연급 배우로서도 활동했으나 극작에 더 주력하였다.

그리고 이 기간을 전후해서 시인으로서의 재능도 과시하여 《비너스와 아도니스》(1593년)와 《루크리스》(1594년) 등 두 편의 장시를 발표하기도 하였다. 극작가로서의 세익스피어의 활동기는 1590년~1613년까지의 대략 24년간으로 볼 수 있다. 이 기간에 세익스피어는 모두 37편의 작품을 발표하였다. 작품을 시기별로 구분해 보면, 초기에는 습작적 경향이 보였으며, 영국사기를 중심으로 한 역사극에 집중하던 시기, 그것과 중복되지만 낭만희극을 쓰던 시기, 그리고 일부의 대표작들이 발표된 비극의 시기, 만년에 가서는 화해의 경지를 보여주는 이른바 로맨스극 시기로 나눌 수 있다.

세익스피어에게 있어서 이러한 시기적 구획이 다른 어느 작가보다도 뚜렷하게 구분되는 것이 특징이기도 하다. 세익스피어는 평생을 연극인으로서 충실하게 보냈으며, 자신이 속해 있던 극단을 위해서도 전력을 다했다. 1599년 템스강 남쪽에 글로브극장을 신축하고 엘리자베스 1세 여왕의 뒤를 이은 제임스 1세의 허락을 받아 극단명을 '임금님 극단'이라 개칭하는 행운도 얻었다. 그러나 이런 명칭은 당시의 관례였을 뿐 상업적인 성격을 띤 일반 극단과 차이가 없었다. 1613년 세익스피어의 마지막 작품인 《헨리 8세》를 상연하는 도중 글로브극장이 화재로 소실되었다. 1616년 4월 23일 52세의 나이로 고향에서 사망하였다.

[성장기]

영국이 낳은 세계 최고 극작가로 불리고 있는 세익스피어는 잉글랜드 중부의 영국의 전형적인 소읍 스트랫퍼드 어폰 에이번에서 출생하였다. 세익스피어는 아름다운 숲과 계곡으로 둘러싸인 인구 2,000명 정도의 작은 마을 스트랫퍼드에서 존 부부의 첫 번째아들로, 8남매 중 셋째로 태어났고, 이곳에서 학교를 다녔다. 아버지 존 세익스피어는 비교적 부유한 상인으로 피혁가공업과 중농을 겸하였으며, 읍장까지 지낸 유지로 당시의 사회적 신분으로서는 중산계급에 속해 있었기 때문에 세익스피어는 풍족한 소년시절을 보낸 것으로 짐작된다. 그러나 1577년경부터 가운이 기울어져 학업을 중단했고 집안일을 도울 수밖에 없었다고 한다.

학업을 중단하고 런던으로 나온 시기는 확실치가 않고 다만 1580년대 후반일 것으로 여겨진다. 세익스피어는 주로 성서와 고전을 통해 읽기와 쓰기를 배웠고, 라틴어 격언도 암송하곤 했다. 세익스피어는 11세에 입학한 문법학교에서 문법, 논리학, 수사학, 문학 등을 배웠는데, 특히 성서와 더불어 오비디우스의 《변신》은 세익스피어에게 상상력의 원천이 된다. 세익스피어는 그리스어를 배우기도 하였지만 그리 뛰어나지 않는 편이었다. 그리하여 세익스피어와 동시대 극작가인 벤 존슨은 "라틴어에도 그만이고 그리스어는 더욱 말할 것이 없다."라고 하면서 세익스피어를 비꼬아내기도 하였다. 이 당시에 대학에서 교육받은 학식 있는 작가들을 '대학재사'라고 불렀는데, 세익스피어는 이들과는 달리 대학 교육을 전혀 받지 못하였다.

그럼에도 불구하고 세익스피어의 타고난 언어 구사 능력과 무대 예술에 대한 천부적인 감각, 다양한 경험, 인간에 대한 심오한 이해력은 그를 위대한 작가로 만드는 데 부족함이 없었다. **세익스피어는 다른 사람들과는 다르게 뛰어난 교육을 받지 못하였음에도 불구하고 자연 그 자체로부터 깊은 생각과 뛰어난 지식을 끌어 모은 자로서 그 세대의 최고의 희곡가라고 불리고 있다.** 세익스피어는 18세의 나이에 26세의 앤 해서웨이와 결혼했다. 우스터의 성공회관구(자치적이고 독립적인 지역 성공회 교회를 일컫는 말)의 교회 법정에서는 1582년 11월 27일에 혼인 허가를 내주었다. 해서웨이의 두 이웃은 결혼을 막을 아무런 장애 요인이 없음을 보증하는 보증서를 다음 날 보냈다.

세익스피어의 생애에서 세례일과 결혼일을 제외하고 확실한 기록으로 남아 있는 것은 거의 없다. 세익스피어와 앤 사이에서 1583년 5월 23일에 수잔나라는 딸이 탄생한다. 앤은 엘리자베스 시대의 정황으로 보아 그리 늙은 신부가 아니었지만 세익스피어가 연상의 아내를 그리 사랑한 것 같지는 않다. 연상의 아내가 마음에 들지 않아서였든 개인적인 성공의 야심에서였든, 아니면 고향에 머무를 수 없을 만한 사고를 저질렀든, 세익스피어는 1585년에 햄닛과 주디스라는 쌍둥이가 태어난 후 곧장 고향을 떠나 떠돌아다닌다. 1585년 이후 7~8년간 고향을 떠나 떠돌아다녔는데, 이 기간 동안 세익스피어가 어디서 무엇을 했는지 명확하게 밝혀져 있지 않다. 다만, 1590년경에야 런던에 도착해 이때부터 배우, 극작가, 극장 주주로 활동했다는 기록이 남아 있을 뿐이다.

[런던과 극작 활동]

런던에 이주한 세익스피어는 눈부시게 변하고 있던 수도 런던의 모습에 매료되었다. 엘리자베스 여왕(1558년~1603년)이 통치하던 이 시기의 런던은 많은 농촌 인구가 유입되어 대단히 북적거리고 활기 넘치는 도시였다. 런던은 인구의 급격한 팽창으로 도시는 지저분해지고 많은 문제점이 야기된 도시였지만, 북적거리는 사람들과 다양한 경제 활동, 다양한 문화 활동과 행사, 특히 빈번한 연극 공연은 많은 사람들에게 여흥을 제공하면서 세익스피어가 성장할 수 있는 기반이 되었다. 세익스피어가 작품 활동을 시작한 시기는 정확히 알려진 바가 없다.

그러나 같은 시기에 활동했던 극작가 로버트 그린의 기록을 보면 세익스피어가 적어도 1592년에는 런던에서 알려진 극작가 중 하나였을 것이라 짐작할 수 있다. 로버트 그린은 세익스피어가 대학도 마치지 못한 학력으로 인해 품격이 떨어지는 연극을 양산하고 있다고 비난하였나. 1594년부터 세익스피어는 당시 런던 연극계를 양분하는 극단의 하나였던 궁내부장관 극단의 전속 극작가가 되었다. 1599년 궁내부장관 극단은 템스 강 남쪽에 글로브 극장을 신축하고 1603년 엘리자베스 1세가 사망한 후 제임스 1세가 즉위하자 극단은 국왕 극단으로 이름을 바꾸었다. 세익스피어는 이 극단에서 조

연금 배우로서도 활동했으나 극작에 더 주력하였다. 그리고 이 기간을 전후해서 시인으로서의 재능도 과시하여 《비너스와 아도니스》(1593년)와 《루크리스》(1594년) 등 두 편의 장시(長詩)를 발표하기도 하였다. **극작가로서의 세익스피어의 활동기는 1590년~1613년까지의 대략 24년간으로 볼 수 있는데, 이 기간에 희·비극을 포함한 모두 38편의 작품을 발표하였다.** 1590년대 초반에 세익스피어가 집필한 《타이터스 안드로니커스》, 《헨리 6세》, 《리처드 3세》 등이 런던의 무대에서 상연되었는데, 특히 《헨리 6세》는 공전의 히트를 기록한다. 세익스피어에 대한 악의에 찬 비난도 없지 않았지만, 시간이 지날수록 대학 교육도 받지 못한 작가 세익스피어의 작품의 인기는 더해 갔다.

1623년 벤 존슨은 그리스와 로마의 극작가와 견줄 수 있는 사람은 오직 세익스피어뿐이라고 호평하며, **세익스피어는 "어느 한 시대의 사람이 아니라, 모든 시대의 사람"**이라고 칭찬했다. 1668년 존 드라이든은 세익스피어를 **"가장 크고 포괄적인 영혼"**이라고 극찬한다. 세익스피어는 1590년에서 1613년에 이르기까지 10편의 비극(로마극 포함), 17편의 희극, 10편의 역사극, 몇 편의 장시와 시집 《소네트》를 집필하였고, **대부분의 작품이 살아생전 인기를 누렸다.** 생전의 엘리자베스가 세익스피어에 대한 유명한 말을 남겼는데 **"국가를 모두 넘겨주는 경우에도 세익스피어 한명만은 못 넘긴다."**이었다.

[말년과 죽음]

세익스피어에 대한 첫 번째 전기를 출간한 작가 로우는 세익스피어가 죽기 몇 년 전에 고향인 스트랫퍼드로 돌아왔다는 이야기를 전했다. 그러나 당시에 모든 작품 활동을 그만두고 은퇴하는 일은 보기 드문 경우이었고, 말년에도 세익스피어는 런던을 계속 방문하였다. 1612년 세익스피어는 마운트 조이의 딸 메리의 혼인 신고와 관련하여 법정에 증인으로 출석할 것을 요구받았다. 1613년 3월 세익스피어는 과거에 런던 블랙프라이어스 소 수도원 이었던 문루 집을 사들였고, 1614년 11월에는 내과 의사이자 세익스피어의 사위인 존 홀과 함께 몇 주간 런던에 머물러 있었다. 1606년에서 1607년을 지나면서 세익스피어는 몇 편 안되는 희곡을 썼으나 1613년 이후에는 세익스피어의 창작으로 볼 수 있는 작품이 하나도 없다.

세익스피어가 마지막으로 쓴 세 편의 희곡은 아마도 극작가인 존 플레처와 함께 창작한 것으로 보이며, 존 플래쳐는 세익스피어의 뒤를 이어 왕의 부하들을 위한 실내극을 창작한 인물이었다. 세익스피어는 1616년 4월 26일에 세상을 떠났다. 유족으로는 세익스피어의 아내와 두 딸이 있었다. 수잔나는 내과의사인 존 홀과 1607년에 결혼하였으며, 쥬디스는 세익스피어가 죽기 두 달 전에 포도주 제조업자인 토마스 퀸네이와 결혼하였다.

자신의 뜻에 따라 세익스피어는 갖고 있던 많은 부동산을 큰딸인 수잔나에게 물려주었다. 유언장에 따르면 그녀는 그 재산을 온전히 보전하여 "그녀의 몸에서 낳은 첫 아들"에게 상속해야 했다. 둘째 사위인 퀸네이는 세 자녀가 있었으나, 모두 결혼하지 못하고 세상을 떠났다. 수잔나의 남편이자 첫째 사위인 홀에게는 '엘리자베스'라는 이름을 지닌 자녀가 한 명 있었다. 엘리자베스는 두 차례 결혼하였지만 1670년에 자녀를 남기지 못한 채로 세상을 떠났다. 이로써 **세익스피어의 직계는 대가 끊기게 되었다.**

세익스피어는 유언에서 당시 법에 따라 아마도 자신의 재산 중 3분의 1을 물려받을 상속권이 있었을 아내 앤에 대해서는 거의 말을 하지 않았다. 세익스피어는 다만 한 마디를 남겼는데, 그것은 자신이 그녀에게 "나의 두 번째 좋은 침대"를 물려준다는 것이었다. 세익스피어가 언급한 침대가 무엇인지에 대해서는 여러 추측이 난무하였다. 일부 학자는 언급된 그 침대가 실제 물건이 아니라 앤에게 모욕을 주려고 한 말이라고 보는 반면에, 다른 학자들은 진짜 그러한 침대가 있었고 따라서 그것은 의미 있는 유산이었으리라고 믿는다. 세익스피어는 죽은 뒤에 고향의 성 트리니티 교회에 묻히게 된다. 세익스피어의 흉상 아래에는 다음과 같은 글귀가 새겨져 있다. "**판단은 네스터와 같고, 천재는 소크라테스와 같고, 예술은 버질과 같은 사람. 대지는 세익스피어를 덮고, 사람들은 통곡하고, 올림푸스는 세익스피어를 소유한다.**"

[작품 세계]

세익스피어가 쓴 작품의 수는 각본이 36편이고, 154편의 14행시(소네트)가 있다. 세익스피어의 희곡 전집은 1623년 극단 동료의 손으로 편찬되어 세상에 나왔다. 세익스피어에 대한 평가는 생전에 이미 최대의 찬사를 받았고, 죽은 후에도 계속 숭앙의 대상이 되어 거의 신격화되었다. 비평가 칼라일이 "**영국 식민지 인도와도 바꿀 수 없다.**"고 말할 정도로 **위대한 인류의 유산**이었다. 세익스피어는 '온화한 세익스피어'라고 불리었지만, 인간 심리의 통찰에는 비할 수 없는 넓은 안목을 가졌고, 완성 과정에 있던 근대 영어의 잠재능력을 극도로 발휘하여 시극미(時劇美)의 최고를 창조하였다.

[희곡]

세익스피어는 르네상스 영국 연극의 **대표적 극작가**로서 사극, 희극, 비극, 희비극 등 연극의 모든 장르를 섭렵하는 창작의 범위와 당대 사회의 각계각층을 포괄하는 광범위한 관객층에의 호소력으로 크리스토퍼 말로, 벤 존슨, 존 웹스터 등 동시대의 탁월한 극작가 모두를 뛰어넘는 성취를 이루었다.

[인물]

특히 유럽 본토에 비해 다소 늦게 시작된 영국 문예부흥과 종교개혁의 교차적 흐름 속에서 그가 그려낸 비극적 인물들은 인간 해방이라는 르네상스 인문주의 사상의 가장 심오한 극적 구현으로 간주된다. 1580년대 말로의 주인공들이 중세적 가치에 거침없이 도전하는 상승적 에너지의 영웅적 면모를 구현하고 있고, 1610년대 웹스터의 주인공들이 인문주의적 가치의 이면에 놓인 어두운 본능의 세계에 함몰되는 추락의 인간상을 대변한다면, 1590년~1600년대에 등장한 세익스피어의 주인공들은 중세적 속박과 르네상스적 해방이 가장 치열하게 맞부딪히는 과도기의 산물로서 그러한 상승과 추락의 변증법을 극명하게 체현하고 있다.

세익스피어 극은 인간관계에서 생겨나는 문제를 가장 밑바탕에 깔고 있다. 세익스피어에게 인간에 대한 흥미와 호기심이 없었다면 세익스피어의 극이 이처럼 재미있을 수는 없을 것이다. 더욱이 세익스피어의 인물들은 시대적 한계를 뛰어넘는 존재들이다. 무엇보다 세익스피어가 초시대성을 획득하는 극소수의 작가 반열에 드는 것은 특정한 시대정신의 명징한 관념적 표상이 아니라 무한한 모순의 복합체로서의 인간을 그려내고 있기 때문이다. 조화롭게 통합된 존재가 아니라 분열적으로 모순된 존재로서의 인간에 대한 치열한 인식이 르네상스 이후 오늘날에 이르기까지 서구 문화와 문예를 혁신하는 원동력이었다면, 그러한 인식의 비등점을 이룬 낭만주의, 모더니즘, 실존주의, 포스트모더니즘 시대에 세익스피어의 작품들이 활발히 탐구되고 공연되었다는 사실은 그것이 박제된 고전이 아니라 살아있는 고전임을 여실히 말해주는 것이라 하겠다.

[표현]

세익스피어의 탁월함을 증명해 주는 또 다른 점은 세익스피어의 문학적, 연극적 상상력과 감칠맛나는 표현력을 들 수 있다. 세익스피어는 자신이 속한 극장의 구조를 십분 활용하면서 구조상의 제약을 뛰어넘는 무한한 상상력을 발휘하여 관객과 독자를 매혹한다. 같은 이야기 소재라도 세익스피어의 손에 들어가면 모든 이의 정서에 공감을 줄 수 있는 보편성을 갖게 된다. 세익스피어의 작품에는 시공을 초월하여 거의 모든 삶의 영역을 탐구해 볼 수 있는 요소들이 들어 있다. 심지어 현대의 경영학자들이나 정치가들에게도 세익스피어는 훌륭한 길잡이가 되어 준다. 또한 '사느냐 죽느냐 그것이 문제로다.'라는 햄릿의 유명한 대사처럼 세익스피어는 감히 어느 누구도 흉내 낼 수 없는 숱한 명대사를 남겼다.

작품 속 표현 한 마디 한 마디가 관객들로 하여금 무릎을 치게 만들고, 교묘하고 신비로운 표현은 그 속에 인생의 진지한 성찰을 담고 있다. 오늘날 영어의 풍부한 표현력은 세익스피어에게 큰 빚을 지고 있다고 해도 과언이 아니다. 세익스피어의 작품을 통해 우리는 인생의 소중함을 깨닫게 되고, 그의 작품이 가져다주는 **문학적 향취에 취해 감탄**하게 된다. 세익스피어의 대사에는 운문과 산문이 혼재되어 있다. 물론 절대적으로 많은 부분이 운문으로 이루어져 있지만, 그는 극적 필요에 따라 산문으로 대사를 쓰기도 했다.

[창작 시기에 따른 작품 구분]

세익스피어의 37편의 희곡 작품들은 상연 연대에 따라 대개 4기로 분류된다.

[제1기 : 습작기]

1기는 습작기(1590년~1594년)로 이 기간 동안 주로 사극과 희극을 집필했다. 이 시기는 옛 작가의 모방과 자신의 것을 찾기 위한 모색의 과정이었다. 우선 〈헨리 6세〉의 3부작, 〈리처드 3세〉의 사극과 병행하여 세네카풍 복수비극 〈타이투스 안드로니쿠스〉에서 출발하여 이 시기의 기조는 플라우투스풍의 〈실수연발이〉, 이탈리아 코믹풍의 〈사랑의 헛수고〉등 젊은 정열을 발산시키는 경쾌하고 밝은 희극의 세계에 있다. 전체적으로 고전극의 영향이나 말로, 릴리 등 선배의 영향을 받아 엇비슷한 것이 많으며 습작기의 영역에서 완전히 탈피했다고 보기는 어렵다.

마침 페스트의 대유행으로 인한 극장 폐쇄기(1592년~1594년)와 겹쳐 〈비너스와 아도니스〉(1593년), 〈루크리스의 능욕〉(1594년) 등 일련의 서사시를 발표, 극작가로서 대성하기 전에 시인으로서의 명성을 확립시킨 시기이기도 했다. 그러나 제1기말에서 제2기에 걸쳐서는 그린, 말로, 키드, 피일 등 선배의 죽음이 계속되고 릴리도 사실상 극작의 붓을 놓기 시작한 시기였으므로 라이벌이 없어진 세익스피어는 행운의 극작가로서 자기 길을 걷게 된 셈이며, 초기 낭만비극의 걸작 〈로미오와 줄리엣〉은 바로 이 무렵에 탄생, 서정과 낭만성이 신인만이 갖는 청신함과 함께 곁들여져 있는 작품으로 천재 극작가로서의 편린이 엿보이기 시작했다.

[제2기 : 성장기]

2기는 성장기(1595년~1600년)로 전기(前期)의 희극세계가 더욱 확대되었다. 1595년 《한여름 밤의 꿈》이라는 낭만 희극을 상연하여 호평을 받으면서 습작기를 벗어나게 된다. 이 기간 동안 《한여름

밤의 꿈》, 《뜻대로 하세요》, 《12야》 등과 《베니스의 상인》 등 으로 목가적 분위기나 희비극적 요소가 가미된 낭만희극의 걸작이 속출하는 한편, 《헨리 4세》 1부와 2부 같은 역사극과 《줄리어스 시저》라는 로마극이 상연되었으며, 본격적인 비극으로는 첫 작품인 《로미오와 줄리엣》이 상연되었다. 이를 통해 비극과 희극과 사극이라는 모든 장르에 탁월한 극작가로서 명성을 쌓게 된다.

〈햄릿〉의 싹이 엿보이는 〈리처드 2세〉나 폴스타프의 개성창조, 극작술의 진보와 함께 세익스피어의 재능이 훌륭하게 개화하여 인기 독점의 시대에 이른다. 인간적 관찰의 눈이 뚜렷해지고 기법이 숙련되어 당시의 극단에서 뛰어난 존재가 되었다. 이 시기의 세익스피어의 희극은 낭만적 희극의 극치를 보여주었다. 화려한 낭만이 온화한 해학에 감싸여 아름다운 언어로써 독특한 세계를 형성한다.

[제3기 : 원숙기]

제3기는 원숙기(1601년~1607년)다. 희극의 계통으로서는 〈윈저의 쾌활한 아낙네들〉(폴스타프에 마음이 흡족해진 여왕의 요청으로 〈사랑하는 폴스타프〉를 테마로 한 것)을 제외하고는 전기까지의 발랄한 명랑함이 자취를 감추고 '다크 코미디(어두운 희극)'라고 불리는 문제 희극 3편, 즉 〈트로일러스와 크레시다〉('비극'으로 분류되기도 한다) 〈끝이 좋으면 다 좋지〉 〈이척보척〉밖에 없으며 '로마극'이라고도 하는 〈줄리어스 시저〉 〈안토니오와 클레오파트라〉 〈코리오러너스〉 등 위대한 비극들이 집중적으로 창작되던 시대이다. 여기서 보여주는 심각함과 비극으로서의 장대함은 일찍이 보지 못한 것이다. 이 시기에 쓰여진 희극도 끝은 행복한 결과로 맺어졌으나, 매우 음울하여 앞 시기의 작품들과 좋은 대조를 이룬다.

제2기에서 제3기에의 이 커다란 변화는 양친의 죽음을 포함한 신변의 불행뿐만 아니라 여왕의 만년과 죽음을 둘러싼 사회정세의 불온, 정치 · 종교상의 혼란으로 인한 음모사건(예컨대 1601년에 있었던 에세크 백작의 반란과 처형) 등에도 원인이 있겠으나, 이러한 비극은 '개인'의 성격비극인 동시에 '국가'의 운명과도 관련이 있는 우주적 규모를 지닌 장대함으로까지 이르고 있다. 그리고 이 시기에는 채프먼, 마스턴 등 신진작가들의 대두와 벤 존슨의 눈부신 활약이 있기는 했으나, 그래도 그들의 **추종을 불허할 만큼 세익스피어의 창작력은 뛰어난 것**이었다.

이 기간 중 **4대 비극작품인 《햄릿》, 《오셀로》, 《리어왕》, 《맥베스》가 상연**되었다. 세익스피어를 세계 문학사에서 불후의 명성을 지닌 작가로 만들어 준 것은 바로 제3기에 집필된 극작품들일 것이다. 이들 작품에서 세익스피어는 깊은 인생 통찰을 보여주고 있음과 동시에 걸출한 등장인물들을 창조하고 있다. 《햄릿》에서는 우유부단한 주인공 햄릿을 통해 복수에 관련된 윤리성, 삶과 죽음의 문제, 정의와 불의의 문제를 조명하고 있다. 《오셀로》에서는 무어인 장군 오셀로와 베니스의 귀족 여성 데스데모나, 그들 사이에서 이간질을 일삼는 이아고의 이야기를 통해 사랑과 신뢰와 질투의 문제를, 《리어왕》에서는 리어왕과 그의 세 딸인 코델리어, 거네릴, 리건의 이야기를 통해 효와 불효, 말과 진실, 외양과 실재의 문제를, 《맥베스》에서는 야심에 찬 맥베스와 그의 아내가 자행하는 찬탈의 이야기를 통해 선과 악의 문제를 심도 있게 조명하고 있다. 로마 시대를 배경으로 한 비극 《안토니와 클레오파트라》가 상연된 것도 이 시기이다.

[제4기]

제4기(1608년~1613년)에 들어 세익스피어는 비희극이란 새로운 장르를 시험하는데, 당시 희비극의 장르에서 인기가 절정이었던 보먼트와 플레처에게 자극을 받아 쓴 것이 〈심벨린〉〈겨울밤 이야기〉〈태풍〉 등 일련의 로맨스극이로 이 시기 동안 대중들의 감상적인 기호에 부합하는 네 개의 비희극이 상연되었다. 집안의 이산, 오랜 세월의 방랑을 거친 재회, 화해, 속죄를 테마로 하는 회비극의 세계는 파란으로 가득찬 20년 창작생활의 종막답게 폭풍 뒤의 고요와도 흡사한 안정된 기분으로 통일되고, 인생의 희비·명암의 전부를 보아온 작자의 달관된 심경마저 엿볼 수 있다. 원래 비극이어야 할 이야기가 그의 체념과 화해의 심정으로 말미암아 행복한 결과로 맺어졌으므로, 보통 로맨스라 불린다.

이 시기에 상연된 《폭풍우》는 세익스피어의 달관된 인생관을 잘 보여주는 수작이다. 이 작품에서 주인공 프로스페로는 이제 연회는 끝났고, 지구의 삼라만상은 마침내 용해되어 흔적도 남기지 않고, 인간은 "꿈과 같은 물건이어서, 이 보잘것없는 인생은 잠으로 끝나는 것"(4막 1장)이라고 말하는데, 이는 무대에 대한 세익스피어 자신의 고별사로 받아들여진다. 세익스피어의 세계는 엘리자베스 왕조 연극의 다면성을 그대로 반영한 것이라고 하겠다.

세익스피어의 위대함은, 고전작가를 비롯하여 선배와 후배들의 여러 가지 요소를 흡수하면서, 뛰어난 재능과 정교한 극작술로써 모든 장르를 완성하고 동시에 자신의 독자적 세계를 창조했다는 점에 있다. 특히 르네상스적 인간상의 한 전형인 폴스타프의 활약으로 성공한 〈헨리 4세〉, 〈헨리 5세〉에서의 사극과 희극의 융합, 〈리처드 2세〉나 〈로마극〉에서의 사극과 비극의 융합은 각각 그린과 말로에게서 그 싹을 볼 수 있다고는 하나 다른 누구에게서도 달성될 수 없었던 영역이었다. **엘리자베스 왕조 연극의 위대한 완성자로서 영국 연극 뿐 아니라 세계 연극의 발전에 공헌한 공적은 이루 말할 수 없이 큰 것**이라 하겠다.

[시]

1593년과 1594년에 페스트의 유행으로 극장들이 문을 닫게 되자 세익스피어는 사랑을 주제로 삼은 두 권의 서사시를 출간했다. 《비너스와 아도니스》, 《루크레티아의 능욕》이 그것이다. 《비너스와 아도니스》에서 순수한 아도니스는 비너스의 성적인 접근을 거절한다. 반면에 《루크레티아의 능욕》에서는 덕있는 아내인 루크레티아가 호색한인 섹스투스 타르퀴니우스에 의해 강간을 당한다. 이 시들은 통제되지 않는 정욕 때문에 죄와 도덕적 혼란이 발생한다는 것을 보여주고 있다. 두 시 모두 인기를 얻었고 세익스피어 생전에 재출간되곤 하였다.

[소네트]

1609년에 출간된 《세익스피어의 소네트》는 세익스피어가 출판한 책 중에서 연극적이지 않은 작품을 담은 마지막 책이었다.

[세익스피어와 그의 시대]

세익스피어가 활동을 시작했던 16세기 후반의 영국은 한마디로 전환기였다. 어느 시대인들 전환기가 아닌 시대는 없겠지만, 이 기간은 겉으로 드러나는 역사적 사건들에서뿐만 아니라 그 밑에 흐르는 이념의 작동에서도 새로운 패러다임이 형성되던 분명한 전환기였다. 봉건 체제에서 근대국가 체제로의 전이, 엘리자베스 여왕의 통치와 유럽 열강으로의 편입, 상업주의의 부상, 다양한 문화 산업의 번성 등이 눈에 띄는 것이라면, 그 저변에 젠더에 대한 인식의 변화, 인종 문제의 부상, 사회의 유동화에 따른 계층의 와해조짐 등 이념적 변동 양상이 흐르고 있었다. 셰익스피어가 위대한 작가라는 것은 이러한 사회변동 양상을 선구자적으로 재현하고 있다는 점에서 그러하다. 엘리자베스 여왕이 지배하던 영국의 16세기 후반은 문예 부흥기일 뿐 아니라 국가적 부흥기였다. 동시에 사회의 제반 양상들이 요동치고 변화하는 전환기이자 변혁기이기도 했다.

성숙한 문학적 또는 문화적 분위기, 역동적인 사회가 던져주는 풍부한 소재들은 셰익스피어의 작품 곳곳에 녹아들었으며, 이를 통해 셰익스피어의 작품들은 문학작품 이상의 사회와 역사에 대한 참고서 역할까지 하게 된다. 셰익스피어가 극장가에서 두각을 나타낼 무렵에는 옥스퍼드나 케임브리지 출신의 극작가들이 많이 활동하였는데 이들 중 극작가 로버트 그린은 셰익스피어를 향한 질투심에서 셰익스피어의 학식이 낮은 사실을 이용하여 **"라틴어는 조금밖에 모르고 그리스어는 더욱 모르는 촌놈이 극장가를 뒤흔든다."**고 은근히 비꼬았다. 그러나 후대인들은 그들을 '대학 출신 재간꾼' 정도로 부르는 데 반해 **셰익스피어**는 '**대가**'라고 불러 위대한 예술적 정신에 대한 예우를 하고 있다. 셰익스피어가 위대한 작가로 추앙받게 된 데에는 운 좋게도 문학적 자양분을 풍부하게 제공하는 시대에 태어났다는 점도 한몫한다.

[셰익스피어에 대한 견해]
[저작자 논란]

37개의 작품 전부를 과연 대학 교육도 받지 않은 장갑제조업자의 아들 셰익스피어가 혼자 집필했을까 하는 의문이 끊임없이 제기되어 왔다. 어떤 학자는 철학자이며 정치가인 프랜시스 베이컨이 셰익스피어 작품의 실제 저자라고 추정하기도 하고 에식스 백작 또는 옥스퍼드 백작이 실제 저자라고 추정하기도 한다. 그러나 이러한 추측에는 아무런 근거가 없다. 셰익스피어라는 대학을 다니지 않았지만 자연과 인간의 실제 삶으로부터 모든 것을 배웠다.

다음의 새뮤얼 존슨의 논평은 아마 셰익스피어를 가장 적절하게 평가하는 글일 것이다. "보편적인 자연을 올바르게 재현하는 것 외에는 아무것도 많은 사람들을 오래도록 즐겁게 할 수 없다. …셰익스피어는 어느 작가보다도 자연의 시인이다. 즉 셰익스피어는 독자들에게 삶과 세태의 모습을 충실히 비추어주는 거울을 들어 보이는 시인이다. 셰익스피어의 등장인물들은… 공통의 인간 본성을 지닌 인류의 진정한 자손들이며… 셰익스피어가 그린 인물들은 모든 사람의 마음을 움직이고 삶의 전 체계를 움직이게 하는 보편적인 감정과 원칙에 따라 말하고 행동한다. 다른 작가의 작품에 등장하는 인물들이 개별적 인간이라면 셰익스피어 작품에 등장하는 인물들은 일반적으로 하나의 종이다."

[작품 인용]

셰익스피어는 《뜻대로 하세요》 2막 7장에서 제이퀴즈의 입을 통해 우리의 인생을 다음의 7단계로 구분한다. "세상은 무대요, 온갖 남녀는 배우. 각자 퇴장도 하고 등장도 하며 주어진 시간에 각자는 자신의 역을 하는 7막 연극이죠. 첫째는 이기 장면. 유모의 팔에 안겨 울며 침을 흘리죠. 다음은 킹킹대며 우는 학동. 가방을 메고 아침에 세수해서 반짝이는 얼굴로 달팽이처럼 싫어하며 학교로 기어들어가죠. 다음은 애인. 용광로처럼 한숨지며 연인의 눈썹을 찬미하여 바치는 슬픈 노래를 짓고… (중략) 이상하고 파란 많은 역사에 종지부를 찍는 마지막 장면은 제2의 소년기인데, 망각만이 있을 뿐. 이빨도, 시력도, 맛도 아무것도 없는 마지막 장이죠."

[작품 목록]

세익스피어의 희곡 중에서 세익스피어가 살아있을 때 출판된 것은 19편 정도이고, 1623년에 작품집이 간행되었다. 이 전집은 이절판의 대형판이다. 1623년 출판된 세익스피어의 작품집에는 서른여섯 개의 희곡이 있다. 작품집에 들어 있는 희곡은 희극과 사극과 비극으로 분류되어 있다.

[희극]

《끝이 좋으면 다 좋아》

《뜻대로 하세요》

《실수연발》

《사랑의 헛수고》

《자에는 자로》

《베니스의 상인》

《윈저의 즐거운 아낙네들》

《한여름 밤의 꿈》

《헛소동》

《페리클레스》

《말괄량이 길들이기》

《템페스트》

《십이야》

《베로나의 두 신사》

《두 귀족 사촌 형제》

《겨울 이야기》

[사극]

《존 왕》

《리처드 2세》

《헨리 4세 1부》

《헨리 4세 2부》

《헨리 5세》

《헨리 6세 1부》

《헨리 6세 2부》

《헨리 6세 3부》

《리처드 3세》

《헨리 8세》

[비극]

《로미오와 줄리엣》

《코리올레이너스》
《타이터스 앤드로니커스》
《아테네의 타이먼》
《줄리어스 시저》
《맥베스》
《햄릿》
《트로일러스와 크레시다》
《리어 왕》
《오셀로》
《안토니와 클레오파트라》
《심벌린》

[시]
《셰익스피어의 소네트》
《비너스와 아도니스》
《루크리스의 능욕》
《정열의 순례자》
《불사조와 산비둘기》
《연인의 불만》
　소실된 작품 《사랑의 결실》
《카르데니오》
　셰익스피어의 작품으로 추정되는 희곡들
《페버샴의 아덴》
《메를린 출신》
《로크린》
《런던의 탕자》
《청교도》
《두 번째 비극》
《올드케슬의 존 경》
《토머스 크롬웰》
《요크셔의 비극》
《에드워드 3세》
《토머스 모어》

[명성과 평가]
　셰익스피어와 동시대의 극작가였던 벤 존슨은 "당대뿐 아니라 만세(萬世)를 통해 통용되는 작가"라

고 말하였다. 어느 시대를 막론하고 세익스피어는 뛰어난 시인·극작가로서 인정을 받아 왔다. 그러나 세익스피어 숭앙이 절정에 도달한 것은 19세기 초 낭만파 시인·비평가들이 세익스피어를 재평가함으로써 세익스피어의 작품에 대한 해석과 비평도 깊이를 더했다. 콜리지, 찰스 램, 해즐릿 등이 바로 이에 기여했던 대표적 문인들이다.

그러나 그들이 이룩해 놓은 낭만적 세익스피어상은 20세기에 들어와 크게 수정되기에 이르렀으며 학문적·비평적 연구의 큰 성과와 더불어 세익스피어를 16세기의 극작가이자 동시에 20세기에 사는(때로는 동시대 작가처럼 보고자 하는) 작가로 보는 경향이 일어나게 되었다. 따라서 작품해석이 다양하게 전개될 뿐 아니라 고전의 '살아 있는' 모델로서 세익스피어를 대하려는 경향이 보인다. 한편, 작품이 영어로 씌어져 있음에도 세익스피어가 영국인의 전유물이 아니라는 인식은 이미 19세기 이후에 두드러졌다.

세계 각국에서 자국어로 번역 출간하여 읽는 세익스피어에 못지않게 또한 무대 위에서도 보는 세익스피어가 세계 곳곳에서 상연되고 있다는 사실에서도 나타난다. 세익스피어가 한국에 알려진 것은 개화기 초에서부터였으나 그때는 단편적인 소개에 지나지 않았으며, 본격적인 소개는 1923년 현철에 의한 《햄릿》의 완역출판이 시초이다. 1920년대에는 이 밖에도 세익스피어 소개가 있었으나 모두 단편적이었으며, 1930년대에 와서 극예술협회에 의한 《베니스의 상인》 공연이 있었고, 이것도 법정장면만을 다룬 부분적인 소개였다. 이 밖에 학교극으로서 세익스피어가 상연된 기록이 남아 있다. 그러나 **본격적으로 세익스피어가 소개된 것은 해방 후인 6·25전쟁 이전에 김동석의 《세익스피어 연구》, 설정식의 《햄릿》 번역이 나왔고, 1950년대에 들어와 각 대학의 세익스피어 강의가 보편화되었으며, 세계문학출판이 활기를 띠면서부터 학문적 연구·번역·공연 등이 본궤도에 오르게 되었다.**

1953년 이후 수년간에 걸친 극단 신협에 의한 일련의 세익스피어 극 공연은 공연내용과 관객동원이 다같이 수준 이상의 평을 받았으며, 강단에서는 최재서의 업적이 크다. 이어, **1960년대에 들어와 세익스피어 공연은 본격화**되었고, 1964년 세익스피어 탄생 400주년 기념행사에서 큰 성과를 올렸다. 이에 앞서 1963년에 한국 세익스피어협회가 결성되고 회장에 권중휘가 취임했으며, 1964년에는 김재남이 개인 전역으로 세익스피어 전집을 출간했다. 동시에 정음사판 세익스피어 전집이 여러 역자에 의해 출간되었다. 또한, 1968년부터 세익스피어 협회편으로 세익스피어의 주요작품 15편의 주석본이 나와 한국 세익스피어 학계의 수준을 돋보이게 하는 계기를 마련했다.

[윌리엄 세익스피어 연보]

1564 4월 26일 잉글랜드 출생.

1582 앤 해서웨이와 결혼.

1590 《헨리 6세》제2·3부 집필.

1592 《헨리 6세》제1부 상연, 《리처드 3세》 집필.

1594 희극《사랑의 헛수고》,《베로나의 두 신사》 집필. 비극 《로미오와 줄리엣》 집필.

1595 《리처드 2세 Richard II》,《한여름밤의 꿈》 집필.

1596 《베니스의 상인》,《존왕》 집필.

1598 《헨리5세》, 희극 《헛소동》 집필.

1599 《십이야》,《줄리어스 시저》 집필.

1600 《햄릿》, 《윈저의 즐거운 아낙네》 집필.

1605 《오셀로》, 《리어왕》, 《맥베스》 집필.

1607 어머니 메리 사망.

1610 런던에서 고향 스트랫포드로 돌아옴, 《겨울이야기》 집필.

1611 《폭풍우》 집필.

1616 4월 23일 사망.

● 세익스피어 명언

♣ 가난해도 만족하는 사람은 부자이다.

♣ 겁쟁이는 죽음에 앞서서 여러 차례 죽지만, 용기 있는 자는 한번밖에 죽지 않는다.

♣ 겸손은 범인(凡人)에게는 한갓 성실이지만, 위대한 재능의 소유자인 사람에게는 위선이다.

♣ 경제가 허용하는 한, 몸에 걸치는 것에는 돈을 아끼지 말아라.
  그렇다고 지나치게 차려 입어서는 안 된다.
  대개 입은 것으로 미루어 그 인물을 알 수 있으니까.

♣ 공기처럼 가벼운 사소한 일도, 질투하는 이에게는 성서의 증거처럼 강력한 확증이다.

♣ 구하면 못 얻을 것이 없다.
  그러나 젊은 사람들은 이 점을 잘 모르고 열린 감이 입으로
  떨어지기만을 기다리고 있다. 희망은 산과 같은 것이다. 저쪽에서는 기다리고,
  단단히 마음먹고 떠난 사람들은 모두 산꼭대기에 도착할 수 있다.
  산은 올라가는 사람에게만 정복된다.
  마음을 기쁘게 해주면 백해(百害)를 막고 수명을 연장할 수 있다.

♣ 구해서 얻은 사랑은 좋은 것이다. 그러나 구하지 않고 얻은 것은 더욱 좋다.

♣ 끝이 좋으면 모두가 좋다.

♣ 참된 사랑의 힘은 태산보다 강하다. 그러므로 그 힘은 거대한 힘을 가지고 있는
  황금일지라도 무너뜨리지 못한다.

♣ 참으로 자녀를 아는 아버지는 그야말로 현명한 사람이다.

♣ 최상급의 용기는 분별력이다.

♣ 평화는 예술의 보모이다.

♣ 험한 언덕을 오르려면 처음에는 서서히 걸어야 한다.

♣ 현실의 공포는 마음에 그리는 공포만큼 두렵지 않다.

♣ 돈을 빌려주면 종종 돈은 물론이고 친구까지 잃는다.
  돈을 빌리면 흔히 검약의 마음이 둔해진다.

♣ 마음의 준비만이라도 되어 있으면 모든 준비는 완료된 것이다.

♣ 말리면 말릴수록 불타는 것이 사랑이다.
  졸졸 흐르는 시냇물도 막으면 막을수록 거세게 흐른다.

♣ 말없는 보석이 살아있는 인간의 말보다 흔히 여자의 마음을 움직인다.

♣ 명예는 물위의 파문과 같으니, 결국은 무로 끝난다.

♣ 무식은 신의 저주이며 지식은 하늘에 이르는 날개다.

♣ 미덕을 몸에 익히지 못했다면 하다못해 그 시늉이라도 하라.

♣ 아름다운 아내를 가진다는 것은 지옥이다.

♣ 아름다운 자비는 고결의 진정한 상징이다.

♣ 악으로 시작한 것은 악에 의해 강화된다.

♣ 안심, 그것이 인간에 가장 가까이 있는 적이다.

♣ 알맞을 때 일어나서 즐거운 일을 유쾌하게 하러 가자.

♣ 약한 자여, 그대의 이름은 여자이니라.

♣ 어느 정도라고 표현할 수 있는 사랑은 천한 사랑에지나지 않는다.

♣ 여자는 약하나, 어머니는 강하다.

♣ 여자를 교만하게 하는 것은 그 미모이며 찬양 받게 하는 것은 그 덕성이다.
    그러나 덕성과 미모를 겸비하면 신성을 가진 것이다.

♣ 연애 과정에서는 방해가 더 열렬한 연정의 동기가 된다.

♣ 우리 인생의 옷감은 선과 악이 뒤섞인 실로 짜여진 것이다.

♣ 우정은 불변이라고 해도 좋으나, 여자와 사랑이 뒤얽히면 이야기가 달라진다.

♣ 이것이 최악이라고 말할 수 있는 동안은 아직 괜찮다.

♣ 인생은 불확실한 항해이다.

♣ 일년내내 노는 날로 지속된다면 놀이도 일과 마찬가지로 따분한 것이 된다.

♣ 젊어서 아내를 거느리는 것은 자신의 재난이다.

♣ 정직만큼 부유한 유산도 없다.

♣ 진실한 사랑의 길은 결코 평탄하지 않다.

♣ 진실한 연애를 하는 사람은 모두 첫눈에 사랑을 한다.

갈릴레이-Galileo Galilei, 천문학자, 수학자, 이탈리아 (1564년생)

★ 지난 1,000년간 인물100명중 10위 선정

★ 인류 역사인물 100명중 12위 선정

★ 인류 역사인물 50명에 선정

[출생] 1564년 2월 15일, 피렌체 공국 피사

[사망] 1642년 1월 8일 (77세), 토스카나 대공국 아르체르티

[국적] 토스카나 대공국

[분야] 수학, 물리학, 광학, 천문학

[출신 대학] 피사 대학교 의학 중퇴

[경력사항]
1592 이탈리아 파도바대학교 교수
1592 이탈리아 피사대학교 수학강사

[주요 업적] 고전역학, 망원경, 태양중심설
[종교] 로마 가톨릭

[요약]
갈릴레오 갈릴레이는 이탈리아의 천문학자, 물리학자 및 수학자이다. 진자의 등시성 및 관성법칙 발견, 코페르니쿠스의 지동설에 대한 지지 등의 업적을 남겼다. 지동설을 확립하려고 쓴 저서《프톨레마이오스와 코페르니쿠스의 2대 세계체계에 관한 대화》는 교황청에 의해 금서로 지정되었으며 이단행위로 재판 받았다.

[생애]
갈릴레오 갈릴레이는 이탈리아의 철학자, 과학자, 물리학자, 천문학자이다. 과학혁명의 주도자로 요하네스 케플러와 동시대 인물이다. 아리스토텔레스의 이론을 반박했고 교황청을 비롯한 종교계와 대립했다. 업적으로는 망원경을 개량하여 관찰한 것, 운동 법칙을 확립한 것 등이 있으며, **코페르니쿠스의 이론을 옹호하여 태양계의 중심이 지구가 아니라 태양**임을 믿었다. (그 당시에는 지구가 중심이라는 것이 진리였다) 갈릴레오의 연구 성과에 대하여 많은 반대가 있었기 때문에 자진하여 로마교황청을 방문, 변명했으나 종교 재판에 회부되어 지동설의 포기를 명령받았다. 그러나 〈황금 측량자〉를 저술하여 지동설을 고집하였으며, 〈천문학 대화〉를 검열을 받고 출판했으나 문제가 생겨 로마에 감금되었다가 석방되었다.
갈릴레오는 결국 자신의 지동설을 철회하도록 강요받았고, 갈릴레오의 마지막 생애를 로마교황청의 명령에 따라 가택에서 구류되어 보냈다. 갈릴레오는 실험적인 검증에 의한 물리를 추구했기 때문에 근대적인 의미의 물리학의 시작을 대개 갈릴레오의 것으로 본다. 또한, 진리의 추구를 위해 종교와 맞선 과학자의 상징적인 존재로 대중들에게 인식되고 있다. 하지만 갈릴레오는 종교계와의 대립과는 상관없이 **독실한 로마 가톨릭 신자**였으며, 그런 대립도 자신의 의도와는 거리가 먼 것이었다.
물리학 입문 과정에서 배우는 등가속 물체의 운동은 운동학으로서 갈릴레오에 의해 연구되었다. 갈릴레오의 관측적 천문학의 업적은 금성의 위상과, 갈릴레오를 기리기 위해 갈릴레이 위성이라 불리는 목성의 가장 큰 네 개 위성의 발견, 태양 흑점의 관측과 분석이라 할 수 있다. 갈릴레오는 또한 **나침반 디자인의 개량 등 과학과 기술에 기여**하였다. **갈릴레오의 최대 공적은 과학적 연구 방법으로써 보편석 수학적 법칙과 경험적 사실의 수량적 분석을 확립한 점**에 있다고 평가되며, '**근대 관측천문학의 아버지**', '**근대 물리학의 아버지**', 또는 '**근대 과학의 아버지**'라 불린다.

[로마 교황청의 사후 평가]
1965년에 로마 교황 바오로 6세가 이 재판에 대하여 언급한 것이 발단이 되어, 재판에 대한 재평가

가 이루어지게 되었다. 최종적으로, 1992년, 로마교황 요한 바오로 2세는 갈릴레이 재판이 잘못된 것이었음을 인정하고, 갈릴레이에게 사죄하였다. 갈릴레이가 죽은 지 350년 후의 일이었다. 2003년 9월, 로마 교황청 교리성성의 안젤로 아마토 대주교는 우르바노 8세가 갈릴레이를 박해하지 않았다고 주장하였다. 교황청은 "갈릴레이 이전에도 꾸준히 천문학 연구에 투자를 해왔으며, 지금도 해오고 있다. 또한 천문대도 가지고 있다."라고 주장하였다.

● 갈릴레이 명언

♣ 그래도 지구는 돈다.
♣ 사람에게는 그 어떤 것도 가르칠 수 없다.
　단지 자신의 내면에 있는 것을 발견하도록 도와줄 수 있을 뿐이다.
♣ 나는 내가 배울 점이 없을 만큼 무지한 사람은 아직 한 번도 만나지 못했다.

이순신-忠武公 李舜臣, 聖雄, Yi Sun-sin, 한국 (1545년생)

★ 인류 역사인물 50명에 선정 (Wopen.com 한국.net 선정)

[출생-사망] 1545년 4월 28일 ~ 1598년 12월 16일 (53세)

[시대] 조선 중기 (16세기 선조)
[출생지] 조선 한성부 건천동 (현재의 대한민국 서울특별시 인현동 1가)
[자] 여해
[국적] 조선
[활동분야] 군사
[시호] 충무공, 선무1등공신, 덕풍부원군, 증 좌의정, 가증 영의정
[묘소] 충청남도 아산시 음봉면
[관직] 정2품 정헌대부, 삼도수군통제사(종2품급), 명 수군도독(명 정1품)
[주군] 선조
[가문] 덕수 이씨
[부모]
부 덕연부원군 이정
모 초계 변씨(변수림의 딸)
[배우자]
상주 방씨(온양 방씨) 방진의 딸

[친척] 형 희신, 요신, 동생 우신

[주요저서] 《난중일기》
[주요업적] 임진왜란에서 왜적을 물리침

[요약]

조선시대의 임진왜란 때 일본군을 물리치는 데 큰 공을 세운 명장으로, 옥포대첩, 사천포해전, 당포해전, 1차 당항포해전, 안골포해전, 부산포해전, 명량대첩, 노량해전 등에서 승리했다. 이순신은 조선 중기의 무신이다. 본관은 덕수, 자는 여해, 시호는 충무이며, 한성 출신이다. 문반 가문 출신으로 1576년(선조 9년) 무과에 급제하여 그 관직이 동구비보 권관, 훈련원 봉사, 발포진 수군만호, 조산보 만호, 전라좌도 수군절도사를 거쳐 정헌대부 삼도수군통제사에 이르렀다. 본인 스스로에게 엄격하고 청렴한 생활을 하고 깊은 효심을 지닌 선비의 모범으로 평가된다.

장수로서는 임진왜란 때 조선의 삼도수군통제사가 되어 부하들을 통솔하는 지도력, 뛰어난 지략, 그리고 탁월한 전략과 능수능란한 전술로 일본 수군과의 해전에서 연전연승하여 나라를 구한 성웅으로 추앙받고 있다. 노량 해전에서 전사한 뒤 선무공신 1등관에 추록되고 증 의정부우의정에 추증되고 덕풍군에 추봉되었다가, 광해군 때 다시 증 의정부좌의정에 추증되고 덕풍부원군에 추봉되었고, 정조 때에는 증 의정부영의정으로 가증되었다. 고려 때 정5품 중랑장을 지낸 덕수 이씨의 시조 이돈수의 12대손이며, 조선 초 영중추부사를 지낸 이변의 후손이다. 외가는 초계 변씨, 처가는 온양 방씨이다. 이순신의 묘는 충청남도 아산시에 있다.

[생애]
[어린시절]

이순신은 1545년 4월 28일 한성 건천동 에서 이정과 초계 변씨의 셋째 아들로 태어났다. 어린 시절의 대부분을 건천동에서 보냈고, 외가인 아산에서 소년기를 보냈다. 이름 순신은 삼황오제중 순임금을 따른 것인데, 이순신의 형제들 모두 복희씨, 요, 순, 우 임금을 따라 시대순으로 희신, 요신, 순신, 우신으로 지어졌다. 할아버지인 이백록은 1522년(중종 17년)에 생원 2등에 합격하였고 참봉, 봉사에 임명되었으나, 취임하지 않았다. 그 뒤 평시서봉사를 역임하였다. 한 동네에서 살았던 벗 류성룡은 징비록에서 어린 시절의 이순신을 다음과 같이 그린다. "이순신은 어린 시절 영특하고 활달했다. 다른 아이들과 모여 놀 때면 나무를 깎아 활과 화살을 만들어 동리에서 전쟁놀이를 했다. 그의 성격을 거슬러 마음에 들지 않는 사람의 눈을 쏘려고 하였으므로, 어른들도 그를 꺼려 감히 군문 앞을 지나려고 하지 않았다. 자라면서 활을 잘 쏘았으며 무과에 급제해 관직에 나아가려고 했다. 승마와 궁술 조예가 있었으며 글씨를 잘 썼다."─《징비록》

정암 조광조가 기묘사화로 사약을 받아 죽고 주위 인물들도 참형을 당하자, 한양에 살던 이백록은 조광조의 묘소가 있는 용인 심곡리에서 그리 멀지 않은 고기리에서 모든 것을 버린 채 은거를 하다가 사망했다. 이로 인해 부친인 이정은 벼슬을 단념한 채 43세쯤 외가이자 처가 근처인 충청도 아산 음봉으로 이사하였고, 이후에 이순신이 상주 방씨(온양 방씨)와 혼인하여 외가 근처인 지금의 현충사 자리에 정착했다고 덕수 이씨 집안의 구전은 전한다.

[무과 급제]

스무살이 되던해 충무공은 방씨와 혼인하고 보성군수를 지낸 장인 방진의 후원으로 병학을 배우면서 무과를 준비하였다. 28살이던 1572년(선조 5) 훈련원 별과에 응시했으나 시험을 보던 중, 낙마하여 왼쪽 정강이가 부러지는 바람에 버드나무 가지로 부목을 대고 시험을 완수하였지만, 결국 낙방하였다. 4년 뒤인 1576년(선조 9년) 그의 나이 32살에 식년시 무과에 병과로 급제하여 권지훈련원봉사(훈련원 봉사 실습생으로, 정식 직책이 아니다.)로 처음 관직에 나섰다. 조선시대 무과 합격자 분석에 의하면 당시 이순신의 나이는 현대인의 상식과 달리 늦은 나이에 과거에 급제한 것이 아니다. 1579년에는 10개월간 해미에서 훈련원 봉사로 근무하였다. 그 뒤 36세가 되던 7월에 전라도 발포의 수군만호로 전근되었다. 발포는 현재의 전라남도 고흥군 도화면 발포리이다. 그 후 북방 국경 지대인 함경도로 가서 여진족 방어를 맡았으며, 1586년(선조 19년)에 사복시 주부가 되었고, 이어 조산만호 겸 녹도 둔전사의가 되었다.

[녹둔도 전투, 첫 번째 백의종군]

1587년(선조 20년) 조산만호 이순신에게 녹둔도의 둔전을 관리하도록 하였다. 그해 가을에는 풍년이 들었다. 이순신이 경흥부사 이경록과 함께 군대를 인솔하여 녹둔도로 가서 추수를 하는 사이에 추도에 살고 있던 여진족이 침입하여 녹둔도 전투가 벌어졌다. 녹둔도 전투에서 조선군 11명이 죽고 160여 명이 잡혀갔으며, 열다섯 필의 말이 약탈당했다. 당시 조산만호 이순신은 북방 여진족의 약탈 및 침략을 예상하고 수비를 강화하기 위하여 여러차례 북병사 이일에게 추가 병력을 요청하였으나, 모두 거절당하였다. 이 패전으로 인해 책임을 지게 된 북병사 이일은 이순신에게 그 책임을 덮어씌우고 이순신은 죄를 받아 수금되었고 백의종군하게 되었다. 이후 이순신은 북병사 휘하에서 종군하며 여진족 장수 우을기내를 꾀어내어 잡은 공으로 사면을 받아 복직되었다.

[무관 생활]

그 후, 전라도감사 이광에 의해 군관으로 발탁되어 전라도 조방장 · 선전관 등이 되었다. 1589년(선조 22년) 1월에 비변사가 무신들을 다시 불차채용(순서를 따지지 않고 채용)하게 되자 이산해와 정언신의 추천을 받았다. 7월에 선조가 다시 비변사에 "이경록과 이순신 등도 채용하려 하니, 아울러 참작해서 의계하라."는 전교를 내렸다. 1589년 12월에 **류성룡이 천거하여 이순신은 정읍현감이 되었다.** 관직에 오른 지 14년 만이었다. 고을을 다스리는 데 있어서 **선정을 배풀어 백성들로부터 칭찬이 자자**하였다. 1590년 8월 조정에서는 이순신을 종3품의 직책인 고사리진과 만포진의 첨사로 거듭 삼으려 했으나, 지나치게 진급이 빠르다는 이유로 논핵되어 개정되었다. 1591년 2월에 선조는 이천 · 이억기 · 양다지 · 이순신을 남쪽 요해지에 임명하여 공을 세우게 하라는 전교를 내렸다.

선조는 신하들의 반발과 논핵을 피하기 위해 벼슬의 각 단계마다 임명하여 제수하고 승진시키는 방법을 써서 1591년 2월 이순신을 정읍현감에서 진도군수로 승진시켰고, 이순신이 부임지에 부임하기도 전에 가리포첨절제사로 전임시켰다. 이어 선조는 이순신이 가리포에 부임하기도 전에 다시 전라좌수사에 전임하게 하였다. 또한, 선조는 이순신과 같이 백의종군을 하였던 이경록도 전라도의 요지인 나주목사에 제수하였다. 계속되는 대신들의 반대에도 불구하고 선조는 이순신을 수사로 삼으려는 심지를 굳혔다. 그는 이경록의 발탁은 천천히 생각하여 결정하겠다고 하면서도 이순신의 수사 발탁은 개정은 할 수 없다고 하며 밀어붙였다.

1591년 이순신은 47세에 정3품 당상인 절충장군 전라좌도 수군절도사에 발탁되어 임명되었다. 이후에도 부제학 김성일 등 많은 신하가 이순신의 경험이 모자라다는 것을 이유로 들어 그와 같은 선조의 결정을 반대하였으나, 선조는 이순신을 신임하였다. 한편 이순신은 부임지에 부임하자마자 전쟁에 대비하고자 휘하에 있는 각 진의 실태를 파악하였으며, 무기와 군량미를 확충하고 거북선을 개발 및 건조하는 등 군비를 강화하였다. 임진왜란 발발 직전인 1592년에 이순신은 왜는 섬이니 왜군의 수군이 강할 것이라고 예단해 수군을 육지로 올려 보내 수비를 강화하라는 조정의 명에 대하여 이순신은 "수륙의 전투와 수비 중 어느 하나도 없애서는 아니 되옵니다."라고 주장하였다. 그 결과 임진왜란이 일어나기 직전 이순신의 감독아래에 있던 전라좌수영은 20여 척(최소 26척 최대 29척)의 판옥선을 보유할 수 있었다.

[임진왜란]

1592년 5월 23일(음력 4월 13일)에 고니시 유키나가가 이끌던 왜군 함대 700척이 오후 5시경 부산포를 침략하여 임진왜란이 발발하였다. 당시 **선봉군의 병력은 약 16만명**이었다. 이순신의 전라좌수영에 일본군의 침략이 알려진 때는 원균의 파발이 도착한 5월 26일(음력 4월 16일) 밤 10시였다. 이순신은 그 즉시 조정에 장계를 올렸고 아울러 경상, 전라, 충청도에도 왜의 침략을 알리는 파발을 보냈다. 그 뒤 이순신은 휘하의 병력 700여명을 비상소집하여 방비를 갖추도록 하였다. 이 과정에서 이순신은 도주를 시도한 군졸 황옥현을 참수했다. 전열을 정비한 전라좌수영 소속 함대는 6월 8일(음력 4월 29일)까지 수영 앞바다에 총집결하도록 명령이 내려진 상태였다. 그러나 왜군의 함선은 이미 전라좌도 앞바다에 도달하고 있었다. 다음날 9일(음력 4월 30일)에 이순신은 전라우도 수군이 도착하면 전투를 벌이겠다는 장계를 조정에 올렸다.

[옥포 해전]

옥포해전은 이순신이 첫 승전을 알리게 된 해전이다. 6월 16일(음력 5월 7일) 정오 옥포항에서 정박하여 옥포에 침략했던 왜군을 공격하여 모두 26척을 침몰시켰으며, 잡혀있던 포로들을 구해내었다. 같은 날 오후에는 웅천현의 합포 앞바다에서 큰 배 한 척을 만나 이 또한 격파하였다. 전투는 17일(음력 5월 8일)에도 계속되었으며, 적진포에서 왜선 13척을 침몰시켰으나, 전세가 불리하여 육지로 도망간 적들을 쫓지는 못하였다. 이때 조선 조정은 이미 한양에서 철수하여 평안도로 후퇴하고 있었다. 27일(음력 5월 18일)에는 도원수 김명원이 임진강 방어에 실패하여 조선반도의 대부분은 왜군에 의하여 유린되고 있었다.

[사천 해전]

전라우수영군의 합류가 늦어지자, 7월 8일(음력 5월 29일)에 이순신은 뱃머리를 돌려 노량으로 향하였다. 그곳에서 원균의 경상우수영군을 만났다. 이날 사천 선창에 있던 왜군을 공격하여 적선 30여 척을 쳐부수었다. 이것이 바로 사천 해전이다. 이 전투에서 이순신은 왼쪽 어깨 위에 관통상을 입었다. 이 해전은 두번째 출동하여 벌어진 첫 번째 전투였고, 또한 거북선이 출전한 첫 번째 전투다. 이순신 함대는 7월 10일(음력 6월 2일)에도 전투를 벌여 승리하였는데, 왜군이 보유하던 화포에 비하여 성능이 우수한 지자총통 등의 화력이 승리의 원인이었다. 이순신의 함대는 계속하여 적을 추격하여 개도로 협공하였으며, 7월 12일(음력 6월 4일)에는 전라우수사와 합류하는 데 성공하였다. 13일(음력 6월 5일) 적 함대를 만나 큰 배 한 척과 중간 크기의 배 12척 작은 크기의 배 20척을 공격하였다. 16일(음력 6월 8일)까지 수색과 공격은 계속되었다.

[한산도 대첩]

한산도대첩은 임진왜란의 3대 대첩 중 하나로, 1592년(선조 25) 8월 14일(음력 7월 8일) 한산도 앞바다에서 이순신 휘하의 조선 수군이 왜나라의 수군을 크게 무찌른 해전이다. 이 전투에서 육전에서 사용되던 포위 섬멸 전술 형태인 학익진을 처음으로 펼쳤다. 이순신 함대는 8월 10일(음력 7월 4일)에 출발하여 12일(음력 7월 6일)에 노량에 이르렀고, 이곳에서 경상우수사 원균과 합류하였다. 이 때 적선이 출몰하였다는 첩보를 얻어 8일 큰 배 36척, 중간 배 24척, 작은 배 13척을 만나 전투가 벌어졌다.

조선군의 연합함대는 거짓으로 후퇴하는 척하여 적들을 큰 바다로 끌어 낸 다음, 모든 군선이 일제히 학익진 진형을 갖춰 지자총통, 현자총통, 승자총통을 발포하여 적함선을 궤멸시키는 데 성공하였다. 포격으로 적함을 깨뜨린 뒤 적함의 갑판에서 백병전을 벌여 일본군을 격퇴하였으며, 여러 명의 포로들을 구해내었다. 이날 일본 수군은 큰 배 한 척, 중간 배 일곱 척, 작은 배 여섯 척만이 후방에 있어 도망을 칠 수 있었다. 8월 15일(음력 7월 9일) 안골포에 적선 40여 척이 정박해 있다는 보고를 받아 16일(음력 7월 10일) 학익진을 펼친채 진격하여 왜선 59척을 침몰시켰다. 한편, 음력 7월 말에 이르러서야 육전에서도 홍의장군 곽재우가 승리하였으며, 홍계남이 안성에서 승리하였다.

[부산 해전]

음력 8월 말 이순신의 함대는 전열을 정비하고 부산으로 출정하였다. 당포에서 경상우수사와 합류하였으며, 29일 적들의 동태에 대한 보고를 입수하여 그날부터 전투가 시작되었다. 음력 9월 1일 아침, 화준구미에서 왜 수군의 큰 배 5척, 다대포 앞바다에서 큰 배 8척, 서평포 앞바다에서 큰 배 9척, 절영도에서 큰 배 2척을 만나 쳐부수었다. 부산 앞바다에 이르러 적의 소굴에 있는 400여 척의 배 중 적선 100여 척을 쳐부수었으며, 2일까지 전투를 벌였다. 이때 배들을 모두 부수면 상륙한 일본군이 몰려 도망갈 방법이 없어지므로 후일 수륙에서 함께 공격하기 위해 함대를 물렸다. 이렇듯, 네 차례의 큰 싸움을 통해 일본 수군은 수로를 통하여 서해에 대한 해상권을 장악하여 보급로로 사용하려던 계획을 포기할 수밖에 없었으며, 곡창인 전라도의 침략 또한 포기할 수밖에 없었다. 이를 계기로 승승장구하던 일본군의 진격은 기세가 꺾이게 되었다. 그러나 **네 번의 전투를 거치는 중, 이순신이 아끼던 휘하장수 정운이 전사**했다.

[원균과의 불화]

1592년 음력 6월 원균이 이순신과 연명으로 장계를 올리려 하였으나, 이순신이 먼저 단독으로 장계를 올렸다. 이로부터 각각 장계를 올려 조정에 싸움의 결과를 보고하였으며, 때문에 두 장군 사이에 골이 깊어지기 시작했다. 이순신은 자신의 일기 난중일기에서 원균의 성품과 인격에 문제가 많으며, 일의 처리에서도 불만인 점을 자주 기록하였다. 1593년 이순신이 삼도수군통제사가 되자 이순신의 명령을 받게 된 원균은 이에 반발하고 명령을 어기는 등 문제를 일으켜 두 사람의 틈이 더욱 더 벌어졌다. 이순신은 조정에 원균과의 불화에 스스로 책임을 지고 자신을 파직시켜 달라고 청하자, 조정에서는 원균을 충청도 병마절도사로 옮겨 제수하였다. 이후 원균은 이순신에 대해 유언비어를 퍼뜨렸으며, 이원익이 체찰사로서 증거를 찾아내려 했으나, 오히려 이순신이 반듯하고 충성심이 강하다는 사실만 확인했다고 한다.

원균과의 대립은 각기 정파적인 입장과 맞물려서 갈등이 심화되었으며, 선조실록과 선조수정실록 조차도 이러한 두 인물에 대한 입장차이가 심하다. 이에 대한 논의는 당시뿐만 아니라, 임진왜란이 끝나고 논공행상을 하는 자리에서도 진위 및 당부에 대한 논란이 있었다. 미국과 영국 해군 교과서를 쓴 책이 '해전의 모든 것'(휴먼 앤 북스 출판)에서 **이순신을 전설적인 명장 제독으로 추앙**하는 반면, 원균은 조선 수군을 산채로 매장한 최악의 제독으로 평가한다. 다음과 같은 견해도 있다. 임란 개전초기 당시 부산 방어는 경상우수사 원균의 소관이었는데, 일본선 7백 척이 엄습하자 원균은 전함 1백 척을 스스로 불사르고 남해 노량진으로 도주하였다. 반면에 전라도 좌측 해상 방어를 맡고 있던 이순신이 원균의 구원 요청에 즉각적인 출격을 하지 않았던 이유는 부산 앞바다의 수백 척에 이르는 일본함대에 맞서기에는 당시 30척의 이순신 함대는 아직 준비가 덜 된 상태였기 때문이다. 원균은 이때부터 더욱 이순신을 미워하였다.

[웅포 해전]

이순신 함대는 1593년 2월 10일(음력 1월 10일) 웅천현 웅포로 진격하였다. 그러나 이전의 경험에 비추어 보아 정면승부로는 승산이 없다고 판단한 왜의 수군은 조선 수군을 왜성 깊숙이 유인하여 격파하려는 유인책을 썼다. 조선수군은 이에 유의하며 화포 등을 이용한 공격을 하였으나, 싸움은 지리한 공방전으로 전개되었다. 이후 일본군은 각지에 왜성을 쌓아 방비를 하며 왜성을 전략적 거점으로 삼아 조선 수군의 부산성 방면으로의 진출을 막음으로써 보급선을 유지하려는 전략을 구사하게 되었다. 웅천에서의 일본군을 소탕하기 위한 전투는 음력 3월까지 계속되었다. 이때 전라도 수군은 정병 상하번 외에 보인까지 총동원, 4만여 명(충무공 장계)을 웅포 해전과 전라도 해안선 방어에 투입하였다.

[삼도수군통제사]

음력 6월 이순신은 한산도로 진을 옮겨 전열을 정비하였다. 음력 7월부터는 거제도와 진해, 가덕도 등지에서 일본군과 대치하는 상황이 계속되었다. 조선 3도 수군은 견내량에 방어선을 설정하였다. 한편, 왜의 수군은 거제도의 영등포와 제포 사이를 방어선으로 삼고 있었다. 음력 8월 1일, 조선 조정은 이순신을 삼도수군통제사에 제수하고 본직은 그대로 겸직하도록 하였다. 이순신은 한산도에서 백성을 모아 소금을 굽고 곡식을 비축하여 든든한 진을 구축하기 시작했다. 한편 김성일 등은 제2차 진주성 전투에서 성은 함락 되었으나, 결과적으로 진주를 지켜 전라도 호남 지방을 방어하는 데 성공하였으며, 이후 이 지역을 통해 조선의 군수 물자와 전쟁 수행 능력이 보장되었다.

[두 번째 백의종군]

초기 전세가 교착화하고 강화 회담이 별다른 진척을 보이지 않고 대치 상태가 자꾸 길어졌다. 이순신과 원균 사이의 불화가 문제가 되었다. 두 차례의 대첩 이후 이순신이 그 공으로 조선 수군의 총 지휘관인 삼도수군통제사가 되었지만, 원균은 자기가 나이도 많고 선배라는 점을 내세워 불만을 가진 것으로 보인다. 교착화한 전세에서 초기의 승전보 이후 별다른 승리가 없자 선조를 비롯한 조선 조정에서는 이순신의 전략을 불신하기 시작했으며 이순신에게 왜군에 대한 적극적인 공격을 강요하게 되었다. 당시 일본군은 남해안 일대에 총집결하여 왜성을 쌓는 등 수비를 강화하였으며 강화 회담의 진행 과정을 지켜보고 있었다. 한편 명나라는 전면적 대결보다는 강화 회담에 기대하고 있었으며, 조선은 자체의 군사력으로 일본군과 육전에서 대등한 전투를 수행할 능력이 부족했다.

그러나 조정의 요청과는 달리 이순신은 일본군의 유인작전에 걸려들 위험이 있다는 이유에서 견내량 전선을 유지하고 공격에 신중하게 임하고자 하였다. 이에 조정에서는 이순신이 지나치게 소극적이라는 비난이 일었다. 결국 정유년인 1597년 4월 11일(음력 2월 25일)에 통제사직에서 해임되어 원균에게 직책을 인계하고 한성으로 압송되어 4월 19일(음력 3월 4일)에 투옥되었다. 그때 우의정 정탁의 상소로 5월 16일(음력 4월 1일)에 사형을 모면하였으며 이순신은 도원수 권율 밑에서 백의종군하라는 명령을 받았다.

당시 권율은 남쪽으로 이동하고 있었는데, 이순신은 권율의 본진을 찾아가는 길에 가족을 만나려고 아산 본가에 잠시 머물렀다. 이순신이 한산도에 있는 동안 그의 가족은 순천 고음에 거주하고 있었는데, 아들의 석방 소식을 들은 그의 어머니가 아들을 만나기 위해 배를 타고 먼 길을 올라오고 있었다. 그러나 이순신의 어머니는 5월 26일(음력 4월 11일) 배 위에서 별세하고 만다. 그러나 이순신은 모친의 임종을 볼 수 없었다. (어머니의 임종소식은 4월 13일에서야 종 순화를 통해 알게 된다.) 이렇게 어머니를 잃은 이순신은 슬픔으로 몸과 마음이 모두 피폐해졌다.

[칠천량 해전의 패배와 복직]

1597년 8월 28일(음력 7월 16일)에 삼도수군통제사에 오른 원균이 이끄는 조선 함대가 칠천량 해전에서 일본군의 기습을 받아 춘원포로 후퇴, 수군들은 상륙하여 도주하고 판옥선 대부분이 불타거나 왜군에게 노획당해 오사카로 끌려간다. 이를 수습하기 위하여 조선 조정에서는 경림군 김명원, 병조판서 이항복의 건의로 **이순신을 다시 삼도수군통제사로 임명**하였다. 하지만 이순신이 다시 조선 수군을 모아 정비했을 때 **함선은 12척밖에 남아 있지 않았다.** 조선 정부에서는 이 병력으로 적을 대항키 어렵다 하여 수군을 폐지하라는 명령을 내렸으나, 이순신은 아직도 12척의 배가 남아 있으며 내가 죽지 않는 한 적이 감히 우리의 수군을 업신여기지 못할 것이라는 비장한 결의를 표하였다고 한다. 그 뒤 전열을 재정비하기 위해 10월 9일(음력 8월 29일)에 진도 벽파진으로 진을 옮겼다.

[임진왜란 종전과 전사]
[명량 대첩]

1597년 10월 25일(음력 9월 16일), 일본군 수백 척의 이동 정보를 접한 이순신은, 명량 해협에서 대적하기 위해 12척의 전선을 이끌고 출전했다. **명량 해협은 '울돌목'이라고도 불리었는데,** 폭이 294m 밖에 되지못하여 바다 표층의 유속 6.5m/s정도로 광장히 빠르고, 밀물과 썰물 때에는 급류로 변하는 곳이었다. 이순신은 이러한 지형을 이용하여 새로 합류한 1척을 추가한 13척의 전선으로 일본 함대를 유인하여 이 해협에서 333척의 일본 함대 중에서 공식기록이었던 **131척의 전선을 격파하였**

다. 이를 명량 해전이라고 하며 이 해전의 승리로 조선 수군은 나라를 위기에 빠뜨렸던 정유재란의 전세를 역전시켰다. 일본은 곤궁에 빠져 명나라 장군에게 뇌물을 보내어 화의를 꾀하였으나 이순신은 이를 반대하고, 이듬해 1598년 음력 8월 18일 도요토미 히데요시가 죽어 일본군이 철수하게 된다.

[노량 해전과 전사]
1598년 음력 11월 18일에 조선 수군 70여척, 명나라 수군 400척이 노량으로 진군했다. 군사는 1만5천명이었다. 다시 제해권을 확보한 이순신은 명나라 부총병 진린과 함께 1598년 음력 11월 19일 새벽부터 노량해협에 모여 있는 일본군을 공격하였다. 이순신 장군과 명나라 도독 진린이 이끄는 조명 연합함대는 일본으로 빠져나가려던 왜군 500여 척을 상대로 싸워 하룻밤 새 그 절반가량인 200여 척을 격파했다. 200여 척 이상이 분파되고 150여 척이 파손돼서 패색이 짙어진 일본 수군은 잔선 150여 척을 이끌고 퇴각하기 시작했으며, 조선-명나라 연합함대는 정오까지 잔적을 소탕하며 계속 추격하였다.
하지만 이순신 장군은 관음포로 달아나는 왜군을 추적하다가 탄환을 맞았는데 치명상이었다. 이순신은 "싸움이 급하니 나의 죽음을 알리지 말라."는 유언을 남기고 결국 전사하였다. 이 때 낙안군수 방덕룡, 가리포첨사 이영남과 명나라 장수 등자룡도 함께 전사했다. 당시 도주하던 150여 척의 왜군 함선 중 100여 척을 나포하니 겨우 50여 척의 패전선 만이 도주했다고 한다. 노량해전을 끝으로 7년 동안 조선에서 벌어진 임진왜란은 끝이 났다. 이 전투가 이순신의 마지막 노량 해전이다.

[사후 관직]
전사한 직후에 정1품 우의정에 증직되었다. 1604년 선조는 이순신을 권율, 원균과 함께 선무 1등 공신 및 덕풍부원군으로 추봉하고 좌의정을 가증했다. 1643년 인조는 이순신에게 '충무' 시호를 내려 충무공이 되었다. 1659년 효종 때 남해에 이순신을 기려 충무공 이순신의 비를 세웠다. 1688년(숙종 14년)에는 명량대첩비가 건립되었고 1705년 현충사가 건립되었으며, 1793년 정조는 정1품 의정부 영의정을 가증했다. 오늘날 100원 주화에 새겨진 이순신 장군의 복식이나 이순신 장군의 초상화 중 갑옷이나 전립이 아닌 관복 차림의 이순신 초상화는 영의정의 예우를 갖춰 그려졌고 실제로 이순신이 살아생전 그 복장을 입은 적은 없다.

[여론 평가]
각 여론조사에서 존경하는 인물로 세종대왕과 함께 1,2위에 선정된다.

[생애 요약과 업적]
본관은 덕수이고, 자는 여해, 시호는 충무이다. 서울 건천동(현재의 인현동)에서 태어났다. 1572년(선조 5) 무인 선발시험인 훈련원 별과에 응시하였으나 달리던 말에서 떨어져 왼쪽다리가 부러지는 부상으로 실격되었다. 32세가 되어서 식년 무과에 병과로 급제한 뒤 권지훈련원봉사로 첫 관직에 올랐다. 이어 함경도의 동구비보권관과 발포수군만호를 거쳐 1583년(선조 16) 건원보권관·훈련원참군을 지냈다. 1586년(선조 19) 사복시주부를 거쳐 조산보만호가 되었다. 이때 호인(오랑캐)의 침입을 막지 못하여 백의종군하게 되었다. 그 뒤 전라도 관찰사 이광에게 발탁되어 전라도의 조방장이 되었다. 이후 1589년(선조 22) 선전관과 전라도 정읍 현감 등을 거쳐 1591년(선조 24) 류성룡의 천거로 절충

장군·진도군수 등을 지냈다. 같은 해 전라좌도수군절도사로 승진한 뒤, 좌수영에 부임하여 군비 확충에 힘썼다.

이듬해 임진왜란이 일어나자 옥포에서 일본수군과 첫 해전을 벌여 **30여 척을 격파하였다(옥포대첩)**. 이어 사천에서는 거북선을 처음 사용하여 **적선 13척을 격파하였다(사천포 해전)**. 또 **당포 해전과 1차 당항포 해전에서 각각 적선 20척과 26척을 격파**하는 등 전공을 세워 자헌대부로 품계가 올라갔다. 같은 해 7월 **한산도 대첩에서는 적선 70척을 대파**하는 공을 세워 정헌대부에 올랐다. 또 안골포에서 가토 요시아키 등이 이끄는 일본 수군을 격파하고(**안골포 해전**), 9월 일본 수군의 근거지인 부산으로 진격하여 **적선100여 척을 무찔렀다(부산포 해전)**. 1593년(선조 26) 다시 부산과 웅천에 있던 일본군을 격파함으로써 남해안 일대의 일본 수군을 완전히 일소한 뒤 한산도로 진영을 옮겨 최초의 삼도수군통제사가 되었다. 이듬해 명나라 수군이 합세하자 진영을 죽도로 옮긴 뒤, 장문포 해전에서 육군과 합동작전으로 일본군을 격파함으로써 적의 후방을 교란하여 서해안으로 진출하려는 전략에 큰 타격을 가하였다.

명나라와 일본 사이에 화의가 시작되어 전쟁이 소강상태로 접어들었을 때에는 병사들의 훈련을 강화하고 군비를 확충하는 한편, 피난민들의 민생을 돌보고 산업을 장려하는 데 힘썼다. 1597년(선조 30) 일본은 이중간첩으로 하여금 가토 기요마사가 바다를 건너올 것이니 수군을 시켜 생포하도록 하라는 거짓 정보를 흘리는 계략을 꾸몄다. 이를 사실로 믿은 조정의 명에도 불구하고 그는 일본의 계략임을 간파하여 출동하지 않았다. 가토 기요마사는 이미 여러 날 전에 조선에 상륙해 있었다. 이로 인하여 적장을 놓아주었다는 모함을 받아 파직당하고 서울로 압송되어 투옥되었다. 사형에 처해질 위기에까지 몰렸으나 우의정 정탁의 변호로 죽음을 면하고 도원수 권율의 밑에서 두 번째로 백의종군하였다.

이순신의 후임 **원균은 7월 칠천해전에서 일본군에 참패하고 전사하였다**. 이에 수군통제사로 재임명된 이순신은 **13척의 함선과 빈약한 병력을 거느리고 명량에서 133척의 적군과 대결하여 31척을 격파하는 대승을 거두었다(명량대첩)**. 이 승리로 조선은 다시 해상권을 회복하였다. 1598년(선조 31) 2월 고금도로 진영을 옮긴 뒤, 11월에 명나라 제독 진린과 연합하여 철수하기 위해 노량에 집결한 일본군과 혼전을 벌이다가 **유탄에 맞아 전사하였다(노량해전)**.

무인으로서 뿐만 아니라 시문에도 능하여 **《난중일기》와 시조·한시 등 여러 편의 뛰어난 작품을 남겼다**. 1604년(선조 37) 선무공신 1등이 되고 덕풍부원군에 추봉된 데 이어 좌의정이 추증되었다. 1613년(광해군 5) 영의정이 더해졌다. 묘소는 아산시 어라산에 있으며, 왕이 직접 지은 비문과 충신문이 건립되었다. 통영 충렬사(사적 제236호), 여수 충민사(사적 제381호), 아산 현충사(사적 제155호) 등에 배향되었다. 유품 가운데 《난중일기》가 포함된 《이충무공난중일기부서간첩임진장초》는 국보 제76호로, 장검 등이 포함된 이충무공유물은 보물 제326호로, 명나라 신종이 무공을 기려 하사한 '충무 충렬사 팔사품(통영 충렬사 팔사품)'은 보물 제440호로 지정되었다. 이밖에도 이순신과 관련하여 많은 유적이 사적으로 지정되어 있으며, 이순신의 삶은 후세의 귀감으로 남아 오늘날에도 문학·영화 등의 예술작품의 소재가 되고 있다.

● 이순신 명언

♣ 머리가 나쁘다 말하지 마라.

　나는 첫 시험에서 낙방하고 서른둘의 늦은 나이에 겨우 과거에 급제했다.

♣ 좋은 직위가 아니라고 불평하지 말라.

　나는 14년 동안, 변방 오지의 말단 수비 장교로 돌았다.

♣ 윗사람의 지시라 어쩔 수 없다고 말하지 말라.

　나는 불의한 직속상관들과의 불화로 몇 차례나 파면과 불이익을 받았다.

♣ 몸이 약하다고 고민 하지 마라.

　나는 평생 동안 고질적인 위장병과 전염병으로 고통 받았다.

♣ 집안이 나쁘다고 탓하지 마라.

　나는 몰락한 역적의 가문에서 태어나 가난 때문에 외갓집에서 자라났다.

♣ 기회가 주어지지 않는다고 불평하지 말라.

　나는 적군의 침입으로 나라가 위태로워진 후 마흔 일곱에 제독이 되었다.

♣ 윗사람이 알아주지 않는다고 불만 갖지 말라.

　나는 끊임없는 임금의 오해와 의심으로 모든 공을 뺏긴 채, 옥살이를 해야 했다.

♣ 자본이 없다고 절망하지 말라.

　나는 빈손으로 돌아온 전쟁터에서 열 두 척의 낡은 배로 133척의 적을 막았다.

♣ 옳지 못한 방법으로 가족을 사랑한다 말하지 말라.

　나는 스무 살의 아들을 적의 칼날에 잃었고 또 다른 아들들과 함께 전쟁터로 나섰다.

♣ 나를 알고 적을 알아야만 백 번 싸워도 위태함이 없다.

♣ 만일 골라잡은 군졸들을 용지지장에게 맡겨 평소부터 정세에 따라 잘 지도만 하였다면 이처럼 큰 사변을 당하지는 않았사오리다.

♣ 바다에 호국의 충성을 서약하니 어룡조차 감동하여 꿈틀거리고 태산에 맹세하니 초목도 다 알아채더라.

♣ 분별없이 행동하지 말고 산처럼 무겁고 조용하게 일을 해야 한다.

♣ 비가 오다 말다 했다. 아침에 흰 머리털 여남은 오라기를 뽑았다.

　흰 머리털이 무엇이 어떠냐마는 다만 위로 늙으신 어머님이 계시기 때문이다.

♠ 죽음이 두렵다고 말하지 말라.

　나는 적들이 물러가는 마지막 전투에서, 스스로 죽음을 택했다.

♣ "신에게는 아직 12척의 배가 있사옵니다." 칠천량해전 이후 충무공이 다시 통제사 재임명 교서를 받고 수군을 재정비한 결과 전선 12척에 군사 120명이 다였다. 그러자 "수군을 폐하고 육전에 참가하라"는 임금의 밀지가 떨어졌고, 충무공은 수군을 없애서는 안 된다고 조정에 강력히 건의한다.

♣ "가벼이 움직이지 말라. 침착하게 태산같이 무거이 행동하라." 1592년 5월 7일. 임진왜란 중 처음으로 출전한 옥포해전을 앞두고, 경상좌우도 수군과 육군의 패배 소식으로 긴장하고 당황한 군사들에게. 공포심과 전쟁경험 부족을 극복하고 전장에서의 여유와 냉철함을 가지라며.

♣ "싸움에 있어 죽고자 하면 반드시 살고 살고자 하면 죽는다." 왜선 133척을 전선 12척으로 싸워야 하는 명량해전을 앞두고, 9월 15일 전투력의 절대 열세를 정신력으로 극복하기 위해, 장수들의 전투의지 분발과 '결사구국'의 각오를 나타내며.

♣ "안 된다. 절대로 안 된다. 아무리 좌수사의 명령이라 하더라도 나라의 물건을 마음대로 자를 수는 없다." 전라 좌수사가 객사에 사람을 보내어 거문고를 만들 오동나무를 찍어 오라고 고흥지방의 만호인 이순신에게 청하자 이렇게 말하고 거절했다.

♣ "장부가 세상에 나서 쓰일진대, 목숨을 다해 충성을 바칠 것이요, 만일 쓰이지 않으면 물러가 밭을 가는 농부가 된다 해도 또한 족할 것이다."

루터-Martin Luther, 신학자, 종교개혁자, 독일 (1483년생)

★ 지난 1,000년간 인물100명중 3위 선정
★ 인류 역사인물 100명중 25위 선정
★ 인류 역사인물 50명에 선정

[출생] 1483년 11월 10일, 독일 작센안할트 주 아이슬레벤
[사망] 1546년 2월 18일 (62세), 신성로마제국 아이슬레벤

[국적] 독일
[활동분야] 종교
[주요저서]
《그리스도인의 자유에 대하여》(1520년)
《로마서 강의》(1515년~1516년)

[요약]
마틴 루터는 독일의 종교 개혁자이자 신학자이다. 면죄부 판매에 '95개조 논제'를 발표하여 교황에 맞섰으며 이는 종교개혁의 발단이 되었다. 신약성서를 독일어로 번역하여 독일어 통일에 공헌하였으며 새로운 교회 형성에 힘써 '루터파 교회'를 창립하였다. 마르틴 루터, 또는 말틴 루터는 독일의 전직 가톨릭 수사이자 사제, 신학 교수였으며, 훗날 **종교개혁을 일으킨 주요 인물**이다. 본래 아우구스티노회 수사였던 루터는 로마 가톨릭교회의 여러 가르침과 전통을 거부하였다. 대사의 오용과 남용을 강하게 성토한 마틴 루터는 1517년 95개 논제를 게시함으로써 도미니코회 수사이자 대사령 설교 담당자인 요한 테첼에 맞섰다. 1520년 마틴 루터는 교황 레오 10세로부터 자신의 모든 주장을 철회하라는 요구를 받았으나 거부하였다. 1521년 보름스 회의에서 마찬가지로 신성 로마 제국의 카를 5세 황제로부터 같은 요구를 받았으나 거부함으로써 결국 교황에게 파문을 선고받았다. 또한 황제로부터 삭권박탈 당했다.

[생애]

마틴 루터는 1483년 11월 10일 작센안할트 주 아이슬레벤에서 출생하였다. 아버지는 만스펠트로 이주하여 광부로 일하다가 광산업을 경영, 성공하여 중세 말에 한창 득세하던 시민계급의 한 사람이다. 아버지는 엄격한 가톨릭신앙의 소유자였고 자식의 교육에도 관심을 가졌다. 마르틴은 1501년 에르푸르트대학교에 입학, 1505년 일반 교양과정을 마치고 법률공부를 시작하였는데, 자신의 삶과 구원문제에 깊은 관심을 가지고 있었다. 그 무렵 도보여행 중 낙뢰를 만났을 때 함께 가던 친구의 죽음을 계기로, 그 해 7월 아버지의 만류를 뿌리치고 학업을 중단, 에르푸르트의 아우구스티누스 수도회에 들어갔다. **계율에 따라 수도생활을 하며 1507년 사제가 되고**, 오컴주의 신학교육을 받아 수도회와 대학에서 중책을 맡게 되었다. 1511년 비텐베르크대학교로 옮겨, **1512년 신학박사가 되고 1513년부터 성서학 강의를 시작**하였다.

마틴 루터는 이때, 하느님은 인간에게 행위를 요구하는 것이 아니라, 예수 그리스도를 통해 인간에게 접근하고 은혜를 베풀어 구원하는 신임을 재발견하였다. 이 결과가 **당시 교회의 관습이 되어 있던 면벌부(免罰符) 판매에 대한 비판**으로 1517년 '95개조 논제'가 나왔는데, 이것이 큰 파문을 일으켜 마침내 종교개혁의 발단이 되었다. 마틴 루터는 교황으로부터 파문칙령을 받았으나 불태워 버렸다. 1521년에는 신성로마제국 의회에 환문되어 마틴 루터의 주장을 취소할 것을 강요당했으나 이를 거부, 제국에서 추방되는 처분을 받았다. 그로부터 9개월 동안 작센 선제후의 비호 아래 바르트부르크 성에서 숨어 지내면서 신약성서의 독일어 번역을 완성하였다. 이것이 독일어 통일에 크게 공헌하였음은 잘 알려진 사실이다. 비텐베르크로 돌아와서는 새로운 교회 형성에 힘썼는데, 처음에는 멸시의 뜻으로 불리던 호칭이 마침내 통칭이 되어 **'루터파 교회'가 성립**되었다.

그러나 종교개혁에서 파생된 과격파나 농민의 운동, 농민전쟁에 대해서는 성서 신앙적 입장을 취함으로써 이들과는 분명한 구분을 지었다. 그 뒤 만년에 이르기까지 가톨릭교회와 종교개혁 좌파 사이에서 이들과 논쟁·대결하면서, 성서강의·설교·저작·성서번역 등에 헌신함으로써 종교개혁 운동을 추진하였는데, 영주들 간의 분쟁 조정을 위하여 고향인 아이슬레벤에 갔다가, 병을 얻어 그곳에서 죽었다. 마틴 루터의 업적은 대부분 문서 형태로 남아 있어, 원문의 큰 책이 100권(바이마르판 루터전집)에 이른다. 《그리스도인의 자유에 대하여》(1520년)는 《로마서 강의》(1515년~1516년)와 함께 초기의 신학사상을 잘 나타내고 있는데, 루터는 상황 속에서 자기를 형성하고 발언하는 신학자였기 때문에, 만년에 이르기까지의 많은 저서와 강의를 통하여 마틴 루터의 사상을 남김없이 토로하였다.

마틴 루터는 신학의 근거를, **예수 그리스도를 통한 신의 철저한 은혜와 사랑에 두고, 인간은 이에 신앙으로써 응답하여야 한다고** 강조하였다. 인간은 태어나면서 하느님께 반항하고 자기를 추구하는 죄인이지만, 그리스도로 말미암아 죄를 용서받고 '자유로운 군주'이면서 '섬기는 종'이 되는 것이며, **신앙의 응답을 통하여 자유로운 봉사, 이 세계와의 관계가 생겨나는 것이라고** 주장하였다. 이런 면에서는 특히 **모든 직업을 신의 소명에 의한 것이라고** 설명한 것이, 그 이후의 직업관에 커다란 영향을 미쳤다. 더욱이 이러한 견해는 성서에만 그 바탕을 두어야 한다고 주장하고 또 실천한 것도 중요한데, 1525년 카타리나와 결혼한 것도 이 같은 실천의 하나로 꼽을 수 있다. 당시의 정치적·사회적 정세 속에서 이러한 신앙적 주장을 관철했다는 것은 주목할 만한 사실인데, **칼뱅이나 다른 종교개혁자와 함께 종교개혁을 르네상스와 함께 근세에의 전환점으로 만들었다.**

● 루터 명언

♣ 내일 세상이 멸망한다고 할지라도 나는 오늘 사과나무 한 그루를 심겠다.
♣ 오직 믿음으로만 구원 받는다.

미켈란젤로-Michelangelo, 화가, 조각가, 건축가, 이탈리아 (1475년생)

★ 지난 1,000년간 인물100명중 19위 선정
★ 인류 역사인물 100명중 50위 선정
★ 인류 역사인물 50명에 선정

[출생] 1475년 3월 6일, 이탈리아 카프레세
[사망] 1564년 2월 18일 (88세), 이탈리아 로마

[본명] 미켈란젤로 디 로도비코 부오나로티 시모니
[국적] 이탈리아
[활동분야] 화가, 조각가, 건축가, 시인
[학력] 미술
[사조] 르네상스
[대표작]
《다비드》(1504년)
《최후의 심판》(1541년)

[요약]
미켈란젤로는 **이탈리아의 조각가·건축가**이다. 르네상스 회화, 조각, 건축에서 뛰어난 업적을 남겼다. 산 피에트로대성당의 《피에타》,《다비드》, 시스티나 대성당의 천장화 등이 대표작이다.

[생애와 업적]
미켈란젤로는 르네상스 시대 이탈리아의 대표적 조각가, 건축가, 화가, 그리고 시인이었다. 카프레세 출생으로 어려서부터 그림에 뛰어나, 양친의 반대를 무릅쓰고 13세 때에 기를란다요에게 입문하였고, 이듬해 조각가 베르톨도(1,420년~1491년)에게로 옮겨 도나텔로의 작품을 배우면서, 메디치가의 고대 조각을 연구하였다. 그 때 로렌초 일 마니피코(1449년~1492년)에게 인정받아, 그의 집에서 체류하게 되어, 인문 학자들과도 접촉, 고전문학이나 신·구약성서를 탐독함과 동시에, 조각을 위한 인체 해부에도 전념하였다. 블랑카치 성당 마사초의 벽화 앞에서 토레지아니와 논쟁하다가 코뼈

가 부러진 것도 그 때의 일이며, 이때의 작품으로는 피렌체의 카사 보나로티에 남아 있는 도나텔로 풍의 《스칼라의 성모》와 고전적 격조를 보인 《켄타우로스족과 라피타이족의 싸움》의 부조가 있다. 1492년 메디치가의 로렌초가 죽은 후, 프랑스군이 침입하자 볼로냐로 피난, 거기서 쾌르치아의 조각도 배웠다.

1496년 로마로 나올 기회를 얻어 고전 예술에 접촉, 조상 《바쿠스》(피렌체 바르젤로 미술관 소장)를 제작, 바티칸의 산피에트로대성당에 있는 《피에타》를 프랑스 추기경의 의뢰로 완성한 것은 1499년경이다. 1501년 피렌체로 돌아와, 시청으로부터 《다비드》의 대리석상을 부탁받아 1504년에 완성하였다. 이 거상은 시청 문 앞에 놓여 피렌체 자치도시를 지키는 상징으로 간직되었다(현재는 아카데미아 미술관 소장). 이 무렵의 작품으로 성모자를 다룬 2개의 원형 부조(런던 왕립미술아카데미와 바르젤로 미술관 소장)와 원형화 《성가족》(우피치 미술관)이 있다. 1504년 피렌체 시청에 《카시나의 싸움》의 벽화를 의뢰받아, 건너편 벽면에 《안기리의 기마전》을 그리게 되어 있던 레오나르도 다 빈치와 경쟁하였다.

그러나 미켈란젤로는 이듬해 율리우스 2세에게 불려 로마로 가서, 그 기념 묘비를 만들게 되었다. 그런데 브라만테가 산피에트로대성당의 개축에 착수한 이래, 율리우스 2세가 냉담해지자, 이에 화가 난 미켈란젤로는 피렌체로 돌아와 다시 《카시나의 싸움》 제작에 전념하였다. 1506년 레오나르도도 화고를 완성, 벽화를 착수하였으나, 쌍방 모두 진전이 없던 중에 중단되고 말았다. 지금은 화고도 없어지고, 모사화가 남아 있을 뿐이다. 1506년 말 미켈란젤로는 다시 율리우스 2세에게 불려가, 볼로냐에서 화해하고, 1508년 **시스티나성당의 천장화**를 위촉받았다. 벽화에는 경험이 없다고 사퇴하였으나, 허용되지 않아 적대자 브라만테의 간계를 물리치면서 제작을 시작하였다. 일은 진척되지 않고, 보수도 지불되지 않고, 형제들로부터는 금전을 강요당하고, 교황과도 충돌하는 악조건 하에서 1512년에 마침내 완성하였다.

《천지 창조》《인간의 타락》《노아 이야기》의 3장 9화면을 구약 내용의 순서와는 반대로 그리기 시작, 그 화면 사이에 예언자나 천사나 역사를 배치하고, 복잡한 모습을 부여하여, 묘사된 대리석상 같은 인간군상을 부각하였다. 천장화 완성의 다음해에 율리우스 2세가 사망하였기 때문에, 현안의 묘비를 실현시키게 되어, 1513년~1518년에 묘비의 중심 조상(彫像)이 될 《모세》의 거상(巨像)과 부속 인물인 《노예》를 만들었으나, 메디치가 출신의 교황 레오 10세가 새로이 피렌체의 산 로렌초성당의 파사드의 건축을 강요하였기 때문에, 그 후 율리우스 2세의 묘비는 중단되었다.

교황이 갈릴 때마다 계약이 수정되어 마침내 1542년의 제5회째의 계약에서는 최초의 거대한 구상과는 달리, 앞서 말한 《모세》를 중심으로 새로이 만든 《레아》와 《라헬》의 두 협시(脇侍)가 산 피에트로인 빈코리 성당의 쓸쓸한 묘비를 구성하고 있을 뿐이다. 1520년 피렌체의 메디치가 묘묘(廟墓)의 제작을 의뢰받아, 1524년에 착수, 10년간이나 걸렸으나 끝내 미완성으로 끝났다. 그러나 이 묘묘를 구성하는 로렌초와 줄리아노의 조상과 그 각각의 아래의 관에 누워 있는 《아침》《저녁》《낮》《밤》의 네 우의상(寓意像), 그 중 《저녁》과 《낮》의 두 남성상(미완성)과 《성모자상》(미완성)은 르네상스 **조각의 걸작**으로 꼽힌다. 그 사이 산 로렌초 성당 부속의 라우렌치아나 도서관의 건축에 종사하였고, 1529년에는 독일의 칼 5세군의 피렌체 포위를 맞아, 방위위원으로서 축성에도 임하였다. 그 후 메디치가의 전제군주 알렉산드로와 반목하여, 메디치가 묘묘를 미완성의 상태로 둔 채 1534년에 피렌체와 영원히 결별하여 로마로 옮겼다. 그 해 새 교황 바오로 3세로부터 시스티나성당의 안쪽 벽을 그려달라는 의뢰를 받고 다음 해부터 혼자 착수, 고생 끝에 6년 후인 1541년에 《최후의 심판》을 완성하였다.

그리스도가 '성난 그리스도'로서 거인처럼 군림하여, 천국에 오르는 자와 지옥으로 떨어지는 자가 좌우로 크게 회전하는 군상을 지배하고 있다. 그 구도와 동적 표현은 르네상스의 고전 양식을 해체하여 격정적인 바로크 양식의 추이를 보였다. 그 제작 중, 독신이었던 미켈란젤로가 교양 높은 페스카라 공(公) 미망인 비토리아 코론나를 알게 되어 영혼의 위로를 받게 된 것은 유명한 에피소드인데, 이 부인도 타계하여, 미켈란젤로는 다시 고독해졌다. 1542년에는 바티칸궁의 파올리나 성당의 장식도 위촉받아 《바울로의 개종》과 《베드로의 책형: 죄인을 기둥에 묶고 창으로 찔러 죽이던 형벌》을 1550년에 완성하였다. 노령에도 불구하고 캄피돌리오 광장을 설계하기도 하고, 파라초 파르네제의 건축에 종사하기도 하는 등 끊임없이 활동하여, 1547년에는 산 피에트로대성당의 조영 주임이 되어 1557년 대원개(大圓蓋)의 목제 모델을 완성하였다.

그 사이에도 《피에타》의 군상을 3개(피렌체 대성당, 팔레스토리나, 론다니니)나 만들었고, 어느 것이나 미완성으로 끝나기는 하였지만, 힘없이 쓰러지는 그리스도를 성모들이 슬피 부축하는 군상의 생생한 끌 자국에는 끝없는 고뇌의 영혼이 영원의 휴식을 추구하는 것 같은 그의 만년의 심경이 엿보여 비장하기까지 하다. 그 무렵 로마에도 동란이 일어나, 고향 피렌체에 대한 향수에 젖으면서, 병을 얻어 르네상스로부터 초기 바로크에 이르는 89세의 오랜 예술적 생애를 마쳤다. 메디치가나 교황에 봉사를 끝없이 요구당하면서도 언제나 자유와 정의를 추구하여 싸운 미켈란젤로의 괴로운 심경은 남겨진 편지와 시에 잘 나타나 있다. 미켈란젤로의 예술은 모두 이와 같은 **인생의 고뇌와 사회의 부정과 대결한 분개와 우울과 신앙의 미적 형상화**이며, 더욱이 그것은 초인적인 억센 제작력에 의해 달성된 것이다.

[작품활동]

미켈란젤로는 유년 시절부터 조토와 마사치오의 작품들을 습작하며 그림에 많은 관심을 쏟아 집안에서 자주 꾸중을 들었다. 하지만 소년 미켈란젤로의 재능을 알아본 메디치가에서 아버지를 설득한 덕분에 미켈란젤로는 미술공부를 할 수 있었다. 미켈란젤로가 13세 때 화가 도메니코에게서 배웠다. 또한 성 베드로 대성전의 돔, 성 베드로 대성전의 피에타, 팔레스티나의 피에타, 론다니니의 피에타 등 세 조상을 미완성으로 남긴 채 89세를 일기로, 외롭고 괴로운 긴 생애를 로마에서 마쳤다. 1501년 피렌체로 돌아와, 시청의 위탁으로 **다비드를 3년에 걸쳐 완성**하였다. 계속하여 원형 부조인 성모자를 만들고, 원형화 성 가족을 그렸다. 1504년 피렌체 시청의 위촉으로 대회장의 벽화 카시나 수중 접전도를 그리게 되었는데, 맞은편 벽에는 레오나르도 다 빈치가 앙기아리 기마 접전도를 그렸으므로 경쟁을 하게 되었다. 1508년 바티칸 사도 궁전의 **시스티나 성당의 천장화**를 위촉받고 허리가 꺾이는 듯한 고통에도 **4년 만에 완성**하였다.

1520년 메디치가 성당의 묘비를 10년에 걸쳐 조각하는 한편, 산 로렌초 성당 부속 도서관 입구를 건축하였으며, 1529년 독일 카를 5세 군의 피렌체 포위 때 방위 위원으로 뽑혀 성을 쌓았다. 후에 메디치가의 폭군 알레산드로와 사이가 나빠져, 1534년 고향인 피렌체를 영원히 떠났다. 로마로 옮긴 미켈란젤로는 새로운 교황 바오로 3세로부터 시스티나 경당의 정면 대벽화를 위촉받고, 노령으로 발판 위에서 떨어져 가면서까지 혼자 꾸준히 그려 **6년에 걸쳐 〈최후의 심판〉을 완성**하였다. 1550년 바티칸 바오로 경당의 벽화 바오로의 회심과 십자가의 베드로를 완성하였다. 미켈란젤로의 예술은 인생의 고뇌, 사회의 부정과 대결한 분노, 신앙을 미적으로 잘 조화시킨 것이다. 미켈란젤로는 이탈리아 여러 지역에 주거했으며 **로마 가톨릭 교회를 고객으로 하는 고급 화가였다.**

[미켈란젤로와 메디치]

로렌초 메디치는 엄청난 재력가로 유럽역사에서 많은 예술가들을 지원했다. 미켈란젤로도 이중에 한 명으로 메디치에게 많은 지원을 받았다.

[시스티나 성당의 천정벽화]

1505년에 미켈란젤로는 새로 임명된 교황 율리오 2세의 초대로 로마로 들어왔다. 미켈란젤로는 교황의 묘를 짓는 일에 위촉되었고, 그 작업에는 40개의 조각과 4년 정도 걸리는 공사였다. 교황의 후원을 받긴 했지만, 미켈란젤로는 수많은 다른 작업으로 무덤을 완공하는데 끊임없는 방해를 받았다. 40년간 묘를 짓는 작업을 하였음에도 불구하고 만족스럽게 끝내지 못했다. 묘는 로마에 있는 산 피에트로 인 빈콜리 성당에 위치하며 중앙에 놓인 1516년에 완공한 '모세' 동상으로 가장 유명하다. 묘를 위해 만든 조각상 중에서, '반항하는 노예'와 '죽어가는 노예'로 알려진 2개의 조각은 루브르 박물관에 현재 보관되고 있다. 같은 기간에, 미켈란젤로는 시스티나 성당의 천장을 4년에 걸쳐 작업하였다(1508년~1512년).

콘디비 설명에 의하면, 브라만테가 산피에트로 대성당을 작업하고 있었는데, 미켈란젤로가 교황의 묘 공사에 위촉되었다는 사실에 분개하다가 교황을 설득해서 미켈란젤로가 실패하도록 미켈란젤로에게 생소한 과제를 주었다고 한다. 미켈란젤로는 원래 천장을 지탱해주는 삼각 궁륭에 열두 제자를 그리고 천장 중앙에 장식으로 처리하라는 위촉을 받았다. 미켈란젤로는 율리오를 설득해 재량권을 얻고, 천지창조/인류의 타락/예언자를 통한 구원의 약속/그리스도의 계보 등 다양한 그리고 더 정교한 작품을 제시했다. 이 작업은 카톨릭 성당의 대부분의 교리를 표현하는 그림의 일부이다. 작품은 500 평방미터의 천장전체를 아우르며, 300명 이상의 인물을 포함하고 있다.

천장 한가운데는 창세기에 나오는 9개의 이야기로 구성되어있고, 3개의 부분으로 나뉜다. 하나님의 지구창조, 하나님의 인간창조와 하나님 은혜 밖으로 추락한 인간, 마지막으로 노아와 그의 가족이 보여주는 인간의 상태, 천장을 지탱하는 삼각 궁륭에는 예수님의 오심을 예언하는 12명의 인간이 그려져 있다. 이스라엘 예언자 7명과 고전세계에 나오는 5명의 무녀, 천정벽화에서 가장 유명한 그림은 아담의 창조, 에덴동산의 아담과 이브, 노아의 홍수, 예언자 예레미아, 그리고 쿠메의 시빌라이다.

1508년 교황 율리오 2세는 미켈란젤로에게 시스티나 성당의 천장을 그림으로 장식할 것을 명한다. 미켈란젤로는 4년 동안 발판 위에 누워서 작업을 하는 경직된 자세로 일해야 하였고, 이로 인해 관절염과 근육 경련을 얻었다. 천장에서 떨어지는 물감 안료로 인해 눈병도 생겼다. 1512년 마침내 작품을 완성하였다. 교회를 화려하게 수놓은 천정벽화에는 복음서에서 언급한 그리스도의 선조로 시작하여 천지창조 이야기 등 구약 성서의 네 가지 사건이 그려져 있다.

[작품 요약]
[조각]

미켈란젤로의 십자가 (1492년)-다색 나무, 142 x 135 cm, 성모 마리아와 성령 성당, 피렌체

미켈란젤로의 성 페트로니오 (1494년~1495년)-대리석, 키 64 cm, 성 도메니코 성당, 볼로냐
미켈란젤로의 성 프로쿨루스 (1494년~1495년)-대리석, 키 58,5 cm, 성도메니코 성당, 볼로냐
미켈란젤로의 천사 (1494년~1495년)-대리석, 키 51,5 cm, 성 도메니코 성당, 볼로냐
바쿠스 (1496년~1497년)-대리석, 키 203 cm, 바르젤로 국립 미술관, 피렌체
피에타 (1499년~1500년)-대리석, 키 174 cm, 바닥 폭 넓이 195 cm, 성 베드로 성당, 로마
다비드 (1501년~1504년)-대리석, 키 517 cm, 아카데미아 갤러리, 피렌체

[그림]
성 가족(도니 톤도) (1503년~1506년경)-우피치 미술관
피렌체시스티나 성당 천장화 (1508년~1512년)-프레스코화, 시스티나 성당, 바티칸 궁전
최후의 심판 (1534년~1541년)-프레스코화, 시스티나 성당, 바티칸 궁전

🦏 ● 미켈란젤로 명언

♣ 나는 대리석 안에 들어있는 천사를 보았고, 그가 나올 때까지 돌을 깎아 냈다.
♣ 우리에게 닥치기 쉬운 위험은 너무 높은 목표를 잡아서 실패하는 것이 아니다.
　목표를 너무 낮게 잡고 성공하는 것이다.

코페르니쿠스-Nicolaus Copernicus, 천문학자, 폴란드 (1473년생)

★ 지난 1,000년간 인물100명중 9위 선정
★ 인류 역사인물 100명중 19위 선정
★ 인류 역사인물 50명에 선정

[출생] 1473년 2월 19일, 폴란드 토룬
[사망] 1543년 5월 24일 (70세), 폴란드 프롬보르크

[학력사항]
파도바대학교
볼로냐대학교

[경력사항]
1520 폴란드 프라우엔부르크 대교구장
1516 폴란드 알렌슈타인교회 평의원

1516 폴란드 엘름란드교구 회계감사역
1512 폴란드 프라우엔부르크성당 신부
1497 폴란드 프라우엔부르크성당 평의원

[국적] 폴란드
[분야] 천문학, 수학, 약학, 경제학, 교회법
[출신 대학] 이탈리아 파도바 대학교
[주요 업적] 지동설 창시
[종교] 가톨릭

[생애]
니콜라우스 코페르니쿠스는 지동설을 주장하여 근대 자연과학의 획기적인 전환, 이른바 '코페르니쿠스의 전환'을 가져온 폴란드의 천문학자이다. 여러가지 이름표기는 코페르니쿠스가 태어난 곳(폴란드)과 그의 모국어(독일어) 그리고 코페르니쿠스가 즐겨 쓴 라틴어를 감안하여 세가지 언어로 표기한다. 인공원소 코페르니슘의 이름이 코페르니쿠스의 이름을 따서 지어졌다. 코페르니쿠스는 라틴어, 폴란드어, 독일어, 그리스어, 그리고 이탈리아어를 모두 말할 수 있었다. 코페르니쿠스는 현재의 폴란드 중북부에 있는 당시의 한자동맹 도시인 토룬에서 관리이자 주철업을 하는 아버지 니콜라스 코페르니크과 당시의 프로이센의 슐레지엔 지방 출신인 어머니 바르바라 바첸로데 사이에서 네 명의 자녀 가운데 막내로 태어났다.

열 살이 되던 해에 아버지를 잃고 외삼촌 밑에서 여의고 토룬에서 초등 및 중고등학교를 다닌 후 코페르니쿠스는 1491년 당시 독일의 작센에 속했던 폴란드 남부지방의 대도시 크라카우(현 크라쿠프)로 가서 대학에 입학하여 1494년까지 수학 및 천문학을 공부하다. 대학을 졸업한 후 1495년 이탈리아의 볼로냐로 가서 삼촌의 권유로 신학과에 입학한다. 이탈리아에 머무르면서 코페르니쿠스는 또한 로마 및 파도바 대학에 등록하여 강의를 들은 것으로 기록되고 있다. 코페르니쿠스는 논의에만 몰두하던 스콜라 학의 학통을 따르지 않고 천체관측과 궤도 계산을 위주로 하던 실지천문가였다. 코페르니쿠스가 등장하기 전에는 고대 그리스에서 르네상스에 이르기까지 우주의 성질에 대한 통념이 기본적으로 변한 것이 없었다.

그러나 **코페르니쿠스의 등장으로 암흑기에서 과학혁명으로의 길로 나아갈 수 있는 계기가 되었다. 코페르니쿠스는 지구와 태양의 위치를 바꿈으로써 지구가 더 이상 우주의 중심이 아님을 천명했는데, 이것은 당시 누구도 의심하지 않던 프톨레마이오스의 우주 체계에 정면으로 도전한 것이었다.** 그리고 이 도전은 지구가 우주의 중심이고 인간은 그 위에 사는 존엄한 존재이며 달 위의 천상계는 영원한 신의 영역이라고 생각했던 중세의 우주관을 폐기시키는 결과를 가져왔다. 당시 코페르니쿠스가 행했던 인간중심의 지구중심설에서 객관적인 입장의 태양중심설로의 발상의 전환을 '**코페르니쿠스적 전환**'이라 이른다. 흔히 대담하고 획기적인 생각을 이르는 말로 쓰이기도 하는데, 그만큼 코페르니쿠스의 이론은 당시 사람들에게 큰 충격을 주었다. 이탈리아 유학시기 접한 플라톤주의와 고대문헌 조사의 영향으로 지동설을 구상하게 된 코페르니쿠스는 레기오몬타누스가 쓴 프톨레마이오스 체계에 대한 핵심적 문제제기가 실린 책 〈요약〉을 접하고 자신의 우주 모델에 대한 개략적인 생각을 더욱더 발전시켜나갔다.

그 후 1510년에 태양 중심 천문체계의 기본적인 틀을 완성했으며 그로부터 얼마 지나지 않아 〈짧은 해설서〉라는 제목이 붙은 짧은 요약본 형태의 원고를 지인들에게 돌렸다. 〈짧은 해설서〉 발표 후 코페르니쿠스는 끊임없는 연구를 통해 1543년 《천구의 회전에 관하여》를 발표한다. 우주와 지구는 모두 구형이며 천체가 원운동을 하는 것처럼 지구도 원운동을 할 수 있다고 주장했다. 또한 행성을 하나, 하나 따로 생각한 것이 아니라 태양을 중심으로 한 행성체계로 보아 행성간의 관계를 부여함으로써 프톨레마이오스의 모델과 큰 차이점을 두었다.

책에 대한 즉각적인 반응은 매우 미약했으나 시간이 흐를수록 널리 퍼져 나갔다. 1616년 로마 가톨릭교회로부터 금서목록에 추가되기도 하였으나 후대에 이르러 천문학과 물리학이 발전할 수 있는 토대를 마련해 줌으로써 혁명적 씨앗으로서의 역할을 다했다. 코페르니쿠스의 체계는 관측 결과와 완전히 부합한 것은 아니어서, 이후 많은 과학자들, 특히 케플러, 갈릴레이, 뉴턴 등에 의해 수정되고 보완되어 오늘에 이르고 있다.

[업적]

지동설(태양중심설)의 제창자로 알려진 폴란드의 천문학자이다. 이탈리아 유학중에 그리스의 고문헌을 통해 사모스의 아리스타르코스의 태양중심설을 알게 된 후 폴란드로 돌아와 자신의 태양중심설 천문학을 《요강》 형식으로 서술해 유포시키고 있었는데, 천문학 체계로서 전개한 것은 초판 인쇄본이 코페르니쿠스의 임종에 도착한 《천구의 회전에 대하여》(1543년)에서였다. 코페르니쿠스의 이 저서는 프톨레마이오스의 천동설 천문학 체계에 대치되는 본격적인 지동설 천문학 체계를 제시했다는 점에서, 그리고 당시 활발해지기 시작한 인쇄매체를 이용함으로써 혁명적인 영향력을 갖게 되었다. 코페르니쿠스는 논의에만 몰두하는 당시의 스콜라학의 학통에서 벗어나 천체관측과 궤도계산을 위주로 하는 실지천문가였다. 엄밀하게 말하면 그는 태양을 우주의 중심에 놓지 않았다. 관측과 계산을 일치시키기 위해 태양은 태양계의 중심에서 약간 벗어난 곳에 자리 잡고 있다.

그러나 그것은 기술적인 문제점 일 뿐, 그는 우주관으로서는 태양을 우주의 중심이라 생각했다. 태양과 지구와 행성의 삼각 측량이 그의 체계를 취하면 가능해지므로, 프톨레마이오스의 체계에서는 무의미한 값이었던 행성의 상대거리를 올바르게 파악할 수 있어, 여기에서 케플러의 제3법칙, 뉴턴의 역학이 유도되었다. 코페르니쿠스는 항성의 세계를 무한 내지 그에 가까운 것으로 생각했다. 그러나 우주가 만약 무한이라면, 거기에 중심은 없을 것이다. 코페르니쿠스는 이런 종류의 논의는 자연철학자에게 맡겨야 할 일이라 생각하고, 스스로는 자신의 입장을 명확히 밝히지 않았지만, 그 발상은 「닫힌」 중세적 우주관에서 「열린」 근대적 우주관으로의 이행을 촉발했으며, 이러한 우주관·세계관의 대변혁은 흔히 「코페르니쿠스 혁명」이라 일컬어진다.

● 코페르니쿠스 명언

♣ 결국 우리는 태양 그 자체를 우주의 중심에 놓을 것이다.
♣ 태양은 우주의 중심으로 움직이지 않는 존재이다.

다 빈치-Leonardo da Vinci, 화가, 발명가, 이탈리아 (1452년생)

★ 지난 1,000년간 인물100명중 11위 선정
★ 인류 역사인물 50명에 선정

[본명] 레오나르도 디 세르 피에로
[출생] 1452년 4월 15일, 피렌체 공화국 빈치
[사망] 1519년 5월 2일 (67세), 프랑스 왕국 앙부아즈

[사조] 르네상스
[국적] 이탈리아
[활동분야] 예술, 과학, 철학
[출생지] 이탈리아 피렌체 근교의 빈치
[주요저서] 《회화론》
[주요작품] 《모나리자》《성 안나》《최후의 만찬》(1498)

[요약]
레오나르도 다 빈치는 **이탈리아 르네상스를 대표하는 근대적 인간의 전형이다**. 다 빈치는 **화가이자 조각가, 발명가, 건축가, 기술자, 해부학자, 식물학자, 도시 계획가, 천문학자, 지리학자, 음악가였다.** 다 빈치는 호기심이 많고 창조적인 인간이었으며, 어려서부터 인상 깊은 사물, 관찰한 것, 착상 등을 즉시 스케치하였다.

[생애]
레오나르도 다 빈치는 1452년 4월 15일 토스카나 지방의 산골 마을 빈치에서 **유명한 가문의 공중인인 피에르 다 빈치와 가난한 농부의 딸인 카타리나 사이에서 사생아로 태어났다.** 르네상스의 만능인으로 **어릴 때부터 수학·음악·회화 외에 모든 학문에 있어서 다재다능함을 보였다.** 레오나르도는 1466년 열네 살 때, 가족과 함께 토스카나의 수도였던 피렌체로 이주해 안드레아 델 베로키오의 공방에 들어갔다. 베로키오는 그 당시 피렌체에서 가장 유명한 공방을 이끌던 실력 있는 예술가였다. 레오나르도는 그곳에서 20대 초반까지 미술 및 기술 공작 수업을 받았다. 제자의 재능을 알아본 베로키오는 레오나르도에게 그림을 맡기고 자신은 조각에만 몰두할 정도로, 다 빈치를 제자가 아닌 화가로 인정했다.

1472년 수업을 끝내고 피렌체 화가 조합에 등록하여 한 사람의 화가로 알려지게 되었다. 1476년 베로키오의 작품 〈그리스도의 세례〉에 조력하고, 그 좌단에 천사를 그렸는데, 스승을 능가하는 천재성을 보였다. 레오나르도는 1481년까지 스승의 영향에서 벗어나려고 많은 노력을 했으며, 1466년~1482년을 그의 제1의 피렌체 시대라고 하는데, 당시의 작품으로 〈석죽의 성모〉〈수태 고지〉〈베노바가의 성모〉 등이 있다. 이 시기에 그려진 인물화와 풍경화에서 이미 레오나르도의 독창적인 구도와 분위기 표현 기술을 엿볼 수 있다. 1481년에 (또는 1482년) 밀라노의 스포르차 귀족 가문의 화가로 초빙되어 갔는데, 1482년~1499년을 제1의 밀라노 시대라고 부른다. 밀라노에 간 목적은 스포르차 가의 선조인 프란체스코의 기마상 제작과 음악 교수 때문이었다.

약 12년 동안 화가로서 뿐만이 아니라 조각가, 건축가, 기사로서 오늘날 잘 알려진 레오나르도의 다방면에 걸친 천재성을 발휘했다. 이 시기에 세계 미술사에서 가장 뛰어난 그림 가운데 하나로 손꼽히는 〈암굴의 성모〉(1483년, 루브르 박물관)와 **〈최후의 만찬〉(1495년~1498년, 밀라노)이 제작**되었다. 〈암굴의 성모〉에서는 레오나르도 특유의 화법인 이른바 환상적인 색감을 살리는 스푸마토가 첫선을 보이게 되며, 뒤에 이 화법을 바탕으로 유명한 **모나리자(1500년~1503년, 루브르 박물관)**가 그려졌다. 또한 당시 로마 가톨릭의 통제에 따라 제작되던 교회 미술계의 풍토를 깨고, 예수의 인성을 강조하는 등 자신의 소신에 따른 작품 활동을 했다. 1489년 인체와 말의 해부학적 연구에 몰두하고, 인체의 해부와 조류의 비상에 관한 논문, 광학에 대한 연구에도 전심하였다.

1500년~1506년을 다 빈치의 제2의 피렌체 시대라고 하는데, 1499년 프랑스 왕 루이 12세의 밀라노 침입으로 1500년 피렌체로 돌아왔다. 여기서 제단화 〈성 모자와 성 안나〉를 그리고, 1502년에는 체잘레 · 보르지아에 토목 사업 운하 개발 도시 계획을 위해 초청되었다. 1503년에는 다시 피렌체로 돌아와 〈모나리자〉를 그리기 시작하였다. 이 시대에는 다 빈치의 과학 연구가 한층 성하여 새가 나는 방법, 지질학과 물의 운동, 해부 등에 관한 수기를 남겼다.

1506년 밀라노에서 프랑스 왕의 궁정 화가가 되었는데, 1506년~1513년을 그의 제2의 밀라노 시대라고 부른다. 1516년 프랑스 왕 프랑수아 1세의 초청으로 1516년 프랑소와 1세가 있는 프랑스의 끌로뤼세로, 다 빈치의 제자인 프란세스코 멜지와 함께 이주한다. 그는 3점의 그림모나리자라 조콘다), 성 안나와 성 모자, 세례자 요한을 가져간다. 여기서 〈성 안나〉와 〈모나리자〉를 완성하였다. 이 시대를 앙부아즈 시대라고 하는데 이 시기에 여러 방면에 대한 오랜 연구를 정리하고 운하도 설계하였다. 1519년 4월 23일 유언을 남기고 5월 2일 사망했다. 다 빈치의 나이 67세였고, 조르조 바사리는 레오나르도의 전기에서 레오나르도가 프랑수아 1세의 품 안에서 숨을 거뒀다고 적고 있다. 레오나르도 다 빈치는 평생 독신으로 살아 자식을 남기지 않았고, 다 빈치의 제자이자 동반자였던 프란세스코 멜지가 다 빈치의 유산을 상속하였다. 1570년 프란세스코 멜지의 죽음으로 다 빈치가 평생 간직하고 있었던 레오나르도 다 빈치의 엄청난 양의 크로키와 그림이 세상에 드러나게 되었다.

[그 밖의 업적]

다 빈치는 **파동운동 이론, 연통관 내의 압력, 유체에 미치는 압력의 발견자**이기도 하다. 그 응용면에 있어서 양수기와 수압의 발견자였다. 새의 나는 방법에 대한 연구로 비행기의 원리를 생각하고 공기의 연구에서 바람의 발생과 구름과 비의 발생도 이론적으로 추구했다. 또 **공기 역학, 조류의 비행 등의 연구 노트에는 낙하산, 헬리콥터, 플레이트 날개 등이 기록**되어 있다. 해부학에 있어서도 인체의 각 부분의 작용을 역학적 원리로서 분명히 하였다. 그 밖에도 **식물학 등에 관해서도 연구**를 하였다. 다 빈치는 예술과 과학의 창조에 대한 비밀을 밝힌 천재였다. 저서로 그림에 관한 르네상스 예술 이론의 중요한 문헌인 〈회화론〉을 비롯하여 많은 논문이 있다.

[대표 작품]

〈그리스도의 세례〉(1472년~1475년) - 우피치 미술관, 피렌체 (베로키오 공방 시절: 레오나르도 다 빈치는 왼쪽의 천사를, [베로키오]는 오른쪽의 천사를 그린 것으로 알려짐. 교회의 통제를 거부하고, 자신의 소신에 따라 그렸다.)

〈수태고지〉(1475년~1480년) - 우피치 미술관, 피렌체, 예수를 잉태한 성모에게 천사 가브리엘이 왔다

는 루가 복음서의 탄생 설화를 소재로 함

〈동굴의 성모〉(1483년~1486년) - 루브르 박물관, 파리, 예수가 헤로데를 피해 이집트로 갔다는 루가 복음서의 전승 내용을 소재로 함

〈흰 족제비를 안고 있는 여인〉(1488년~1490년) - 차르토리스키 박물관, 크라코우, 폴란드 모델은 세실리아 가례라니로 뤼도빅 르 모르의 정부(情婦)로 알려져 있다. 그림 속의 흰 족제비는 다양한 상징으로 해석할 수 있는데, 순결함 혹은 순수함 그리고 모로 집안에 대한 상징으로 주로 해석된다.

〈음악가의 초상〉(1490년경) - 암브로시니아 미술관, 밀라노, 43 x 31 cm— 다 빈치의 유일한, 남성을 그린 초상화로 알려졌다. 모델은 프란치노 가퀴리오

〈리타의 성모〉(1490년~1491년) - 에르미타지 박물관, 상트페테르부르크

〈최후의 만찬〉(1498년경) - 산타 마리아 델레 그라치에 성당의 수도원 식당, 밀라노

〈모나리자〉(1503년~1506년) - 루브르 박물관, 파리

〈암굴의 성모〉(1508년경) - 국립 미술관, 런던

〈성 안나와 성 모자〉(1510년경) - 루브르 박물관, 파리, 프로이드가 다 빈치의 동성애를 증명할 수 있는 단서로 본 그림이다. 성 안나는 성모 마리아의 어머니 즉, 예수의 외할머니이다.

〈세례자 요한〉(1514년경) - 루브르 박물관, 파리, 다 빈치의 손으로 완성된 마지막 작품으로 남성과 여성 사이의 모호한 아름다움으로 유명하다.

[업적]

르네상스 시대의 이탈리아를 대표하는 천재적 미술가·과학자·기술자·사상가이다. 15세기 르네상스 미술은 다 빈치에 의해 완벽한 완성에 이르렀다고 평가받는다. **조각·건축·토목·수학·과학·음악에 이르기까지 다양한 방면에 재능을 보였다.** 1452년 4월 15일 피렌체 근교의 빈치에서 출생하였다. 공증인 세르 피에로의 서자로 태어났다. 어머니는 카타리나라는 이름을 가진 농사꾼의 딸이며 신분의 차이로 아버지와 결혼을 하지 못했으며 다 빈치가 태어날 때 다른 여자와 결혼하였다. 어릴 때부터 수학을 비롯한 여러 가지 학문을 배웠고, 음악에 재주가 뛰어났으며, 유달리 그림 그리기를 즐겨하였다. 그래서 1466년 피렌체로 가서 부친의 친구인 안드레아 델 베로키오에게서 도제수업을 받았다. 이곳에서 인체의 해부학을 비롯하여 자연현상의 예리한 관찰과 정확한 묘사를 습득하여, 당시 사실주의의 교양과 기교를 갖추게 되었다.

다 빈치의 특색인 깊은 정신적 내용의 객관적 표현은, 다 빈치의 놀라운 사실적 표현기교의 구사에 의해서만 가능하였다. 사실상 15세기 르네상스 화가들의 사실기법을 집대성하여, 명암에 의한 입체감과 공간의 표현에 성공하였다. 점차 15세기적인 요소를 극복하고, 이 주관과 객관의 조화의 고전적 예술의 단계에 도달하게 되었다. **다 빈치는 만년에 이르러 과학적 관심을 갖고, 수많은 소묘(스케치)를 남겼다.** 인체해부를 묘사한 그림들은 인체묘사와 의학발전에도 영향을 끼쳤다.

과학적 연구는 수학·물리·천문·식물·해부·지리·토목·기계 등 다방면에 이르며, 이들에 관한 수기(手記)나 인생론·회화론·과학론 등이 많이 남아 있다. 오늘날 우리가 자연과학으로 분류하는 해부학·기체역학·동물학 등에도 깊은 관심을 가졌다. 다 빈치의 연구결과는 19세기 말에 들어서 주목을 받으면서, 다시 다 빈치의 과학적인 천재성으로서 조명되고 있다. 현재 다 빈치의 기록이 23권의 책으로 남아 있다. 르네상스의 가장 훌륭한 업적, 즉 원근법과 자연에의 과학적인 접근, 인

간신체의 해부학적 구조, 이에 따른 수학적 비율 등이 그에 의해 완벽한 완성에 이르게 되었다. 다 빈치의 명성은 몇 점의 뛰어난 작품들에서 비롯하는데, 〈최후의 만찬〉·〈모나리자〉·〈동굴의 성모〉·〈동방박사의 예배〉 등이 그러하다. 다 빈치는 르네상스를 대표하는 가장 위대한 예술가일 뿐만 아니라, 지구상에 생존했던 가장 경이로운 천재 중 하나다. 1519년 프랑수아 1세의 초빙으로 프랑스의 보아 주에 가서 건축·운하 공사에 종사하다가 죽었다. 이렇게 **다 빈치는 조각·건축·토목·수학·과학·음악에 이르기까지 모든 분야에 재능을 보였다.** 이러한 다 빈치의 생애를 대개 5시기, 즉 제1차 피렌체 시대(1466년~1482년), 제1차 밀라노 시대(1482년~1499년), 제2차 피렌체 시대(1500년~1506년), 제2차 밀라노 시대(1506년~1513년), 로마·앙부아즈 시대(1513년~1519년)로 구분한다.

🦏 ● 다빈치 명언

♣ 모든 경험은 하나의 아침, 그것을 통해 미지의 세계는 밝아 온다.
　경험을 쌓아 올린 사람은 점쟁이보다 더 많은 것을 알고 있다.
　경험이 쌓일수록 말수가 적어지고 슬기를 깨우칠수록 감정을 억제하는 법이다.
　경험이 토대가 되지 않은 사색가의 교훈은 허무한 것이다.
♣ 무슨 일이든지 시작을 조심하라. 처음 한 걸음이 앞으로의 일을 결정한다.
♣ 쇳덩이는 사용하지 않으면 녹이 슬고 물은 썩거나 추위에 얼어붙듯이
　재능도 사용하지 않으면 녹슬어 버린다.
♣ 시작이 나쁘면 결과도 나쁘다. 중도에서 좌절되는 일은 대부분 시작이 올바르지
　못했기 때문이다. 시작이 좋아도 중도에서 마음 늦추면 안 된다.
　충분히 생각하고 계획을 세우되, 일단 계획을 세웠거든 꿋꿋이 나가야 한다.
♣ 식욕 없는 식사는 건강에 해롭듯이, 의욕이 동반되지 않은 공부는 기억을 해친다.
♣ 아는 것이 적으면 사랑하는 것도 적다.
♣ 어떤 것이든 그것에 대해 잘 알지 않고서는 사랑하거나 미워할 수 없는 것이다.
♣ 열심히 일한 날에는 잠이 잘 찾아오고, 열심히 일한 일생에는 조용한 죽음이 찾아온다.
♣ 용기가 생명을 위험하게 몰고 갈 수 있듯이, 공포심이 때로는 생명을 지켜줄 때도 있다.
♣ 잘 지낸 하루가 행복한 잠을 이루게 하는 것처럼 잘 보낸 인생은 행복한 최후를 가져온다.
♣ 장애나 고뇌는 나를 굴복시킬 수 없다. 이 모든 것은 분투와 노력에 의해 타파된다.
♣ 지혜는 경험의 딸이다. 경험에 근거하지 않은 사색가의 교훈을 피하자.
　이왕 겪을 일이라면 매도 먼저 맞는 편이 낫다. 인간의 경험은 자연의 모든 움직임이
　필연성에 따르고 있다는 사실을, 그 지혜의 명령이 아니고서는 움직이지 않는다는
　사실을 우리에게 가르쳐 준다. 경험을 바탕으로 지혜의 탑을 쌓아 가도록 하자.
♣ 처음에 참는 것은 나중에 참는 것보다 쉽다. 처음에는 어떤 사람이든 조심을 해서 참지만 나중
　엔 그 조심을 조심하지 않아서 참지 못한다.
♣ 회화와 조각의 목적은 볼 줄 알게 되는 것이다.

이사벨 1세-Isabel I of Castile, 15세기 여왕, 스페인 (1451년생)

카스티야의 여왕, "콜럼버스 신대륙 진출의 재정적 지원"

[출생-사망] 1451년 4월 22일 ~ 1504년 11월 26일 (53세)

[재위] 1474년 ~ 1504년
[별명] 가톨릭교도 이사벨
[부군] 페르난도 2세

[요약]

이사벨 1세는 트라스타마라 왕가 출신의 **카스티야 여왕**(재위: 1474년~1504년)이다. **남편 페르난도 2세**와 더불어 부부 군주 가톨릭 군주로 불린다. 레온과 카스티야의 상속녀 이었던 **이사벨은 아라곤의 페르난도 2세와 결혼하여 영토를 통합하고 공동 군주가 되어 스페인을 재통일하였다.** 이사벨은 카롤링거 왕조의 외손인 베렝가리오 2세의 18대 직계 후손이 된다.

[생애]
[출생]

이사벨 1세는 1451년 4월 22일 카스티야 왕국의 카스티야 마드리갈데라스아틀라스토레스에서 카스티야의 후안 2세와 그의 두 번째 아내인 포르투갈의 이사벨 사이에 장녀로 태어났다. '이사벨'이라는 이름은 어머니에서 딸에게로 계승되어 온 이름이며, 이사벨 1세는 7대째였다. 이사벨 1세는 부계로는 카롤링거 왕조의 먼 외 후손인데 이탈리아의 군주 베렝가리오 1세의 20대 외손녀자, 그의 외손자 베렝가리오 2세의 직계 18대 손이 된다. 베렝가리오 2세의 아들 아달베르토 2세의 미망인 게르베르 가가 부르고뉴의 오토 앙리와 재혼하여 본남편의 아들 오토 윌리엄에게 부르고뉴 동쪽 땅 일부를 분할하여 부르고뉴 백작에 봉했다. 오토 윌리엄의 아들들 중 부르고뉴의 레이몽은 레온과 카스티야의 통치자였던 지메네즈 가문의 우라카 여왕과 결혼하여 얻은 알폰소 7세에게 레온과 카스티야의 왕위를 넘겨주었는데, 이사벨의 15대조 알폰소 7세부터 아들로 전해지면서 이사벨 1세의 아버지 카스티야의 후안 2세까지 14대를 아들로 이어졌다. 이사벨의 고조할아버지 카스티야의 엔리케 2세는 원래 트라스타마라 공작으로, 카스티야의 알폰소 9세의 첩들 중 한 명이 낳은 14번째 서자였다.

그러나 이복 형 카스티야의 페트로를 쿠데타로 축출하고 레온, 카스티야의 왕이 되었다. 고조부 엔리케 2세가 후궁의 아들이자 트라스타마라 공작을 지냈기에 이사벨의 집안은 부르고뉴 집안이라 하지 않고 고조부의 작위에서 이름을 따서 트라스타마라 왕가라 부른다. 이사벨 공주가 태어나던 당시 카스티야 왕국은 부정부패의 온상인 루나 재상의 손에 썩어가고 있었고, 국왕은 재상의 그늘 아래에서 병들어가고 있었다. 이사벨 왕후는 왕권을 강화하기 위해 국왕 후안 2세 대신에 사별한 전처의 아들인 엔리케 왕자와 함께 강인한 정치력을 발휘해 이사벨 공주가 두 살 되던 해에 정변을 일으켜 루나 재상을 사형에 처했다. 그 사이에 이사벨 왕후는 공주의 동생 알폰소 왕자를 국왕의 품에 안겨주었지만, 아이가 돌도 되기 전에 국왕은 숨을 거두었다.

[궁궐밖의 생활]

결국 이사벨의 이복오빠가 엔리케 4세로 즉위했다. 엔리케 4세에 의해 이사벨은 어머니와 남동생 알폰소와 함께 궁정에서 추방되어 아레발로에 도착하였으나 이성을 잃은 이사벨 태후는 정신 장애인이 되어버렸다. 이사벨은 어린 남동생과 정신장애인인 어머니를 돌보는 이중고를 겪어야 했다. 궁중 생활이 뭔지도 모르는 어린 이사벨은 강인한 생활력을 평민들의 삶에서 보고 배웠다. 태후가 정신 장애인이 되자, 정치적인 불안감이 사라진 엔리케는 이사벨과 알폰소를 돌보기 시작했다. 엔리케는 살라망카대학교의 유명 교수를 아레발로로 보내 이사벨을 공부시켰다. 그 후, 엔리케 4세에게 딸 후아나 라 벨트라네하가 태어났지만 아버지가 누구인가 하는 의혹이 제기되어 왕위를 계승하기엔 무리가 있었다. 귀족들은 이사벨의 이복 오빠인 엔리케가 정신질환이 있는 점과 두 번의 결혼에도 계속 불임이었던 점을 이유로 후아나 라 벨트라네하의 계승권을 부인했다. 일부 가신들은 현 국왕의 이복 남매인 이사벨과 알폰소를 다음 국왕 자리에 앉히려고 마음먹었다.

[결혼]

1464년, 알폰소의 즉위식이 거행되었으나 한 나라에 왕이 두 명이나 있는 상황이었기에 심각한 국론 분열이 일어났다. 이 상태는 1467년에 알폰소가 죽음으로써 종지부를 맞는다. 알폰소의 지지자들은 이사벨을 다음 국왕으로 추대하려고 했지만, 이사벨은 "오라버니가 살아있는 동안에는 왕의 자리에 오르지 않겠다."라는 식으로, 이복오빠의 친딸인지 불분명한 후아나보다는 자신이 왕위를 계승하기에 더 합당하다는 것을 은연중에 나타내 보이는 식으로 거부를 했다. 그 덕분에 이사벨은 엔리케 4세의 눈에 들게 되어 1468년 9월 19일 토로스 데 귀산도 협정에 따라 왕위계승자로 인정받았다.

엔리케 4세는 이사벨을 포르투갈의 아폰수 5세와 혼인시키고자 하였으나 정작 이사벨은 선교사를 보내 알아본 다음, 동맹상대로서는 포르투갈보다는 지중해의 영해권을 소유한 아라곤 왕국이 제격이라 판단하고 자신의 결혼상대자로서 아라곤의 왕자 페르난도를 선택했다. 더군다나 아라곤의 카스티야는 민족도 거의 같고, 왕조도 같은 트라스타마라 왕조였다. 마침내 두 사람은 몰래 만나 1469년 바야돌리드에 있는 후데비베로 궁전에서 결혼식을 올렸다. 1474년에 엔리케 4세가 사망하자 이사벨이 그 뒤를 이어 왕위에 올랐다.

[통치]

여왕이 된 이사벨 1세는 우선은 후아나와 약혼한 후 카스티야의 왕위 계승 문제에 개입해 온 포르투갈의 아폰수 5세와 치열한 싸움을 벌여 1479년 2월 24일에 승리한 후, 카스티야 영내의 반이사벨 기치를 내세운 친후아나 세력을 북쪽에서부터 남쪽으로 토벌해가기 시작했다. 같은 해 남편 페르난도가 죽은 아버지의 뒤를 이어 아라곤의 왕위를 계승하자 1492년 카스티야-아라곤 연합 왕국, 즉 스페인(에스파냐) 왕국이 탄생하였다. 그러나 이 당시 스페인은 아직 하나의 나라가 아니라 군주끼리 결혼한 상황이었기 때문에, 실질적으로는 이사벨과 페르난도 두 군주의 공동통치제 성향을 띠고 있었다. 그래서 카스티야와 아라곤은 아직도 제각기 두 군주의 통치를 받았다. 이는 훗날 이사벨이 죽은 후에 상속 문제가 일어나게 되는 원인이 되기도 한다. 이사벨은 자신은 왕비가 아니라 여왕이며, 페르난도보다 더 연상이라는 사실을 항상 잊지 않았다고 전해진다.

1492년 1월, 이베리아 반도 남부에 아직 남아있던 이슬람 국가인 그라나다 왕국을 제압, 마침내 800

년에 걸친 레콩키스타를 마무리 지었다. 당시 무슬림과의 전쟁에 관심을 기울였던 이사벨은 전장을 누비는 남편을 위해 군자금과 물자조달 등에 국력을 쏟아 부었다고 한다. 그 위업 덕분에 1496년 교황 알렉산데르 6세로부터 칭송받은 두 사람은 가톨릭 공동왕이라는 칭호를 하사받게 된다. 이후 이사벨은 '가톨릭교도 이사벨'이라는 별명으로 불리게 된다. 또한 이사벨은 콜럼버스의 신대륙 진출을 돕기 위해 재정적인 지원을 아끼지 않았다. 그 덕분에 스페인에 해외 식민지 개척시대가 도래하였으며, 이사벨과 페르난도의 치세를 스페인의 황금시대로 정의하는 사람들이 많다. 콜럼버스를 시작으로 수많은 모험가들에 의해 신대륙이 발견되어 그 곳으로부터 얻은 수많은 재물을 통해 스페인은 매우 부유해졌다. 경건한 가톨릭 신자였던 이사벨은 훗날 원주민들에 대한 잔혹한 처사에 매우 마음 아파했다고 알려져 있다. 1504년 11월 26일 메디나델캄포에서 사망하였다.

● 이사벨 1세 명언

♣ 확고한 믿음으로부터 구체적 경험을 바탕으로 한 실현화까지의 거리는 멀다.
♠ 콜럼버스 지원... 신대륙 발견...
♣ 공개적으로 과시했던 부유함은 휘청거리고, ... 창피한, 쓸모없는 낭비의 행진...

구텐베르크-Johannes Gutenberg, 발명가, 독일 (1398년생)

★ 지난 1,000년간 인물 100명중 1위 선정
★ 인류 역사인물 100명중 8위 선정
★ 인류 역사인물 50명 선정

[출생] 1398년경
[사망] 1468년 2월 3일 (약 70세)

[국적] 독일
[직업] 세공업자, 인쇄술 발명가

[요약]
요하네스 구텐베르크는 약 1440년경에 금속 활판 인쇄술을 사용한 독일의 금 세공업자이다. 본명은 요하네스 겐스플라이슈이고, 구텐베르크는 통칭이다. (영미권에서는 구텐버그라고 발음한다.) 구텐베르크의 업적은 활자 설계, 활자 대량 생산 기술을 유럽에 전파한 것이다. 그러나 구텐베르크의 진정한 업적은 이런 기술과 유성 잉크, 목판 인쇄기 사용을 결합시켰다는 점이다. 구텐베르크는 활자 제작 재료로 합금을 사용하고, 활자 제작 방식으로 주조를 채용하였다.

[생애]

영국 엑슬리에서 만든 구텐베르크 전기에 의하면, 구텐베르크는 1397년 아니면 1398년에 마인츠에서 태어난 것으로 알려진다. 구텐베르크의 집안은 하급 귀족으로 마인츠를 지배하는 대주교 밑에서 돈을 찍어내는 금속 세공 관리로 일했기 때문에, 구텐베르크는 주물, 압축 등의 금속 세공 기술과 지식을 익혔다. 당시 유럽에서는 교회와 세속 권력 간의 헤게모니 다툼이 있었는데, 다툼에서 지면 추방되었다. 프리드리히 3세의 마인츠 입성 후, 구텐베르크의 부친도 시민들에 의해 추방되어 슈트라스부르크에 망명하였다.(1411년)

1428년 부친이 세상을 떠나자 슈트라스부르크로 이사하여 살았는데 전기 작가들은 구텐베르크의 직업을 상인, 장인 등으로 추정한다. 다시 금속 활자를 연구하기 시작하였고 1444년경 귀향하였다. **1450년 인쇄소를 설치하고, 고딕 활자를 사용하여 최초로 36행의 라틴어 성서, 즉 〈구텐베르크 성서〉를 인쇄**하였다. 1453년경 다시 보다 작고 발전된 활자로 개량한 후, 2회에 걸쳐 42행의 구약 성서를 인쇄하였는데, 이 책에서 나타난 우수한 인쇄 품질로 그는 호평을 받았으며 이것은 지금까지 전해지고 있다.

[활판 인쇄술이 서양사에 끼친 영향]

구텐베르크는 활판 인쇄술로 불가타 성서(구텐베르크 성서)를 대량 인쇄하여, 성직자와 지식인들만 읽을 수 있었던 성서를 대중화시켰다. 당시 성서를 비롯한 책들은 필사본이라 수량이 적어서 가격이 매우 비싸고 구하기가 힘들었지만, 활판 인쇄술이 서양에 등장하면서 책의 대량 생산이 가능해졌고 많은 사람들이 이전보다 쉽게 책과 접할 수 있게 되었다. **대량 생산된 책 중에는 그리스와 로마의 고전 작품도 있었고 이것은 르네상스의 밑거름이 되었다.** 이 외에 **활판 인쇄술은 대중 매체의 한 종류로서의 신문이 탄생하는 데에 기여를 했다. 마르틴 루터는 로마 가톨릭의 면죄부 판매를 비판하기 위해 95개조 반박문을 써서 비텐베르크 성(城) 교회의 문에 붙였다.** 이 글은 활판 인쇄술에 의해 대량으로 인쇄되어 두 주 만에 독일 전역에, 두 달 만에 유럽 전역에 퍼졌다고 한다. 결과적으로 구텐베르크의 인쇄술이 대사를 비판하는 논리를 널리 퍼트려 종교 개혁의 불씨를 지폈다고 할 수 있다.

교육의 기회가 증가한 것은 도시의 발달이라는 사회적 현상과 함께 역사적으로 중요한 의미를 지니는 하나의 발명에 힘입은 바 크다. 1400년경의 필사본 성경 한 권의 가격은 약 60굴덴에 달하였다. 이것은 조그만 농장 하나와 맞먹는 가격이었지만, 가격이 비싼 것만이 문제는 아니었다. 공급이 수요에 비해 턱없이 부족했기 때문에 필요한 사람이 책을 구입할 수 있는 기회는 하늘의 별 따기처럼 어려운 상황이었다. 이러한 문제 이외에도 각각의 책이 손으로 직접 쓰였기 때문에 오자나 탈자 같은 문제들이 발생하는 것은 피할 수 없는 일이었다. 이 문제를 해결한 사람이 구텐베르크였다.

1440년경 구텐베르크는 마인츠에서 금속 활자를 발명하여 인쇄술 부문에서 혁명을 일으켰다. 구텐베르크의 새로운 인쇄 방법은 마인츠에서 전 유럽으로 급속히 퍼져 나가, 이미 **1455년에 유명한 원색의 라틴어판 『구텐베르크 성경』이 출판**되었다. **구텐베르크의 발명은 유럽의 학문적 교류를 폭발적으로 확대시키는 결과를 초래**하였다. 구텐베르크의 인쇄 방식으로 출판된 책은 **지식 전달의 속도와 양을 가히 혁명적으로 증가**시켰다. 1500년경에는 100년 전에 60굴덴이었던 성경책의 가격이 5굴덴이 되었다. **구텐베르크의 혁명적인 인쇄 방식으로 학문의 발달도 급속히 진행**되었다. 특히,

철학 부문에서 인문주의라는 새로운 사고방식이 유행하게 되었다. 이것은 이탈리아를 중심으로 시작된 르네상스, 즉 '문예 부흥'과 밀접한 관계를 가지고 있었다.

🦏 ● 구텐베르크 명언

♣ 나에게 납으로 된 26개의 병사들을 주면, 세상을 정복하겠다.
♣ 출판, 끊임없이 고갈되지 않는 시냇물, 출판을 통해서 신은 말씀을 퍼뜨릴 것이다.
♣ 진리의 샘은 그것을 통해서 흐를 것이고, 마치 샛별이 무지의 어둠을 걷어내는 것처럼.

이도-李祹, 세종대왕, King Sejong, 한글 발명, 조선 (1397년생)

세종대왕: 조선의 제4대 국왕

[본명] 이도(李祹)

★ 인류 역사인물 50명에 선정 (Wopen.com 한국.net 선정)

[출생] 1397년 5월 15일(음력 4월 10일)
[출생지] 조선 한성부 준수방(현 대한민국 서울특별시 종로구 통인동)

[사망] 1450년 3월 30일(음력 2월 17일) (52세)
[사망지] 조선 한성부 영응대군 궁
[매장지] 대한민국 경기도 여주시 능서면 영릉

[아명] 막동(莫同)
[재위] 1418년 9월 9일 (음력 8월 10일)~1450년 3월 30일(음력 2월 17일): (31년 6개월)
[대관식] 1418년 9월 9일 (음력 8월 10일)
[종교] 유교(성리학)→불교
[왕비] 소헌왕후
[자녀] 총 22명 중 적자녀 10명:
정소공주 (1412년 출생), 문종 (1414년 출생), 정의공주 (1415년 출생), 세조 (1417년 출생), 안평대군 (1418년 출생), 임영대군 (1419년 출생), 광평대군 (1425년 출생), 금성대군 (1426년 출생), 평원대군 (1427년 출생), 영응대군 (1434년 출생)
[부왕] 태종
[모후] 원경왕후

[이전 왕] 태종
[다음 왕] 문종
[왕조] 조선

[생애]

조선 **세종은 조선의 제4대 왕**이다. 성은 이, 휘는 도, 본관은 전주, 자는 원정, 아명은 막동이다. 세종은 묘호이며, 조선에서 올린 시호는 영문예무인성명효대왕이므로 존시를 합치면 세종영문예무인성명효대왕이 된다. 명에서 받은 시호는 장헌이다. 태종과 원경왕후의 셋째 아들이며, 비는 청천부원군 심온의 딸 소헌왕후 심씨이다. 한성 준수방(지금의 서울특별시 종로구 통인동) 고을에서 아버지 정안군 이방원과 어머니 민씨 부인의 셋째 아들로 태어났으며 태종 8년(1408년) 충녕군에 봉해졌다가, 태종 12년(1412년), 둘째 형 효령군 이보와 함께 대군으로 진봉된다.

1418년 첫째 형 이제가 세자에서 폐위되면서 세자로 책봉되었고 얼마 후 부왕의 선위(禪位)로 즉위하였다. 즉위 초반 4년간 부왕 태종이 대리청정을 하며 국정과 정무를 주관하였고 이때 장인 심온과 그의 측근들이 사형에 처해졌다. 이후 주변의 소헌왕후 폐출 주장을 일축했고, 건강이 좋지 않았던 그는 김종서, 맹사성 등을 등용하여 정무를 주관하였는데 이 통치체제는 일종의 내각 중심 정치제도인 의정부서사제의 효시가 되었다. **세종은 재위 기간 동안 과학, 경제, 국방, 예술, 문화 등 모든 분야에 걸쳐 찬란한 업적을 많이 남겨 위대한 성군으로 존경받는 인물이다. 1443년 누구나 쉽게 배울 수 있는 효율적이고 과학적인 문자 체계인 훈민정음을 창제하였다.** 이것은 20세기 주시경에 의해 한글로 발전되어, 오늘날 대한민국과 한반도에서 공식 문자로서 널리 쓰이고 있다. 10월 9일은 한글날로 기념한다.

과학 기술에도 두루 관심을 기울여 혼천의, 앙부일구, 자격루, 측우기 등의 발명을 전폭적으로 지원했고, 신분을 뛰어넘어 **장영실, 최해산 등의 학자들을 적극 후원하였다. 국방에 있어서는 이징옥, 최윤덕 등을 북방으로 보내 평안도와 함길도에 출몰하는 여진족을 국경 밖으로 몰아내고 4군 6진을 개척하여 압록강과 두만강 유역으로 국경을 확장하였고,** 백성들을 옮겨 살게 하는 사민(徙民)정책을 실시하여 국토의 균형된 발전을 위해서도 노력하였다. 또한 **이종무를 파견하여 왜구를 토벌하고 대마도를 정벌하였다.** 이밖에도 **법전과 문물을 정비하였고 조세 제도의 확립에도 업적**을 남겼다. 1418년부터 1450년까지 재위하는 동안 1418년부터 1422년까지 부왕인 태종이 태상왕 신분으로 대리청정을 하였으며 부왕 태종이 훙서한 후 1422년부터 1442년까지 친정을 하였고 1442년부터 1450년 붕어할 때까지 첫째아들 문종이 왕세자 신분으로 대리청정을 하였다.

세종대왕은 재위 기간 동안 국방과 과학 및 경제, 예술문화 등 모든 분야에 걸쳐 **찬란한 업적을 많이 남겨 위대한 성군(聖君)으로 추앙**받고 있다. 세종대왕은 3년간의 연구 끝에 1443년 한글을 창제했고, 오늘날 10월 9일은 한글날로 정해졌다. **과학 기술에도 두루 관심을 보여 자격루, 물시계 등의 개발을 전폭 지원했고, 장영실, 최해산 등의 학자들을 후원하였다. 1972년 이후 현재 대한민국의 1만원권 지폐에 그의 초상화가 그려져 있다.** 1972년 이후 현재 대한민국 만원권 지폐의 초상화 인물이다. 2012년 7월 1일, 세종의 묘호를 딴 세종특별자치시가 출범하였다.

● 세종 명언

♣ 남을 너그럽게 받아들이는 사람은 항상 사람들의 마음을 얻게 되고,
위엄과 무력으로 엄하게 다스리는 자는 항상 사람들의 노여움을 사게 된다.

♣ 고기는 씹을수록 맛이 난다. 그리고 책도 읽을수록 맛이 난다.
다시 읽으면서 처음에 지나쳤던 것을 발견하고, 새롭게 생각하는 것이다.
말하자면 백번 읽고 백번 익히는 셈이다.
어찌 나 같은 사람으로서 책을 백 번도 안 읽겠는가?

♣ 우리나라 말이 중국과 달라 한자와는 서로 잘 통하지 아니한다.
이런 까닭으로 어리석은 백성들이 말하고자 하는 바 있어도 마침내 제 뜻을 펴지 못하는 사람이
많다. 내가 이것을 가엽게 생각하여 새로 스물여덟 글자를 만드니,
모든 사람들로 하여금 쉬이 익혀서 날마다 쓰는 데 편하게 하고자 할 따름이니라.

♣ 나라는 백성으로서 기본으로 하고 백성은 먹는 것을 하늘로 여긴다.
농업은 의식의 원천이니 왕도정치에 서 가장 먼저 해야 할 바이다.

♣ 우리 모두 여기서 죽을 각오로 일하자. 이 땅의 백성과 조상과 부모 그리고
우리의 후손들을 위해 여기서 일하다가 모두 같이 죽자.
(자정에 집현전을 전격적으로 방문해 학사들을 모아놓고서 한 말)

♣ 역대로 사람의 진정한 역사는 글자의 기록에서 시작된다. 기록이 없는 시대는 유사시대에 들지
못한다. 우리나라에도 정음 이전에 이미 글자의 기록을 남겼다. 그러나 이 기록들은 우리나라
사람들의 살아 움직이는 모습과 그 마음가짐을 잘 전해주지 못하고 있다.
향가와 같은 우리말의 기록은 그 분량이 너무나 적은데다가, 그것마저도 그 당시의 언어로 복원
하기는 여간 어려운 일이 아니다. 또 많은 한문 서적이 전해져 내려오고 있으나, 이 기록들은
마치 중국 사람의 눈에 비친 우리나라 사람들의 모습과 감정을 그려놓은 것같이 느껴진다. 한
민족의 언어와 그 민족의 사고방식은 밀접하다.

♣ 한문의 기록은 중국적인 사고방식에 끌리지 않을 수 없도록 되는 것이기 때문이다.
그러므로 우리 겨레의 진정한 역사는 훈민정음의 창제와 더불어 시작될 것이다.
비로소 조선 사람의 살아 움직이는 모습이 바로 우리 눈앞에 나타날 것이며,
비로소 조선의 마음이 서로 통할 수 있게 될 것이다.
우리 역사에서 이 정음을 만든 것은 가장 중대한 사건이 될 것이다.

♠ 충녕대군(세종)은 천성이 총민하고 학문을 게을리 하지 않아 몹시 춥고 더운 날씨라도
밤을 새워 글을 읽고, 또 정치에 대한 대체를 알아 매양 국가에 큰 일이 생겼을 때
의견을 내되 모두 소견이 의외로 뛰어나며, 또 장차 크게 될 수 있는 자격을 지닌
자이니, 이제 충녕을 세자로 삼고자 하노라. (태종)

♠ 충녕 아우님, 나는 이제 도를 깨쳐 중생의 마음을 구제하는 데 나설 터이니,
아우님은 훌륭한 정사를 펴서 백성의 배고픔과 슬픔을 치유하는 현세의 미륵이 되세요. (출가하
며 세종에게 당부한 말, 효령대군, 세종의 둘째 형)

장영실-蔣英實, 과학기술자, Jang Yeong-sil, 조선 (1390년생)

[출생] 1390년경(?) ~ 고려 경상도 동래군
[사망] 1450년경(?) 61세(?)

[직업] 과학기술자, 발명가
[부모] 아버지: 장성휘
[친척] 삼촌 장성길, 장성발, 장성미, 장성우
[본관] 아산
[국적] 조선
[활동분야] 과학, 발명
[주요업적] 물시계, 간의대, 혼천의, 앙부일구, 자격루
[시대] 조선시대(세종)

[요약]
장영실은 조선 전기 세종 때의 관료이며 과학자, 기술자, 발명가이다. 한국 최초의 물시계인 보루각의 자격루를 만들었으며, 그 외 여러 과학적 도구를 제작 완성하였다. 경상남도 동래군 출생이며, 본관은 아산이고 시조 장서의 9대손으로 추정된다.

[생애]
[출신 신분]
《조선왕조실록》에 의하면 장영실의 조상은 원나라 소주, 항주 출신으로 기록하고 있다. 고려에 귀화하여 아산군에 봉해졌던 장서의 9대손이며 **장영실의 집안은 고려 때부터 대대로 과학기술분야 고위관직을 역임**하였다. 장영실의 부친은 고려 말 전서라는 직책을 지낸 장성휘이며 모친은 기녀였다고 전해진다. 장영실의 신분은 동래현의 관노였다. 《세종실록》에선 장영실의 아버지 장성휘는 원나라 유민의 소주(쑤저우)·항주(항저우) 사람이고, 어머니는 조선 동래현 기생이었는데, 기술이 뛰어나 세종이 아끼었다고 설명한다. 전몰 연대는 확실하지 않으나, 아산 장씨 종친회의 주장에 따르면 출생은 1385년~1390년(고려 우왕 11년~공양왕 2년)경이다. 또한 장성휘는 시조 장서의 8세손으로 고려 말 전서였으며 어머니는 동래현 관기로, 고려에서 조선으로 넘어가는 혼란기에 어머니와 장영실은 조선 관노로 전락하였다고 주장한다.

[세종의 인정]
장영실은 동래현 관청에서 일하는 노비가 되었으며, 발명가인 장영실의 훌륭한 재주를 세종대왕이 인정하여 발탁하였다. 세종대왕은 발명가라는 적성을 중요하게 생각하는 실용주의자였다. 세종은 장영실을 1421년(세종 4년) 윤사웅, 최천구 등과 함께 중국에 보내어 천문기기의 모양을 배워오도록 했다. 귀국 후 장영실 나이 약 34세 때인 1423년(세종 5년)에 천문기기를 제작한 공을 인정받아 면천되었고 다시 대신들의 의논을 거쳐 상의원 별좌에 임명되었다.

[천문학에서의 활약]

그 후, 세종대왕의 명에 따라 1432년부터 1438년까지 이천의 책임 하에 천문 기구 제작 프로젝트에 참여했다. 그 과정에 수력에 의해 자동으로 작동되는 물시계인 자격루(일명 보루각루, 1434년)와 옥루(일명 흠경각루, 1438년)를 만들어 세종으로부터 총애를 받았다. 이때 제작된 옥루는 해가 뜨고 지는 모습을 모형으로 만들어 시간, 계절을 알 수 있고 천체의 시간, 움직임도 관측할 수 있는 장치로 흠경각을 새로 지어 그 안에 설치했다. 이때 만들어진 천문 기구에는 천문 관측을 위한 기본 기기인 대간의, 소간의를 비롯하여 **휴대용 해시계인 현주일구, 천평일구, 방향을 가리키는 정남일구**, 혜정교와 종묘 앞에도 설치한 **공중시계인 앙부일구, 밤낮으로 시간을 알리는 일성정시의, 규표 등**이 있다. 이러한 공으로 1433년(세종 15년)에는 호군의 관직을 더하였다.

[금속 활자 발명 참여]

1434년(세종 16년)에는 이천이 총책임자였던, 구리로 만든 금속활자인 갑인자의 주조에 참여하였다. 갑인자는 약 20여만 자에 달하며 하루에 40여 장을 찍을 수 있었다.

[노년]

천문기구 제작이 끝난 후에도 장영실은 금속제련 전문가로 관료생활을 하다가 나이 약 53세였던 1442년 3월(세종24년), 세종이 온천욕을 위해 이천을 다녀오던 중 기술자로서 정3품 상호군 장영실이 책임을 지고 있던 세종대왕의 어가가 갑자기 부서지는 사건이 일어났다. 조정에서는 이를 장영실의 임금에 대한 불경죄로 간주하고 의금부에서 책임을 물어 곤장 100대와 파직을 구형했으나, 임금이 2등을 감해 주었다고 한다. 이후 장영실의 기록은 역사에서 자취를 감춘다. 한편 충청남도 아산시 인주면 문방리에 아산 장씨 시조인 장서의 묘 바로 아래에 장영실의 가묘가 있다.

[업적]

장영실의 과학적 재능으로 태종 때 이미 발탁되어 궁중기술자 업무에 종사하였다. 제련·축성·농기구·무기 등의 수리에 뛰어났으며 1421년(세종 3) 세종의 명으로 윤사웅, 최천구와 함께 중국으로 유학하여 각종 천문기구를 익히고 돌아왔다. 1423년(세종 5) 왕의 특명으로 면천되어 정5품 상의원 별좌가 되면서 관노의 신분을 벗었고 궁정기술자로 역할을 하였다. 그 후 행사직이 되고 1432년 중추원사 이천을 도와 간의대 제작에 착수하고 각종 천문의 제작을 감독하였다. 1433년(세종 15) 정4품 호군에 오르고 혼천의 제작에 착수하여 1년 만에 완성하고 이듬해 동활자인 경자자의 결함을 보완한 **금속활자 갑인자의 주조를 지휘 감독**하였으며, 한국 **최초의 물시계인 보루각의 자격루**를 만들었다. 1437년부터 6년 동안 **천체관측용 대·소간의, 휴대용 해시계 현주일구와 천평일구, 고정된 정남일구, 앙부일구, 주야 겸용의 일성정시의, 태양의 고도와 출몰을 측정하는 규표, 자격루의 일종인 흠경각의 옥루**를 제작 완성하고, **경상도 채방별감**이 되어 구리·철의 채광·제련을 감독하였다.

[평가]

장영실은 당시 세종대왕이 직접 재능이 뛰어나다고 극찬하였고, 수많은 기기를 제작하였다. 미천한 신분에서 승진을 거듭하여 종3품관 대호군에서 정3품관 상호군이라는 관직까지 이르렀다. **장영실은 이순지와 이천 등과 함께 조선 전기 당대의 훌륭한 최고의 과학자로 지금도 평가되고 있다.**

[가계]
증조부 : 장균 판도판서
조부 : 장자방 삼사부사 백부 : 장성길 평장사 오형제병향일원 종형 : 장영우
백부 : 장성발 전공전서 종형 : 장을유 중문지후
종형 : 장을충
아버지 : 장성휘 전서 본인 : 장영실
숙부 : 장성미 전법전서 종제 : 장계무
종제 : 장계생
종제 : 장계손
숙부 : 장성우 공조전서 종제 : 장영무 군기소감
종제 : 장영시

[관련 작품]
[드라마]
《뿌리깊은 나무》 (MBC, 1983년~1984년, 배우: 길용우)
《대왕 세종》 (KBS, 2008년, 배우: 이천희)
《장영실》 (KBS, 2016년, 배우: 송일국)

[영화]
《나는 왕이로소이다》 (2012년, 배우: 임형준)

[업적]
1.해시계(일명 앙부일구)
2.혼천의(천문 관측대)
3.물시계(일명 자격루)
4.현주일구
5.옥루
6.대간의
7.일성정시의
8.천평일구
9.수표

[관련 단체]
사단법인 과학 선현 장영실 선생 기념사업회

● 장영실 명언

♣ 내가 남을 알지 못하는 것이 죄일 뿐이다. 남이 나를 알아주지 않는 게 무슨 죄란 말인가.

4.8 1세기~13세기 출생 인물들

예수탄생 이후, 기원후 AD 1세기부터 AD 11세기까지, 약 10세기(1,000년간)동안에는 종교적 인물들인 성령(聖靈) 예수(1세기) 그리스도와 선지자 무함마드(6세기), 두 종교적 인물만이 선택 및 소개되었다. 역사상 가장 넓은 지역을 점령했던, 12세기 몽골제국 칸인 칭기스칸도 함께 소개한다. 따라서 1세기부터 1,200년대(13세기) 사이에 태어난 인물들 3명을 소개한다.

칭기스칸-몽골제국 칸, Genghis Khan, 몽고 (1162년생)

몽골 제국의 초대 대칸

★ 지난 1,000년간 인물100명중 22위 선정
★ 인류 역사인물 100명중 29위 선정
★ 인류 역사인물 50명에 선정

[본명] 보르지긴 테무진
[출생일] 1162년 4월 16일(또는 1월 14일), 몽골 헨티 산
[사망일] 1227년 8월 18일 (65세)

[재위] 1206년 ~ 1227년 8월
[대관식] 1206년
왕후: 보르테
부왕: 예수게이
모후: 호엘룬
후임자: 툴루이 (임시)
왕조: 원나라

[요약]
칭기스칸은 세계 역사상 가장 넓은 대륙을 점유한 몽골 제국의 건국자이자 초대 대칸이다. 원래

이름은 보르지긴 테무진이다. 몽골의 여러 부족을 통합하고, 출신이 아닌 능력에 따라 대우하는 합리적 인사제도인 능력주의에 기반한 강한 군대를 이끌어 역사상 가장 성공한 군사, 정치지도자가 되었다. 중국사에는 원(元) 태조로 기록된다. 오늘날 칭기스칸의 이름은 몽골 칭기즈 칸 국제공항으로 남아 있다.

[생애]
[초기의 투쟁과정]
[태어남]
칭기스칸의 정확한 출생연도에 대해서는 1155년, 1161년, 1162년, 1167년 등 몇 가지 설이 존재하나, 정설로 인정되고 있는 것은 아직 없다. **현재 몽골에서 기념하는 칭기스칸의 탄신일은 1162년 11월 14일이다.** 테무진의 유년시절에 대한 기록은 자세하지 않다. 칭기스칸은 그의 아버지 예수게이가 타타르족과의 전투를 승리로 끝낸 직후에 태어났다. 전설에 따르면 칭기스칸이 태어날 때 손에 고대 동방 사람들에게 생명을 상징하는 피 한 움큼을 쥐고 있는 등 여러가지 상서로운 징표들이 나타났다. 예수게이는 이를 길한 징조로 생각하여 패배한 타타르 군주, 테무진 우게의 이름을 따서 자식에게 **테무진이라는 이름을 지어주었다.** 칭기스칸의 이름에 대한 또 다른 해석으로는 '테무진'이 '대장장이'라는 뜻임을 근거로 당시 유목민 사회에서 쇠가 중요했음을 반영한 것이라고 주장하는 학자들도 있다.

[불행]
칭기스칸의 유년시대는 결코 행복한 것이 아니었다. 칭기스칸이 9세 때 몽골 왕족 보르지긴족의 후예인 아버지 예수게이가 그의 부족과 오랜 불화관계에 있던 타타르족에 의해 독살되었다. 예수게이가 죽자 부족 사람들은 예수게이와 정적인 타이치우트 일가의 사주를 받아, 예수게이의 미망인 호엘룬과 그 자녀들이 지도력을 발휘하기에는 너무 약하다고 생각하고 기회를 이용하여 권력을 찬탈했다. 이로 인해 **테무진의 영세한 가문은 유목민의 일상음식인 양고기와 우유는 전혀 먹지 못하고 풀뿌리와 생선으로 연명하는 극심한 가난을 경험했다.**

[토그릴 완 칸과의 협상]
테무진과 그의 가족은 비록 보르지긴 족들의 배척을 받긴 했지만 왕족 출신이라는 이유로 상당한 대접을 받은 것 같다. 무엇보다도 테무진은 아버지 예수게이가 죽기 전에 정혼해준 아내 보르테를 되찾아올 수 있었다. 그러나 몽골 북방에 사는 메르키트 족은 예수게이가 그들에게 빼앗은 여자인 호엘룬을 아내로 삼았기 때문에 테무진에게 반감을 가지고 있었다. 이러한 이유로 메르키트 족은 테무진의 아내인 보르테를 납치했다.
테무진은 아버지 예수게이와 의형제를 맺었던 케레이트 족의 왕인 토그릴 완 칸에게 사정을 말하여 보르테를 다시 찾아올 수 있었다. 당시 토그릴 완 칸은 몽골 지역 안에서 가장 강대한 통치자였다. 테무진은 결혼기념물로 받은 잘의 모피를 토그릴에게 선물했고 답례로 토그릴 완 칸은 테무진의 흩어진 부족민들을 모아주겠다고 약속했다. 그 후 토그릴 완 칸은 테무진에게 2만 명의 병력을 제공하고 테무진의 어릴 적 친구인 쟈무카도 설득시켜 병력을 제공하게 함으로써 그 약속을 지켰다. 테무진 일가의 궁핍과 이웃 부족의 왕이 제공한 대규모 병력은 상반된 이야기이기 때문에 사실 여부가 의심스러우나, 〈몽골 비사〉, 〈원조 비사〉에 나오는 이야기를 그대로 인용한 것이다.

[권력자로 부상]
[메르키트 족 정복]

강력한 동맹세력의 후원을 받은 테무진은 자신의 군대를 이끌고 메르키트 족을 패배시켰다. 또한 장래에 자신을 반역할 기미가 있는 부족은 초토화시키는 전략을 세웠다. 이 전략에 따라 테무진은 메르키트 족에 이어 주르킨 족의 귀족들도 패배시켰다. 왜냐하면 주르킨 족의 귀족들은 테무진의 동맹세력이었으나, 테무진이 타타르족 공격에 나선 틈을 이용하여 그의 재산을 약탈하는 배반을 했기 때문이었다. 테무진은 그 부족의 귀족들을 사회적 영향력을 이용하여 반란을 일으킬 위험이 있다고 생각하여 모두 처형했고, 평민들은 병졸과 노예로 삼았다. 테무진은 배후에 적을 남겨놓는 경우가 절대 없었다. 수년 뒤 중국을 침공하기에 앞서 먼저 등 뒤에서 자신을 찌를 유목민 통치자가 없는지 확인했다.

[부족의 지도자들과의 관계]

메르키트족을 패배시킨 이래 **테무진은 스텝(기마인들이 살던 지역) 지역의 최고 실력자가 되려는 목표를 세웠다.** 부족의 지도자들은 테무진의 주위에 몰려들기 시작했고, 12세기말에 이르자 그들 지도자 가운데 일부는 테무진을 몽골족의 칸(왕)으로 옹립하자고 제의했다. 또한 그 지도자들은 전쟁과 수렵에서 테무진에게 충성을 바칠 것을 맹세했다.

[부족들과의 관계에서의 한계]

그러나 그들이 내놓은 조건을 보면 테무진에게 자신들의 생존을 보장할 수 있는 믿음직스러운 장수가 되어달라는 것이었지, 그들을 지배하는 군왕(君王)이 되어달라는 것은 아니었다. 그 뒤 실제로 일부 부족의 지도자는 테무진을 배신했다. 그 당시만 하더라도 테무진은 세력이 미약한 족장에 불과했다. 당시 중국 북부를 통치하고 있던 금(金)나라의 황제는 테무진을 중요하지 않은 인물로 여기고 있었다.

[타타르족 정복]

유목민들 사이에 분열을 조장하여 변방의 평화를 유지했던 금은 가끔씩 변방정책을 바꾸어 그들의 동맹세력인 타타르족을 공격했다. 토그릴과 함께 테무진은 그 기회를 이용하여 타타르족의 배후를 공격했다. 세력이 점점 강성해지자 테무진은 강대한 타타르족과 최후의 결전을 벌인 것이다. 전투에서 타타르족을 패배시킨 뒤 수레바퀴보다 키가 큰 자들은 곧 어른은 모두 죽이고, 단지 아이들만 살려두었는데 이들은 나중에 커서 자신들의 신분을 잊고 몽골의 충실한 추종자가 될 것이라고 믿었기 때문이었다. 금나라 황제는 토그릴에게 왕이라는 칭호를 내렸고 테무진에게는 그보다 낮은 칭호를 내렸다. 실제로 그 후 몇 년 동안 **금은 테무진의 존재를 전혀 위협적으로 생각하지 않았다.** 테무진은 변방에서 자신의 세력을 구축해나가는 일에 몰두했기 때문에 중국에게 그리 큰 위협이 되지 않았다.

[숙청작업]

테무진은 조직적으로 모든 정적들을 제거하는 작업에 착수했다. 친구이며 오랜 동료였던 자무카가 조직한 여러 세력의 연합은 그에게 패배를 거듭하여 그 존재가 없어졌고, 타타르족은 몰살당했다. 한편 케레이트 족의 왕 토그릴과의 동맹관계도 마침내 붕괴되었고 테무진은 그마저도 최고권력을 잡는 데 장애가 된다고 판단하여 제거하려 했다. 토그릴은 자무카의 설득과 아들의 야망과 질시 때문에 어쩔 수 없이 테무진에게 대항하여 싸울 수밖에 없었다. 테무진은 토그릴을 패배시킨 뒤 케레이트 족을 모두 병졸과 노예로 삼았다. 테무진은 저항의 중심이 될 수 있는 옛 정적·귀족 들은 하나도 살려두지 않을 속셈이었다. 그 이유는 첫째, 이들의 군대를 빼앗아 자신의 군대로 삼고, 둘째, 몽골 지역의 분열을 가져온 소속 부족 안에서의 충성심을 분쇄하고, 셋째, 모든 유목민 부족을 통일하여 테무진의 가문에만 충성을 바치도록 한다는 것이었다.

[나이만족 정복]

서부지역의 나이만족 통치자는 몽골족의 강력한 세력에 두려움을 느끼고 자무카와 합동으로 연합세력을 형성했으나, 완전히 패배했고 나이만 왕국은 없어졌다. 한편 변덕이 심한 자무카는 마지막 순간에 나이만족 왕을 배신했다. 이 전쟁은 1200년대 초반에 벌어졌고 테무진은 그 지역의 패자가 되었다. 1206년 오논 강변에서 열린 족장대회의에서 **테무진은 칭기스칸('전 세계의 군주라는 뜻')으로 추대**되었다. 1206년 모든 몽골 지역을 통치하는 황제로 추대되었을 때 칭기스칸은 수천 명에 달하는 피복속 부족의 사람들과 그 지역을 자신의 친·인척, 동료들에게 나누어 관리하게 했다. 그리하여 기존 부족·가문의 조직된 형태를 바꾸어 봉건제도와 유사한 조직을 만들어냈다.

[몽골족의 통일]
[칭기스칸의 지도력]

1206년은 몽골 및 세계의 역사에 전환점이 되는 해였다. 몽골족은 몽골 지역 밖으로 출정할 준비가 되어 있었고, 몽골 자체도 새로운 조직으로 재정비되었다. 칭기스칸의 탁월한 지도력으로 인해 통일된 몽골족이 존재하게 되었고, 몽골족은 많은 변천과정(봉건적 분열, 부족간의 세력다툼 재연, 영토병합)을 거쳐 오늘날까지 그 형태를 유지하고 있다.

칭기스칸 데사크: 법

...(일부 소개)...

제3조. 거짓말을 한 자, 다른 사람의 행동을 몰래 훔쳐본 자, 마술을 부리는 자, 남의 싸움에 개입해 한쪽을 편드는 자는 사형에 처한다.

제4조. 물과 재에 오줌을 싼 자는 사형에 처한다. 물을 신성시하기 때문에.

제5조. 물건을 사고 세 번 갚지 않거나 세 번 무르는 자는 사형에 처한다.

제6조. 구금자의 허락 없이 피구금자에게 음식물이나 의복을 준 자는 사형에 처한다.

제7조. 노예나 죄인을 발견하고도 주인에게 돌려주지 않는 자는 사형에 처한다.

...

제9조. 전투 중 앞 사람이 무기를 놓쳤을 때에는 뒤따르던 사람이 반드시 주워서 주인에게 돌려주어야 한다. 만일 그 무기를 반환하지 않고 가질 때에는 사형에 처한다.

제10조. .... 그밖에 승려, 사법관, 의사, 학자에게 조세를 받거나 부역을 시켜서는 안 된다.

제11조. 모든 종교를 차별 없이 존중해야 한다.

제12조. 그리고 음식을 동료보다 더 많이 먹어서도 안 되고, 음식상을 넘어가서도 안 된다.

...

제14조. 물에 직접 손을 담가서는 안 된다. 물을 쓸 때에는 반드시 그릇에 담아야 한다.

물을 신성시하니까...

제15조. 옷이 완전히 너덜너덜해지기 전에 빨래를 해서는 안 된다.

이것도 물을 신성시하니까...

제16조. 만물은 모두 청정하다. 부정한 것은 없으므로 정과 부정을 구분해서는 안 된다.

제17조. 다른 사람에 대해 좋고 나쁨을 말하지 말고, 호언장담하지 말라. 그리고 누구든 경칭을 쓰지 말고 이름을 불러라. 천호장이나 칸을 부를 때에도 마찬가지다.

제18조. 전쟁에 나설 때 장수는 부하들의 군장을 바늘과 실에 이르기까지 철저히 검사해야 한다.

제19조. 종군하는 부녀자는 남편이 싸움에서 물러났을 때에는 남편을 대신하여 의무를 다해야 한다.

제20조. 전쟁이 끝나 개선하면 병사들은 속 천호장을 위해 책무를 다해야 한다.

...

제22조. 천호장, 백호장, 십호장은 각각 부족민을 지휘할 수 있다.

제27조. 전투에 태만한 병사와 사냥 중에 짐승을 놓친 자는 태형 내지 사형에 처한다.

...

제29조. 말을 훔친 자는 한 마리당 아홉 마리를 변상해야 한다. 변상할 말이 없으면 아들을 내주어야 한다. 아들도 없으면 양처럼 본인이 도살될 것이다.

제30조. 절도, 거짓말, 간통을 금한다. 이웃을 자신처럼 사랑해야 한다.

제31조. 서로 사랑하라. 간통하지 말라. 도둑질하지 말라. 위증하지 말라. 모반하지 말라. 노인과 가난한 사람을 돌봐주어라. 이 명령을 지키지 않으면 사형에 처한다.

제32조. 음식을 먹고 질식한 사람은 겔 밖으로 끌어내 바로 죽여야 한다. 그리고 사령관의 군영 문턱을 함부로 넘어온 자는 사형으로 다스린다.

제33조. 만약 술을 끊일 수 없으면 한 달에 세 번만 마셔라. 그 이상 마시면 처벌하라. 한 달에 두 번 마신다면 참 좋고, 한 번만 마신다면 더 좋다. 안 마신다면 정말 좋겠지만 그런 사람이 어디 있으랴.

제34조. 첩이 낳은 아들도 똑같이 상속받아야 한다. 연장자는 연소자보다 재산을 많이 받고, 막내는 겔과 가재도구 일체를 상속받는다.

...

제36조. 상속자 외의 사람은 죽은 자의 물건을 쓰지 말라.

🦏 ● 칭기스칸 명언

♣ 내 '귀'가 나를 가르쳤다. 성을 쌓는 자는 망할 것이고 이동하는 자는 흥할 것이다.

♣ 새로운 것에 대한 도전 없이 한 가지 성과에 만족하여 안주한다면, 발전은커녕 현재의 위치조차
유지하기 어렵다. 내 자손들이 비단옷과 벽돌집에 사는 날 나의 제국은 멸망할 것이다.

♣ 말(馬)로 천하를 얻을 수 있으나, 말(馬)로 천하를 다스릴 수는 없다.

♣ 모두가 내 발밑에 쓰러지기 전까지는 결코 승리했다고 말할 수 없다.

♣ 먼저 너 자신을 다스려라 그러면 세계를 다스릴 것이다.

♣ 강한 자가 살아남는 것이 아니고 살아남는 자가 강한 자이다.

♣ 말들이 쉴 수 있도록 내버려 두어라 숨을 쉴 수 있는 한 절대로 포기하지 마라.

♣ 적게 말하라, 듣지 않고는 함부로 결정하지 마라.

♣ 열 명을 통솔해 작전을 성공적으로 수행할 수 있는 사람에게는
천 명, 만 명도 맡길 수 있다.

♣ 집안이 나쁘다고 탓하지 말라. 나는 아홉 살 때 아버지를 잃고 마을에서 쫓겨났다.

♣ 가난하다고 말하지 말라. 나는 들쥐를 잡아먹으며 연명했다.
목숨을 건 전쟁이내 직업이었고 내 일이었다.

♣ 작은 나라에서 태어났다고 말하지 말라 나는 그림자 말고는 친구도 없고,
병사는 10만 백성은 어린애, 노인까지 합쳐서 200만도 되지 않았다.

♣ 배운 것이 없다고, 힘이 없다고 탓하지 말라.

♣ 나는 내 이름도 쓸 줄 몰랐으나 남의 말에 귀 기울이면서 현명해지는 법을 배웠다.

♣ 너무 막막하다고, 그래서 포기해야겠다고 말하지 말라.

♣ 나는 목에 칼을 쓰고도 탈출했고, 뺨에 화살을 맞고 죽었다 살아나기도 했다.

♣ 적은 밖에 있는 것이 아니라 바로 내안에 있었다.

♣ 나는 내게 거추장스러운 것은 깡그리 쓸어버렸다.

♣ 나는 나를 극복하는 순간 칭기스칸이 되어 있었다.

[징기스칸 빌리크]

1조: 명분이 있어야 확고하게 지배한다.

5조: 몸을 깨끗이 하듯 도둑을 없애야 한다.

6조: 자격이 없는 지휘관은 과감하게 교체해야 한다.

7조: 어른 세 명이 옳다고 하면 옳은 것이다.

8조: 어른이 말하기 전에 입을 열지 마라.

11조: 평소에는 입을 다문 송아지가 되고, 전쟁터에서는 굶주린 매가 되라.

12조: 진실된 말(긂)은 사람을 움직인다.

13조: 자신을 알아야 남을 알 수 있다.

15조: 세심해야 성공할 수 있다.

17조: 예순베이는 참 훌륭한 용사다.

　　　아무리 오래 싸워도 지치지 않고 피곤할 줄 모른다. 그래서 그는 모든 병사들이 자기 같은 줄 알고 잘하지 못하면 성낸다. 하지만 그런 사람은 결코 지휘자가 될 수 없다. **군대를 통솔하려면 병사들과 똑같이 갈증을 느끼고 똑같이 허기를 느끼며, 똑같이 피곤해야하기 때문이다.**

18조 : 좋은 물건을 고르듯, **자식도 잘 가르치고 훈련시켜야 한다.**

22조 : 내 병사들은 밀림처럼 떠오르고 병사들의 처와 딸들은 붉은 꽃잎처럼 빛나야 한다. 내가 해야 할 일은 그들이 지나가는 길에 그루터기 하나 없이 깨끗이 청소하고, **그들의 마음에 근심과 고뇌의 씨앗이 들어가지 못하도록 막는 것이다.**

25조: 흰머리는 윗사람의 표시이다. 연륜에서 미래를 향한 성공의 깃발을 찾는다.

무함마드-Muhammad, 선지자, 이슬람교 창시자, 아라비아 (570년생)

★ 인류 역사인물 100명중 1위 선정
★ 인류 역사인물 50명에 선정

[출생] 570년, 아라비아 헤자즈 메카
[사망] 632년 6월 8일 (62세), 아라비아 헤자즈 메디나

[거주지] 메디나
[국적] 아랍인
[별칭] 라술(사도)
[직업] 선지자
[종교] 이슬람교
[부모] 아브드 알라(아버지) 아미나(어머니)
[친척] 하디자(아내) 아브 탈리브(삼촌)

[요약]
무함마드는 이슬람의 예언자, 선지자이며 성사(聖使, Holy Prophet)이다. 마호메트 또는 모하메드 라고도 하는데, 이는 무함마드를 영어로 쓴 것을 번역한 표현이다.

[생애]
[어린시절과 청년기]
[메카의 경제적, 종교적 배경]
이슬람의 성지 메카는 아라비아 반도 중부, 홍해 연안에서 약 80 km 지점의 불모지 골짜기에 위치하는 도시로, 인도양에서 지중해 안에 이르는 대상로(隊商路)의 요지였다. 옛날부터 흩어진 유대인들

이 살았으며, 에베소 공의회와 칼케돈 공의회에서 이단으로 몰린 경교 등 기독교 소수 교파의 교회들이 로마교회의 탄압을 피해 거주하였다. 메카는 카바 신전을 중심으로 아라비아 반도의 종교적 중심지였기에 해마다 많은 대상과 순례자들이 찾아들었다.

[탄생]
메카의 지배 계급은 5세기 말쯤 부근 황야에서 온 쿠라이시족이었으며, 무함마드는 그 중의 하심가 출신이다. 하심가에는 아브드 알 무탈리브라는 사람이 살았는데, 그에게는 열 명의 아들이 있었고 막내의 이름이 아브드 알라였다. 아브드 알라는 아미나와 결혼을 했는데, 그 사이에서 무함마드가 태어난다.

[고아]
상인인 아버지의 죽음으로 무함마드는 유복자로 태어났으며, 어머니 아미나도 메디나를 방문하고 오는 중 병에 걸려 죽게 되어 고아가 되었다. 무함마드는 하녀의 손을 잡고 메카로 돌아와 할아버지 아브드 알 무탈리브에 의해 자라다가 할아버지가 죽자, 삼촌 아브 탈리브에 의해 키워지게 된다. 삼촌 아브 탈리브는 가난했고 딸린 식구들이 많아 무함마드는 어린 나이부터 삼촌 아브 탈리브의 무역 활동을 따라다니게 된다. 12세에 무함마드는 삼촌을 따라 시리아로 갔다. 그곳에서 바히라라는 이름의 경교, 곧 기독교의 수도사를 만나게 되는데 그는 대상에 무함마드에게 예언자의 징표가 있다고 말하였다. 그 후 무함마드는 목동 일을 하며 자라나게 된다.

[다신교]
당시 아라비아 각지에는 유대인들과 기독교 신자들이 거주하고 있었다. 셈어족 언어를 사용하던 사바인들도 아라비아에 거주하였는데 이들은 서로 종교적인 영향을 주고받았다. 신성한 달이라 불리던 9월에 금식을 행하던 것은 사바인의 종교적 영향이다. 유대인들과 기독교 신자들의 영향으로 유일신 사상이 아라비아 반도에 전해지긴 했으나 대부분은 여전히 다신교 신앙을 가지고 살고 있었다. 카바 신전에는 360개의 우상들이 존재했었다. 이슬람의 알라도 카바 신전에서 모시던 신 중 하나였다.

[청년 시절]
목동이었던 무함마드는 가난했던 삼촌 아부 탈리브를 생각하여 수익성이 좋은 직업을 구했고, 삼촌 아부 탈리브의 소개로 부자였던 과부이자 거부였던 하디자의 고용인으로 들어가 그녀를 대신해 시리아 지방으로 대상 무역을 떠나게 된다. 이 무역은 큰 성공을 거두고 샴 지방의 특산품을 구해 메카로 돌아왔다. **하디자는 이제 깊은 감명을 받고 15살이나 어린 무함마드에게 청혼을 하였다. 무함마드가 25세, 하디자가 40세에 둘은 결혼을 하였다.** 부자였던 하디자와의 결혼은 무함마드에게 부와 명예를 주었고, 무함마드는 삼촌의 재정적 어려움을 덜어주기 위해
사촌 알리를 입양하였다.

[이슬람 창시]
경제적인 부는 먹고 살 걱정을 하지 않아도 될 만한 여유를 주어, **무함마드는 금식하며 사색하며**

진리를 찾기 시작했다. 사실 이러한 종교적 감수성은 유년시절부터 타고난 것이었다. 무함마드가 어린이일 때에 무함마드의 삼촌은 카바 신전의 관리인이었다. 카바신전에서는 검은 돌을 숭배하였는데, 이를 본 무함마드는 과연 검은 돌이 신인가라는 의문을 가졌다. 그러던 어느날 무함마드는 히라 산 동굴에서 계시를 받았다. 무함마드는 겁에 질려 집으로 돌아왔는데, 부인 하디자가 무함마드를 진정시키고 자신의 사촌이자 이비아니교의 사제였던 와라카 이븐 나우팔에게 가서 사정을 설명하였다. 와라카 이븐 나우팔은 무함마드가 만난 것이 천사 가브리엘이었다며, 무함마드가 예언자라고 말하였고 **하디자는 집으로 돌아와 무함마드에게 모두 말한 후 무함마드의 앞에 무릎을 꿇고 최초의 무슬림이 된다.** 첫 계시를 받은 후 점차 너의 양자들과 노예 그리고 친한 친구들이 무슬림으로 개종하였고, 3년째 되던 해 **무함마드**는 자신이 '**알라의 사자**'라는 정체성으로 자신의 친구와 친족을 모아놓고, 하늘의 계시에 의하여 **유일신 알라의 전지전능함, 만물의 창조, 최후의 심판 및 천국과 지옥 등을 주장**하고 설교를 시작하였다. 하지만 친구와 친족들은 무함마드를 비난하고 모욕하여 무함마드를 무시했고, 무하마드는 치욕적인 비난을 받았다. 그러자 무함마드는 메카로 오는 순례객들에게 하나님은 한 분이라는 유일신 사상을 전하기 시작했고, 메카의 카바 신전을 지키며 순례객들로 수입을 얻었던 부족원들이 무함마드를 탄압하기 시작했다. 무함마드는 우상숭배를 배격하고, 알라(알라는 하나님을 뜻한다)가 유일신임을 주장했다.

[메디나]
622년 무함마드도 메카를 떠나 메디나로 갔는데, 이것을 신도들은 '헤지라(성천)'라 하며 그 해를 이슬람의 기원으로 하였다. 메디나 시대에 이슬람의 예언자이며, 정치적 지배자, 무장이기도 한 무함마드는 계속 하늘의 계시를 전하였다. 한편 종교법, 사회적·경제적 여러 규정을 정함과 동시에 메카와 시리아의 통상로를 위협하고, 624년 해마다 메디나를 공격하는 메카 군을 메디나 남서에서 격파함으로써 무슬림의 사기를 크게 높였다. 이슬람이 세력을 키워가자 유럽 사람들은 '한손에는 칼, 한손에는 코란'이라는 말을 만들어 내어, 마치 이슬람이 강제로 개종하게 한 것처럼 악선전을 했다. 하지만 이는 사실과 다르다. 무함마드는 폭력이 아닌 평화적인 방법으로써 이슬람 신앙을 넓혔다.
무함마드는 메카의 북쪽에 있던 메디나가 아랍계와 유대계의 갈등상태임을 알고는 이들이 받아들일 수 있는 유일신 신앙인 이슬람을 대안으로 제시하여 중재했다. 630년 외교협상으로써 메카에 입성하여 카바 신전의 우상을 모두 파괴하였다. 무함마드는 "**진리는 왔고, 거짓은 멸망하였다.**"라는 말을 남겼다. 이슬람은 세율이 낮은 조세를 거두고, 평등한 참정권을 보장함으로써 평화적인 방법으로써 피정복민들을 복속하게 했다.

[정복과 죽음]
무함마드는 이슬람 신앙을 포교하는 데는 나라의 힘이 강해야 한다고 생각하였다. 무함마드는 정복전쟁을 계속해 아라비아 반도 대부분을 통일하였다. 632년 3월에는 메카에서 예배를 지내고, 무함마드 자신이 순례를 지휘하였다. 그 후, 같은 해 6월 8일(이슬람력 11년 3월 13일) 애처 아이샤가 지켜보는 가운데 메디나의 자택에서 사망하였다. **무함마드의 유해는 검소하게 장례를 치러 오늘날 메디나에 있는 예언자의 모스크에 매장되어 있다.**

[꾸란에서의 무함마드]

무함마드의 사상은 이슬람, 중동 역사서적과 함께 **꾸란(코란)** 속에 잘 나타나 있는데, 그것은 무함마드가 말한 **알라의 계시**를 무함마드의 제자들이 기록한 것으로, 6신 등을 중심으로 하는 교리를 이슬람의 다섯 기둥에 의하여 터득하려는 것이다.

🦏 ● 무함마드 명언

♣ 영원히 살 것처럼 행동하고, 내일 죽을 것처럼 영원을 준비하라.

♣ 스스로 바라는 것을 이웃에게도 이루어지도록 바라지 않는다면 너희들 중 누구도 신자가 될 수 없다.

예수-Jesus Christ, 그리스도, 유대, 이스라엘 (약 0년생)

★ 인류 역사인물 100명중 3위 선정 (Hart 선정)
★ 인류 역사인물 50명에 선정 (Wopen.com 한국.net 선정)

[출생] 0년 12월 25일(사실: **기원전 약 2년으로 추정**), 로마 제국 헤롯 사두정치지
[사망] AD 30~33년 (31~41세; 전통적으로 33세), 로마 제국 유대

[사인] 십자가형
[고향] 갈릴리 나사렛
[부모] 마리아, 요셉

[요약]
예수(기원전 약 7~2년 ~ 기원후 약 26~36년) 또는 나사렛 예수는 유대교와 기독교, 이슬람교 등 여러 종교에서 중요하게 다뤄지는 인물이다. 대부분의 기독교에서는 **삼위일체 곧 성부와 성자와 성령(聖靈)이 한 몸인 하나님**이라는 신앙 고백에 따라 예수를 동정 마리아에게 잉태되어 강생한 하나님, 완전한 사람, 완전한 하나님이라 여긴다. 그래서 예수의 어머니인 마리아도 하나님의 어머니로 공경하기도 한다. 흔히 **메시아**라는 뜻의 존칭인 그리스도를 붙여 **예수 그리스도**라 부른다. 기독교 중 일부 교단에서는 예수 그리스도를 삼위일체 하나님이 아닌, 하나님에 의해 창조된 하나님의 아들로서 신격을 가졌지만 하나님과는 서로 다른 존재로 여기기도 하는 등 논란은 있다. 예수의 생애와 행적은 4복음서를 비롯한 **신약성경**에서 자세히 다루어지고 있다. 유대교에서는 랍비 중 한 사람으로 여기며, **이슬람교에서는 예수를 무함마드에 앞선 예언자 중 한 사람**으로 여긴다.

[생애]

예수의 생애에 대한 내용은 신약 성경의 4복음서를 통해 잘 나타나있다. **기독교의 시조이다**. B.C. **2~4년경 로마 제국의 식민지 팔레스타인 지방의 갈릴리에서 태어난 유태인으로 목수였다.** 유태인은 예로부터 야훼 신을 믿어 야훼가 구세주를 보내, 신의 선민인 유태민족을 구원해 줄 것이라는 메시아사상을 갖고 있었다. 로마의 지배 아래 있었던 유태인은 각지에서 반란을 일으켰으나 실패하여, 그들의 절망은 깊어져, 이 세상의 종말과 '신의 나라'를 실현시킬 메시아를 강렬히 요구하고 있었다. 유태의 지배계급이었던 사두개파와 종교 지도자 계급인 바리새파는 한편으로는 로마의 지배에 협력하고 혹은 유태교의 율법의 고정화, 형식화에 전념하여, 민중의 고뇌에 응할 수가 없었다.

이와 같은 압제와 빈곤, 종말관과 메시아사상의 격화 속에서 반로마의 실력 행사를 일으켰던 열심당이나, 황야에서 은둔적인 공동생활을 하며 메시아의 출현을 기다린 엣세네파 등의 운동이 일어나 유태 하층민의 지지를 받았다. 이 엣세네파로부터 요단강의 요한의 밥티즘(회개를 위한 세례) 운동이 일어나, 암 하레트라 불리는 유태 민족 중에서도 가장 억압 받고 차별 받아 온 사람들이 결집하였다. 예수는 이러한 운동의 지도자의 한 사람이었다. 요한이 체포되어 처형되고 나서, 갈릴리 지방의 열심당과 밥티즘 운동에 참가한 암 하레트, 사마리아인 등 최하층민들은 예수의 운동에 합류하였다. 그것은 후에 편찬된 **복음서에서 "내가 세상에 화평을 주러 온 줄로 생각지 말라. 화평이 아니라 검을 주러 왔노라"**(마태복음 10:34)고 하는 예수의 격렬한 말을 전하고 있듯이, 피지배계급의 해방을 지향하는 것이었다.

복음서는 또한, 병든 자를 치유하고, 죽은 자를 소생시킨 예수의 많은 기적을 전하고 있다. 열렬하게 메시아를 원하고 있던 하층민은 **"가난한 자는 복이 있나니, 천국이 너희 것이니라."**(누가복음 6:20)고 하는 예수의 가르침을 따르면서 '천국'의 도래를 설파한 예수를 메시아로 믿어 예수의 예루살렘 입성을 환영하였다. 예루살렘에서 예수는 지배계급의 재원(財源)이 되고 있던 신전 광장에서의 상행위에 분개하여 상인을 추방하는 등, 지배계급을 공격하고, 예루살렘이 굽어보이는 올리브 산으로 올라갔다. 예수의 운동이 반로마적 성격을 띤 민중의 메시아 운동이라는 것을 우려한 로마, 유태 지배층은 A.D. 31~32년경 예수를 체포하여 로마의 형법에 따라 **십자가형**에 처하고, 무력에 의해 예수의 운동을 진압하였다. 예수의 사후에 예수가 **'부활'**하였다는 신앙이 생겨나 원시 기독교 교단이 형성되어 이윽고 바울에 의해 유태교와는 이질적인 **기독교**가 성립하였다.

[출생 시기]

'기원후'의 의미로 사용하는 'A.D.(Anno Domini)'는 예수의 출생 이후의 시대를 의미한다. B.C.와 A.D.의 구분은 6세기경의 신학자 디오뉘시우스 엑시구우스가 부활절의 날짜를 계산하면서 사용한 것이 후에 그레고리력과 율리우스력에 반영된 것이다. 이때에 계산된 예수 탄생 연대의 기준이 오늘날까지 쓰인다. 하지만, **예수가 태어난 날이 언제인지는 여러가지 설이 있다.** 예수는 갈릴리라는 시골의 민중이었으므로 예수의 출생에 관한 정확한 역사적 기록은 드물다.

오늘날에는 복음서의 기록을 바탕으로 예수의 출생일과 태어난 장소를 미루어 짐작하고 있으며, 대체로 역사상의 예수는 기원전 약 2년경에 태어난 것으로 추정된다. 마태복음(2장 1~16절)에는 예수가 태어난 해에 하늘에 '동방의 별'이 나타나고 헤로데 왕이 2세 미만의 갓난 사내아이들을 살해하도록 명을 내려 그 가족이 이집트로 피신하는 내용이, 누가복음(2장 1~2절)에는 아우구스투스가 호적을 명하여 요셉이 나사렛에서 베들레헴을 찾는 내용이 실려 있다. 누가복음에 언급된 인구조사는 기원전 2년경에 이루어졌다는 견해와 기원후 6년에 이루어졌다는 견해가 존재한다.

예수가 태어났을 때 로마 제국의 초대 황제 아우구스투스의 명에 따라 팔레스타인 지방에서 인구조사가 실시되었으며 당시 시리아 지방의 총독이 퀴리니우스(퀴리뇨)였다고 누가는 기록하고 있다. (누가복음 2:1~7절) 퀴리니우스는 서기 6년에서 서기 9년까지 총독으로 있었다는 견해도 있지만, 1764년에 로마에서 발견된 비문에 기원전의 퀴리니우스 총독을 언급한 것을 근거로 이미 기원전 2년경부터 총독이었다는 것이 역사적 사실이라는 견해도 있다. 따라서 예수는 기원전 2년경에 출생한 것으로 대체적으로 받아들여진다.

'동방의 별'은 이후 '베들레헴의 별'로 알려졌다. 17세기 독일의 천문학자 요하네스 케플러는 이를 800년 주기로 목성과 토성이 분점에 대해 같은 위치에 놓이는 현상과 연관된 것으로 주장하였고, 이로부터 그 시기를 기원전 7년으로 추측하였다. 한편, **복음서는 역사적 사실을 기록한 책이 아니라 예수에 대한 교회의 기록이므로 당연히 복음서의 내용들이 정확히 일치하는 연대를 찾기는 어려우며, 예수의 탄생설화를 상징적인 것으로 보는 시각도 있다.** 예를 들어 마태복음에 나오는 예수의 탄생설화에 나오는 유아학살과 이집트 피난전승은 유대 기독교인인 마태와 마태교회 신자들이 예수가 자신들에게 익숙한 인물인 모세와 같은 권위를 가진 자임을 강조하기 위해 썼다고 보는 성서학자도 극소수 존재한다.

[태어난 곳]

예수가 실제로 태어난 곳은 누가복음과 마태복음에 기록된 바와 같이 베들레헴이지만, 마가복음과 요한복음에 언급된 바와 같이 당시 사람들에게 **'나사렛 예수'**로 불리었던 이유는 부모인 요셉과 마리아가 나사렛에 있을 때 임신했으며, 베들레헴에서 출생 후 다시 나사렛으로 돌아와서 성인이 될 때까지 성장하고 생활했기 때문이다. 구유에서의 출생 이야기는 오로지 누가복음에만 기록되어 있는데, 베들레헴의 구유에서 예수가 태어나게 된 이유를 누가는 인구조사 때문에 예수의 가족이 고향 갈릴리 지방의 나사렛이라는 마을을 떠나 팔레스타인의 남쪽 지방인 유대의 예루살렘 가까이에 있는 베들레헴으로 갔다고 말하고 있다.

그 까닭은 요셉과 예수의 어머니 마리아가 다윗 왕의 후손이기 때문에 다윗 왕의 고향인 베들레헴에서 호구 등록하기 위해서였다고 한다. 마태는 메시아가 다윗의 고향인 베들레헴에서 태어나리라는 예언자 미가(5:2)와 이사야(7:14)의 예언대로 예수가 베들레헴에서 태어난 것이며, 이후 예수의 가족은 헤로데스 1세의 위협을 피해 이집트로 가서 살다가 흔히 헤롯대왕이라고 부르는 헤롯 1세가 죽었다는 소식을 듣고 베들레헴이 아니라 나사렛으로 돌아와 그 곳에서 살았다고 기록하고 있다. 따라서 누가는 어떻게 베들레헴에 가게 되었는지의 과정을 설명한 것이고, 마태는 그것이 바로 예언의 성취라는 점에 초점을 맞추고 추가 설명을 한 것이므로 모두 일치된 기록이라는 해석이 보편적이다.

[가계]

예수의 가계에 대한 사실은 현재 남아 있는 문서 가운데 마태복음과 누가복음에 기록되어 전하는 것이 전부다. 두 복음서의 기록에 따르면 예수는 마리아에게서 태어났다고 한다. 예수의 인간으로서의 아버지 요셉은 목수였다고 하며, 어머니 마리아는 어떤 집안에서 자랐는지 알려져 있지 않다. 그러나 누가복음의 기록을 참조했을 때, 그의 가계가 세례자 요한을 낳은 엘리사벳과 친족 관계였던 것은 분명하다.(누가복음 1:36) 예수의 잉태 및 탄생과 관련된 기록에 따르면, **마리아는 예수를 잉태하기 전에 대천사 가브리엘에게 아이를 낳을 것을 고지 받았다.**(누가복음 1:26~38) 그러고 나서, 약혼한 몸으로 동거하기 이전에 **성령에 의해 예수를 잉태한** 사실을 신앙심이 두터운 약혼자 요셉에게 고백하자, 아마 요셉은 적지 않은 심적 갈등을 겪은 것으로 묘사되고 있다.

그러나 **요셉은 나중에 꿈에 나타난 대천사 가브리엘의 계시에 따라 마리아와 결혼을 하였고, 예수를 낳았다고 한다.**(마태복음 1:18~25) 마태복음과 누가복음은 또한 예수의 족보를 기록하고 있다. 이에 따르면 위에서 언급하였듯이 요셉은 다윗 왕의 후손이라는 사실을 강조하고 있다. 마태복음 (1:2~17)은 요셉의 선조를 아브라함까지 끌어올리고 있는 반면, 누가복음(3:23~38)은 심지어 아담까지 족보를 까마득히 펼치고 있다. 두 복음서는 여기서 약간의 계보의 차이를 드러내고 있는데, 마태는 다윗에서 요셉까지 28대를 손꼽고 있는 반면, 누가는 요셉이 다윗의 42대 자손이라고 기록하고 있다.(역대기 상 3:10~24를 참조) 신학자들에 의하면, 이러한 족보의 차이는 이들이 입수한 족보들이 한 쪽은 아버지인 요셉의 가계도를, 다른 한쪽은 어머니인 마리아의 가계도였기 때문이다. 고대교회의 신학을 형성한 교부들은 마리아도 다윗의 후손이라고 말하였으며, 교회에서도 이를 받아들여 마리아를 다윗의 후손이라고 가르친다.

[가족]

예수에게 마리아와 요셉 이외의 다른 가족이 있었는지에 대해서는 약간의 논란이 있다. 신약성경 기록상의 근거 부족을 이유로 평생 동정을 인정하지 않는 개신교에서는 예수의 친형제가 있었다고 성경을 해석하고 있다. 반면, 마리아의 평생 동정을 믿는 동방 정교회에서는 이복동생으로, 로마 가톨릭교회에서는 친척(이복동생 또는 사촌)들로 해석하고 있다.

[어린 시절]

예수의 어린 시절에 대해서는 알려진 바가 거의 없다. 그러나 예수가 사람이라는 사실을 설명하려는 복음사가 누가의 신학적인 의도가 들어 있는 누가복음의 몇 구절이 조금이나마 예수의 어린 시절을 알 수 있게 해 준다. 예수의 12세 때 유대인들의 광복절인 유월절을 지키려고 부모와 예수가 예루살렘에 올라갔다가, 예배를 마치고 예수는 예루살렘에 머물렀지만 부모는 그 사실을 알지 못하고 하룻길을 갔다가, 방황하면서 아이를 찾았다고 한다. 예수를 찾은 지 사흘 뒤에 다시 예루살렘 성전 안에서 만났을 때, 예수는 유대교의 랍비, 곧 율법교사 들과 율법에 대하여 이러저러한 이야기를 나누었는데, 모두가 그 지혜와 대답을 기이히 여겼다고 했다. 이에 부모가 왜 여기에 있느냐고 묻자, **예수는 '제가 제 아버지 집에 있어야 할 줄을 알지 못하셨습니까?'라고 답했다고 한다.** 이는 예수 자신과 온 인류의 아버지가 하나님이라는 것을 이때의 예수가 인식하고 있었던 것을 보여 준다.(누가복음 2:41~51)

그 뒤에, 계속해서 나사렛에서 자란 예수는 요셉의 직업을 이어 목수 일을 배우며 자랐던 것으로 추정되는데, 엔도 슈사쿠는 복음서에서 말하는 목수는 떠돌아다니면서 일하는 노동자였을 것으로 보았다. 실제로 예수가 자신의 고향 갈릴리 나사렛에서의 회당예배 때에 이사야 예언서를 인용하여 자신이 고난 받는 민중들과 연대하는 메시아로서 살아갈 것임을 알리는 설교를 하자, 고향사람들이 지혜에는 감탄했지만 '저 사람은 (목수인)요셉의 아들 아닌가.'라며 예수가 변변치 않은 직업을 가진 사람임을 지적하였다는 누가복음의 기록에 의하면(누가복음 4:16~22) 목수라는 직업이 변변치 않은 직업이었을 것임을 알 수 있게 한다. 예수의 유년시절에 대해 누가는 '지혜와 키가 자라가며 하나님과 사람의 사랑을 받았다.'고 (누가복음 2:52) 간단하게 적고 있다.

[세례자 요한]

예수는 어느 정도 성장한 후에 나사렛을 떠나 출가하였다. 그 이후에 당시 먼저 '광야의 외치는 소리'로 먼저 광야로 나가 세례를 베풀고 있었던 세례자 요한에게로 나아갔다(요한복음 1:23, 29). 예수를 본 세례자 요한은 오히려 자신이 세례를 받아야 할 터인데 왜 받으러 왔느냐고 물었다. 그러나 예수는 이를 통하여 '모든 의를 이루기를' 바랐고, 마침내 세례를 받기로 했다. 세례를 받은 뒤에 물에서 올라오자마자 하늘에서 성령이 내려왔고, 하늘에서 한 소리가 있어 말하기를 '이는 내 사랑하는 아들이요, 기뻐하는 자'라고 했다.(누가복음 3:22)

[고행과 유혹]

예수는 세례자 요한에게서 세례를 받은 뒤에, 홀로 광야로 들어가, 40일 동안 금식했다고 전해진다. 그 뒤에, 높은 곳에 올라가 마귀에게서 세 가지의 유혹을 받았다고 한다. (마태복음 4장) 첫 번째 시험: 돌들을 빵으로 만드는 것이었는데, 이에 대하여 예수는 '사람이 떡으로만 살 것이 아니요, 하나님의 입으로 나오는 모든 말씀으로 살 것이라.'(신명기 8:3)라는 성경 말씀으로 대적하였다. 두 번째 시험: 예수를 예루살렘 성전 꼭대기에서 뛰어 내리게 하는 것이었다. 사탄은 이번에는 특이하게 성경 구절 '그가 너를 위하여 그 사자들을 명하시리니 그들이 손으로 너를 받들어 발이 돌에 부딪치지 않게 하리로다.'(시편 91:11,12)를 들어 예수를 설득하려고 했다. 그러나 예수는 '주 너의 하나님을 시험하지 말라.'(신명기 6:16)는 말로 사탄의 유혹을 꺾었다. 세 번째 시험: 천하만국을 보여주며, '나에게 절하면 이 모든 것들을 네게 주겠다.'고 한 것이었는데, 예수는 '주 너의 하나님께 경배하고 다만 그를 섬기라.'(신명기 6:13)라는 성경 구절을 들며 이를 거절하였다.

🦏 ● 예수 명언

♣ 사람의 아들을 거역하여 말하는 사람은 용서를 받을 수 있어도
　성령(聖靈)을 모독하는 사람은 용서를 받지 못한다.

♣ 누구든지 자기 십자가를 지고 나를 따라오지 않으면 내 제자가 될 수 없다.

♣ 한 종이 두 주인을 섬길 수는 없다. 한 편을 미워하고 다른 편을 사랑하거나 또는
　한 편을 존중하고 다른 편을 업신여기게 마련이다. 하느님과 재물을 함께 섬길 수는 없다.

♣ '나는 자비를 원하고, 제사를 원하지 않는다.' 하신 말씀이 무슨 뜻인지 알았더라면,
　너희가 죄 없는 사람들을 정죄하지 않았을 것이다.

♣ 너희가 여기 내 형제자매 가운데, 지극히 보잘 것 없는 사람 하나에게 한 것이 곧 내게 한 것이다.

♣ 살인하지 말라. 간음하지 말라. 도둑질하지 말라. 거짓 증언을 하지 말라.
아버지와 어머니를 공경하여라. 그리고, 네 이웃을 네 몸과 같이 사랑하여라.

♣ 네가 완전한 사람이 되려고 하면, 가서 네 소유를 팔아서, 가난한 사람에게 주어라.
그리하면, 네가 하늘에서 보화를 차지하게 될 것이다.

♣ 나더러 '주님, 주님' 하는 사람이라고 해서, 다 하늘나라에 들어가는 것이 아니다.
하늘에 계신 내 아버지의 뜻을 행하는 사람이라야 들어간다.

♣ 사람들은 심판 날에 자기가 말한 온갖 쓸데없는 말을 해명해야 할 것이다.
너는 네가 한 말로, 무죄 선고를 받기도 하고, 유죄 선고를 받기도 할 것이다.

♣ "주님, 내 형제가 나에게 자꾸 죄를 지으면,
내가 몇 번이나 용서하여 주어야 합니까?
일곱 번까지 하여야 합니까?" 예수께서 대답하셨다.
"일곱 번만이 아니라, 일흔 번을 일곱 번이라도 하여야 한다."

♣ 너희가 각각 진심으로 자기 형제자매를 용서해 주지 않으면,
나의 하늘 아버지께서도 너희에게 그와 같이 하실 것이다.

4.9 기원전 출생 인물들

기원전에 출생한 인물들 9명을 소개한다. 세계 4대 성인(聖人)들에 포함되는 인물들과 정신적, 종교적, 철학적 지도자들이 포함되어있다.

카이사르-Julius Caesar, 정치가, 로마 (BC 100년생)

★ 인류 역사인물 100명중 18위 선정

[출생-사망] 기원전 100년 7월 12일 ~ 기원전 44년 3월 15일 (55세)
[출생지] 로마, 로마 공화정
[사망지] 로마, 로마 공화정

[별칭] 시저
[국적] 로마제국
[활동분야] 정치, 군사
[주요저서] 《갈리아 전기(戰記)》, 《내란기》

[재임 기간] 기원전 44년 2월 ~ 기원전 44년 3월 15일

[요약]
카이사르(또는 시저)는 로마 공화정 말기의 정치가이자 장군이다. 폼페이우스, 크라수스와 함께 3두 동맹을 맺고 콘술이 되어 민중의 큰 인기를 얻었으며 지방장관으로서는 갈리아전쟁을 수행하였다. 1인 지배자가 되어 **각종 사회정책, 역서의 개정 등의 개혁사업을 추진하였으나 브루투스 등에게 암살**되었다.

[생애]
가이우스 율리우스 카이사르는 고대 로마의 정치가, 장군, 작가이다. 카이사르는 로마 공화정이 제정으로 변화하는 데 중요한 역할을 하였다. 정치적으로 카이사르는 민중파의 노선에 섰다. 기원전 60년대 말에서 50년대에 이르기까지 카이사르는 마르쿠스 리키니우스 크라수스, 그나이우스 폼페이우스 마그누스와 소위 제1차 삼두 정치라는 초법적 정치 연대를 이루어 수년간 로마 정계를 장악하였다. 이들 파벌은 자신들끼리 권력을 분점하고자 하여, 원로원 내에서 마르쿠스 포르키우스 카토, 마르쿠스 칼푸르니우스 비불루스 등 벌족파의 반대를 받았으며, 마르쿠스 툴리우스 키케로가 이에 가세하기도 하였다. 카이사르는 **갈리아를 정복(기원전 58~52년)**하여 로마 제국의 영토를 북해까지 넓혔으며, 기원전 55년에는 로마인 처음으로 브리타니아 침공을 감행하였다.
이러한 공훈 덕분에 카이사르는 강력한 세력가로 입지를 군혀 폼페이우스를 위협하게 되었으며, 카라이 전투에서 크라수스가 전사하면서 삼두정의 두 정치가 사이에 긴장이 높아졌다. 이렇듯 로마 정계가 재편되면서 카이사르와 폼페이우스는 서로 대치하게 되었으며, 폼페이우스는 원로원의 대의를 내세웠다. 카이사르는 자신의 군단으로 하여금 루비콘 강을 건너게 하는 결단을 내려 기원전 49년에 내전이 일어났으며, 파르살루스 전투, 탑수스 전투 등에서 승리한 카이사르는 로마 세계에서 무소불위의 권력자로 등극하였다. 정권을 장악한 뒤 그는 **로마의 사회와 정치에 광범위한 개혁을 실시**하였다. 카이사르는 공화정의 귀족 정치를 고도로 중앙집권화 하였으며, 급기야 자신을 종신 독재관으로 선언하였다. 기원전 44년 3월의 열닷새에 마르쿠스 유니우스 브루투스가 이끄는 일군의 원로원 의원들이 공화정을 복고하고자 음모를 꾸미며 카이사르를 암살하였다.
그러나 또 다시 내전이 일어났으며, 결국 카이사르의 양자인 가이우스 옥타비아누스가 영속적인 전제정을 성립하였다. 카이사르가 죽은 지 기원전 42년에, 원로원은 카이사르를 공식적으로 로마의 신으로 축성하였다. 따라서 카이사르의 사후에 카이사르의 공식명칭은 신격 카이사르가 되었다. 또한 그 이후부터 로마 황제가 죽었을 경우 후임자가 카이사르를 신격화시키는 것이 관례화되었다. 카이사르의 삶은 **본인이 쓴 전쟁 기록(갈리아 전기, 내란기)**을 통해 상당 부분 알려져 있으며, 정적임과 동시에 오랜 친구였던 키케로와의 서신과 카이사르의 연설, 살루스티우스의 기록, 카툴루스의 시 등 당대의 다른 사료도 남아 있다. 또 아피아노스, 수에토니우스, 플루타르코스, 카시우스 디오, 스트라본 등 여러 후대 역사가들의 기록도 카이사르의 삶에 대해 더욱 자세하게 서술하고 있다.

[업적과 평가]
카이사르는 로마 출생이며, 영어로는 시저라고도 읽는다. 서양사 상 큰 영향을 남긴 사람 중의 한

명이다. 유서 깊은 귀족 집안 출신이었으나, 카이사르의 조상에는 유명한 정치가는 없다. BC 69년 재무관, BC 65년 안찰관, BC 63년 법무관 등 여러 관직을 역임하면서 민심 파악의 수완이 능하여 민중과 친근한 입장에 서서 로마와 기타 속주에서 군무에, 그리고 실제의 정책운영 면에서 착실하게 성과를 거두어 명성을 획득하고 대정치가로서의 기반을 구축하였다. BC 60년 폼페이우스, 크라수스와 함께 제1회 3두동맹(제2회 3두동맹이 공식적인 것에 반해 이것은 사적인 것)을 맺고, 이것을 배경으로 하여 BC 59년에는 공화정부 로마의 최고 관직인 집정관에 취임하였다. 집정관으로서 국유지 분배법안을 비롯한 각종 법안을 제출하여 크게 민중의 인기를 얻었다.

BC 58년부터는 속주 갈리아의 지방장관이 되어 BC 50년까지 재임 중 이른바 **갈리아전쟁을 수행하**였다. 그 동안 갈리아의 평정만이 아니라 라인강을 건너 게르만족의 땅으로 침공하기를 두 차례, 영국해협을 건너 브리튼 섬으로 침공하기를 두 차례나 하였다. BC 52년 베르킨게토릭스의 주도 아래 갈리아인의 대반란이 일어났으나, 이것도 진압하여 일단 갈리아전쟁은 종지부를 찍고 평온을 되찾았다. 오랜 **갈리아전쟁은 그의 경제적 실력과 정치적 영향력을 증대**시켰다.

BC 53년 크라수스가 메소포타미아에서 쓰러지자 제1회 3두 정치는 붕괴되고 원로원 보수파의 지지를 받은 폼페이우스와도 관계가 악화되어 마침내 충돌하기에 이르렀다. 군대를 해산하고 로마로 돌아오라는 원로원의 결의가 나오자 BC 49년 1월, 그 유명한 **"주사위는 던져졌다."**라는 말과 함께 **갈리아와 이탈리아의 국경인 루비콘 강을 건너 로마를 향하여 진격을 개시**하였다. 우선 폼페이우스의 거점인 에스파냐를 제압한 다음 동쪽으로 도망친 폼페이우스를 추격하여 BC 48년 8월 그리스의 파르살로스에서 이를 격파하였다. 그 후 패주하는 폼페이우스를 쫓아 이집트로 향했으나 카이사르가 알렉산드리아에 상륙하기 전에 폼페이우스는 암살을 당했고, 카이사르는 그 곳 왕위계승 싸움에 휘말려 알렉산드리아전쟁이 발발하였다.(BC 48년 10월~BC 47년 3월)

전쟁에서 승리를 거두고 클레오파트라 7세를 왕위에 오르게 하여 그녀와의 사이에 아들 카이사리온(프톨레마이오스 15세)을 낳았다. 이어서 BC 47년 9월에는 소아시아 젤라에서 미트리다테스대왕의 아들 파르나케스를 격파하고, 이때 **"왔노라, 보았노라, 이겼노라(veni, vidi, vici)"의 세 마디로 된** 유명한 보고를 원로원으로 보냈다. 이어서 스키피오가 이끄는 폼페이우스의 잔당을 속주인 아프리카 탑소스에서 소탕하고(BC 46년 4월) 오랫동안 공화정의 실권을 쥐고 있던 원로원 지배를 완전히 타도하였다. 다시 BC 45년 3월에는 에스파냐의 문다에서 폼페이우스의 두 아들과 싸워 승리함으로써, BC 49년 이래의 내란의 막을 내렸다.

이로써 1인 지배자가 된 그는 각종 사회정책(식민·간척·항만·도로건설·구제사업 등), 역서의 개정 (율리우스력) 등의 개혁사업을 추진하였다. 종신 독재관을 비롯한 각종 특권과 특전이 카이사르에게 부여되었다. 그러나 이와 같이 권력이 한 몸에 집중된 결과, 왕위를 탐내는 자로 의심을 받게 되어 브루투스와 카시우스 롱기누스를 주모자로 하는 원로원의 공화정 옹호파에게 원로원 회의장에서 칼에 찔려 죽었다.(BC 44년 3월 15일)

그러나 카이사르가 취한 방향, 즉 도시국가에서 세계 제국으로 군림하게 된 로마를 지배·통치하는데는 강력한 한 사람의 힘에 의하여서만 가능하다는 것, 즉 군사독재의 필연성은 카이사르의 양자 아우구스투스(옥타비아누스)에 의한 제정(帝政)의 수립으로 현실적인 것이 되었다고 말할 수 있다. 항상 운명의 여신과 함께 있다고 확신한 카이사르는 '운명의 총아'로 구가되었다. '**인사(人事)를 다하고 운명의 여신의 도움을 바라야 한다.**'고 주장한 것도 카이사르였다. 카이사르는 또 **자신의 정적**

을 마음속으로 받아들이는 '인자한 사람'으로도 알려졌다. 카이사르가 인정이 많은 것은 카이사르의 본성이었는지 아니면 단순한 정책적 의도에 의한 것인지에 대하여는 여러 가지 의견이 있으나, 어떻든 간에 융화적인 자세는 자신의 세력권을 늘리는 데 도움이 되었다.

돈을 빌리는 천재라고 일컬어진 카이사르는 또한 **인간적 매력도 풍부하여 뛰어난 웅변술과 함께 인심을 모으기에 충분하였다.** 실전의 영웅일 뿐만 아니라 군략을 짜내는 장군으로도 탁월한 재능을 보이고, 또 한편으로는 인심의 향방을 정확하게 파악할 줄 아는 민중파 정치가로서 사회개혁의 실효를 거두었다. 뿐만 아니라 **제1급의 문인으로도 알려졌다.** 《갈리아 전기》, 《내란기》는 간결한 문체와 정확한 현실파악 등으로 **라틴 문학의 걸작**이라고 일컬어진다. 공화정권의 파괴자, 또는 반대로 제정의 초석을 굳힌 인물 등, 정치가로서의 카이사르에 대한 평가는 구구하다. 풍부한 인간성, 그의 **최후의 비극성** 등 그 인간상에 대하여도 세익스피어를 비롯하여 많은 문인들의 손으로 다루어졌다.

🦏 ● 카이사르 명언

♣ 왔노라, 보았노라, 이겼노라.

♣ 주사위는 던져졌다.

♣ 사람은 누구나 모든 현실을 볼 수 있는 것은 아니다.
　대부분의 사람은 자기가 보고 싶은 현실만 본다.

♣ 행운이란 모든 것에 큰 영향을 미치지만, 특히 전쟁에서는 희미한 힘을 통해 크나큰 변화를 초래한다.

진시황제-秦始皇帝, 중국 통일, Qin Shi Huang, 중국 (BC 259년생)

진나라의 초대 황제, 중국 최초 황제

★ 인류 역사인물 100명중 17위 선정
★ 인류 역사인물 50명에 선정

[출생일] 기원전 259년 1월
[사망일] 기원전 210년 음력 7월 22일 (양력 9월 12일) (50세)

[재위] 기원전 221년 ~ 기원전 210년 (247년 5월 7일 ~ 220 BC)
　　　　　(중국 황제: 통치: 220 BC ~ 210년 9월 10일 BC)

[본명] 영정 또는 (조정, 여정)

[생애]

진시황제는 전국 칠웅 진나라의 제31대 왕이자, **중국 최초의 황제**이다. 성은 영, 이름은 정(政) 또는 조정(趙政)이다. 혹은, 씨는 조(趙)다. 성명은 영정이고, 혹은 씨명은 조정이며, 여불위의 아들이라는 설대로 여정이라고도 한다. 진 장양왕 영자초의 아들로 태어났으나, 당시 세도가 대단하던 **조나라의 상인 출신의 승상 여불위의 아들이라는 주장**이 있다. 기원전 246년부터 기원전 210년까지 재위하는 동안 기원전 246년부터 기원전 241년까지 여불위가 섭정을 하였고 기원전 241년부터 기원전 210년 붕어할 때까지 친정을 하였다.

불로불사에 대한 열망이 컸으며, 대규모의 문화탄압사건인 분서갱유사건을 일으켜 **수 양제와 더불어 중국 역사상 최대의 폭군이라는 비판**을 받았다. 하지만 **도량형을 통일하였고 전국시대 국가들의 장성을 이어 만리장성을 완성하였다. 분열된 중국을 통일하고 황제 제도와 군현제를 닦음으로써, 이후 2천년 중국 황조들의 기본 틀을 만들었다.** 전근대의 중국에서는 특히 유학 관료들에 의하여 폭군이라는 비판을 계속 받았으나, 오늘날 중국에서는 병마용 발굴 이후부터 시황제의 진취성과 개척성에 초점을 맞추어 재평가하려는 시도가 활발히 이루어지고 있다.

[요약 시]

기원전 259년 출생, 기원전 210년 사망. 조나라 대상 여불위와 여불위의 애첩이었다가
태후가 된 어머니와의 사이에 태어난 진시황.
태후의 또 다른 연인, 가짜 환관인 노애와 두 아들을 둬.
기원전 238년, 노애가 국왕 옥쇄를 훔쳐, 불법으로 군대 동원, 반란을 일으켰으나 참패,
능지처참, 환관인 노애의 두 아들도 사형. 아버지 여불위도 유배, 몇 달 후 자살해,

중앙집권주의를 완성해, 춘추전국시대의 7국중 3개국 차지해. 다음 정벌 대상은 연나라,
환관 노애의 쿠데타 시도이후, 궁정 안에서는 오직 왕만이 무장,
오직 왕만이 군대 동원가능토록 해. 자객으로, 죽음 직전까지의 상황에도 가.
망상증세 시작해... 죽인 수많은 영혼들을, 저승에서 만날 일이 큰 걱정...
내세에서, 자신을 보호해 줄 수 있는 것은, 오직 군대뿐...

왕위 등극 순간부터, 자신의 죽음에 대한 준비를 시작해...
사상유래가 없는, 실제크기의 병마도용...
죽은 후의 영혼 군대를 만들어, 황궁의 호위부대, 죽음과 배신에 집착...
사지가 찢겨져 나간 병사들도 위해, 죽은 병사들의 영혼도 위로키 위해,
완전한 신체에 돌로 만든 갑옷도 입혀...

기원전 223년, 중국통일 목전에... 50만 초나라군대가 진나라 군대를 제압해...
진나라도 50만 병력 동원, 초나라를 포위하고 장기전 돌입해...
십자궁 돌격소총은 기원전 3세기에는 치명적 무기. 뿔과 힘줄의 복합 궁은,
에너지와 사거리가 매우 큰, 무시무시한 독창적 무기, 결국 초 제압.

마지막 남은 제나라는 싸우지 않고 항복해... 그때가 기원전 221년,

천하 통일된 중국이 되네... 그가 진시황, 나이는 39세. 최초의 황제로서, 구슬관을 쓰고, 역사상 가장 위대한 진시황제, 이는 최초의 존엄한 신, 창시자, 창조가, 혈통의 시발점.
통치제도를 확립해, 봉건제도를 일시에 쇄신해... 법가사상을 반영해...

기원전 220년, 병력들은 이제 손을 놓고, 북쪽 흉노족으로 부터의 안전을 위해,
보호막인 만리장성을 축조 및 보강해... 난공불락의 만리장성은 높이 9m,
길이는 4,800km, 많을 때는 노역자 백만 명이상 동원해...
그중 약 4분의 1은 건설과정에서 죽어.
또 다른 위대한 과업으로 무덤을 만들어...

요약하면, 중국 최초의 중앙 집권적 통일제국인 진나라를 건설한 전제군주.
노애의 반란을 평정하고, 여불위를 제거한 후, 울요와 이사 등을 등용하여 강력한
부국강병책을 추진하여 천하 통일의 위업을 달성.
중앙 집권 정책을 추진하여 법령의 정비, 전국적인 군현제 실시, 문자, 도량형, 화폐의 통일, 전국적인 도로망의 건설, 구 6국의 성곽 요새의 파괴 등을 강행.

[초기 생애]
영정은 기원전 259년에 조나라에 인질로 잡혀온 진나라 공자 영자초와 그 부인 조희의 아들이다. 그러나 **원래 조희는 조나라 수도 한단의 기생으로, 조나라의 거상 여불위가 데리고 있었다. 여불위는 조희를 영자초에게 바쳤고, 영자초는 조희를 아내로 삼았다.** 《사기》 여불위열전에서는 이 과정에서 원래 조희는 여불위의 아들을 임신하고 있었으나, 여불위가 이를 숨기고 정치적 목적에서 진시황제를 숨겨주었다고 기록이 되어있다.
그러나 여불위열전의 기록이사실인지에 대한 논의는 분분하다. 어쨌건, 영정은 줄곧 조나라에서 자라다가 기원전 250년, 영정의 증조부인 소양왕 영직이 주나라를 멸망시켰다. 그리고 소양왕은 얼마 후, 사망하였고 그 아들인 효문왕 영주가 즉위했다. 이에 영자초는 처자와 여불위를 데리고 진나라로 돌아와 태자에 책봉되었으나, 효문왕은 즉위한 지 1년 뒤에 사망하고, 태자 영자초가 즉위하니, 이가 장양왕이다. 영정은 곧 태자에 책봉되었지만, 몸이 매우 허약하였다. 3년 뒤에 아버지 장양왕이 훙서하자, **13세의 어린 나이로 진나라의 제31대 국왕의 자리에 즉위**하였다.

[여불위와의 분쟁]
새로 진나라 왕이 된 시황제 영정은 친정을 할 수 있는 나이는 아니었기에, 아버지 때에 승상이 된 여불위가 섭정이 되어 국사를 돌보았다. 여불위는 마음대로 국사를 휘둘렀으며, 심지어는 시황제의 모친 조태후와도 각별한 사이였다 한다. 이에 여불위는 노애라는 자신의 수하를 환관처럼 꾸며 조씨의 처소로 보냈고, 조씨는 노애와의 사이에서 2명의 아들을 낳았다. 이에 조씨는 노애와 함께 수도 함양에서 멀리 떨어진 곳으로 가서 거처하였다.

하지만, 기원전 238년에 시황제 영정은 성인식으로 잠시 함양을 비우자, **노애가 반란을 일으켰다.** 소식을 들은 시황제는 곧바로 군사를 파견하여 노애를 능지처참에 처하고 어머니 조씨를 감금하였다. 또한 노애와 조씨 사이에서 태어난 아들 2명을 살해하게 하였다. 그리고 시황제는 여불위를 승상의 자리에서 내치고, 자결을 강요하였다. 이듬해인 **기원전 237년에 여불위는 결국 자결하였으며 시황제는 비로소 친정을 시작할 수 있게 되었다.**

[전국 통일 과정]

전국 통일 과정은 이미 시황제가 즉위하기 이전인 장양왕때부터 시작되었다. 아버지 장양왕이 기원전 250년 주나라 정벌, 즉 진주전쟁에서 승리하여 정복 병합하면서 시작되었다. 기원전 230년부터 시황제는 모든 군사를 동원하여 중국 통일을 위한 통일 작업을 본격적으로 시작하였다. 제일 먼저, 진나라는 가장 세가 약했던 소한부터 멸망시켰다. 기원전 228년에는 조나라까지 멸망시켰다. 그 때, 연나라의 태자 희단이 자객 형가를 시켜 잔치 자리에서 영정을 죽이려 했으나 실패하였다. 이어, 기원전 225년에는 위나라, 기원전 223년에는 진나라 다음으로 세가 가장 세었던 초나라, 기원전 222년에는 연나라, 그리고 기원전 221년에 드디어 마지막 남은 제나라까지 멸망시켜 **시황제의 나이 39세에 전 중국 땅을 마침내 통일하였다.**

[최초의 황제]

시황제는 국왕이라는 칭호가 자신에겐 맞지 않는다며, 새로운 칭호를 원하였다. 그리고 이사와 왕관 등의 요청에 따라 새로운 칭호를 정하게 된다. 처음에 정은 도교에서 나오는 신비한 칭호인 태황과 천황과 지황 중에서 어느 칭호를 정해야 할 지 고민이었다. 이사와 왕관 등은 태황과 천황과 지황 중에서 가장 높은 직위인 태황의 칭호를 바쳤다. 결국 고심 끝에 시황제는 삼황오제에서 '황'과 '제'를 따 합쳐서 '황제'라 칭하기로 하였고, 자신은 황제의 자리가 처음이니 '**시황제**'(始皇帝)로 부르라 명했다. 또한 그는 자신이 시황제로 시작하여, 자신의 뒤를 잇는 황제들이 2세, 3세 등 만세까지 진 제국이 지속되기를 바랐다. (통일 후, 진시황은 뒤의 신하나 자식들이 아버지나 선군의 시호를 짓는 것이 품위에 맞지 않는다 생각하고 자신의 후대 황제들을 이세, 삼세 황제 등으로 부르게 지시하였다.)

시황제는 승상 이사의 의견을 따라 군현제로 나라를 다스렸고, 전국을 36개 군으로 나누고, 군마다 수(행정 장관), 위(사령 장관), 감(감찰관)을 두었다. 또한, 천하의 부호 12만 호를 함양으로 이주시켜 천하제일의 산업도시가 되어 발전하면서 그들을 철저하게 감시했다. 그리고 황제의 권위를 높이기 위해 함양궁을 제2궁전, 제3궁전이 회랑으로 이어져 웅대한 궁전으로 바꾸고, **전국의 농민을 사역에 동원하여 인해전술로 폭 50m의 황제 전용 도로를 만들었다.** 시황제는 자기를 역사상 어느 누구도 하지 못한 일을 해낸 천재라고 생각하여, 고관에게 정무를 맡기고 싶은 생각이 없었다. 그래서 법은 시황제가 모두 정하고, 결재도 혼자서 했다. 그래서 상소는 함양궁에 산더미처럼 쌓여졌다. 상소는 저울로 달아졌고, 결재량은 하루에 1석(30kg)으로 정해졌다. **도량형과 화폐, 문자 등을 통일하여 제국을 효율적으로 다스리려 하였고, 도로 역시 정비하여 각지의 교통체계를 강화하였다.** 시황제는 남쪽으로도 군사를 파견하여 4개 군을 신설하였으며, 북방의 흉노족이 중국을 위협하자, 대장군 몽염을 변방으로 보내어, 그들을 정벌, 내몽고의 땅 일부도 편입시켰다.

[분서갱유와 폭정, 대토목공사]

기원전 213년, 함양궁에서 큰 연회를 베풀었다. 그때 시황제의 나이는 46세로 절정기였다. 연회도중 박사 순우월이 봉건제와 군현제를 놓고 복야 주청신과 언쟁을 벌였다. 이 때, 순우월이 봉건제로 부활해야 한다고 주장하자, 이를 못마땅하게 여긴 승상 이사는 30일 내에 진나라의 역사와 의술, 농경 등에 관한 책 이외의 모든 책들을 태워버리라 주청올렸고, 시황제는 이를 받아들여 실행시켰다. 이것이 바로 **분서(焚書)**이다. 이듬해인 기원전 212년, 시황제는 방사 후생과 노생에게 불로장생의 약을 가지고 오라 명하였으나, 도리어 그들은 시황제를 비판하며, 도망쳐 버리자 화가 난 시황제에게 조정 안에 수상한 학자가 일하고 있다는 정보가 들어왔다. 학자들은 모두 자기가 아니라며 잡아뗐으나 시황제는 이들을 모두 잡아들였으니, 그 수가 460여명이나 되었다. 그리고 그들을 구덩이에 넣고 생매장시켰으니, 이것이 바로 **갱유**이다. 그리고 이를 모두 합쳐서 **분서갱유**라 불렀다. (분서갱유는 원래 단지 책을 압수하거나 학자들을 단속하는 것에 지나지 않았는데 한제국 성립 후, 유학자들이 한제국의 성립의 명분성을 위해서 확대했다는 설이 있다.) 이에 분개한 황태자 부소가 시황제에게 간언했으나, 부소는 오히려 시황제의 분노를 사 대장군 몽염이 있는 국경 근교로 유배되었다.

시황제는 북방에 흉노의 침입을 염려하여 대장군 몽염에게 서쪽으로 임도로부터 동쪽으로 요동까지 그 유명한 만리장성을 쌓도록 명했다. 이 **만리장성에 동원된 인부가 150만여 명**이나 되었고, 그 중에서 죽은 자는 이루 헤아릴 수 없을 정도라 하였다. 또한, **시황제는 함양 근교에 아방궁을 쌓도록 하였고, 나아가서는 70만 명의 인부를 동원, 함양 근교의 여산 전체에 자신의 능묘를 건설토록 했다.** 이런 대토목공사를 하는 동안, 국가의 재정은 엉망이 되고 말았다. 그리고 법을 매우 엄히 하여 백성들이 무기를 가지고 있지 못하게 하였으며, 한 사람이 죄에 연루되면 그 삼족을 몰살시켰고, 나아가 한 집이 법을 어기면 그 마을의 모든 가구들도 그에 똑같은 형벌을 받도록 하였다. 그리하여, 관청으로 가는 길에는 항상 죄인들의 행렬이 즐비했다 전해진다.

[불로불사의 꿈]

어느 날 시황제의 행차는 낭아산에 도착했다. 시황제는 그 풍경이 맘에 들어 3개월 정도 머물렀는데 갑자기 그곳에서 이상한 것을 보았는데 한 섬이 갑자기 나타나자마자 희미하게 사라져 갔다. (오늘날의 신기루라고 추정하고 있다.) 어느 날 제(산둥성)에 살고 있는 서복이라는 방사가 시황제가 보았던 섬은 전설상의 봉래산 이었다고 주장하고는 봉래산에서 불로불사약을 구해오겠다고 했다. 서복이 갈 배에는 수많은 보물과 소년소녀 3,000명이 실어졌다. 그리고 서복은 떠났으나 다시는 돌아오지 않았다. 서복이 탄 배가 지금의 일본으로 가서 그곳에서 정착했다는 설이 있다. 시황제가 불로불사약을 너무나도 간절히 원하고 있어서 각지에서 수상쩍은 방사들까지 모여들었다. 그들은 어디 어디 가면 구할 수 있다던가, 아니면 자기가 불로불사의 기도를 올린다면서 돈을 뜯어가자 시황제는 효험이 없는 자는 사형에 처한다는 법률까지 만들었다. **시황제는 불로불사약인 줄 알고 먹고, 목욕하며 자신의 생명까지 위축한 것이 있는데 그것이 바로 수은이다. 결국 시황제는 불로불사를 꿈꾸다가 마침내는 자신의 생명까지 줄어든 비참한 결과를 낳게 된 것이다.**

[전국 순행]

시황제는 재위 기간 중 무려 다섯 차례씩이나 전국 곳곳을 순행하였다. 그러나 이런 때에 많은 협객이 폭군 시황제를 죽이려 하였다. 그리하여 시황제는 순행 시, 언제나 5개의 수레를 군사들이 호위토록 하고, 자신은 그 수레 중 하나에 탔다. 시황제가 자신을 죽이려 드는 협객을 얼마나 두려워했는지 단적으로 보여주는 대목이다. 그리고 시황제는 길가에 자신의 송덕비를 세워 자신의 공적을 과시하기도 했다. 한번은 시황제가 금릉(현재의 남경)에 왔을 때, 왕기가 일어났다. 이에 분개한 시황제는 근처에 소나무를 빽빽이 세워 왕기의 기운을 막으려 했다. 그리고 금릉은 삼국 시대까지 말릉으로 불리었다. (이후 건업으로 개칭되고 이후 건강으로 재개칭) 이렇게 시황제는 거의 온 중국 대륙을 돌아다녀 자신이 성공한 군주임을 천하에 과시하였다.

시황제는 기원전 210년에 마지막 순행을 하였다. 여기에는 승상 이사와 중거부령인 환관 조고, 그리고 자신의 26번째 아들이자 막내아들인 호해가 자신을 뒤따랐다. 사기에 따르면 시황제는 돌아오는 도중 평원진에서 유성이 떨어졌는데 그 운석에 누군가가 '시황제사이지분' 즉, 시황제가 죽고 천하가 갈라진다고 써놓았다. 이에 충격을 받은 시황제는 병으로 쓰러졌다고 한다. 또는 화가 난 시황제가 그 지역의 주민을 몰살했다고 전해진다. 그리고 시황제는 사구 지방에 이르자, 병이 매우 위독해졌으며 유언장을 조고에게 쓰라 하고, 그 내용은 옥새를 적장자인 황태자 부소에게 전달케 하고, 부소에게 함양에서 자신의 장례를 주관하라 명하였다. **기원전 210년 음력 7월 22일, 진시황제 영정은 50세의 나이로 붕어하고 말았다.**

진시황제의 시신은 자신이 만든 지하궁전인 여산에 묻혔다. 이 능묘는 1974년 우물 공사를 하면서 부장품인 병용(군사모양의 인형)과 더불어 발견되어 지금도 발굴 중이다. 그러나 이사와 조고, 호해는 시황제의 죽음을 숨겼으며 시황제의 시신이 있는 수레 옆에 절인 생선을 같이 운반하여 시신 썩는 냄새가 들키지 않도록 했다. 조고는 시황제의 유서를 조작, 황태자 부소와 몽염에게 자결을 명하였고 부소는 자결하였으나 몽염은 이 명에 대해 의심을 품어 자결하지 않자 조고는 몽염을 일단 감옥에 가두었다. 얼마 뒤, 시황제의 26남 호해는 황제에 오르니 그가 진 이세황제이다. 원래 이세황제는 몽염을 살려주려고 했으나 조고의 말을 듣고는 몽염과 몽의를 반역혐의로 몰아 삼족을 멸족시켰다.

🦏 ● 진시황 명언

♣ 나는 황제다. 내 자손들은 무수히 많을 것이고, 자손대대로 만대까지 지속 될 것이다.

♣ 중국이 끝없는 전쟁으로 쓰라린 고통을 받는 것은, 봉건영주와 왕들 때문이다.

♠ 중국의 불필요한 책들을 모아서 태워버렸다.

♠ 통일제국을 이룩했는데 또다시 옛것을 숭상하여 역사를 뒤로 돌릴 수는 없는 노릇이로다. 승상은 곧바로 명을 내려 전국의 모든 사서를 불사르도록 하여라.

알렉산더-Alexander the Great, 대왕, 고대 그리스 (BC 356년생)

★ 인류 역사인물 100명중 33위 선정
★ 인류 역사인물 50명에 선정

[출생-사망] BC 356년 ~ BC 323년 (32세)

[국적/왕조] 마케도니아
[재위기간] BC 336년~BC 323년
[별칭] 알렉산더대왕, 알렉산드로스 3세
[활동분야] 정치

[요약]
알렉산더 대왕은 마케도니아의 왕(재위 BC 336~BC 323)이다. 그리스·페르시아·인도에 이르는 대제국을 건설하여 그리스 문화와 오리엔트 문화를 융합시킨 새로운 헬레니즘 문화를 이룩하였다.

[생애]
필리포스 2세와 올림피아스의 아들로서 알렉산더 대왕, 알렉산드로스 3세라고도 한다. 그리스·페르시아·인도에 이르는 대제국을 건설한 대왕으로, 탄생에 관해서는 그리스의 작가 플루타르코스(영웅전 작가)가 "올림피아스가 벼락이 배에 떨어지는 꿈을 꾸고 임신하였다." 또는 "필리포스가 아내의 곁에 있는 뱀을 보았다." 등의 전설적인 이야기를 전한다. 당시의 대학자인 아리스토텔레스가 마케도니아 수도인 펠라의 궁정에 초빙되어 3년 동안 그에게 윤리학·철학·문학·정치학·자연과학·의학 등을 가르쳤다. 알렉산더 대왕은 호메로스의 시를 애독하여 원정 때도 그 책을 지니고 다녔으며, 학자를 대동하여 각지의 탐험·측량 등을 시킨 일, 또는 변함없이 그리스 문화를 숭앙한 일 등은 스승의 영향을 받은 것이라고 한다. 또한 부왕으로부터는 전술·행정 등의 실제적인 일을 배웠고, BC 338년의 카이로네이아전투에 직접 참가하였다.
부왕이 암살되자 군대의 추대를 받아 20세의 젊은 나이로 왕이 되니, 그리스 도시의 대표자 회의를 열고 아버지와 같이 헬라스 연맹의 맹주로 뽑혔다. 때마침 마케도니아의 북방에 만족이 침입하고 서방에서도 반란이 일어나 친정하였는데, 이 싸움에서 알렉산더 대왕이 전사하였다는 소문이 퍼지자 온 그리스가 동요하고 테베가 반란을 일으켰다. 알렉산더 대왕은 즉시 테베를 토벌하고 테베시의 전 시민을 노예로 팔아버렸다. BC 334년에 알렉산더 대왕은 마케도니아군과 헬라스 연맹군을 거느리고, 페르시아 원정을 위해 소아시아로 건너갔다. 먼저 그라니코스 강변에서 페르시아군과 싸워 승리하고, 페르시아의 지배하에 있던 그리스의 여러 도시를 해방하였으며, 사르디스 그 밖의 땅을 점령한 뒤 북시리아를 공략하였다. BC 333년 킬리키아의 이수스전투에서 다리우스 3세의 군대를 대파하였으며, 이어 페르시아 함대의 근거지인 티루스(티로스)·가자 등을 점령하였다. 그리고 시리아·페니키아를 정복한 다음 이집트를 공략하였다. 이집트에서는 나일강 하구에 자신의 이름을 딴 알렉산드리아 시를 건설하고 1,000 km가 넘는 사막을 거쳐 아몬 신전에 참배하였다. 여기서 '신의 아들'이라는 신탁을 받았는데, 이후로 알렉산더 대왕은 만인 동포관을 지니게 되었다.

BC 330년 다시 군대를 돌려서 메소포타미아로 가서, 가우가멜라에서 세 번이나 페르시아 군과 싸워 대승하였다. 이때 페르시아의 다리우스 3세는 도주하였으나 신하인 베소스에게 죽음을 당하였다. 알렉산드로스는 계속하여 바빌론·수사·페르세폴리스·엑바타나 등의 여러 도시를 장악하는 데 성공하였다. 알렉산더 대왕은 여기서 마케도니아 군과 그리스군 중의 지원자만을 거느리고 다시 동쪽으로 원정하여 이란 고원을 정복한 뒤 인도의 인더스 강에 이르렀다. 그러나 군사 중에 열병이 퍼지고 장마가 계속되었으므로, 군대를 돌려 BC 324년에 페르세폴리스에 되돌아왔다. **BC 323년 바빌론에 돌아와 아라비아 원정을 준비하던 중, 33세의 젊은 나이로 갑자기 죽었다.** 알렉산더 대왕은 자기가 정복한 땅에 알렉산드리아라고 이름을 지은 도시를 70개나 건설하였다. 이 도시들은 그리스 문화를 동쪽으로 확산하는 거점이 되었고, 헬레니즘 문화의 형성에 큰 구실을 하였다. **알렉산더 대왕의 문화사적 업적은 유럽·아시아·아프리카에 걸친 대제국을 건설하여 그리스 문화와 오리엔트 문화를 융합시킨 새로운 헬레니즘 문화를 이룩한 데 있다.** 그가 죽은 뒤 대제국 영토는 마케도니아·시리아·이집트의 세 나라로 갈라졌다.

[업적]

알렉산드로스 3세 메가스는 고대 그리스 북부의 왕국 마케도니아의 아르게아다이 왕조 제26대 군주이다. 그리스 여러 도시 국가와 오리엔트 지방에 대한 공격적 팽창으로 패권을 잡아 마케도니아의 바실레우스(군왕), 코린토스 동맹의 헤게몬(패자), 페르시아의 샤한샤(왕중왕), 이집트의 파라오를 겸임하고 스스로를 퀴리오스 티스 아시아스(아시아의 군주)라고 칭하였다. 기원전 356년 펠라에서 태어난 알렉산드로스는 20세의 나이로 아버지 필리포스 2세를 계승해 바실레우스가 되었다. 알렉산드로스는 치세 기간 대부분을 서남아시아와 북아프리카 지역에 대한 미증유의 군사 정복 활동으로 보냈다. 30세가 되었을 때 그리스를 시작으로 남쪽으로는 이집트, 동쪽으로는 인도 북서부에까지 확장되었다. 그 이전까지 고대 서양에 전례가 없던 대제국을 건설했다.

알렉산더 대왕은 전투에서 패배한 적이 없고, 역사상 가장 성공적인 군사 지도자 중 하나로 평가되고 있다. 유년기의 알렉산드로스는 **16세가 될 때까지 철학자 아리스토텔레스에게 가르침을 받았다.** 기원전 336년 부왕 필리포스가 암살된 뒤 왕위를 계승한 알렉산드로스는 필리포스가 개척한 부강한 왕국과 숙련된 군대를 물려받았다. 아버지에 이어 코린토스 동맹의 패자로 추대된 알렉산드로스는 그 권위를 이용해 팽창 정책을 시작했다. 기원전 334년 알렉산더 대왕은 소아시아에서 군림하던 아케메네스 제국(페르시아 제1제국)을 침공하여 10년에 걸친 원정을 시작했다. **알렉산드로스는 이수스 전투와 가우가멜라 전투 등 몇 차례의 결정적 전투에서 페르시아군을 분쇄했고, 마침내 페르시아의 다리우스 3세를 죽음으로 몰아넣어 페르시아 제1제국을 멸망시켰다.** 이 시점에서 알렉산드로스의 마케도니아 제국의 강역은 아드리아 해에서 인더스 강에 이르렀다.

"세계의 끝"을 보겠다는 열망으로 알렉산드로스는 기원전 326년 인도를 침공했으나 병사들의 반발로 회군하였다. 바빌론을 제국의 수도로 삼기 위한 개발을 계속하던 와중이었던 기원전 323년, 알렉산드로스는 계획했던 아라비아 반도 원정을 시작하지 못한 채 바빌론에서 사망했다. 알렉산드로스의 제국은 알렉산더 대왕이 죽자마자 일련의 내전으로 산산이 조각났고, 조각난 각각의 지역은 알렉산드로스의 부하 장군들과 참모들이 알렉산드로스의 후계자를 자칭하면서 각각 왕을 칭하고 할거하였다. 이들을 디아도코이라 한다.

● 알렉산더 대왕의 명언

♣ 나는 미천하게 오래 사느니 차라리 영광스럽게 짧게 살고 싶다.
♣ 내가 아테네에서 명성을 떨치기 위해 겪었던 위험들이 얼마나 컸던가.
♣ 나는 너무나 많은 의사들의 진료로 인해 죽어가고 있다.
♣ 나는 나의 영토를 확장하고 통치하는 데에서 보다 지식에서 남들을 능가하고 싶다.
♣ 노력하는 자에게 불가능은 없다.
♣ 나는 아버지에게 생명을 빚졌다. 그러나 나의 선생에게는 잘 사는 것을 빚졌다.
♣ 하늘에 두개의 태양이 있을 수 없듯이 지구에 두 명의 주인이 있을 수 없다.

아리스토텔레스-Aristotle, 철학자, 고대 그리스 (BC 384년생)

★ 인류 역사인물 100명중 13위
★ 인류 역사인물 50명에 선정

[출생] 기원전 384년, 마케도니아 왕국 스타게이라
[사망] 기원전 322년 (62세), 에우보에아

[학파] 소요학파, 아리스토텔레스 철학
[연구 분야] 물리학, 형이상학, 시, 연극, 음악, 수사학, 정치학, 윤리학, 생물학, 동물학
[주요 업적] 황금률, 이성, 논리학, 열정

[생애]
아리스토텔레스는 마케도니아의 스타게이라에서 태어났다. 아리스토텔레스의 아버지는 마케도니아 왕의 의사였으며 어려서부터 자연 과학에 관심이 컸다. 17세에 아테네로 여행하여 플라톤이 건립한 아카데미에서 스승인 플라톤이 죽을 때까지 20년간 이곳에 머무르며 철학연구에 몰두했다. 플라톤이 사망하고 나서 소아시아로 옮겼다. 기원전 342년부터 기원전 340년까지 마케도니아의 왕자 알렉산드로스의 가정교사로 있었다. 아리스토텔레스가 준 《일리아스》는 대왕이 늘 좌우에 간직하는 서적이 되었다고 한다. 그러나 대왕의 정치사상에까지 큰 영향을 끼쳤다고는 생각되지 않는다. 기원전 335년 왕이 페르시아 원정길에 오르자, 리케이온에 학교를 세우고 제자들을 가르치며 12년간 강의와 연구에 종사했다. 오늘날 전해지는 방대한 학술서의 대부분은 이 시대의 강의 초고에 바탕을 둔 것이다. 아리스토텔레스는 녹음이 우거진 소요로를 거닐면서 강의하여 '소요 학파'라는 이름을 얻었다. 기원전 323년 알렉산더 대왕이 죽자, 아테네 시민들로부터 신을 모독한다는 이유로 고소당해, 신변에 위험을 느껴 고향인 칼키스로 가서 이듬해 죽었다. 아리스토텔레스는 알렉산드로스 대왕의 도움으로 리케이온 학교에 도서관을 만들어 많은 자료를 수집하였으며 세계 최초의 동물원도

만들었다.

신학자들은 아리스토텔레스의 책이 자기들의 생각과 일치하였으므로 학문의 기초로 삼았다. 이 밖에도 아리스토텔레스는 논리학의 기초를 세웠으며, 법률과 도덕도 연구하였다. **아리스토텔레스는 스승 플라톤이 관념론적 이상주의임에 대하여 경험론적 현실주의자로 지적**되고 있으며, 예술에 관해서도 플라톤과 다른 의견을 내세우고 있다. 예술을 일종의 '모방'으로 보는 점은 플라톤과 같으나, 플라톤이 '모방의 모방'으로 생각하여 이데아의 참된 인식을 흐려 놓는 것으로 인정한 데 비하여, 아리스토텔레스는 정신을 카타르시스(정화)시키는 것으로 보았다.

[업적]

아리스토텔레스는 고대 그리스의 철학자로, 플라톤의 제자이며, 알렉산더 대왕의 스승이다. 물리학, 형이상학, 시, 생물학, 동물학, 논리학, 수사학, 정치, 윤리학, 도덕 등 다양한 주제로 책을 저술하였다. 소크라테스, 플라톤과 함께 고대 그리스의 가장 영향력 있는 학자였으며, 그리스 철학이 현재의 서양 철학의 근본을 이루는 데에 이바지하였다. 아리스토텔레스의 글은 도덕과 미학, 논리와 과학, 정치와 형이상학을 포함하는 서양 철학의 포괄적인 체계를 처음으로 창조하였다. 자연과학에 대한 아리스토텔레스의 견해는 중세 학문에 깊은 영향을 주었고, 이러한 아리스토텔레스의 견해는 **뉴턴 물리학으로 패러다임을 전환하게 되는 르네상스 시대에 까지 영향을 끼쳤다.**

동물학 연구에서 아리스토텔레스의 관찰은 19세기까지 정설로 인정되었다. 아리스토텔레스의 글에는 가장 이른 시기에 이루어진 논리에 대한 형식 연구가 담겨 있으며, 이러한 아리스토텔레스의 연구는 19세기 후반에 형식 논리학으로 구체화 되었다. **형이상학에서 아리스토텔레스주의는 800년~1400년까지의 중세시대 유대와 이슬람 전통에서 나타난 철학적이고 신학적인 사상에 깊은 영향을 주었고, 기독교 신학에서는 특히 카톨릭 교회 전통의 스콜라 철학과 관련하여 계속해서 영향을 끼치고 있다. 아리스토텔레스의 윤리학은 여전히 영향력이** 있는데, 현대에 이르러 **덕 윤리학의 출현**과 더불어 새롭게 관심을 받고 있다. 아리스토텔레스 철학의 모든 측면은 오늘날에도 계속해서 활동적인 학문 연구의 대상이 되고 있다. 아리스토텔레스가 여러 편의 품위 있는 논문과 대화록을 저술했음에도(키케로는 그의 문체를 "황금이 흐르는 강"이라고 묘사), 오늘날 아리스토텔레스가 쓴 글의 대부분은 사라진 것으로 보이며, 원래 쓴 글의 3분의 1정도만 남아있다.

[논리학]

전 분석론의 편찬으로 아리스토텔레스는 형식논리학의 선구자적인 위치를 점하게 되었으며 아리스토텔레스가 창안한 개념은 19세기에 수리논리학 분야에서의 발전이 있기까지 **서양 논리학의 주된 흐름으로 자리 잡았다.** 칸트는 아리스토텔레스의 저서 순수이성비판에서 아리스토텔레스의 논리에 관한 이론이 연역 추론의 핵심적인 부분을 모두 설명하고 있다고 기술하였다.

[자연관]

아리스토텔레스의 스승인 플라톤과 같이, 아리스토텔레스의 철학은 보편성을 향해 있다. 하지만 아리스토텔레스는 아리스토텔레스의 스승 플라톤이 보편성은 특정한 것에서 멀리 떨어져 존재하며, 이와 같은 보편성은 그들의 원형(原型) 또는 전형으로써 주장하였던 것과 대조적으로 특정한 것에서 보편성을 발견하였고 그것을 사물들의 본질이라 칭하였다. 따라서 **아리스토텔레스에게 철학적인 방법이란 특정한 현상에 대한 연구로부터 본질에 관한 지식에 이르기까지의 과정을 포괄하며, 이는 플라톤의 이데아 또는 형상이라 불린 것에 관한 지식으로부터 이들과 유사한 형태로의 관상, 다시 말해 인식하는 양식에 이르기까지의 하향적인 과정을 취한 플라톤의 방법과 차이를 보인다.**

아리스토텔레스에게 있어 '형상'은 여전히 현상에 대한 무조건적인 기초를 가리키지만 이와 동시에 특정한 사물에 '구체화'되어 있다. 플라톤의 방법이 선험적인 원칙으로부터의 연역 추론에 기반 해서 있는 것이라면, 아리스토텔레스의 방법은 귀납적이면서 연역적이라 할 수 있다. **아리스토텔레스가 사용한 용어 중에 '자연 철학'이라는 말은 자연계의 현상을 탐구하는 철학의 한 부분이며, 이는 현대의 물리학, 생물학 등의 분야를 포괄한다.** 현대에 들어서 철학은 윤리학이라든지 논리가 주요한 부분을 차지하는 형이상학과 같은 보다 더 포괄적이고 모호한 분야에 한정되었다. **현대의 철학은 자연계에 관한 경험적인 연구를 과학적 방법이라는 용어를 활용하여 제외시키는 경향이 있는데** 반해 아리스토텔레스의 철학적인 활동 분야는 지적 탐구의 모든 분야를 넘나든다.

[4 원소설]

아리스토텔레스가 제시한 4 개의 원소는 다음과 같다:

뜨겁고 건조한 성질을 지닌 불

차갑고 건조한 성질을 지닌 흙

뜨겁고 습한 성질을 지닌 공기

차갑고 습한 성질을 지닌 물

[자연학]

운동하고 변화하는 감각적 사물의 원인 연구를 자연학이라 하는데, 아리스토텔레스는 여기에 4가지 원인을 들었다. **아리스토텔레스는 재료의 측면, 형상의 측면, 작용의 측면, 그리고 목적의 측면에서 그 원인을 답하였다. 질료인은 대상이 무엇으로 이루어져 있는지를 나타낸다.** 따라서 탁자에 대한 재료의 측면은 나무이며, 차에 대한 재료의 측면은 고무와 철이 되는 것이다. 행동을 나타내는 용어가 아니며, 어떤 특정한 것이 다른 것보다 우위에 위치하는 것 또한 아니다. 즉, 책상은 나무로 되어 있기 때문에 책상이 있는 것이다.

형상인은 그 대상이 무엇인지, 즉 정의, 형태, 특성이나 원형에 의해 결정되는 것들을 나타낸다. 기초적인 원리나 일반적인 법칙에 의거한 설명을 활용한다. 형상인은 인과관계의 필수적인 것만을 언급할 수 있을 뿐이다. 인간에 의해 만들어질, 물건이 존재하기 이전에 누군가가 가지는 청사진이 더 간단하고도 형식적인 원인이라 할 수 있다. 즉, 책상은 책상의 형상을 띄고 있기 때문에 있는 것이다.

작용인은 변화 또는 변화의 끝이 처음 시작되는 것에 관한 것이다. 무언가가 만들어지게 만드는 무언가와 무언가가 변화를 겪게 만드는 변화를 결정하며, 살아있는 것인지 아닌지를 결정함으로써 변화하는 것인지 그렇지 않은지에 대한 판단 근거로 작용한다. 인과 관계에 관한 현대적인 이해를 반영하며, 특정한 현상 또는 요인으로서의 근거에 관한 개념을 포괄한다. 즉, 책상은 어떤 목수가 이 책상을 만들었기 때문에 있는 것이다.

목적인은 사물이 있는 목적에 관한 것이며, 여기서 말하는 목적은 목적성을 띄거나 그렇지 않은 것 모두를 포함한다. **목적인은 대상이 원래 쓰이는 용도에 관한 것이다.** 즉, 책상은 위에 누워 잠을 자는 것이 아니라 위에 책을 놓고 책을 읽기 위해 있는 것이다. 이와 같은 개념은 또한 의지나 동기, 합리적인 것, 윤리적인 것과 같이 행동에 대한 목적을 부여하는 정신적인 원인에 관한 현대적인 개념을 포괄한다.

[광학]

동시대의 철학자들과 비교했을 때, 아리스토텔레스는 몇몇 광학에 관한 뛰어난 이론의 소유자였다. 기원전 350년에 쓰여진 아리스토텔레스의 저서 '난제들'에 초창기의 카메라에 해당하는 암상자에 관한 가장 오래된 설명이 담겨 있다.

[철학]

아리스토텔레스는 고대 그리스의 철학자이다. 학문 전반에 걸친 백과사전적 학자로서 과학 제 부문의 기초를 쌓고 논리학을 창건하기도 하였다. 트라키아의 스타게이로스에서 출생하여 플라톤의 학교에서 수학하고, 왕자 시절의 알렉산더 대왕의 교육을 담당하였다. B.C. 335년에 자신의 학교를 아테네 동부의 리케이온에 세웠는데, 이것이 페리파토스 학파(소요학파)의 기원이 된다. 아리스토텔레스는 플라톤의 비물체적인 이데아의 견해를 비판하고 독자적인 입장을 취하였지만, 플라톤의 관념론에서 완전히 벗어나지는 못하고 **관념론과 유물론사이에서 동요하였다.**

아리스토텔레스의 연구는 1)존재와 그 구성·원인·기원을 대상으로 하는 이론학, 이것에는 제1철학, 수학, 자연학이 포함되고, 2)인간의 활동을 대상으로 하는 실천학, 여기에는 윤리학, 경제학, 정치학이 포함되며, 3)창조성을 대상으로 하는 제작술, 여기에는 시 등 예술 활동이 포함된다. 제1철학은 후에 형이상학이라 불려지게 되는 것을 말한다. 학문 연구의 대상은 일반적인 것의 획득이고, 이 획득은 감각에 기초한 지각에 의해 개개 사물 가운데 있는 일반적인 것을 인식함으로써 성립하며, 감각적인 것을 통하지 않고는 체험될 수 없다고 보고 귀납을 인식의 조건으로 삼았다.

아리스토텔레스에 따르면 사물 생성의 조건이라는 의미에서의 원인으로 1)**질료: 생성의 수동적인 가능성, 2)형상: 질료에 내재하는 본질, 3)운동의 시원, 4)목적 등 네 가지를 들었다.** 이렇게 **일체의 존재는 질료와 형상의 결합이며, 가능성(질료)이 현실성(형상)으로 전화·발전하는 것으로 보았다.** 질료에는 수동성을, 형상에는 활동성을 부여함으로써 운동의 시원과 목적을 형상에 귀착시켰다. 여기에서, 운동의 시원으로서 **스스로는 움직이지 않으면서 다른 것을 움직이는 것, 즉 '움직이지 않는 최초의 움직이는 것'으로 신을 내세운다.** 아리스토텔레스는 플라톤과 같이 초월적인 이데아를 인정하는 관념론자는 아니지만 역시 위에서 볼 수 있듯이 관념론적 입장이 보인다. 그러나 아리스토텔레스가 자연을 논하는 경우에는 유물론적 색채가 농후하다. 아리스토텔레스의 논리학은 존재론, 인식론과 밀접한 관계가 있고, 인식은 단순히 실험의 검증을 최후의 근거로 삼는 것이 아니라, 감각에 의하지 않고 정신의 작용만으로도 진리가 추정된다고 하면서, 귀납뿐만 아니라 연역의 중요성도 주장하고 있다.

아리스토텔레스가 수립한 우주론은 코페르니쿠스가 지동설을 주장하기까지 오랜 세월을 지배하여 온 천동설이었다. 윤리학에서는 노예제 사회에서의 유한계층의 사고에 부합하여 관조를 정신 활동의 최고 형태라 하고, 그 모범을 가장 완전한 철학자, 자기 자신을 사고하는 사상으로서의 신에게서 찾았다. 사회학에 있어서는, 노예제를 자연에 기인한 것이라 주장하고, 국가 권력은 그 최고 형태를 권력의 이기적 행사가 아닌, 사회 전체에 도움을 주는 것에서 찾아야 한다고 주장하였다. **아리스토텔레스의 관념론과 유물론의 2면성은 후세의 철학 사상에 깊은 영향**을 끼쳤으며, 특히 **중세의 기독교는 아리스토텔레스의 관념론을 받아들여 신학 체계를 세우는 데 크게 이용**하였다. 그러나 동시에 그의 사상은 이러한 **관념론을 타파하는 유물론의 근거**가 되기도 하였다.

🦏 ● 아리스토텔레스의 명언

♣ 가난, 연애, 그 밖에 어떠한 괴로움을 피하기 위해 자살하는 것은
용감한 사람이 할 일이 아니라 겁쟁이가 하는 일이다.
왜냐하면, 고통을 피한다는 것은 게으름뱅이의 짓이기 때문이다.

♣ 가장 잘 통치할 수 있는 사람이 통치해야 한다.

♣ 겁쟁이는 용감한 사람을 가리켜 망나니라고 하고
망나니는 용감한 사람을 가리켜 겁쟁이라고 한다.

♣ 고결한 정신이 아름다운 것은 잇따른 가혹한 불운에서도
결코 그것을 괴롭다고 느끼지 않아서 생기는 것이 아니라,
그 사람의 마음이 높고 영웅적인 기개를 지녔기 때문에
침착하고 냉철하게 대처한 상황에서 더욱 돋보이며 빛나는 것이다.

♣ 고통 없이는 배울 수 없다.

♣ 광기(狂氣)를 조금도 갖지 않는 천재란 결코 없다.

♣ 교육의 뿌리는 쓰지만 그 열매는 달다.

♣ 국가는 다수의 민중으로 구성되며, 마치 손님 각자가 가지고 온 음식이
한 사람의 솜씨로 된 단순한 요리보다 더 뛰어난 진미를 내는 것처럼,
많은 경우 한 개인보다 많은 사람들이 함께 내리는 판단이 훨씬 더 뛰어나다.

♣ 군주정치가 타락하면 폭군정치,
귀족정치가 타락하면 과두정치,
민주정치가 타락하면 중우정치.

♣ 그릇이 큰 사람은 남에게 호의와 친절을 베풀어주는 것으로 자신의 기쁨으로 삼는다.
그리고 자신이 남에게 의지하고 남의 호의를 받은 것을 부끄럽게 생각한다.
즉 내가 남에게 베푸는 친절은 그만큼 자신이 그 사람보다 낫다는 얘기가 되지만,
남의 친절을 바라고 남의 호의를 받는 것은 그만큼 내가 그 사람보다 못하다는
의미가 되는 까닭이다.

♣ 한 핏줄인 형제끼리의 싸움만큼 끔찍한 것도 없다.

♣ 행복한가 그렇지 못한가는 결국 우리들 자신에게 달려있다.

♣ 현명한 자는 자기의 적에게서 많은 것을 배운다.

♣ 현인처럼 생각하고, 범인(凡人)처럼 말하라.

♣ 희망은 잠자고 있지 않는 인간의 꿈이다.

　인간의 꿈이 있는 한 이 세상은 도전해 볼만하다. 어떠한 일이 있더라도 꿈을 잃지 말자.

　꿈을 꾸자. 꿈은 희망을 버리지 않는 사람에게 선물로 주어진다.

♣ 희망이란 눈뜨고 있는 꿈이다.

♣ 덕은 아는 것만으로 충분하지 않다. 덕을 얻기 위해서는 자신을 선하게

　만들어줄 어떤 방도를 찾는 데 애쓰지 않으면 안 된다.

　행복한 생활은 덕에 의한 경우가 많다. 덕을 실천하는 사람, 덕을 생활 속에

　베푸는 사람, 그런 사람에게 행복이 따른다. 행복하고 싶거든 덕에 의한 생활을 하자.

♣ 덕은 중용을 지키는데 있다.

♣ 덕은 지(知)와 의지와 인내로 구성된다.

플라톤-Plato, 철학자, 고대 그리스 (BC 427년생)

★ 인류 역사인물 100명중 40위
★ 인류 역사인물 50명에 선정

[출생] 기원전 427년 고대 그리스 아테네
[사망] 기원전 347년 (80세)

[직업] 학자(철학)
[경력사항] 아테네 교외의 아카데미아에 학교를 열어 교육함

[생애]
플라톤은 아테나이의 명문 가정에서 태어났다. 젊었을 때 소크라테스에게 배우고 결정적인 영향을 받았는데, 플라톤의 저서는 모두 소크라테스가 주인공으로 된 변증론에 관한 대화편이어서 플라톤과 스승과의 학설을 구별하기 힘들다. **스승 소크라테스의 죽음에 큰 충격을 받은 플라톤은 정치가로서의 꿈을 버리고 정의를 가르치기로 결심하였다.** 이탈리아를 여행하여 키레네 학파로부터 이데아와 변증법의 기초를 얻고 피타고라스 학파에 접하며 실천적 정신과 실생활에의 흥미를 얻어 플라톤의 독자적인 사상을 반성하게 되었다. 그 사이 〈소크라테스의 변론〉, 〈크리톤〉, 〈라케스〉 등을 쓰고, 40세에 귀국하여 〈고르기아스〉, 〈대(大)히피아스〉, 〈소(小) 히피아스〉를 썼다.

플라톤은 자신의 **이상 국가를 실현**해 보고자 친구인 디온의 권고로 시켈리아의 참주 디오뉘시오스 1세의 초청에 응하였으나, 플라톤의 과두 정치를 비난함으로써 분노를 얻어 노예로 팔리기까지 하였다. 후에 플라톤의 저작을 본 퀴레네 사람 덕분에 구출되어 귀국한 뒤, 아카데메이아 학원을 건립하고 제자 양성에 전력하면서 저작에 몰두하였다. 〈향연〉, 〈파이돈〉, 〈국가〉, 〈파이드로스〉 등 **주요 저술**이 여기서 이루어졌고, 이 학원은 529년까지 계속되었다. 대학교의 초기 형태인 '아카데미'라는

말은 여기에서 비롯된다. 357년 디오니시오스 2세의 간청을 받자 망설이던 끝에 다시 시켈리아로 가서 이상 정치를 펴보려 하였으나, 실패하고 1년 만에 귀국하여 〈법률〉 등 몇 개의 저서를 더 쓴 뒤 81세에 세상을 떠났다.

[‘플라톤의 교육관’ 목적]
플라톤은 인간의 영혼이 육체와 결합된 충동적이며 감각적 욕망을 추구하는 정욕과, 육체와 결합되지 않으며 불사적인 순수한 이성으로 되어 있다고 하고, ‘이성’은 매우 순수한 것이지만 이 세계의 배후에 있는 완전 지선의 실체계인 이데아를 직관할 수 없으며 세상에 탄생하여 육체 속에 듦으로써 이데아를 잊고 있다. 이 잊었던 이데아를 동경하는 마음이 에로스이며, 현상을 보고 그 원형인 이데아를 ‘상기’하여(상기설), 인식하는 것이 진리라고 한다. 그리고 인간의 이성적 부분의 덕이 지혜이며, 정욕적 부분의 덕을 절제, 이성의 명령에 복종하여 정욕을 억압하는 기개의 덕을 용기라고 하는 것이다. ‘올바름(또는 ‘정의’)란 여러 덕이 알맞게 그 기능을 발휘할 때의 상태를 말한다.’ 플라톤은 이러한 덕론을 통하여 인간 개인의 윤리학을 논하였다. 그러나 정의의 실현은 개인의 덕을 달성하는 것으로 이루어지지 않는다고 하여 사회 전체의 윤리설을 주장하였다. 그것이 플라톤의 ‘국가’이다.

[플라톤의 교육방법]
플라톤은 국가를 개인의 확대로 생각하여 개인에 있어서의 정욕의 부분이 농·공·상업의 서민이며, 기개의 부분은 군인·관리, 이성의 부분은 통치자라고 하고, 이성은 당연히 선의 이데아를 인식하여야 하므로 “철학자가 왕이 되거나, 왕이 철학을 해야 한다.”고 하는 유명한 철인 정치론을 전개했다. 이러한 통치자의 교육 제도와 방법에서 플라톤의 교육학을 엿볼 수 있다.

[귀족주의]
철인 정치론을 전개한 플라톤은 기본적으로 귀족정을 옹호한다. 일반적으로 귀족정은 평등사회가 아닌 신분사회를 옹호하는 데, 플라톤 또한 신분사회를 옹호한다. 그러나 플라톤이 말하는 귀족정의 궁극적인 목적과 그 실현 양태는 일반적인 귀족정과는 다른 것이었다. 플라톤이 말하는 귀족정에서의 왕은 ‘노블레스 오블리주’와 같은 높은 신분으로써의 도덕적 의무를 중시해야 하는 데, 그 실현은 한 가지 예를 들면 왕의 사유재산의 형태로 나타난다. 플라톤은 왕의 사유재산은 오직 공익을 위해서만 쓰여야한다(공유해야 한다)고 했다. 그렇다고 그 밑의 귀족들까지도 사유재산을 공유하자는 것이 아니라, 가장 높은 신분의 상징인 왕이라면 그만큼의 도덕적 의무를 실천해야함을 이야기하는 것이다. 뿐만 아니라 그의 ‘4주덕’에서는 조화라는 것을 엿볼 수 있는 데, 4주덕에 맞는 각각의 신분이 각자 맡은 일만을 해야 하며 그것이 조화를 이루어야 한다는 것이다. 서로 다른 일을 한다거나 서민이 전쟁을 한다는 것과 같은 용기를 보이는 것은 플라톤의 관점에선 사회적 부조화를 야기한다는 것이다.

[저작]
35편의 대화편과 13편의 서간은 전통적으로 플라톤의 것으로 여겨졌으나 현대 학자들은 최소한 일부

저작에 대해서는 진위 여부를 의심하고 있다. 플라톤의 저작은 여러 방식으로 간행된 바 있는데, 그에 따라 플라톤의 글을 명명하고 배열하는 방식도 여러 가지가 되었다. 플라톤의 글을 분류하는 일반적인 방식은 16세기 앙리 에티엔(헨리쿠스 스테파누스)의 플라톤 판본에서 비롯되었다. 또 플라톤의 글을 배열하는 방식으로 4부극에 따르는 전통이 있었는데, 디오게네스 라에르티오스는 이 방식이 고대의 학자이자 티베리우스 황제의 궁정 점성가였던 트라쉬불로스의 것이라고 여겼다.

아래 플라톤의 저작 목록에서 학자간에 플라톤이 쓴 글인지 합의가 되어 있지 않은 책은 (1) 표시를, 그리고 일반적으로 플라톤의 저작이 아닌 것으로 여겨지는 책은 (2) 표시를 달았다. 표시가 없는 저작은 플라톤이 쓴 것으로 여겨진다. I. 에우튀프론, 소크라테스의 변론, 크리톤, 파이돈 II. 크라튈로스, 테아이테토스, 소피스트, 정치가 III. 파르메니데스, 필레보스, 향연, 파이드로스 IV. 알키비아데스 1 (1), 알키비아데스 2 (2), 히파르코스 (2), 에라스타이 (2) V. 테아게스 (2), 카르미데스, 라케스, 뤼시스 VI. 에우튀데모스, 프로타고라스, 고르기아스, 메논 VII. 대 히피아스 (1), 소 히피아스, 이온, 메넥세노스 VIII. 클레이토폰 (1), 국가, 티마이오스, 크리티아스 IX. 미노스 (2), 법률, 에피노미스 (2), 편지들 (1) 그 밖에 저작은 플라톤의 이름을 빌었으나 상당수는 고대에 이미 위작으로 여겨졌으며, 트라쉴로스는 자신의 4부극식 저작 배열에서 이런 류를 넣지 않았다. 아래 작품은 "위작" 또는 "위서"라 불린다. 악시오코스 (2), 정의 (2), 데모도코스, 시, 에뤽시아스 (2), 할퀴온 (2), 올바름에 대하여 (2), 덕에 대하여 (2), 시쉬포스 (2)

[관념론 철학]

플라톤은 고대 그리스의 철학자이다. **객관적 관념론의 창시자**이며, 소크라테스의 제자였으며, 귀족 출신이었다. 40세경 아테네 교외의 **아카데미아에 학교를 열어 교육**에 임하였으며, 또한 많은 저작(30권이 넘는 대화편)을 썼다. 플라톤의 철학은 피타고라스, 파르메니데스, 헤라클레이토스 등의 영향을 받았으며, 그 당시의 유물론자 데모크리토스의 사상과 대립하였다. **플라톤은 유명한 이데아설을 제창, 이데아(혹은 형상)는 비물질적, 영원, 초세계적인 절대적 참 실재이며 이에 대하여 물질적, 감각적인 존재는 잠정적, 상대적이고, 이 감각에 호소하는 경험적인 사물의 세계는 이데아의 그림자, 모상(模相)이라는 이원론적 세계관을 내세웠다.**

세계의 중심을 이루는 것은 세계영혼이며, 인간의 영혼은 세계영혼이 주재하는 이데아계에 있던 것으로 이 영혼은 불멸이며 이데아를 상기하는 것에서 진정한 인식이 얻어진다고 하였다. 감각적 지식은 단순한 '억견'에 지나지 않고 영혼에 의한 지적 직관으로써 상기되는 것이 참 지식으로, 이들 양자 사이에는 합리적 지식인 수학적 대상의 지식이 있다. 이때 그는 개념적 인식에 대하여 변증법을 말하고 있다. 그것은 점차 일반적인 개념으로 전진하여, 가장 일반적인 것에 이르는 과정과, 이 발전적 개념으로부터 점차 일반성의 낮은 단계로 하향하는 2개의 과정을 취한다고 하였다. 이리하여 **인간에게는 육체에 임시로 머물고 있는 영혼에 의해 이데아계를 인식하는 곳에 인간의 최고의 기쁨**이 있으며, 철학자는 현실 세계를 이 이상에 근접시키는 역할을 한다. 플라톤은 아테네 귀족의 대표로서 이상적 귀족국가의 구상을 내놓고 철학자에 의한 지배를 제창하여 이 지배자 아래에 군인이 있고 그 아래에 상인이 있는 계층을 생각하였다. 이것은 **플라톤이 영혼에는 이성적, 의기적, 욕정적인 것이 있다고 한 것에 대응한다. 플라톤의 철학은 그 후 계속 관념론 철학에 강력한 여운**을 남기고 있다.

[누가 다스려야 하는가?]

『국가』로부터 시작되었던 '누가 다스려야 하는가?'에 대한 플라톤의 정치 철학적 여정이 『법률』로 막을 내린다. 표면적으로 볼 때는 이상주의적인 『국가』로부터 현실주의적인 『정치가』와 『법률』로의 변화다. 그러나 아테네 민주정의 몰락 이후, 플라톤이 당면했던 현실 정치의 문제를 '올바름'에 대한 성찰로 극복하려는 의지는 꺾이지 않았다. 이러한 의지가 없었다면, 플라톤 이후 수많은 사상가들이 플라톤의 정치 철학에 대한 끝없는 찬사와 지속적인 비판을 보내지 않았을 것이다.

[혁명적 철학자의 탄생]

플라톤은 기원전 427년 아테네 명문가문에서 태어났다. 플라톤의 아버지 아리스톤은 아테네 마지막 왕으로 알려진 코드로스의 후손이고, 어머니 페릭티오네는 아테네 민주정의 윤곽을 잡은 솔론의 자손이다. 어머니가 아테네 정치가이자 페리클레스의 친구인 피릴람페스와 재혼했기에, 펠로폰네소스 전쟁 과정 속에서 아테네가 당면했던 많은 정치적 문제들을 가까이에서 보고 배울 기회도 있었을 것이다. 한마디로 **플라톤은 아테네 정치의 세밀한 부분까지 살펴볼 수 있는 집안 환경에서 자랐고, 그래서인지 플라톤은 어려서부터 공직에 참여하려는 강한 의욕을 갖고 있었다.**

그러나 펠로폰네소스 전쟁이후 정치적 격변들을 지켜보면서, **플라톤은 정치가의 꿈을 접었다.** 첫 번째 계기는 기원전 404년에 일어난 과두 혁명이었다. 외당숙인 크리티아스가 가담한 '30인 정권'은 **너무나 무능력했고,** 플라톤은 얼마 안가서 이전의 형편없었던 민주파의 통치가 오히려 '황금기'였다는 생각을 갖게 되었다. 두 번째 계기는 **소크라테스의 죽음**이었다. 플라톤은 기원전 403년에 복원된 민주 정체에 적지 않은 기대를 했다. 정치적 보복을 삼가고 공정하게 국정을 운영하려 했기 때문이다. 그러나 기원전 399년 소크라테스를 사형으로 몰아 간 선동가들의 지배욕과 인민들의 무분별이 플라톤의 생각을 바꾸어 놓았다. 이때 **플라톤은 '철학'이라는 인생의 새로운 좌표를 세웠다.**

[플라톤의 아카데미]

새로운 길을 찾아 나선 이후, 플라톤의 행적은 거의 알려져 있지 않다. 남이탈리아 타라스의 정치가이자 수학자인 아르키테스와 함께 시라쿠사의 참주 디오니시오스 1세를 방문한 것 외에, 40세까지 특기할만한 사건이 없다. 단지 소크라테스의 행적이 주로 담긴 초기 대화편들을 집필했을 것이라는 추측만 있을 뿐이다. 반면 40세 이후의 행적은 비교적 잘 알려져 있다. 특히 기원전 385년 경, 플라톤이 시라쿠사에서 돌아오자마자 아카데미아를 설립했다는 것이 큰 의미를 갖는다. 왜냐하면 이 사건은 플라톤이 또 다른 의미에서 정치 활동을 시작했다는 사실을 우리에게 일러주기 때문이다.

어쩌면 플라톤이 '혁명적' 철학자였다는 말이 생소하게 들릴지도 모른다. 그러나 당시로서는 '좋은 삶'에 대한 이야기를 '정치'와 연관시킨다는 것 자체가 상식에 대한 도전이었다. 그 누구도 '올바름'에 대해 진지하게 고민하지 않을 때, 그리고 '정치'는 권력을 얻기 위한 수단일 뿐이라는 인식이 팽배할 때, **'올바른' 철학자의 양성을 통해 '좋은 정치'를 만들어내겠다는 생각은 '혁명적'일 수밖에 없었다.** 정치적 권위가 다수의 동의만으로는 형성되지 않는다는 주장이 보수적으로 보일 수는 있다. 그럼에도 불구하고, 통치의 기술과 다수의 지지만으로 사악한 권력을 정당화하려는 아테네 몰락기의 정치인들에게, 플라톤의 정치철학이 '혁명적'으로 느껴졌을 것이라는 점을 누구도 부인할 수는 없을 것이다.

[『국가』 1권: 정치와 철학의 만남]

『국가』(BC 375년)는 '누가 다스려야 하는가?'와 관련된 플라톤의 주요 저작들 중 가장 널리 알려진 책이다. 초기 플라톤의 저술에서 발견되는 소크라테스적 대화와는 달리, '알 수 없음'에 대한 자각에 그치기보다 '올바름' 또는 '정의'에 대한 구체적인 내용을 전달하려는 느낌을 강하게 주는 책이다. 그러기에 소크라테스와 플라톤을 구별하려는 입장에서, 『국가』는 플라톤이 소크라테스로부터 벗어나 자기만의 정치철학을 담기 시작했을 무렵의 대표적인 저술로 이해된다.

그러나 『국가』가 초기 저작들과 완전히 구분된 서술양식을 갖고 있다고 볼 수 없다는 의견도 만만치 않다. 특히 대화가 발생한 저술 속의 맥락을 중시하는 입장에서는, 초기 대화편에서도 특정 주제에 대한 소크라테스의 확신이 드러났다며 서술양식을 근거로 삼는 것에 반대한다. 어떤 입장에 서든지, 초기 저술의 서술양식을 보여주는 『국가』 1권은 매우 중요하다. 한편으로는 이전 대화편과의 연속성을 보여준 의도가 무엇인지 논의될 수밖에 없고, 다른 한편으로는 책의 서문 역할을 하기에 어떤 내용을 다루는지가 토론될 수밖에 없기 때문이다. 특히 첫 문장이 주목을 끄는데, 소크라테스가 "글라우콘과 함께 피레우스로 내려갔었다."고 말하는 것이다. 이때 '내려가다.'라는 단어는 『오디세이』에 자주 사용된 표현으로, 신이 삶의 세계로 내려오는 모습을 지칭한다. 즉 플라톤은 '철학' 또는 '추상의 세계'로부터 '정치' 또는 '삶의 세계'로의 여정을 시작한 소크라테스를 부각시킨 것이다. 따라서 철학자 소크라테스가 왜 현실의 세계를 가장 적나라하게 보여주는 '시장'으로 발길을 옮겼는가라는 질문이 자연스럽게 생기는 것이다. 이런 맥락에서 볼 때, 『국가』 1권은 '정치'와 '철학'의 오랜 긴장을 내포하고 있다. 케팔로스와의 대화도 마찬가지다. 비록 '돈'과 '늙음'을 다루지만, 문제는 '올바름이란 빌린 것을 돌려주는 것'이라는 케팔로스의 주장에 대한 소크라테스의 질문에 그치지 않는다. '돈'이든 '늙음'이든, 인간의 '영혼'이외의 것들로 '올바름'을 규정하려는 태도에 대한 부정을 담고 있다. 그러기에 케팔로스의 재산도 몇 년 뒤에 벌어진 아테네의 정치격변으로부터 그를 지켜주지 못했다는 사실을 간과할 수 없다. 소크라테스가 케팔로스의 아들에게 억지로 이끌려 '올바름'에 대한 대화에 참여했듯이, 물질적 풍요와 다수의 동의로 유지되는 민주주의 사회도 철학의 도움이 없이는 '올바름'을 향유할 수 없다는 자각이 생기는 것이다. 보다 본격적인 정치와 철학의 긴장은 트라시마코스와의 대화에서 드러난다. 사실 "올바름이란 더 강한 사람의 이익"이라는 트라시마코스의 말에 담긴 정치적 태도는 우리의 삶 속에서도 발견된다.

왜냐하면 '법이란 결국 정치권력에 의해 만들어지는 명령'일 뿐이라는 법(法)실증주의적 관점이 팽배하기 때문이다. 트라시마코스의 생각을 쉽게 풀자면, '올바름'은 법에 의해 강제되어야 가능한 것이고, 동일한 맥락에서 '올바름'이란 법을 제정하는 '더 강한 사람'의 이득이 반영된 것에 불과하다는 견해인 것이다. 그래서인지 소크라테스의 반박은 단순히 '올바름이란 지배자에 대한 복종'이 아니라는 도덕적 충고에 그치지 않는다. '통치'란 본질적으로 '자기 이익'이 아니라 '다른 사람의 좋은 것'을 위한 행위라고 설득한다. 즉 플라톤의 소크라테스는 후자를 위한 통치만이 정치와 철학의 긴장을 해소할 수 있으리라 본 것이다.

[『국가』: 올바른 정체와 진정한 철학자]

『국가』 2권에서 4권까지 플라톤의 형제들은 소크라테스의 '올바름'이란 그 자체로도 결과적으로도 좋아야한다는 주장에 맞선다. 사람들은 결과에 집착한다는 점을 지적하면서, 소크라테스에게 '결과'와는 무관하게 '올바름'을 추구해야하는지를 설명하라고 다그치는 것이다. 이미 플라톤은 소크라테스가 시장으로 내려온 목적은 정치적 야망에 사로잡힌 젊은이들이 **'올바른 정치'에 대해 고민하도록 유도하는 것**이라고 말한 터였다. 그러기에 플라톤은 소크라테스에게 **'이상적인 정치체제'**에서 올바름이 어떻게 구현되는지를 보여줌으로써 개개인이 올바름을 추구하는 것이 바람직하다는 것을 설득하도록 기술한다. 이렇게 기술된 '이상적인 정치체제'의 모습은 플라톤의 시대뿐만 아니라 오늘날의 우리에게도 충격적이다.

사실 플라톤은 소크라테스에게 실제로 존재하는 사회로부터 완전히 동떨어진 **'이상적인 정치체제'**를 이야기하도록 만들었다. 당시에 존재했던 정치체제와는 완전히 다른 새로운 성격의 정체를 설명함으로써, 민주제든 과두제든 기존 정치체제에 대한 거부감을 뚜렷하게 드러낸 것이다. 한편 이런 태도는 이상적인 제도의 청사진을 갖고 사회를 총체적으로 바꾸려는 입장을 혐오하는 현대인들에게 강한 거부감을 불러일으킨다. 왜냐하면 점진적으로 사회적 문제를 개선해가는 방식을 채택하기보다, **올바르게 교육받은 사람들이 없이는 좋은 정체가 만들어질 수 없다는 전제에서 보다 총제적인 개혁을 의도했기 때문이다.**

그러나 플라톤의 '이상적인 정치체제'에 대한 지나친 우려는 플라톤이 지향한 '교육'에 대한 몰이해에서 비롯된다. 그 플라톤 교육은 공동체의 구성원들이 각기 정해진 역할을 수행하기에 적합한 지식을 주입시키는 것이 아니다. 영혼을 '이성', '기개', '욕구'로 나누지만, 공동체에서 개개인의 성향은 추구하는 바의 상대적 강도에 따라 결정될 뿐이다. 또한 **플라톤이 말하는 교육의 궁극적인 목적은 개개인이 추구하는 바를 올바르게 통제해서 '진정한' 행복을 추구하도록 유도하는 것이다.** 따라서 추구하는 바의 정도에 따라 각기 다른 역할을 부여받지만, 플라톤의 '이상적인 정체'가 태생적으로 결정되거나 고정 불변한 사회적 지위를 정당화하는 것이라고 보기는 힘들다. 물론 **'이상적인 정치체제'**에서 통치는 지혜를 추구하는 철학자에게 맡겨진다. **'욕구'**를 따르는 사람들이 **'돈'**을 벌고, **'기개'**를 통해 **'명예'**를 취하려는 집단들이 공동체를 지키며, **'진정한' 철학자가 다스려야 한다.**

그러나 철학자들이 통치해야 하는 이유는 단지 그들만이 무엇이 그 자체로 좋은지를 알기 때문만은 아니다. **플라톤은 철인왕의 통치만이 구성원 각자가 영혼의 조화를 이룰 수 있는 환경을 제공할 것이라는 믿는다.** 이들의 통치만이 공동체 구성원들이 법의 강제가 없이도 조화롭게 살아가는 성향을 갖게 만들고, 이들의 통치가 다른 성향을 가진 집단의 통치가 당면하는 문제점들을 해결해 줄 수 있을 것이라고 강조한다. 그러기에 그는 철학자들이 정치적 활동에 종사하도록 강제되어야 한다고까지 말하는 것이다.

[『정치가』: 정치적 기술과 유능한 운영자]

두 번째로 살펴볼 저작은 『정치가』이다. 이 저작은 제목부터가 흥미를 끈다. 당시 '정치가'를 지칭하는 단어는 크게 두 가지가 사용되었다. 하나는 플라톤과 아리스토텔레스가 즐겨 쓰던 '정치가'라는 말이고, 다른 하나는 아테네 민주정의 발전과 함께 널리 통용되던 '정치가'란 말이다. 비록 둘 모두 '정치가'로 번역될 수 있지만, 전자와 후자는 매우 다른 의미를 갖고 있다. 전자는 '통치'에 필요한 지식을 가지고 공동체 전체를 위해 헌신해야 할 위치에 있는 개인 또는 집단을 지칭한다면, 후자는 민회나 법정에서 대중을 설득함으로써 자기의 생각을 관철시키려는 개인 또는 집단에게 붙여졌던 이름이다. 따라서 플라톤이 『정치가』의 제목으로 전자를 사용했다는 것은 후자가 '조언자'와 같은 긍정적인 의미로 더 이상 사용되지 않던 아테네 민주정의 몰락기와 무관하지 않다.

또 하나 눈여겨 볼 것은 『정치가』가 집필된 시기다. 이 저작은 기원전 367년과 기원전 360년 사이에 집필된 것으로 알려져 있다. 즉 이 기간은 플라톤이 디온의 초청으로 시라쿠사를 방문한 기원전 367년 이후, 또는 디오니시오스 2세의 요청으로 시라쿠사를 다시 방문했던 기원전 364년 이후에 『정치가』가 집필되었다는 것을 말해 준다. 앞의 시기의 정치적 실험도 실패로 끝났지만, 기원전 364년의 마지막 방문은 정말 치욕스러운 결과를 안겨주었다. 타라스의 아르키테스의 도움이 없었다면, 감금 상태조차 벗어나지 못했을 정도였던 것이다. 그래서인지 **많은 학자들은 『정치가』가 '참주'를 '철인 왕'으로 바꾸려던 기획이 실패한 이후의 플라톤의 생각을 담고 있다고 본다. 사실 플라톤은 『정치가』에서 '누가 다스려야 하는가?'라는 질문에 새로운 해답을 제시하고 있다.** 『국가』에서는 '진정한 철학자'였다면, 『정치가』에서는 책의 제목이 암시하듯 플라톤의 대답은 '정치가'이다.

특이한 것은 『국가』에서 상술된 '철인 왕' 교육에 대한 특별한 언급이 없다는 것이다. 그렇다고 통치자를 무리의 우두머리로 받아들였던 그리스 사회의 전통적 견해도 발견되지 않는다. 대신 플라톤은 **통치를 일종의 '기술'로, 그리고 정치가를 씨실과 날실을 엮는 '베를 짜는 사람', 즉 공동체 구성원의 상이한 정치적 이해를 조정하는 사람이라는 새로운 정의를 내린다.** 『국가』와 비교할 때, 『정치가』에 나타난 플라톤의 태도는 크게 두 가지 측면에서 우리의 주의를 끈다. 첫째는 '정치적 지식'과 관련된 논의다. 『국가』에서 통치를 위한 지식은 정치적 활동을 초월한 것으로 규정된다. 반면 『정치가』에서 '정치적 지식'은 상황과 밀접하게 관련됨으로써 '통치에 필요한 기술'처럼 취급된다. 게다가 '정치적 지식'을 의사가 환자를 다룰 때 필요한 지식과 동일한 것처럼 말하고, 정치가들 중에도 의사들 사이에서처럼 더 숙련된 전문가가 있다고 언급하는 것이다. 물론 '지성'과의 결합을 강조함으로써 '정치가'의 도덕적 품성을 강조하려는 서술도 있다.

그러나 『국가』에서 보여주었던 '정치적 지식'의 초월적이고 절대적인 특성이 『정치가』에서는 상당히 완화되었음을 부인하기는 힘들다. 둘째는 철학자의 정치 참여와 관련된 논의다. 『정치가』에서는 철학자가 정치에 참여하도록 강제해야 한다는 말이 없다. 『국가』와는 시작하는 질문부터가 다르다. **『국가』가 '올바름'이 무엇인가에 대한 질문으로 시작했다면, 『정치가』는 무엇이 '정치적 기술'인가로 시작한다.** 그리고 철학자가 정치를 해야 한다는 당위도, 철학자가 정치에 참여하기를 꺼린다는 걱정도 없다. 정치가가 통치에 최선을 다해야한다는 이야기는 있지만, 정치적으로 탁월한 사람이 혹시 가지고 있을 도덕적 결함에 대해서는 침묵한다. 철학자가 정치에 참여해야할 필연성이 줄어든 만큼, '정치'와 '철학'의 긴장도 그만큼 약화된 것이다.

[『법률』: 법의 지배와 최선의 정체]

『국가』와 『정치가』의 차이에서 볼 때, **플라톤의 가장 긴 저술이자 최후의 저작으로 알려진 『법률』(BC 360년)이 갖는 의미는 적지 않다.** 무엇보다 『국가』에서 논의되었던 '이상적인 정체'를 어떻게 실현하느냐는 질문이 다시 등장한다는 점, 그리고 법을 제정함에 있어서만큼은 철학자들의 역할이 필수적인 것처럼 서술된다는 점이 주목을 끈다. 한편으로 『정치가』보다 『국가』에 더 가까운 입장을 보인다는 측면에서는 이상주의로의 회귀처럼 보이고, 다른 한편으로는 '입법'이 정치 공동체의 정치적 덕성과 도덕적 수준을 유지하는 주요한 수단으로 부각됨으로써 『국가』의 '이상적인 정치체제'와는 다른 '최선의 정체'를 이야기하는 것처럼 보이기 때문이다. 일종의 이상주의와 현실주의의 흥미로운 타협이 이루어진 것처럼 보이는 것이다.

그러나 『법률』에서 제시된 이상과 현실의 조합을 '인치'로부터 '법치'로의 전환, 또는 '최선'이 아니면 '차선'이라는 식으로 단순화하려는 견해에 대해서는 이견이 있을 수밖에 없다. 왜냐하면 『법률』의 '최선의 정치체제'도 이상적인 정치 체제의 하나이기 때문이다. 다만 인간인 이상 철학자들도 죽게 되고, 그들을 이어 통치할 사람들이 그들과 같지 않을 수 있다는 자각이 전제되었다는 점이 다를 뿐이다. '공유'와 같은 극단적인 제도가 오직 '신이나 신의 자녀들'에게만 가능한 것이라는 문제의식에서 '사유'로 대체되는 것도, 철인 왕이 될 사람도 그가 권력을 잡는 경우도 드물다는 지적도, **계속적인 철인 왕의 출현을 기대할 수 없다면 법의 지배를 통해서라도 최선의 정체를 실현하겠다는 전제에서 비롯된 것이다.**

이런 맥락에서 볼 때, 『법률』에서 플라톤이 아테네 이방인의 입을 통해 전달하는 '명예를 중시하는 정치체제'를 '이상적인 정치 체제'로 전환시키는 것과 관련된 이야기들은 매우 흥미롭다. 우선 '명예를 중시하는 정치체제'가 부각되었다는 점에서 볼 때, 플라톤이 '절제'보다 '기개'를 중시하는 집단이 통치하는 현실을 염두에 두었다고 볼 수 있다. 철학자가 아니라 정치가가 정치체제 변동에서 더 중요한 역할을 수행하는 것처럼 기술한 것도 동일한 이유에서다. 또한 이상적인 도시로 제시된 마그네시아가 군주정적 요소와 민주정적 요소를 혼합한 형태라는 점도 유의할 필요가 있다. 인민의 동의를 통해 능력이 있는 통치자를 선출하는 현대적 의미의 '선거'에 내재된 정치적 원칙이 모습을 드러낸 것이다. **『법률』을 통해 『국가』로부터 시작되었던 '누가 다스려야 하는가?'에 대한 플라톤의 정치 철학적 여정은 막을 내렸다.** 표면적으로 볼 때는 이상주의적인 『국가』로부터 현실주의적인 『정치가』와 『법률』로의 변화다.

그러나 아테네 민주정의 몰락 이후, 플라톤이 당면했던 현실 정치의 문제를 '올바름'에 대한 성찰로 극복하려는 의지는 꺾이지 않았다. '자유'의 과잉으로 민주정이 몰락의 길을 걷게 된다는 지적도, '기개'를 중시하는 집단의 정치적 역할이 중요할 수밖에 없다는 자각도, 법의 지배를 통해서라도 '최선의 정체'의 실현하려던 노력도, 이러한 의지의 표현이었던 것이다. 이러한 의지가 없었다면, **플라톤 이후 수많은 사상가들이 플라톤의 정치 철학에 대한 끝없는 찬사와 지속적인 비판**을 보내지 않았을 것이다.

[업적]

플라톤은 서양의 다양한 학문에 영향력을 가진 **그리스의 철학자이며 사상가**였다. 플라톤은 **소크라테스의 제자이었으며, 아리스토텔레스의 스승**이었고, 현대 대학의 원형이라고 할 수 있는 세계 최초의 고등 교육 기관인 아카데미아를 아테네에 세운 장본인이기도 하다. 따라서 일각에서는 그의 실제 이름은 '아리스토클레스'였을 것으로 여겨진다. 플라톤은 아카데미아에서 폭넓은 주제를 강의하였으며, 특히 **정치학, 윤리학, 형이상학, 인식론 등 많은 철학적 논점들에 대해 저술**하였다. 플라톤의 저술 중 가장 중요한 것은 플라톤의 대화편이다. 비록 일부 편지들은 단지 플라톤의 이름을 붙여서 내려오고 있기는 하지만, 플라톤에 의한 진짜 대화편은 모두 온전하게 전해진 것으로 여겨진다. 그러나 현재 학자들의 합의에 따라, 그리스인들이 플라톤의 것으로 생각하는 '알키비아데스 I'과 '클레이토폰' 등과 같은 대화편들은 의심스럽거나 또는 '데모도코스'와 '알키비 아데스 II' 등과 같은 대화편들은 대개는 위조된 것으로 여겨진다. 편지들은 대개 거의 모두 위조된 것으로 여겨지며, 일곱 번째 편지만이 예외로서 위조되지 않았을 가능성이 있다. 소크라테스는 플라톤의 대화편에 자주 등장하는 주요 등장인물이었다. 이는 플라톤의 대화편에 있는 내용과 주장 중 어디까지가 소크라테스의 견해이고, 어디까지가 플라톤의 견해인지에 대한 많은 논쟁을 불러왔다. 왜냐하면 소크라테스는 어떠한 것도 글로서 남기지 않았기 때문이다. 이 문제를 종종 "소크라테스의 문제"이라 부른다. 그러나 플라톤이 소크라테스의 가르침으로부터 많은 영향을 받았다는 것은 확실하다. 따라서 플라톤의 많은 아이디어들, 적어도 플라톤의 초기 연구들은 아마도 소크라테스의 것을 빌려오거나 발전시켰을 것이다. 플라톤이 이성 우위의 전통을 가진 서양 철학에 미친 영향은 더할 수 없이 크다. **영국의 철학자인 화이트헤드는 "서양의 2,000년 철학은 모두 플라톤의 각주에 불과하다."라고 말했으**며, 시인 에머슨은 **"철학은 플라톤이고, 플라톤은 철학"**이라 평하였다.

🦏 ● 플라톤 명언

♣ 겉모습이란 속임수이다.
♣ 국가란 인간이나 다름없다. 왜냐하면 국가도 인간처럼 가지각색의 성격으로 형성되어 있기 때문이다.
♣ 남에게 어떠한 행동을 하였느냐에 따라 그 사람의 행복도 결정된다.
　남에게 행복을 주려고 하였다면 그만큼 자신에게도 행복이 온다.
　자녀가 맛있는 것을 먹는 것을 보고 어머니는 행복을 느낀다. 자기 자식이 좋아하는 모습은
　어머니의 기쁨이기도 하다. 그리고 이 이치는 부모나 자식 사이에만 적용되는 것이 아니다.
♣ 남을 행복하게 할 수 있는 사람만이 또한 행복을 얻는다.
♣ 남의 말을 열심히 듣는 사람은 말하는 사람 입장에서는 진실한 벗과 같다.
♣ 성한 곳은 놔두고 상처 부위만 노리는 파리 떼처럼,
　악한 사람은 다른 사람의 장점은 무시한 채 단점만 찾으려고 혈안이 된다.
♣ 너희의 비애가 아무리 크더라도 세상의 동정을 받지 마라.
　왜냐하면, 동정 속에 경멸의 생각이 들어 있기 때문이다.
♣ 덕은 건강이다. 덕은 아름다움이다. 덕은 영혼의 좋은 존재 양식이다.
　거기에 반해서 악덕은 병이다. 악덕은 추함이다. 악덕은 영혼의 나쁜 존재 양식이다.
♣ 돈을 벌고자 한다면 돈을 쓰지 않으면 안 된다.
♣ 돈을 하(下), 힘을 중(中), 지식을 상(上)으로 삼을 것.
♣ 마음을 행복하게 할 수 있는 자만이 행복을 얻는다.
♣ 마음이 현실을 만들어 낸다. 우리는 마음을 바꿈으로써 현실을 바꿀 수 있다.
♣ 부와 빈곤; 부는 사치와 나태의 부모이고, 빈곤은 인색과 악습의 부모이다.
　결국 그것은 둘 다 불만의 어버이다.
♣ 사람은 불의의 제물이 되는 것이 두려워서 그것을 비난하는 것이지
　불의를 저지르기 싫어서가 아니다.

♣ 사람은 사랑할 때 누구나 시인이 된다.

♣ 사랑이라는 것은 선한 것을 언제까지나 갖고 싶어 하는 마음이다.

♣ 소년을 엄격과 폭력으로 가르치려 하지 말라. 그의 흥미를 허용하여 지도하라.
　그렇게 하면 자기의 능력이 어디로 향하고 있는가 소년 자신이 찾게 된다.

♣ 시인들은 자신들도 이해하지 못하는 위대하고 지혜로운 말들을 지껄인다.

♣ 시작은 그 일의 가장 중요한 부분이다.

♣ 시험되지 않는 인생은 살 가치가 있다.

♣ 악한 사람을 사귀지 말라. 악인들은 그대를 보호막으로 삼는다.

♣ 여성의 아름다움에 대한 정답은 없다.

♣ 용기란 일종의 구원이다.

♣ 육체에서 비롯되는 쾌락의 상태가 줄어들면 들수록 그만큼 대화의 즐거움과 매력은 커지는 것이다.

♣ 우리는 우리의 육체에 속박 받고 있다.

♣ 우리의 영혼이 육체의 악에 물들어 있는 한 결코 만족이란 없다.

♣ 인간의 교육에 의해서만 인간이 될 수 있다.
　인간에서 교육의 성과를 제거하면 아무 것도 남는 것이 없다.

♣ 인간의 영혼은 불사불멸이다.

♣ 자신의 능력에 의하지 않고 조상의 명성 때문에 존경받고 그것을 감수하는 것만큼
　수치스러운 일은 없다.

♣ 자제는 최대의 승리다.

♣ 재산이 훌륭한 위안자가 되어줄 수 있다는 것은 누구나 아는 사실이다.

♣ 정의란 각기 자기가 할 일을 다하고 타인을 방해하거나 간섭하지 않는 것이다.

♣ 지혜, 용기, 전체가 조화될 때 정의가 실현되고, 또한 만인의 행복을 보장하는
　이상 국가가 이루어질 수 있다.

♣ 진정한 철학에 의해서만 국가도 개인도 정의에 도달할 수 있다. 진정한 철인이
　통치권을 쥐거나 또는 통치자가 신의 은혜로 진정한 철인이 되지 않는 한 인간은
　악에서 벗어날 수 없다.

♣ 착한 사람들이 일반 문제를 무관심하게 대한 형벌은 악한 사람들의 지배를 당하는 것이다.

♣ 철학자가 왕이 되거나 현재의 왕들이 철학적 정신과 힘을 갖게 되기 전까지는
　국가도 인류도 결코 재난을 면치 못할 것이다.

♣ 철학자가 통치자이고, 통치자가 철학자인 국가는 행복하다.

♣ 청소년에게 일을 시킬 때는 다소 잘못이 있더라도 변명할 여지를 남겨주도록 하라.
　혹독한 질책은 청소년을 얼어붙게 만든다.

♣ 최대의 승리는 자기 자신을 정복하는 것이다.
　자기 자신에게 정복당하는 것은 최대의 수치다.

♣ 행복은 선을 나의 것으로 함으로써 얻는 것이며, 선의 내용은 영원성에 있다.
　그렇기 때문에 우리가 영원히 지닐 수 없는 것에 마음이 이끌려서는 안 된다.

소크라테스-Socrates, 철학자, 고대 그리스 (BC 469년생)

★ 인류 역사인물 50명에 선정 (Wopen.com 한국.net 선정)

[출생] 기원전 469년경
[사망] 기원전 399년 5월 7일 (약 71세)

[시대] 고대 그리스
[지역] 서양 철학
[학파] 고대 그리스 철학
[연구 분야] 인식론, 윤리학

[요약]
소크라테스는 기원전 5세기경 활동한 고대 그리스의 대표적인 철학자이다. **문답법을 통한 깨달음, 무지에 대한 자각, 덕과 앎의 일치를 중시하였다. 말년에는 아테네의 정치문제에 연루되어 사형판결**을 받았다.

[생애]
소크라테스는 플라톤, 아리스토텔레스와 함께 고대 **그리스 철학의 전성기를 이룩한 인물**이다. 소크라테스의 생애를 추정할 수 있는 초창기 자료는 대부분 제자인 플라톤과 크세노폰에게서 나왔다. 플라톤의 대화편 《테아이테토스》에 따르면 소크라테스는 기원전 469년경 아테네에서 조각가인 아버지 소프로니코스와 산파인 어머니 파이나레테 사이에서 태어났다. 소크라테스는 남을 가르치는 일 즉, 철학적 토론에 매진했는데, 남루한 옷차림으로 광장을 거니는 소크라테스에게 다양한 계층의 제자들이 모여들었다고 한다. 또한 강의를 통해 세속적인 명예와 부를 누렸던 소피스트와는 달리 소크라테스는 가르침의 대가로 돈을 받지 않았다. **소크라테스는 왜소한 체격과 투박한 외모를 가졌으나 체력이 좋고 참을성이 많았다고 전해진다.** 또한 느긋한 성격이었으며 사색에 잠기는 일이 많고, 부(富)에 초연한 삶을 살았다고 한다.

소크라테스는 자신보다 훨씬 나이가 어린 크산티페와 결혼하여 세 명의 자녀를 두었다. 크세노폰은 《회고록》에서 어머니의 엄격함에 대해 불평하는 아들과 아들을 타이르는 소크라테스에 대해 다루었다. 이를 근거로 후대 저작들에서 크산티페는 종종 잔소리 많은 악처로 묘사되는데 이는 과장된 측면이 크다. 소크라테스는 말년에 정치적 문제에 휩쓸렸다. 당시 아테네에는 기존 민주주의 세력과 스파르타의 법을 새로이 차용하고자 한 귀족주의 정파 간의 갈등이 지속되고 있었다. 아테네가 펠로폰네소스전쟁에서 패배하자 귀족주의 세력이 힘을 얻었으나 다시 세를 회복한 민주주의 정권은 **소크라테스를 귀족주의의 본보기로 처형**하고자 했다. 비록 현실정치에 직접 참여하지는 않았으나 소크라테스의 이론들은 민주주의를 비난하는 것처럼 보였고, 제자와 친구들 상당수가 귀족주의 편에 있었기 때문이다. 결국 **소크라테스는 신성모독과 청년들을 현혹한다는 죄목으로 사형판결을 받았다.** 플라톤은 대화편 《파이돈》에서 스승 소크라테스가 독약을 마시고 죽음을 의연하게 맞이하는 장면을 상세하게 묘사했다.

[소크라테스 문제]

역사상의 소크라테스와 그의 철학적 관점에 대한 정확한 설명은 상당한 논쟁거리이다. 이 문제를 소크라테스 문제라고 한다. **소크라테스는 철학적인 글을 쓴 적이 없다.** 소크라테스 자신과 생애, 철학에 대한 지식은 소크라테스의 제자들과 당대 사람들의 기록을 통해 전해지고 있다. 이 가운데 가장 중요한 것이 **플라톤의 기록**이며, 그 밖에도 크세노폰, 아리스토텔레스, 아리스토파네스도 중요한 시사점을 주고 있다. 이런 저작들은 정확한 사실이 아닌 철학 또는 극적인 글인 경우가 많기 때문에, "실제" 소크라테스를 알기는 어렵다. 당대 고대 그리스에서 투퀴디데스(일반적으로 소크라테스나 철학자들에 대해 언급한 바가 없다)를 제외하고는, 소크라테스 시대를 사실에 입각해서 서술하는 사례가 없다.

이런 결과, 소크라테스에 대하여 언급한 사료들은 역사적으로 정확성을 내세울 까닭이 없었으며, 때론 당파적 이기까지도 하였다. (소크라테스에게 유죄를 선고하고 처형한 사람들은 어떤 기록도 남기지 않았다.) 그리하여 역사가들은 소크라테스의 삶과 업적에 대하여 정확하고 일관성 있는 역사를 쓰기 위해 당대 인물들이 쓴 여러 사료들을 일치시켜야 하는 어려움을 겪게 된다. 이러한 노력의 결과는 반드시 사실적이지는 않으며 다만 일관성을 갖추었을 따름이다. 일반적으로 플라톤은 소크라테스의 삶과 철학에 대해 가장 믿을 만하고 유용한 지식을 제공하는 인물로 평가받는다. 동시에 일부 저작에서 플라톤은 자신이 저작 속에서 구현한 "소크라테스"의 모습을 실제 소크라테스의 언행보다 더욱 미화시키기도 한다.

그러나 다른 저작이나 유물을 통해서 소크라테스가 단지 플라톤이 날조한 인물은 아님이 드러난다. 크세노폰과 아리스토텔레스의 증언과 아리스토파네스의 희극 '구름'은 플라톤의 저작에 나오는 일반적인소크라테스의 모습을 확인하는 데 유용하다. 플라톤에 따르면 소크라테스는 **조각가인 소프로니코스를 아버지로, 해산술을 업**으로 하던 파이나레테를 **어머니로 하여 아테네의 서민가정에서 태어났다. 처음에는 아버지를 따라 조각을 하면서 다른 청년들처럼 철학·기하학·천문학 등을 배웠고, 중장보병에 편입되어 세 번이나 전투에 참가하였다.** 기원전 406년, 500명 공회의 일원이 되어 1년간 정치에 참여한 일이 있고, 40세 이후에는 교육자로 청년들의 교화에 힘썼다. **소크라테스는 자연철학을 배웠으나, 그 기계론적 세계관에 불만을 품었다.** 그때는 아테네의 몰락기였으므로 보수적 · 귀족적인 정신과 진보적 · 개인주의적 · 비판적 정신이 소용돌이치는 시대였다. 소크라테스도 이러한 경향을 지니게 되었으나 당시의 소피스트들처럼 궤변으로 진리를 상대적 · 주관적인 것으로 해석하는 태도를 배격하고, 객관적이고 보편타당한 진리를 찾아서 이상주의적, 목적론적인 철학을 수립하려고 하였다.

소크라테스는 지혜를 사랑하는 마음으로 정의·절제·용기·경건 등을 가르쳐 많은 청년들에게 큰 감화를 끼쳤으나, 공포정치 시대의 참주였던 크리티아스 등의 출현이 소크라테스의 영향 때문이라는 오해를 받게 되어 '청년을 부패시키고 국가의 여러 신을 믿지 않는 자'라는 죄명으로 고소되고, 배심원들의 투표 결과 40표로 사형이 언도되었다. 소크라테스는 도주할 수도 있었으나 태연히 독배를 들어 마시면서 자신이 아스클레피오스에게 닭을 빚졌다며 자신 대신 갚아 달라고 친구에게 당부하였다. (아스클레피오스는 의학의 신으로 그의 신전에서 치료받은 사람은 닭을 대가로 바쳐야 했다고 한다.)

[사상]

아무런 저서도 남긴 바 없는 소크라테스의 확실한 사상을 알기는 어려우나 아리스토텔레스, 디오게네스, 라이르티우스, 크세노폰, 특히 플라톤의 저서 등에 언급된 것을 보면 소크라테스는 델피의 신탁인 "만인 중에 소크라테스가 제일 현명하다."는 말을 들었다. 스스로의 무지를 자처하던 소크라테스는 신의 신탁이 사실인가 확인하기 위해 의아심을 품고 여러 현명한 사람을 찾아다녔다고 한다. 그러나 그 어느 누구도 자신의 말을 확실히 알고 표현하는 사람이 없었다. 그 방법으로 제논의 변증법을 활용하여 논변을 진행시키는 사이에 잘못된 판단의 모순을 깨우치고 다시금 옳은 판단으로 유도시켰는데, 이것이 유명한 **산파술**이다. 소크라테스는 합리주의자였으나, 때로는 **초경험적인 내심의 소리, 즉 다이몬(참 자아)의 소리를 경청**하고, 때로는 깊은 명상에 잠기기도 하였다. 소크라테스가 다룬 문제는 종래의 철학이 대상으로 한 자연이 아니라 인간이었으며 '정신의 배려'를 사명으로 삼았다. 덕은 인간에 내재한다고 믿고 사람들에게 이를 깨닫게 하기 위해 온갖 계층의 사람들과 대화를 나눔으로써 **사람들에게 자신의 무지함을 일깨워 주고 용기나 정의 등에 관한 윤리상의 개념을 설교**하고 다녔다. 소크라테스는 대화를 통해 누군가를 가르치지 않고 질문을 함으로써 자신에게 무엇이 잘못인지 깨닫게 해주었다. 그러나 이 때문에 **젊은이를 타락시키고 신을 인정하지 않는다는** 부당한 고발을 당해 독약을 마시게 되었다. 소크라테스의 탁월한 지적·도덕적 성격에 의해 비단 철학자뿐만 아니라 수많은 사람들을 감화시켜 '**인류 최대의 교사**'로 불리고 있다.

[변론과 크리톤]

'**악법도 법이다.**'라는 말이 회자되지만, 소크라테스가 직접 이런 말을 했다는 증거가 없다. 이 경구가 처음 등장한 것은 로마시대이며 말한 사람은 도미티우스 울피아누스로 기록되어 있다. 소크라테스는 **플라톤의 '변론'**에서 법정이 철학을 포기한다면 석방해주겠다는 제안을 하더라도 자신이 철학을 하는 이유는 하늘의 명령이기 때문에 그러한 결정을 받아들일 수 없다고 했다. 그 외에도 소크라테스는 자신의 법 이상의 철학적 원칙과 신념에 기초하여 의사결정을 했던 몇가지 사례들이 있다. 반면 '크리톤'에서 소크라테스는 자신에게 독배를 내린 법률에 대해 자신이 국외 추방을 제의하지 않음으로써 소극적으로 동의한 절차적 정당성을 뒤늦게 훼손할 수 없다고 친구인 크리톤에게 밝힌다. 그러나 '크리톤'에서 소크라테스는 평소의 냉정한 변증법적·이성적 논법을 구사하지 않고 정서적이고 감성적인 모습으로 크리톤을 설득하고 있기에 이는 진의를 모두 파악하기 어려운 책이라는 지적을 받아왔다.

[미적 범주]

소크라테스는 미학적인 범주를 적어도 세 가지로 나누었다. 그 세 범주는 부분의 조립을 통해 자연을 표현하는 '**이상적인 미**', 시선을 통해 영혼을 표현하는 '**정신적인 미**', 그리고 '**유용한(혹은 기능적인) 미**'이다.

[영향]

소크라테스의 사상은 그의 제자들에게 전해져 메가라 학파, 퀴니코스 학파, 키레네 학파 등을 이루고, 특히 **수제자인 플라톤의 관념주의**로서 피어나, 그 후의 **서양 철학에 큰 영향**을 미쳤다. 소크라테스는 일생을 통해 자신이 직접 책을 쓴 일이 없고 또한 문학적 흥미도 지닌 바 없으나 소크라테스가 철학의 방법으로 취한 대화는 플라톤이나 아리스토텔레스의 걸작 대화집을 낳았다. 또한 소크라테스의 독창적 개성과 비극적인 죽음은 전기문학의 소재가 되었다. 아테네에 살면서 많은 제자들을 교육시켰는데, 플라톤도 그 중의 하나이다.

그러나 소크라테스의 사상 활동은 아테네 법에 위배된다 하여 사형을 당했다. 당시 아테네에서는 민주주의제도가 쇠퇴하면서, 사회적 황폐가 확대되는 상황이었다. 소크라테스의 사상은 그 당시의 지배계급인 귀족계급을 대변하고 있었는데, 새로운 신흥계급의 출현으로 반민주주의적인 귀족계급이 수세에 몰리고 있었다. 종래의 그리스의 유물론적인 자연철학에 대립하여 소크라테스는 '너 자신을 알라'라는 말을 기초로 하여 '영혼'에 대해 깊게 생각하면서 삶의 온당한 방법을 아는 것을 지식의 목적이라 하고 이로써 도덕적 행위를 고양시키는 것을 지향하였다. 즉 단순한 지식이 아니라 실천지를 중시하였다.

이러한 참된 지(知)를 얻을 수 있는 방법을 귀납법에서 찾고, 사람들의 대화에 의한 문답법에서 독단적인 잘못된 지식을 비판하고 제거하면서 일반적인 진리에 도달할 수 있다고 하였다. 이것은 소크라테스의 '아이러니'라고 불리우는데 소크라테스는 이것을, 진리를 찾을 수 있도록 도와준다는 의미에서 '산파술'이라 칭하였다. '영혼'을 주제로 한 소크라테스의 학설은 정신주의적이고 관념론적인 것이고 이것은 소크라테스의 제자인 플라톤에게 계승되었다. 소크라테스의 저작은 없으나 소크라테스의 사상은 플라톤이나 아리스토텔레스의 저작에 나타나고 있다.

[소크라테스 철학사상의 특징]

고대 그리스 철학이 소크라테스 이전과 이후로 나뉠 정도로 철학사에서 소크라테스와 그의 철학사상이 갖는 의미는 남다르다. 그러나 직접 남긴 저작이 없기 때문에 소크라테스의 고유한 사상을 명확히 파악하기는 어렵다. 소크라테스의 학설은 제자들이 남긴 기록과 그 안에 담긴 소크라테스의 언행들을 통해 간접적으로 유추되고 있을 뿐이다. 그 가운데 문답법이라는 독특한 교육방식과 재판과정은 소크라테스의 철학사상을 이해하는 중요한 실마리이다.

소크라테스의 철학사상의 특징과 의의는 일반적으로 다음 네 가지로 압축할 수 있다. 첫째, 소크라테스는 질문을 던지는 것 자체에 큰 의미를 두었다. 소크라테스는 다양한 사람들과 토론하는 것을 즐겼는데 일반적인 교사들이 제자들이 던진 질문에 답을 주고자 했던 것과는 달리 거꾸로 질문을 던졌다. 소크라테스는 정의가 무엇인지, 경건하고 불경한 것이 어떤 의미인지, 신중함과 무모함이 어떻게 다른지, 우정을 어떻게 볼 것인지 등에 관해 상대방에게 질문을 던지고 그 과정을 통해 계속해서 답을 찾아 나가도록 유도하였다. 질의응답을 통한 지식의 추구라는 변증법 방식은 소크라테스 이전 시기부터 존재했다. 그러나 소크라테스는 이를 적극적으로 사용하고 발전시켰다.

둘째, 스스로의 무지를 자각하고자 했다. '너 자신을 알라'는 고대 격언은 소크라테스를 통해 더욱 유명해졌다. 델포이 신탁은 소크라테스를 가장 현명한 사람이라고 선언하였으나 소크라테스는 '자신은 아무것도 모른다.'고 말하고 다녔다. 이와 같은 인간 스스로의 무지에 대한 자각과 문답법을 이용한 내면적 탐구는 고대의 철학적 관점이 자연에서 인간으로 옮겨갔다는 것을 분명하게 보여준다.

셋째, 소크라테스의 사상은 윤리적인 측면이 강했다. 실제 생활에서도 절제를 추구하였던 소크라테스는 '선'을 중시하여 토론 과정에서도 관련된 질문을 많이 던졌다. 또한 소크라테스는 옳은 것을 알았을 때 비로소 바르게 행하게 된다고 생각하여 덕과 앎을 동일시하였다. 최선의 선을 추구하기 위해 사람들은 참된 덕이 무엇인지 깨달아야 한다는 것이다. 한편 도덕적이고 금욕적인 삶의 추구는 스토아학파의 선구적인 모습으로 평가되기도 한다.

넷째, 소크라테스의 사상은 정치적으로 해석될 여지를 갖고 있었다. 특히 '현인에 의한 통치', '화려한 연설에 대한 비난', '스스로의 무지에 대한 자각', '덕과 앎의 일치'는 아테네의 민주주의 정부에 대한 위협으로 비춰졌다. 이후 **플라톤**은 이러한 사상을 발전시켜 이상적인 **철인정치를 보다 강력하게 주장**하였다. 한편 일부 연구자들은 아름다움, 선과 같은 보이지 않는 초월적인 것에 대한 물음을 던졌다는데서 **소크라테스가 플라톤의 '이데아'에 영향을 끼쳤다고 주장**했으나, 두 사상의 개연성에 비약적 측면이 있어 논란의 여지가 있다.

[업적]

소크라테스는 고대 그리스의 철학자이다. 기원전 469년 고대 그리스 아테네에서 태어나 **일생을 철학의 제 문제에 관한 토론으로 일관한 서양 철학의 위대한 인물로 평가**되고 있다. 소크라테스는 아테네 시민들에 의해 기원전 399년에 고소되어 사형을 당했다. 흔히 **공자, 예수, 석가와 함께 세계 4대 성인으로 불린다.** 실존철학의 거장인 카를 야스퍼스의 저서 위대한 사상가들에서도 그렇게 보고 있다. 영국의 철학자인 화이트헤드는 **"서양의 2,000년 철학은 모두 플라톤의 각주에 불과하다."** 라고 말했으며, 시인 에머슨은 **"철학은 플라톤이고, 플라톤은 철학"** 이라 평하였는데, 플라톤은 소크라테스의 수제자이다. 플라톤이 20대인 시절, 스승 소크라테스가 민주주의에 의해 끝내 사형당하는 것을 보고 크게 분개했으며, 이는 플라톤의 귀족주의(철인정치) 지지의 큰 계기가 되었다. 알렉산더 대왕은 소크라테스의 증손 제자로, 플라톤의 제자인 아리스토텔레스의 제자이다. 아리스토텔레스는 스승 플라톤과 달리 민주주의를 지지했다.

🦏 ● 소크라테스 명언

- ♣ 지혜는 호기심에서 나온다.
- ♣ 자신의 무지함을 아는 것이 하나뿐인 지혜다.
- ♣ 알고 있다는 것은, 내가 모른다는 걸 안다는 것이다. 이게 진정한 지혜다.
- ♣ 내가 보이고 싶은 대로 행동하라. (이미지 관리)
- ♣ 교육은 통을 채우는 것이 아니라 불꽃이 일어나게 해주는 것이다.
- ♣ 지금에 만족하지 못한다면, 여건이 좋아져도 절대 만족할 수 없다.
- ♣ 우정은 느리게 시작하고, 항상 유지해라.
- ♣ 결혼해라.
  좋은 상대를 만나면 행복할 것이고 나쁜 상대를 만난다면 철학자가 될 것이다.
- ♣ 세계를 움직이고 싶다면, 나부터 움직이자.
- ♣ 유일한 선은 지식이며, 유일한 악은 무관심이다.
- ♣ 내가 당하기 싫은 일은 하지 마라.

♣ 모든 일에는 양면성이 존재한다.

♣ 부귀함보다 지식을 쫓아가라. 부는 일시적이고, 지식은 영원하다.

♣ 죽음은 인간에게 주어진 가장 큰 축복이다.

♣ 변화의 비밀은 새것을 쌓는 데 있다. 과거를 바꾸려 하지 마라.

♣ 행복의 비밀은 무엇을 추구하는 게 아니라 만족하며 사는 법을 배우는 데 있다.

♣ 인간의 가장 우월한 점은 의심하는 능력이다.

♣ 질문을 이해하는 것은 정답의 반을 찾은 것이다.

♣ 인생은 질문 덩어리이고, 멍청이는 해답 덩어리이다.

♣ 나를 위해서 다른 사람이 쓴 책을 봐라. 남이 힘들게 얻은 것을,
   나는 쉽게 얻는 방법이다.

♣ 나는 아무것도 가르칠 수 없다. 단지, 생각하게 만들 뿐이다.

♣ 너 자신을 알라.

공자-孔子, Confucius, 논어, 중국 (BC 551년생)

[이름] 구(丘), 자는 중니(仲尼)

★ 인류 역사인물 100명중 5위 선정
★ 인류 역사인물 50명에 선정 (Wopen.com 한국.net 선정)

[출생-사망] BC 551년 9월 28일(음력 8월 27일) ~ BC 479년 (71세~72세)
[시대] 춘추 시대
[지역] 동양 철학
[학파] 유학의 창시자, 유가와 법가의 공동 시조
[연구 분야] 철학, 정치학, 윤리학, 법학

[요약]
공자 또는 공부자(孔夫子)는 유교의 시조인 고대 중국 춘추시대의 정치가·사상가·교육자이고, 주나라의 문신이자 작가이면서 시인이기도 하다. 흔히 유교의 시조로 알려져 있으나, 어떤 관점에서 보더라도 유가의 성격이나 철학이 일반적인 종교들과 유사하게 취급될 수 없다는 점에서 20세기 중반 이후에는 이처럼 호칭하는 학자는 거의 없다. 유가 사상과 법가 사상의 공동 선조였다. 정치적으로는 요순우, 삼황, 오제의 이상적 정치와 조카를 왕으로서 성실하게 보필한 주공 단의 정치철학을 지향했다. 뜻을 펴려고 전국 주유를 하였으나 그의 논설에 귀를 기울이는 왕이 없어 말년에 고향으로 돌아와 후학 양성에 전념하다 생을 마쳤다. 춘추시대 말기에 서주의 제후국인 노나라의 무관인 숙량흘의 둘째 아들이자 서자로 태어났다. 이름은 구(丘), 자는 중니(仲尼)이다. "공자(孔子)" 또는 "공부자(孔夫子)"로 불린다. "공자"의 호칭에서 "자(子)"는 성인(聖人)인 공자를 높여 부르는

존칭이다. 그 뒤 여러 번 추증되어 대성지성문선왕에 추봉되었다.

[생애 초반]
[탄생과 가계]

공자는 기원전 551년 9월 28일 노나라 곡부(曲阜)에서 떨어진 시골인 창평향 추읍에서 부친 숙량흘이 그의 노년에 모친 안씨(이름은 징재)를 맞아 공자를 낳았으나, 부친인 숙량흘과 모친인 안징재는 정식으로 혼인한 관계는 아니었다. 안징재는 숙량흘의 동료 무사이자 친구였던 안양의 셋째 딸이었다. 숙량흘이 안징재를 만났을 당시 숙량흘은 60대 후반이였고 안징재는 13세의 소녀였다는 설도 있으나, 이는 후세에 호사가들이 꾸며낸 이야기에 불과하다.

공자의 조상은 주나라의 이전 왕조인 은나라에서 봉토를 하사받은 송나라의 공족(소국의 왕에 해당)이었으며 공자의 3대 전에 노나라로 옮겨왔다. 그의 집안은 송나라 왕실에서 연유한 명문 가문이었으나 몰락하여 노나라에 와서 살게 되었으며, 부친 숙량흘은 시골 무사였다. 부친과 그의 본처 시씨 사이에는 딸만 아홉이였고 아들은 하나뿐이었다. 공자의 자(字)가 중니가 된 이유는 집안의 장남인 맹피에 이은 둘째 아들이라는 뜻이었다. 흔히 소개되는 공자의 가계는 보통 공자의 부친 숙량흘과 증조부 공방숙까지 언급되나, 후대에는 보통 공자를 시조로 간주하기도 한다.

[소년 시절]

《사기》의 '공자세가'에는 공자의 키가 9척 6촌에 달하여 '장인(꺽다리)'으로 불렸다는 기록이 남아 있다. 공자는 사생아였기 때문에 공씨 집안에서 숙량흘의 자손으로 인정받지 못했다. 3살 때 아버지가 죽었고, 어머니 안징재가 궐리로 이사하여 홀로 공자를 키웠다. 부친인 숙량흘의 재산은 이복누이들과 이복 조카에게 상속되었다. 공자의 몫으로 돌아온 것은 없었다. 설상가상으로 모친 마저 눈이 멀어 버려 생활 형편은 더욱 나빠졌다. 이 결과 공자는 어려서부터 거칠고 천한 일에 종사하면서 곤궁하고 불우한 소년 시절을 보냈다. 기원전 536년에 혼인하였으며, 기원전 535년, 공자가 24세에 모친마저 세상을 떠났다. 그녀가 세상을 떠나자 공자는 3년 상을 마친 뒤 부친묘소 옆에 안장하였다.

기원전 533년, 19세에 송 (춘추전국)(宋)나라의 병관 씨의 딸과 결혼하여 20세에 아들 리(鯉)를 얻었다. 사생아였던 공자에게는 자신이 대부였던 숙량흘의 자손, 즉 귀족임을 인정받는 것이 필생의 목표였다. 무사였던 아버지와 달리, 공자는 글과 지식으로서 인정받으려 했다. 어릴 적부터 제사 지내는 흉내를 내며 놀기를 좋아했다고 하며, 고실(故實), 즉 예부터 내려오는 전통적 종교 의례·제도·관습 등에 밝았다. 공자에게는 특별한 선생은 없었다. 공자가 만날 수 있는 모든 사람에게서 배웠다. 그 가운데 유명한 사람이 주나라의 주하사였던 노자이다. 공자가 노자를 찾아가서 배웠던 것은 여러 문헌에 나온다. 이런 사정을 만년에 공자는 "15살에 배움에 뜻을 두었고, 30살에 섰다."고 술회한다. 서른 살에 학문의 기초가 섰으며, 생활의 토대가 섰으며, 한 인간으로서 우뚝 선 것이다. 30대가 되자 공자는 노나라에서 가장 박식한 사람이 된다. 공자는 학원을 열어서 학생들을 가르쳤다. 중국 역사상 최초의 학교를 창설한 것이다. 노나라의 유력한 대부의 자손에서 평민의 자제까지 '묶은 고기' 이상을 가져온 사람은 누구나 가르쳤다. 공자는 〈시경〉〈서경〉〈주역〉등의 경전을 가르쳤다.

공자는 노나라에 살았다. 따라서 노나라를 건국했던 주공(周公)을 본받아야 할 사람으로 받들었다. 주공은 어린 성왕을 대신해서 섭정을 하면서 주나라의 봉건제를 수립했다. 봉건제는 종법제라 한다. 천자가 형제 친척을 제후로 임명한다. 제후는 다시 자손을 대부로 임명한다. 그 결과 국가의 주요 기관장은 종친들이 된다. 이래서 종법이라 한다. 공자 당시는 종법과 봉건제가 무너지고 극심하게 혼란했다. 노나라가 바로 그런 상황이었다. 공자는 주공의 종법제를 회복해서, 노나라를, 나아가 천하를 평화롭게 하고자 했다.

[공자탄일 孔子誕日]
[날짜] 9월 28일 (음력 8월 27일)
[정의] 공자(孔子)의 탄생일. 음력 8월 27일(양력 9월 28일)을 말한다.

공자는 중국 고대 주왕조의 제후국인 노나라 창평향 추읍에서 태어났다. 이 지역은 오늘날의 산동성 곡부(曲阜)시에 해당한다. 공자의 선조는 중국 하남성에 자리 잡고 있던 송(宋)나라의 귀족이었으며, 공자의 5대조인 목금보 때에 송나라에서 노나라로 이주한 후 대대로 이곳에 터를 잡고 살게 되었다. **공자의 부친은 숙량흘로 노나라 귀족인 맹헌자에게 소속된 무사였으며, 60대 후반의 늦은 나이에 당시 10대 후반이었던 안징재라는 여자로부터 공자를 얻었다고 전해진다.** 공자의 탄일과 관련해서 이설이 있기는 하지만, 일반적으로 공자의 일생을 연대기식으로 정리한 가장 오래된 역사서인 사마천의 『사기(史記)』 권47 「공자세가(孔子世家)」 17의 기록을 따르고 있다. 『사기』에 의하면 공자의 탄일은 주왕조 영왕 21년[노나라 양공 22년], 경술년 11월 경자일(21일)로 알려져 있다. 이 시기는 **중국의 춘추시대로서 양력으로 환산할 경우 기원전 551년 9월 28일에 해당**하며, 음력으로는 8월 27일로 추정하고 있다. 이 때문에 우리나라와 중국, 대만, 싱가포르 등 대부분의 유교문화권 국가들에서는 이날을 공식적인 공자탄일로 규정하고 있다. 우리나라에서는 1949년부터 1953년까지 일시적으로 공자탄일에 제사를 지낸 적이 있으나, 전통적으로는 음력 2월과 8월 상정일의 석전대제 때 성균관과 전국의 향교에서 공자를 비롯한 유교의 성현들에게 제사를 지내고, 공자탄일에는 기념 강연이나 행사로 대신한다. 한편 중국에서는 이날이 1989년에 국제공자문화절로 격상되었고 2000년대 이후 공자의 고향인 곡부에서 공자탄일을 전후하여 국제공자문화절 행사를 개최해오고 있으며, 공자탄일 당일인 양력 9월 28일에는 공자를 추모하는 제사를 지내고 있다.

[타이난 공자묘 (대남공자묘)]
타이완의 타이난에 있는 공자묘이다. 타이완에서 가장 먼저 설립된 공자사원이자 최초의 학교로 1655년에 창건하였다. 명나라 재건이라는 정성공의 유지에 따라 뜻있는 인재를 양성하는 타이완 최고의 교육기관으로, 많은 인재들을 배출하여 '전대수학(全臺首學: 타이완 최고의 학교)'이라 불리었다. 수십 차례의 보수공사를 거쳐 오늘날에는 우아하고 소박한 형태를 지닌 타이완 1급 유적지가 되었다. 사원은 모두 15개의 건축물로 이루어져 있으며 왼쪽에는 학교, 오른쪽에는 사원이 자리하고 있다. 공자묘 안에는 공자묘의 역사를 기록한 청조의 석비 24기가 진열되어 있으며, 공자를 중심으로 72인의 제자와 중국 역대의 현인들을 모시고 있다. 해마다 9월 28일에는 대성전 앞에서 공자 탄생일을 기리는 성대한 의식이 열린다.

[논어 論語]

공자와 그 제자들의 대화를 기록한 책으로 사서의 하나이다. 저자는 명확히 알려져 있지 않으나, 공자의 제자들과 그 문인들이 공동 편찬한 것으로 추정되고 있다. 한 사람의 저자가 일관적인 구성을 바탕으로 서술한 것이 아니라, 공자의 생애 전체에 걸친 언행을 모아 놓은 것이기 때문에 여타의 경전들과는 달리 격언이나 금언을 모아 놓은 듯한 성격을 띤다. 공자가 제자 및 여러 사람들의 질문에 대답하고 토론한 것이 '논', 제자들에게 전해준 가르침을 '어'라고 부른다. 현재 논어는 전20편, 482장, 600여 문장으로 전해 내려오고 있다. 서술방식과 호칭의 차이 등을 기준으로 앞의 열 편을 상론(上論), 뒤의 열 편을 하론 (下論)으로 구분하여 앞의 열 편이 더 이전 시대에 서술된 것으로 보는 견해가 일반적이다. 각 편의 이름은 그 편 내용의 첫 두 글자를 딴 것으로 특별한 뜻이 있는 것은 아니다.

공자는 삼사십 대에 들어 여러나라를 전전하며 벼슬도 살면서 학문과 인격의 완숙한 경지를 이루었으며, 오십 대에는 노나라에서 법무장관을 지냈으며, 육십 대에는 주유천하 하면서 도덕정치를 추구하였지만 그 당시의 현실에서는 받아들여지지 아니하여 정치를 단념하고 고향으로 돌아와 제자들과 함께 시(詩), 서(書), 예(禮), 악(樂), 역(易), 춘추(春秋)등 6경을 정리 저작하여 후세의 사람들에게 불후의 명작을 남겨 주었다. 인(仁), 애(愛)를 근본사상으로, 서(恕), 즉 남을 용서함과 충(忠)을 첫째로 중요시 하라고 가르쳤으며, 서(恕)는 '자기를 미루어 남을 아는 것'이며 충(忠)은 '자기를 다하는 것' 이라고 주희는 풀이 하였다. 정치에서는 덕(德)으로 백성을 다스리며 정(正)을 기본으로 모범을 보이라고 했다. 논어는 총20편으로 구성이 되어 있으며 주로 맨처음의 2자 또는 3자를 편명으로 삼았으며 그 편명으로 내용을 알기는 어렵다.

제1편. 학이(學而)
학이편은 논어의 서편(緖編)으로 학문의 중요성과 공자의 사상이 깃들어 있다.

♣ 배우고 때로 익히면 또한 기쁘지 아니한가.
  벗이 먼 곳에서 찾아오면 또한 즐겁지 아니한가.
  남이 나를 알아주지 않아도 노여워하지 않음이 또한 군자가 아니겠는가.
♣ 교묘하게 꾸민 말과 보기 좋게 꾸민 얼굴빛에는 어진 마음이 드물다.
♣ 나는 매일 나 자신을 세 번 씩 반성한다. 남을 위해서 일을 하는데 정성을 다하였는가,
  벗들과 함께 서로 사귀는데 신의를 다하였는가, 전수 받은 가르침을 반복하여 익혔는가,
  제대로 익히지 못한 것을 남에게 전하지 않았는가.
♣ 나보다 못한 사람과 벗하지 말며, 잘못을 깨달았을 때에는 고치기를 주저하지 말라.
♣ 지난 과거를 말해주면 미래를 아는구나.
♣ 남이 나를 알아주지 않음을 걱정하지 말고 내가 남을 알지 못함을 탓하라.

제2편. 위정(爲政)
정치에 대한 내용을 많이 수록하였다.
♣ 법률 제도로써 백성을 지도하고 형벌로써 질서를 유지시키면,

백성들은 법망을 빠져나가되 형벌을 피함을 수치로 여기지 아니한다.

♣ 덕으로써 이끌고 예로서 질서를 유지시키면 백성들은 부정을 수치로 알고 착하게 된다.

♣ 나는 열다섯에 학문에 뜻을 두었고, 서른에 뜻이 확고하게 섰고,
　마흔에는 인생관이 확립되어 마음에 혼란(유혹)이 없고,
　쉰에는 천명을 깨달아 알게 되었고,
　예순에는 어떠한 말을 들어도 그 이치를 깨달아 저절로 이해를 할 수 있었고,
　일흔에는 내 마음대로 행동을 하여도 법도에 어긋나는 일이 없었다.

♣ 옛것을 알고 새로운 지식을 터득하면 능히 스승이 될 수 있다.

♣ 군자는 한 가지 구실밖에 못하는 기물이나 기계가 아니다.

♣ 자공이 군자에 대하여 물으니 공자께서 먼저 하고자 하는 일을 행한 후에
　말을 하는 사람이 군자다.

♣ 군자는 두루 통하면서도 편파적이 아니며 소인은 편파적이면서도 통하지도 않는다.

♣ 유야, 너에게 안다는 것을 가르쳐 주마, 아는 것을 안다고,
　모르는 것을 모른다고 하는 것이 참으로 아는 것이다.

♣ 노나라 애공왕이 어떻게 하면 백성들이 복종을 하겠습니까? 하니,
　공자 대답이, 곧고 올바른 사람을 등용해서 곧지 않는 사람 위에 놓으면
　백성들은 마음까지 복종하지만 반대로 부정직한 사람을 등용하여 정직한 사람 위에 놓으면 백성
　들은 복종하지 않습니다.

♣ 옳은 일을 보고도 나서서 행동하지 않는 것은 용기가 없기 때문이다.

제3편. 팔일(八佾)
무악(舞樂)의 이름인 팔일을 편명으로 삼아 예악에 대한 이야기를 모아놓았다.

♣ 사람이 어질지 못하면 예는 무엇하며 사람이 어질지 못하면 음악은 무엇하랴

♣ 예는 사치하기보다는 검소해야 되고 상사,
　즉 초상집에서는 형식을 갖추기 보다는 슬퍼해야한다.

♣ 조상을 제사 모실 때에는 앞에 계신 듯이 하고
　신을 제사 지낼 때에는 신이 있는 듯이 하였다.

♣ 이미 이루어진 일은 말하지 않으며, 끝난 일은 간하지 않으며, 지난 일은 탓하지 않는다.

제4편. 이인(里仁)
인덕(仁德)에 대한 말을 많이 수록하였음.

♣ 인후한 마을에 사는 것이 좋으며 그러한 곳을 택하여 살지 않으면 어찌 지혜롭다 하리요.

♣ 어질지 못한 사람은 역경에 오래 있지 못하며, 행복도 오래 누리지 못한다.
　그리고 어진 사람은 인(仁)을 편안하게 여기고 지혜로운 사람은 인을 이롭게 생각한다.

♣ 오직 어진 사람만이 사람을 사랑할 수 있고 미워할 수 있다.

♣ 아침에 도를 들으면, 즉 깨달으면 저녁에 죽어도 좋으니.

♣ 군자는 덕을 생각하며 소인은 땅, 즉 좋은 땅에 안주함을 생각하며,
　군자는 형벌, 즉 법을 지킴을 생각하며 소인은 은혜 받기를 생각한다.

♣ 이익만을 위해서 행동을 하면 원망을 많이 받는다.

♣ 벼슬자리가 없음을 걱정하지 말고 자기의 자격을 근심하며
　 나를 알아주지 않음을 걱정하지 말고 알려질 만한 일을 하고자 노력하라.

♣ 군자는 정의를 밝히어 이해하고, 소인은 이익을 표준으로 하여 이해한다.

♣ 어진 사람을 보면 그와 같이 되기를 생각하며, 어질지 못한 사람을 보면
　 스스로 깊이 반성한다.

♣ 부모님 살아 계시면 멀리 떠나지 아니하며, 떠나면 반드시 갈 곳을 알려야 한다.

♣ 모든 일을 단단히 죄고 단속함으로써 실수하는 일이 드물다.

♣ 군자는 말은 더디되 행동은 민첩하게 하고자 한다.

♣ 덕이 있는 사람은 외롭지 않으며 반드시 이웃이 있다.

♣ 자유가 말하길 임금을 섬기는데 자주 간하면 욕이 되고,
　 벗을 사귀는데 자주 충고를 하면 사이가 벌어진다.

제5편. 공야장(公冶長)
제자들과 고금의 인물을 평한 것으로 주로 자공의 언행이 많이 기술 되어 있다.

♣ 자공이 대답하길, 안회는 하나를 들으면 열을 알고,
　 자공은 하나를 들으면 둘밖에 모릅니다.

♣ 자공이 말하길, 나는 남이 나에게 하는 것 중 좋지 않으면 저도 남에게 시키려고
　 하지 않는다.

♣ 아랫사람에게 묻기를 부끄러워하지 않는다.

♣ 안평중은 사람과 잘 사귀었다. 오래될수록 사귄 사람을 존경했다.

♣ 백이숙제는 지난날에 나빴던 일을 생각하지 않았음으로 일반 사람들이
　 그들을 원망하는 일이 드물었다.

♣ 안연은 착한 일을 남에게 자랑하지 않고 남에게 힘드는 일을 강요하지 않겠습니다.
　 했으니, 자로가 선생님께서 원하시는 바를 들려주십시오 하자, 노인들을 편안하게
　 하여주고, 벗들에게는 신의를 지키며 젊은이를 따뜻하게 감싸주려 한다.

제6편. 옹야(雍也)
앞쪽은 인물평이 많고 뒤쪽은 인(仁)과 지(知)에 대한 이론이 많이 있다.

♣ 안회는 (공자가 제일 사랑한 제자로 41살에 죽었음) 학문을 너무 좋아하여 노여움이 나도 아무데
　 나 대고 화풀이를 하지 않을 만큼 학문을 좋아했으며,
　 또한 잘못한 일은 두 번 다시 되풀이 하지 않을 만큼 학문을 좋아하였다.

♣ 인간의 삶은 원래 정직한 것이다, 정직하지 않으면서도 살 수 있는 것은
　 요행히 화를 면하고 있는 것이다.

♣ 알기만 하는 사람은 좋아하는 사람만 못하고, 좋아하는 사람은 즐기는 사람만 못하다.

♣ 어진 사람은 어려움은 남보다 먼저 하고, 보답은 남보다 뒤에 얻으면 참으로 어질다
　 할 수 있다.

♣ 지혜로운 사람은 물을 좋아하며, 어진 사람은 산을 좋아하니,
　지자는 동적이며 인자는 정적이며, 지자는 즐겁게 살며 인자는 장수한다.
♣ 인자란 자신이 나서고 싶을 때 남을 내세우며, 자기의 목적을 달성하고 싶으면
　남을 먼저 달성하게 한 후 자기가 한다.

제7편. 술이(述而)

공자 자신의 일과 공자의 용모, 태도, 행동에 대한 것들이 기록되어 논어 전편 중 가장 뛰어난 구절
들이 많이 있다.

♣ 군자의 이상적인 생활이란 도에다 뜻을 두고 덕을 닦으며, 인을 의지하며 6예에서
　생활할 것이다.
♣ 맨손으로 범을 잡으려하고, 맨발로 황하를 건너다. 마땅히 일에 임해서는 두려워해야 한다.
♣ 거친 밥을 먹고 물을 마시며 팔베개를 하고 누워 있어도 즐거움이란 그 속에 있으며, **의롭지 않**
　은 부와 귀는 나에게는 하나의 뜬구름과 같다.
♣ 그 사람됨이 학문을 너무 좋아해서, 발분 하면 먹는 것도 잊고,
　학문을 즐김에 걱정도 잊으며, 늙는 일 조차 알지 못한다.
♣ 세 사람이 같이 길을 가면 그 중에 반듯이 나의 스승이 될 만한 사람이 있다.
　그들의 착한 점을 골라서 따르고 나쁜 점은 살펴서 스스로 고쳐야 한다.
♣ 사치하면 불손하기 쉽고, 검소하면 고루해지니, 거만한 것보다 차라리 고루한 것이 낫다.
♣ 군자의 마음은 평탄하고 너그러우며, 소인의 마음은 항상 근심에 차있다.

석가모니-佛陀, Gautama Buddha, 네팔/인도 (BC 약 563년생)

★ 인류 역사인물 100명중 4위 선정
★ 인류 역사인물 50명에 선정 (Wopen.com 한국.net 선정)

[출생-사망] BC 624년~544년 or BC 563년~483년 or BC 480년~400년 (80세)

[석가탄신 기념일] 음력 4월 8일(한국)
[출생지] 카필라 성
[본명] 고타마 싯다르타,
[별칭] 석가, 釋迦, 석가모니, 석가문, 능인적묵, 석존, 부처, 붓다, 여래, 세존
[국적] 인도
[활동분야] 종교

[요약]
불교를 창시한 인도의 성자(聖者)로 성은 고타마(Gautama) 이름은 싯다르타이다.

부처님, 부처, 석가모니, 석가세존, 석존, 세존, 석가, 능인적묵, 여래, 불타, 붓다, 불(佛) 등으로 다양하게 불린다.

[생애]

석가모니(釋迦牟尼·Sakyamuni)는 **불교의 교조이다. 석가란 말은 종족의 이름으로 "능하고 어질다."는 뜻이고, 모니는 "성자"라는 뜻이다.** 다른 호칭으로는 세존·석존·불·여래 등의 10가지의 존칭과 아명인 싯다르타 고타마가 있으며, 서양에서는 흔히 **고타마 붓다**라고 칭한다. 석가모니의 생몰연대는 여러 설들이 있다. 세계불교도대회에서는 기원전 624년~기원전 544년으로 공식 채택했다. (그 외 기원전 563년~기원전 483년 설, 기원전 565년~기원전 485년 설, 기원전 463년~기원전 383년 설 등이 있다.)

석가모니는 샤카족의 중심지인 카필라 왕국(현재의 네팔)에서 국왕인 슈도다나의 장남으로 탄생하였다. 16세 때에 비(妃)를 맞아들여 라훌라라는 아들을 얻었다. **인간의 삶이 생로병사의 윤회의 고통으로 이루어져 있음을 깊이 자각하고 이것을 벗어나는 길을 추구하여 왕위와 가족을 버리고 29세 때 출가하였다.** 두 선인(仙人)을 차례로 찾아서 그들이 체득한 수행법을 따라 행하였으나 그 수행법에 만족할 수가 없었다. 때문에, **산림으로 들어가 6년간 고행**에 힘썼다. 그러나 고행이 무의미하며 중도가 긴요한 것임을 알고, 부다가야의 보리수에서 선정을 수행하여 **35세에 완전한 깨달음을 성취하여 부처(붓다·깨우친 존재)가 되었다.** 그 후 인도의 여러 지방을 편력하면서 교화에 힘썼으며, 쿠시나가라에서 **80세로 입멸하였다.**

[이름]

석가모니·석가문 등으로도 음사하며, **능인적묵(能仁寂默)**으로 번역된다. 보통 석존·부처님이라고도 존칭한다. 석가는 샤카라는 민족의 명칭을 한자로 발음한 것이고 모니(muni)는 성인이라는 의미를 가지고 있다. 즉 석가모니라 함은 본래는 '**석가족(族) 또는 샤카족 출신의 성자**'라는 뜻이다. 본래의 성은 고타마(Gautama), 이름은 싯다르타인데, 후에 깨달음을 얻어 붓다(Buddha: 佛陀)라 불리게 되었다. 또한 사찰이나 신도 사이에서는 진리의 체현자(體現者)라는 의미의 여래, 존칭으로서의 세존·석존 등으로도 불린다.

[출생]

현재의 네팔 남부와 인도의 국경부근인 히말라야 산 기슭의 카필라 성을 중심으로 샤키야 족의 작은 나라가 있었다. 석가모니는 그 나라의 왕 슈도다나와 마야 부인 사이에서 태어났다. 마야 부인은 출산이 가까워짐에 따라 당시의 습속대로 친정에 가서 해산하기 위해 고향으로 가던 도중 룸비니 동산에서 석가를 낳았다. 이는 아소카왕이 석가모니의 성지를 순례하면서 이곳에 세운 석주(石柱)가, 1896년에 발견·해독됨으로써 확인되었다. 전설에 따르면 석가모니가 태어났을 때, 히말라야 산에서 아시타라는 선인(仙人)이 찾아와 왕사의 상호를 보고, "집에 있어 왕위를 계승하면 전 세계를 통일하는 전륜성왕(轉輪聖王)이 될 것이며, 만약 출가하면 반드시 불타가 될 것"이라고 예언하였다고 한다.

[출가와 성도]

석가모니는 생후 7일에 어머니 마야 부인과 사별하였다. 그것은 석가모니에게는 슬픈 일이었다.

그 후 이모에 의하여 양육되었는데, 왕족의 교양에 필요한 학문·기예를 배우며 성장하였다. 당시의 풍습에 따라 16세에 결혼하였다. 부인은 야쇼다라라고 하며, 곧 아들 라훌라도 얻었다. 이같이 안락하고 행복한 생활을 보내던 중 석가모니는 인생의 밑바닥에 잠겨 있는 괴로움의 문제와 직면하게 되었다. 이러한 점은 전설적으로 새가 벌레를 잡아먹는 모습, 또는 **생로병사**와 사문(沙門)을 목격한 이른바 사문출유(四門出遊), 또는 사문유관(四門遊觀)으로써 설명된다.

석가모니는 29세 때 고(苦)의 본질 추구와 **해탈(解脫)**을 구하고자, 처자와 왕자의 지위 등 모든 것을 버리고 출가하였다. 남쪽으로 내려가 갠지스강(江)을 건너 마가다국(國)의 왕사성(王舍城)으로 갔다. 여기에서 알라라칼라마와 우다카 라마푸타라는 2명의 선인(仙人)을 차례로 찾아, 무소유처정(無所有處定)·비상비비상처정(非想非非想處定)이라는 **선정(禪定)**을 배웠다. 그것은 일종의 정신통일에 의하여 하늘에 태어나 보려는 것이었는데, 석가모니는 그들의 방법으로써는 생사의 괴로움을 해탈할 수 없다고 깨닫자, 그들로부터 떠나 부다가야 부근의 산림으로 들어갔다. 여기에서 **석가모니는 당시의 출가자의 풍습이었던 고행에 전념하였으나, 신체가 해골처럼 되었어도 해탈을 이룰 수는 없었다.** 고행은 육체적인 면의 극소화를 통하여 정신의 독립을 구하는 이원적 극단론에 근거한 것이기 때문이었다.

석가모니는 6년간의 고행 끝에 고행을 중단하고, 다시 보리수 아래에 자리 잡고 깊은 사색에 정진하여 마침내 깨달음을 얻었다. 이 **깨달음을 정각(正覺)이라고 한다.** 그 깨달음의 내용에 대하여 《아함경(阿含經)》에는 여러 가지로 설명하고 있다. 사제(四諦:苦·集·滅·道의 4가지 진리, 즉 현상계의 괴로움과 그 원인 및 열반과 그에 이르는 길)·십이인연(十二因緣)·사선삼명(四禪三明) 등을 깨달았다는 것이 그것이다.

그러나 기본적으로는 **선정에 의하여 법(法: dharma)을 깨달았다고** 하겠다. 즉 **선정은 강렬한 마음의 집중**이며, 여기에서 생긴 **지혜는 신비적 직관(直觀)이 아니라 자유로운 여실지견(如實知見: 있는 그대로 옳게 봄)**이다. 이 지혜가 진리를 깨달아 진리와 일체가 되어 확고부동하게 되었는데, 공포에도 고통에도, 나아가서는 애욕에도 산란을 일으키지 않는 부동(不動)의 깨달음이라 할 것이다. 이것은 **마음이 번뇌의 속박에서 해방된 상태이기 때문에 해탈(解脫)이라고 하며, 이 해탈한 마음에 의하여 깨우쳐진 진리를 열반이라고 한다.** 현대적 의미에서의 **해탈은 참 자유, 열반은 참 평화**라고 할 수 있다.

[설법]

석가모니는 성도 후 5주간을 보리수 아래에서 해탈의 기쁨에 잠겨 있었는데, 범천(梵天)의 간절한 권청(勸請)이 있어 설법을 결심하였다. 악마의 유혹, 설법주저(중생이 이해 못할 것을 염려), 범천권청 등은 마음속의 일을 희곡적으로 표현한 것으로도 보이나, 깊은 종교적 의미가 담겨 있다. 석가모니는 베나레스 교외의 녹야원(鹿野苑)에서, 일찍이 고행을 같이 하였던 5명의 수행자에게 고락의 양 극단을 떠난 중도(中道)와 사제에 관하여 설하였다. 이것을 특히 초전법륜(初轉法輪)이라고 하는데, 그들은 모두 법을 깨달아 제자가 되었다. 여기에 최초의 불교 교단(sagha: 僧伽)이 성립되었다. 이렇게 하여 불교는 석가모니의 설법을 통하여 세계에 널리 알려지게 되었다.

그 후 석가모니는 적극적으로 설법을 계속하여, 그 교화의 여행은 갠지스강(江) 중류의 넓은 지역에까지 미쳤다. 제자의 수도 점차 증가하였으며, 각지에 교단이 조직되었다. 석가모니의 가르침은 《아함경》《율장》 등의 원시불교 경전을 통해 전하여지고 있다. 구전(口傳)되어 오던 것을 후세에 편집한 것이지만, 후세에 정형화된 다음의 교설을 통하여 석가모니의 가르침의 원형 또는 그 핵심을 알 수 있다.

삼법인(三法印: 一切皆苦·諸行無常·諸法無我 또는 一切皆苦를 빼고 涅槃寂靜을 넣기도 한다), 사제·**팔정도**(八正道: 正見·正思·正語·正業·正命·正精進·正念·正定), 무기(無記: 일체의 형이상학적 질문에 대답하지 않음. 실천을 지향함을 말한다), 법(法:모든 존재를 일관하는 보편적 진리), **오온(五蘊: 色·受·想·行·識**의 5가지 존재의 구성 요소), **육근(六根**: 법의 분류로서 **眼·耳·鼻·舌·身·意의 주체**. 이에 대응하는 色·聲·香·味·觸·法의 객체, 즉 六境을 더한 十二處와, 거기에 眼識 등의 六식을 추가하여 十八界를 말하기도 함), 연기(緣起: 존재는 독립된 실체가 아니라 다른 것과의 관계에 의하여 성립함을 말함. 12연기가 특히 유명함), 열반, 일체중생의 평등 등이 그것이다.

[입멸]

혹서의 중부 인도 각지를 45년의 긴 세월에 걸쳐 설법·교화를 계속한 석가모니는, 80세의 고령에 이르렀다. 여러 차례의 중병에도 불구하고 교화 여행을 계속하였다. 이때 자신의 죽음을 예견하고 여러 가지 유언을 하였다고 한다. "**자신을 등불로 삼고 자신을 귀의처로 하라. 법을 등불로 삼고, 법을 귀의처로 하여 수행하라.**" 또한 자기가 죽은 뒤에 "**교주의 말은 끝났다. 우리의 교주는 없다고 생각하여서는 아니 된다. 내가 설한 교법과 계율이 내가 죽은 후 너희들의 스승이 될 것이다.**" 등이 그것이다.

마침내 쿠시나가라의 숲에 이르렀을 때, 석가모니는 심한 식중독을 일으켜 쇠진하였다. "**나는 피로하구나. 이 두 사라수(沙羅樹) 사이에 머리가 북쪽으로 향하게 자리를 깔도록 하라.**"고 말하자, 제자들은 석가모니의 운명이 가까워졌음을 알고 눈물을 흘렸다. 석가모니는 "**슬퍼하지 마라. 내가 언제나 말하지 않았느냐. 사랑하는 모든 것은 곧 헤어지지 않으면 아니 되느니라. 제자들이여, 그대들에게 말하리라. 제행(諸行)은 필히 멸하여 없어지는 무상법(無常法)이니라. 그대들은 중단없이 정진하라. 이것이 나의 마지막 말이니라.**"고 설한 후 눈을 감았다.

석가모니의 사후 그의 유해는 다비(茶毘: 화장)되고, 그 유골[舍利]은 중부 인도의 8부족에게 분배되어 사리탑에 분장(分藏)되었다. 이 사리탑은 중요한 예배대상으로 되어 후에 불탑신앙으로 발전하였다. 특히 대승(大乘)불교에서는 불타에 관한 철학적 고찰이 가해져 불타에는 법신(法身: 진리로서의 불타)·보신(報身: 보살의 願·行에 의하여 성취된 불타)·응신(應身: 중생구제를 위하여 상대방에 상응하게 나타나는 불타)의 3신이 있다고 말한다. 이에 따르면, 석가모니불은 2,500여 년 전의 인도라고 하는 특정의 지역·시대에 나타난 응신의 불타로서, 시방삼세제불(十方三世諸佛)의 일부가 되고 있다.

그러나 신앙의 입장에서 석가모니불은 위의 3신을 모두 갖추고 있는 분으로 숭배되고 있다. 석가모니의 탄생지 룸비니 동산, 성도지 부다가야, 최초의 설법지 녹야원, 입멸지 쿠시나가라는 4대 영지(靈地)로서 중요한 순례지가 되고 있다. 석가모니의 탄생·성도·입멸의 월·일에 관하여 최고(最古)의 문헌에는 기록이 없으나, **중국·한국 등지에서는 탄생을 음력 4월 8일**, 성도를 12월 8일, 입멸을 2월 15일로 한다. 또한 남방불교에서는 탄생·성도·입멸이 모두 바이샤카월(4~5월)의 보름날의 일이라고 하여, 이 날 성대한 기념식을 거행한다.

[석가탄신일 釋迦誕辰日]
다른이름: (사월) 초파일

장소: 대한민국 등 동아시아 지역
공휴일(대한민국,중화민국,마카오,홍콩)

사월 초파일, 그냥 간단히 초파일이라고도 부른다. '初八日'이 '석가모니 탄생일'을 뜻할 때는 속음인 초파일로 읽고, '초여드렛날'을 가리킬 때는 본음인 초팔일로 읽는다.

[석가탄신일]
부처님 오신 날, 대한민국의 법정 명칭으로 **석가탄신일(釋迦誕辰日)은 불교에서 석가모니가 탄생한 날로, 음력 4월 8일이다.** 불교의 연중행사 가운데 가장 큰 명절로서, 기념법회·연등놀이·관등놀이·방생·탑돌이 등 각종 기념행사가 열린다. 대한민국뿐만 아니라 중국·일본·인도 등지에서도 연등놀이가 행해진다. 석가모니가 이 세상에 와서 중생들에게 광명을 준 날이라는 뜻이 크다.

[여러 나라의 부처님 오신 날]
대한민국, 중화민국, 마카오, 홍콩, 싱가포르에서 공휴일이다. 대한민국에서는 1975년 공휴일로 지정되었다. 일본에서는 공휴일은 아니나 양력 4월 8일, 음력 4월 8일, 5월 어린이날 등 다양한 날짜에 지낸다. 1956년 11월 네팔의 수도 카트만두에서 열린 제4차 세계불교도대회에서 양력 5월 15일을 석가탄신일로 결정하였다. **대한민국에서는 음력 4월 8일을 석가탄신일로 보고 기념한다.**
UN에서는 1998년 스리랑카에서 개최된 세계불교도대회의 안건이 받아들여져, 양력 5월 중 보름달이 뜬 날을 석가탄신일로 정해 기념행사를 개최하고 있다. 스리랑카에서는 부처님 오신 날이 주요 축제 중 하나다. 사람들은 종교의식에 참여하고 촛불과 특제 연등으로 집과 거리를 장식한다. 일부 점포는 사람들에게 무료로 음식을 제공하기도 한다. 특정한 장소에서는 전구로 장식되어 있는 건물을 볼 수 있는데, 멀리서 보면 부처님의 일생이 그림으로 표현되어 있음을 알 수 있다.

[봉축법요식]
부처님 오신 날을 봉축하는 법요식이 오전 10시에 서울의 조계사를 비롯해 전국 사찰에서 일제히 봉행된다. 태고종, 천태종, 진각종 등 불교종단의 전국 사찰들도 개별적으로 부처님 오신 날 봉축법요식을 가진다.

[연등 축제]
부처님 오신 날을 맞이하여 각 사찰에서 거리에 등을 내달고 경내에 수많은 등을 밝히는 등공양 행사를 이어 온다. 1996년(불기 2540년)부터는 연등축제로 이름을 붙이고 동대문 운동장~ 조계사에 이르는 제등행렬을 비롯하여 불교문화마당, 어울림마당(연등법회), 대동(회향)한마당 등 행사가 추가되어 종합적인 축제로 전환하였으며 오늘에 이르고 있다.

🦏 ● 석가모니 명언

♣ 인간이 피해야 할 것은 두 가지 극단이다. 하나는 향락에만 몰두하는 것이요,
다른 하나는 고행에만 몰두하는 것이다.

♣ 가장 위대한 기도란 인내하는 것이다.

♣ 우리의 인생을 방해하는 두 가지가 있다. 하나는 어느 것도 끝내지 않는 것이요,
다른 하나는 어느 것도 시작하지 않는 것이다.

♣ 마음이 선한 사람에겐 세상도 맑게 보인다.

♣ 우리는 생각하는 대로 존재한다. 모든 것은 생각과 함께 시작된다.
생각에 따라 세계가 만들어진다.

♣ 실패한 사람이 다시 일어나지 못하는 이유는 교만하기 때문이다.
성공한 사람이 유지하지 못하는 이유 또한 교만함 때문이다.

♣ 다른 누군가가 아닌 스스로를 등불로 삼아라.

♣ 과거란 이미 버려진 것이다. 미래란 아직 오지 않은 것이다.
그러므로 현재를 관찰하라. 흔들리지 말고, 동하지도 말고 다만 오늘 할 일을 열심히 하라.

♣ 쇠 녹은 쇠에서 생기지만 점차 그 쇠를 먹어버린다.
옳지 못한 마음도 인간에게서 생기지만 결국 그 인간을 잠식하게 된다.

노자-老子, 李耳, Laozi, 철학자, 중국 (BC 약 604년생)

★ 인류 역사인물 100명중 73위 선정
★ 인류 역사인물 50명에 선정 (Wopen.com 한국.net)

[출생] 기원전 604년(추정), 중국 초나라 허난성
[사망] 기원전 6세기~기원전 4세기로 추정
[시대] 춘추시대
[지역] 동양 철학
[학파] 도가의 창시자
[연구 분야] 윤리학, 사회철학
[주요 업적] 무위

[생애 및 사상]
노자(老子)는 춘추시대 초나라의 철학자로 전해지고 있다. 성은 이(李), 이름은 이(耳), 자는 담이다. 허난 성 루이 현 사람으로 주왕을 섬겼으나, 뒤에 관직을 버렸다. 노자는 중국에서 우주의 만물에 대하여 생각한 최초의 사람으로, 노자가 발견한 우주의 진리를 '도'(道)라고 이름을 지었다.

그 도를 중심으로 하는 신앙을 '도교'라고 하며, 노자는 우주 만물이 이루어지는 근본적인 이치가 곧 '도'라고 설명하였다. 도는 성질이나 모양을 가지지 않으며, 변하거나 없어지지 않으며, 항상 어디에나 있다. 우리가 눈으로 볼 수 있는 여러 가지 형태의 우주 만물은 다만 도가 밖으로 나타나는 모습에 지나지 않는다. 모든 우주 만물의 형태는 그 근본을 따지면 결국은 17가지 진리에 도달하게 된다는 것이 노자의 사상이다.

노자의 사상은 그의 저서 〈노자 도덕경〉 속에 있는 '무위 자연(無爲 自然)'이라는 말로 나타낼 수 있다. 사람이 우주의 근본이며, 진리인 도의 길에 도달하려면 자연의 법칙에 따라 살아야 한다는 것이 노자의 '무위 자연(無爲 自然)' 사상이다. 즉, 법률·도덕·풍속·문화 등 인위적인 것에 얽매이지 말고 사람의 가장 순수한 양심에 따라, 있는 그대로의 모습을 지키며 살아갈 때 비로소 도에 이를 수 있다고 하였다. 노자는 후세에 '도교의 시조'로 불리고, 그 사상은 '노장 사상' 또는 '도가 사상'으로 발전하여 유교와 함께 중국 정신 사상사에서 중요한 의의를 가지게 되었다.

[노자의 실체]

사마천(司馬遷)은 《사기》에서 노자로 상정되는 인물이 3인이 있다고 하였다. (老子 韓非列傳). 첫째로 이이(李耳, 자는 담=老聃)를 들었다. 그는 초나라 사람으로 공자가 예(禮)를 배운 사람이며, 도덕의 말 5천여 언(言)을 저작한 사람인데 그의 최후는 알지 못한다고 한다. 다음에 든 사람은 역시 공자와 동시대의 노래자(老萊子)로서 저서는 15편 있었다 한다. 세 번째 든 것은 주(周)의 태사담이라는 사람으로 공자의 사후 100년 이상 경과한 때에 진(秦)의 헌공과 회담하였다고 한다. 결론적으로 '노자는 은군자(隱君子)'라는 것이다. 세상에서 말하는 노자라고 하는 이는 은자로서 그 사람됨을 정확히 알 수 없다는 것이다.

후세에 노자라고 하면 공자에게 예를 가르쳤다고 하는 이이(李耳)를 생각하는 것이 상례이나, 이이라고 하는 인물은 도가의 사상이 왕성하던 시기에 그 사상의 시조로서 공자보다도 위인(偉人)이었다고 하기 위하여 만들어진 전설일지도 모르겠다. 평유란(馮友蘭)은 노자가 전국시대의 사람이었다고 하는 것을 강하게 주장한다. 이에 근거하여 노자가 실존인물이라고 가정한다면 최소한 도덕경 죽간본(BC 300년경) 이전일 수밖에 없으며 한비자(BC 280~BC 233)가 도덕경을 인용하였으므로 한비자보다 앞선다. 또 도덕경에는 유가사상을 비판하는 내용이 많은데 이는 백서 본(갑 본은 전국시대 말기, 을 본은 한나라 초기) 이후가 반유가적인 것이며 죽간 본은 덜하다.

[노자 도덕경]

노자의 말이라고 하여 오늘날 《노자》(老子道德經이라고도 한다) 상·하 2권 81장이 남겨져 있다. 거기서 기술되고 있는 사상은 확실히 도(道)의 본질, 현상계의 생활하는 철학인 것이다. 예컨대 도를 논하여 이렇게 말한다. '도(道)'는 만물을 생장시키지만 만물을 자신의 소유로는 하지 않는다. 도는 만물을 형성시키지만 그 공(功)을 내세우지 않는다. '도는 만물의 장(長)이지 만 만물을 주재하지 않는다.'(10장). 이런 사고는 만물의 형성·변화는 원래 스스로 그러한 것이며 또한 거기에는 예정된 목적조차 없다는 생각에서 유래되었다. 노자의 말에 나타난 사상은 유심론으로 생각되고 있으나 평유란은 도에 대해서는 사고방식은 일종의 유물론으로서 무신론에 연결되는 것이라고 한다. 그 이해는 뛰어난 것이다.

또 '도(道)는 자연(自然)을 법(法)한다.'(55장)고 하는데 이것은 사람이 자기 의지를 가지고 자연계를 지배하는 일은 불가능함을 설명한 것이다. 이 이론은 유가(儒家)의 천인감응(天人感應)적 생각을 부정하는 것이기도 하다. 노자가 보인 인생관은 "유약한 자는 생(生)의 도(徒)이다."(76장). "유약은 강강(剛强)에 승한다."(36장) "상선(上善)은 물과 같다. 물은 만물을 이롭게 하지만 다투지 않는다. 그러면서 뭇 사람들이 싫어하는 곳에 처한다. 때문에 도에 가깝다."(8장), "천하의 유약하기는 물보다 더한 것이 없다."(78장) 등의 구절에서 보듯이 어디까지나 나를 내세우지 않고 세상의 흐름을 따라 세상과 함께 사는 일을 권하는 것이다. 그러한 사상을 겸하부쟁(謙下不爭) 이라고 하는 말로써 환언(換言)하고 있다.

노자는 또 "도(道)는 일(一)을 생하고 일은 이(二)를 생하고 이는 삼(三)을 생하고 삼은 만물을 생한다."(42장)고 하는 식의 일원론적인 우주생성론을 생각하고 있었다.

[도가도비상도 道可道非常道]

말할 수 있는 도(道)는 늘 그러한 도가 아니라는 뜻으로, 도(진리)는 말로써 한정할 수 있는 성질의 것이 아님을 일컫는 《노자도덕경(老子道德經)》 사상의 중심 개념이다. 《노자도덕경》 첫머리에 나오는 유명한 구절이다. 《도덕경》의 첫장은 노자의 도(道) 사상을 총괄적으로 언급한 장으로, 도는 말[言]로 설명하거나 글로 개념화할 수 있는 것이 아님을 밝히고 있다. 하지만 《도덕경》의 내용이 매우 어렵고 추상적이어서 학자들에 따라 해석이 약간씩 다르고, 도에 대한 정의에도 차이가 있다. '도가도비상도'(道可道非常道) 역시 마찬가지이다. 따라서 이 여섯 자를 정확히 정의하기는 어렵다.

"도를 도라고 말하면 그것은 늘 그러한 도가 아니다.", "생각될 수 있는 진리는 절대적 진리라고 할 수 없고 말로써 표현할 수 있는 진리는 영원한 진리라고 할 수 없다.", "도를 도라고 말하면 영원한 도가 아니다.", "도를 도라고 해도 좋겠지만 꼭 도이어야 할 필요는 없다." 등 다양한 해석이 존재한다. 노자는 《도덕경》 첫 장에서 '도가도비상도'(道可道非常道)에 이어 다음과 같이 말한다. "이름할 수 있는 이름은 항상 그러한 이름이 아니다. 이름 없음은 천지의 처음이요, 이름 있음은 만물의 어머니이다. 그러므로 늘 없음에서 그 오묘함을 보려 하고, 늘 있음에서 그 갈래를 보려고 해야 한다. 이 둘은 같은 곳에서 나왔으나, 이름만 달리할 뿐이니, 이를 일러 현묘하다고 하는 것이다. 현묘하고 또 현묘하여, 모든 묘함이 나오는 문이다. (모든 묘함이 이 문을 통해 나온다.)"

(名可名非常名 無名天地之始 有名萬物之母
故常無欲以觀其妙 常有欲以觀其요 此兩者同
出 而異名 同謂之玄 玄之又玄 衆妙之門)

노자 명언

♣ 우울한 사람은 과거에 살고, 불안한 사람은 미래에 살고, 평안한 사람은 현재에 산다.

♣ 불신하는 사람은 불신을 당한다.

♣ 가지 않으면 이르지 못하고, 하지 않으면 이루지 못한다.

아무리 가깝게 있어도 내가 팔을 뻗지 않으면 결코 원하는 것을 잡을 수 없는 것이다.

♣ 진실된 말은 꾸밈이 없고, 꾸밈이 있는 말엔 진실이 없다.

♣ 그릇은 비어 있어야만 무엇을 담을 수가 있다.

♣ 적게 가지는 것은 소유다 많이 가지는 것은 혼란이다.

♣ 과도한 욕망보다 큰 참사는 없다. 불만족보다 큰 죄는 없다.

그리고 탐욕보다 큰 재앙은 없다.

♣ 아는 자는 말이 없고, 말하는 자는 알지 못한다.

♣ 최강의 전사는 절대로 화내지 않는다.

♣ 누군가에게 깊이 사랑받는 것은 당신에게 힘을 주지만,

누군가를 깊이 사랑하는 것은 당신에게 용기를 준다.

♣ 좋은 여행자에게는 고정된 계획이 없고 도착하는 것이 목적이 아니다.

참고문헌 및 웹 사이트

1. http://한국.net http://ㄱ.com http://ㅎ.com http://ㅏ.com http://ㅔ.com
2. http://김.net http://이.net http://박.net http://최.net
3. http://wopen.com http://wopen.net
4. http://wikipedia.org
5. http://naver.com
6. 'The 100. A RANKING OF THE MOST INFLUENTIAL PERSONS IN HISTORY'
   (역사상 가장 영향력이 큰 100명의 랭킹) by M.H. Hart
7. 세계사를 바꾼 사람들 : 랭킹 100 by M.H. Hart
8. 네이버 포스트(IT 인물열전) 세상 모든 웹 페이지를 품으려는 구글의 창업자, 래리 페이지
9. IT동아
10. 네이버 지식백과, 알리바바-없는게 없다! 중국 최대 전자상거래업체
11. 국민일보
12. 연합뉴스
13. Discovery Channel
14. 네이버 지식백과: 고든 무어-컴퓨터 혁명 이끈 '무어의 법칙' 주인공(IT 인물열전)
15. 한겨레신문
16. 정명환, 〈해설적 연표〉 in 《사르트르》, 고려대학교출판부
17. naver 백과사전
18. 네이버 지식백과: 니체 (Nietzsche, Friedrich Wilhelm)
19. 서울대학교 철학사상연구소
20. 철학사전, 2009, 중원문화
21. http://scienceall.com
22. 코스모스, 칼 세이건
23. 튜링: 박종대/번역가, 저술가
24. 주시경: 류재택
25. 네이버 지식백과
26. 두산백과
27. http://yna.co.kr
28. http://news.chosun.com
29. http://www.discovery.com
30. "미-중 무역전쟁과 우울한 중국 시진핑 주석의 미래", 권오중,
    http://breaknews.com

INDEX

롤 모델 100명

1판 1쇄 인쇄   2018년 10월 29일
1판 1쇄 발행   2018년 11월 05일
저   자 김영복
발 행 인 이범만
발 행 처 **21세기사** (제406-00015호)
          경기도 파주시 산남로 72-16 (10882)
          Tel. 031-942-7861   Fax. 031-942-7864
          E-mail : 21cbook@naver.com
          Home-page : www.21cbook.co.kr
          ISBN 978-89-8468-815-5

정가 30,000원